neukirchener
theologie

Wissenschaftliche Monographien zum Alten und Neuen Testament

Begründet von
Günther Bornkamm und Gerhard von Rad

Herausgegeben von
Cilliers Breytenbach, Bernd Janowski und
Hermann Lichtenberger

131. Band
Antje Labahn
Levitischer Herrschaftsanspruch zwischen Ausübung
und Konstruktion

Neukirchener Theologie

Antje Labahn

Levitischer Herrschaftsanspruch zwischen Ausübung und Konstruktion

Studien zum multi-funktionalen Levitenbild der
Chronik und seiner Identitätsbildung in der Zeit des
Zweiten Tempels

2012

Neukirchener Theologie

Dieses Buch wurde auf FSC-zertifiziertem Papier gedruckt. FSC (Forest Stewardship Council) ist eine nichtstaatliche, gemeinnützige Organisation, die sich für eine ökologische und sozialverantwortliche Nutzung der Wälder unserer Erde einsetzt.

Bibliografische Information der Deutschen Nationalbibliothek

Die Deutsche Nationalbibliothek verzeichnet diese Publikation in der Deutschen Nationalbibliografie; detaillierte bibliografische Daten sind im Internet über http://dnb.d-nb.de abrufbar.

© 2012 Neukirchener Verlagsgesellschaft mbH, Neukirchen-Vluyn
Alle Rechte vorbehalten
Umschlaggestaltung: Andreas Sonnhüter, Düsseldorf
Lektorat: Volker Hampel
DTP: Antje Labahn
Gesamtherstellung: Hubert & Co., Göttingen
Printed in Germany
ISBN 978–3–7887–2485–6
ISSN 0512–1582
www.neukirchener-verlage.de

Vorwort

Die vorliegende Untersuchung ist eine überarbeitete Fassung der exegetischen Analyse der Chronik als dem Hauptteil meiner Habilitationsschrift „Levitischer Herrschaftsanspruch zwischen Ausübung und Konstruktion. Studien zur Chronik und zu frühjüdischen Schriften in der Zeit des Zweiten Tempels". Die vorliegende Studie konzentriert sich auf die exegetische Erfassung der Chronik und ihr Levitenbild, das mehtodenintegrierend sowohl anhand diachroner redaktionsgeschichtlicher Fagestellungen als auch anhand wissensoziologischer Aspekte auf seinen Sinngehalt hin untersucht wird. Die weiteren Kapitel der Habilitationsschrift, die ursprünglich im Anschluss daran folgten, konnten hier aufgrund der Länge nicht mit zum Abdruck kommen. Aus diesem Bereich sind aber bereits meine Untersuchungen zu frühjüdischen Schriften in dem Werk „Licht und Heil. Levitischer Herrschaftsanspruch in der frühjüdischen Literatur aus der Zeit des Zweiten Tempels" im letzten Jahr erschienen. In diesem Band wird eine Fortsetzung der Entwicklung der Leviten in der Zeit des Zweiten Tempels aufgezeigt; ferner werden historische Schlussfolgerungen aus Analogien zwischen den frühjüdischen Levitenaussagen und dem Levitenbild der Chronik gezogen. Es ist darüber hinaus geplant, dass ein weiterer historischer Teil noch folgen soll, der das Levitenbild der Chronik und der frühjüdischen Texte mit Abläufen abgleicht, wie sie historisch vor allem für Administrationsvorgänge wahrscheinlich gemacht werden können. Für die vorliegende Untersuchung sind die Analysen der Chronik noch einmal durchgesehen worden. Die Einleitung wurde gekürzt und das Schlusskapitel neu konzipiert. Zuletzt neu erschienene Literatur wurde ergänzt.

Mit der Habilitationsschrift wurde ich im Wintersemester 2008/2009 an der Kirchlichen Hochschule Wuppertal-Bethel für das Fach „Altes Testament" habilitiert. Ich danke der Kirchlichen Hochschule Wuppertal unter dem damaligen Rektorat von Prof. Dr. Martin Karrer für die Annahme meiner Habilitationsschrift. Herrn Prof. Dr. Siegfried Kreuzer danke ich für die interessierte Begleitung bei der Entstehung des Manuskripts und für das Gutachten im Habilitationsverfahren. Herrn Prof. Dr. Dr. Dieter Vieweger gilt mein Dank für das Zweitgutachten. Zu danken habe ich auch Herrn Prof. Dr. Dieter Sänger, der mich während der Entstehungzeit der Habilitationsschrift als seine Assistentin in Kiel gefördert hat. Ferner danke ich meinem Hebräisch- und Aramäischlehrer Herrn Prof. Dr. Heinz-Dieter Neef für kritische Begleitung in Übersetzungs- und Grammatikfragen. Des Weiteren gilt mein Dank für Anregungen und Kritik vielen ungenannten langjährigen Weggefährten, die mit verschiedenen Diskussionsbeiträgen und Impulsen die Entstehung dieses Werkes bereichert haben. Allen voran ist hierunter Prof. Dr. Ehud Ben Zvi zu nennen, mit dem ich manche Fachdiskussion über die Chronik und die Perserzeit geführt habe. Für das Korrekturlesen danke ich Marco Voigt sowie meiner Mutter, Herma Korn. Ferner danke ich Herrn Prof. Dr. Martin Meiser für wertvolle Hinweise. Mein ganz persönlicher Dank gilt meinem Mann, Privatdozent Dr. Michael Labahn, der die Freude und Last im Entstehen dieser Arbeit und ihrer Drucklegung neben dem Pfarralltag mit mir geteilt hat.

Ferner danke ich herzlich Herrn Prof. Dr. Bernd Janowski für die Aufnahme der Arbeit und die Reihe „Wissenschaftliche Monographien zum Alten und Neuen Testament". Mein Dank gilt schließlich dem Neukirchenener Verlag und dort vor allem Herrn Dr. Volker Hampel, der in gewohnt kompetenter und angenehmer Weise die technische Fertigstellung des Manuskripts begleitet und betreut hat.

Stiege, im August 2012   Antje Labahn

Inhalt

1 Einleitung

Wenn man sich mit der Chronik beschäftigt, fällt bereits auf den ersten Blick auf, dass es eine Gruppe gibt, die in dieser Schrift besonders zahlreich vertreten ist und die ebenso vielfältig agiert: die Leviten. Verglichen mit andern alttestamentlichen Schriften treten sie häufiger auf und nehmen einen wichtigen Stellenwert im Handlungsverlauf der Chronik wahr, so dass die Tragweite ihrer Funktionen die aller anderen sozialen Gruppen überragt. Die Bedeutung der Leviten für die Historiographie der Chronik ist, wie verschiedentlich festgestellt,[1] immens und fundamental zugleich.

Sucht man allerdings die Funktionen der Leviten in der Chronik näher zu erfassen, stößt man bald auf ein vielschichtiges Phänomen, das sich einer einlinigen Beurteilung entzieht. Um nur zwei markante Beispiele anzuführen, sei auf folgende Inkongruenzen aufmerksam gemacht. (1) Es begegnen einerseits mehrere Familienregister von levitischen Sippen,[2] andererseits wird die Zusammengehörigkeit der Gruppe der Leviten über ihre Aufgaben definiert.[3] (2) Die Funktionen der Leviten sind sowohl innerhalb des eigentlichen Kultbetriebs als auch außerhalb dessen im Rahmen administrativer Vorgänge angesiedelt.

Schon diese erste Annäherung an die Leviten als eine *multi-funktionale Gruppe* lässt Zweifel an der verschiedentlich anzutreffenden Bewertung der Leviten in der Chronik als (weitgehend oder fast ausschließlich) niederen Klerus,[4] d.h. eine im Kult arbeitende Gruppe unterhalb der Autorität der Priester, aufkommen.

---

[1] Vgl. G. STEINS, Einleitung 258. T. WILLI, Leviten 92f, betrachtet „Levi als das Herz Israels", als eine *„zentrale Einheit"*. H. HENNING-HESS, Kult 195, verweist darüber hinaus auf Kritik an den Priestern in der Historiographie der Chronik, die gegenüber Leviten nicht in der gleichen Weise erhoben wird. Auch W. JOHNSTONE, Guilt 128f, sieht die Leviten in wichtigen Funktionen in der Chronik, allerdings insofern „the ideal constitution of Israel ... round the Levites" dargestellt ist. Dabei rangieren nach jahr alle Priester unter der Kennzeichnung ‚Leviten'; darin stimmt er mit B.A. LEVINE, Levites 527, überein: „All priests were of the tribe of Levi, but not all Levites were priests". Diese Charakterisierung erinnert jedoch eher an die dtn/dtr Kennzeichnung von levitischen Priestern, als dass sie vom Textbestand der Chronik her gedeckt wäre.

[2] Vgl. die Listen 1Chr 5,27–6,38; 15,4–11.17–24; 23–27; 2Chr 29,12–14; 31,12–14. Zu den Listen s.u. Kapitel 6.

[3] U. GLESSMER, Leviten 128, stellt als Schwierigkeit bei der Frage nach dem genauen Profil der Leviten in der Chronik heraus, dass genealogische Bestimmungen, funktionale Verhältnisbestimmungen wie auch ethymologisch-symbolische Bedeutungsebenen (d.h. Leviten als Bezeichnung von einzelnen aus den Fremdvölkern, die sich dem Jahweglauben *angeschlossen* haben; a.a.O. 129f) ineinander laufen.

[4] Vgl. J BLENKINSOPP, History 229f; DERS., Sage 95; D. KELLERMANN, Levi 516; N. DENNERLEIN, Bedeutung 243; H. REVENTLOW, Priester 386; U. DAHMEN,

Formulierungen wie: „In der Chronik sind die L. *durchgängig* das Kultpersonal zweiten Ranges",[5] sind so nicht haltbar. Mag dieses Levitenbild für die Priesterschrift seine Berechtigung haben,[6] so trifft es doch auf die Chronik nicht zu.

Die Chronik zeichnet die Leviten als eine multi-funktionale Gruppe, die in verschiedenen Vorgängen tätig ist, denen diverse Aufgaben zugeschrieben werden und die in unterschiedlichen Bereichen Verantwortung wahrnehmen. Indem die Leviten als multi-funktionale Gruppierung innerhalb wie auch außerhalb des Tempelkultes agieren, vollziehen sie eine Grenzüberschreitung vom sakralen in den profanen Bereich.

Die Frage nach den Leviten in der Chronik führt damit in komplexe Gebiete unterschiedlicher Deutungsebenen und Sachzusammenhänge hinein. Dazu gehören auch Fragekomplexe wie der nach der Entstehungsgeschichte der Schrift, nach ihrer theologischen Interpretation, ihren zeitgeschichtliche Verortung und ihrer Deutung als Geschichtsentwurf.

Die Chronik stellt insofern ein einzigartiges Produkt der atl. Literatur dar, als sie ein *rewritten document* älterer Schriften bildet. Die Chronik ist in dieser Gestalt nicht eine schlichte Rezeption älterer Stoffe (vor allem aus dem Deuteronomistischen Geschichtswerk und dem Pentateuch), sondern bietet einen eigenständigen Geschichtsentwurf, indem sie Schriftexegese betreibt und darin die Vergangenheit deutet sowie nach der Gegenwartsrelevanz der ihrer Traditionen fragt.

So wie die Chronik die Geschichte neu interpretiert, bewertet sie auch die auftretenden Personen(-gruppen) neu und erstellt für sie ein eigenständiges Profil. Dies betrifft eminent das Bild der Leviten, die in der Chronik als ein heterogenes Phänomen begegnen. Die Leviten sind eng mit den zentralen Sinnaspekten der Chronik verknüpft. Dazu zählt vor allem der Tempel, der als theologisches Zentrum der Geschichtsschreibung der Chronik betrachtet werden kann, in der realen Welt aber auch bis zu einem gewissen Grad in (profane) Machtstrukturen eingebunden ist. Mit dem Tempel hängen alle Abläufe zusammen, die von dem Geschichtsentwurf der Chronik mit den Leviten korreliert werden. Aber auch darüber hinaus ist das Sozialporträt der Leviten in der Chro

---

Leviten LThK 866; s.a. B. Ego, Leviten 111 („eine Art Klerus minor" mit verschiedenen Funktionen); R. Achenbach, Priester 308; s.a. A.H.J. Gunneweg, Leviten 209f.221 (Die Annahme gilt nur für die von ihm angenommene theoretische Ebene, von der er die Praxis in der Zeit des Zweiten Tempels unterscheidet.).

[5]   So U. Dahmen, Leviten LThK 866 (Hervorhebung von mir). Selbst wenn Dahmen im Folgenden zugesteht, dass die „Aufgaben ... ausdifferenziert wurden", bleibt seine Gesamtbeurteilung fraglich. Ähnliches gilt auch zu S.J. De Vries, Chronicles 70f.

[6]   Vgl. grundsätzlich Lev 8,1–36; Num 3,5–10; 8,5–26; 18,1–7; s. dazu A.H.J. Gunneweg, Leviten 138–188.217 (normativ und legislativ); R. Nurmela, Levites 107–140; L.L. Grabbe, Priests 212f; P.P. Jenson, Holiness 132–134; E. Auerbach, Aufstieg 242f; J. Schaper, Priester 213–215.

nik äußerst spannend, da ihre Vielschichtigkeit sich einer monolithische Zuordnung zu einer bestimmten anderweitig bekannten sozialen Gruppe verwehrt.

Eine detaillierte monographische Bearbeitung der Leviten in der Chronik liegt in der Forschung bisher noch nicht vor.[7] Wenn Leviten der Chronik thematisiert wurden, so geschah dies entweder neben anderen Gruppen des Tempelpersonals, vorzugsweise den Priestern,[8] oder die Leviten aus der Chronik wurden neben Leviten aus anderen Schriften des AT behandelt[9]. Diese Lücke soll gefüllt werden, indem das multi-funktionale Levitenbild der Chronik erhoben und im Zusammenhang der Wirklichkeitskonstruktion der Schrift, die eine neue Sichtweise auf die Geschichte entwirft, interpretiert wird.

1.1 Die Leviten in der Chronikforschung

In diesem einleitenden Abschnitt soll zunächst ein Überblick über Bewertungen der Leviten gegeben werden, wie sie in der jüngeren Zeit in der Chronikforschung vorgenommen worden sind.

Die Notwendigkeit einer genauen Bestimmung zeigen auch folgende Urteile auf.

So urteilt z.B. Philip R. Davies für die Chronik: „For the Levites are an extraordinarily slippery entity. They appear through the canonized writings now as a tribe, now as priests, now as not-quiet-priests… These ‚Levites‘ are not necessarily a homogenious group at all, but embrace all kinds of functions and interests."[10]

Umfassender beschreibt Antonius Gunneweg die Gruppe: „‚Levi‘ ist zum Inbegriff alles dessen geworden, was, in welcher Funktion auch immer, vermittelnd zwischen Jahwe und der Laienschaft Israels steht."[11]

Auch hier gilt es, auf dem Hintergrund der Forschungsbeiträge genauer zu sehen.

Das Interesse an den Leviten in den letzten hundert Jahren hat im Wesentlichen drei Perioden seiner Erforschung hervorgebracht. Ein frühes Interesse an den Leviten ist in den 30er Jahren des 20.Jh. zu er-

---

[7]   Daher fordert J.W. KLEINIG, Research 45, zu Recht, dass das Levitenbild der Chronik im Rahmen neuerer Fragestellungen neu untersucht werden müsste.

[8]   Vgl. die jüngste Monographie von J. SCHAPER, Priester 269–302 (Chronik); s.a. U. DAHMEN, Leviten (für Dtn); H. HENNING-HESS, Kult 8ff; L.L. GRABBE, Priests 41–65.182f; J. BLENKINSOPP, Sage 66–114; H.-J. FABRY, Zadokiden.

[9]   Vgl. A.H.J. GUNNEWEG, Leviten 14–80.216–218 (zur Chronik); A. CODY, History 146–192; M. HARAN, Temples passim; R. NURMELA, Levites 165–176 (zur Chronik).

[10]   So P.R. DAVIES, Scribes 133.

[11]   So A.H.J. GUNNEWEG, Leviten 221. Ähnlich N. DENNERLEIN, Bedeutung 243: „Die Bezeichnung ‚Leviten‘ ist damit zum übergeordneten Begriff geworden, dem Priester, Leviten, Sänger und Torwächter angehören."

kennen; es folgt eine zweite Periode in den 60er und 70er Jahren, bevor um die Jahrhundertwende vom 20. zum 21.Jh. erneut das Tempelpersonal in den Focus gerät. Daraus ergeben sich drei Epochen der Forschungsgeschichte, die jedoch nicht schematisch von einander zu trennen sind, da mit Nachwirkungen früherer Thesen in späterer Zeit zu rechnen ist.

Eine frühe detailliertere Beschäftigung mit der Funktion von Leviten hat *Gerhard von Rad* in seinem Beitrag über „Die levitische Predigt" im Jahr 1934 vorgelegt. Von Rad wendet sich in der kurzen Studie den Reden in der Chronik zu, die er als „levitische Predigt" bestimmt.[12] In diesen zum so genannten chronistischen Sondergut gehörenden Reden sieht von Rad einen Reflex von aktuellen prophetischen Predigten, wie sie von Leviten im Land Juda gehalten und von den levitischen Verfassern der Chronik unterschiedlichen Personen (Königen, Läufern, Leviten) in den Mund gelegt wurden. Zeichnet die Studie ein formgeschichtliches Interesse aus, so ist wegweisend, dass sie chr Eigenformulierungen analysiert und versucht, diese mit Phänomenen aus der Zeit der Chronik zu identifizieren.

Ein innovativer Neuansatz ist im Jahr 1938 von R. *Meyer* unter dem Titel „Levitische Emanzipationsbestrebungen in nachexilischer Zeit" publiziert worden.

Meyer verfolgt das Porträt der Leviten in der Chronik und in frühjüdischen Schriften. Er entwickelt daraus als erster die Vorstellung, dass eine Emanzipation der Leviten aus dem *clerus minor* in andere Funktionsbereiche stattgefunden hat. Nachdem zunächst „Tempelsänger und Torhüter in den Stand der Leviten aufgenommen worden" sind, wie es in der Chronik nachvollzogen wird,[13] zeigen TestXII und Jub „ein Hervortreten des heros eponymos Levi", dem eine „Vorrangstellung" eingeräumt wird. „Die Art der Herrschaft Levis ist die des Priestertums... Er ist ein Eiferer für ‚Gerechtigkeit'".[14] Neben diesem Ausbau kultischen Einflusses betont Meyer ferner militärische Aspekte, die er mit der priesterlichen Herrschaft verbunden sieht. Daraus schließt er: „Levi erscheint als ein Freiheitsheld."[15] In dieser Gestalt sieht er eine „Verherrlichung des Priesterfürsten Hyrkan I.".[16] Das hat zur Folge, dass TestXII und Jub von Meyer als ein „Legitimationsversuch" der Hasmonäer betrachtet werden, weil er jene als Leviten bestimmt, die ihre Dynastie in der Idealgestalt Levis repräsentiert sehen.[17] Damit sei einer Levitenfamilie eine Eman-

---

[12] So G. VON RAD, Predigt passim.

[13] So R. MEYER, Emanzipationsbestrebungen 722.

[14] Vgl. a.a.O. 723, mit Verweis auf Jub 32,3ff; TestLev 2,2ff; 9,3ff; 12,5 etc.

[15] Vgl. a.a.O. 724, mit Verweis auf Jub 30,18; TestSim 5,43ff; TestJud 21,1; TestRub 6,5ff; TestLev 11,8.

[16] Vgl. a.a.O. 725, mit Verweis auf TestLev 17–18 und Jos Ant 13,282f.299; Bell 1,68.

[17] Vgl. a.a.O. 726. Obgleich L. DELQUEKER, Chronicles 104, Meyer nicht erwähnt, zieht auch er eine Verbindung der Chronik zu den Hasmonäern in Erwägung; allerdings nimmt er einen Anschluss an die zadikidisch-priesterliche Linie aus 1Chr 24 an.

zipation gelungen. Der Aufstieg hat aber den Widerspruch der Priester ausgelöst, so dass den Leviten ihr Anteil am Zehnten entzogen worden ist.

Meyer hat wichtige Punkte im Levitenporträt der Schriften zusammengestellt. Allerdings hat er eklektisch nur einige Funktionszuweisungen Levis und der Leviten beachtet, so dass das Bild ein wenig verzerrt ist, da vor allem die Herrschaftsfunktionen, die den Leviten in der Chronik zugeschrieben werden, nicht auf priesterliche und militärische Bereiche zu beschränken sind. Noch fraglicher ist aber, welche historische Ereignisse Meyer mit den Aspekten der Texte kombiniert. Es ist zwar möglich, dass Hasmonäer sich mit Levi und der Levitendynastie identifiziert haben,[18] doch sind die Angaben in der Belegen nicht detailliert genug, um solche konkreten Schlüsse ziehen zu können.[19] Dennoch stellt der Beitrag von Meyer interessante Aspekte im Levitenbild heraus; umso erstaunlicher ist, dass von ihm keine nennswerte Wirkung ausging.

Eine neue Phase des Interesses an den Leviten beginnt in den 60er Jahren des 20.Jh. Bahnbrechend war der Beitrag von *Hartmut Gese* „Zur Geschichte der Kultsänger am Zweiten Tempel" aus dem Jahr 1963. Gese analysiert die Kultgruppen der Zeit des Zweiten Tempels und ermittelt eine Entwicklung der Leviten derart, dass sowohl die Sänger / Musiker mit den Leviten verschmelzen. Aus den genealogischen Angaben der Chronik und des Esra- sowie des Nehemiabuches schließt Gese auf nachexilische Rangstreitigkeiten im Kultpersonal, die er durch ein vierstufiges diachrones Modell zur Genese der Sänger / Musiker historisch auflöst:

I   Sänger / Musiker als Söhne Asafs; frühnachexilische Zeit (vgl. Esr 2,41; Neh 7,44)
II   Sänger / Musiker der Söhne Asafs und Jeduthuns als Leviten angesehen; vor-chr Material, Zeit Nehemias (vgl. 1Chr 9,1–18; Neh 11,3–19)
III A   Sänger / Musiker der Söhne Asafs, Hemans und Jeduthuns als Leviten; Grundschrift der Chronik (vgl. 1Chr 16,4ff; 2Chr 5,12; 29,13f; 35,13)
III B   Sänger / Musiker der Söhne Etans, Hemans und Asafs als Leviten, Asaf verliert an Einfluss; weitere redaktionelle Schicht der Chronik (vgl. 1Chr 6,16ff; 15,16ff)

Das literarische Modell von Gese wie auch seine historische Auswertung ist in der Literatur vielfach positiv aufgenommen worden.[20] Seit-

---

[18]   Ähnlich J. MAIER, Geschichte 256, der einen nicht näher bezeichneten „‚spätlevitischen' hasmonäischen Eifer" anführt, den er in Qumran aufgehen sieht.
[19]   Zu dem frühjüdischen Levi-Leviten-Porträt in TestXII wie in Jub vgl. meine Untersuchung A. LABAHN, Licht 69–130. Dort wird die These an verschiedenen Stellen näher beleuchtet.
[20]   Vgl. z.B. D.L. PETERSEN, Prophecy 61; U. GLESSMER, Leviten 143f; R. NURMELA, Levites 173; R.L. BRAUN, 1 Chronilces xxxi; S.J. DE VRIES, Chronicles 71

dem wurde nicht mehr hinterfragt, dass die Sänger / Musiker zunächst keine Leviten waren und später unter sie gerechnet werden. Allerdings werden Modifikationen der Gruppenidentitäten diskutiert; so ist vor allem die Abwertung der Position Asafs in Stadium III B fraglich.[21] Geses Beitrag stellt dennoch einen Meilenstein in der Forschung an der Chronik dar, da er die Basis für Beobachtungen an Veränderungen der sozialen Gruppen in den atl. Schriften gelegt hat. Auch wenn Gese implizit von einem (inzwischen fraglich gewordenen) Chronistischen Geschichtswerk[22] ausgeht, zeigt das Ergebnis seiner plausiblen Analysen, dass Unterschiede zwischen Esr/Neh und der Chronik gerade im Sozialporträt bestehen.

Eine wichtige Monographie hat im Jahr 1965 *Antonius Gunneweg* über „Leviten und Priester" vorgelegt. Er untersucht die beiden Gruppen von der Frühzeit bis zu ihrem Endpunkt, wie er im atl. Schrifttum in der Chronik zu greifen ist. Gunneweg geht davon aus, dass die Chronik das theoretische Modell der Priesterschrift aufnimmt, so dass das Tempelpersonal zweistufig aus Priestern und Leviten als *clerus maior* und *clerus minor* aufgebaut ist. Allerdings gesteht Gunneweg zu, dass das Porträt der Leviten in der Chronik vielschichtiger ist. Er löst diesen Widerspruch auf, indem er das P-Modell für eine präskriptive Theorie in der Chronik hält, von der er eine multi-funktionale Wirklichkeit der Leviten unterscheidet.[23] Die Bedeutung der wichtigen Studie von Gunneweg liegt darin, dass er differenzierte Wege zur Durchbrechung des priester(schrift-) lichen Systems in der atl. Literatur aufgezeigt hat.

Vier Jahre später hat *Aelred Cody* „A History of Old Testament Priesthood" veröffentlicht, in der er die im atl. Schrifttum reflektierte Entwicklung des Priestertums von der mosaischen bis zur hellenistischen Zeit verfolgt. Die Leviten spielen hierin nur eine untergeordnete Rolle. Cody geht davon aus, dass die Leviten bis zur Exilszeit lediglich einen Stamm darstellen.[24] Durch die genealogische Einschreibung von Mose, Aaron und Zadok in die levitischen Stammbäume (vgl. 1Chr 5,28–38: Kehatiter) wird aus dem Stamm eine Priesterklasse, und der Begriff „Levi" wird zu einer Funktionsbezeichnung. Dadurch kommt es zu einer nominellen Levitisierung der Priesterschaft; in der gegenläufigen Bewegung werden Leviten aus dem priesterlichen Dienst ausgesondert, weil die Zadokiden diesen für sich allein

---

u.ö.; P.B. DIRKSEN, 1 Chronicles 102; s.a. A.H.J. GUNNEWEG, Leviten 211 (doch ohne Bezug auf Gese); s.a. H.-D. NEEF, Leviten 827.

[21] Vgl. näherhin Abschnitt 6.

[22] Zum Chronistischen Geschichtswerk vgl. meinen im Internet in WiBiLex auf www.bibelwissenschaft.de veröffentlichten Artikel „Chronistisches Geschichtswerk". Aufgrund verschiedener Differenzen zwischen der Chronik und Esr/Neh scheint es mir nicht naheligend mit einer gemeinsamen Entstehung von Anbeginn an zu rechnen. Dass die Schriften später aneinander gefügt und dafür Adaptionen vorgenommen wurden, soll damit nicht bestritten werden.

[23] Vgl. A.H.J. GUNNEWEG, Leviten 212 u.ö.

[24] Vgl. A. CODY, History 33–59.

beanspruchen, und in einen eigenen niederen kultischen Stand abgedrängt.[25] Andere Gruppen des Tempelpersonals (wie z.B. Sänger / Musiker, Torhüter, Tempelsklaven) werden zu den Leviten assimiliert und zu diesem neu entstandenen *clerus minor* gerechnet.[26] Dass die Chronik weitere Funktionen der Leviten erwähnt, wird von Cody herunter gespielt, da er die Lehre und die Tempeladministration in der Zeit des Zweiten Tempels exklusiv bei den Priestern ansiedelt. Obwohl er einzelne Belege aus der Chronik diskutiert, interpretiert er die Aussagen zum Kult in der Chronik einseitig von der Priesterschrift her.

Auch die Studie von *Menahem Haran* „Temples and Temple-Service in Ancient Israel" von 1978 konzentriert sich auf die Priesterschaft. Haran geht von einem zweigliedrigen Bestand des Kultpersonals aus Priestern und Leviten aus.[27] Damit folgt er dem priesterschriftlichen System, das er für ein Produkt der vorexilischen Zeit hält, das bis in die nachexilische Zeit hinein weiter umgesetzt worden ist. Dass die vermeintliche Entstehungs- und Wirkungszeit von P einen großen Zeitraum in Anspruch nehmen, passt zu der Voraussetzung von Haran: „The main characteristic of a cultic activity is permanence. This is manifest in four dimensions by which the cult can be described. The cult enjoys permanence of place ... permanence of time ... permanence of ceremony. And it has regular personnel."[28] Da Haran das Kultpersonal auf die Priester konzentriert, kommen die Leviten nur *en passant* vor. So gilt für sie: „The status and function of the Levites ... is a sanctity of minor degree: it does not embody substantial, material ‚power', neither is it cultic in nature."[29] Die Funktion der Leviten wird als Dienst für die Priester und Dienst für das Volk bestimmt; ferner halten die Leviten Wache und tragen die Lade, wobei sie eine Barriere zwischen Priestern und Volk bilden.[30] Für die Leviten gilt: „The Levites have no place inside the priestly circle." Damit nimmt Haran eine scharfe Zweiteilung des Tempelpersonals vor. Die in der Untersuchung folgenden Ausführungen der Kultpraktiken entsprechen diesem Schema.

Diese Studien aus den 60er und 70er Jahren haben das Bild des (nachexilischen) Tempelpersonals maßgeblich geprägt. Sie nehmen die priesterschriftlichen Kultanweisungen als deskriptiven Zustand des historischen Tempelkultes wahr. An dieser Schilderung der Kultdiener werden andere atl. Entwürfe gemessen, wobei solche Angaben, die gegenüber dem priesterschriftlichen System abweichen, als unrealistisch eingeordnet werden. Hat Gunneweg versucht, ein differenzierteres Bild zu entwerfen, so stellen die Monographien von Cody und Haran einen Rückschritt gegenüber den Ergebnissen Gunnewegs dar. Das priester-

---

[25] So A. CODY, History 168–174. Daran schließen die Überlegungen von H.-J. FABRY, Zadokiden 203f, an.
[26] Vgl. A. CODY, History 182–192.
[27] Vgl. M. HARAN, Temples 58–111 u.ö.
[28] Ebd. 58.
[29] So a.a.O. 59.
[30] Vgl. a.a.O. 59f.78–80.

schriftliche Bild des zweiteiligen Kultpersonals hat so nachhaltig gewirkt, dass selbst aktuelle Publikationen und Lexikonartikel zu den Leviten dieses noch als generell gültiges System und historisches Bild
rezipieren.[31]

In der nächsten Epoche der Erforschung der Priester und Leviten
werden detailliertere Bilder des Tempelpersonals entwickelt, indem
zwischen unterschiedlichen atl. Schriften und verschiedenen theologischen Strömungen differenziert wird. Wenn divergierende atl. Entwürfe neben einander gestellt werden, relativieren die unterschiedlichen Darstellungen den Stellenwert der priesterschriftlichen Aussagen.
Die P-Gesetze sind auf diesem Hintergrund als präskriptive Texte zu
betrachten, die ein Kultsystem aus der Sicht der Priesterschaft entwerfen und dieses zur verbindlichen Norm zu erklären trachten.

Eine neue Sichtweise wird in dem Lexikonartikel über die Leviten
von *Baruch A. Levine* aus dem Jahr 1987 formuliert. Er bestimmt einen
Leviten als „mobile professional" „with differentiated functions".[32] Dazu zählt er sakrale, prophetische, therapeutische, juristische, administrative und politische Aufgaben. Das von Levine angeregte Verständnis
der multi-funktionalen Zuschreibungen der Leviten, wie es vor allem in
der Chronik zu finden ist, begegnet erneut in soziologischen Studien,
die weniger die kultisch-priesterlichen Aspekte der Leviten betonen,
sondern versuchen, das nicht-kultische Spektrum ihrer Tätigkeiten zu
berücksichtigen.[33]

Auch *Uwe Glessmer* nimmt in seinem 1994 erschienenen Artikel
über „Leviten in spät-nachexilischer Zeit" Überlegungen von Levine
auf.[34] Glessmer erhebt aus der Chronik ein multi-funktionales Bild von
Leviten, das allerdings auf Funktionen im Tempelkult beschränkt ist.
Die Leviten sind als Sänger und Unterweiser des Volkes im Tempel
tätig, wo sie eine „himmlisch-eschatologisch orientierte Unterweisung
bzw. entsprechende Textrezitation" vornehmen[35] und dadurch zu einer
„*Vermittlungsgröße* ... zwischen der zentralen Einrichtung des Tempel-
kults und dem Volk" werden.[36] In den „Qualifikationen der Leviten"
sind außerdem „prophetische Qualitäten" inbegriffen;[37] ferner nehmen
die Leviten als Schreiber auch Lehrtätigkeiten wahr.[38] Glessmer zieht

---

[31]   Vgl. G. Fohrer, Levi 336; W. Werner, Levi(t) 625; H. Reventlow, Priester
386; U. Dahmen, Leviten LThK 866; B. Ego, Leviten 111; s.a. P.D. Hanson,
Dawn 272f; R. Achenbach, Priester 308; ders., Leviten 294f; J. Blenkinsopp,
Sage 95; S.J. De Vries, Chronicles 70f; L.L. Grabbe, History 226.229f.

[32]   Vgl. B.A. Levine, Levites 524.526.

[33]   Vgl. P.R. Davies, Scribes 133 u.ö.; L.L. Grabbe, Religion 136; s.a. J. Blenkinsopp, Scribalism passim.

[34]   U. Glessmer, Leviten 131.

[35]   A.a.O. 142.

[36]   A.a.O. 132 (Hervorhebung im Original).

[37]   A.a.O. 144.

[38]   A.a.O. 145.

daraus die Schlussfolgerung, dass in der Chronik „eine erkennbare Entwicklung zum Tragen" kommt, „die den Oberbegriff ‚Leviten' auf verschiedene andere Gruppierungen ausweitet". Diese Entwicklung sieht Glessmer nicht allein in der literarischen Sinnkonstruktion der Chronik vorliegen, sondern betrachtet sie als reale Genese der sozialen Gruppe. Aus den Chronikbelegen und den bei Josephus, Ant 11,128; 12,142, genannten γραμματεῖς τοῦ ἱεροῦ[39] schließt Glessmer weiter, dass sich „die zunehmend wichtige Funktion, Texte für den Bereich der kultisch-rechtlichen Organisation und Praxis zu schreiben", entwickelt.[40] Die Leviten decken damit „ein breites Spektrum" ab, doch „die gemeinsame Ebene aller Tätigkeiten ist der ‚*Dienst für Gott und Volk*'".[41]

Das von Glessmer erstellte multi-funktionale Bild der Leviten in der Chronik und in der Sozialgeschichte der Zeit des Zweiten Tempels berücksichtigt viele Aspekte, wie sie der Gruppe zugeschrieben werden. Glessmer hat mit seinem Beitrag wichtige Einsichten formuliert, die einer Flexibilität im Levitenporträt und seiner Offenheit für verschiedene Funktionsbereiche sowie verantwortungsvolle Positionen gerecht werden. Allerdings überrascht angesichts dieser Offenheit, dass er die Gruppe auf den Bereich des Tempelkultes beschränkt. Leitend dafür war möglicherweise die von Josephus übernommene Vorstellung der γραμματεῖς τοῦ ἱεροῦ. Da Glessmer mit einem tatsächlich wahrgenommenen Tätigkeitsspektrum von Schreibern rechnet, hätte es aber nahe gelegen und der Offenheit der Gruppe entsprochen, sie nicht auf den Tempelbereich einzugrenzen, sondern weitere Funktionen der (auch profanen) Administration damit zu verbinden, zumal die Chronik, auf die Glessmer sich stützt, die Leviten entsprechend zeichnet.[42]

Risto Nurmela hat 1998 ein bisher noch wenig beachtetes Werk zu den Leviten mit dem bezeichnenden Untertitel „Their Emergence as a Second-Class Priesthood" vorgelegt. Nurmela analysiert sämtliche atl. Levitenbelege und erarbeitet die These, dass die Leviten in der Zeit der Monarchie als die am nordisraelitischen Staatsheiligtum in Bethel amtierenden Priester aufgekommen sind.[43] Aufgrund von Kultreformen anlässlich der Abschaffung von Ortsheiligtümern im Nordreich und in Juda wird der Jerusalemer Tempel zum einzigen Arbeitsplatz der Priester. Da dieser von den Aaroniden und Zadokiden beherrscht wird, werden die Leviten und mit ihnen die Sänger / Musiker und Torhüter in den Stand niederer Tempelbedienstete abgedrängt.[44] Die Position der Leviten als *clerus minor* stellt nach Nurmela den Endpunkt einer Ent-

---

[39] Zur Kritik an diesem Aspekt s.u. Abschnitt 7.3.
[40] U. GLESSMER, Leviten 145.
[41] Ebd.; Hervorhebung im Original.
[42] Vgl. 1Chr 23,3f; 26,29–32; 27,25–34; 2Chr 19,8–11; 24,4–14; 34,9–13; s. dazu Abschnitt 5.
[43] Vgl. R. NURMELA, Levites 17–82.
[44] S. weiterhin meine Rezension in BibOr 57, 2000, 670–674.

wicklung dar, wie er literarisch in der Priesterschrift überliefert ist.[45] Der Chronik – die Nurmela zusammen mit Esra/Nehemia als Chronistisches Geschichtswerk behandelt – als spätestem literarischen Beleg für unterschiedliche Verhältnisbestimmungen von Priestern und Leviten im AT kommt in der Studie nur der Stellenwert eines Epilogs zu.[46] Nurmela bietet eine neue These für die Entstehung der Leviten; hat er primäres Interesse in der Frühzeit der Gruppe, so bleibt der Stand der Leviten in der Zeit des Zweiten Tempels bei dem priesterlichen Befund stehen. Da Nurmela die Chronik von Esr/Neh her liest, wo das priesterschriftliche System weitgehend bewahrt wird, überrascht dies nicht. Allerdings stellt die Chronik gerade Anfragen an das darin geprägte Levitenbild, insofern sie neue Akzentsetzungen vornimmt und damit das prieserschriftliche System erweitert. Damit kann die Einteilung in ein zweigliedriges System des Kultpersonals aber nicht unhinterfragt als Endpunkt der Entwicklung der Levitengruppe gelten.

1999 hat *Gary N. Knoppers* in dem Artikel „Hierodules, Priests, or Janitors?" das Bild der Leviten und Priester in der Chronik, mit Schwerpunkt auf 1Chr 23–27, untersucht.[47] Aufgrund terminologischer Gemeinsamkeiten in der Beschreibung der Tempeldienste (z.B. מֲעֲשֶׂה, √עמד, √קדשׁ, √שׁרת, verwendet für Priester und Leviten)[48] kommt Knoppers zu der These, dass die Chronik ein Tempelpersonal von „complementary responsibilities of Levites and priests" voraussetzt. Die Chronik zeige „a collateral understanding of the relationship between priests and Levites".[49] Der Tempelkult wird nur dann ordnungsgemäß durchgeführt, wenn beide Gruppen ihren Zuständigkeitsbereichen in gemeinschaftlicher Kooperation nachkommen. Damit sucht Knoppers eine Alternativsetzung zwischen Priestern auf der einen und Leviten auf der anderen Seite zu überwinden.

Für die Beurteilung der in der Chronik erzählten Ereignisse durch die Geschichtsdeutung ist eine angemessene Durchführung des Tempelkultes in Abhängigkeit von den Aktanten zweifelsohne ein entscheidender Aspekt. Allerdings scheint mir die Rolle, die Knoppers den Priestern in dieser Verhätlnisbestimmung zuschreibt, zu stark gewichtet zu sein im Vergleich mit dem vielfältigen und mannigfachen Auftreten von Leviten, von deren angemessener Beteiligung die Chonik auch das Gelingen bzw. Misslingen einer Aktion abhängig macht. Auch wäre weiterhin zu beachten, dass die Chronik die Leviten in weitere Funktionsbereiche wie etwa in die (auch profane) Administration einbindet. Indem Knoppers dies nicht berückschigt, fehlen wichtige Punkte im

---

[45] Vgl. R. NURMELA, Levites 107–140.
[46] A.a.O. 165–175.
[47] Vgl. G.N. KNOPPERS, Hierodules 49–72.
[48] Vgl. den analytischen Teil a.a.O. 55–68, mit Verweis auf das Deuteronomium, die Priesterschrift und das Prophetenbuch Ezechiel.
[49] So a.a.O. 71f. Die Sänger / Musiker werden unter die Leviten subsumiert, a.a.O. 67f.

multi-funktionalen Levitenporträt und seiner In-Beziehung-Setzung zu den Priestern. Gegenüber dem harmonischen Bild, das Knoppers für die aus Leviten und Priestern bestehende Gemeinschaft des Tempelpersonals entwirft, lassen sich in der Chronik Spuren von Rivalitäten zwischen beiden Gruppen ausmachen,[50] die trotz der gemeinsamen genealogischen Identitätszuschreibung (vgl. 1Chr 5,27–29) nicht zu unterschätzen sind.

Das chronistische Bild des Tempelpersonals führt Knoppers auf eine Mischung von literarischer Traditionsverbundenheit und Reflexe aktueller Tempelpraxis zurück: „The Chronicler draws upon past tradition and present reality, but his history does not duplicate either."[51] Er kommt zu dem Schluss: „In writing about the past, the Chronicler attempts to shape the present. The Chronicler's depiction of the levitical work profile in the time of David reflects what he believes this profile should be."[52] Knoppers sieht das literarische Porträt der Chronik im Spannungsfeld zwischen literarischer Fiktion und Realität, wobei er es als Aussage darüber, wie es in der Wirklichkeit sein soll, bestimmt. Knoppers bringt mit dieser Überlegung methodisch moderne Fragestellungen in die Erforschung der Chronik ein, äußert sich aber nicht dazu, welchen Anteil an der Konstruktion er als desriptiven Reflex der Wirklichkeit und was als präskriptives Bild betrachtet.[53]

Das Modell von Knoppers weist Berührungspunkte mit der zwei Jahre früher entstandenen (leider nicht veröffentlichten) Heidelberger Dissertation „Kult als Norm?" von *Heike Henning-Hess* aus dem Jahr 1997 auf. Sie untersucht das Bild der Priester und Leviten in der Chronik anhand des die Leviten betreffenden Listenmaterials (1Chr 5–6; 23–26), dem sie einen „Legitimationscharakter für den zur Abfassungszeit herrschenden Status quo" entnimmt.[54] Sowohl die Priester als auch die Leviten rechnet Henning-Hess zu dem Stamm Levi. Die Leviten unterteilt sie darüber hinaus in die drei (Unter-)Gruppen „,eigentliche' *Leviten, Sänger* und *Torhüter"*.[55]

Obwohl Henning-Hess die Disparatheit der levitischen Funktionen und Listen in der Chronik zugesteht, entwirft sie aus dem Listenmaterial ein harmonistisches Bild der Aufgaben der Leviten, aufgeteilt in einzelne Geschlechter, denen be-

---

[50] Vgl. dazu Abschnitt 7.6.

[51] A.a.O. 71.

[52] Ebd. Der Verweis auf David hängt mit der Einteilung des Kultes durch den König in 1Chr 23 zusammen.

[53] Zu dieser Fragestellung s.u. Abschnitt 1.2 und 1.3 und die weiteren Überlegungen in dieser Untersuchung.

[54] So H. HENNING-HESS, Kult 196.

[55] Vgl. H. HENNING-HESS, Kult 15 (Hervorhebungen im Original) u.ö. Ich beschränke mich in der nachfolgenden Darstellung auf das Bild der Leviten und gehe nicht weiter auf Henning-Hess' Untersuchungen zu den Priesterlisten ein. Das Priesterporträt läuft bei ihr darauf hinaus, dass sie „eine Betonung der bevorzugten Stellung der Linie Eleasar vor der Linie Ithamar" ausmacht (a.a.O. 194.).

stimmte Dienstordnungen zugewiesen werden. Henning-Hess kommt zu dem Schluss, dass „den Leviten ... untergeordnete Funktionen zukommen", und spezifiziert, „daß Leviten pauschal für die Mehlprodukte im kultischen Bereich zuständig sind. Das Lob JH's fällt ebenso in ihren Aufgabenbereich wie auch der Dienst am Heiligtum und das Bedienen der Priester."[56] Dass die Chronik die Priester in die levitischen Genealogien einordnet und insofern die Priester auch Leviten sind, bedenkt Henning-Hess nicht weiter. Von den genannten levitischen Aufgaben seien die Geschlechter der Gerschoniter und Kehatiter allerdings ausgenommen; während die Gerschoniter als Nachkommen Moses gelten und mit den „Finanzen des Tempels" betraut sind,[57] sind die Kehatiter für die „innenpolitischen" Angelegenheiten zuständig.[58] Die Aufgabe der Sänger bestimmt Henning-Hess in der Kultmusik; die Torhüter sind demgegenüber für die Wache der Tempeltore zuständig.[59] Die beiden letzteren Gruppen sind genealogisch nicht von einander abgegrenzt, noch sei eine „einheitliche Strukturierung innerhalb der ... levitischen Gruppen" zu erkennen.[60] Den Städtelisten in 1Chr 6,39–66 entnimmt Henning-Hess des Weiteren eine lokale Differenz zwischen den Levitengeschlechtern: Während die Kehatiter neben den Priestern durch eine Nähe zum Tempel und Jerusalem ausgezeichnet sind, kommt den Meraritern und Gerschonitern „als Bewahrern der Städte in Grenzgebieten eher strategische Bedeutung zu".[61]

Das aus den Genealogien entwickelte Porträt der Leviten und etwaiger Untergruppen ist nicht unproblematisch, da die funktionalen Zuordnungen zu Geschlechtern nicht so einlinig in der Chronik vorkommen, wie Henning-Hess dies meint. Wenn man zur Bestimmung der Funktionen von Leviten weitere Belege der Chronik über die Genealogien hinaus berücksichtigt, ergibt sich ein differenziertes und hinsichtlich der genealogischen Relationen eher diffuses Bild, da zumeist nur von „Leviten" gesprochen wird, ohne dass eine dezidierte Binnenzuordnung innerhalb der Gruppe der Leviten vorgenommen wird. So ist es fraglich, inwieweit sich einzelne Funktionen von Leviten auf bestimmte Sippen so einschränken lassen, dass spezifische funktionale Familienporträts zustande kämen.

Die von Henning-Hess angenommenen klaren Strukturen werden zudem durch Umbrüche in den Genealogien selbst hinterfragt. So wird etwa Asaf in allen drei genealogischen Levitenfamilien eingeführt.[62] Fraglich sind ferner die Bezüge von Gerschom; gegen die von Henning-Hess vorgenommene Identifikation der Personen Namens Gerschom sind der Levisohn Gerschom (vgl. 1Chr 6,2.28) und der Mosesohn Gerschom, der nach 1Chr 23,15 in die Kehatiter-Genealogie gehört, zu unterscheiden.[63]

Die Genealogien der Chronik bilden nach Henning-Hess eine „wohlstrukturierte Komposition mit Legitimationscharakter".[64] Das in ihnen entfaltete Porträt des Kultpersonals wird als Norm begriffen, die die

---

[56] A.a.O. 96.

[57] A.a.O. 97. Zu einer divergierenden Bestimmung der Geschlechter s.u. Abschnitt 6.2.5; wahrscheinlicher ist, dass die Kehatiter gemeint sind.

[58] A.a.O. 98.

[59] A.a.O. 104–107.

[60] So ebd. 107.

[61] A.a.O. 197.

[62] Vgl. näherhin Abschnitt 6.

[63] S.u. Abschnitt 6.1.4.

[64] Ebd. 194.

Chronik festschreibt und auf die Vergangenheit zurückprojiziert.[65] Als soziologische und theologische Tendenz entnimmt Henning-Hess der Chronik eine Aufwertung der Leviten, denen in der „Kult- und Welt-gemeinde" entscheidende Bereiche zugewiesen werden.[66] Sie führt die in der Chronik vorausgesetzten sozio-politischen Strukturen direkt auf die Verhältnisse ihrer Abfassungszeit zurück. Mit diesem Ansatz entspricht die Dissertation neuen Fragestellungen, die in der Chronik nach Reflexen zeitgenössischer historischer Wirklichkeit fragen.

Einem anderen Teilaspekt geht der 1999 erschienene Beitrag „Leviten, Priester und Kult in vorhellenistischer Zeit" von *Thomas Willi* nach. Ihn bewegt die Frage nach der Einbindung der Judäer in „die multiethnische, multikulturelle und multireligiöse Situation" in der achämenidischen Zeit und die Funktion von Tempel, Tempelkult und Tempelpersonal darin.

Willi betrachtet den Jerusalemer Tempel und seinen Kult als eine Einrichtung, die „ihrem Wesen nach" die Grenzen der judäischen Nationalität überschreitet.[67] „Die nationale Identität der Judäer ... schloß zwar ... den Bezug zum Kult und zum Tem-pel in Jerusalem ein, war aber keineswegs daran geknüpft, sondern konnte sich auch unabhängig davon auf die Struktur des Perserreiches stützen."[68] Als „natio-nale Identität" bezeichnet Willi eine „auf die Tora bezogene Lebenshaltung". Da-von unterscheidet er den „Kult des Zweiten Tempels"; dieser „wird zwar durch das jüdische Volk getragen, aber er ist mehr als eine rein judäische Angelegenheit."[69] Der Tempelkult ist vielmehr Vollzug der Israel anvertrauten und „aller Welt vor-zeigbaren schriftlichen Tora", wie es vor allem in der Chronik deutlich wird.[70] Willi nennt im Folgenden drei *„notae cultus"* für den „schriftgemäßen, traditions-verbundenen Kult": (1.) „daß der Jerusalemer Gottesdienst grundsätzlich universal ausgerichtet ist", (2.) „daß der Kult ... die verlorenen Teile des Hauses Israel mit einbezieht" und (3.) „den Levitismus".[71] Eine Levitisierung des Tempelkultes ge-schieht einerseits durch eine Zuschreibung levitischer Herkunft für die Priester, indem ihr Stammbaum in die Genealogie Levis eingebunden und damit an Mose angebunden wird (vgl. 1Chr 5,28–38). Andererseits bringen die Leviten „den Um-gang mit dem Wort" in diese Gruppe mit ein, „die Tora als das umfassende Bil-dungs-, Rechts-, Religions- und Lebensgut ‚Israels'".[72] Die Legitimation der Levi-ten zum Tempeldienst beruht „auf der Pflege der Überlieferung, auf der Anwen-dung des Wortes und auf der Auslegung der Schrift".[73] Dennoch haben die Leviten nach Willi nicht die vollen Priesterrechte erhalten, sondern müssen sich als *clerus minor* mühsam durchsetzen.[74]

---

[65] Vgl. H. HENNING-HESS, Kult 193ff. „Chronik versucht, den zu ihrer Abfas-sungszeit herrschenden IST-Zustand zu legitimieren" (a.a.O. 192).
[66] A.a.O. 196–198, Zitat 198 .
[67] Vgl. T. WILLI, Leviten 81–83, bes. 83.
[68] A.a.O. 80.
[69] A.a.O. 83.
[70] A.a.O. 88. S.a. DERS., Schriftbezug passim, bes. 264.
[71] T. WILLI, Leviten 89 (Kursiv im Original).
[72] A.a.O. 91.
[73] A.a.O. 92.
[74] A.a.O. 91.

Willi akzentuiert andere Nuancen im Levitenbegriff, wenn er diesen an der Schriftgemäßheit des Kultes festmacht. Willi geht es nicht um eine Definition levitischer Aufgaben, sondern um das Problem der Integration von Tempel und Volk, Priester und Kult. Dabei sieht er wesentliches Gewicht an der Tora und ihrer Auslegung für das Volk hängen. Wenn Willi die Leviten implizit in diese Aufgaben einbindet, gelangt er zu einem neuen Kriterium, was unter einem Leviten zu verstehen ist: Levi ist die „zentrale Einheit" der „Gesamtheit" Israels der Zeit des Zweiten Tempels, wobei „Levi ... *die* Funktion Israels und umgekehrt ... *Israel* das Volk Levis" ist.[75]

Das zweitjüngste umfangreichere Werk ist die Studie von *Joachim Schaper* über „Priester und Leviten im achämenidischen Juda" aus dem Jahr 2000.[76] Die Bestimmung der Ausgangsposition für die Entwicklung der Priester und Leviten nimmt Schaper ähnlich wie Nurmela vor.[77] Er betrachtet die Leviten als Priester, die in vorexilischer Zeit außerhalb Jerusalems tätig waren. Durch die Kultzentralisation verlieren sie – wie andere Gruppen von Priestern – ihre ökonomische Grundlage. Trotz nomineller Gleichstellung aller Priester am Jerusalemer Tempel entsteht eine Konkurrenzsituation, in deren Ausgang die Zadokiden ihre Position am Jerusalemer Tempel festigen und ihre Konkurrenten in eine untergeordnete Position eines *clerus minor* abdrängen. Dieses hierarchische System wird von der Priesterschrift entfaltet.

Schaper analysiert die weitere Entwicklung von Priestern und Leviten in der Zeit des Zweiten Tempels. Neu ist an seinem Vorgehen, dass er das literarische Porträt von Esr/Neh und der Chronik soziologisch auswertet.[78] Schaper macht zu Recht deutlich, dass die beiden Schriften Divergenzen im Sozialporträt zeigen, so dass die Vorstellungen über Priester und Leviten nicht zu harmonisieren sind. Schapers Anliegen ist interessant, doch geht er von einer nicht unproblematischen Voraussetzung aus. Er nimmt an, dass die Priester die Tempelverwaltung ausüben.[79] Dies ist insofern schwierig, da die kontemporären atl. Schriften davon nichts berichten. Sowohl in Esr/Neh als auch in der Chronik nehmen die Priester kultische Funktionen wahr. Zutreffend ist Schapers soziologische Erwägung, dass *eine Gruppe des Tempelpersonals für administrative Aufgaben* zuständig ist. Diese Gruppe hat Einfluss und arbeitet mit der achämenidischen Administration zusammen. Da im AT jedoch nicht gesagt wird, dass diese Aufgabe auf die Priester fällt, stellt sich die Frage, ob sich dafür nicht eine andere Gruppe aus dem Tempelpersonal besser anbietet, wenn sich eine Textgrundlage wie in der

---

[75] A.a.O. 93 (Kursiv im Original).
[76] S.a. meine Rezension in ThLZ 128, 2003, 146–148.
[77] Vgl. J. SCHAPER, Priester 18–129.
[78] A.a.O. 162–225.
[79] Ähnlich L.L. GRABBE, Priests 183.

Chronik dafür finden lässt, die solche Funktionen den Leviten zuschreibt.[80]

Für die weitere Zeit des Zweiten Tempels versteht Schaper das Verhältnis zwischen Priestern und Leviten als eine sich verschärfende
Konfliktgeschichte.[81] Unter Nehemia komme es zu einer Veränderung
der Situation, da der Gouverneur sich mit Kleinbauern, Tagelöhnern,
Schuldsklaven und den Leviten verbünde und eine Front gegen Priester
und Aristokratie eröffne. Esra führe die Reformen weiter und propa-
giere ein von ihm erlassenes Gesetz, zu dessen Verfechtern, Auslegern
und Lehrern die Leviten werden. Die Leviten agieren unter Esra als
eine polizei-ähnliche Truppe, die Einfluss auf die Geschicke des Tempels ausübt. Die Leviten assimilieren schließlich in der spät-achämeni-
dischen Zeit mit den Sängern / Musikern und den Torhütern, wie es
auch für die Chronik gilt. Durch die von Nehemia und Esra mit Hilfe
der Leviten durchgesetzten Reformen wird auch deren Einflussbereich
erweitert, so dass die Leviten jetzt in einer endgültigen Frontstellung zu
den Priestern stehen. Für die Leviten erschließt Schaper weiter, dass sie
„Schlüsselstellungen in der Verwaltung" einnehmen.[82] Fraglich ist hieran die Abgrenzung zu den Priestern, da Schaper diese ebenso in die
Verwaltung einbindet. Es ist zwar durchaus möglich, dass beide Gruppen – Priester und Leviten – Funktionen innerhalb der Administration
innehatten und in unterschiedlichen Teilbereichen arbeiteten oder auf
verschiedenen Verwaltungsebenen eingebunden waren, da das Tempelpersonal durchaus als eine nicht einheitliche Größe erscheint. Wenn
man dies ernst nimmt, lassen sich aber Konkurrenzverhältnisse und
Auseinandersetzungen erkennen, die vor allem an einer Frontstellung
zwischen Priestern und Leviten aufbrechen. Hierzu geben die Schriften
Esr/Neh und die Chronik einige Hinweise, die zwar theologisch unterschiedlich motiviert sind, doch historisch auf ähnliche Phänomene an-
spielen könnten und mit soziologischen Überlegungen zur achämenidischen Reichsverwaltung konvergieren.[83]

An die Untersuchungen von Knoppers und Schaper schließt die Antrittsvorlesung
von *Innocenzo Cardellini* „I ‚Leviti'! L'Esilio e il Tempio" aus dem Jahr 2002
an.[84] Auch er geht sowohl für Esr/Neh als auch für die Chronik davon aus, dass die
Leviten einerseits in der politischen Reichsverwaltung tätig sind und dass sie
andererseits das Gesetz verlesen und interpretieren.[85] In der Chronik sieht er ein

---

[80] Vgl. dazu im Detail Abschnitt 5 und die dort diskutierten Belege.

[81] Vgl. J. SCHAPER, Priester 226–302.

[82] So a.a.O. 293.

[83] Vgl. dazu meine noch ausstehende Studie „Indirekte Herrschaft in der Administration", in der diese Schlüsse gezogen werden.

[84] Das Schwergewicht der Untersuchung liegt auf Konstellationen der Exilszeit,
wie sie mit dem Dtn und der Priesterschrift diskutiert werden, während Esr/Neh
und die Chronik nur *en passant* in der „*Conclusione*" behandelt werden: I. CAR-
DELLINI, Leviti 37–43.

[85] Vgl. I. CARDELLINI, Leviti 39.41.

„concetto di cooperazione e di complentarieta" zwischen Leviten und Priestern, wobei die Leviten begünstigt werden.[86]

Die Beobachtung, dass die Leviten in der Chronik in verschiedenen Arbeitsfeldern eingesetzt werden, begegnet auch in der neuesten Monographie von Steven James Schweitzer „Reading Utopia in Chronicles" von 2007 wieder. Er geht davon aus, dass die Chronik eine Utopie als Entwurf einer besseren alternativen Wirklichkeit darstellt,[87] die um das Zentrum der Leviten als marker und group boundaries aufgebaut ist. „The Levites are associated with a variety of responsibilities, duties and privileges."[88] Dazu zählt Schweitzer die Funktionen von „caretakers of the cult", von Torhütern „as guards and as a military force" und Sängern / Musikern, von Propheten und Schreibern, von Richtern und Lehrern der Tora sowie von Tempelbediensteten, die für die Tempelarchive und -kammern zuständig sind; und „Levites may serve temporarily as priests under extreme circumstances".[89] Die Position der Leviten im Kult ist für Schweitzer in der Chronik überhaupt von Bedeutung, da von den levitischen Tempelbediensteten der ordnungsgemäße Ablauf des Kultes abhängt und sie damit zum Zentrum des für die Zukunft erwarteten besseren Systems werden. Damit werden die Leviten aber auch in ein Konkurrenzverhältnis zu den Priestern gesetzt, die in der Chronik auf den engsten Tempelkreis im Zusammenhang der Darbringung der Opfer eingegrenzt werden. Schweitzer gibt für die Position und Rolle der Leviten in diesem System an:

„Thus, the Levites are the focus of the Chronicler's utopian vision for the community. The monarchy is an institution of the past that has served its purpose. The priests are necessary for the operation of the cult but have limited areas of service, and they have a history of failure in their duties and piety. The Levites, in contrast, are dependable, versatile, and will continue to exist as a vibrant group in the community's future. Their incorporation into new areas of responsibility within the cult enhances the ability of the community to 'seek God' and to be taught 'the good way' in which to live (2 Chr 6:27). The conditions of the present *will* be improved as the Levites are allowed to serve in a wide variety and number of functions, according to the Chronicler's argument."[90]

Schweitzer gesteht den Leviten mit diesem Ansatz einen großen Einflussbereich im Gesellschaftsgefüge zu. Diese Spur gilt es weiter zu verfolgen, vor allem unter zusätzlicher Berücksichtigung der Belege

---

[86]   A.a.O. 42f. Die Argumentation ist thetisch; Cardellini verweist auf die genannte Literatur zurück.
[87]   Zur These der Monographie, insbesondere zur Form der Utopie, mit der Schweitzer die Konstruktion der Chronik interpretiert, vgl. die Darstellung im nächsten Abschnitt 1.2.4.
[88]   So S.J. SCHWEITZER, Utopia 153.
[89]   So S.J. SCHWEITZER, Utopia 153–175 u.ö. (Zitate ebd. 156.159.54).
[90]   So S.J. SCHWEITZER, Utopia 174 (Kursiv im Original).

der Chronik, die von einer Einbindung von Leviten in die den Kult
überschreitende Administration handeln und darin den Verantwortungsbereich und den Gestaltungsspielraum der Leviten weiter ausdeh-
nen.

Innovativ ist an dem Ansatz von Schweitzer, dass er das Levitenbild
der Chronik als eine utopische Konstruktion versteht und davon die
Frage danach, wie sich dieses Bild zur Realität verhält, abtrennt (dazu
weiter unten). Schweitzer gelingt es, mittels dieses methodischen Ansatzes zu einer differenzierten Sichtweise zu gelangen und neue Para-
digmen in die Diskussion um die auffälligen Funktionen der Leviten in
der Chronik und ihre Interpretation hinsichtlich des Sozialporträts der
Gruppe einzuführen.

Zusammenfassend ist festzuhalten, dass die Untersuchungen über die
Leviten in der Chronik aus den letzten zwei Dekaden insofern Divergenzen zeigen, als beinahe jeder Beitrag an anderen Aspekten des
multi-funktionalen Levitenbildes anknüpft. Überwinden die Beiträge
eine Engführung, wie sie aus dem Levitenbild der Priesterschrift entnommen und lange Zeit auf die Chronik appliziert worden ist, so präsentiert sich die Forschungslage nunmehr in neuer Vielfalt.[91]

Diese Gesamtlage spiegelt sich in dem Urteil von Heinz-Josef Fabry über die
frühjüdische Zeit, das er in seinem Beitrag „Zadokiden und Aaroniden in Qumran"
aus dem Jahr 2004 eröffnet: „Als eine große Unbekannte mit ganz amorphen Kon-
turen geraten ... die Leviten ins Blickfeld, die sich jeder Differenzierung entziehen".[92] Das multi-funktionale Levitenbild, das von der Chronik ausgeht und die
frühjüdische Zeit prägt,[93] bleibt bei Fabry in seiner Vielschichtigkeit stehen, wenn
er eine klar umrissene Struktur der Gruppe in der Sozialgeschichte in der Zeit
des Zweiten Tempels vermisst.

Mit einer analogen Bewertung beginnt auch Mark Leuchter seinen Beitrag über
die Leviten in der persischen und hellenistischen Zeit: „The Levites remain somewhat of a mystery."[94] Auf diesem Hintergrund unterbreitet Leuchter dann aber den
Vorschlag, die Leviten als zentrale Mediatoren der „concepts of the divine-human
dialogue" zu sehen, insofern Leviten zwischen dem schriftlich dargelegten göttlichen Willen und seiner Auslegung an das Volk vermitteln. Leuchter erkennt darin
eine Levitische Schreibtradition, die vom Deuteronomium herkommend, in der Zeit
der Chronik relevant ist (i.e. Perserzeit) und weiter darüber hinaus reicht (i.e. hellenistische Zeit).[95] In dieser Rolle treten die Letiven, aus denen später die Maskilim
hervorgehen, in Konkurrenz zu den Priestern, denn „history and ist meaning are

---

[91] Vgl. dazu auch die einleitenden Bemerkungen von M. LEUCHTER und J.M.
HUTTON, Introduction 1–5, zu dem jüngst erschienenen Sammelband derselben
Herausgeber über „Levites and Priestes".
[92] H.-J. FABRY, Zadokiden 201.
[93] Vgl. dazu A. LABAHN, Licht passim, wo die Leviten in der Zeit des Zweiten
Tempels vorgestellt und auch Weiterwirkungen des Levitenbildes der Chronik
aufgezeigt werden.
[94] So M. LEUCHTER, Levite 213.
[95] Vgl. M. LEUCHTER, Levite 216f; Zitat 217.

mediated through the teachings of the משכלים, not the priesthood".[96] Die Leviten nehmen damit soziologisch die Funktion einer Gruppe ein, die Grenzen definiert, gerade auch in Überschreitung der Grenzen des Jerusalemer Tempels, und ideologische Identität stiftet.[97]

Inzwischen werden in der Forschung durchaus einzelne Funktionszuschreibungen der Leviten neu bewertet, wie es auch bei Leuchter passiert, und differenzierter als zuvor betrachtet; doch fehlt eine ausführliche Gesamtdarstellung des Levitenbildes der Chronik. Die vorliegende Studie intendiert, diese Situation weiterzuführen und verschiedene Aufgaben von Leviten, wie sie in der Chronik genannt sind, in einem multi-funktionalen Gesamtbild der Gruppe zu vereinigen. Dieses Bild wird schließlich hinsichtlich seiner Identität gebenden Funktion interpretiert. Ausgehend von detaillierten Analysen der Chronikbelege, in denen die Leviten entweder einen breiten Raum für den dargestellten Handlungsablauf einnehmen oder in einer verantwortungsvollen Position eingebunden sind, wird ein Gesamtkonzept der Chronik und ihrer Wirklichkeitskonstruktion[98] entwickelt, in das das Levitenbild integriert wird. Wie sich zeigen wird, gestaltet die Chronik ein Identitätskonzept, dessen Deutung der Wirklichkeit an wesentlichen Markern der multifunktionalen Gruppe der Leviten ansetzt und darauf aufbaut.[99]

---

[96] So M. LEUCHTER, Levite 230.
[97] Vgl. M. LEUCHTER, Levite 217.
[98] Zur Methodik der Konstruktion von Wirklichkeit s.u. Abschnitt 1.3.
[99] Zur Pragmatik der Chronik s.u. Abschnitt 1.3.2.1.

1.2 Die Chronik im Blickpunkt der Forschungsgeschichte

1.2.1 Zum Stellenwert der Chronik

Über lange Zeit wurde in der Forschung das Urteil über die Chronik von Julius Wellhausen,[1] der sie als Ausdruck des Epigonentums betrachtete und darin insofern einen Rückschritt gegenüber anderen atl. Geschichtsbildern sah, als die Chronik die Geschichte Judas verfälscht habe,[2] aufrecht erhalten. Erst in den letzten Dekaden des letzten Jahrhunderts ergab sich eine neue Sichtweise auf die Chronik, die sich in zahlreichen Untersuchungen über die literar-historische wie theologische Eigenart der Chronik niederschlug. Den Weg für diese Neubewertung der atl. Schrift bereitete Martin Noth 1943 mit seinen Überlieferungsgeschichtlichen Studien.[3] Erst darauf hin entfaltete sich eine breitere Wirkung in literaturhistorischer, historischer und theologischer Sicht; im deutsch-sprachigen Raum waren führend (neben anderen[4]) vor allem die Werke von Thomas Willi und Peter Welten sowie die Monographien von Manfred Oeming und Georg Steins. Eine ganze Reihe von Publikationen zur Chronik ist insbesondere auch im englisch-sprachigen Bereich erschienen.[5] Damit ist die Chronik aus ihrer forschungsgeschichtlichen Randposition herausgetreten.

Die vor allem in den letzten zwei bis drei Dekaden erfolgte Erforschung der Chronik korreliert mit einem gestiegenen Interesse an der Zeit des Zweiten Tempels als formativer Periode der Literaturwerdung des Alten Testaments überhaupt. Von Interesse wurden ferner zunehmend Fragen nach der Einbettung der Chronik[6] in die sozio-historischen Verhältnisse Jehuds im achämenidischen Reich, wie auch die zeitgeschichtlichen Konstellationen unter ptolemäischer Herrschaft mit der Chronik in Verbindung gebracht wurden. Mit dieser Integration der Chronik in die Literaturwerdung und Theologie der Zeit des Zweiten

---

[1]   Vgl. J. WELLHAUSEN, Prolegomena 420–424.

[2]   Ein ähnliches Urteil findet sich z.B. auch bei T.C. ESKENAZI, Perspectives 59; J.W. KLEINIG, Research 43.

[3]   Vgl. M. NOTH, Studien 155.

[4]   Hierher gehören neben der etwas älteren Untersuchung von R. MOSIS, Untersuchungen, aus den 90er Jahren die Beiträge von K. STRÜBIND, Tradition; A. RUFFING, Jahwekrieg; E.M. DÖRRFUSS, Mose; N. DENNERLEIN, Bedeutung, sowie auch in ihrer Weise I. KALIMI, Geschichtsschreibung, J.R. SHAVER, Torah, und J.P. WEINBERG, Chronist. Auf einzelne Aspekte der Untersuchungen wird an gegebener Stelle eingegangen.

[5]   Vgl. die Beiträge von P.R. Ackroyd, E. Ben Zvi, J. Blenkinsopp, C.E. Carter, P.R. Davies, P.B. Dirksen, L.L. Grabbe, K.G. Hoglund, S. Japhet, W. Johnstone, G.N. Knoppers, W.M. Schniedewind, S.J. Schweitzer, H.G.M. Williamson (s. jeweils die im Literaturverzeichnis genannten Titel) und J. ELAYI, J. SAPIN, River; J.E. DYCK, Ideology.

[6]   Zur Datierung der Entstehung der Chronik s.u. Abschnitt 1.2.3.

Tempels ist in gewisser Weise auch eine Umorientierung verbunden, die für die Chronik die Frage nach Realität und Konstruktion, nach Deskriptivem und Präskriptivem in neuer Weise stellt.

Die neuere Zuwendung zur Chronik lässt sich in zwei Forschungsperioden unterteilen. Zunächst galt das Interesse vor allem den Rezeptionen von Material aus dem Deuteronomistischen Geschichtswerk und dessen Veränderungen bei der Aufnahme in der Chronik. Aus den Differenzen in den Darstellungen des gemeinsamen Stoffes wurden Schwerpunkte der Theologie der Chronik ermittelt.[7] In einem zweiten Schritt rückten dann die Eigenformulierungen bzw. Neuformulierungen der Chronik, die Material bieten, das über die Vorlage aus 1/2Kön und 1/2Sam hinausreicht, verstärkt in den Focus der Analysen, indem nach den Intentionen dieser chr Eigenformulierungen gefragt wurde.[8]

Die Forschung heute steht vor der zentralen Frage: Welches Interesse steht dahinter, wenn nach einem zeitlichen Abstand von mehreren hundert Jahren die geschichtlichen Ereignisse zur Zeit der judäischen Monarchie nicht nur weiter tradiert werden, sondern wenn die Chronik die Anstrengung unternimmt, einen neuen Entwurf über eine längst vergangene Epoche zu schreiben und in diesen Entwurf erhebliche Ergänzungen zu integrieren? Wenn eine neue Sicht der Vergangenheit literarische Gestalt findet, zeigt sich daran ein Interesse, die Vergangenheit neu zu bewerten und nach ihrer Relevanz für die Gegenwart zu befragen.[9] Die Abfassung der Chronik als neuer Entwurf der Geschichtsdeutung ist dann sinn-voll bzw. Sinn stiftend, wenn eine bleibende Relevanz der früheren Epoche als Legitimation für spätere Verhältnisse, hier die Zeit des Zweiten Tempels, herausgestellt werden kann. Für die Neuschreibung der vorexilischen Zeit durch die Chronik ist eine solche Generierung von Sinn wahrschienlich zu machen; die neue Sinnzuschreibung der Vergangenheit dient einer Neubewertung auch der Gegenwart. Es wird gefragt, welche Momente aus der Vergangenheit in der Erinnerung, wie sie im Entwurf der Chronik schriftlich fixiert worden ist, bewahrt werden sollen, weil sie für die Deutung

---

[7] Vgl. W. RUDOLPH, Chronikbücher; s.a. R. MOSIS, Untersuchung; T. WILLI, Auslegung; K. STRÜBIND, Tradition; I. KALIMI, Geschichtsschreibung passim (bes. 323f); DERS., Capture passim; J. WEINBERG, Chronist 123–130; J. KEGLER, M. AUGUSTIN, Synopse; DIESS., Deutsche Synopse; M. SÆBØ, Theologie 76–78; H. HENNING-HESS, Kult 6.152ff; R.G. KRATZ, Suche 282–287.

[8] Vgl. P. WELTEN, Geschichte 45–47.201–206; M. OEMING, Israel passim; A. RUFFING, Jahwekrieg 360–363; R.G. KRATZ, Suche 288; E. BEN ZVI, Chronicler passim; M.A. THRONTVEIT, Speeches passim; s.a. L.L. GRABBE, Priests 51; doch auch bereits G. VON RAD, Predigt (s.u. Abschnitt 1.3.2).

[9] Vgl. schon A.C. WELCH, Chronicler 54: „The Chronicler was not writing history: he was attempting in his own way to determine what men might gather from the review of the past... If we determine *midrash* as an interpretation of history, the use of the past to discover its meaning in order to illuminate and guide the present, then midrash ... was the essence of his work." S.a. L. C. JONKER, Reflections 63.

der Gegenwart als relevant angesehen werden. Aus der neu interpretierten Erinnerung an Jahwes früheres Rettungshandeln mit seinem Volk wird eine Erwartung an ein neuerliches Heil stiftendes Handeln Gottes geknüpft. Durch diese gedankliche Verknüpfung wird die Gegenwart in bekannte Deutungskategorien aus einer früheren Epoche eingeordnet. Aus einer Neubewertung der Vergangenheit werden dann Deutungsmuster für ein Verstehen der gegenwärtigen sozio-politischen Verhältnisse gewonnen und zugleich wird ein Detungshorizont für die Zukunft eröffnet.

Die Chronik leistet eine solche Neubewertung der Vergangenheit mit den literarischen Techniken von Auswahl, Hinzufügung, Neuformulierungen sowie Erweiterungen und Aktualisierungen der Traditionen. Insofern kann man davon sprechen, dass die Chronik als ein *rewritten document* gestaltet ist, das Textteile aus älteren Schriften aufnimmt, diese neu kombiniert und mit eigenständigen kommentierenden Bemerkungen versieht.[10] Die Chronik ist ein Buch, das als Schriftauslegung eine Neubewertung der Vergangenheit bietet. Sie wählt ihren Stoff aus verschiedenen literarischen Korpora aus. Das DtrG stellt das literarische Gerüst dar, das der Chronik als Basis für die Darstellung der Zeit der Monarchie dient.[11] Daneben werden Ausschnitte aus dem Pentateuch wie etwa genealogische Notizen und Kultbestimmungen aufgenommen. Ferner werden Textpassagen ausgewählter Psalmen neu kombiniert und integriert.

Im Prozess der Auswahl und Neubewertung stellen die auffälligsten Änderungen gegenüber dem DtrG einerseits die weitgehende Ignorierung der Geschichte des Nordreiches[12] und andererseits ein (partielles)

---

[10] Vgl. W.M. SCHNIEDEWIND, Word 130 („rewritten history"). Sachlich ähnlich, doch terminologisch zurückhaltend vgl. T. WILLI, Weltreichsgedanke 390, sowie unter der Kennzeichnung „freie parabolische Geschichtsdarstellung" P. WELTEN, Geschichte 206, s.a. 168–172; A. RUFFING, Jahwekrieg 290, der „die schriftstellerische Leistung ... kreatives Gestalten" nennt. Neuerdings ist der Begriff *rewritten document* für diese Schriftstücke üblich geworden. Als „‚rewritten bible‘, eine ‚Nachschrift‘ älterer Bücher" bestimmt G. STEINS, Einleitung 258, die Chronik; s.a. DERS., Chronik 426; P.R. ACKROYD, Theology 276; M. SÆBØ, Theologie 79; R.G. KRATZ, Komposition 28; etwas differenzierter betont G.N. KNOPPERS, AncB 12, 129–134, „the author's skillful reuse, reinterpretation, rearrangement and major supplementation of sections" (ebd. 133), was ihn zu der Schlussfolgerung führt: „Chronicles needs to be understood as it own work" (134). Inwiefern man den Gattungsbegriff *rewritten document* für die Chronik gelten lässt, hängt nicht zuletzt davon ab, ob eine eher enge oder weite Begriffsdefinition vorgenommen wird, die mit einem kleineren oder größeren Eigenanteil des Verfassers rechnet.

[11] Vgl. W.M. SCHNIEDEWIND, Word 161: „The Chronicler revitalizes the traditions of Samuel-King for a new generation."

[12] Unbeschadet dessen haftet dem Gebiet an den Stellen, an denen es erwähnt wird, kein negativer Impetus, da seine Bewohner entsprechend den Einwohnern Judas auf Jerusalem konzentriert werden; vgl. T. WILLI, Auslegung 191f; E. BEN ZVI, Constructions 199–204; s.a. A. SIEDLECKI, Foreigners 266: „the northern

Interesse an der vorstaatlichen Zeit dar. Genealogische Listen leiten die Chronik ein, die Juda als Teil der zwölf Stämme Israels präsentieren und es gleichzeitig in einen relativ globalen, Juda und Israel überschreitenden Kontext stellen.[13] Diese Positionierung Judas als einerseits partikulare, nämlich auf den Tempel zentrierte Größe und andererseits eine Größe mit globaler Vernetzung stellt eine Neubewertung Judas dar.[14]

Mit der Chronik wird ein neuer, eigenständiger Sinnentwurf geschaffen, der die Geschichte neu interpretiert, um Juda für die Zeit des Zweiten Temples neu aufzustellen. Als *rewritten document* ist die Chronik ein literarisches Produkt, das die Vergangenheit neu interpretiert und damit einen Sinnentwurf bereitstellt, der die Gegenwart legitimiert. Die Art der Schriftauslegung, wie die Chronik sie bietet, ist damit nicht nur eine Erklärung dieser Schrift, sondern die Auslegung der Tradition ist Teil des geschichtstheologischen Konzepts.[15] Indem Traditionen und Schriftaussagen aufgenommen und interpretiert werden, entsteht ein *neuer Sinnentwurf,* dessen Aussagepotential über eine neue Sichtweise auf die Vergangenheit hinausgeht. Dieser Entwurf soll auch für die Gegenwart Sinn stiften und sich darüber hinaus in der Zukunft als tragfähig erweisen, indem seine Deutung der Lebenswelt auf Zustimmung bei den Hörern und Hörerinnen / Lesern und Leserinnen stößt oder stoßen soll.

Diese Gesamtperspektive der Chronik ergibt sich aus einer Interpretation ihrer Letztaussage auf der Buchebene des Textes. Ist die Chronik in letzter Zeit verschiedentlich synchron gelesen worden, z.B. in den Kommentaren von Sara Japhet, William Johnstone und Ralph W. Klein,[16] so knüpfen geschichtstheologische Interpretationen zwar in ge-

---

kingdom represents Judah's ‚alter-ego‘, the externalization of its own alienation from itself". S.a. S.J. SCHWEITZER, Utopia 57f.

[13] Vgl. T. WILLI, Juda 141f; DERS., Weltreichsgedanke 398; M. KARTVEIT, Motive 112–117; Y. LEVIN, Audience 234; S.J. DE VRIES, Chronicles 17; M.A. THRONTVEIT, Speeches 242–244; E. BEN ZVI, Monarch passim; A. LABAHN, E. BEN ZVI, Women passim; A. SIEDLECKI, Foreigners passim; s.a. M. SÆBØ, Theologie 74.84, der auf die Einbettung der Chronik in die „Menschheitsgeschichte" verweist und das chr Gottesbild der Völkerwelt zuordnet. G.N. KNOPPERS, AncB 12, 261.255 Anm. 15, spricht von „universal genealogy".

[14] Nach E.M. MEYERS, Second Temple 30, ist der globale Gesichtspunkt auch ein Reflex des persischen Weltreiches mit seinem „growing cosmopolitism", aufgrund dessen „a multicultural world" entstand, in der das Volk Israel sich wiederfand.

[15] S. dazu weiter Abschnitt 1.3.

[16] Vgl. z.B. die synchronen Zugänge, wie sie vorgelegt wurden von S. JAPHET, Ideology; DIES., Chronicles; DIES., 1 / 2 Chronik, und W. JOHNSTONE, Chronicles I / II; R.W. KLEIN, 1Chronicles 11; s.a. S.J. SCHWEITZER, Utopia 53.174f u.ö.; M.J. SELMAN, 1 / 2 Chronicles, sowie R.B. DILLARD, 2Chronicles xiii, der nach eigener Aussage einen evangelikalen Kommentar vorgelegt hat. Zurückhaltend gegenüber redaktionsgeschichtlichen Entwicklungsphasen äußert sich auch G.N. KNOPPERS, AncB 12, 92f; obwohl er einzelne Ergänzungen an-

wisser Weise daran an, setzen aber andere Akzente, insofern sie auf eine Erfassung des Sinngehaltes der Schrift gerichtet sind. Insofern geht der hier vorgestellte Entwurf zur Deutung des chr Geschichtsverständnisses über solche synchronen Fragestellungen hinaus.[17]

1.2.2 Diachrone Zugänge als Erforschung einer Entwicklung der Chronik

Nach dem Sinngehalt eines Textes zu fragen, schließt nicht aus, seine Entwicklung mit in den Blick zu nehmen, denn auch Entwicklungsstufen eines Textes oder Vorformen der Letztgestalt eines Textes beinhalten Deutungen von Geschehen und sind, so gesehen, entweder (temporäre) Sinnentwürfe[18] oder Etappen auf dem Weg zu einem endgültigen Konzept. Das Wachstum eines Textes zu beachten, gehört zur Wahrnehmung der Tiefenstruktur eines Textes mit hinzu, da sich hierin Entwicklungslinien und damit Vorstufen zur Ausbildung eines (abgeschlossenen) Sinnentwurfes ablesen lassen oder diese Vorstufen – wenn man so will – frühe(re) Sinnentwürfe repräsentieren. Bevor in dieser Untersuchung nach der letzten Deutung der Sinnwelt durch die Chronik gefragt wird, sollen daher literarische Einzelanalysen stehen, die zunächst nach einer Entwicklung des Textes bzw. von Aspkten des Textes fragen, um mögliche Wandlungen der Aussagen zu ermitteln.

In der Erforschung der Chronik wurden verschiedene Vorschläge zum redaktionsgeschichtlichen Wachstum vorgetragen. Einige einflussreiche und charakteristische Entwürfe sollen hier kurz vorgestellt werden. Dabei werden vorrangig solche Modelle berücksichtigt,[19] die unterschiedliche Darstellungen des Tempelpersonals auf verschiedenen entstehungsgeschichtlichen Ebenen der Schrift annehmen. Die Modelle lassen im Wesentlichen zwei verschiedene Zugangsweisen erkennen: einerseits solche Theorien, die mit priesterlichen Revisionen rechnen, und andererseits solche Fortschreibungsmodelle, die an Neupositionierungen der Leviten innerhalb der Chronik anknüpfen. Beiderlei redaktionsgeschichtlichen Studien ist nachfolgend nachzugehen. Am Ende dieses forschungsgeschichtlichen Durchgangs wird vorwegnehmend

---

nimmt, steht er dennoch einer durchgängigen Redaktion ablehnend gegenüber. Ähnlich votiert M. OEMING, Israel 39.144f u.ö.

[17] Vgl. dazu weiter die methodischen Erwägungen in Abschnitt 1.3 sowie die Schlussfolgerungen in Abschnitt 7.

[18] Ähnlich G. STEINS, Chronik 418, der betont, dass „in der Grundschrift ein eigenständiges Werk" mit eigener Aussage vorliegt.

[19] Weitere Literatur ist vorgestellt bei: I. KALIMI, Book passim; J.W. KLEINIG, Chronicles passim; DERS., Research passim; T. WILLI, Jahrzehnte passim; s.a. G. STEINS, Chronik; DERS., Einleitung 249f u.ö. Die früh-jüdische Wirkungsgeschichte und die jüdische Rezeptionsgeschichte der Chronik werden bei KALIMI, Retelling, vorgestellt.

die in dieser Studie vertretene redaktionsgeschichtliche Entwicklung
stehen.

Ein früher monographischer Entwurf, der mit einem Textwachstum
rechnet, stammt von *Adam Welch*. In seinem Werk „The Work of the
Chronicler" von 1939 unterscheidet er eine Grundschrift von einer
priesterlichen Bearbeitung, der er 1Chr 23,13b.14.24.27; 24,20–30;
2Chr 7,1ff; 29,4.16.21–24; 30,21; 31,2f.17–19 zuweist.[20] Welch beobachtet unterschiedliche Verhältnisbestimmungen von Teilen des Tempelpersonals zueinander, die er zum Hauptunterscheidungsmerkmal für
die von ihm ermittelten Wachstumsspuren nimmt. Während die Grundschrift gleiche Rechte für Priester und Leviten vorsehe,[21] favorisiere die
Ergänzungsschicht die Priester und dränge die Leviten in niedrigere
Funktionen ab. So wie die Priester nach der Ergänzungsschicht im
Tempel amtieren, sind die Leviten in der Grundschicht der Lade und
der Stiftshütte zugeordnet. Die Änderungen erklärt Welch als eine sekundäre Umgestaltung der Chronik im Hinblick auf das Verhältnis von
Priestern und Leviten, wie es in priester(schrift)lichen Passagen und in
Esr/Neh vorliegt, so dass die Chronik in einer späteren Umgestaltung
diesem System angepasst werde. Welch begründet seine literarkritische
These mit einem historischen Modell. Die Grundschrift der Chronik
sieht er in Juda am Ende der Exilszeit entstanden. Weil zu dieser Zeit
die meisten Priester in das Zweistromland deportiert waren, übernah-
men Leviten deren Aufgaben in Jerusalem mit. Nach der Rückwande-
rung der Priester traten diese jedoch in ihre überlieferten Aufgaben
wieder ein und verdrängten die Leviten aus den priesterlichen
Diensten.

Die von Welch beobachteten Divergenzen in den sakralen Ämtern
der Chronik sind in der Tat augenfällig. Dies betrifft vor allem das
Darbringen der Opfer, das mal den Priestern und mal den Leviten zugeschrieben wird.[22] Die unterschiedlichen Verantwortlichkeiten haben
den Blick der Chronikforschung für die Aufgaben des Tempelpersonals
geschärft. Anfragen sind an Welch allerdings nach der Prioritätensetzung der Aufgaben zu richten. Das Modell von Welch ist so lange
überzeugend, wie man seine historische Verortung teilt und die Größenangaben der Rückwanderlisten aus Esr 2,36–58 / Neh 7,39–60 für
historisch verlässlich hält. Stellt man jedoch die Beobachtung in den
Vordergrund, dass die Chronik Tradition benutzt und sich erst später
ein immer stärker profilierter eigenständiger Entwurf über das Tempelpersonal zeigt, so legen sich andere redaktionsgeschichtliche Urteile
nahe. Dies gilt vor allem für die Bewertung der Passagen aus 2Chr
durch Welch, für die mir eine divergierende Prioritätensetzung ange-

---

[20]   Zur literarkritischen Argumentation vgl. A.C. WELCH, Work 65f.72.76.81.83.
85.103–108.113f.115f.
[21]   Vgl. a.a.O. 121.149–160.
[22]   Vgl. dazu die Diskussion der Texte in Abschnitt 2.

messener erscheint. Daher sind m.E. solche Aussagen der Chronik, die Opferfunktionen den Priestern allein zuschreiben, lediglich als Ausgangsbasis für ein noch an der Priesterschrift orientiertes Modell zu begreifen, von dem aus die Chronik die Leviten eine Entwicklung durchlaufen lässt.

Gegen den Entwurf von Welch wendet sich *Wilhelm Rudolph* in seinem 1949 erschienenen Kommentar. Er lehnt die These einer einzigen redaktionellen Bearbeitung ab und rechnet stattdessen mit verschiedenen einzelnen Nachträgen.[23] Ferner kritisiert er an dem Modell von Welch die These einer priesterlichen Überarbeitung. Anders als bei Welch bilden die von Rudolph angenommenen Nachträge keine thematische Geschlossenheit. Er weist weite Passagen der Levitenbelege (z.B. 1Chr 6,10–66; 15,4–10.16–24; 16,5b–38; 23,3–27,34) wie auch die Hohepriesterliste in 1Chr 5,27–41 und weitere Nachträge in der Genealogie den Überarbeitungen zu. Rudolph rechnet mit größeren Ergänzungen in 1Chr, während er die Erweiterungen in 2Chr auf einzelne, thematisch nicht zusammenhängende Rückgriffe auf das DtrG beschränkt (vgl. 2Chr 11,18–23; 12,13f; 15,16–18; 20,31–33; 23,10; [25,25?]; 27,8). Rudolphs Interesse gilt primär einer Rekonstruktion des ursprünglichen Bestandes der Chronik, der nach seiner Meinung „die Verwirklichung der Theokratie auf dem Boden Israels schildern" will.[24] Demgegenüber bewertet Rudolph die ausgeschiedenen Passagen, die „das wirre Durcheinander hinterlassen" haben, als eine Verdunkelung der historiographischen Anliegen, deren Aussageintention er nicht weiter nachspürt. So fragt Rudolph auch nicht näher nach den Leviten, sondern beschränkt sich auf die Feststellung, dass sie in der Chronik „eine ungleich größere Rolle spielen als in den älteren Geschichtswerken"[25] und vor allem die Sänger später weiter profiliert worden seien.

Die unterschiedlichen Akzentsetzungen innerhalb des Tempelpersonals sucht Rudolph durch Zuweisung an verschiedene Ergänzungsschichten zu lösen. Rudolph hat damit wegweisend gewirkt, da er das Augenmerk auf später weiter entwickelte Vorstellungen über das Tempelpersonal gelegt hat. In zweierlei Hinsicht kann man an dem Modell weiterarbeiten. So ist einerseits zu fragen, ob es nicht doch gelingt, einige Levitenbelege zusammen zu gruppieren und darüber zu Aussageabsichten zu kommen, die die Gruppe der Leviten stärker in die eine oder andere Richtung profilieren. Anfragen sind andererseits an ein Modell einer Grundschrift zu richten, das weitgehend auf Levitenmaterial, wie etwa die Listen, verzichtet. Sind nicht Grundaussagen über das Tempelpersonal von Anfang an konstituiv für das Geschichts-

---

[23] Vgl. neben den Einzelanalysen im Kommentarteil kurz W. RUDOLPH, Chronikbücher VIIIf.1–5.

[24] A.a.O. VIII.

[25] A.a.O. XV.

bild der Chronik, das eine neue Deutung der Geschichte für die vom Tempel her entworfene Gegenwart vorlegen will?

Kurt Galling entwirft in seinem 1954 veröffentlichten Kommentar ein anderes Bild von der Entwicklung der Chronikbücher. Er geht in einer Schichtenanalyse von einer Grundschrift aus, die weitgehend den Stoff des DtrG nacherzählt. Daneben gibt es einen „zweiten Bearbeiter" (Chron** genannt), der vor allem im Sondergut der Chronik Ergänzungen vorgenommen habe.[26] Auf ihn führt Galling im Wesentlichen die Listen zurück (1Chr 15,4–10.16–24; 16,5f.37f.41f; 23,1–26,32; 2Chr 8,13–15) wie auch Ausführungen zur Kultmusik und zu Festen (2Chr 5,11b–13; 7,6.9–10a; 29,25–30; 30,1–27; 35,11–13). Ferner wird in diesem Stadium die Fürsorge für den Klerus betont (2Chr 31,2–19), und es werden Abschnitte eingefügt, deren Thema Galling als „Stiftungen von Obrigkeit und Laien"[27] (1Chr 29,1–9; 2Chr 30,24; 35,7–9) bezeichnet. Für diesen zweiten Bearbeiter macht Galling eine Nähe zu levitischen Kreisen aus, wie sie sich in der Ergänzung von 1Chr 1–9 und weiteren kleinen Einschüben wie 1Chr 18,8b; 21,29; 2Chr 2,4b; 28,11–18 nachweisen ließen. Des Weiteren weist Galling Chron** Abschnitte aus Ansprachen der Leviten zu, in denen „das Bibelzitat in der Erinnerung wiederholt wird", das Galling auf eine Kenntnis des synagogalen Gottesdienstes zurückführt.[28] Ferner gehören zu dieser Bearbeitungsschicht diverse Baunotizen und Hinweise auf die Rechtspflege.[29] Mit den angenommenen Ergänzungen erkennt Galling unterschiedliche Akzentuierungen von levitischen Zuständigkeiten in der Chronik, die er zum Ausgangspunkt literarkritischer Differenzierungen macht.

Die von Galling genannten Spannungen stellen in der Tat Auffälligkeiten im Levitenporträt der Chronik dar bzw. bilden unterschiedliche Levitenbilder innerhalb der Chronik. Ein Versuch, diese unterschiedlichen Bilder auf verschiedene Redaktionsschichten aufzuteilen, liegt daher nahe. Die Aufteilung auf nur zwei verschiedene Stränge ist aber zu schematisch und wird den unterschiedlichen Nuancen in den Levitenbelegen nicht hinreichend gerecht. Auch sind nicht alle Belege, die von Laien und über Baunotizen handeln (z.B. 1Chr 27; 2Chr 19,5–11; 30,24; 35,7–9), so pauschal einem zweiten Bearbeiter zuzuweisen, da bereits der ursprüngliche Geschichtsentwurf der Chronik hierin ein eigenes Ensemble schafft.

Martin Noth entwirft in seinen erstmals 1943 erschienenen Überlieferungsgeschichtlichen Studien ein Wachstumsmodell, das in seinen

---

[26] Vgl. K. GALLING, Bücher 10–12.

[27] Ebd. 11.

[28] Ebd.

[29] Dazu gehören umfangreiche Ergänzungen: 1Chr 2; 4; 6,39–66; 11,41–12,22; 12,29–41; 27,1–31; 2Chr 11,5b–11.22f; 14,7; 19,5–11; 21,2–4; 25,5f; 26,9–15; 27,3b–5; 28,18; 32,28f; 33,14.

Grundzügen an Rudolph anknüpft, insofern auch Noth weite Passagen der Levitenbelege aus der Grundschrift herausnimmt und in 2Chr mit eher geringen Ergänzungen in den Erzählungen über die Könige nach David rechnet. Vor allem die Listen in 1Chr 23–27 bestimmt Noth als spätere Hinzufügung.[30] Daneben rechnet er mit sekundären „Aufstellungen über Gliederungen und Amtsfunktionen von Kultpersonal" in 1Chr 12,24–41; 15,4–10.16–24; 16,5f.37f.[31] Mit Rückgriff auf diese Listen sind später 2Chr 5,12a.13a; 8,14f; 23,18; 35,15 hinzugewachsen. Als abermals später bestimmt er weiter die Ausdifferenzierungen in 1Chr 12,1–23; 16,7–36. In der genealogischen Vorhalle hält Noth für ursprünglich einen „Auszug aus Num 26 [als] das Grundelement ..., an das sich die sonstigen Genealogien und Listen anschließen"; zum Grundbestand rechnet er 1Chr 1; 2,1–15; 4,24; 5,3; 6,1–4.34–38; 7,1.12f.14–19*.20; 8,1.[32]

Es fällt auf, dass Noth vor allem die Passagen für sekundär hält, die das Tempelpersonal ausdifferenzieren und dabei die Levitenaussagen durch listenartige Funktionszuschreibungen ergänzen. An Noths entstehungsgeschichtliches Modell kann angeknüpft werden, wobei nach zusammenhängenden Linien in der weiteren Profilierung der Leviten gefragt wird.

Eine von der geschichtlichen Gestalt der Chronik bestimmte Vorstellung über die erste Fassung der Schrift entwickelt *Thomas Willi* in seiner Monographie von 1972 „Die Chronik als Auslegung". Willi bestimmt die Chronik als ein historiographisches Werk, das primär politisch-geschichtlich an den Davididen interessiert ist. Deren Geschichte ist im Grundstock des Werkes nachgezeichnet.[33] Daran sind verschiedene Zusätze kultischer Prägung angefügt worden.[34] Während in der Grundschrift die Leviten noch den Priestern untergeordnet sind, nehmen sie in den Zusätzen eine bedeutendere Stellung im Kult ein, zeigen darin aber „weniger eine Polemik gegen die Aaroniden als einen bemerkenswerten Bedeutungszuwachs des Kultes überhaupt".[35] Die Zuwächse versteht Willi (in Entsprechung zu seinem Gesamtverständnis der Chronik) als Auslegung der Grundschrift, in der verschiedene Details des Kultes nachgetragen werden.

Willis Vorschlag überzeugt hinsichtlich des für die Grundschrift der Chronik angenommenen Verhältnisses von Priestern und Leviten sowie

---

[30] Vgl. M. NOTH, Studien 112–114.

[31] Vgl. M. NOTH, Studien 115–117.

[32] So M. NOTH, Studien 118–122; Zitat 118 .

[33] Vgl. T. WILLI, Auslegung 191.

[34] Dazu rechnet T. WILLI, Auslegung 194–202: 1Chr 6,39–66; 13,2aβ; 15,4–10.11b.16–24.27aβ.28aβ.b.29; 16,1–3.39f.43; 23–27; 28,12b.13a.14–18; 2Chr 4,19; 5,11b–13a; 7,4–6a; 8,13; 11,14a; 13,9aβ.10b*; 19,11; 20,14a.19.21.22aα. 28; 23,4b.6aα.13aβ.18; 24,11; 25,24; 29,12–15.25–30.34.35a; 30,16bβ.17b.21b. 22; 31,2. 12b–19; 34,12aβ–13; 35,3f.8–10.11bβ.13b–15.

[35] Vgl. a.a.O. 195–197.202f (Zitat ebd. 197).

der Einsicht, dass an dem Bild des Tempelpersonals in der Folgezeit weiter gearbeitet worden ist. Mit nachvollziehbaren Argumenten anhand der Beobachtung von Schriftrezeption in der Chronik dreht er die grundlegende Verhältnisbestimmung, wie sie von Welch vorgelegt wurde, um. An diesen Entwicklungsprozess, wie er von Willi aufgezeigt worden ist, kann angeknüpft werden, doch bedarf das differenzierte Bild des Tempelpersonals in der Chronik noch einiger weiterführender Detailuntersuchungen, um die Weiterentwicklung und Binnendifferenzierung vor allem der Leviten weiter zu profilieren. Dass trotz Konvergenzen mit Willi in dieser Untersuchung auch partiell abweichende Ergebnisse erzielt werden, ist an Ort und Stelle jeweils zu begründen.[36]

In seinem 1987 erschienenen Kommentar betrachtet *Hugh Williamson* die Chronik im Wesentlichen als eine Einheit, die ursprünglich pro-levitische Interessen vertritt (wie sie sich z.B. in 1Chr 23,6b–13a.15–24; 25,1–6; 26,1–3.9–11.19–32 bemerkbar machen). Davon unterscheidet er eine priesterliche Bearbeitung (dazu gehören 1Chr 15,4.11.14.24; 23,3–6a.13b–14.25–32; 24,1–19.20–31; 25,7–31; 26,4–8.12–18; 27,1–34; 29,22), die auf eine Reform des Priestertums in Jerusalem eine Generation später zurückgehe.[37]

Ein damit verwandtes Modell vertritt auch der Kommentar zur 1Chronik von *Piet B. Dirksen* aus dem Jahr 2005, der ebenso mit einer pro-priesterlichen Bearbeitung rechnet. Anders als Williamson macht er diese Bearbeitung an weiteren Stellen aus, zu denen er 1Chr 1,32f; 5,27–41; 6,33f; 9,26b.28–33; 12,28f; 15,4–10.17b; 16,38; 28,12b–18a; 29,6.8.21f sowie die Kapitel 23–27 zählt. Die Überarbeitung ist nach Dirksen von dem Interesse an einer wohl geordeneten Abfolge der Dienste im Kult geleitet, wobei die Leviten den Priestern untergeordnet werden.[38]

Die Modelle zeigen anschaulich auf, dass in verschiedenen Passagen der Chronik unterschiedliche Verhältnisbestimmungen in der hierarchischen Zuordnung von Priestern und Leviten vorliegen. Die redaktionskritische Schlussfolgerung, dass an diesen Abschnitten gearbeitet worden ist und dadurch unterschiedliche Gruppenbestimmungen hergestellt worden sind, ist naheliegend. Es fragt sich aber, wie es bereits an das verwandte Modell von Welch herangetragen worden ist, nach der Prioritätensetzung. Da die Chronik traditionelles Material aufnimmt, wäre danach zu suchen, in welchen atl. Schriften eine hierarchische Zuordnung der beiden Gruppen in der einen oder anderen Weise gegeben ist. Es bietet sich an, priesterschriftliche Vorstellungen mit einer

---

[36] Vgl. vor allem die Analysen zu 1Chr 6; 15; 2Chr 29; 30; 31; 34; 35 in Abschnitt 2.
[37] Vgl. H.G.M. WILLIAMSON, Chronicles 14f; zum literarkritisch ermittelten Bestand a.a.O. 120–122.157–159, sowie im Detail DERS., Origins *passim*.
[38] Vgl. P.B. DIRKSEN, 1 Chronicles 275–277.

kultischen Vorordnung der Priester als Ausgangspunkt zu nehmen, da die übrigen Aussagen der Chronik in keiner anderen atl. Schrift oder einem Traditionsstrang zu finden sind. Dann aber ist es unwahrscheinlich, die Aussagen zur priesterlichen Überordnung in der Hierarchie als sekundäre Umgestaltung anzusehen. Vielmehr liegt in ihnen eine traditionelle Ausgangsbasis vor. Daran anknüpfend nimmt die Chronik Schriftauslegung vor, insofern sie verschiedene Neuinterpretationen unter Herausstellung der Leviten entwickelt, die sich m.E. als ein differenzierter Entwicklungsprozess darstellen.[39]

Ernst Michael Dörrfuss legt in seiner 1994 erschienenen Dissertation „Mose in den Chronikbüchern" ein anderes Kriterium an, insofern er vorrangig die Mosepassagen aus dem Grundbestand der Chronik ausscheidet.[40] In ihnen macht Dörrfuss eine Kritik am Königtum und am etablierten Kult aus, die durch eine an Mose haftende Zukunftserwartung überwunden wird, in der die Erwartung der unmittelbaren Herrschaft Jahwes die Gegenwart kontrastiert. Leviten finden in dem Werk insofern Beachtung, als sie in den Ergänzungen neben den Priestern zum kritisierten Kult der Gegenwart gehören. Dörrfuss erarbeitet wichtige Einsichten in Kennzeichnungen der Leviten. Wenn diese mit der Tora verbunden werden, können darin in der Tat Charakteristika ausgemacht werden, die zu einem späteren Porträt der Leviten in der Chronik gehören.

Ein detaillierteres Bild von der Entstehung der Chronik entwirft *Georg Steins* in seiner 1995 erschienenen Habilitationsschrift „Die Chronik als kanonisches Abschlußphänomen". Er arbeitet eine mehrschichtige prozesshafte Entstehung der Chronik mit kultisch geprägten Bearbeitungen heraus. Die Basis stellt eine Grundschrift dar, die das Interesse verfolge, das Scheitern und Gelingen von Staat und Volk an deren religöser Haltung und dem Verhältnis zum Tempel festzumachen.[41] Daran schließen sich Fortschreibungen an, die in sich wiederum mehrschichtig sind, doch thematische Gemeinsamkeiten besitzen.[42] Daher differenziert Steins die Schichten bzw. Bearbeitungsphasen in einzelne Durchgänge aus.

Die *erste Bearbeitungsphase*, die Steins als „Leviten-Schichten" bestimmt, zeichnet sich durch ein Interesse am levitischen Kultpersonal aus. In einem ersten Durchgang werden (noch nicht näher qualifizierte) Hinweise auf die Leviten eingefügt (vgl. 1Chr 23*–24; 26*; 2Chr 8,14f*; 35,2f.6.8–10.14b). Im zweiten Durchgang werden die Musiker und deren Einteilung in Klassen eingefügt (1Chr 6,16–32; 15–16*; 25; 2Chr 5,12); schließlich werden in der sog. „Musiker-Torwächter-

---

[39]   Vgl. im Einzelnen die jeweiligen Analysen in Abschnitt 2.
[40]   Vgl. E.M. DÖRRFUSS, Mose 275–283. Der Bestand wird, sofern er für die hier untersuchten Passagen relevant ist, an entsprechender Stelle dieser Untersuchung diskutiert.
[41]   Vgl. G. STEINS, Chronik 417.
[42]   Vgl. G. STEINS, Chronik 419–439; kurz: DERS., Einleitung 257f.

Schicht" diese beiden Gruppen aus den Reihen der Leviten wie auch andere Leviten mit Leitungsfunktionen belegt (1Chr 9,17b–33; 15,18*.19–23.27a.28; 16,38.42; 23–26*; 2Chr 7,6; 20,19; 23,18*.19; 29,12–15.25–28.30; 30,31b; 31,13–19; 34,12*.13; 35,15); hierher gehöre auch die Zurückführung der Musikinstrumente auf David. Die *zweite Bearbeitungsphase*, die sog. „Gemeinde-Schicht" baut die Aufgaben und Leistungen der Gemeinde aus (vgl. die Verwendung von קָהָל in 1Chr 28,12–19.21a; 29,1–20.21f*; 2Chr 29,21a.23f.31–34a.35b; 30,1b–5a.13b.15–17.23–25; 35,17). Der König und die Oberen der Gemeinde werden jetzt als Kräfte bestimmt, die zum Wohl des Tempels zusammenwirken und kultische Feste gestalten. In der *dritten Bearbeitungsphase* kommen schließlich *spätere punktuelle Ergänzungen zu kultrechtlichen Einzelfragen im Sinn der Tora* hinzu (vgl. 1Chr 27; 28,17a; 29,21aγ; 2Chr 2,2–5; 13,10*.11a; 26,16b*.19b*; 29,7*.11bβ*.18b.21b*. 35a*; 30,13bα; 31,2aβ.3). Anders als die vorhergehenden Schichten gehen „die letzten Ergänzungen in thematisch verschiedene Richtungen".[43] Dennoch sei hierbei die Tendenz auszumachen, die aaronidischen Priester in Kultvollzüge einzusetzen, wie sie auch im Pentateuch überliefert sind. Diese Akzente will Steins aber nicht „im Sinne einer dezidierten Zurückweisung levitischer Interessen durch priesterliche Kreise" auswerten,[44] da sie eine in den älteren Stadien begonnene Linie fortsetzen und Steins diese Ergänzungen als eine schriftstellerische Korrektur in Richtung auf den Pentateuch sieht. Entscheidend für diese Ausrichtung auf den Pentateuch ist, dass in der Chronik jetzt die Tora angespielt werde und die Chronik sich dadurch als Produkt von Schriftrezeption zu erkennen gibt, wie sie auf dem Weg zum Abschluss der hebräischen Bibel steht.

Das Modell von Steins geht von Beobachtungen unterschiedlicher kultischer Aspekte in der Darstellung der Chronik und divergierender Präsentation und Zuordnung der Mitglieder des Tempelpersonals aus. Es versucht „das Nebeneinander von thematischen und formalen Kontinuitäten ... und Diskontinuitäten"[45] zu erklären. Steins setzt an thematisch zentraler Stelle an, da Kult und Tempel im Mittelpunkt der Chronik und der von ihr präsentierten Historiographie stehen. Auffällig sind in der Chronik in der Tat die Akzentverschiebungen hinsichtlich des Tempelpersonals, worin sich mit Steins Hinweise auf Bearbeitungsspuren sehen lassen. Zeigt er eine zunehmende Detaillierung der levitischen Funktionen auf, so steht die Absetzung der Priester von den Leviten, wie er sie für die letzte Redaktionsschicht annimmt, dazu in Spannung, da die Tendenz der Arbeit am Tempelpersonal umgekehrt wird. Dass die Tora erst später wesentlich wird und diese an die Leviten gebunden ist, ist überzeugend, da spätere Redaktoren eine terminologische Präzisierung vornehmen und die Tora mit einer spezifischen Aktantengruppe verknüpfen. Jedoch ist in diesen Passagen der Chronik das Handeln der Priester gerade nicht betont (vgl. z.B. 1Chr 15,15; 2Chr 17,9; 30,16; 35,12); daher ist es fraglich, ob man die Abschnitte, die ein priesterliches Handeln herausstellen, mit dieser Schicht verbinden kann. Ein solcher – wenn man diesen überhaupt so nennen will –

---

[43]   So G. STEINS, Chronik 429.
[44]   A.a.O. 431.
[45]   A.a.O. 437.

pentateuchorientierter Redaktionsprozess stellt nicht erst eine (spätere) Angleichung an Aspekte aus dem Pentateuch dar, da die Chronik bereits in früheren Passagen partielle Rezeptionen aus dem Pentateuch (z.b. in dem Grundbestand der Genealogien) bietet, die sie in ein eigenes Geschichtskonzept einbindet und dieses fortschreibt.

In seinem 1989 erschienenen Kommentar weist *Simon De Vries* verschiedene kleinere und größere nach-chr redaktionelle Ergänzungen aus.

Dazu zählt er: 1Chr 2,34–50aα.52–55; 5,6a.bβ; 6,35–38; 15,23f; 16,5bα.38b.42b; 18,8b; 21,3aβ.5bβ. 12aβ; 23,24b–32; 24,1–31; 25,7–31; 26,4–8.12–18; 27,1–34; 2Chr 1,4; 8,14a; 11,14a; 15,1a; 24,5b.6; 25,24aα; 29,25; 34,6–9.11–16.[46]

Die redaktionellen Ergänzungen gruppieren sich nach De Vries um drei Themenkreise: Juda und die Judäer, das Passaritual sowie schließlich Aufgaben und Vorzüge verschiedener Gruppen des Tempelpersonals.[47] Darin werden den Leviten, Musikern und Torhütern sowie teilweise auch den Aaroniden größere Verantwortungsbereiche und Privilegien zugesprochen. De Vries sieht in den genannten Abschnitten verschiedene Ergänzungen, wobei er offen lässt, ob es sich dabei um einen oder mehrere Redaktoren handelt, die jeweils „the most appropriate focus for each" suchen und dabei „a smooth transition from one item to another" entstehen lassen.[48]

De Vries beobachtet zwar unterschiedliche Akzentuierungen im Tempelpersonal, geht aber nicht so weit, diese zu einer redaktionsgeschichtlichen These auszubauen. So bleibt es ein wenig schemenhaft, wie er sich das Wachstum der Chronik vorstellt und welche thematischen Modifikationen auf welcher Ebene hinzugewachsen sind, um neue Akzente zu setzen. De Vries knüpft teilweise an frühere Modelle an und fügt deren Überlegungen locker zusammen. Dass Veränderungen stattgefunden haben, ist evident, fraglich ist aber, welche Richtung sie einnehmen und wohin das Bild des Tempelpersonals entwickelt wird.

In der Forschung sind – wie gesehen – mehrere Vorschläge zum Wachstum der Chronik entwickelt worden. Ein gewisser Konsens hat sich im Wesentlichen bei zwei Themenkreisen ergeben: Erstens wurde erkannt, dass gesetzliche Aspekte, die Mose oder die Tora betonen, spätere Ausgestaltungen darstellen. Zweitens wird inzwischen allgemein angenommen, dass die Gruppen der Sänger / Musiker und Torhüter ursprünglich selbstständig waren und erst im Laufe der Zeit zu den Leviten gerechnet werden.

Sind vielfach Veränderungen in der Darstellung des Kultpersonals beobachtet worden, so stellt sich die Auswertung hinsichtlich der Frage

---

[46] Vgl. S.J. DE VRIES, Chronicles 13.
[47] A.a.O. 14.
[48] Ebd.

nach der Priorität uneinheitlich dar. Während einige Forscher den Levitenaspekten Priorität einräumen und eine priesterliche Revision in der Chronik annehmen, gehen andere davon aus, dass die die Priester in den Vordergrund stellenden Belege älter als die Passagen sind, die die levitischen Aufgaben ausdifferenzieren. Komplexer wird die Lage, wenn man neben Priestern und Leviten die weiteren Mitglieder des Tempelpersonals mit hinzunimmt, sofern diese in der Chronik eine Rolle spielen, d.h. einerseits die Sänger und Musiker und andererseits die Torhüter. Die Frage nach dem Verhältnis der einzelnen Gruppen des Tempelpersonals zueinander und eine mögliche redaktionsgeschichtliche Entwicklung der Chronik haben daher angesichts der uneinheitlichen Forschungsdiskussion als offene Frage der Chronikforschung zu gelten.

Die Auffälligkeiten hinsichtlich unterschiedlicher Akzentuierungen im Tempelpersonal innerhalb der Chronik lassen in der Tat mit Ausgestaltungsprozessen rechnen, in denen verschiedene Schwerpunktsetzungen dem Bild des Kultpersonals der Chronik aufgeprägt wurden. Dies ist in den folgenden Untersuchungen exegetisch zu ermitteln und zu begründen. Dabei wird hier davon ausgegangen, dass zunächst ein chr Geschichtsentwurf entsteht, der die Geschichte Judas aus den alten Quellen neu erzählt, Schriftauslegung betreibt und dabei (in gewisser Weise konventionell) die Leviten als niedere Kultdiener neben den Priestern anführt. Erst bei den folgenden redaktionellen Ergänzungen werden die Leviten sukzessive weiter profiliert, indem die Chronik das multi-funktionale Levitenbild nach und nach weiterentwickelt, so dass die Leviten nicht nur innerhalb des Kultes mit größerer Verantwortung ausgezeichnet, sondern auch in außerkultische Bereiche hineinführt werden.

1.2.3 *Erwägungen zur Entstehungszeit der Chronik*

Verschiedentlich ist in dieser Studie bereits von der „Zeit des Zweiten Tempels" die Rede gewesen, die als Rahmen für die Zeit der Chronik genannt wurde. Dies mag auf den ersten Blick etwas weitläufig erscheinen, da es sich hierbei um einen Zeitraum von der Einweihung des Zweiten Tempels (520 v.Chr.[49]) bis zu seiner Zerstörung (70 n.Chr.) handelt. Wenn dennoch von diesem Rahmen gesprochen wird, so soll diese Zeitspanne als formative Periode der atl. Literaturbildung wahrgenommen werden, an der die Chronik ihren Anteil in Rezeption und

---

[49] So jedenfalls, wenn man an der traditionellen Datierung festhält und die Einweihung nicht, wie es jüngst D. EDELMANN, Origins 250f u.ö., vorgeschlagen hat, erst in die Mitte des 5.Jh. unter Nehemia datiert.

Interpretation der Vergangenheit und deren Neubewertung durch den Geschichtsentwurf, wie die Chronik ihn präsentiert, hat.[50]

Dass für die Chronik eher die Anfangszeit als das Ende dieser Epoche relevant ist, versteht sich von selbst. Der Anfangspunkt kann aufgrund von Referenzen der Chronik auf den Perserkönig Kyros II. (559–530 v.Chr.) in 2Chr 36,22 nicht früher als dieser Zeitraum liegen.[51] Als *terminus ad quem* ist die Aufnahme des Davidbildes der Chronik in Sir 47,7.11f (so schon im hebräischen Werk, entstanden um 190 v.Chr.) zu sehen.[52]

Innerhalb dieses Rahmens ergeben sich verschiedene Möglichkeiten für eine Datierung der Chronik, wie sie in der Forschung vorgeschlagen worden sind und darin einen Zeitraum von mehr als dreihundert Jahren abdecken. Die frühesten Vorschläge sehen die Chronik als früh-nachexilisches Werk in Reaktion (vgl. 2Chr 36,22f) auf die Machtübernahme durch Kyros II. in Babylon (539 v.Chr.) oder den Bau des zweiten Jerusalemer Tempels (515 v.Chr.) entstanden.[53] Die spätesten Datierungen rücken die Chronik nahe an Jesus Sirach heran.[54]

Die Mehrheit vor allem der angelsächsischen Forschung nimmt eine mittlere Position ein und schlägt entweder die ausgehende achämenidische Herrschaftsphase[55] oder den Beginn der hellenistischen Zeit,

---

[50] Der Begriff „Zeit des Zweiten Tempels" löst daher die Terminologie der „nachexilischen Zeit" ab; vgl. P. BRIANT, Histoire 235f.

[51] Diesen Hinweis bewertet T. WILLI, Einsatz 434, als bewussten Rahmen der Chronik im Hinblick „auf die persische Verwirklichung der *Weltreichs*idee und die mit Kyros neu beginnende Ausübung des von Gott verliehenen Welt*regiments*" (Kursive im Original).

[52] Vgl. P. WELTEN, Geschichte 199f; E. BEN ZVI, Authority 245f.

[53] Vgl. A.C. WELCH, Work 155–160; F.M. CROSS, Reconstruction 13f; M. SÆBØ, Theologie 80: Anfänge der Chronik „um 500 oder kurz danach"; R.L. BRAUN, 1 Chronicles xxix, für das „initial stratum of Chronicles"; S.S. TUELL, Chronicles 10–12.

[54] Vgl. G. STEINS, Chronik 426.436f.515f (175–164 v.Chr.); DERS., Einleitung 259f; A. RUFFING, Jahwekrieg 362; A. SIEDLECKI, Foreigners 266; s.a. E.M. DÖRRFUSS, Mose 278 (Grundschrift der Chronik in der ersten Hälfte des 3.Jh., erste Bearbeitung in der zweiten Hälfte des 3.Jh., Mosebearbeitung in der Wende vom 3. zum 2. Jh.).

[55] Vgl. J.M. MYERS, I Chronicles LXXXIX (Grundschrift um 400 v.Chr. mit wenig späteren Zusätzen); F.M. CROSS, Reconstruction 13f (Chr$_1$ um 520, Chr$_2$ um 450, Chr$_3$ um 400); J.R. SHAVER, Torah 72 (zwischen 398 und dem Beginn der hellenistischen Zeit); T. WILLI, Auslegung 190–193.204 (Anfänge gegen Ende der Perserzeit oder Beginn der hellenistischen Zeit, Zuwächse um 200 v.Chr.); P. WELTEN, Geschichte 35f.199f; H.G.M. WILLIAMSON, Israel 83–86; M. OEMING, Israel 45 (zwischen 350 und 250 v.Chr., am ehesten spätpersisch); J. BERQUIST, Judaism 133 (generell Perserzeit, keine genaue Datierung); E. BEN ZVI, Urban Center passim; DERS., Monarch 280–282; A.G. VAUGHN, Theology 16; S.J. DE VRIES, Chronicles 16f; R.L. KLEIN, 1Chronicles 16 (1. Hälfte 4.Jh.); s.a. L.L. GRABBE, History 99; P.B. DIRKSEN, 1 Chronicles 6 (erste Hälfte 4.Jh.).

mithin die ptolemäische Epoche[56] vor. Wer eine diachrone Entwicklung annimmt, geht von einer längeren Entstehungszeit der Schrift aus und rechnet entweder mit einer Grundschicht bzw. ersten Schriftfassung in der achämenidischen Zeit und späteren Erweiterung(en) in der ptolemäischen Epoche[57] oder gar mit einer mehrschichtigen Entstehung in der hellenistischen Zeit.[58]

Für die Annahme eines längeren und mehrschichtigen Entstehungsprozesses gibt es in der Tat Anzeichen in der Chronik. Werden auch in dieser Untersuchung mehrere Redaktionsschichten der Chronik angenommen, so stellt sich die Frage, ob und ggf. wie die relativen Wachstumsspuren mit einer absoluten Chronologie in Verbindung gebracht werden können. Da die Chronik selbst keine expliziten Hinweise auf historische Phänomene gibt, ist eine konkrete Zuordnung nur annäherungsweise möglich. Dennoch soll in diesem Abschnitt ein Versuch der Datierung der Entstehungsschichten der Chronik vorgenommen werden.

---

[56] Vgl. K. GALLING, Bücher 15–17 (Chronik um 300 und Chron** gegen Ende des 3.Jh.); M. NOTH, Studien 154f (Grundschrift um 300 v.Chr.; zahlreiche Ergänzungen bis 200 v.Chr. und Ausbau der Genealogien in makkabäischer Zeit); P. WELTEN, Geschichte 199f (1.Hälfte 3.Jh.), der sich auf Anspielungen auf Waffen und Kriegszüge, wie sie in der hellenistischen Zeit bekannt wurden (a.a.O. 88–107), und auf die in 2Chr 26,14 erwähnten Katapulte, die in Griechenland erst seit 400 v.Chr. nachweisbar sind, stützt (a.a.O. 113); S.L. MCKENZIE, Chronicles 32 (350–300 v.Chr.); E.M. DÖRRFUSS, Mose 278 (1. Hälfte 3.Jh. bis Wende vom 3. zum 2. Jh.); s.a. T. WILLI, Auslegung 192; R. ALBERTZ, Religionsgeschichte 619f; ferner G.N. KNOPPERS, AncB 12, 116 (spätes 4.Jh. oder frühes 3.Jh.). Pointiert vertritt diesen Zeitraum P. MATHYS, Chronikbücher 51.59.74.77.147–155, der dies an der Existenz von Festungsbauten und ihrer Relevanz für die Chronik (ebd. 98–105), an der Betonung der Landwirtschaft und ländlicher Gegenden in der Chronik (ebd. 71f.110–134) sowie an der Historiographie der Chronik (ebd. 59f.77–83) festmacht. Diese von Mathys angeführten Daten lassen sich jedoch für die Perserzeit ähnlich bestimmen, so dass deren Beweiskraft für eine Datierung in die hellenistische Zeit nicht unumstritten ist.

[57] Vgl. z.B. H.G.M. WILLIAMSON, Chronicles 16f: Grundschrift um ca. 350 v.Chr., gefolgt von einer pro-priesterlichen Ergänzung eine Generation später; T. WILLI, Auslegung 190–193: Grundschrift am Ende der Perserzeit oder dem Beginn der hellenistischen Zeit mit Zuwächsen um 200 v.Chr.; R.G. KRATZ, Komposition 52: Grundschrift um 350 v.Chr., Ergänzungen bis zum Beginn der Makkabäerzeit; R.L. BRAUN, 1 Chronicles xxix: „initial stratum of Chronicles ... about 515 B.C. ... reaching its final form about 300 B.C.".

[58] Vgl. vor allem E.M. DÖRRFUSS, Mose 278 (Grundschrift in der 1. Hälfte des 3.Jh.; erste Bearbeitung in der 2. Hälfte des 3.Jh.; Mosebearbeitung in der Wende vom 3. zum 2.Jh. v.Chr.). Noch später datiert G. STEINS, Chronik 436f.515f: Zeit der Regentschaft Antiochus IV. Epiphanes (175–164 v.Chr.), als die Chronik als Identität stiftendes Dokument in Zeiten der Krise diente; er argumentiert ferner mit dem Kanonabschluss, den er in ebendieser Zeit annimmt. Steins geht allerdings von einem reichlich knapp bemessenen zeitlichen Konzept aus, insofern er die Entstehungsphasen innerhalb eines Zeitraums von insgesamt nur 30 Jahren ansetzt.

Da in der Entwicklung der Chronik eine Bewegung vom Kultus hin zur Administration auszumachen ist, ergibt sich aus diesem Anliegen der Schrift eine Nähe zu Verwaltungsstrukturen, die auf reale zeitgeschichtliche Verhältnisse hinweisen könnten. Diese Beobachtung führt zur der Frage, ob das von der Chronik generierte Sozialporträt eine Anschlussfähigkeit an kontextuelle gesellschaftliche Verhältnisse darstellt. Da man meines Erachtens parallele Abläufe oder Funktionen, wie sie in der Chronik vorausgesetzt sind, in administrativen Vorgängen der Zeit ausmachen kann, ergibt sich die Überlegung, dass Strukturen einer bestimmten Epoche im Hintergrund stehen.

Hier wird die These entfaltet, dass in der achämenidischen Zeit analoge Basisstrukturen in der Gesellschaft entwickelt werden. Die Chronik und wesentliche Teile der achämenidischen Administration bauen darauf auf, dass Schreiber zentrale verantwortungsvolle Aufgaben in verschiedenen Bereichen der Verwaltung wahrnehmen.[59] Aufgrund dieser Strukturparallelen gehe ich davon aus, dass der älteste Bestand der Chronik in der Perserzeit, näherhin in der zweiten Hälfte der achämenidischen Regentschaft, entstanden ist. Ein auslösendes Moment könnte ein Strukturwandel in Juda gewesen sein, wie er mit der Selbstständig-Werdung der Provinz einsetzte. Die politische Neuformierung hat eine Neubesinnung auf alte Werte auf dem Hintergrund der Frage nach der bleibenden Relevanz der Traditionen ausgelöst und dabei zu einer Neuinterpretation der Tradition und Neudefinition der Identität[60] geführt.

Dieser Vorschlag zu den Motiven der Entstehung der Chronik kann an eine ähnliche Überlegung von Reinhard Gregor Kratz anknüpfen, der annimmt, „dass der jungen Provinz Juda im Rahmen des … achämenidischen Großreichs und gegenüber der Provinz Samaria eine eigene politische und theologische Identität verliehen werden sollte."[61] Anregend ist hieran der Konnex, dass politische Umstrukturierungen Auswirkungen bzw. Rückwirkungen auf das geistige und soziale Leben in Juda haben und zur Neubewertung der judäischen Situation im Rückgriff auf Tradition und die eigenen Werte führen.[62]

Zu diskutieren ist aber, wann mit solchen Strukturveränderungen zu rechnen ist. Kratz nimmt an, dass diese Situation erst unter der Herrschaft von Artaxerxes III. Ochos (359–338 v.Chr.) gegeben sei, wo sich eine Blütezeit der achämenidischen Herrschaft abzeichne.[63] Es

---

59   Zur ausführlichen Argumentation verweise ich auf meine noch ausstehende Monographie A. LABAHN, Herrschaft.
60   Zur Definition des Begriffs Identität vgl. Abschnitt 1.3 Anm. 34.
61   So R.G. KRATZ, Komposition 52; ähnlich T. WILLI, Weltreichsgedanke 390. 393.
62   Ähnlich urteilt auch L.C. JONKER, Reflections 75f.85f.
63   Vgl. R.G. KRATZ, Suche 281f; DERS., Perserreich 214; DERS., Komposition 97. An diese Epoche denkt auch F.M. CROSS, Reconstruction 12, für die dritte und letzte Redaktionsschicht der Chronik (sog. Chr3).

spricht jedoch einiges dafür, dass schon zu einem früheren Zeitpunkt solche Verhältnisse gegeben sind. Die Selbstständigwerdung der Provinz ist wahrscheinlich zur Zeit der Regentschaft von Artaxerxes I. Longimanus (465–425 v.Chr.) geschehen und für das Jahr 445 v.Chr. anzunehmen.[64] Eine Neubewertung der Geschichte von Juda und eine Auswertung hinsichtlich der Frage nach der Identität Judas in der Gegenwart sind in der Folgezeit als Ergebnis eines längeren Prozesses des Umdenkens anzunehmen. Vielleicht lässt sich dies am besten mit dem Zeitrahmen verbinden, den man zumeist für die sog. *pax persica* annimmt, d.h. eine reichsweite Phase der Konsolidierung, die in der Regierungszeit Artaxerxes II. Mnemon (404–359 v.Chr.) zu greifen ist[65] – dies gilt jedenfalls, sofern man das Modell der *pax persica* nicht für eine ideologische Fiktion von Seiten der Achämeniden hält.[66]

Der Vorschlag von Kratz wäre demnach dahingehend zu modifizieren, dass man mit einem früheren Zeitpunkt für entsprechende Rahmenbedingungen rechnet. Als Analogien lassen sich dafür Elephantine-Papyri,[67] Samaria-Papyri,[68] *phh*-Siegel und Siegelabdrücke mit der

---

[64] Die Frage der Selbstständigwerdung der Provinz Juda und der Datierung dieses Ereignisses ist umstritten. Allerdings lassen sich Indizien für eine Veränderung aufzeigen, die durch einen politisch-administrativen Wechsel gefördert oder ausgelöst sein kann. Dazu gehören etwa eine stärkere internationale Verzahnung, ein vermehrtes Vorkommen von Importwaren und verstärkt auftretende Handelsaktivitäten. Zudem ist ein deutlicher Zuwachs der Bevölkerungszahlen auszumachen. Münzen, Siegel und Siegelabdrücke belegen ab dieser Zeit den Titel *phh*, des Gouverneurs von Juda, zuweilen in Verbindung mit dem Namen des Amtsinhabers. Sofern es sich um Münzen handelt, zeigen die Belege einen Wechsel der provinzialen Münzhoheit an, so dass vieles dafür spricht, dass Juda seit Ende des 5.Jh. und vor allem im 4.Jh. v.Chr. eigene Münzen prägte. Für eine ausführliche Begründung verweise ich auf meine Monographie „Indirekte Herrschaft in der Administration" (in Vorbereitung).

[65] Vgl. z.B. J.L. BERQUIST, Judaism 124–126. S.a. O. LIPSCHITS, Polity 38, der einen politischen Umbruch vom Ende des 5.Jh. zum Beginn des 4.Jh. annimmt, als die Achämeniden Palästina als wichtigen Kriegsplatz entdeckten.

[66] Für die Zeit unter Artaxerxes II. (404–359 v.Chr.) spricht BERQUIST, Judaism 123, von der „Pax Persica", genereller J. BLENKINSOPP, Temple 24; DERS., Ezra 157; DERS., Pentateuch 45; J. WIESEHÖFER, Geschichte 20f; E.S. GERSTENBERGER, Israel 75; M. BROSIUS, Persians 74, visualisiert auf der Architektur und den Gräbern der Achämeniden. S.a. die Definition von *pax Achaemenidica* als „der göttlich geschenkten, von den Königen garantierten und den Untertanen gewünschten universellen Friedensordnung" durch J. WIESEHÖFER, ebd. Die Friedensordnung ist freilich nicht überall akzeptiert worden; vgl. a.a.O. 50f.

[67] Der Titel begegnet in TAD A4.8.1 (vgl. dem Vorentwurf TAD A4.7.1): Bagohi als פחת יהוד neben dem פחת שמרין; s.a. TAD A1.1.9; A3.3.4 (Plural); C2.1.7.31; C2.1.8.52 (rekonstruiert); zu den Belegen vgl. die Edition von B. PORTEN, A. YARDENI, Texts and Aramaic Documents.

[68] Von den Papyri aus *Wādī d-Dāliya* vgl. vor allem die Belege WDSP 7,17; 8,10; 10,10; s.a. HAE 10.100. Zu den Samaria-Papyri vgl. die Ausgabe in WDSP.

Legende *yhd* bzw. *yhwd* anführen.[69] Zwar sind die antiken Quellen nicht mit der Chronik verwandt, doch eröffnen sie einen kontextuellen und zeitgeschichtlichen Horizont, in dem von Vorgängen berichtet wird, die den in der Chronik genannten Verwaltungsstrukturen nahe stehen.[70] Die Grundschrift der Chronik ist demnach wohl schon zur Regentschaft Artaxerxes II. Mnemon (404–359 v.Chr.) wahrscheinlich zu machen. Daher gehe ich davon aus, dass sich in diesem Rahmen Verhältnisse ausgebildet haben, die einen möglichen Hintergrund für eine erste Fassung der Chronik abgeben.[71]

Im weiteren Verlauf schließen sich redaktionsgeschichtliche Ausgestaltungen der Chronik an. Eine frühe Phase der Fortschreibung fällt möglicherweise noch in die achämenidische Zeit. Der literarische Entwurf und seine Welt- und Geschichtsdeutung werden aktuellen Verhältnissen angepasst, insofern die Chronik auf diese reagiert und angemessen neu adaptiert wird.

Auf dieses Stadium folgen erneute redaktionelle Bearbeitungsprozesse, in denen Neujustierungen der Chronik in Reaktion auf hellenistische Einflüsse erfolgen. Zwei wichtige Einflussfaktoren sind in der ptolemäischen Zeit auszumachen: einerseits politische Veränderungen und andererseits kulturelle und geistige Einflüsse des sich verstärkt ausbreitenden Hellenismus. Innerhalb der ptolemäischen Herrschaftsperiode über Juda kam es aufgrund einer Zentralisierung der Verwaltung auf Alexandria zu erheblichen Umstrukturierugen innerhalb der Administration unter Ptolemaios III. Euergetes (246–221 v.Chr.) mit Einschränkung der lokalen indirekten Herrschaft.[72] Weitere einschneidende Maßnahmen ergab die Machtübernahme der Seleukiden über

---

[69] Zu den Siegeln und Siegelabdrücken vgl. die Edition im Corpus von O. LIPSCHITS, D.S. VANDERHOOFT, Stamp Impressions 81–757; zu den *phh*-Siegeln und Siegelabdrücken, wie sie z.B. in *Bet Ṣur / Ḥirbat at-Ṭubēqa* auf Münzen aus dem 5./4.Jh. v.Chr. gefunden wurden, vgl. L. MILDENBERG, Yehud 71f, der sie in die ausgehende Perserzeit datiert; E. STERN, Seal-Impressions 16; DERS., Material Culture 202–213.235–237; DERS., Province 13f; DERS., Archeology 113; N. AVIGAD, Bullae *passim*; U. HÜBNER, Münzprägungen 127–140. Ferner ist auf Siegel und Siegelabdrücke mit der Legende *yhd* bzw. *yhwd* zu verweisen; vgl. dazu vor allem L. MILDENBERG, Yehud *passim*; kurz L.L. GRABBE, History 61f.64–67; D. EDELMAN, Origins 237 („a date after about 450 BCE"); s.a. R.G. KRATZ, Statthalter 95f; C.E. CARTER, Emergence 158f; A. MEINHOLD, Serubbabel 194–200.

[70] Der Titel begegnet auch mehrmals im AT: Esr 5,3.6.14; 6,6f.13; 8,36; Neh 2,7.9; 3,7; 5,14f.18; 12,26; 2Chr 9,14; Esth 3,12; 8,9; 9,3; davon für Nehemia: Neh 5,14; 12,26; s.a. Liste der Amtsträger, die Flavius Josephus angibt, in Ant 10,152–153; 20,224–231.

[71] Für eine Datierung in die zweite Hälfte der Perserzeit spricht aber auch, dass die Dareiken, das achämenidische goldene Reichsgeld, in 1Chr 29,7 erwähnt werden, die erst seit Dareios I. geprägt wurden.

[72] Vgl. P.W. LAPP, Stamped Handles 32–34; E.M. MEYERS, Second Temple 33f. Als Quelle verweise ich auf die Zenon-Papyri (Texte bei V.A. TCHERIKOVER, A. FUKS, CPJ I) sowie Jos, Ant 12,157–159. Zu den Titeln und Verwaltungsstruktuen s.a. im Einzelnen die Begründungen in A. LABAHN, Herrschaft.

Juda unter Antiochos III. der Große (223–187 v.Chr.) und die von ihm durchgeführte Reorganisation der Steuerverwaltung.[73] Lokale Behörden hatten einen zunehmenden Machtverlust hinzunehmen, während umgekehrt der Einfluss des Hohenpriesters stieg. Die Chronik scheint von derartigen Strukturveränderungen nicht mehr betroffen zu sein, da dem Hohenpriester keine einflussreiche Stellung zuerkannt wird.

Dass aber dennoch Spuren der Hellenisierung in der Chronik zu finden sind, sei damit nicht in Abrede gestellt. In geitig-kultureller Hinsicht ist u.a. auf die seit der Regentschaft Alexanders d.Gr. etablierten Bildungswege zu verweisen, was auch Rückwirkungen auf eine (Zunahme und) Neuausrichtung von Schreiberschulen und deren Einflüsse in der Gesellschaft hatte. Eine parallele Entwicklung ist in der Chronik aufzuspüren, da der Geschichtsentwurf in späteren Neujustierungen gerade die Schreiber und deren vielfältiges Wirkungsfeld herausstellt. Die Analogie lässt sich historisch am leichtesten so verorten, wenn man diesen Schwerpunkt der Chronik mit parallelen Entwicklungen in der Gesellschaft verbindet. Die Neuakzentuierung der Aufgaben der Leviten im Umfeld von Schreibfunktionen hat am ehesten in diesem gesellschaftlichen Rahmen ihren Platz.

In ptolemäischer Zeit sind daher die beiden letzten Redaktionsschichten anzusetzen. Wie weit diese heruntergehen, ist schwer zu sagen. Seleukidische Regierungsmaßnahmen scheinen keinen nachhaltigen Einfluss mehr hinterlassen zu haben. Die gestiegenen Einflüsse des Hohenpriesters, wie sie in seleukidischer Zeit greifbar werden, sind in der Chronik nicht auszumachen. Die fehlende Berücksichtigung des Hohenpriesters kann an einer anderen theologischen Tendenz der Sinnkonstruktion liegen, aber auch ein Zeichen dafür sein, dass andere Kongruenzen vorlagen, die in der Wirklichkeitskonstruktion rezipiert wurden.

Einen möglichen Schlusspunkt der Entwicklung der Chronik könnte man in Aufnahme von chr Teilaspekten in der Tempelrolle sehen, jedenfalls wenn man voraussetzt, dass die Chronik zu diesem Zeitpunkt abgeschlossen war.[74] Da die Tempelrolle Material rezipiert, das aus dem 4./3.Jh. stammt,[75] wäre damit ein möglicher *terminus post quem* gegeben, der vor einer sonst üblichen Datierung von Jesus Sirach liegt.

---

[73] Vgl. E. HAAG, Zeitalter 54. Als Quelle verweise ich z.B. auf die Stele von Hefziba aus der Zeit zwischen 199 und 195 v.Chr. mit der Inschrift eines Dekretes von Antiochos III. (s. dazu Y.H. LANDAU, Inscription 66f; Revision bei T. FISCHER, Seleukiden 2f; DERS., Seleukideninschrift passim, der die Basisinschrift auf das Jahr 199 v.Chr. und ihre Ausführungsanordnungen auf 195 v.Chr. datiert). S.a. die Berichte in Jos, Ant 11,329–339; 12,154–185; 2Makk 3,2–11.

[74] Zur Tempelrolle vgl. A. LABAHN, Licht 28–50, zum Einfluss der Chronik bes. ebd. 46–48.

[75] Vgl. S. WHITE CRAWFORD, Temple Scroll 24–26.29; J. MAIER, Temple Scroll 73f.78.

Der in der Textwelt der Chronik reflektierte Ausbau levitischer Verantwortungsbereiche stellt sich weniger punktuell, d.h. bezogen auf ein einziges, historisch greifbares Ereignis, dar, sondern verdankt sich einem durativen Umgestaltungsprozess. Bezogen auf die literarische Genese der Chronik bedeutet das, dass die Chronik als *rewritten document* (zunächst) ein Produkt der achämenidischen Zeit ist, das in ptolemäischer Zeit weiter ausgearbeitet worden ist. Aktualisierungen sind vor allem in die Passagen des sog. chr Sondergutes eingetragen worden, in denen sich die stärksten diachronen Veränderungen hinsichtlich der Darstellung der handelnden Personen und damit letztlich des dargestellten Sozialporträts zeigen. Die Modifikationen der Sinnkonstruktion der Chronik in ihrem Wachstum wird man am ehesten als unterschiedliche Reflexe auf aktuelle Veränderungen in der Gesellschaft und in strukturellen Bezügen verstehen können.

1.2.4 Die Chronik im Spannungsfeld von historisch-verlässlichen und utopischen Aussagen

Wurde deutlich, dass Modifikationen vor allem in den chr Eigenformulierungen zu finden sind, so stellt sich gerade an sie die Frage ihrer Bewertung. Nimmt man die dort aufscheinenden Sinndeutungen ernst, so kann man sie als Ausdruck eines aktuellen Interesses verstehen, das die Vergangenheit im Hinblick auf Sinnaspekte für die Gegenwart je und je neu deutet. Dann aber ist die Frage gestellt, ob sich diese Aspekte in Hinblick auf zeitgeschichtliche Verhältnisse der Chronik auswerten lassen.[76] Zwar stellen die Neubewertungen literarische Aussagen dar, die Ereignisse deuten und in diese Deutungen auch theologische Bewertungen einfließen lassen. Doch ist dabei zu bedenken, dass dahinter eine Wahrnehmung von Wirklichkeit steht, die zu dieser Bewertung geführt hat. Wie man das Verhältnis einerseits von Deutung einer Wirklichkeit und andererseits von Reflexen der Realität einschätzt, ist eine Frage der Bewertung historischer Aussagen in jedem literarischen Entwurf. Literarische Aussagen bewegen sich grundsätzlich in einem Spannungsfeld von (mehr oder weniger) fiktiven Gedankenwelten und Reflexen von Realität, die einen gewissen Anhalt an der jeweils erlebten und gedeuteten Wirklichkeit haben. Doch insofern beides vorhanden ist, ist es Aufgabe der Geschichtswissenschaft, mit Anteilen von

---

[76] Sehr große Zuversicht in die Verlässlichkeit der Chronik zeigt sich bei T. Polk, Leviten 19 u.ö., der die Verhältnisse aus der dargestellten monarchischen Zeit, wie sie in den Beschreibungen der Chronik zu lesen sind, für historisch zutreffend hält und daher für die Leviten annimmt, dass sie unter David in „cult and administration of the realm by means of regional centers staffed by Levites loyal to the king" eingesetzt waren. Es ist aber zu fragen, ob eine derartige Position der Leviten tatsächlich schon für die Königszeit angenommen werden kann oder nicht vielmehr ein Spiegel der Zeitgeschichte der Chronik selbst ist.

beiden zu rechnen und in der kritischen Diskussion Realität und Fiktion gegeneinander abzuwägen.[77]

Wenn man in diese Überlegungen mit einbezieht, dass die Neuschreibung der Geschichte doch wohl aus aktuellen Bedürfnissen heraus entstand, so ist immerhin mit einem gewissen Anteil an Realitätsstrukturen auch bei der Deutung der Vergangenheit zu rechnen. Dann aber stellt sich die Frage, inwiefern hinter den Deutungen der Geschichte auch aktuelle Verhältnisse oder Erfahrungen aus der Zeit der Chronik stehen. Geht man davon aus, dass die Chronik für eine Leserschaft oder Hörerschaft geschrieben worden ist, der eine bestimmte ideologische[78] und theologische Sichtweise vermittelt werden soll, liegt die Überlegung nahe, dass Darstellungsaspekte der Chronik von zeitgeschichtlichen Sinnaspekten und Interpretationen geprägt sind. Dies betrifft vor allem die Passagen der chr Neu- und Eigenformulierungen, in denen die Verfasser freier literarisch tätig werden konnten als bei den Passagen, die vorwiegend aus Quellenrezeption gespeist sind.

Hinzu tritt die Beobachtung, dass Eigenständigkeiten der Chronik vor allem die politischen und gesellschaftlichen Verhältnisse Judas wie auch die Rolle des Tempels und die Funktion des Tempelkultes betreffen. Diese Themenfelder markieren eine Schnittstelle zwischen der Textwelt der Chronik und den Deutungen der dahinter durchscheinenden zeitgeschichtlichen Verhältnisse. Das kann allerdings nicht bedeuten, dass alle Neu- und Eigenformulierungen der Chronik unmittelbar auf zeitgeschichtlich aktuelle Konstellationen auswertbar sind. Wenn sich also die Frage stellt, inwiefern das literarische Porträt ein deutender Spiegel der Zeit der Chronik sein kann, so gilt es auf dem Hintergrund dieser Annahme genauer zu schauen.

Hatte etwa Julis Wellhausen die Eigenformulierungen der Chronik als Erfindung des Chronisten bewertet und sie damit als Fiktion erklärt,[79] so urteilen heute viele Exegeten anders. Schon Martin Noth betrachtete „den Chronisten" als selbstständigen Erzähler, der die Vorgänge der Geschichte aus seiner eigenen Perspektive darbot.[80] Darin macht Noth eine „schriftstellerische Gepflogenheit" aus, die das „literarische Ziel" verfolge, „die Geschichtserzählung zu beleben und anschaulich zu machen" und dies „mit den Mitteln der Vorsetllungswelt

---

[77] Zur Aufgabe vgl. G. HÄFNER, Konstruktion 69–82.

[78] Der Begriff ‚Ideologie' ist nicht im philosophischen Verständnis verwendet, sondern als neutrale Bezeichnung von impliziten axiomatischen Voraussetzungen und Vorstellungen einer Sinnkonstruktion (s.u. Abschnitt 1.3.1). Liegen Sinnkonstruktionen als theologische Entwürfe vor – wie z.B. in den atl. oder frühjüdischen Schriften –, wäre von ‚Theologie' anstatt von ‚Ideologie' zu reden. Der Ideologiebegriff hat in diesem Sinn einen Mehrwert gegenüber dem Theologiebegriff, da er nicht auf vertikale Erklärungsmuster festgelegt ist, sondern für verschiedene Modelle horizontaler Deutung von Welt und Geschichte offen ist.

[79] Vgl. J. WELLHAUSEN, Prolegomena 202–205.

[80] Vgl. M. NOTH, Studien 155f.

und Interessen seiner eigenen Zeit zu erreichen sucht". [81] Die Chronik stellt also die Vergangenheit nach den für ihre Gegenwart für sinngebend gehaltenen Deutungsmustern dar, so dass die Darstellung der Monarchie mit historiographischen Deutungen aus der Wirklichkeit der Verfasser der Chronik verknüpft ist.[82]

Neuere Beiträge der Forschung knüpfen an diese Vorstellung an, indem sie nach dem Realitätsgehalt der jeweiligen Aussagen und dann auch nach den historischen Hintergründen aus der Zeit der Chronik fragen.[83] Ich gebe dafür vier Beispiele aus Positionen der letzten zwei Dekaden, die aufzeigen, bis wohin das derzeitige Nachdenken gekommen ist und welche Fragen der rezenten Forschung im Vordergrund der Diskussion stehen. Horst Seebass hielt 1991 für die Aussagen über die Leviten fest, dass sie „eine Mischung aus Theorie und Wirklichkeit, Retrojektion und Programm" bilden.[84] Im Jahr 2001 urteilte Josef Blenkinsopp, dass „Chronicles backdating contemporaneous practices to the time of David".[85] Im selben Jahr schrieb Gary Knoppers etwas allgemeiner: „the Chronicler ... constructed the past in categories familiar to him in his own time".[86] Schließlich urteilte Steven McKenzie 2004: „This extensive role of the Levites as well as their divisions ... reflect the situation of the Chronicler's own day."[87] Als offene Frage bei diesen Beurteilungen bleibt ein Abwägen nach dem Verhältnis von Reflexen von Realität und Angaben fiktiver Zustände. Dass die Darstellung der Chronik von beidem geprägt ist, dürfte im Allgemeinen relativ unstrittig sein, nicht jedoch, welches Darstellungsmoment wieviel Anteil an der Realität hat. Diese Studie sucht dafür einen Vorschlag anhand von Konstruktionsprinzipien der Deutung von Wirklichkeit zu unterbreiten.[88]

Damit wird ein alternativer Vorschlag zu dem Modell entwickelt, das mit *Topoi* in der chr Darstellung der Geschichte rechnet. Auf solche Topoi hatte vor allem Peter Welten 1973 aufmerksam gemacht; andere Forscher wie z.B. Andreas Ruffing und Ernst Michael Dörrfuss sind ihm darin gefolgt. Mit „Topoi" ist gemeint, dass die Chronik Vorgänge in schematischer Weise schildert und damit einem Darstellungsinteresse folgt, mit dem die Wirklichkeit gedeutet wird. Solche Deutungen finden sich in den historiographischen Bewertungen von Kultre-

---

[81]   So M. NOTH, Studien 160.
[82]   Vgl. M. NOTH, Studien 169 u.ö.
[83]   Vgl. z.B. T. WILLI, Auslegung 191; J. SCHWARTZ, Priests 30; W.M. SCHNIEDEWIND, Word 163; J.E. DYCK, Ideology 127–164; J. SCHAPER, Priester 269–302; S. JAPHET, Reliability passim; für die Darstellung der Leviten s. speziell A.H.J. GUNNEWEG, Leviten 212.
[84]   So H. SEEBASS, Leviten 36.39; s.a. R.G. KRATZ, Komposition 41.
[85]   So J. BLENKINSOPP, Pentateuch 53.
[86]   Vgl. G.N. KNOPPERS, Authorization 124f; s.a. DERS., AncB 12, 620f.658.
[87]   So S.L. MCKENZIE, Chronicles 363, in seinem Kommentar zu 2Chr 35.
[88]   Zur Methodik vgl. Abschnitt 1.3.

formen, die nach der Darstellung der Chronik von judäischen Königen veranlasst werden.[89] Ferner sind die Topoi von Neubauten von Festungen und Lagerstätten, die die Chronik judäische Könige zum Ausweis ihrer Macht errichten lässt und mit denen sie als jahwetreue Könige charakterisiert werden, zu finden.[90] Juda wohnt in befestigten Städten, was als Ausdruck des zu Stein gewordenen göttlichen Segens interpretiert wird.[91] Zu den Topoi gehören auch Kriegsansprachen, die die Chronik durch militärische Anführer an die Soldaten richten lässt.[92] Ein weiterer theologischer Topos ist die Suche nach Jahwe, die auf verschiedene Bevölkerungsteile appliziert wird und auf deren Grundlage einer Umsetzung von Plänen Erfolg beschieden ist, da auf diesen Unternehmungen Gottes Segen ruht.[93] Schließlich ist der Topos der Ruhe für Tempel, Stadt und Bevölkerung zu nennen, mit dem ein Idealzustand beschrieben wird, der eine Zeit des göttlichen Segens für Tempel, Land und Bevölkerung kennzeichnet.[94]

Die Erkenntnis, dass die Chronik schematisch vorgeht und Interpretation anstelle von Bericht tritt, hat zur Folge, dass diese Aussagen als historisch unglaubwürdig betrachtet werden, zumal sich die Topoi vorwiegend in chr Eigenformulierungen finden und damit als sekundäre Deutung der berichteten geschichtlichen Ereignisse aufgefasst werden könnten. Die Beobachtung von Topoi muss allerdings nicht implizieren, dass die Darstellungen überhaupt keinen Anhalt an geschichtlichen Vorgängen haben. Ob Kultreformen z.B. unter den ihnen zugeschriebenen Monarchen stattfanden, ist eine historische Frage an die Zeit der Regenten. Ob in der Darstellung der Reformen aber Zustände zur Zeit der Chronik aufgenommen sind und ob aus diesen Realitätsbausteinen ein Topos geformt worden ist, ist eine andere Frage. So muss die Annahme von Topoi nicht grundsätzlich gegen die Rezeption von aktuellen Konstellationen aus der Zeit der Chronik sprechen. Die Frage nach dem Verhältnis von Realität und Fiktion bleibt dabei dennoch gestellt.

Im Ergebnis ähnlich, doch different hinsichtlich des angenommenen literarischen Prozesses urteilt Georg Steins. In Bezug auf eine mögliche „Zurückführung auf reale Verhältnisse" ist er zurückhaltend, weil er die Chronik als Produkt sieht, das durch „die ,gelehrte' Entwicklung

---

[89] Vgl. P. WELTEN, Geschichte 180–184.
[90] Vgl. P. WELTEN, Geschichte 42–52; s.a. J. WEINBERG, Chronist 226; E.M. DÖRRFUSS, Mose 283; P.K. HOOKER, Chronicles 200; R.G. KRATZ, Komposition 30.38; H.-S. BAE, Suche 28.
[91] Vgl. P. WELTEN, Geschichte 12.
[92] Vgl. A. RUFFING, Jahwekrieg 166–173.254–266.290. P. WELTEN, Geschichte 184f, bestimmt einen Topos der „Volksbelehrung", der jedoch nur bei Joschafat ausgesagt ist und mir daher weniger typisch anmutet.
[93] Vgl. P.K. HOOKER, Chronicles 207f.
[94] Vgl. P. WELTEN, Geschichte 43.49f.202f; s.a. R. MOSIS, Untersuchungen 98–101; A. RUFFING, Jahwekrieg 219–223; W.M. SCHNIEDEWIND, Chronicler 170–172; J.E. DYCK, Ideology 143f.149f; H.-S. BAE, Suche 27–29.

und Weiterführung vorgegebener Themen gekennzeichnet ist. Als ‚gelehrt' ist diese Art der Textbildung zu bezeichnen, weil sie Informationen aus anderen Texten ‚der Schrift' aufnimmt und mit ihrer Hilfe ein neues Thema an bestimmten Punkten einträgt".[95] Die Chronik wird hier zu einem literarischen Produkt, das aus sich selbst lebt, doch dessen Entstehung nicht mit möglichen realen zeitgeschichtlichen Hintergründen korreliert wird. Es stellt sich aber die Frage, ob eine solche schriftstellerische „Schreibtischarbeit" wahrscheinlich ist oder ob die Modifikationen in den (wenn man Steins hier zustimmt) Selbstzitationen der Chronik, die andere Akzente gerade auch im Wirkradius des Tempelpersonals wie der Leviten setzen,[96] nicht doch aus aktuellen realen Veränderungen (mit-) veranlasst sind.

Im Chor der Vielschichtigkeit der Forschung sind auch skeptische Urteile auszumachen, die den Realitätsgehalt der Aussagen der Chronik auf ein Minimum reduzieren. Ansätze zu einer kritischen Haltung finden sich z.B. bei Risto Nurmela: „The cultic worship was important in the Chronistic writer's ideology, but exactly for this reason the information which they offer should be treated with suspicion. … it tells us more about their ideology than about historical circumstances".[97]

Einen Schritt weiter geht die Annahme, dass die Chronik ein utopischer Entwurf sei. In monografischer Breite hat die These einer Utopie Steven James Schweitzer in seiner Dissertation „Reading Utopia in Chronicles" vertreten.[98] Er geht davon aus, dass die Chronik als utopische Schrift die Gesellschaftsstrukturen ihrer Zeit kritisiert, indem sie einen alternativen ideologischen Entwurf für eine ideale Zukunft setzt. Unter Utopie versteht Schweitzer nicht nur ein literarisches Genus; vielmehr beinhaltet ein utopischer Entwurf auch eine ideologische Weltsicht und hat soziologische Implikationen.[99] Die Utopie sei in Wirklichkeit nicht existent, sie sei zugleich irreal wie fantastisch.[100] In ihrem Zentrum stehe ein Gesellschaftsentwurf für die Zukunft, der in revolutionärer Weise auch auf die Gegenwart zielt, indem er den gegenwärtigen *status quo* in Frage stellt. Utopische Entwürfe gelten für Schweitzer daher als innovative Vorschläge für eine mögliche alternative und bessere soziale Gegenwart. Diese Vorschläge entnimmt ein

---

[95] So G. STEINS, Chronik 426 (im Original teilweise kursiv).

[96] Zum entstehungsgeschichtlichen Modell von Steins s.o. Abschnitt 1.2.2.

[97] So R. NURMELA, Levites 8, ähnliche Urteile vertritt auch W. JOHNSTONE, Guilt 128f.

[98] Die philosophische Dissertation aus dem Jahr 2005 wurde zunächst elektronisch veröffentlicht und 2007 als Monographie gedruckt: S.J. SCHWEITZER, Utopia passim.

[99] Vgl. die grundlegenden methodischen Überlegungen S.J. SCHWEITZER, Utopia 14–16. s.a. 125.136.175.

[100] S.J. SCHWEITZER, Utopia 15, formuliert inkludierend: „Thus, ‚utopian' has come to mean ‚fanciful', ‚fantastic', ‚impossible' and ‚unrealizable'. Yet, it can also mean ‚visionary', ‚ideal', ‚better-than-the-present' and ‚an alternative reality'.

Verfasser eines utopischen Entwurfs nicht seinen eigenen lebenswelt-
lichen Bezügen, sondern entwickelt sie frei, indem eine Utopie eine
‚ideologische Matrix konstruiert'.[101] Daher gelangt Schweitzer zu der
Schlussfolgerung, dass aus einem solchen Entwurf keine historischen
Daten abzuleiten seien.

Diese produktionsästhetische Annahme ist insofern problematisch,
da jede Äußerung eines Autors ein Produkt seiner Wahrnehmung von
Wirklichkeit einschließlich ihrer verschiedenen Faktoren ist;[102] das gilt
auch für den Fall, dass es sich um einen Gegenentwurf gegen bestehende (erlebte und gedeutete) Verhältnisse handelt, der damit diese
kritisiert.[103] Dass ein Entwurf jedoch gänzlich unter Absehung gegenwärtiger Verhältnisse entsteht, ist hingegen unwahrscheinlich, da jeder
Autor von Einflüssen aus seiner Umwelt und Tradition etc. geprägt ist.
Auch ein Entwurf, der ein Produkt der Fantasie ist, knüpft daher zu
einem gewissen Grad an die in der Gegenwart erlebten und gedeuteten
Verhältnisse an.

Schweitzer geht zutreffend davon aus, dass die Vision der Chronik
um die Größen von Genealogien, Politik und Tempelkult konstruiert
ist. Allerdings ordnet er diese Größen in Entsprechung zu seiner
Grundannahme in den utopischen Entwurf einer alternativen Realität
ein. Darin nehmen die Leviten einen zentralen Platz ein.[104] So gelte
denn auch, dass „cultic practices and systems may reflect *desired* (but
not necessarily implemented) changes, and therefore, not historical
realities".[105] Für die Frage der historischen Bewertung der Darstellungen in der Chronik bedeutet das folglich, „that its descriptions of
society are not projections of Second Temple practice back into the
preexcilic period for the sake of legitimation", sondern die Chronik
zielt „at the *problems* and *ideological struggles* of the late Persian or
early Hellenistic period".[106] Schweitzer sieht in der Chronik somit einen
Entwurf für eine ideale Zukunft, der in der Gegenwart gelten soll, doch
mit der Matrix der Konstruktion der Vergangenheit gebaut ist.

Dennoch stellt sich an dieses Modell die Frage nach Anknüpfungs-
punkten, und es sei auch nur via Negation, woher die reflektierten Verhältnisse gespeist sind und welche Wahrnehmung der Verfasser vorliegen könnte. Diese Frage führt zu einem diffizilen Prozess des Ab-
wägens darüber, inwiefern die rezipierende und interpretierende Wahrnehmung aktuelle Verhältnisse der Zeit der Chronik als Folie für die
Darstellung der Königszeit nutzt.

---

[101] Vgl. S.J. SCHWEITZER, Utopia 18f.25f.173.
[102] Zu den Faktoren bzw. Bausteinen vgl. Abschnitt 1.3.1.2.
[103] Vgl. dazu weiter Abschnitt 1.3.
[104] Dazu s.o. Abschnitt 1.1.
[105] So S.J. SCHWEITZER, Utopia 29 (Kursiv im Original).
[106] So S.J. SCHWEITZER, Utopia 30 (Kursive im Original).

In der Chronik fallen gegenüber den von ihr verarbeiteten Schriften (d.h. im Vergleich mit anderen Modellen) abweichende Gruppierungen und deren Zuständigkeiten sowie divergente kultisch-rituelle Abläufe und theologische Neuakzentuierungen auf. Im Zentrum dieser Neuzuschreibungen stehen der Tempel und das Tempelpersonal.[107] So sehr der Jerusalemer Tempel als kultisch-religiöse Instanz erscheint und das Tempelpersonal mit den Ausführungen der kultischen Belange befasst ist, fällt doch auf, dass sowohl die Institution des Tempels als auch die Leviten als die personenstärkste und einflussreichste Gruppe der Tempelbediensteten die Grenzen des Kultus überschreiten. Indem sie in weitere Funktionsbereiche und soziale Kreise vordringen, leisten sie zugleich in der Wirklichkeitskonstruktion der Chronik einen Beitrag zur Verhältnisbestimmung von judäischer Partikularität und globalen Vernetzungen. Damit formuliert die Chronik einen eigenständigen Geschichtsentwurf, dessen Wirklichkeitskonstruktion nach einem äußeren Anlass für seine Interpretation der Verhältnisse fragen lässt. Da die Chronik sorgsam die ihr überkommenen literarischen Traditionen rezipiert und auf ihre Relevanz für die Gegenwart und ihre gesellschaftliche Wahrnehmung in der Sichtweise der Verfasser hin abwiegt, leistet sie eine eigene Deutung der Vergangenheit. Ihre Schreiber generieren eine Neuschreibung der Geschichte, die aus dieser Neubeurteilung der eigenen Zeit und ihrer Verhältnisse gewachsen ist, um zu einer Sinngebung der Gegenwart zu gelangen. Hier eröffnet sich eine komplexe Frage danach, inwiefern die Sinnkonstruktion der Textwelt tatsächlich auf eine Wirklichkeit hin transparent ist und welche Realität dahinter stehen kann.[108]

Diese Überlegung führt hinein in einen komplexen Abwägungsprozess, der von der literarischen Sinnkonstruktion in einer Textwelt nach sozio-politischen Hintergründen fragt. Ist der Rückschluss von im Text eruierten historischen Anspielungen zu realen Verhältnissen vor einiger Zeit noch relativ problemlos vorgenommen worden, so stellt diese Beziehung nach methodischen Überlegungen, die im Zusammenhang des Konstruktivismus aufgekommen sind, ein komplexes Unterfangen dar, das zu differenzierteren Urteilen nötigt und methodisch nachvollziehbarer Kriterien bedarf. Da eine Textwelt eine Konstruktion von Wirklichkeit darstellt,[109] die die Realität deutet und ihr Sinn zuschreibt, diese

---

[107] Vgl. z.B. M. Sæbø, Theologie 75.

[108] Vgl. R.G. Kratz, Suche 291, der betont, dass in der Chronik „Überlieferung und Ereignis zusammen fallen ... Das gilt sowohl für die Vergangenheit ... als auch für die Gegenwart." Vergangenheit und Gegenwart sind in den überlieferten Ereignissen so ineinander verschränkt, dass die Sinnkonstruktion der Vergangenheit eine Sinngebung für die Gegenwart ist. Andere Zeitaspekte sieht H. Henning-Hess, Kult 82 u.ö.: Die Chronik beschreibt einen „IST-Zustand", den sie rechtfertigt und als verbindliche Norm für die Zukunft vorschreibt.

[109] Vgl. E. Ben Zvi, Monarch 281: „literary works ... deal with the construction of social identities".

jedoch nicht ungebrochen und perspektivlos abbildet, stammen literari-sche Sinngebungen aus einer Konstruktionsleistung bestimmter sub-jektiver Deutungen von Wirklichkeit. Es bedarf eines methodischen In-strumentariums, um diese Wirklichkeitskonstruktion mit anderen Kon-struktionen zu korrelieren und von hier aus zu historisch plausiblen Urteilen zu gelangen.[110] Ein Rückschluss auf historische Urteile kann aber nicht allein von der Konstruktion der Chronik aus geleistet werden. Vielmehr muss ein umfassenderer Blick auf koinzidente und kongruente Konstruktionen von Realität geworfen werden.[111] Inwiefern die Gegenwart der Verfas-ser der Chronik Einfluss auf das in der Chronik geschaffene Sozialpor-trät genommen hat, ist also nicht allein aus der Chronik zu ermitteln, sondern im konstruktiven Gespräch mit anderen Quellen zu gewinnen. Das von der Chronik angebotene Wirklichkeitsverständnis ist auf seine Akzeptanz bei anderen Wirklichkeitskonstruktionen hin zu befragen. Wenn es gelingt, Kongruenzen aufzuzeigen, etwa im Sozialporträt, wä-re einige Evidenz für einen (partiell) vollzogenen Aneignungsprozess der Chronik bei anderen Konstruktionen gewonnen. Auf diesem Hin-tergrund können sich dann *historische Wahrscheinlichkeiten* dafür er-öffnen, vor allem in den chr Neu- und Eigenformulierungen einen Spie-gel der gesellschaftlichen und politischen Situation der Zeit des Zwei-ten Tempels zu sehen.

Im Rahmen der vorliegenden Studie kann dies jedoch nur als ein Ausblick geschehen. Viable Rezeptionen der Wirklichkeitskonstruktion der Chronik sind in frühjüdischen Schriften auszumachen, auch wenn es keine ungebrochenen Kongruenzen gibt. Analogien und Schlussfol-gerungen auf das Wirkungsfeld von Leviten in der Zeit des Zweiten Tempels habe ich in einer anderen Studie untersucht, auf die hier ver-wiesen sei.[112] Um zu historisch pausiblen und wahrscheinlichen Urtei-len zu kommen, würde es ferner noch eines Vergleichs mit Analogien in weiteren zeitgeschichtlichen Dokumenten bedürfen. Jedoch kann auch diese Untersuchung hier nicht geleistet werden, so dass auch an dieser Stelle erneut ein Verweis auf eine andere Publikation ausreichen muss.[113]

---

[110] Vgl. Abschnitt 1.3.
[111] Zur Begrifflichkeit s.u. Abschnitt 1.3.1. Dies gilt in Grundzügen auch dann, wenn die Konstruktionen aus unterschiedlichen Entstehungszeiten stammen.
[112] A. LABAHN, Licht, s. vor allem die Schlussfolgerungen ebd. 131–159.
[113] A. LABAHN, Herrschaft passim.

1.3 Methodische Vorüberlegungen zur Sinnkonstruktion in Textwelten

Der Weg von literarischen Aussagen in Textwelten zur historischen Rekonstruktion von Wirklichkeit stellt ein in neuerer Zeit methodisch kritisch hinterfragtes Unternehmen dar. Um diesen Schritt verantwortet leisten zu können, sind methodische Reflexionen über vertretbare Kriterien nötig.[1] Diese Überlegungen sollen in diesem Abschnitt in einem zweifachen Durchgang erfolgen. Nach grundsätzlichen Erwägungen zur Sinnkonstruktion in Texten, insbesondere in Geschichtstexten, wird eine Konkretion auf die Textwelt der Chronik erprobt.

1.3.1 Textwelten als Sinnkonstruktionen

1.3.1.1 Sinndeutung in Texten

Schriften sind literarische Produkte, in denen ein bestimmter Textsinn generiert wird. Ein Text stellt sich als ein semantisches Gebilde mit Verknüpfungen dar, mit denen Sinnzusammenhänge entworfen werden. In diese Sinnkonstruktion sind Charaktere und Handlungen so eingebunden, dass sie Deutungen und Sinnzuschreibungen entsprechend den Markern der Sinnwelt des Textes erfahren. Zur Erzeugung eines bestimmten Sinns ist im Text ein komplexes System unterschiedlicher, mit einander verzahnter Komponenten aufgebaut. Die Vermittlung von Sinn geschieht nicht aufgrund eines einfachen Deutungshorizonts, sondern entsteht erst durch ein diffiziles Geflecht verschiedener Aspekte eines literarischen Zusammenhangs.[2] Durch eine solche Generierung von Sinn wird in jeder Textwelt eine Aussage eigener Provenienz kreiert.

Sinndeutungsphänomene entstehen, indem anhand von Deutungsschemata aktuelle Erlebnisse von Subjekten den vergangenen und bereits gedeuteten Erfahrungen zugeordnet werden.[3] Diese von einem Individuum geleistete reflexive Zuordnung ist eingebunden in einen fließenden Prozess, der je nach neuen Erlebnissen die Erfahrungskonstituente modifiziert.[4] Die Sinndeutung erfolgt also in einem vom Individuum geführten Dialog mit seinen ihm einerseits vorgegebenen und

---

[1] Vgl. schon die 1980 in einem Beitrag gestellte Frage von Z. KALLAI, Patterns 157, nach dem Verhältnis von Texten und „historical data", die anhand von „tools and criteria" zu erheben sind. Die weitere Forschung zu Kriterien der Historiographie wird sukzessive diskutiert.

[2] Vgl. J. RÜSEN, Geschichtskultur 214–216.

[3] So nach A. SCHÜTZ, Aufbau 191f.

[4] Vgl. A. SCHÜTZ, T. LUCKMANN, Strukturen 133–154, die analog von Einordnung in den subjektiven Wissensvorrat und in situationsbedingten Veränderungen sprechen; s.a. A. SCHÜTZ, Lebenswelt I 327–342.

andererseits von ihm (mit-)entwickelten Schemata. Diese gemeinsame Gestaltung kommt zustande, indem vorgegebene Muster aufgrund von aktuellen Rekonstitutionen neu bestimmt werden.[5] Auf Texte bezogen heißt dies, dass in ihnen Deutungsschemata entwickelt werden und aufgrund dieser Konstituenten den Ereignissen eine Sinndeutung zugeschrieben wird.[6] Sinnkonstruktionen ordnen Erlebnisse und deren Kontext in Erfahrungszusammenhänge ein und prägen ihnen so eine implizite oder explizite Deutung auf.

Eine Textwelt beabsichtigt eine Deutung von Wirklichkeit,[7] indem eine Sinnzuschreibung der hinter ihr stehenden Zusammenhänge geschieht. Diese Textwelt und die in ihr dargelegte Sicht von Welt (und Geschichte) bilden diese jedoch nicht ab, vielmehr konstruiert eine Weltsicht (bzw. ein Geschichtsverständnis) aufgrund der vorgenommenen Sinnzuschreibung eine Vorstellung von Welt (und Geschichte). Diese Konstruktion der Wirklichkeit ist keine möglichst getreue Darstellung von Ereignissen, Personen oder Phänomenen, sondern generiert eine durch Deutung geprägte Sichtweise von Wirklichkeit, die eine Orientierung vermitteln will. Ein Text schreibt der Wirklichkeit einen Sinn zu, da die subjektiv angenommene Realität interpretiert wird. Demgemäß bildet ein Text die Wirklichkeit nicht direkt ab, sondern konstruiert Realitäten und entwirft ein Deutungsmodell von Geschehenszusammenhängen.[8] Durch die Einordnung in Erfahrungskontexte wird Sinn erzeugt, um zu einem Verstehen von Zusammenhängen zu gelangen.[9] Ein Textbereich ist damit eine je in sich geschlossene Sinnwelt.

1.3.1.2 Texte als Konstruktion von Wirklichkeit

Die in Texten anzutreffende Wirklichkeit ist daher nicht mit der tatsächlichen Realität zu verwechseln, sondern die Weltsicht von Texten

---

5   Vgl. A. SCHÜTZ, Aufbau 193f; s.a. T. SCHWINN, Subjektivismus 157–160. Zur „Bewahrung und Verwandlung subjektiver Wirklichkeit" im Eingebundensein von Subjekten in gesellschaftliche Strukturen vgl. P.L. BERGER, T. LUCKMANN, Konstruktion 157–174.

6   Das würde fernerhin bedeuten, dass dann, wenn neue modifizierte Sinndeutungen nötig werden, Rekonstitutionen in Aktualisierungen der Sinndeutungsphänomene geschehen.

7   J.R. SEARLE, Konstruktion 160–165, spricht von „Repräsentationen" der Wirklichkeit, die „alle" eine „Intentionalität" (160) wie „Aussagen, Überzeugungen, Wahrnehmungen, Gedanken usf." (162) beinhalten. S.a. G. HÄFNER, Konstruktion 70.72f.90, der zwischen einem Ereignis und seiner durch Sprache bewirkten Deutung im historischen Faktum unterscheidet.

8   A. SCHÜTZ, Aufbau 197, bezeichnet dies als „Motivzusammenhang", in dem „ein besonderes Handeln kraft des Entworfenseins der Handlung ... für den Handelnden steht" (im Original kursiv).

9   S.a. G. HÄFNER, Konstruktion 76, demzufolge in der Geschichtsinterpretation durch „Einordnung ... in ein sinnvolles Ganzes ... Bedeutung verliehen" wird.

entspringt aus einem Konstrukt von Wirklichkeit, das unter bestimmten, je eigenen Prämissen steht. Insofern entspricht die Sinnwelt eines Textes den Kriterien der Wirklichkeitskonstruktion eines Subjekts.[10] Die Einsicht in konstruierte Wirklichkeit(en) ist durch neuere erkenntnistheoretische Überlegungen im Rahmen der Wissenssoziologie[11] innerhalb des sog. Konstruktivismus gefördert worden.[12] Die vom Konstruktivismus entwickelte Grundüberzeugung basiert auf der Einsicht, dass Realität nicht *per se* als objektive Größe vorliegt, sondern als eine in Sinnzusammenhängen konstruierte Wirklichkeit begegnet.[13] Die Wirklichkeit ist nicht objektiv zu erkennen, sondern nur in der sinnlichen Wahrnehmung eines Subjekts. Die Wirklichkeit besteht daher nicht an sich, sondern lediglich als Objekt in der Konstruktion des sie verarbeitenden Subjekts.[14] Eine jeweilige Wirklichkeit liegt also

---

[10] Die Rede von einem „Subjekt" versteht sich entsprechend kommunikationstheoretischer Konstruktionsprinzipien, so dass „kommunikative Vorgänge" impliziert sind, die „den kommunikativen Haushalt einer Gruppe, einer Institution, einer Gesellschaft ausmachen" können; vgl. T. Luckmann, Aufbau 180. Es soll freilich nicht behauptet werden, dass biblische Texte von einem Verfasser stammen. Der Bezug auf ein Subjekt versteht sich als Ausdruck *literarischer* Sinnzuschreibung, demzufolge Texte als eine *literarische* Gestalt eines Verfassers bzw. Verfasserkreises betrachtet werden, doch nicht als *produktionsästhetische* Annahme eines einzigen Verfassers. Hinsichtlich der Abfassung atl. Schriften ist eher ein diachron tätiger Verfasserkreis anzunehmen, so dass die Frage nach der literarischen Gestaltung eines Textes in diachronen Kategorien die Endfassung eines Textes meinte.
[11] Der Terminus „wissenssoziologisch" taucht bereits bei M. Oeming, Israel 206, auf, der damit die genealogische Vorhalle als „Literatur von Schriftgelehrten für Schriftgelehrte" charakterisiert. Zum Themenfeld s.a. den von Oeming zusammen mit Oded Lipschits herausgegebenen Sammelband „Judah and the Judeans in the Persian Period" von 2006, der vor allem im ersten Teil hilfreiche neue Studien bietet. Auf die einzelnen Beiträge wird am gegebenen Ort Bezug genommen. Zum Begriff s.a. M. Döbert, Theologie 63f, der seinerseits auf Peter Lampe verweist.
[12] Unter der Chiffre „Konstruktivismus" sind verschiedene Modelle zur Konstruktion von Wirklichkeit mit Konvergenzen untereinander zusammen gefasst. Hier sollen Basiseinsichten dieser Richtung aufgenommen werden. Die Annahmen des radikalen Konstruktivismus werden demgegenüber hier nicht geteilt; zur Skepsis gegenüber Letzterem s.a. G. Häfner, Konstruktion 92; als Aossiziation einer „freien Konstruktion aller Ordnungen" beurteilt M. Döbert, Theologie 65, die These eines radikalen Konstruktivismus.
[13] Wegbereitend waren die grundlegenden Studien zum Konstruktivismus von A. Schütz, Lebenswelt, an die seine Schüler anknüpfen, vgl. A. Schütz, T. Luckmann, Strukturen; P.L. Berger, T. Luckmann, Konstruktion; T. Luckmann, Aufbau passim; s.a. E. von Glasersfeld, Konstruktion.
[14] So lautet nach H. Stenger, H. Geißlinger, Transformation 248, die „Kernthese ...,daß das Subjekt seine Welt und Wirklichkeit selbst herstellt". Aufgrund dessen sind „mehrere, wahrscheinlich unendlich viele verschiedene Wirklichkeitsordnungen" zu unterscheiden, „von denen jede ihren eigenen und gesonderten Seinsstil hat"; so A. Schütz, Lebenswelt I 181. In seinen Überlegungen zur Welt des täglichen Lebens stellt Schütz, a.a.O. 198–200, heraus, dass jedes Individuum an der „Welt in seiner (aktuellen) Reichweite" interessiert ist, wobei der „Nullpunkt des Koordinatensystems" durch die Position des Körpers bestimmt ist, der

lediglich subjektiv in der Wahrnehmung, wobei „Wahrnehmung und
Erkenntnis in einer – wie auch immer modifizierten – Abbildbeziehung
zur ontischen Realität stehen".[15]
    Die Soziologen Horst Stenger und Hans Geisslinger knüpfen in ihrer
Beschreibung der Konstruktion von Wirklichkeit an diese Überlegungen an. Das von ihnen entwickelte Modell geht von verschiedenen Evidenzen aus, die in gegenseitiger Wechselwirkung eine Gewissheit über
die Phänomene der Lebenswelt eines Subjekts generieren. In der Reali-
tätserfahrung lassen sich im Einzelnen vier Evidenzquellen bestimmen:
sinnliche Wahrnehmung, kognitive Konstruktion, soziale Bestätigung
und emotionales Erleben.[16] Diese vier Evidenzen dienen als Bausteine
der Realitätsstrukturen, anhand derer Wirklichkeit konstruiert wird:

Abb. 1: Evidenzquellen in der Konstruktion von Wirklichkeit

Die vier die Wirklichkeit konstruierenden Evidenzquellen sind folgendermaßen zu definieren:[17]

> *Sinnliche Wahrnehmung*: In einem Prozess der Wahrnehmung von Bedeu-
> tungsinhalten werden Erfahrungen gemacht, die in Wahrnehmungskatego-
> rien eingeordnet werden. Solche Wahrnehmungskategorien implizieren be-
> reits bestehendes Wissen und gemachte Erfahrungen. Die Evidenz der sinn-
> lichen Wahrnehmung basiert auf Wiederholungen, so dass eine steigende
> Anzahl an Wiederholungen die Evidenz erhöht.

jeweilige Bereich aber „keine starren Grenzen", sondern „Höfe und offene Hori-
zonte" mit Potential zur Veränderung bietet (ebd. 200). Diese subjektive Ausrichtung des Standpunktes, die Schütz, a.a.O. 206–210, als „Sinnprovinz" bezeichnet,
gilt auch dann, wenn es sich um Textwelten handelt, da die sie gestaltenden Subjekte aus einem entsprechenden Interessensschwerpunkt ihrer Gegenwart schreiben, der in Relation zur Reichweite der Vergangenheit steht.
[15] So mit H. Stenger, H. Geißlinger, Transformation 248. Daher gilt: „Die onti-
sche Realität ist erfahrbar, aber nicht erkennbar."
[16] Vgl. H. Stenger, H. Geißlinger, Transformation 251–257. In der folgenden
Darstellung ist die vierte Evidenz der dritten vorgezogen.
[17] Ebd.

Kognitive Konstruktion: Einzelne Erfahrungen werden kognitiv mit anderen Erfahrungen verknüpft. Bedeutungseinheiten werden mit anderen Einheiten in den Kontexten verbunden und in Relation zu anderen Phänomenen gesetzt. Eine solche kognitive Verknüpfung wird im Wesentlichen über die Konstruktionsprinzipien der *Koinzidenz* und der *Kongruenz* hergestellt. Die Koinzidenz bezieht sich vorwiegend auf zeitlich parallele Phänomene und Ereignisse, während die Kongruenz Ähnlichkeiten und Analogien zwischen Erfahrungen in der abstrakten Gedankenwelt der Subjekte herstellt und eine Verdichtung von Sinnzusammenhängen leistet.

Soziale Bestätigung: Die soziale Bestätigung von Wirklichkeit ist angesichts der Limitiertheit subjektiver sinnlicher Wahrnehmung nötig, da ein einzelnes Subjekt nicht die gesamte Wirklichkeit selbst wahrnehmen kann, sondern auf die von anderen Subjekten geleisteten Konstruktionen angewiesen ist. Die subjektiv hergestellte Konstruktion erfährt eine soziale Bestätigung, wenn sie von Urteilen anderer Subjekte bestätigt wird. Eine solche Bestätigung liegt nicht nur bei parallelen Vorgängen vor, sondern auch dann, wenn die aufgrund eigener Erfahrung limitierte Konstruktion eines Subjekts mit Konstruktionen anderer Subjekte aus anderen Kontexten verknüpft wird.

Emotionales Erleben bzw. emotionale Erkenntnis: Das emotionale Erleben bewertet die Erfahrungen und Konstruktionen nach individuellen Empfindungen. Der Sinngehalt subjektiver Emotionen konstruiert einen Bezug auf Ereignisse, Menschen und Phänomene. Eine wesentliche Rolle spielen hierbei retrospektive Deutungen und solche Erfahrungen, die in die Zukunft weisen, weil sie in der Gegenwart als angenehm erlebt werden. Aufbauend auf dem individuellen emotionalen Erleben wird eine Wirklichkeitskonstruktion entweder angenommen oder verworfen.

Die vier Evidenzen als Bausteine der Realitätsstrukturen konstruieren eine aufgrund eigener Erfahrungskategorien und Sinnstrukturen angenommene subjektive Wirklichkeit. Diese konstruktivistische Grundeinsicht behandelt eine in der subjektiven Gedankenwelt konstruierte soziale Wirklichkeitssinngebung unter erkenntnistheoretischen Maximen.

Wird durch diese vier Evidenzen eines Wirklichkeitskonzepts ein Sinn generiert, so stellt sich die Frage, wie sich *eine* subjektive Sinnkonstruktion zu *anderen* subjektiven Entwürfen verhält. So könnte es sein, dass eine Konstruktion von Wirklichkeit anderen Entwürfen nahe steht. In diesem Fall böte die Sinnkonstruktion ein hohes Maß an „objektivem" Wissen,[18] das sich in intersubjektiven und überindividuellen gesellschaftlichen und kulturellen Kontexten als viabel, also als passend und brauchbar erweist.[19] Es könnte aber auch sein, dass eine Sicht der Wirklichkeit wesentlich anders als eine andere Wirklichkeitskonzeptionen ausfällt, da deren Realität von anderen Evidenzen geprägt ist

---

[18] Zu „„Objektivierungen' subjektiven Wissens" vgl. A. SCHÜTZ, T. LUCKMANN, Strukturen 331–342. Eine solche „Objektivierung" begegnet vor allem in historischen Zusammenhängen, verbunden mit einer Autorität einer legendären Gestalt, so dass dieses Wissen oder Traditionen eine soziale Gültigkeit erhalten.
[19] Vgl. H. STENGER, H. GEIßLINGER, Transformation 250; s.a. T. LUCKMANN, Aufbau 157; zum Begriff der Viabiliät s.a. E. VON GLASERSFELD, Konstruktion 17f.23.25.30.

und jene nicht viabel sind. Im letzteren Fall entstünde eine Sinnkonstruktion als Gegenentwurf zu einem oder mehreren anderen Deutungsmodellen.

Die entwickelten Kategorien der Evidenzen der Wirklichkeit sind in der vorliegenden Untersuchung auf Textwelten und deren Sinnzuschreibungen zu applizieren. Dabei wird vorausgesetzt, dass *einem* Textkomplex *eine* Wirklichkeitskonstruktion zugrunde liegt, d.h. dass die Endfassung eines Textes als sinngebende Gestalt und maßgebliche Konstruktion der Wirklichkeit angesehen wird.[20] Ist Wirklichkeit als dargestelltes Objekt in einem Text fixiert, so formuliert ein Text ein je eigenes Wirklichkeitsverständnis. Eine Textwelt generiert so einen Sinn für die von ihr erzeugte Konstruktion der Wirklichkeit. Ein Text bzw. Textkomplex ist daher als ein eigenständiger und jeweils einzigartiger Entwurf einer Wirklichkeit für sich zu nehmen und als spezifische Sinngebung eines Geschehens zu betrachten.

Da die tatsächlichen historischen Wirklichkeiten hinter den von den antiken Quellen generierten Bildern von Wirklichkeit zurücktreten, sind die Quellen nicht als objektive Informationen über zeitgeschichtliche Verhältnisse zu betrachten. Wenn die realen Abläufe hinter den perspektivischen Deutungen und antiken Sinnzuschreibungen verborgen sind, bedarf es eines methodischen Instrumentariums, um von der Wirklichkeitskonstruktion einer Textwelt zu nachvollziehbaren historischen Urteilen zu gelangen. Das dargestellte konstruktivistische Modell, demzufolge Texte jeweils als Sinngeneratoren von Wirklichkeitskonstruktionen in einer Kombination von verschiedenen Evidenzen betrachtet werden, eignet sich zur Rückfrage nach historischen Realitäten in antiken Texten, da die jeweilige Sinnzuschreibung eines Textes ernst genommen und Kriterien für Akzeptanz oder Ablehnung eines Entwurfes durch eine andere Konstruktion angegeben werden.[21] Mit Hilfe dieser Viabilität können Realitäten im Hinblick auf analoge Vorgänge transparent werden, wenn nach Kongruenzen gefragt wird und aufgrund von kognitiven Verknüpfungen mögliche Schnittstellen für unterschiedliche Wirklichkeitskonzepte vorgeführt werden.

1.3.1.3. Sinnkonstruktionen in historiographischen Texten

Gilt für alle Texte, dass sie Sinnkonstruktionen von Wirklichkeit bilden, ist die Darstellung von Wirklichkeit in historiographischen Texten komplizierter, da divergente Zeitstufen ineinander verschränkt sind.

---

[20] Etwaige vor dem Endtext liegende Redaktionsstufen werden zwar in der Analyse der Texte zur Sprache kommen, sind jedoch nicht hinsichtlich der Wirklichkeitskonstruktion auszuwerten, da die Sinnzuschreibung auf die letzte Ebene des Textes ausgerichtet ist.

[21] Von ‚Auswählen' und ‚Verwerfen' gesellschaftlicher Erfahrungen im Prozess der kommunikativen Konstruktion eines Subjekts spricht T. LUCKMANN, Aufbau 157f.167.

Die Sinnzuschreibung historiographischer Texte intendiert, vergangene Wirklichkeit zu interpretieren, um gegenwärtige Welt zu gestalten und um Hoffnung für die Zukunft zu erwecken.[22] Dem vergangenen Geschehen wird in der spezifischen Wirklichkeitskonstruktion ein Sinn zugeschrieben, der auf die Gegenwart der Textproduzenten als konstruierendes Subjekt und deren Wirklichkeitskonstruktion bezogen ist.[23] Vergangenheit und Gegenwart sind in der Sinnzuschreibung der Ereignisse also insofern miteinander verschmolzen, als die vergangenen Ereignisse auf die Gegenwart bezogen sind und nicht ohne ihre Deutung in der Gegwart vorliegen.[24] Gegenwart und Vergangenheit sind in der literarischen Komposition also unlösbar ineinander verschränkt.

Bestimmen die vier Evidenzen der Sinnkonstruktion von Wirklichkeit zeitgleiche oder zeitähnliche Phänomene,[25] so ist mit der historiographischen Texten inhärenten Zeitkomponente eine weitere Dimension eingeführt.[26] Die Vergangenheit kommt demgemäß nicht nur in den impliziten Wahrnehmungskategorien zum Ausdruck, sondern ist als Darstellungsgegenstand ein eigenes Wirklichkeitskonstrukt, das mit der aktuellen Realitätswahrnehmung der Textproduzenten verschränkt ist. Hat die Forschung an der Chronik auf die Verschränktheit von Vergangenheit und Gegenwart in historiographischen Texten aufmerksam

---

[22] Zur Verschränkung von Vergangenheit, Gegenwart und Zukunft in der Sinndeutung vgl. J. RÜSEN, Strukturen 28f; DERS., Geschichtskultur 214–216.
[23] Vgl. T. LUCKMANN, Aufbau 179, demzufolge die „Hauptfunktion" von Texten, die Vergangenheit beschreiben, in der „Vergangenheitsvergegenwärtigung" liegt.
[24] S.a. J. RÜSEN, Geschichtskultur 216, der dies als Kennzeichen des Geschichtsbewusstseins herausstellt: „Die historische Erinnerungsleistung des Geschichtsbewußtseins ist eine eigentümliche Synthese von Empirie und Normativität, von Tatsachen und Werten, um Erfahrung und Bedeutung." S.a. den neuen Geschichtsentwurf zur Perserzeit von E.S. GERSTENBERGER, Israel 30f u.ö., der die Erinnerung als wesentliches Gestaltungsprinzip der Vergangenheit in den Erfahrungskategorien der Gegenwart sieht. Ferner ist auf J. VAN OORSCHOT, Geschichte 7f.23–27, zu verweisen, der seinerseits an das Modell von Rüsen u.a. anknüpft; Van Oorschot interpretiert jedoch die „drei Komponenten, der Erfahrung, der Norm und des Sinns" (ebd. 23), im Blick auf diachron gelesene „Spannungen als Triebfeder von Geschichtserinnerung und Geschichtsschreibung" (ebd. 25), aus denen er „eine verantwortete, aspektivische und perspektivische Konstruktion von Vergangenheit in der Gegenwart und für die Zukunft verstehen" will (ebd. 25). – Als frühes Modell ist ansatzweise auch auf M. NOTH, Studien 162.172, zu verweisen, wenn er herausstellt, dass die Gegenwart der Chonik geschichtlich begründet wird.
[25] Vgl. T. LUCKMANN, Aufbau 174–177.
[26] Die Vergangenheitskomponente, die T. LUCKMANN, Aufbau 178, als den ‚kommunikativen Haushalt sozialen Wissens' bestimmt, begegnet in verschiedenen Darstellungsformen: „als Faktisches, Exemplarisches, Mythisches, Fiktionales etc.; als unterhaltsam, belehrend, determinierend, legitimierend, erklärend etc.; als mythisch-zeitloser Sinnzusammenhang, Historie, Sage, Legende, Klatsch, Genealogie, Biographie, Zeugenaussage, Nachruf etc.".

gemacht,[27] so sind im Rahmen konstruktivistischer Überlegungen weitere Kriterien eingeführt worden, um Bausteine der Realitätskonstruktion herauszufiltern. Historiographische Texte bieten eine Deutung der Vergangenheit aufgrund der von ihnen vorgenommenen Konstruktion von Wirklichkeit an. In den Texten sind vergangene Ereignisse aufgrund von Kongruenzen eingebettet in eine integrative Konstruktion von vergangener und gegenwärtiger Wirklichkeit; dabei existieren unterschiedliche Darstellungsformen sozialen Wissens mit divergierendem Anspruch auf Verbindlichkeit.

Vergangenheit, resp. vergangenes Geschehen, wird in einem Konzept präsentiert, das eminent auf eine Sinngebung der Gegenwart bezogen ist, da die Wahrnehmung der gegenwärtigen Realität für die Deutung der vergangenen Wirklichkeit ausschlaggebend ist. Die Wahrnehmung der Gegenwart gestaltet die Kongruenzen, mit denen die Sinngebung der Vergangenheit verknüpft wird. Historiographische Texte erschließen also einen Geschichtssinn, dessen Wirklichkeitsverständnis auf die Gegenwart zielt.[28]

Eine in Texten vorgenommene Konstruktion von Wirklichkeit kann also nicht ohne weiteres auf tatsächlich anzunehmende historische Verhältnisse übertragen werden. Es ist daher nicht nur zu fragen, ob die in den Texten konstruierten Verhältnisse Realität oder Fiktion sind – eine Frage, die historische Untersuchungen bisher oft bestimmt hat.[29] Viel-

---

[27] Vgl. dazu die Positionen, die davon ausgehen, dass die in der Chronik dargestellten Ereignisse die Konstellationen der Gegenwart der Chronik auf die vorexilische Vergangenheit applizieren; vgl. z.B. J. MAIER, Geschichte 254; E. CURTIS, A. MADSEN, Books 14; R.G. KRATZ, Suche 288–290; S.J. DE VRIES, Chronicles 211f; P.K. HOOKER, Chronicles 35f.95.102 u.ö.; G.N. KNOPPERS, Hierodules 71f; DERS., History passim, bes. 202; J.W. WRIGHT, Fight 176f; S.E. BALENTINE, Lie 267; Y. AMIT, History 96f; T. WILLI, Weltreichsgedanke 397f. S.a. M. SÆBØ, Theologie 83, der die Chronik zwischen „Überlieferungsbezug" und „Gegenwartsbezug" stehen sieht.

[28] Für die Chronik zeigt dies E. BEN ZVI, Gateway 210–216.228f, auf, wenn er die Chronik als Interpretation der Vergangenheit bestimmt und nach ihrem „meaning" fragt. Dazu gehören „central theological issues, such as the meaning of human history, YHWH's requirements of human beings, individual responsibility and divine retribution, legitimate and illegitimate political power, or inclusion and exclusion in Israel" (ebd. 210). Dabei werden die Umstände der vergangenen Generationen mit der aktuellen Hörerschaft korreliert. Die Chronik wird dabei zu einem „religious techer/preacher" (211), der auf die gegenwärtige Generation ihrer Zeit zielt. Am Beispiel der vergangenen Personen wird erzählt, wie sich die aktuelle Generation der Herrschenden und des Volkes verhalten soll, so dass der Segen Gottes auf deren Handeln liegt; diese Erzählabsicht bezeichnet Ben Zvi als „practical truth" (217). Ben Zvi kennzeichnet die Darstellungsweise der Geschichte in der Chronik daher als Korrespondenz zwischen menschlichem Handeln und göttlicher Antwort bzw. Wirkung (214–217).

[29] Vgl. H. SEEBASS, Leviten 36.39; R. NURMELA, Levites 8; W. JOHNSTONE, Guilt 128f. W.M. SCHNIEDEWIND, Chronicler 180, spricht sich dagegen aus, den Chronisten als „inventor of fiction" zu betrachten.

mehr ist nach den einzelnen Sinnkonstruktionen zu fragen, die auf den vier sie tragenden Evidenzquellen basieren. Die Sinnkonstruktion kann bestenfalls dann konkrete Verhältnisse implizieren, wenn eine Wirklichkeitskonstruktion ein hohes Maß an Kongruenz zu anderen Konstruktionen aufweist und Akzeptanz von anderen erfährt.[30] Den als viabel wahrgenommenen Basiselementen kommt dann ein gewisses Maß an historischer Zuverlässigkeit zu, da sie nicht mehr nur die Wirklichkeitskonstruktion eines einzigen Subjekts abbilden. Die Basiselemente signalisieren Zustimmung von (einem oder mehreren) anderen Subjekt(en), weil diese das ausgetestete und akzeptierte Potential einer Wirklichkeitszuschreibung für tragfähig und überzeugend erachten. Mit anderen Worten: Es geht also um eine stets nur annäherungsweise gelingende Refiguration der Vergangenheit. Historische Nachrichten können erst dann gewonnen werden, wenn eine Sinnkonstruktion ein hohes Maß an Kongruenzen zu anderen Wirklichkeitskonstruktionen aufweist.

Die in einem historiographischen Text formulierte Sinndeutung basiert auf der sinnlichen Wahrnehmung der Gegenwart und der kognitiven Konstruktion von Gegenwart und Vergangenheit. Von sinnlichen Wahrnehmungskategorien aus werden Konstruktionsprinzipien der Vergangenheit entwickelt, die zeitliche Koinzidenzen und Kongruenzen aufgrund von Ähnlichkeiten und Analogien annehmen. Die vom konstruierenden Subjekt geleistete kognitive Verbindung verschmilzt Vergangenheit und Gegenwart. Aufgrund dieser Gegenwart und Vergangenheit verbindenden Konstruktionen wird eine Sinnwelt der Texte erzeugt, die ihrerseits auf die Gegenwart bezogen ist. Den dargestellten Ereignissen der Vergangenheit wird aufgrund der kognitiven Konstruktion eine Deutung entsprechend dem Gesamtkonstrukt der Sinnwelt zugeschrieben. Deutung und Präsentation der Vergangenheit geschehen mit den in der Gegenwart relevanten Konstruktionsprinzipien von Wirklichkeit. Diese werden auf die Vergangenheit adaptiert. Die Sinngebung der historischen Phänomene geschieht in einem axiomatischen, ideologischen und theologischen Gesamtkonzept, das durch Annahme auf die Zukunft zielt.

Die in einem Text generierte Sinnwelt zielt auf eine soziale Bestätigung und auf eine emotionale Akzeptanz für die Zukunft. Die von der Geschichtsschreibung geleisteten kognitiven kontextuellen Verknüpfungen intendieren, Orientierung für die Zukunft zu gewähren.

---

30 Zur gegenteiligen Schlussfolgerung s. das Urteil von S.J. SCHWEITZER, Utopia 165f, der das Levitenbild der Chronik deswegen für utopisch, d.h. unrealistisch hält, weil es lediglich ein singuläres Selbstbild aus der Perspektive der Leviten sei und einer breiteren Zustimmung durch andere Entwürfe fehle. Dass es dennoch solche Entwürfe gibt, zeige ich in A. LABAHN, Licht, wo ich nach Korrelationen zum Levitenbild der Chronik frage.

Die Wirklichkeitskonstruktion eines Subjektes bzw. eines von einem Subjekt formulierten Textes zielt auf eine Aneignung bei anderen Subjekten. Diese Aneignung gelingt, wenn andere Subjekte die Linien der angebotenen Sinnkonstruktion ausziehen und auf ihre eigene Sach- und Lebenswelt beziehen. Der ausgelöste Reflexionsprozess testet die angebotenen Sinnpotentiale anhand der eigenen subjektiven Evidenzen und nimmt diese an, wenn sie kongruent zu den eigenen kognitiven Konstruktionen und dem subjektiven emotionalen Erleben sind. Wenn die Evidenzen akzeptiert werden, wird die Wirklichkeitskonstruktion viabel für einen gesellschaftlichen Kontext.[31] Der Entwurf erhält dadurch Akzeptanz und wird für den eigenen sozialen Kontext als passend eingeordnet. Je mehr Kongruenzen einer angebotenen Wirklichkeitskonstruktion zur eigenen subjektiven Wahrnehmung gefunden werden, desto größer ist die Überzeugungskraft dieser viabel gewordenen Konstruktion. Der angestoßene Aneignungsprozess ist nicht nur auf die Gegenwart, sondern auch auf die Zukunft gerichtet. Die angebotene Wirklichkeitskonstruktion zielt darauf, von anderen Subjekten als ihr Entwurf angenommen zu werden. Die Akzeptanz einer Wirklichkeitskonstruktion hängt also von der partiellen Kongruenz ihrer Evidenzen mit den Evidenzen anderer Subjekte ab. Dazu gehört auch die soziale Bestätigung der Konstruktion durch Urteile anderer, so dass eine partielle Kongruenz entsteht. Je mehr Evidenzen einer Wirklichkeitskonstruktion zu den Evidenzen eines anderen Entwurfs gefunden werden, desto größer ist damit die Plausibilität dieser Wirklichkeitskonstruktion.

Wenn also nach historischen Plausibilitäten von Wirklichkeitskonstruktionen gefragt wird, so sind die Evidenzen *eines* Modells von Realität mit den Evidenzen *anderer* Wirklichkeitskonstruktionen zu vergleichen. Übertragen auf historiographische Texte bedeutet dies, dass nicht aus einem Textbereich allein historische Aussagen gewonnen werden können, da dessen Bewertungen lediglich eine Wirklichkeitskonstruktion eines Subjektes (bzw. einer Subjektgruppe) implizieren. Vielmehr ist nach Evidenzüberschneidungen in Sinnwelten verschiedener Subjekte und deren Plausibilitäten zu fragen, was in dieser Untersuchung allein nicht zu leisten ist.

1.3.2 Die Wirklichkeitskonstruktion in der Sinnwelt der Chronik

Die methodische Grundlegung ist nunmehr auf die Chronik zu beziehen. Die Chronik bietet ein Deutungsangebot der vergangenen Wirklichkeit aufgrund von kognitiven Konstruktionen der sinnlichen Wahrnehmung der Gegenwart. Dadurch wird ein Entwurf entfaltet, der auf

---

[31] Zu Funktionszuweisungen in gesellschaftlichen Kontexten und subjektiven Bewertungen von Gegenständen und Phänomenen vgl. J.R. SEARLE, Konstruktion 23–33.

koinzidenten und kongruenten Konstruktionen aufbaut. Mit einer solchen Beschreibung der Vergangenheit entsteht zugleich eine Sinngebung der Gegenwart. Die Wirklichkeitskonstruktion der Chronik bewegt sich zudem im axiomatischen Spannungsfeld zwischen Theologie und Historiographie, da theologische Sinnzuschreibungen als axiomatische Implikationen die Gestaltung der Schrift durchziehen. Intendieren die Texte der Chronik eine Sinnstiftung, die den Lesern und Leserinnen Orientierung vermitteln will, so ist diese von der Verhältnisbestimmung von Theologie und Historiographie, von der Deutung des göttlichen Waltens in Geschichte und Gesellschaft, geprägt. Diese Sinnstiftung der Chronik soll zunächst umrissen werden. Ist diese Sinndeutung eingebettet in die kognitive Konstruktion der sinnlichen Wahrnehmung, so ist in einem weiteren Unterabschnitt nach möglichen sozialen Bestätigungen und dem emotionalen Erleben der Mitwelt zu fragen. Das vorgelegte Wirklichkeitskonzept unterbreitet ein Identifikationsangebot von Geschichte und Gegenwart, in das andere Subjekte einstimmen und diese Konstruktion als ihr eigenes Wirklichkeitsverständnis annehmen sollen. Inwiefern die Sinngebung der Chronik Annahme gefunden hat, müssen Plausibilitäten mit anderen Schriften deutlich machen.[32]

Dass sich von der Chronik Kongruenzen zu anderen Wirklichkeitskonstruktionen wie der Tempelrolle, dem Aramäischen Testament Levi, den Testamenten der Zwölf Patriarchen und dem Jubiläenbuch ergeben, habe ich in meiner Monographie „Licht und Heil" beschrieben. Darin zeigt sich ein möglicher und erfolgreicher Aneignungsprozess des Levitenbildes aus der Chronik.[33] In diesen frühjüdischen Schriften lassen sich Plausibilitäten für ein (in den Grundlinien gemeinsames, doch partiell modifiziertes) Bild von Leviten wahrscheinlich machen, das über einen längeren Zeitraum akzeptiert wird. Das führt zu der Schlussfolgerung, dass die Positionierung der Leviten in den Sinnentwürfen für diesen Zeitraum im Wesentlichen gültig ist. Sie kann daher als geschichtlich wahrscheinlich gelten und schließlich zu einer historischen Urteilsbildung führen – aber auch diese Schlussfolgerung liegt jenseits des Rahmens dieser Monographie.

1.3.2.1 Historiographie und Theologie in der Sinnwelt der Chronik

Historiographische Texte erschließen einen Geschichtssinn, dessen Wirklichkeitsverständnis einen Beitrag zur Vermittlung von Identität[34]

---

[32] Vgl. A. LABAHN, Licht 131–159 (Kongruenzen ergeben sich mit der Tempelrolle, dem Aramäischen Testament Levi, den Testamenten der Zwölf Patriarchen und dem Jubiläenbuch).

[33] Vgl. die Auswertung hinsichtlich der Kongruenzen A. LABAHN, Licht 131–159.

[34] Über die Identität stiftende Funktion der Chronik ist schon in Abschnitt 1.2.3 einiges gesagt worden. Unter *Identität* soll in dieser Untersuchung mit R.G. KRATZ,

leistet. Die in der Chronik entworfene Sinnkonstruktion bewegt sich im Spannungsbogen von Theologie und Historiographie.[35] Beide sind insofern aufeinander bezogen, als theologische Sinnzuschreibungen das historiographische Wirklichkeitsverständnis bestimmen.[36] Theologische Leitmotive und theologische Deutungen prägen die Darstellung der geschichtlichen Ereignisse.[37] Diese Ereignisse sind mit einer axiomatisch gesetzten theologischen Sinngebung verknüpft. Diese Bewertung schließt auch soziale Akteure mit ein, deren in der Sinnwelt durch-

---

Suche 279f, „das Selbstverständnis und die Wahrung ... [eines] Selbstverständnisses" (ebd. 280) verstanden werden, so dass die Chronik einen Beitrag zur „,Suche nach Identität' im Sinne der Frage, wer Israel und wer der Gott Israels ... im Wandel der Zeit, im Wandel der Erfahrungen und im Wandel der geschichtlichen Erscheinungsformen" (ebd. 279) ist, leistet. Identität ist, so verstanden, eine literarisch gestaltete Sinndeutung, eine präskriptive Zuschreibung einer Bestimmung und erwächst nicht aufgrund von individueller Wahrnehmung von sozialer Erfahrung. Während Letzteres bei den Menschen auch des antiken Israel bzw. Juda mit individuellen Unterschieden zwar vorhanden, doch kaum noch ermittelbar ist, liegt Zuschreibung von Identität in den atl. Schriften vor. Indem sie ein Sinnbild davon entwerfen, wie das Volk sich selbst in seinen Lebensbeziehungen in der Welt und mit Gott wahrnehmen soll, suchen sie Einfluss auf die individuelle Bewusstseinsbildung zu nehmen. Die atl. Schriften leisten einen Beitrag zur „historischen Identität", indem sie „Zeiterfahrungen und Zeitabsichten ... zu einer in sich stimmigen und handlungsermöglichenden Vorstellung vom Verlauf des eigenen Daseins ... integrieren" (so mit J. RÜSEN, Struktur 30). Ähnlich redet S.J. SCHWEITZER, Utopia 53, von Gruppenidentität, die durch „boundary-markers" bestimmt wird, wobei diese Marker formal unterschiedlich ausfallen können.
Zu verschiedenen Weisen, den Begriff Identität zu benutzen, vgl die von J.L. BERQUIST, Constructions 54–59, vorgestellten Modelle von Identität als ethnische, nationale, geographische oder religiöse Größe oder als Rolle. Berquist selbst (a.a.O. 63f) begreift die Bestimmung von Identität als einen Prozess („identity formation"), der aus verschiedenen, veränderbaren und variablen Mustern besteht.

[35] Unter *Historiographie* wird hier eine Geschichtsschreibung verstanden, die durch die literarischen Techniken von Auswahl, Neuordnung und Interpretation von Überlieferungen eine Neuerzählung der Geschichte Judas entstehen lässt; durch die literarischen Mittel wird eine spezifische theologische Aussage gestaltet, die auf die Hörer/Hörerinnen und Leser/Leserinnen der Entstehungs- und Wirkungszeit der Chronik zielt. Zur Begriffsbestimmung vgl. I. KALIMI, Chronicler passim; M. SÆBØ, Theologie 83. Zur Abgrenzung von hellenistischer Historiographie vgl. K.G. HOGLUND, Chronicler 21. Einzelne Aspekte der chr Historiographie sind in dem Sammelband M. Patrick GRAHAM, Kenneth G. HOGLUND, Steven L. MCKENZIE (eds.), The Chronicler as Historian, diskutiert worden.

[36] Zu Geschichtstexten vgl. auch die Überlegungen von E.S. GERSTENBERGER, Israel 32f, der nach der Intention biblischer Geschichtsdarstellungen fragt.

[37] Vgl. H. HENNING-HESS, Kult 189: „Geschichtsschreibung ist ... nicht primär Wiedergabe historischer Ereignisse, sondern Mittel der Darstellung ihrer theologischen Prämissen." S.a. E.S. GERSTENBERGER, Israel 33, der die biblischen Geschichtsbücher der Perserzeit (was vornehmlich für Esr/Neh und Chronik gilt, doch grundsätzlich auch für andere biblische Schriften zutrifft) daher als „Glaubensdokumente" beurteilt, die eher als „Programm- und Propagandaliteratur" denn als Geschichtsschreibung anzusehen sind.

scheinende Einstellungen, Positionen und Handlungen einen positiven oder einen negativen Ausgang von geschichtlichen Ereignissen mit bestimmen.[38] Die Chronik als eine religiöse Schrift ist geprägt von theologischen Sinnzuschreibungen als Wahrnehmungskategorien der Gegenwart, die auf die kognitive Konstruktion der Vergangenheit bezogen werden. Die Historiographie der Chronik ist als ein theologischer Sinnentwurf gestaltet, der vergangene Ereignisse daraufhin deutet, ob und inwiefern diese einer axiomatisch behaupteten Gottesbeziehung entsprechen.[39] Dabei ist vorausgesetzt, dass eine Beziehung zwischen Gott und Volk besteht, die in der gesellschaftlichen Realität zu bewähren ist.[40] Die von der Chronik entworfene Sinnwelt der Gottesbeziehung hat ihr Zentrum im Tempel und im Tempelkult. Dieses Zentrum wird weit gefasst, da das Tempelpersonal und die Ausstattung des Tempels mit eingeschlossen sind.

Im Blick auf die Chronik lässt sich die Konstruktion der Sinnwelt unter folgenden theologischen Markern bestimmen: Die Chronik zeichnet ein Bild von der Geschichte des Gottesvolkes, das im literarischen Werk als „ganz Israel"[41] bezeichnet und damit in der Sinnwelt als wahres Israel in Vergangenheit, Gegenwart und Zukunft bewertet wird.[42]

---

[38] Vgl. E.S. GERSTENBERGER, Israel 35, der herausstellt, dass die „handelnden Charaktere" „auf das Zentralanliegen hin orientiert sind" und dabei kein eigenes Profil erhalten, sondern „in ihren Rollen entsprechend stereotyp gezeichnet" sind. Sie sind Figuren, die die Pläne Jahwes durchführen.

[39] Die alte Forschung – zu nennen sind etwa Wellhausen und Noth – drückte diesen Zusammenhang durch das Modell der ‚göttlichen Pragmatik' aus; Näheres dazu und Belege s.u. Anm. 47.

[40] Nach E.S. GERSTENBERGER, Israel 33, liegt ein „Hauptmotiv der biblischen zeitgenössischen Schriften" in der „Identitätsstärkung": „Die Berechtigung der eigenen Existenz als Gemeinschaft Jahwes nachzuweisen, das ist das wirkliche Ziel dieser Zeugnisse."

[41] Die Belege sind zusammengestellt bei J.T. SPARKS, Genealogies 279f.282.

[42] Vgl. J.E. DYCK, Ideology 118–120.215, der in der Chronik eine Tendenz ausmacht, unter dem Stichwort „all Israel" die Gesamtheit des jüdischen Volkes zu allen Zeiten und an allen Orten zu bezeichnen. (Im Blick auf das Nordreich wertet T. WILLI, Auslegung 191f, ähnlich.) „All Israel" steht auch bei T. WILLI, Judaism 148–150.160, als Bezeichnung für ein „concept of an integral Israel" (ebd. 148), das er mit dem Zwölf-Stämme-Israel identifiziert und als „isochrones, isotopes, Zeiten und Räume übergreifendes Ganz-Israel" bestimmt hat; vgl. T. WILLI, Weltreichsgedanke 391; s.a. J.T. SPARKS, Genealogies 287f. Ähnlich M. OEMING, Israel 155: „ein über den Jerusalemer Tempel hinausgehender ... *panisraelitischer Anspruch*" (Kursivierung im Original). W. JOHNSTONE, Guilt 115f, sieht in „all Israel" das idealistische Konzept einer ganzheitlichen Größe. Vorsichtiger äußert sich H.G.M. WILLIAMSON, Israel 96.107–110.140, der darin einen jahwetreuen Kern ausmacht, der aber niemanden ausgrenzen will, sondern potentiell alle einschließt („representative centre to which all the children of Israel may be welcomed if they will return", ebd. 140). S.a. S. JAPHET, Ideology 269–300, die unter „all Israel" mehrere Untergruppen vereinigt sieht und an ein vielschichtiges Phänomen denkt.

Dieses Israel repräsentiert die Gesamtheit des Volkes,[43] das als ideelle Menge der an Jahwe Glaubenden und diesen Glauben Praktizierenden beurteilt wird und um den Tempel in Jerusalem als Mitte dieses Volkes gruppiert ist; auf den Tempel sind alle Elemente des Volkes und alle gesellschaftlichen Kreise zu allen Zeiten bezogen.[44] Die Position des Tempels und des Tempelkultes bilden ein zentrales Konstruktionsprinzip für die sinnliche Wahrnehmung der Gegenwart und die kognitive Konstruktion der Vergangenheit.[45] Das bedeutet, dass die rechte Beachtung des Tempels und die jahwe-gewollte Durchführung des Tempelkultes auch das entscheidende Kriterium abgeben, nach dem ein Gelingen oder Misslingen von Ereignissen theologisch als dem Willen Jahwes entsprechend positiv oder negativ beurteilt wird.[46] Wellhausen und Noth hatten seinerzeit dieses Kennzeichen der Geschichtsschreibung als ‚göttliche Pragmatik' bezeichnet.[47] Der Ausgang historischer Ereignisse wird in Entsprechung zu dem Verhalten der maßgeblichen Aktanten gegenüber dem Tempel und dem Kult als institutionellen Repräsentanten Gottes beurteilt. Als historisch erfolgreich werden vergangene

---

[43] Dazu gehören nach E. BEN ZVI, Gateway 220–222, der König, die gesellschaftliche Elite und das Volk, die in der Chronik in „correspondence of actions" (ebd. 221) dargestellt werden.

[44] Vgl. R. MOSIS, Untersuchungen 81; J.E. DYCK, Ideology, 118–120.215; H.G.M. WILLIAMSON, Temple 153 (s.a. 159f): „a focus of unity for the people of Israel as a whole". S.a. E.S. GERSTENBERGER, Israel 34f (als eines der Hauptthemen der biblischen Schriften der Perserzeit definiert). Zurückhaltender auch T. WILLI, Leviten 80f (anders akzentuiert in DERS., Auslegung 191, wo er annimmt, dass der Chronik zunächst ein „geschichtlich-politischer" Impetus eignet; ähnlich R.G. KRATZ, Komposition 38–40, der die Aussagen zu Tempel und Kult als spätere Zuwächse beurteilt, während er die Grundschrift der Chronik an der Vorlage aus dem DtrG orientiert und in ihr einen ‚göttlichen Pragmatismus' ausmacht). Zur Bedeutung des Jerusalemer Tempels in der Chronik s.a. A. LABAHN, Tendencies 131–134.

[45] Die Zentralität des Tempels geht schon aus der narrativen Gestaltung hervor: Die Geschichtsdarstellung ist um den Kern des Tempelbaus und der Einsetzung des Tempelpersonals herum angelegt (1Chr 21–2Chr 7); Passagen in 1Chr 1–20 laufen darauf zu, und Abschnitte aus 2Chr 8–36 nehmen darauf verschiedentlich Bezug. Die Zentralität des Tempels betont auch H.G.M. WILLIAMSON, Temple 150.153; s.a. P.R. ACKROYD, Theology 287; DERS., History 271.

[46] Vgl. G. STEINS, Chronik 417; R.G. KRATZ, Komposition 37; s.a. A. RUFFING, Jahwekrieg 323 (vgl. 294), der herausarbeitet, dass „der Tempel Ausgangs- und Endpunkt der Rettungstat Jahwes ist". Genereller verweist E. BEN ZVI, Sense 161–166, auf die Korrespondenz von Handlungen einzelner Aktanten und Gottes Reaktion, worin er ein wesentliches Konstruktionsprinzip der Vergangenheit in der chr Historiographie ausmacht. BEN ZVI, Gateway 213–217, zeigt zudem auf, dass die Pragmatik an einzelnen Stellen durchbrochen wird, obwohl im Grundsatz an ihr festgehalten wird.

[47] Vgl. J. WELLHAUSEN, Prolegomena 189; M. NOTH, Studien 172f. Die Motive hat R.B. DILLARD, Reward passim, zusammengestellt. S.a. Y. AMIT, History 91f. 100f; P.B. DIRKSEN, 1 Chronicles 13, der dieses Motiv in folgenden Abschnitten zentral zum Ausdruck gebracht findet: 1Chr 28,9; 2Chr 14,7; 15,2; 24,20; 33,1–13.

Ereignisse dann bewertet, wenn das Verhalten des Volkes oder einzelner Verantwortungsträger den theologischen und ideologischen Leitmotiven gerecht wird, d.h. wenn die Aktanten sich in angemessener Weise zum Tempel, zum Tempelkult und mithin zum Tempelpersonal[48] verhalten.[49] Die hierbei kognitiv vollzogene Kongruenz nimmt eine Bewertung der Vergangenheit anhand der in der Gegenwart wahrgenommenen segensreichen Faktoren vor.[50]

Für die Sinnwelt der Chronik ist der Tempel nicht nur der Ort, an dem Jahwe präsent ist,[51] sondern er stellt die Mitte des Zusammenlebens der Menschen schlechthin dar, was sich in vielerlei Beziehungspunkten auswirkt. Der Tempel bildet den ökonomischen Mittelpunkt Judas, da die Abgaben der einzelnen Familien hier zusammen kommen. Der Tempel stellt auch das soziale Zentrum dar, da die Menschen im Umfeld des Kultes einander begegnen und hierbei vielfältige Kommunikationsmöglichkeiten offen stehen. Schließlich stellt er das kultische Zentrum dar, in dem Begegnungen mit Jahwe stattfinden.[52] Der Tempel wird theologisch zu dem Ort, an dem der Segen Jahwes auf die Menschen kommt;[53] der Segen bleibt auch dann bei ihnen, wenn sie den Tempel verlassen und in ihren alltäglichen Lebensraum zurückkehren. Das Geschehen im Tempel wird dadurch als Zurüstung der Menschen für ihren Alltag verstanden, was sich auch in der Bewertung kultischer Feste widerspiegelt.

Der Tempel überspannt in der Ideologie der Konstruktion fernerhin die Zeiten.[54] Ruhte Jahwes Segen einst auf der Lade, so übernimmt der Tempel mit Aufnahme der Lade ihre Funktion.[55] Das Konstruktionsprinzip der Chronik lässt den Tempel zu einer Größe werden, die in der Vergangenheit und in der Gegenwart einander jeweils kongruent ist. Schildert die Chronik vergangene Abläufe des ersten Tempels, so sind

---

[48] Vgl. S.J. SCHWEITZER, Utopia 408–410.
[49] Zum Kult als normative Größe in der Chronik vgl. die Dissertation von H. HENNING-HESS, Kult passim, bes. 193–201.
[50] Für die in der Chronik berichteten Baumaßnahmen von positiv bewerteten Königen stellt dies E. BEN ZVI, Chronicler 148f, heraus. Für den Kult und seine Musik vgl. R.K. DUKE, Appeal 142f.
[51] Vgl. A. RUFFING, Jahwekrieg 323f; M. SÆBØ, Theologie 84; J. VAN SETERS, Account 284.
[52] Vgl. S.E. BALENTINE, 262f, der aufzeigt, dass die Gebete der Menschen auf den Tempel bezogen sind.
[53] Vgl. A. RUFFING, Jahwekrieg 326, der den Tempel als „Medium der göttlichen Rettung" bestimmt. Nach R.K. DUKE, Appeal 142f, lässt die Suche nach Jahwe Segen im Leben der Menschen entstehen. S.L. MCKENZIE, Chronicles 204: „The temple is at the heart of the state... This state, like the individuals within it, will prosper by divine blessing."
[54] Vgl. T. WILLI, Weltreichsgedanke 402, demzufolge dem Kult „ein universaler, porto- und eschatologischer Bezug" innewohnt.
[55] Vgl. dazu Abschnitt 2.5.

die Handlungen in Analogie[56] zu den in der Gegenwart von ihren Verfassern wahrgenommenen Erfahrungen und der von ihnen vorgenommenen kognitiven Konstruktion gestaltet. Diese Verschmelzung von erstem und zweitem Tempel reicht in der Textwelt so weit, dass kaum noch eine Trennung zwischen beiden vorgenommen werden kann.[57] Gottes wohlwollende Anwesenheit im Tempel wird auf seinen Segen zurückgeführt, wie er in Festfeiern von den Menschen wahrgenommen werden kann. In den durch Musik und Gesang ausgestalteten Feiern wird Gottes Handeln an seinem Volk inszeniert.[58] Der in der Gegenwart gefeierte Kult zelebriert Gottes Handeln in der Vergangenheit und appelliert zugleich an sein Handeln in der Zukunft.[59] Der am Tempel stattfindende Kult lässt Gottes vergangenes Heilshandeln im Akt des Feierns präsent werden. In der Erinnerung der Zelebranten an Gottes Taten wird sein vergangenes Handeln also um der Gegenwart willen lebendig.[60] Die Musik der Kultfeiern ist nach der Sinnzuschreibung der Chronik das Instrument, das den Segen Gottes an die Menschen vermittelt.

Im Zentrum dieser Sinnvermittlung stehen für die Chronik damit der Tempel und das Tempelpersonal, das Gottes Gaben zu den Menschen transportiert. Erst durch das integrative Konzept, das den Tempel zu einem vielschichtigen Zentrum macht, entsteht eine Verknüpfung zwischen Gottes Segensgaben und den einzelnen Menschen, wie sie als Adressaten in Juda zu denken sind.

Illustrativ für die Bewertung des Tempels in der Chronik ist seine im AT singuläre Bezeichnung als בֵּית זֶבַח in 2Chr 7,12, mit der der Tempel den Festfeiern als Höhepunkten in der erzählten Lebenswelt zugeordnet wird.[61] Die Anwesenheit Gottes wird damit einerseits im Tempel gefeiert und andererseits insofern durch die Sinnstiftung in die Alltagswelt prolongiert, als die Menschen mit den Festgaben und der erlebten Festfreude in ihren Alltag zurückkehren. Die Sinngebung stiftet dem Alltag insofern Sinn, als besondere Momente der Freude die Lebenszusammenhänge in einen übergeordneten Kontext einordnen

---

[56] In anderer Weise verwendet T. WILLI, Auslegung 134–138.208–210, den Begriff ‚Analogie‘, indem er von einer Entsprechung der Gestaltung der vorexilischen und nachexilischen Zeit in der Chronik ausgeht. S.a. Y. AMIT, History 106; M.E. STEVENS, Temples 23.

[57] Vgl. z.B. G.N. KNOPPERS, Hierodules 71; R.G. KRATZ, Suche 291.

[58] Vgl. R.K. DUKE, Appeal 142: Wenn Kultfeiern mit Musik begangen werden, stellen „singing and joy ... a proper emotional response toward participation in the cult of Yahweh" dar.

[59] Vgl. M. SÆBØ, Theologie 85.

[60] Vgl. E. BEN ZVI, Josiah 102, der auf „continuous remembrance in the community" verweist, wobei „past judgment and future hope are closely and essentially linked".

[61] Zur Begründung dieser Deutung des Tempels s.u. Abschnitt 3.5.4; s.a. M. NOTH, Studien 163.

und einzelne konkrete Situationen mit größeren Sinnzusammenhängen verbinden. So gesehen, bezeichnen die Feste zwar punktuelle Momente in der Lebenswelt, bieten aber darüber hinaus eine Sinnzuschreibung für einen umfassenden Entwurf der Lebensdeutung des Volkes in Begegnungen mit seinem Gott.

Indem die Chronik die gesamte Bevölkerung, die als „ganz Israel" bei dem Tempel versammelt vorgestellt ist, anredet, bildet diese umfassende Gruppe auch die Adressaten der integrativen Sinngebung. Damit ist eine weitere Ausweitung der Deutung der Lebenswelt zu finden, insofern eine Sinnzuschreibung eine Teilgruppe Israels in das ideologisch versammelte Volk integriert. Dem Volk als ganzem gelten die kultisch vermittelten und in den Festen punktuell erlebbaren, doch umfassend gemeinten Heilszuwendungen Gottes. Die Erinnerung an die Geschichte lässt diese in den Feiern wieder lebendig werden und leistet damit eine Sinnstiftung der Vergangenheit für die Gegenwart.[62]

Eine imaginäre räumliche Entschränkung ist damit des Weiteren verbunden. Die Heiligkeit des Tempels bleibt nicht auf das Gotteshaus beschränkt, sondern wirkt sich durch den gemeinschaftlichen Verzehr der Festopfer auf jede Familie aus. Gottes Heil und Frieden, die an wesentlichen Punkten der Geschichte aufstrahlen,[63] wirken damit in die einzelnen Familienhäuser hinein. Die Sinnzuschreibung der Chronik gestaltet den Tempel damit nicht nur als kultischen Ort, an dem Jahwes Präsenz erlebbar ist, sondern als Identitätsmarker für eine umfassende Existenzweise des Volkes, das seine Lebensgrundlage dem Segen Jahwes verdankt, wie er punktuell im Tempel bei Festfeiern erlebt werden kann.

Dieses Identifikationsangebot der Chronik zielt auf soziale Bestätigung, da diese Bewertung des Tempels von anderen Subjekten (etwa von den Hörern / Hörerinnen und Lesern / Leserinnen der Chronik) ausgetestet und angenommen werden soll. Das emotionale Erleben des Tempels, wie es die Chronik bei den Festfeiern inszeniert, wirkt in die Zukunft hinein. Vom Tempel wird erwartet, dass sich seine Existenz durch die Pflege seines Kultes positiv für das eigene Leben (der Hörer und Hörerinnen, Leser und Leserinnen der Chronik) in Gegenwart und Zukunft auswirkt. In dem um den Tempel entfalteten Sinnentwurf der Chronik fallen damit also Vergangenheit, Gegenwart und Zukunft zusammen.[64]

---

[62]   Zur Methodik einer „Geschichte der Erinnerung" vgl. auch den Ansatz von J. VAN OORSCHOT, Geschichte 2f.23–25, der den Begriff von Jan Assmann übernimmt und diesen auf die Darstellung Sauls im DtrG diachron anwendet, indem er von der Annahme ausgeht: „Erinnern … vollzieht … sich in Auseinandersetzung mit vorgegebenen Erfahrungsgehalten" (ebd. 24).

[63]   Zum Frieden in der Chronik vgl. die illustrative Studie von I. GABRIEL, Friede.

[64]   Anders akzentuiert H.G.M. WILLIAMSON, Eschatology passim, indem er die Zukunft als eschatologische Wiederherstellung der davidischen Monarchie bestimmt; diese Eschatologie bezeichnet er als „realized or inaugurated" (ebd. 195).

Im Sozialporträt der Textwelt nimmt das Tempelpersonal entsprechend der axiomatischen Gewichtung des Tempels einen der vordersten Ränge ein, da diese Gruppe mit der Funktionalität des Tempelkultes verbunden ist und für die Prolongation seiner Wirkungen in die Alltagsexistenz der Menschen einsteht.[65] Diese Personengruppe wird zu einem wichtigen Bindeglied zwischen Tempel und Gott auf der einen Seite und den übrigen Bevölkerungsteilen, d.h. dem Monarchen,[66] den Laien und den einzelnen Familien, auf der anderen Seite. Durch das Wirken des Tempelpersonals begegnet der Tempel den Menschen nicht als abstrakte Größe. Vielmehr wird von denen, die zum Tempel kommen, das Tempelpersonal als diejenige Gruppe wahrgenommen, die das Handeln des Tempels *in personam* verkörpert. Ein Kontakt mit dem Tempel wird durch Begegnungen mit dem Tempelpersonal erlebbar. Durch dessen Aktionen gelangt der Segen Gottes zu den Menschen.

In dieser Wahrnehmung gestaltet die Chronik ein Porträt des Tempelpersonals, das die Vergangenheit kongruent zur Gegenwart vorstellt. Die Wahrnehmungskategorien der Verfasser der Chronik gestalten die Vergangenheit analog zu der Gegenwart, so dass das Handeln des Tempelpersonals am ersten Tempel so beschrieben ist, wie es in der Gegenwart am zweiten Tempel als Segenswirkung Gottes an ihnen erlebt und konstruktiv gedeutet wird. Diese Setzung zielt auf soziale Bestätigung, indem andere Menschen (auch zu anderen Zeiten) das Tempelpersonal ähnlich erleben sollen und diese Wahrnehmung eine konstruktive Reflexion auslöst. Wird das Handeln des Tempelpersonals von anderen Subjekten als positiv für das eigene Leben bewertet, so fördert eine solche emotionale Bestätigung den Aneignungsprozess der Chronik. Die von der Chronik vorgenommene Deutung der Vergangenheit erfährt dann Zustimmung, so dass diese Sinngebung als Impuls für die eigene Gegenwart anderer Subjekte angenommen wird.

Die Chronik impliziert damit einen Zukunftsaspekt, da der Wirklichkeitsentwurf auf eine Akzeptanz bei anderen Subjekten dringt. Die Chronik appelliert an die zukünftige Annahme des vom Tempel über seine Institutionen vermittelten Heils, so dass es zu einer Durchsetzung ihres Wirklichkeitskonzepts kommt. Der Sinnentwurf der Chronik löst eine Reflexion aus und appelliert auf eine Durchsetzung der von ihr geprägten Evidenzen.

---

[65] Ähnlich argumentiert S.J. SCHWEITZER, Utopia 29.
[66] Die Darstellung der Könige in der Chronik sieht L.C. JONKER, Reflections 87, als Appell und Beispiel dafür, wie die achämenidischen Herrscher sich Juda gegenüber verhalten sollen.

1.3.2.2 Evidenzen der Wirklichkeitskonstruktion der Chronik

Das Sinnpotential des Wirklichkeitsverständnisses der Chronik zielt auf eine Akzeptanz im Reflektionsprozess ihrer Leser / Leserinnen bzw. Hörer / Hörerinnen. An andere Subjekte ergeht das Angebot, kognitive Verknüpfungen der Sinngebung der Chronik mit ihrem eigenen Wirklichkeitskonzept herzustellen. Die Chronik zielt auf eine soziale Bestätigung des breit angelegten Sozialporträts ihrer Wirklichkeitskonstruktion. Um eine möglichst breite soziale Kongruenz mit anderen Entwürfen zu erreichen, integriert die Chronik breitere soziale Kreise über das zunächst im Vordergrund stehende Tempelpersonal hinaus in ihre Deutung der Weltsicht. Dieser Schritt ermöglicht eine Steigerung der Evidenzen der Wirklichkeitskonstruktion und gewährt damit einen höheren Grad an Plausibilität.

An einigen Stellen der Chronik ragen aus dem theologischen Sinnkonzept des Tempels, dessen axiomatische Implikationen Heil in die Geschichte und in die Gesellschaft ausgehen lassen, einzelne Spitzen heraus, die die exklusive Tempelzentrierung der Sinnwelt überschreiten. Die Chronik greift dazu einen Personenkreis aus der von ihr bereits favorisierten Personengruppe des Tempelpersonals heraus: die Leviten.[67] Die Chronik unterbreitet mit dieser Gruppe weitere soziale Identifikationsangebote, indem Leviten in den Ablauf von gesellschaftlichen Prozessen eingebunden werden. Die von den Leviten ausgeführten Funktionen sind nicht mehr auf den theologisch bestimmten und kultisch gestalteten Bereich des Tempels begrenzt, sondern führen in weitere gesellschaftliche Kreise hinein. Daher werden neben den primären Tempelfunktionen neue Aufgaben an die Leviten gebunden, so dass die Gruppe nunmehr Kontaktpunkte für breitere soziale Kreise anbietet. In dem Konzept der Chronik werden die Leviten aus dem Kreis des Tempelpersonals für weitergehende soziale Anschlussfähigkeit ausgewählt. Die axiomatische Sinnkonstruktion des Tempels wird damit in verschiedene gesellschaftliche Kreise prolongiert. Mit der Neupositionierung der Leviten eröffnet die Chronik Identifikationsangebote sozialer Kontaktstellen, die aufgrund eines intendierten und erwarteten positiven Erlebens (bzw. einer solchen Rezeption) andere Subjekte (d.h. Personen oder Gruppen innerhalb oder außerhalb der Grenzen Judas) für eine Aneignung der chronistischen Wirklichkeitskonstruktion sensibilisieren sollen.

Die Chronik präsentiert die Leviten als eine multi-funktionale Gruppierung, die in vielen Bereichen des gesellschaftlichen Lebens tätig ist. Werden Sänger und Musiker wie auch Torhüter in der Chronik zu Leviten, so erscheinen Leviten ebenso als Propheten und Lehrer. Ferner sind sie als Richter vertreten und nehmen Funktionen als Schreiber und Beamte wahr. Daraus ergibt sich ein Porträt der Wirklichkeit, demzu-

---

[67] Vgl. E. BEN ZVI, Gateway 226.

folge Leviten aus dem engeren Tempelbereich heraustreten und in ihrem Handeln in der Gesellschaft breiten Bevölkerungsschichten begegnen. Die Leviten sind als eine Gruppe gezeichnet, die darin indirekte Herrschaft an Schaltstellen der Gesellschaft ausübt. Die Sinngebung der Chronik propagiert dieses Bild[68] und protegiert diese Gruppe. Durch die Verbreitung des Levitenbildes der Chronik soll in der Bevölkerung ein positiver Aneignungsprozess der Realitätskonstruktion auslöst werden, der auf die Annahme des von der Chronik geschilderten Levitenbildes drängt. Dadurch werden kognitive Konstruktionen angestoßen, die auf eine soziale Bestätigung durch weitere gesellschaftliche Gruppen drängen und schließlich auf eine emotionale Akzeptanz dringen, so dass es zu einer Annahme des Entwurfes der Chronik kommt. Die Wirklichkeitskonstruktion der Chronik wird damit zukunftsfähig. Die Begegnung anderer Subjekte mit Leviten in partieller Ausübung ihrer Herrschaftsfunktionen stellt Bausteine von Realitätsstrukturen zur Verfügung, die bei einem positiven emotionalen Erleben übernommen werden können.

Die Pragmatik der Chronik verbindet mit dem literarischen Werk die Hoffnung, dass andere Subjekte das Handeln der Leviten als positiv für sie selbst erleben und daraufhin Zukunftshoffnungen auf ein derartiges Engagement der Leviten entwickeln. Wenn andere Subjekte mit der indirekten Herrschaft der Leviten positive sinnliche Wahrnehmungen verbinden, können sie die Sinndeutung der Chronik übernehmen, dass Gottes Dasein in der Welt sich in der Herrschaft der von ihm erwählten Gruppe der Leviten realisiert. Wenn Menschen das Handeln der Leviten als Maßnahmen zu ihren Gunsten wahrnehmen und zu der Überzeugung gelangen, dass die Leviten die Interessen der Menschen in Juda vertreten, entstehen (außer-levitische) soziale Bestätigungen des levitischen Handelns als eines Handelns, das Gottes Heil und Frieden zu den Menschen bringt und sich positiv auf die Gesellschaft auswirkt. Eine Sinndeutung des levitischen Handelns aufgrund dieser von der Chronik propagierten theologischen Axiome lässt Kongruenzerfahrungen der Rezipienten entstehen. Damit werden Kongruenzverknüpfungen angestoßen, die Sinnpotentiale der Chronik in andere subjektive Weltkonstruktionen übernehmen. Damit entwickelt die Chronik ein Identifikationsangebot, das von den sie wahrnehmenden Subjekten akzeptiert werden kann.

---

[68] Dabei ist vorausgesetzt, dass die Chronik in Levitenkreisen entstanden ist und deren Sichtweise propagiert; vgl. dazu weiter Abschnitt 7.4.

1.4 Der exegetische Weg zur Erfassung der multi-funktionalen Gruppe der Leviten in der Chronik

Begegnen die Leviten in der Chronik als eine multi-funktionale Gruppe, so ist damit ein Gliederungsmerkmal für diese Untersuchung gegeben. Aus der Vielschichtigkeit der Leviten ergibt sich ein thematischer Aufbau in fünf Themenfeldern: Dienste als *clerus minor*, das Darbringen von Opfern, Lehre und Prophetie, Administration und schließlich genealogische Verknüpfungen. Das Ziel der Exegese ist eine genaue Erfassung der verschiedenen levitischen Funktionen, wie sie in der Chronik dargeboten werden.

Die Texte der Chronik werden jeweils nach einer bestimmen Abfolge exegetisch abgeschritten, wobei, um der Vielschichtigkeit des Textes gerecht zuwerden, klassische diachrone Methoden ebenso zum Einsatz kommen, wie Fragen der Wissenssoziologie erörtert werden.

Zunächst erfolgt eine *Übersetzung* der Texte, die auch relevanten textkritischen und übersetzungstechnischen Problemen nachgeht.

In einem ersten Analysedurchgang werden Spannungen im Text aufgegriffen, anhand deren sich *redaktionsgeschichtliche Schichten* ergeben. Der Begriff „Redaktionsgeschichte" wird hier gemäß der neueren redaktionsgeschichtlichen Methodik verwendet,[1] die insofern nach den unterschiedlichen Entstehungsschichten einer Schrift fragt, als die einzelnen Schichten als Wachstumsspuren eines Textes mit jeweils eigenständigen Aussageschwerpunkten in ihren jeweiligen geschichtlichen Bezügen wahrgenommen werden.[2]

Diachrone Wachstumsspuren sind in den Texten der Chronik auszumachen, die auch das Porträt der Leviten betreffen. In diesem Durchgang wird sich zeigen, dass Teilaussagen des Levitenbildes auf unterschiedlichen Ebenen der Chronik liegen. Zwischen frühen Levitenaussagen und späteren Neuakzentuierungen ist eine Entwicklung im Levitenbild zu erkennen. Diese ist exegetisch durch die Wahrnehmung diachroner Signale für jeden Textbereich zu erfassen und in der abschließenden Zusammenfassung auszuwerten.

Zur besseren Übersicht sind die *Schichten* in die *Übersetzungen* eingearbeitet, indem verschiedene *Schriftarten* verwendet werden. Dabei wurden bewusst solche Schriftarten ausgewählt, die stark von einander abweichen und damit das Auffinden der unterschiedlichen Entstehungsschichten leicht erkennbar machen.

---

[1] Vgl. z.B. W. ZIMMERLI, Prophetic Word 431f; U. BECKER, Jesaja 9f.15; K. KOENEN, Heil 265f.
[2] Vgl. methodisch grundlegend S. KREUZER u.a., Proseminar 95–102; U. BECKER, Exegese 76–88.

Die Grundschrift der Chronik wird mit einer geraden Times-Schrift wiedergegeben.

Der Grundbestand der späteren Kapitel 1Chr 23–27 ist durch eine etwas breiter wirkende Schrift (Palatino) ausgewiesen.

Die erste redaktionelle Überarbeitung ist durch Kursive der Schriftart Times hervorgehoben.

Die zweite redaktionelle Überarbeitung ist durch eine serifenfreie Schrift (Verdana) hervorgehoben.

Die dritte redaktionelle Überarbeitung, die zugleich die letzte Ebene darstellt, ist in einer höher erscheinenden Schriftart (Tempus Sans) abgedruckt.

Im Anschluss an die diachrone Schichtung wird den *Sachaussagen der Textwelt zu den sozialen Größen* nachgegangen. In diesen Abschnitten wird die Darstellung der einzelnen Funktionen der Leviten in der Chronik erarbeitet. Dabei werden sich sowohl Kongruenzen als auch partielle Divergenzen in einzelnen Diensten der multi-funktionalen Gruppe der Leviten ergeben.

Schließlich ist nach der *Bedeutung* des jeweiligen Levitenbildes für die *Sinnkonstruktion der Chronik* zu fragen. Hierbei geht es um eine abschließende Wahrnehmung des Levitenporträts auf der Endebene der Chronik. Aus den Aussagen, die die Chronik im jeweiligen Levitenbild der einzelnen Belege zeigt, sind Bausteine für ein Gesamtporträt der Gruppe zu gewinnen. Dieses Bild der multi-funktionalen Gruppe setzt sich, je nach divergentem Kontext, aus einzelnen Etappen und verschiedenen Aufgaben zusammen, die zunächst exegetisch einzeln erarbeitet werden sollen.

In einem auswertenden Kapitel wird diese Spur schließlich näherhin verfolgt und das sich zeigende Levitenbild auf sein Identitätsangebot hin vorgestellt. Dabei wird sich zeigen, dass die multi-funktionale Gruppe verschiedene Anknüpfungspunkte bietet und in unterschiedlichen Sozialbereichen zu fassen ist. Indem die Chronik die Leviten so präsentiert, unterbreitet sie ein weit gefächertes Angebot auf Indentifizierung mit einer einflussreichen Gruppe. Das Anliegen der Chronik besteht darin, über diese Gruppe Identität für Hörer und Höreinnen oder Leser und Leserinnen zu schaffen. Multiple Begegnungen mit Leviten in verschiedenen sozialen Bereichen werden angestoßen und zielen auf eine positive Identifikation mit der Gruppe.

2 Die Leviten als Kultdiener niederen Ranges

Eine grundlegende Funktion der Leviten kann in ihren Aufgaben als niedere Kultbedienstete gesehen werden. Da ähnliche Aufgaben ihnen auch z.b. in der Priesterschrift, einem der Traditionsströme, aus denen die Chronik schöpft, zugewiesen werden, mag dieses Aufgabenspektrum als Ausgangspukt der Untersuchung dienen. Allerdings wird man das Verhältnis der Leviten zu den Priestern im Blick behalten müssen und darauf achten, ob die Leviten, wie in der Priesterschrift, in einen von den Priestern abgesetzten niedrigeren Stand, den man als *clerus minor* bezeichnen kann,[1] gerückt werden.

Da dieses levitische Tätigkeitsfeld der niederen kultischen Dienste für das literarische Porträt der Chronik eine Art Basis darstellt, kann diese als *Grundbestimmung der levitischen Aufgaben* angesehen werden und somit einer Grundschicht zugewiesen werden. Daher ist die Darstellung der Chronik zunächst nach diesem Gebiet abzuschreiten. Das Aufgabengebiet des *clerus minor*, in dem die Chronik die Leviten erscheinen läss, umfasst eine Reihe von im Einzelnen verschiedenen Funktionen innerhalb des Kultbetriebes.

2.1 Leviten als sakraler clerus minor

Die Leviten als *clerus minor* treten in der Chronik verschiedentlich in Erscheinung, da die chr Historiographie ihrem Wirken einen Beitrag zu dem Gelingen verschiedener Feierlichkeiten und damit der relevanten feierlich erinnrten Eckpunkte der Geschichte beimisst. So begegnen Leviten in unmittelbarem Zusammenhang mit kultischen Feierlichkeiten, an denen sie entweder als Ausführende selbst beteiligt sind oder zu deren Vor- und Nachbereitung sie benötigt werden. Die Feierlichkeiten selbst, die um Opferzeremonien gestaltet sind, sollen später detailliert separat behandelt werden,[2] so dass diese Aspekte hier zunächst ausgespart werden. Gesichtspunkte dieser Abschnitte sind hier nur insofern zu berücksichtigen, als sich Berührungen mit den kultischen Diensten von Leviten als *clerus minor* ergeben (vgl. 1Chr 23,28–32; 2Chr 23,10f; 30,16b; 35,11–13).

---

[1] Vgl. A.H.J. GUNNEWEG, Leviten 204f; A. CODY, History 137.174.191; H. SEE-BASS, Leviten 36; R. ALBERTZ, Religionsgeschichte 525f.529f: praktische Dienste zur Unterstützung der Priester.
[2] Vgl. 1Chr 23,28–32; 2Chr 23,10f; 30,16b; 35,11–13, die in Abschnitt 3 näher vorgestellt werden.

2.1.1   Grundlegende Aufgaben des clerus minor – 1Chr 9,26b–34

Eine grundlegende Bestimmung der Funktionen der Leviten liegt in 1Chr 9,26b–34 vor, so dass die Darstellung der Leviten als *clerus minor* mit der Analyse dieses Abschnitts einzusetzen hat.[3] Im literarischen Kontext der Chronik bildet der Abschnitt einen Übergang von den Genealogien zur Darstellung der Geschichte der Königszeit Judas.

1Chr 9,26b–34: (26b) Und die Leviten[4] waren zuständig für die (Vorrats-) Kammern[5] und für die Vorräte des Hauses Gottes. (27) Und rund um das Haus Gottes übernachteten sie, denn unter ihnen befand sich die Wachmannschaft, und sie waren zuständig für den Schlüsseldienst[6] an jedem Morgen. (28) Und von ihnen waren einige zuständig für die Geräte des Dienstes, denn sie zählten (sie),[7] wenn sie (sie) hineinbrachten, und sie zählten (sie), wenn sie (sie) hinausbrachten. (29) Und von ihnen waren einige bestellt über die Geräte und über alle heiligen Geräte und (zuständig) für Gries und Wein und Öl und Weihrauch und wohlriechende Kräuter. (30) Aber[8] von den Priestern (stammten)[9] diejenigen, die die Salben mit wohlriechenden Kräutern mischten. (31) Und Mattitjah von den Leviten war der Erstgeborene von Schallum, des Korachiters, er war in einer Vertrauensstellung,[10] zuständig für das Pfannengebäck. (32) Und von den Söhnen des Kehatiters, von ihren Brüdern waren (welche zuständig) für das Brot der Schaubrote, um sie Sabbat um Sabbat zuzubereiten. (33) Und ihnen

---

[3]   Da der vorhergehende Passus die Aufgaben der Torhüter behandelt, ist 1Chr 9,17–26a in Abschnitt 2.4.2 vorgestellt.

[4]   Das vorhergehende הַלְוִים הֵם in V.26a nennt das Subjekt der folgenden Aufgabenbestimmung.

[5]   Mit HAH[18] 617 ist לִשְׁכָה als ‚Kammer' „am Tempel in Jerusalem zur Aufbewahrung von Gerätschaften und Vorräten oder zum Aufenthalt des Kultpersonals" verstanden; anders HAL 509f: Zelle am Heiligtum, mit Verweis auf einen sakralen Raum, der an drei Wänden Steinbänke für die Teilnehmer am Opfermahl bietet und an der vierten Seite gegen den Hof offen war. Letztere Vorstellung ist zu speziell und wird der Benutzungsvielfalt der Räume in der Chronik nicht gerecht (HAL gibt im Übrigen keine Chronik-Belege an dieser Stelle an).

[6]   מַפְתֵּחַ (Schlüssel) ist im Sinn von Schlüsseldienst gebraucht, wie es auch aus der Variante im Apparat der BHS zu entnehmen ist, wobei das Suffix von מפתחו auf den Tempel (gemeint sind seine Tore) zu beziehen ist.

[7]   בְּמִסְפָּר (eine [entsprechende] Zahl; vgl. HAH 441) ist entweder auf die Leviten oder die Tempelgeräte zu beziehen. Der Singular ist als Kollektivum zu verstehen und meint die Tempelgeräte, die der pluralischen Aktantengruppe zugeordnet sind. Ähnlich G.N. KNOPPERS, AncB 12, 493.

[8]   Die Kopula führt eine neue Personengruppe ein, deren Handlungsfelder von den vorherigen Aktanten unterschieden werden. Daher verstehe ich sie adversativ.

[9]   Die Wendung בְּנֵי הַכֹּהֲנִים ist als die genealogische Einführung der Priester zu verstehen, die aber nicht mit einer bestimmten Familie verknüpft ist.

[10]   בָּאֱמוּנָה bezieht sich auf die gewissenhafte und zuverlässige Dienstausübung; vgl. HAL 60 und HAH[18] 72: „Amtspflicht"; s.a. G.N. KNOPPERS, AncB 12, 499; s.a. S. JAPHET, 1Chronik 212: „Vertrauensstand"; M.J. SELMAN, 1Chronicles 130: „positions of trust"; P.B. DIRKSEN, 1 Chronicles 150.154: „trustworthiness".

gegenüber[11] waren die Sänger, die Sippenhäupter von den Leviten,[12] die in den Kammern frei vom (übrigen) Dienst waren[13], denn sie waren Tag und Nacht bei der Arbeit. (34) Diese waren die Sippenhäupter von den Leviten nach ihren Generationen; diese Häupter[14] wohnten in Jerusalem.

In 1Chr 9,26b–34 werden einzelne Verantwortliche genannt, die für die Versorgung der Tempelgeräte und für die Bevorratung der Opfergaben zuständig sind. Dieses Personal ist als Leviten ausgewiesen (vgl. V.26.31.33.34). Der Textzusammenhang ist abgegrenzt durch הֵם הַלְוִיִּם in V.26. Die Wendung könnte sich auf die zuvor genannten Torhüter (V.17–26a) zurückbeziehen oder auf die im Folgenden genannten Personen und deren Aufgaben vorausweisen. Ein Anschluss ohne Kopula lässt einen Rückbezug wahrscheinlicher sein; dieser würde dann betont hervorheben, möglicherweise als sekundäre Einfügung, dass die Torhüter als Leviten gelten.[15] In dem Fall wäre eine Verschmelzung der Torhüter mit den Leviten vorausgesetzt.[16] Das הֵם הַלְוִיִּם würde dann dem in gleicher Weise angehängten בְּנֵי לֵוִי in V.18 entsprechen. Näher scheint mir jedoch zu liegen, הֵם הַלְוִיִּם in V.26 als ein Verbindungselement zu verstehen, das auf die primären levitischen Aufgaben im Kult voraus weist. Gleichzeitig bietet הֵם הַלְוִיִּם eine Neubewertung der Torhüter, die nunmehr auch unter die Leviten gerechnet werden. In dem Abschnitt 9,26b–34 geht es folglich um die Aufgaben der Leviten im Allgemeinen.[17]

Die in V.26b genannten Aufgaben in den Kammern, die hier wohl die Vorratskammern des Tempels meinen,[18] passen zu den in V.28f.31f erwähnten levitischen Diensten im Kult.[19] Doch reiben diese sich mit

---

[11] Besser als וְאֵלֶּה der Masoreten passt der Vorschlag des Apparates der BHS, וְאֵלָּם zu lesen, da eine neue Personengruppe eingeführt wird und keine Bezugsgröße für „diese" gegeben ist. S.a. S. JAPHET, 1Chronik 212.

[12] BHS schlägt vor, hinter לַלְוִיִּם zu ergänzen: לֹא לָהֶם, da dies durch Haplographie ausgefallen sei. Textzeugen werden dafür nicht genannt. Da die inhaltliche Zuordnung der Ergänzung unklar ist, wird auf sie verzichtet.

[13] Mit einigen Handschriften und Qere ist פְּטוּרִים zu lesen.

[14] רָאשִׁים gehört gegen die Masora nicht zum vorhergehenden Textsegment, sondern mit אֵלֶּה zusammen zum folgenden Verb. Die ungewöhnliche Satzstellung betont die Sippenhäupter.

[15] So versteht es W. RUDOLPH, Chronikbücher 88.90f, der darin eine ruhmvolle Hervorhebung der Torhüter ausmacht, die gleichzeitig die folgende Nennung der levitischen Aufgaben auslöst, die allerdings einem anderen Verfasser zugewiesen wird.

[16] S. dazu weiterhin in Abschnitt 2.4. Vgl. R.W. KLEIN, 1Chronicles 278, der hier „a more general description of Levitical functions" beginnen sieht. S.a. E. CURTIS, A. MADSEN, Books 173f.176f, indem sie verschiedene Grade von Torhütern unterscheiden.

[17] Vgl. P.B. DIRKSEN, 1 Chronicles 153.

[18] S.o. Anm. 5. So versteht H.-S. BAE, Suche 24f, auch den Beleg in 2Chr 31,11.

[19] Vgl. J. BECKER, 1Chronik 49; G.H. JONES, Chronicles 26; P.B. DIRKSEN, 1 Chronicles 147.

den in V.23–26a beschriebenen Torhüteraufgaben, die lediglich eine Verbindung zu V.27 aufweisen.[20] Diese Interpretation wird durch die Erwähnung von Leviten in V.31 (הַלְוִיִּם) und V.34 (רָאשֵׁי הָאָבוֹת לַלְוִיִּם) unterstützt, wo ausdrücklich die Verantwortung für die in den Kammern lagernden Utensilien in levitische Hände gelegt wird. In Spannung dazu sind Torhüteraufgaben (V.27) zu finden, die die Aufzählung der levitischen Dienste unterbrechen. V.27 greift auf V.23–26a zurück und fügt die Torhüter hier erneut ein, so dass diese nunmehr ebenfalls zu Leviten werden.

Ferner fällt V.33 auf, wo unvermittelt von Sängern die Rede ist. Auffallend ist, dass hier einerseits keine Aufgaben genannt werden, sondern die Sänger / Musiker lediglich nach ihren Sippenhäuptern Erwähnung finden und diese andererseits als Teilgruppe der Leviten vorgestellt sind. Dies stellt insofern eine Spannung dar, als die Leviten im übrigen Textverlauf 9,26b–34 nicht als Sänger angeführt werden. Die Formulierung: אֵלֶּה רָאשֵׁי הָאָבוֹת לַלְוִיִּם (um es zu paraphrasieren: ‚diese Sippenhäupter gehören auch zu den Leviten') erscheint abermals wörtlich identisch in V.34, wo sie ihren ursprünglichen Platz hat. V.34 lässt sich gut mit V.31.32 verbinden und als Abschlussformulierung der dort genannten Sippen begreifen.[21] Eine literarkritische Lösung scheint angebracht, die in V.33 sekundär die Sänger zu den Leviten hinzurechnet.[22] Sind in der Grundschicht in V.26b–29.31f.34 levitische Aufgaben des *clerus minor* formuliert, so ist in V.33 mit den musikalischen Diensten ein weiteres Aufgabengebiet hinzugewachsen.[23]

Als levitische Aufgaben des *clerus minor* werden in V.26b.28f.31f Versorgungsleistungen zur Aufrechterhaltung des Kultbetriebes angeführt. So sind nach der Sicht der Chronik die Leviten für die Geräte, die im Opferkult benötigt werden,[24] und ebenso für die Opfergaben verant-

---

[20]   Anders nimmt M.J. SELMAN, 1Chronicles 128–131, an, dass der Abschnitt über die Torhüter geht.

[21]   Anders R.L. BRAUN, 1 Chronicles 142, der hierin eine sekundäre Dublette aus 1Chr 8,28 erblickt.

[22]   Ähnlich R.L. BRAUN, 1 Chronicles 142; s.a. E. CURTIS, A. MADSEN, Books 178; P.B. DIRKSEN, 1 Chronicles 148 (allerdings für eine längere Passage: V.26b.28–33).

[23]   Anders vermutet R.L. BRAUN, 1 Chronicles 142, eine dreifache Entwicklung in V.17–32, in der die Rolle der Torhüter wesentliche Revisionen erfahren hat. Dazu zählt er die unterschiedlichen Wohnorte Jerusalem und das Umland sowie verschiedenartige Zuständigkeitsbereiche. Weiter führt die Überlegung, hier verschiedene Personen (Torhüter in V.17–26a und Leviten als clerus minor in V.26b–34) anzunehmen, die divergierende Aufgaben wahrnehmen und an verschiedenen Ort ihren Dienst tun respektive dort wohnen.

[24]   Anders J.W. KLEINIG, Song 78, der zwischen den ausschließlich von den Priestern benutzen „heiligen Geräten" und den von den Leviten verwendeten „vessels of service" unterscheidet, da die Geräte des *clerus minor* lediglich den „secondary aspects of the ritual" zugewiesen seien. Die Annahme, dass die Musikinstrumente ebenfalls unter diese Chiffren fallen, ist nicht weniger problematisch.

wortlich. Die Zuständigkeit impliziert einerseits den Umgang mit dem Opferbedarf während der Kultfeiern und andererseits dessen Lagerung in entsprechenden Räumlichkeiten sowie einen Transport in den Opferraum. Ferner ist für den Umfang der Aufgaben vorausgesetzt, dass die Gefäße und Gaben von den Leviten für den kultischen Gebrauch vorbereitet und nach Gebrauch gereinigt werden, wie auch eine Beschaffung und Bereitstellung der diversen Opfergaben und Materialien impliziert ist.

Die einzelnen Aufgaben der Leviten werden in 1Chr 9,26b.28f.31f mit den entsprechenden kultischen Termini dargeboten, wie sie in der Chronik als typisierte Kultsprache gelten. So werden etwa die Tempelgeräte mit dem *terminus technicus* als הַכֵּלִים bzw. in erweiterter Form als כָּל־כְּלֵי הַקֹּדֶשׁ bezeichnet (V.29).[25] Die Verwendungen der verschiedenen Kultgeräte wie Pfannen, Schalen, Töpfe, Zangen etc. sind in der Chronik geläufig.

Der Abschnitt 1Chr 9,26b–34* vereinigt verschiedene Aufgaben, die von der unmittelbaren Vorbereitung der Opfergaben (V.29.30.31f), der Versorgung der Vorräte (V.26) und Kammern (V.26.27.33) über die Kontrolle des Kultes[26] bis zur Nachtwache (vgl. V.27; s.a. V.33b, Tag und Nacht andauernde Dienste) reichen. Aus der Disparatheit dieser Dienste ist zu ersehen, dass grundlegende Zuständigkeitsbereiche festgelegt werden. Gerade die eher generelle Art der Präsentation lässt annehmen, dass hier eine frühe Stufe der Chronik anzutreffen ist, der es noch nicht um ausgefeilte Differenzierungen geht.[27]

Diese Zusammenstellung erinnert an 1Chr 23,28–32, wo ebenfalls eine Reihe von Diensten des *clerus minor* begegnet. Jene Liste fällt allerdings detaillierter aus, was ein Anzeichen für ihre spätere Gestalt ist. Darauf ist weiter unten zurückzukommen.[28] Beide Aufzählungen stimmen jedoch darin überein, dass die kultischen Dienste der Leviten in der Chronik als umfangreiche Zuarbeiten zum Opferdienst betrachtet werden und die Leviten in den Kammern des Tempels ihren Dienst ausüben.

---

[25] Vgl. im Zusammenhang des Tempels und der kultischen Zeremonien 1Chr 9,28.29; 22,19; 23,26; 28,13.14; 2Chr 4,16.18.19; 5,1.5; 15,18; 23,13; 24,14; 25,24; 28,24; 29,18.19; 36,7.10.18.19. – In 1Chr 15,16; 16,5.42; 23,5; 2Chr 5,13; 7,6; 29,26.27; 30,21; 34,12 bezeichnet (הַשִּׁיר) כְּלֵי die in den kultischen Feiern gebrauchten Musikinstrumente. – In 1Chr 10,4.5.9.10; 11,39; 12,34.38; 18,10; 2Chr 23,7 sind verschiedene militärische Waffen mit dem Sammelbegriff כֵּלִים gemeint. Schließlich sind in 1Chr 18,8; 2Chr 9,20.24; 20,25; vgl. 2Chr 32,27 Gefäße zum täglichen Gebrauch genannt. Die überwiegende Zahl der Belege stammt also aus dem kultischen Bereich.

[26] Vgl. H. GESE, Geschichte 156, der in V.31 „das levitische Amt der Überwachung der Tempelbäckerei" ausmacht.

[27] Vgl. P.B. DIRKSEN, 1 Chronicles 147f.

[28] Vgl. dazu Abschnitt 4.1.

Die relativ umfassende Darstellung der Aufgaben des *clerus minor* in
1Chr 9,26b–29.31f stellt eine frühe Beschreibung von levitischen Aufgaben in der Chronik dar, die einer ersten Grundschrift der Chronik zu-
zurechnen ist. Dass muss nicht ausschließen, dass dahinter eine
„Sammlung heterogener Traditionen" liegen könnte.[29] Bevor die Chronik die Leviten in weitere Funktionen einbindet, ordnet sie die Gruppe
ihrem Ausgangstätigkeitsfeld zu. Am Ende der genealogischen Positionierung vor der Entfaltung des geschichtlichen Durchgangs durch die
Zeit der Monarchie sind die Leviten damit grundsätzlich vorgestellt.

Doch bereits in dieser frühen Entwicklungstufe der Chronik setzt die
Schrift hinsichtich der levitischen Bestimmungen neue Akzente gegenüber dem Traditionsmaterial aus der Priesterschrift. Beibehalten wird
noch der Darbringenshinweis auf das Salböl (V.30), der mit den priesterschriftlichen Bestimmungen aus Ex 30 konvergiert.[30]

Indem die Chronik den Bestimmungen über den Priesterdienst am
Schaubrottisch und über die Zubereitung der Schaubrote in Lev 24,5–9
widerspricht, insofern diese Aufgaben nunmehr in den Bereich der
Leviten fallen,[31] setzt sie neue Akzente. In ihren Zuordnungen drückt
sie eine erste und vorsichtige Erweiterung des Aufgabengebietes der
Leviten aus, deren Zuständigkeit sie partiell in den (ehemaligen) Bereich der Priester verlagert. Indem die Chronik den Leviten priesterliche Dienste zuschreibt, wertet sie zugleich die Gruppe auf. Die Neuakzentuierung ist der Anfang einer Neubewertung der Leviten, die
später weiter entwickelt wird.

Dem Abschnitt 1Chr 9,26b–29.31f.34 ist zu entnehmen, dass für die
Chronik bereits von Anfang an eine Ausweitung der levitischen Zuständigkeitsbereiche maßgeblich ist und dieses Thema nicht erst im
Laufe ihrer literarischen Fortschreibung hinzutritt. Zwar wird, wie noch
zu zeigen ist, der Zuständigkeitsbereich der Leviten später weiter profiliert, doch kann dieser Umstand nicht als eine erst später einsetzende
Entwicklung der Chronik bestimmt werden.[32] Vielmehr setzen spätere

---

[29] So mit M. OEMING, Israel 202. Ähnlich nimmt S. JAPHET, Chronicles 202–205,
aufgrund sprachlicher Besonderheiten an, dass das Material aus einer außerbib-
lischen Quelle stammt und vom Chronisten in einen neuen Kontext eingestellt
worden ist.

[30] Angespielt ist hier an Bestimmungen über die Zubereitung von Salböl aus Ex
30,22–25.34–35 und seine Verwendung laut Ex 30,26–32, dem die Priesterschrift
eine besondere Heiligkeit zuspricht, vgl. Ex 30,36f sowie die Sanktionierung des
Missbrauchs in Ex 30,33.38; s.a. S. JAPHET, 1Chronik 226f. In Num 4,16 wird die
Bereitung des Öls zur Aufgabe des Aaroniden Eleasars.

[31] Anders A.H.J. GUNNEWEG, Leviten 205, der hier wie in 2Chr 13,11 P-Bestim-
mungen rezipiert sieht. Anknüpfen kann er dafür an Num 4,4–15, wo die Pflege
des Schaubrottisches in der Stiftshütte den Kehatitern zugewiesen wird.

[32] Dies gegen G. STEINS, Chronik 419, der die Leviten erst mit der ‚ersten levi-
tisch-orientierten' Bearbeitungsschicht in der Chronik eindringen sieht; diese
‚Schicht' ist nach Steins eine „mehrschichtige[.] Bearbeitungsphase", die „die Glie-

Neuakzentuierungen der Leviten eine Tendenz fort, die bereits auf der frühesten literarischen Stufe greifbar ist. 1Chr 9 legt damit die Grundlagen für eine Entwicklung der Leviten, wie sie im literarischen Porträt der Chronik zu finden ist.

2.1.2 *Kennzeichen kultischer Dienste des clerus minor*

Betrachtet man die kultischen Funktionen der niederen Kultbediensteten in der Chronik, so lassen sich einige grundsätzliche Kennzeichen feststellen, die im Folgenden zusammen gestellt werden sollen, um die Basis des Porträts der levitischen Aufgaben in der Chronik zu erhalten.

(1) Die Chronik bietet eine weitgehend feststehende *Terminologie* für die sakralen Dienste. Zur Bezeichnung des kultischen Dienstes wird in der Regel der Begriff עֲבוֹדָה (vgl. 1Chr 25,1; 2Chr 35,10) verwendet, spezifiziert als עֲבוֹדַת בֵּית־הָאֱלֹהִים (1Chr 9,13; 28,21; 29,7; 2Chr 31,21; vgl. 1Chr 6,33) bzw. עֲבוֹדַת בֵּית יְהוָה (vgl. 1Chr 23,28.32; 28,20; 2Chr 24,12; 35,2). Dabei kann עֲבוֹדָה entweder als *terminus technicus* für kultische Handlungen stehen oder in einer erweiterten Form sämtliche Arbeiten im Umfeld des Tempels bezeichnen (vgl. 1Chr 6,17.33).

Eine Variante zur Nennung kultischer Dienste begegnet in Verbformen von √ שׁרת, die in der Chronik ebenso Aufgaben im Zusammenhang des Tempeldienstes angebnen können (vgl. 1Chr 15,2; 23,13; 26,12; 2Chr 5,14; 8,14; 13,10; 29,11; 31,2).[33] Charakteristisch ist daran, dass unter diesem Wortstamm keine spezifischen Tätigkeiten ausdifferenziert werden, sondern generalisierend Tempeldienste gemeint sind, die ein Dienstverhältnis gegenüber Jahwe anzeigen und damit die im Umkreis des Tempels zu vollziehenden Arbeiten unter göttliche Legitimität stellen.

Diese Kennzeichnung betrifft in der Chronik nicht allein den Dienst am Jerusalemer Tempel, sondern bezieht ebenso die Lade mit ein (vgl. 1Chr 16,37). Der Dienst vor der Lade wird damit dem Dienst am Tempel gleich gestellt, so dass auch der Dienst vor der Lade als ein sakraler Dienst bewertet wird.[34]

(2) Der Dienst des Tempelpersonals geschieht nach Dienstabteilungen. Die Chronik verwendet dafür die Begriffe מַחְלְקוֹת (vgl. 1Chr 23,6; 28,13; 2Chr 31,2.16f; 35,4f)[35] oder מִשְׁמָרוֹת (vgl. 1Chr 9,23.27; 26,12;

---

derung und Funktion des Kultpersonals, vor allem der verschiedenen Untergruppen der Leviten" betrifft (a.a.O.419–428; s.o. Abschnitt 1.2.2).

[33] Vgl. HAL 1532f. Anders nimmt J.P. SPENCER, Tasks 270, an, dass hierbei kultische und militärische Begriffe konvergieren.

[34] Vgl. zur Lade weiterhin Abschnitt 2.5.

[35] Während nach HAL 539 der Begriff lediglich die Abteilungen der Priester und Leviten bezeichnet, fasst HAH[18] 658 ihn weiter, indem auch die Torhüter, das Heer

2Chr 8,14; 23,8)³⁶ sowie פְּקֻדָּה (vgl. 1Chr 23,11.18; 24,3.19; 26,30; 2Chr 24,11; 26,11)³⁷. Die Leviten stehen (√ עמד hi.) in ihren Abteilungen im Dienst.³⁸ Der Dienst kann mit unterschiedlichen Inhalten gefüllt werden. Die generellen Bestimmungen sind also auch hier offen für Präzisierungen und Anwendungen.

Die מַחְלְקוֹת sind in der Chronik aber mehr als *Dienstabteilungen*, da mit ihnen zugleich *genealogische Linien* verbunden sind, in denen die genannten Leviten sowohl nach deren prominenten Vorfahren zusammengestellt als auch einem Dienst zugeordnet werden. Diese Doppelstruktur ist vor allem in sog. segmentären Genealogien zu finden, die soziale Verhältnisse einschließen, wie sie in 1Chr 23–27 zu finden sind.³⁹ Eine Interpretation der levitischen Abteilungen wird also beide Aspekte zu bedenken haben. Die Listen zielen darauf ab, in Anknüpfung an prominente Vorgänger Berufszusammenschlüsse verschiedener Teilbereiche von Leviten zu gestalten. Die am Tempel Amtierenden werden einer levitischen Familie zugeordnet und erhalten in diesem Prozess (bisweilen auch sekundär) den Namen einer Familie.⁴⁰

Die segmentären Listen weisen flexible Formationen auf. Eine solche Anpassungsfähigkeit ist z.B. in dem (allerdings erst späteren Vers) 1Chr 23,11 vorausgesetzt.⁴¹ Aufgrund einer zu geringen Zahl von eigenen leiblichen Söhnen werden andere Personen zu dieser Linie

---

und die Stämme in der Chronik einbezogen werden. Vgl. von den aaronidischen Priestern in 1Chr 24,1: מַחְלְקוֹתָם בְּנֵי אַהֲרֹן; s.a. 2Chr 5,11; 8,14; 23,8.

³⁶ Nach HAL 613f bezeichnet der Terminus eine Wache, einen Wachdienst oder eine Dienstabteilung, im Pl. auch Dienstordnungen; HAH¹⁸ 758 legt demgegenüber ‚Wache, Wachposten‘, ‚Dienstabteilung‘, im Pl. auch ‚Diensteinrichtungen‘ als Bedeutungsspektrum fest. Aus den Bedeutungen zieht J.W. KLEINIG, Song 41f, den Schluss, dass dieser Begriff zunächst mit Wächterfunktionen verbunden ist, dann aber auf sämtliche Dienstabteilungen bezogen wird. Für die Chronik scheint er jedenfalls Dienstabteilungen zu bezeichnen, während z.B. in Lev 8,35 Wächterfunktionen im Blick sind. S.a. J.W. WRIGHT, Gates 78; T. POLK, Levites 9.

³⁷ Nach HAL 902, deckt der Begriff in der Chronik ein weites Spektrum ab: Dienstabteilung (1Chr 23,11; 24,19; vgl. 2Chr 26,11); Verwaltung (1Chr 26,30); Dienstleistung (1Chr 24,31), Amtsordnung (2Chr 17,14); für ‚Wache, Wachposten‘ und ‚Aufsicht‘ werden keine Belege aus der Chronik angegeben. Zu פְּקֻדָּה im Sinne von Dienstabteilung vgl. P. WELTEN, Geschichte 83; J.W. KLEINIG, Song 41, der von „organizational units" spricht. Nach S.J. DE VRIES, Chronicles 192, ist der Terminus in der Chronik für levitische Abteilungen reserviert.

³⁸ Nach J.W. KLEINIG, Song 39–41, impliziert der Terminus עמד hi. „appointment of personnel to their offices within the cult" (ebd. 39), während das verwandte כלל mit Losverfahren bestimmte Positionen bezeichnet. Ob eine solch statische Interpretation der sprachlichen Unbestimmtheit und damit der sachlichen Offenheit der Chronik gerecht wird, scheint mir allerdings fraglich.

³⁹ Zu den segmentären Genealogien vgl. R.R. WILSON, Azel 12 u.ö.; R.L. BRAUN, Reconstruction 95f; Y. LEVIN, Audience 231f; G.N. KNOPPERS, AncB 12, 246–248. Zu Details s.u. Abschnitt 6.2.8.

⁴⁰ Zur Begründung s.u. Abschnitt 6.

⁴¹ Zur späteren Gestalt vgl. Abschnitt 4.1.

hinzugerechnet. „So wurden sie zu einer Sippe, (ja) zu einer einzigen Abteilung" (וַיִּהְיוּ לְבֵית אָב לְפְקֻדָּה אֶחָת). Diese Notiz reflektiert eine Identifikation der sozialen familiären Einheit mit dem Dienst. Dadurch werden genealogische Linien auf das Tempelpersonal appliziert. Dies wird in der Chronik nicht strikt gehandhabt, sondern lässt eine Offenheit, aufgrund derer (später andere) Personen oder Geschlechter einem Familienverband assimiliert werden können.

Für eine solche Flexibilität in der Zuschreibung genealogischer Linien sprechen auch verschiedene Brüche in den Genealogien. Ein merkwürdiger Bruch liegt in 1Chr 24,26 vor. Während 24,26a.28–30 eine Genealogie der Merari-Söhne Machli und Muschi bieten, die auch anderweitig als Söhne Meraris vorkommen (Machli in 1Chr 6,4.14; 23,21 und Muschi in 1Chr 6,32; 23,23), sind in 1Chr 24,26b.27 die ansonsten nicht weiter bekannten Söhne von Jaasijahu in die Merariter-Genealogie eingewoben.

Weitere Bruchstellen in Genealogien begegnen in Kapitel 26. In 26,1 ist Meschelemjahu, der als Nachkomme aus der Sippe Korachs und Asafs bestimmt wird, mit seinen Söhnen in die in V.2f genannten Torhüter integriert. Hierbei überrascht nicht nur die singuläre Erwähnung des ansonsten unbekannten Torhüters Meschelemjahu, sondern auch seine genealogische Aufwertung in V.1, indem er sowohl den Korachitern als auch den Asafiten zugeordnet wird. Daran verwundert wiederum, dass Asaf als Korachiter gilt, obwohl er andererseits als Gerschoniter (vgl. 1Chr 6,24.28), aber auch in einer Liste von Merariten (vgl. 1Chr 9,15.16) begegnet, nicht aber der Genealogie der Korachiter, die ihrerseits von den Kehatitern abstammen, zugerechnet wird. Ferner ist es unüblich, dass gleich auf zwei prominente Vorfahren verwiesen wird. Geschieht dies in V.1 in formal brüchiger Weise, so liegen hier Anzeichen für ein Wachstum der Liste vor. Zudem steht die Liste in 26,2f in Spannung zu V.9, wo kollektiv auf 18 tüchtige Brüder (בְּנֵי־חַיִל)[42] verwiesen wird.

Ferner ist ein Bruch in der Genealogie in 1Chr 26,10 zu finden, wo Schimri als Sippenoberhaupt (רֹאשׁ) eingesetzt wird, obwohl er offensichtlich nicht zu der Familie hinzugehört. Die Bemerkung, dass es keinen Erstgeborenen (mask.) gibt, impliziert, dass entweder gar keine Nachkommen oder ausschließlich Töchter bekannt sind. Warum diese Töchter dann nicht die genealogische Linie fortsetzen, wie es beispielsweise in 1Chr 1,50; 2,16f.34f (s.a. 1Chr 4,32; 7,15; 23,22) von weiblichen Familienmitgliedern ausgesagt wird,[43] bleibt offen. Die Linie der Familie geht jedenfalls über ein fremdes Sippenhaupt weiter, das fortan als Oberhaupt der (für ihn nunmehr neuen) Familie behandelt wird. Eine mögliche Unterdrückung von Frauennamen könnte in der Art der Liste begründet sein. Da in 1Chr 26,10 Torhüter vorstellt werden, wäre es denkbar, dass die Chronik sich auf ‚tüchtige Männer' (vgl. בְּנֵי־חַיִל) beschränkt.

Listen mit nachfolgenden „Söhnen" oder „Brüdern" müssen also nicht *per se* Familienbezüge ausdrücken, sondern sind als *Relationsaussagen* zu verstehen, die eine Bindung des einen an den anderen bezeichnen und diese mit den Begriffen „Vater" und „Sohn" oder auch „Bruder"

---

[42] Das Stichwort בְּנֵי־חַיִל dient hier wohl als militärischer *terminus technicus*; vgl. J.W. WRIGHT, Gates 70–72.

[43] Vgl. zu diesem Aspekt und der Bewertung der Frauen in den Genealogien A. LABAHN, E. BEN ZVI, Women passim.

belegen. Es ist gut vorstellbar, dass sich unterschiedliche Dienstälteste unter den namentlich genannten Vorfahren befinden, die ihre Kenntnisse an andere weitergeben. Die Chronik hätte dann ein Modell vertreten, das eine Weitergabe von Kenntnissen in der Zuordnung von ‚Vater' und ‚Sohn' impliziert und damit eine Relation von einem höher Qualifizierten zu einem geringer Qualifizierten zum Ausdruck bringt. Damit soll nicht ausgeschlossen sein, dass nicht auch biologische Söhne zu geistigen Söhnen werden. Die Chronik scheint eine doppelte Strategie zu verfolgen: Sippenverbände beinhalten Nachkommen leiblicher Abstammung, inkludieren aber auch eine relationale Zugehörigkeit, die aufgrund der von der Gruppe wahrgenommenen Aufgaben bestimmt wird.

(3) Der Dienst der Leviten als *clerus minor* hat Auswirkungen auf ihr Verhältnis zu den Priestern, die in einigen Belegen der Chronik gegenüber den Leviten als *clerus maior* erscheinen.

Wichtig für das Verhältnis der Priester zu den Leviten ist die Notiz in 1Chr 6,33f, die innerhalb der levitischen Genealogien[44] die Aufgabengebiete beider Gruppen einander zuordnet.

> 1Chr 6,33–34: (33) *Und ihre Brüder, die Leviten, waren für die ganze Arbeit (an) der Wohnstätte des Hauses Gottes eingesetzt*[45]. (34) *Aber Aharon und seine Söhne ließen auf dem Brandopferaltar und auf dem Räucheropferaltar für jedes Werk des Allerheiligsten (Rauch) aufsteigen und hatten*[46] *für Israel Sühne zu schaffen gemäß allem, was Mose, der Knecht Gottes, befohlen hatte.*

Da 1Chr 6,33f mit der folgenden aaronidischen Genealogie (6,35–38) mitten in die levitischen Genealogien hineingesetzt ist und diese einschneidend unterbricht, ist er mit guten Gründen als sekundär betrachtet worden.[47] 6,33f stellt eine Einleitung zu der aaronidischen Genea-

---

[44] S. dazu Abschnitt 6.
[45] Das Partizip Passiv נְתוּנִים bezieht sich auf den Aufgabenbereich, so dass die Leviten letztlich als „Gott gegeben" vorgestellt werden. Eine Interpretation, dass sie den Priestern gegeben, d.h. zugeteilt oder untergeordnet wären, wie es in Num 3,9; 8,19; s.a. 18,6 (jeweils P[S]) ausgesagt ist, liegt an dieser Stelle nicht nahe, da von den Priestern erst in V.34 die Rede ist. Für P.B. DIRKSEN, 1 Chronicles 105, sind beide Verständnisarten hier möglich. Die Chronik interpretiert die aus Num bekannte Wendung, indem sie das Verhätlnis von Leviten und Priestern durch eine abweichende Bezugsgröße neu definiert.
[46] Zum Gebrauch des Lamed als Ausdruck der deontischen Modalität an dieser Stelle vgl. E. JENNI, Lamed 226–228.
[47] Vgl. W. RUDOLPH, Chronikbücher 61; E.M. DÖRRFUSS, Mose 127–129; S.J. DE VRIES, Chronicles 25.64. Nach H. GESE, Geschichte 150f, bilden 1Chr 6,16–32 einen Nachtrag zu 6,1–15; ähnlich G. STEINS, Chronik 26ff: Grundbestand in 5,27–41; 6,1–15.39–66 und sekundäre Erweiterung in 6,16–32.33–38. S.a. G.N. KNOPPERS, AncB 12, 408.413f; P.B. DIRKSEN, 1 Chronicles 104. Vom „focal

logie dar und verbindet sie mit dem Kontext. Aufgrund der engen Bezogenheit von 6,33f auf 6,35–38 gehören beide einer gemeinsamen literarischen Entstehungsstufe der Chronik an. Da grundlegende Aufgaben formuliert sind, die in Bezug auf die Leviten an die Aussagen in 1Chr 9 erinnern, liegt die Annahme nahe, dass die Erweiterung 6,33–38 zu einem recht frühen Stadium geschehen ist.

6,33 sieht vor, dass die Leviten umfassend für alle praktischen Arbeiten im und am Heiligtum zuständig sind.[48] Demgegenüber ist in V.34 den aaronidischen Priestern ein bestimmter funktionaler und lokaler Zuständigkeitsbereich zugeteilt, insofern ihre Dienste unmittelbar an den Altären, dem Brandopferaltar und dem Räucheropferaltar, vollzogen werden. Eine spätere Variante dieser Opferbestimmung ist in 1Chr 23,13 zu finden.[49] Die dort verzeichnete funktionale Beschreibung ergänzt 6,34 die theologische Deutung, dass die Priester beim Darbringen der Opfer Sühne vor Gott für das Volk Israel erwirken.[50] Im Gegensatz zu den Leviten wird den Priestern damit ein exklusiver Bereich innerhalb des Kultes zugewiesen.

Die Priester erhalten also in der Chronik einen funktional und räumlich begrenzten Zuständigkeitsbereich, der sie auf ihre primären priesterlichen Funktionen im rituellen Vollzug des Opfers beschränkt. Andere Aspekte priesterlichen Wirkens werden in der Chronik ausgeblendet.[51]

Einen Hinweis auf das Verhältnis von Leviten und Priestern in der Chronik kann man auch 2Chr 8,14 entnehmen. Die chr Grundschicht baut in 8,13 die schmale Notiz aus 1Kön 9,25 erheblich aus, um sie schließlich mit 8,14–16 zu erweitern, bevor in 8,17 die Vorlage aus 1Kön 9,26 wieder aufgenommen wird. Das Verhältnis von Priestern und Leviten wird nach 8,14 so bestimmt, dass die Leviten נֶגֶד הַכֹּהֲנִים stehen. Ein solcher Dienst „vor" bzw. „gegenüber" den Priestern drückt zwar einen gewissen Abstand aus, bezeichnet aber wohl eher getrennte

---

point" spricht dagegen J.W. KLEINIG, Song 42.44. Umgekehrt sieht M. KARTVEIT, Motive 77f, in 5,29–34 eine sekundäre Doppelung zu 6,35–38.

[48] Zur Interpretation von עֲבוֹדָה s.o. Punkt (1).

[49] Vgl. dazu im einzelnen Abschnitt 2.3.

[50] Neben 2Chr 29,24 ist dies eine der wenigen Stellen, in der die Chronik auf Sühne zu sprechen kommt; zur Funktion vgl. J.W. KLEINIG, Song 30.112; zur Sühnewirkung im Zusammenhang mit den Opfern vgl. Abschnitt 3.5.

[51] So sind die Priester weitgehend aus der Tempelverwaltung ausgenommen; die Chronik schreibt den Priestern weder ein Orakel zu noch bringt sie diese mit der Tora in Verbindung; auch wird den Priestern kein Lehramt zugewiesen (abgesehen von dem unspezifischen Hinweis auf Gesetz und Rechtsentscheid in 2Chr 19,8bα, der von der Darstellung der Rechtsreform unter Joschafat geprägt ist und später hinsichtlich des Personals revidiert wird; s.u. Abschnitt 5.5). Die Chronik konzentriert die Priester auf den inneren Bereich im Tempel, während sie Funktionen, die in einem Raum außerhalb dessen geschehen, anderen Personengruppen zuschreibt, nämlich den Leviten. Ähnlich urteilt S.J. SCHWEITZER, Utopia 139, wobei er in der kultischen Einschränkung der Priester eine Utopie sieht.

Arbeitsbereiche, als dass נֶגֶד im strengen Sinn als hierarchische Abstufung zu verstehen sei. Die Chronik weicht durchgehend von dieser Terminologie ab und drückt demgegenüber eine offenere Zuordnung der beiden Gruppen aus. Dieser sprachliche Befund zeigt an, dass die Chronik das Dienstverhältnis der Priester und Leviten von Anfang an anders als ihre Tradition und auch die Priesterschrift versteht.[52] Diese chr Verhältnisbestimmung zwischen Priestern und Leviten setzt damit (wenigstens partiell) neue Akzente. Die Leviten werden in der Chronik von Anfang an als „Yahweh's executive representatives", die den von David grundsätzlich organisierten Kult ausführen, eingeordnet.[53]

Dass die Priester für einen ausgesonderten Bereich zuständig sind, wird auch in 2Chr 5,7 festgehalten, wenn sie nach dem Bau des Tempels die Lade in das Allerheiligste (דְּבִיר) hineinbringen. Während in 1Chr 15 die Leviten für den Transport der Lade zum Tempel zuständig sind, übernehmen die Priester den letzten Weg im innersten Bereich des Gotteshauses.

Eine gegenläufige Bewegung, die aber denselben Raumvorstellungen entspricht, berichtet 2Chr 29,16. Die Szene in 2Chr 29 schildert Reinigungsarbeiten im Jerusalemer Tempel unter Hiskia (2Chr 29),[54] die von Priestern und Leviten durchgeführt werden. Der Reinigungsvorgang vollzieht sich dabei in zwei Etappen. Zunächst bringen die Priester den Unrat aus dem Tempel hinaus; dann tragen die Leviten diesen zum Bach Kidron, um ihn dort zu vernichten. Agieren die Priester innerhalb des Tempels, so überschreiten die Leviten den Bereich des Tempels. Allerdings sind diese Wirkungsbereiche nicht eindeutig bezeichnet. So bleibt unklar, welcher Teil des Tempels gemeint ist, ob der innere oder der äußere Vorhof den Ort markiert, an dem die Zuständigkeit von den Priestern auf die Leviten übergeht. Da die Priester nach der Sicht der Chronik mit den innersten Bereichen des Tempels befasst sind, ist wohl eher damit zu rechnen, dass hier an den inneren Vorhof zu denken ist. Unabhängig von dieser Entscheidung im Detail, spiegelt die Szene die Zuständigkeiten wider, die die Chronik dem jeweiligen Status der beiden Gruppen des Tempelpersonals zuschreibt. Dass die Priester außerhalb des Tempelbezirks agieren, sieht die Chronik nicht vor. Diese Aufgabe wird den Leviten zugeteilt, die Hiskias Reformpläne durchzusetzen helfen und seinen Anweisungen Folge leisten.[55]

---

[52] Vgl. z.B. Num 18,2 (ähnlich 18,3f): die Leviten sind den Priestern als Diener zugeordnet (וְיִלָּווּ עָלֶיךָ וִישָׁרְתוּךָ); nach Num 18,6 sind die Leviten an die Priestern gewiesen (לָכֶם מַתָּנָה נְתֻנִים zur Arbeit für Jahwe; s.a. 18,7); ein wenig anders Num 3,6: Leviten stehen לִפְנֵי אַהֲרֹן הַכֹּהֵן.

[53] So J.T. SPARKS, Genealogies 327, vgl. 326–328.

[54] Vgl. auch Abschnitt 3.2.

[55] Zum Verhältnis der Leviten zu Hiskia vgl. exemplarisch 2Chr 30,22; s. dazu Abschnitt 3.3; s.a. A. LABAHN, Heart 17–22.

Hinsichtlich ihrer räumlichen und funktionalen Anbindung differenziert die Chronik zwischen Priestern und Leviten. Während die Priester räumlich eingeschränkt sind und von der Außenwelt relativ abgeschlossen im inneren Bereich des Kultes agieren, nehmen die Leviten einen offeneren Platz ein. Sie werden in allen Bereichen des Tempels eingesetzt und treten bisweilen aus dem Tempelbereich hinaus.[56]

(4) Den ursprünglichen Diensten als *clerus minor* im engeren Sinn sind später weitere Funktionen hinzugefügt worden. Die Chronik setzt eine sekundäre Verschmelzung sowohl der Torhüter als auch der Sänger / Musiker mit den Leviten voraus. Seit dem bahnbrechenden Aufsatz von Gese[57] geht man weithin davon aus, dass jene Gruppen mit den Leviten assoziiert wurden und in späteren Textabschnitten dann in gleicher Weise als Leviten gelten. Torhüter wie auch Sänger / Musiker haben einen je eigenen Aufgabenbereich, dem weiter unten nachgegangen wird.[58] Bleibt ihr Aufgabengebiet auf den unterschiedlichen literarischen Entwicklungsstufen der Chronik unverändert, so besteht die Neuerung in der Zuweisung dieser Geschlechter zu den Leviten. Ein Anknüpfungspunkt mag darin bestanden haben, dass die Aufgabenbereiche der Torhüter und Sänger / Musiker im weitesten Sinn als niedere Dienste im Zusammenhang des Tempelbetriebes bestimmt werden können, insofern sie von den priesterlichen Aufgaben abgesetzt sind. Mit der Integration dieser Gruppen in die Leviten erweitert die Chronik das Aufgabengebiet der Leviten, bleibt aber noch im Bereich der Tempeldienste im Kult.

2.2 Leviten als Lagerverwalter

Mit den Funktionen der Leviten als sakraler *clerus minor* ist der Bereich der Lagerverwaltung verbunden, da diese die Versorgung des Kultbetriebes sicherstellt. Einen Überschneidungspunkt haben die Aufgabengebiete in ihrer räumlichen Zuordnung zu den Kammern des Tempels.[59] War bereits dem *clerus minor* dieser Bereich zugewiesen (vgl. 1Chr 9,26b.27; 23,28), so schließen die Aufgaben der Lagerverwalter daran an und teilen das lokale Wirkungsfeld.

Von Lagerverwaltern berichtet die Chronik ausführlich in 2Chr 31,4–19.[60] In 2Chr 31,4–13 (vgl. V.14–18) wird geschildert, dass die

---

56 Dies ist später weiter zu verfolgen; s.u., vor allem die Analysen in Abschnitt 5 sowie die Schlussfolgerungen in Abschnitt 7.6.
57 Vgl. H. GESE, Geschichte; zur Darstellung und Rezeption des Beitrags s.o. Abschnitt 1.1.
58 Vgl. die Abschnitte 2.3 und 2.4.
59 Zum Begriff לִשְׁכָּה und seiner Interpretation s.o. Anm. 5. S.a. 2Chr 31,11.
60 Zu 2Chr 31 und den Funktionen im Einzelnen vgl. Abschnitt 5.7.

Einwohner Jerusalems (V.4) wie auch die Bewohner der übrigen Städte Judas (V.6) den Zehnten ihres Ertrages an Früchten, Getreide und Vieh an den Tempel abgeben. Die in Naturalien erbrachten Abgaben gelangen an den Tempel, wo sie zunächst in den (Vorrats-)Kammern gelagert werden, um für den Unterhalt des Tempelpersonals zur Verfügung zu stehen. Für diesen Vorgang setzt die Chronik Lagerverwalter, die aus den Reihen der Leviten entnommen werden. Dieser Gruppe wird damit die Verantwortung für die Verwaltung der Bestände zugeschrieben. Welche Teilfunktionen zu dem Aufgabenbereich gehören, ist nicht ausdifferenziert. Einige Lagerverwalter sind in der Chronik namentlich erwähnt;[61] ihnen unterstehen andere (Unter-)Aufseher (vgl. 31,13: פְּקִידִים).[62] Trotz der Unbestimmtheit der Notizen ist ihnen zu entnehmen, dass die Chronik den Lagerverwaltern eine gehobene Stellung in der Tempelhierarchie zuerkennt.

In 1Chr 23–27, wo die levitischen Abteilungen vorgestellt werden, sind verschiedene Verwaltungsfunktionen im Bereich der Lagerverwalter ausdifferenziert. In den Kapiteln, die in den Tempelbaubericht zwischen 1Chr 22 und 28 später eingestellt worden sind,[63] werden die Aufgaben detaillierter als in früher entstandenen Passagen der Chronik beschrieben. Bei den Dienstbezeichnungen fällt eine Tendenz zu administrativen Dienstleistungen auf, die innerhalb der Gruppe der Leviten erbracht werden. Die Leviten begegnen als Beamte[64] und üben Dienste als Schatzmeister (1Chr 26,20.22.24.26) aus, wie es daraus hervorgeht, dass sie für אוֹצְרוֹת בֵּית הָאֱלֹהִים וּלְאֹצְרוֹת הַקֳּדָשִׁים zuständig sind (1Chr 26,20).[65] Hier scheinen zwei verschiedene Arten von Schätzen gemeint zu sein. Hinter den ‚heiligen Schätzen' verbergen sich wohl Weihegaben bzw. Stiftungsgaben einzelner Laien an den Tempel (26,26),[66] während die ‚Schätze des Hauses Gottes' die tempeleigenen Kultschätze und Kultgegenstände bezeichnen (1Chr 26,22.24; vgl. 2Chr 12,9; 25,24).

Eine weitere Funktion, die mit der Lagerverwaltung verwandt ist, ist in der Aufsicht über Bauarbeiten zu finden. Nach 2Chr 34,12f beaufsichtigen einige als Aufseher (מְפַקְּדִים) vorgestellte Leviten die Bauarbeiten am Tempel. Aus verschiedenen Sippen werden namentlich angeführt: Jahat und Obadja (von den Merraritern) sowie Secharja und

---

61   Vgl. 2Chr 31,13f; 34,12f.

62   Vgl. eine ähnliche Funktion in TAD A6.4.2–3 (פקיד).

63   Zu dem diachronen Wachstumsprozess und weiteren Aspekten s.u. die Abschnitte 2.3 und 6.2. Zur Einfügung vgl. z.B. W. RUDOLPH, Chronikbücher 3.149 u.ö.; R.L. BRAUN, 1 Chronicles 231; R. MOSIS, Untersuchungen 44; G. STEINS, Chronik 283–287; P.B. DIRKSEN, Chronicles 92; R. THEN, Propheten 226; R.G. KRATZ, Komposition 31f.

64   Zu den Beamten- und Richterfunktionen vgl. Abschnitt 5.

65   S.a. Abschnitt 6.2.5.

66   Vgl. S. JAPHET, Chronicles 460 „treasuries of the dedicated gifts", S.J. DE VRIES, Chronicles 210, „dedicatory offerings".

Meschullam (von den Kehatitern). Hier werden einzelne Verantwortungsträger von den Leviten herausgestellt, die das Fortschreiten der Baumaßnahmen unter Josia beaufsichtigen.

Diesen Leviten wird eine höhere Position zugeschriben, da sie über untergebenen Verwaltern stehen und durch namentliche Nennung ausgewiesen werden.

Leviten werden auch als Aufseher über die verschiedenen beweglichen und unbeweglichen Besitztümer des Königshauses, seine Ländereien sowie den Bestand an Vieh in der Chronik eingesetzt (1Chr 27,25–31).[67] Die Chronik entfaltet ein breites Spektrum von levitischen Zuständigkeitsbereichen, die über den Bereich des Kultes hinausreichen. Wenn die Leviten hier gegenüber dem König als weltlichem Regenten verantwortlich sind, ist eine profane Loyalität zur Macht impliziert. Dass für die Chronik eine Loyalität der Leviten gegenüber dem König nicht in Konkurrenz zum Tempel steht, zeigt beispielsweise 2Chr 31,13, wo die Leviten ihre Aufgaben ausdrücklich auf die Anweisung des Königs hin wahrnehmen und damit unter seiner Autorität stehen.[68] Gilt David in der Chronik als der ideale König und Begründer des Tempels sowie des Kultbetriebes, so schließt eine Zuordnung des Tempelpersonals zu diesem König und weiterer Königen Judas daran an. Gleichwohl setzt die Zuteilung von Leviten zu dem materiellen Besitz des Königshauses andere Akzente, da eine engere Verbindung zu der königlichen Dynastie gezogen wird. Zudem begegnet der König in 1Chr 27 nicht in seiner Funktion als Kultgründer, sondern als wohlhabender Regent, der seinen Besitz von seinen Dienern verwalten lässt. Wenn in diesem Zusammenhang eine Loyalität gegenüber dem König eingefordert wird, ist diese nicht sakral konnotiert, sondern profan verstanden.

Treten die Leviten in der Chronik als Verwalter von Besitztümern des Tempels und des Königshofes in Erscheinung, so agieren sie als Verwaltungspersonal. Dies ist insofern für das Levitenbild der Chronik von Bedeutung, als die enge Konzentration auf den Tempelbereich ausgeweitet wird und andere Bereiche für gleichartige Dienste geöffnet werden. Die Leviten sind damit nicht mehr exklusiv an den Kult gewiesen, sondern nehmen auch Aufgaben außerhalb dessen wahr. Auf diesen Bereich ist später zurückzukommen, wenn die administrativen Aufgaben der Leviten beleuchtet werden, für die hier wichtige Grundlagen gelegt werden.[69]

---

[67] Vgl. im Einzelnen Abschnitt 5.4.
[68] Vgl. A. LABAHN, Tendencies 118–123.
[69] Vgl. Abschnitt 5.

2.3 Sänger und Musiker

Die Sänger und Musiker bilden in der Chronik eine gemeinsame Gruppe, die durch den Begriff שָׁרִים gekennzeichnet ist; der Terminus umfasst das Singen sowie das Musizieren auf Instrumenten. Die Sänger / Musiker werden einerseits als eigenständige Sippen dargestellt (1Chr 6,16–18; 15,17–21*; 23,5; 2Chr 35,15*), andererseits aber auch als (Brüder der) Leviten betrachtet (1Chr 6,28.33; 9,33; 15,16–18.22; 16,4; 23,2.6; 25,1ff; 2Chr 5,12; 7,6; 20,19; 23,18; 29,25–30; 30,21; 34,12; 35,15).

Seit der grundlegenden Studie von Hartmut Gese wird angenommen, dass die Sänger / Musiker ursprünglich selbstständig waren und später mit den Leviten assoziiert wurden.[70] Diese Genese wurde einerseits als redaktionsgeschichtliche Weiterentwicklung der Chronik erkannt, von der andererseits auf ein historisches Bild zurückgeschlossen wurde. Unabhängig von der Frage der tatsächlichen Verschmelzung beider Gruppen werden in späteren literarischen Schichten der Chronik die Sänger / Musiker zu den Leviten gerechnet. Der Grund für diese Verbindung mag darin zu sehen sein, dass beide, Leviten als *cleurs minor* im engeren Sinn sowie Sänger / Musiker, in einem benachbarten Aufgabenfeld im Rahmen des Kultbetriebes erscheinen, das dem funktionalen Stellenwert nach zum niederen Kult gehört.

Die Verbindung der Sänger / Musiker und der Leviten findet ihren Niederschlag auch in genealogischen Listen, in denen die Sänger / Musiker als Leviten deklariert werden. Mit der Orientierung der Sänger / Musiker hin zu den Leviten verbindet die Chronik eine Steigerung des Ansehens der Sänger / Musiker. Wenn gemäß der chr Bewertung die Leviten an Einfluss und Prestige gewinnen, so partizipieren alle Teilgruppen – wie etwa die Sänger / Musiker – an dieser Beurteilung. Umgekehrt profitiert auch die Gruppe der Leviten (im engeren Sinn) von der Verschmelzung, da ihr Einfluss dadurch in weitere Bereiche des Kultbetriebes ausgedehnt wird.

Gesang und Musik sind dabei nicht von einander zu trennen.[71] Der Gesang wird von Musikinstrumenten (כְּלֵי שִׁיר) kontinuierlich begleitet;[72] wahrscheinlich hat man an eine Art antiker Saiteninstrumente zu denken. Im Einzelnen werden Zithern (כִּנֹּרוֹת)[73], Harfen (נְבָלִים)[74] und

---

70 Vgl. H. GESE, Geschichte; zustimmend D.L. PETERSEN, Prophecy 61; S. MOWINCKEL, Levi 1603; R. DE VAUX, Lebensordnungen II 228.230f; A.H.J. GUNNEWEG, Leviten 211, der von einer „Levitisierung des Kultpersonals" spricht; U. GLESSMER, Leviten 143; R. NURMELA, Levites 173; L.L. GRABBE, History 227; s.a. R. MEYER, Emanzipationsbestrebungen 722. Anders geht J.W. KLEINIG, Song 34.39f u.ö., davon aus, dass den Leviten ein „ministry of songs" (ebd. 34) inne war.
71 Anders geht P.K. HOOKER, Chronicles 102, von rein musikalischen Darbietungen aus.
72 1Chr 15,16; 16,42; 2Chr 5,3: 7,6; 23,13; 34,12; vgl. 2Chr 29,26.27: כְּלֵי דָוִיד.
73 1Chr 13,8; 15,16.21.28; 16,5; 25,1.3.6; 2Chr 5,12; 9,11; 20,28; 29,5.

Zimbeln (מְצִלְתַּיִם)[75] genannt.[76] Selten begegnen auch Pauken (חְפִּים, 1Chr 13,8) und das Schophar (שׁוֹפָר, 1Chr 15,28; 2Chr 15,14)[77]. Die Chronik lässt diese Instrumente von Leviten spielen. Anders verhält es sich bei dem Blasen der Trompeten (חֲצֹצְרוֹת),[78] das zumeist den Priestern vorbehalten ist (vgl. 1Chr 15,24; 16,6; 2Chr 5,12; 7,6; 13,14; 29,26f).[79]

Charakteristisch für die musikalischen Darbietungen der Sänger / Musiker ist, dass ihre Funktionen in der Chronik als Begleitung anderer Handlungen anzutreffen sind, insofern sie mehrheitlich in der feierlichen Ausgestaltung verschiedener festlicher Anlässe liegen. Sind dies zumeist vom König veranstaltete kultische Volksfeiern, wie etwa die Passafeierlichkeiten unter Hiskia und Josia (2Chr 30; 35), so erwähnt die Chronik auch musikalische Darbietungen während der Überführung der Lade nach Jerusalem (1Chr 15,16). Die Chronik platziert musikalisch ausgestaltete kultische Feste an Wendepunkten der Geschichte Israels.[80] Nach Einbrüchen in der Geschichte, die eine Gefährdung der Existenz des Volkes Israel bedeuteten, erfolgt ein religiöser Akt, der die gelungene Abwendung der Katastrophe mit Gottes hilfreichem Eingreifen für sein Volk verbindet. Diesem Schema der Historiographie der Chronik entsprechend finden große Festakte zum Lob Gottes statt, nachdem die Gefahr abgewendet und wieder Ruhe eingekehrt ist.[81] In dem so gestalteten Festakt realisiert das sich in friedvoller Ruhe ereignende Heil Gottes durch die kultische Präsenz Jahwes.[82]

Wichtig für die Theologie der Chronik ist die Funktion der Musik. Der Gesang dient dem Lob Jahwes und drückt den Dank an Jahwe aus (לְהַלֵּל וּלְהֹדוֹת לַיהוָה, 2Chr 5,13; vgl. 1Chr 16,4.6.42; 23,5.30; 29,13; 2Chr 7,6; 8,14; 20,19.21; 29,30; 30,21; 31,2). In dieser Bestimmung liegt eine Grundfunktion der Musik für die Chronik vor, die bereits auf

---

74   1Chr 13,8; 15,16.20.28; 16,5; 25,1.6; 2Chr 5,12; 9,11; 20,28; 29,5.
75   1Chr 13,8; 15,16.19.28; 16,5.42; 25,1.6; 2Chr 5,12.13; 29,5.
76   Für Leiern und Harfen vgl. J.W. KLEINIG, Song 84–86.
77   Zu verweisen ist ferner auf das in 1Chr 25,5 erwähnte קֶרֶן / Horn. Dass dies hier als Machtsymbol (so, E. CURTIS, A. MADSEN, Books 278) oder als metaphorischer Ausdruck für Triumph (so W. JOHNSTONE, Chronicles I 257) zu verstehen ist, scheint mir angesichts der Zusammenstellung mit anderen Musikinstrumenten allerdings eher zweifelhaft zu sein.
78   1Chr 13,8; 15,24.28; 16,6.42; 2Chr 5,12; 7,6; 13,12.14; 15,14; 20,28; 23,13; 29,26.27.28.
79   Vgl. J.W. KLEINIG, Song 36f.79, der dies als Aufnahme von priester(schrift-)lichen Angaben bestimmt.
80   Vgl. die Passafeier unter Hiskia 2Chr 29,25–27.30, unter Josia 2Chr 30,21; Gesang und Musik begleitet auch die Überführung der Lade nach Jerusalem 1Chr 15,16; 16,4; vgl. 1Chr 9,16f.
81   Vgl. W.M. SCHNIEDEWIND, Chronicler 170–172, der den Topos der Ruhe auf den Tempel bezogen sieht.
82   Vgl. M. SÆBØ, Theologie 84, der „der heiligen Präsenz Gottes im Kult" eine wesentliche Funktion in der chr Theologie zuweist.

einer frühen Stufe zu greifen ist und fernerhin beibehalten wird.[83] Musik wird nicht um ihrer selbst willen veranstaltet und dient auch nicht nur der Unterhaltung der Feiernden bzw. des Volkes. Vielmehr ist sie in der Chronik funktionalisiert und intentionalisiert: sie zielt auf das Gotteslob. Jahwe wird in der musikalischen Zeremonie für sein Rettungshandeln an seinem Volk gepriesen. Die historiographische Theologie der Chronik verbindet damit die Aussage, dass Jahwe als Retter und Helfer Israels erscheint.[84] Der Dank wird an Gott zurückgegeben, indem seine segensreiche Leitung der Geschichte musikalisch in Erinnerung gerufen wird. Die kultische Feier erfüllt dadurch eine wichtige Funktion in der sinnlichen Wahrnehmung und kognitiven Konstruktion des religiösen Erlebens der Chronik. Hat das Volk in den Ereignissen das machtvolle Eingreifen Jahwes erlebt, so verbalisieren Lob und Dank das von Gott Empfangene in Form des Gesangs. Musikalische Darbietungen haben somit einen theologischen Bezug. Sie deuten die erlebte Zeit als vom göttlichen Segen erfüllte Zeit. Die Chronik leistet damit eine theologische Geschichtsdeutung, die den positiven Ausgang von Geschehnissen kausal auf Gottes segensreiche Führung zurückführt.

Indem die Musik zum Lob Gottes geschieht, weist sie über sich hinaus und stellt einen Bezug zur religiösen Deutung der Vergangenheit mit Bezug auf die Gegenwart her. Wird die vergangene Geschichtssituation als Überwindung einer Gefahr durch Gottes Eingreifen für sein Volk gedeutet, so stellt diese Interpretation mehr als nur eine Momentaufnahme dar. Jahwe wird als derjenige Retter seines Volkes bekannt, der damals zugunsten des Volkes eingegriffen hat und dessen Eingreifen jetzt in Gegenwart und Zukunft immer wieder erwartet wird. Jahwe wird als geschichtsmächtiger Gott begriffen, der das Geschick seines Volkes über die Zeiten hin lenkt. Ist bereits in der theologischen Geschichtsdeutung des DtrG Jahwe als der Lenker seines Volkes beschrieben worden, so nimmt die Chronik diesen Gedanken auf und entwickelt ihn weiter, indem sie musikalische Zeremonien entwirft und theologisch deutet. Inwiefern Jahwe sein Volk in der Geschichte behutsam und erfolgreich führt, wird erst in den Festakten vergegenwärtigt. Indem die bereits im DtrG berichteten kultischen Feiern in der Chronik durch eine detailliertere Schilderung der Handlungen der Sänger / Musiker ausgebaut werden, nimmt die Chronik eine Neubewertung der Feierlichkeiten vor. Der kultische Akt zelebriert, was geschichtliche Wirklichkeit geworden ist. Liegt das berichtete Geschehen in der Zeit der Entstehung der Chronik bereits mehrere Jahrhunderte zurück, so

---

[83] Ähnlich J.W. KLEINIG, Song 81.155f u.ö.

[84] Nach M. OEMING, Israel 150, dient der Gesang der Leviten dazu: er „symbolisiert die praesentia dei". Allerdings sollte dies nicht dahin gehend ausgedeutet werden, dass die Leviten bei der musikalischen Darbietung göttlich inspiriert seien, wie es W.M. SCHNIEDEWIND, Word 187f, vorschwebt.

überbrückt die im musikalischen Akt gefeierte Erinnerung diesen zeitlichen Abstand und vergegenwärtigt das Erlebte. Im Akt des Feierns wird die Geschichte in die Gegenwart zurückgeholt. An Jahwes früheres Handeln wird erinnert, um ihn für die Gegenwart und Zukunft zu einem ähnlich wohlwollenden Handeln zugunsten Israels zu motivieren. Damit wird die Gegenwart für die in der Vergangenheit erlebte Rettung durch Jahwe transparent. Das Handeln Jahwes, das in der Vergangenheit seinem Volk zugute kam, kann in der Gegenwart in der kultischen Feier erlebt und für die Zukunft wieder erwartet werden. Die Feier des Rettungshandelns Jahwes lässt die Vergangenheit nicht als eine abgeschlossene zurückliegende Epoche erscheinen, sondern macht sie lebendig. Die Vergangenheit wird somit durch den kultischen Akt aktualisiert und um der Zukunft willen in Erinnerung gerufen.[85] Die kultische Feier vereinigt damit alle Zeitstufen, insofern sie in der Gegenwart an die Vergangenheit erinnert, um die Zukunft zu gestalten.

Die Kraft der Musik überwindet zeitliche Grenzen, indem sie eine Vergegenwärtigung in Wort und Klang leistet. Die Worte verbalisieren das Geschehene, und der Klang der Musik preist Jahwe für den ihm zugeschriebenen Anteil daran. Die Chronik interpretiert die Musik als Verbindungsstück einerseits zwischen den Zeiten von Vergangenheit, Gegenwart und Zukunft und andererseits zwischen den Menschen und Gott. In den musikalischen Darbietungen liegt nach Sicht der Chronik ein Potential, das die Geschichte interpretiert und in den Aufführungen vergegenwärtigt. Dazu gehören auch die Rezeption und Interpretation von Tradition. Eine entscheidende Bedeutung kommt den Psalmen zu, wie es aus den in der Chronik zitierten Psalmenversen zu ersehen ist. Häufiger wird der Refrain aus Ps 136 rezipiert (כִּי לְעוֹלָם חַסְדּוֹ);[86] zu verweisen ist aber auch auf die in 1Chr 16,8–36 kombinierten Zitate aus Psalmenteilen (Ps 29; 96, 105,1–15; 106,1.47f);[87] ferner könnte in 1Chr 6,41f der Ps 132 zugrunde liegen.[88] Während Ps 105 z.B. relativ getreu aufgenommen wird, ist Ps 96 eher frei rezipiert. Die vielfältige Rezeption verschiedener Psalmenabschnitte und ihre Kombination zeigt die Bedeutung dieser Traditionen für die Chronik an. Die Chronik wählt

---

[85] Ähnliche Überlegungen finden sich in der Studie von E. BEN ZVI, Josiah 102.

[86] 1Chr 16,34.41; 2Chr 5,13; 7,3.6; 20,21; vgl. Ps 106,1; 107,1; 118,1–4.29; Esr 3,11; s.a. Ps 100,5; 138,8. Ob damit tatsächlich eine Antwort der Gemeinde in der gottesdienstlichen Liturgie gemeint ist, wie es J.W. KLEINIG, Song 95, vorschwebt, scheint mir nicht gesichert zu sein.

[87] Ps 105,1–15 ist in 1Chr 16,8–22 zitiert; Ps 106,1 ist in 1Chr 16,34.41; 2Chr 5,13; 7,3.6; 20,21 rezipiert; Ps 96 ist in 1Chr 16,23–33 aufgenommen; 1Chr 16,35f rezipiert Ps 106,47f; 1Chr 16,28f nimmt zugleich Ps 29,1f auf. – S.a. die Auflistungen bei J.E. DYCK, Ideology 140 Anm. 33. 224; P.R. DAVIES, Scribes 128 (der Bezug auf Ps 136 fehlt allerdings); D.L. PETERSEN, Prophecy 99f; J. HAUSMANN, Gottesdienst passim.

[88] So die These von T. WELTEN, Lade 180; s.a. I. KALIMI, Geschichtsschreibung 218; nach G. VON RAD, Predigt 256f, ist Ps 132 gern in der Chronik zitiert.

entsprechend ihrem Gestaltungsinteresse aus dem Traditionsgut aus und präsentiert Aspekte daraus so, wie sie diese zu ihrer eigenen Sinnkonstruktion benötigt. Mit diesem Umgang der Psalmen ist die Gruppe um Asaf besonders verbunden. Auffällig ist, dass Asaf sowohl in der Chronik (1Chr 6,24; 15,17.19; 16,5.7.37; 25,1f.6.9; 26,1; 2Chr 5,12; 20,14; 29,13.30; 35,15) als auch im Psalter (Ps 50; 73–83) als eine prominente Person vorgestellt ist, die als Verfasser von Psalmen Erwähnung findet (Ps 50; 73–83; vgl. als Prophet in 2Chr 29,30 mit Rückbezug auf 1Chr 25,1–7).[89] Obwohl auch die Korachiter in der Chronik (1Chr 2,43; 12,7; 2Chr 20,19) wie im Psalter (Ps 42–49; 84–88) in gleicher Funktion in Erscheinung treten, sind sie dennoch weniger häufig erwähnt. Wenn man aus der Häufigkeit der Erwähnung auf ihre Bedeutung für die Chronik schließen kann, folgt daraus, dass die Korachiter den Asafiten nachstehen. Möglicherweise sieht die Chronik in der Gruppe um Asaf (und in gewisser Weise auch um Korach und andere Leviten) einen Kreis, der Zugang zu Psalmentraditionen hat und damit eigenständig umgeht. Für die Verschmelzung der Sänger / Musiker mit den Leviten ist dieser Umstand nicht unerheblich, da der Zugang zu den Psalmen nach der Assoziierung der Sänger / Musiker mit den Leviten nunmehr auf die levitische Großgruppe übergeht.[90]

2.4 Torhüter

2.4.1 *Torhüter und Leviten oder Leviten als Torhüter*

Die Torhüter begegnen in der Chronik als eine Gruppe, die auf der einen Seite durch eine begrenzte Eigenständigkeit ausgezeichnet ist und damit den Leviten in gewisser Weise gegenüber steht (1Chr 26,1.4f; 2Chr 8,14; 12,10f; 23,4; 35,15*), auf der anderen Seite aber auch zu den Leviten gerechnet wird (1Chr 15,17f; 23,4f; 26,20; 2Chr 31,14; 34,9.13; 35,15).[91] Das divergierende Porträt der Gruppe der Torhüter wurde einerseits als eine Veränderung im Levitenbild aufgrund eines diachornen Wachstums erklärt,[92] so dass man die Torhüter als ursprünglich selbstständige Sippen angesehen hat, die später unter die Leviten gerechnet wurden.[93] Andererseits wurde die Integration der

---

[89]   J.W. KLEINIG, Song 62, geht davon aus, dass die Asafpsalmen von Leviten gesammelt worden sind.

[90]   Vgl. weiter in Abschnitt 4.2.

[91]   Zum genealogischen Material der Chronik vgl. Abschnitt 6.

[92]   Zu den verschiedenen Funktionen der Torhüter vgl. auch den diachronen Vorschlag zu 1Chr 9,26–33 von P.B. DIRKSEN, Chronicles passim, der die Torhüteraufgaben im Lauf der Zeit weiter ausdifferenziert findet.

[93]   So H. GESE, Geschichte 151; S. MOWINCKEL, Levi 1603; R. DE VAUX, Lebensordnungen II 228.230f; A.H.J. GUNNEWEG, Leviten 211; D.L. PETERSEN, Prophecy

Torhüter in die Leviten als historische Amalgamation der Gruppen be-wertet. Unabhängig von der Frage der tatsächlichen Verschmelzung beider Gruppen, gehen spätere literarische Schichten der Chronik und damit der Endbestand der Textwelt insgesamt davon aus, dass die Tor-hüter zu den Leviten gehören.

2.4.2 Die Aufgaben der Torhüter – 1Chr 9,17–26a

Von zentraler Bedeutung für die Aufgaben der Torhüter, wie sie in der Sinnwelt der Chronik vorliegen, ist der Abschnitt 1Chr 9,17–26a.

1Chr 9,17–26a: (17) Die Torhüter waren Schallum und Aqqub und Talmon und Achiman, aber ihr Bruder[94] Schallum war das Oberhaupt. (18) Und bis jetzt diente er im Tor des Königs nach Osten hin. Diese waren die Torhüter für die Lager der Leviten. (19) Und Schallum, der Sohn Qores, des Sohnes Abjasafs, des Sohnes Korachs, und seine Brüder aus dem Vaterhaus der Korachiter waren zuständig für die Arbeit im Dienst an den Türschwellen des Zeltes.[95] Aber ihre Väter waren (noch) zuständig für das Lager Jahwes gewesen als Hüter des Eingangs. (20) Und Pinchas, der Sohn Eleasars, war seinerzeit der Vorsteher[96] über sie – Jahwe sei mit ihm. (21) Secharjah, der Sohn Meschelemjahs, war ein Hüter eines Eingangs am Zelt der Begegnung[97]. (22) Sie alle waren ausgewählt zu Torhütern an den Schwellen[98], 212 (Personen). Diese waren in ihren Ortschaften in Ge-schlechtsregister eingetragen. Diese hatten David und der Seher Samuel in ihre Vertrauensstellung[99] eingesetzt. (23) Und sie und ihre Nachkommen

---

61; U. GLESSMER, Leviten 143; R. NURMELA, Levites 173; S. JAPHET, 1Chronik 222f; s.a. R. MEYER, Emanzipationsbestrebungen 722.

[94] וַאֲחֵיהֶם ist gegenüber der Variante וַאֲחִיהֶם, die in einigen Mss sowie LXX, Tar-gum und Arabica überliefert wird, zu bevorzugen, da der Bezugspunkt im Singular Schallum ist.

[95] Gemeint ist das Zelt der Begegnung, traditionell als Stiftshütte bezeichnet (s.u. Anm. 97).

[96] Der Titel נָגִיד ist in der Chronik auf verschiedene Funktionsbereiche bezogen (s.u. Abschnitt 5.6) und bezeichnet eine leitende Stellung eines „Vorstehers"; vgl. HAL 630.

[97] Anstatt dass wie in V.19.23 das ‚Zelt' (הָאֹהֶל) erwähnt ist, ist in V.20 die vollständige Bezeichnung „Zelt der Begegnung" (אֹהֶל־מוֹעֵד) gewählt. Das Zelt der Begegnung (vgl. HAL 529; HAH[18] I 20; III 644) wird in den exegetischen Analy-sen entsprechend dem konventionellen Sprachgebrauch als ‚Stiftshütte' bezeichnet.

[98] Die syrische Übersetzung nimmt eine Korrektur vor, indem sie ein Äquivalent zu במספר einsetzt, das im Textverlauf besser zu der folgenden Größenangabe passt. Äußere Gründe für die textkritische Änderung liegen allerdings nicht vor; innere Gründe fehlen ebenso, da die Türschwellen bereits in V.19 vorkommen.

[99] Zur Übersetzung mit „Vertrauensstellung" s.o. Anm. 10 in Abschnitt 2. Die Zuverlässigkeit (אֱמוּנָה) der Amtsführung ist in der Chronik durchaus ein Grund für die Auswahl der Amtsträger (vgl. V.26.31 [s.o.]). Es liegen daher weder sachkriti-sche noch textkritische Gründe vor, die Angabe mit dem Vorschlag des Apparats der BHS in eine genealogische Bestimmung über die Vaterhäuser zu ändern, wie es z.B. bei G.N. KNOPPERS, AncB 12, 493, geschieht. Nach P.B. DIRKSEN, 1 Chron-

waren als Wachmannschaften zuständig für die Tore am Haus Jahwes und am Haus[100] des Zeltes. (24) In vier Himmelsrichtungen waren die Torhüter verteilt, nach[101] Osten, nach Westen, nach Norden, nach Süden. (25) Und ihre Brüder waren in ihren Orten, von wo aus sie für sieben Tage von Zeit zu Zeit mit diesen hinausgingen. (26a) Denn in einer Vertrauensstellung[102] waren sie, die vier Mächtigen der Torhüter.

Ist oben bereits der Folgeabschnitt 9,26b–34* als zum Grundbestand der Chronik gehörig bestimmt worden,[103] so trifft dies auch für die Basis von 9,17–26a zu. Der Beginn in V.17 hat Parallelen mit der Einwohnerliste in Neh 11,19, von der er gespeist ist.[104] Der Abschnitt 1Chr 9,17–26a* bietet Grundinformationen über den Zuständigkeitsbereich der Torhüter und weist einzelnen Häuptern, die in V.22 und im Schlussvers als zuverlässig bewertet werden (V.26: כִּי בֶאֱמוּנָה), Leitungsaufgaben zu.[105]

Zu dem Zuständigkeitsbereich der Torhüter werden verschiedene Gebäude gezählt, für die die Chronik einen Wachdienst einsetzt: das Lager Jahwes (9,19), das Haus Jahwes (9,23f; vgl. 1Chr 26,12; 2Chr 31,14) und die Stiftshütte (9,19.21.23f; vgl. die Lade 1Chr 15,23f; 16,38) sowie schließlich der Palast des Königs (9,18; vgl. 2Chr

---

icles 150.154, impliziert die Verlässlichkeit der Personen ein Kompliment an die Genannten.

[100] Da die Wendung „das Haus des Zeltes" in architektonischer Hinsicht unsinnig ist, schlagen die Herausgeber der BHS vor, anstatt לבית besser לעמת („entsprechend") zu lesen. Doch der Vorschlag ist nicht von Textzeugen gedeckt. Die schwierige Lesart ist daher beizubehalten. Die Chronik zielt darauf, die Stiftshütte dem Jerusalemer Tempel theologisch gleich zu stellen, indem die Zuordnung von Leviten zu Bauelementen bei der Stiftshütte analog zum Tempel vorgenommen wird; s.a. R.W. KLEIN, 1Chronicles 277f.

[101] Das ה-lokale ist sinngemäß zu ergänzen, wie es bei den drei anderen Himmelsrichtungen und in V.18 steht.

[102] Der Begriff בֶאֱמוּנָה ist aus V.22 wiederholt (s.o. Anm. 99) und kehrt in V.31 wieder. In allen Fällen kennzeichnet er das Dienstverhältnis des Personals. Anders meint R.W. KLEIN, 1Chronicles 278, dass abweichend davon in V.26 „on permanent duty" gemeint sei. Da eine zeitliche Komponente aber nicht angezeigt ist, scheint mir dieser Vorschlag nicht naheliegend zu sein.

[103] Vgl. Abschnitt 2.1. Dort geht es nicht um die Torhüter, sondern generell um Leviten.

[104] 1Chr 9,1–17 hat eine Parallele in der Einwohnerliste Neh 11,4.f.7f.12–19. Die Frage, welche der beiden Listen ursprünglich ist, ist heftig diskutiert worden. Aufgrund eines umfangreicheren Bestandes in Chr scheint mir Neh 11 die gebende Liste zu sein; so urteilen auch M.J. SELMAN, 1Chronicles 123, J. BECKER, 1Chronik 46; S. JAPHET, 1Chronik 213f; R.W. KLEIN, 1Chronicles 263f. Möglich wäre auch, dass Neh 11 und 1Chr 9 unabhängig voneinander eine oder mehrere Quellen rezipieren, wie es z.B. J.T. SPARKS, Genealogies 333–350, annimmt, wobei jede Liste ihre eigenen Ziele verfolgt, indem sie ein jeweils zeitbedingtes Gesellschaftsmodell entwirft.

[105] Die „Vertrauensstellung" impliziert einen höheren Rang, mit dem Leitungsaufgaben verbunden sind.

23,4f.19). Mit dieser Liste setzt die Chronik die Torhüter über wesentliche öffentliche Gebäude. Diese Grundbestimmung hat für die Chronik insgesamt Gewicht,[106] da in (sowohl literarisch als auch hinsichtlich der kanonischen Reihenfolge) späteren chr Passagen die Dienste der Torhüter zwar weiter ausdifferenziert werden (z.B. 1Chr 26,14–18), doch keine neuen Zuständigkeitsbereiche hinzukommen. Die Bestimmungen der Torhüter in 1Chr 9 liegen dennoch nicht auf einer literarischen Ebene. Vielmehr sind Spannungen und Neuakzentuierungen in dem Abschnitt zu bemerken. Während Aqqub und Talmon bereits in Neh 11,19 begegnen, sind Schallum und Achiman in V.17 ein chr Überschuss gegenüber der parallelen Liste in Neh 11. Auf welcher literarischen Ebene die beiden Namen ergänzt worden sind, ist schwer auszumachen. Da für die Aufnahme von Achiman keine näheren Anzeichen zu finden sind, bleibt es Spekulation, ob seine Erwähnung zu dem Grundbestand gehört oder erst später hinzugewachsen ist. Da eine weitere Konnotation fehlt, scheint mir dies für eine frühe literarische Stufe zu sprechen, so dass seine Erwähnung sowie die Nennung Schallums in V.17a wohl zum chr Grundbestand gehören.

Anders verhält es bei den übrigen Kennzeichnungen Schallums. In V.17b wird er als Oberhaupt (ראש) qualifiziert und über das Stichwort „Bruder" mit dem Kontext sekundär verbunden.[107] Seine Genealogie wird in V.19 über vier Generationen an Korach zurückgebunden, wobei die anderen Korachiter als „Brüder" ausgegeben werden. Während bei den in V.20.21 erwähnten Torhütern (Pinchas, Secharja) nur der Vater angegeben ist, zeigt die Vier-Generationen-Liste formale Kennzeichen eines Anwachsens. Dazu treten inhaltliche Kriterien. Während die Genealogie in 1Chr 6,22 mit Abjasaf und seinem Vater Korach endet, folgt dort in der Enkelgeneration Assir und nicht wie in 9,19 Qore. Durch die Rückführung auf Korach wird Schallum zu einem Leviten. Dass die Liste nicht auf einen beliebigen Leviten, sondern auf den in der Chronik prominenten Korach zuläuft, verdankt sich der Absicht, Schallum als besonders qualifiziertes Familienhaupt herauszustellen und seine Linie zu legitimieren. In V.18a wird Schallum zudem durch die Angabe seines Dienstortes näher vorgestellt: er dient im Tor des Königs nach Osten, einem besonders hervorgehobenen Ort.[108] Im Vergleich mit den anderen Einsatzorten der Torhüter ist diese Bestimmung auffällig, da sonst kultische Bereiche genannt sind. Das abweichende profane Wirkungsfeld des Torhüters zeigt eine spätere Neuausrichtung des Dienstes in der Chronik. Die enge Bindung der sakralen Zuordnung

---

[106] Nach S. JAPHET, 1Chronik 223, intendiert der Abschnitt, „die erforderlichen rechtlichen und historischen Grundlagen" für die Aufgaben der Torhüter zu schaffen.
[107] Zu dieser literarischen Technik vgl. Abschnitt 6.
[108] Vgl. z.B. J.W. WRIGHT, Gates 75f, der darin ein „well established ... political institution of the Persian and Hellenistic era" (ebd. 75) sieht (mit Verweis auf Xen. Kyr. 8,1,6–9).

wird gelockert, indem Schallum als Repräsentantem der Torhüter eine
verantwortliche Position am Königshof zugewiesen wird.[109]
    Zu diesem überarbeiteten Anfang passt das Ende des Abschnitts in
V.26a, der die Qualität der Ausführung des Dienstes aus V.22 (בֶּאֱמוּנָתָם)
aufnimmt. Die in V.26a angespielten vier Torhüter greifen zurück auf
die Namensliste in V.17. Über alle vier Torhüter wird das Urteil gefällt,
dass sie in einer Vertrauensstellung arbeiten, so dass ihr Dienst als
zuverlässig ausgewiesen ist. Ferner werden sie als גִּבֹּרֵי הַשֹּׁעֲרִים ausgezeichnet. Da גִּבּוֹר hier keinen militärischen Rang meinen kann,[110] muss
es eine Machtposition oder eine herausragende Stellung der vier Personen innerhalb der Gruppe der Torhüter ausdrücken. Die Bezeichnung
passt zu V.17b, nimmt jetzt aber über Schallum hinaus die drei anderen
Torhüter mit hinzu.
    Auffällig sind ferner die ‚Lager der Leviten' in V.18b. Auch diese
Einsatzorte heben sich gegenüber den übrigen kultischen Stätten des
Tempels oder seines Vorgängerheiligtums ab. Dass Torhüter einen separaten Bereich von Leviten bewachen, ist in der Chronik sonst nicht
erwähnt, wie überhaupt die Lager der Leviten nur hier vorkommen.[111]
Angesichts der breiten Präsenz der Leviten in der Chronik ist dieser
Befund erstaunlich. Die von den Torhütern bewachten Lager der Leviten stehen an der Peripherie der chr Textwelt. Die Singularität spricht
dafür, dass diese lokale Verbindung eine spätere Zuschreibung ist.
V.18b scheint die genealogisch vollzogene Verbindung der Torhüter
mit den Leviten zu unterstützen, indem zusätzlich eine lokale und eine
funktionale Zuordnung vorgenommen wird.
    Ungewöhnlich ist zuletzt die Erwähnung des Pinchas in V.20. Der
Levit begegnet in der Chronik abermals in 1Chr 5,30; 6,35. Überein-
stimmend ist sein Vater Eleasar genannt. Doch während die Genealogien der Vorhalle Pinchas in die priesterliche Linie der Aaroniden
einordnen, bleibt in 9,20 die Rückführung auf Aaron aus. Stattdessen
gehört er zu den Torhütern, deren Abstammung auch sonst nicht mit
Aaron korreliert wird. Ferner ist die Benediktion: „Jahwe sei mit ihm,"
ausgesprochen ungebräuchlich in der Chronik. Wenn Pinchas ferner
zum Vorsteher wird, erhält er eine herausragende Qualifikation. Der
Titel נָגִיד ist sonst in der Chronik zur Kennzeichnung der Torhüter unüblich, begegnet aber als Funktionsstellung von Leviten, wo er einen

---

[109] Nach J.W. WRIGHT, Gates 79, ist er „the major administrator of temple activities".
[110] Anders J.W. WRIGHT, Gates 73.
[111] Vgl. im Sg. in Num 2,17 (וְנָסַע אֹהֶל־מוֹעֵד מַחֲנֵה הַלְוִיִּם בְּתוֹךְ הַמַּחֲנֹת) als Teil des auf
den zwölf Stämmen gebildeten Lagers um die Stiftshütte. In der Chronik liegt eine
Schriftexegese vor, insofern eine Neubestimmung des/der levitischen Lager(s) geschieht, indem sie nun nicht nur der Stiftshütte, sondern dem Tempel zugeordnet
werden.

Vorsteher bezeichnet.[112] Da in V.20 wohl weniger ein konkreter Dienstgrad gemeint ist, als vielmehr eine Vertrauensbezeichnung zum Ausdruck gebracht wird, dient der Begriff נָגִיד zur Heraushebung von Pinchas. Daher ist V.20 als Ergänzung zu beurteilen. Einerseits soll der Ruhm des (auch anderweitig bekannten) Pinchas auf die Torhüter fallen und andererseits soll Pinchas aus der aaronidischen Randposition der Levitengenealogien in das Zentrum der Leviten gerückt werden.

Für die Chronik sind die Dienste der Torhüter (zunächst) am Tempel und (später auch) am Königspalast funktional gleichartig gestaltet. Als Besonderheit tritt hinzu, dass der Wachdienst am Tempel der vormaligen Bewachung der Stiftshütte entspricht (V.23). Allerdings ist die konkret genannte Aufgabe der Torhüter kaum auf die Stiftshütte, sondern nur auf den Tempel zu beziehen, da das Öffnen und Schließen der Tore nach allen vier Himmelsrichtungen (V.24; weiter ausdifferenziert in 1Chr 26,13–18) nur zu einem größeren Areal passt. Diese Angabe impliziert eine Art Wachdienst, der rund um die Uhr anwesend ist. Dazu passen der in 1Chr 9,27 erwähnte Wach- und Schlüsseldienst, der allerdings einer bestimmtem Gruppe von Leviten zugeteilt ist und auf der späteren literarischen Stufe liegt, zu der auch V.17b.18.19aβ.20.26a gehören.

Im Anschluss an 1Chr 9,25; 27,1 und 2Chr 23,8 vertritt Uwe Glessmer die These, dass die Leviten nur einige Zeit im Jahr als Kultdiener am Jerusalemer Tempel arbeiten, während sie die meiste Zeit im Jahr im Land Palästina „dezentrale oder Gesamtaufgaben der Tempelverwaltung wahrnehmen".[113] Diese Annahme ist aus drei Gründen problematisch: Erstens kann von diesen speziellen Diensten des in 1Chr 9,27 beschriebenen Schlüsseldienstes nicht generell auf levitische Funktionen zurück geschlossen werden. Zweitens wäre zu klären, welche Funktionen die nicht im Dienst Stehenden wahrnähmen. Drittens steht der Schlüsseldienst in keiner Relation zur Tempelverwaltung. Darüber hinaus gilt die Aussage, dass sie „für sieben Tage von Zeit zu Zeit" ihren Dienst antreten, zunächst einmal nur in der Textwelt der Chronik selbst.

---

[112] In 1Chr 26,24 ist נָגִיד für den levitischen Schatzmeister Schebuel gebraucht, in 2Chr 31,12 für den levitischen Schatzmeister Konanjahu; in 2Chr 31,13 ist Asarjahu als נְגִיד בֵּית־הָאֱלֹהִים ausgewiesen, analog zu 2Chr 35,8 die Leviten Chilkijah, Secharjahu und Jechiel. In 1Chr 9,11 ist Asarja Ben Chilqija als Vorsteher des Hauses Gottes (נְגִיד בֵּית הָאֱלֹהִים) ein Priester; s.a. 1Chr 12,28: Jehojada als הַנָּגִיד לְאַהֲרֹן. Der Begriff kann auch profane Dienste bezeichnen: vgl. David als נָגִיד in 1Chr 11,2; 17,7; 29,22; 2Chr 6,5; s.a. 1Chr 28,4; im militärischen Sinn 1Chr 13,1; 27,4.16; 2Chr 32,21.

[113] So U. GLESSMER, Leviten 145; vgl. B.A. LEVINE, Levites 528. Ähnlich S. SAFRAI, Volk 59: „Das ganze Jahr über wohnten die Priester- und Levitenfamilien in den Städten und Dörfern des Landes und waren dort beschäftigt, sei es in privater Arbeit in Haus und Feld, sei es in einem öffentlichen Dienst, als Richter und Aufseher, Toralehrer, Schreiber und dergleichen." Nur zwei Wochen im Jahr waren sie demgegenüber zum Dienst am Jerusalemer Heiligtum tätig, den SAFRAI allerdings nicht näher spezifiziert. Diese Sicht wird von Neh 13,10f unterstützt; doch kritisch dazu L.L. GRABBE, History 208.235.

Die von Glessmer mit 1Chr 9,27 verbundenen Textstellen zeichnen ein diver-
gierendes Bild und betreffen andere Personengruppen. Einen *wöchentlichen* Wech-
sel von *Leviten* im *clerus minor* setzt zwar auch 2Chr 23,8 voraus, doch ist dieser
Beleg so allgemein gehalten, dass offen bleibt, welche Aufgaben die Leviten in der
Zeit außerhalb des sakralen Dienstes ausüben. 1Chr 27,1 nennt einen *monatlichen
Wechsel* für *Beamte*, die nach Abteilungen geordnet zu ihrem Dienstort hinziehen.
Auch hier ist ungeklärt, wie sich die Chronik die weitere Beschäftigung in der rest-
lichen Dienstzeit vorstellt.

Insgesamt sind die Belege der Chronik für einen regelmäßigen wöchentlichen
oder monatlichen Dienstwechsel also unspezifisch. Daher sollte nicht allzu viel
darauf gebaut werden. In dem jeweiligen Textsegment liegt das Interesse lediglich
auf den ausgeführten Diensten, während die anderen möglichen Funktionen offen
blieben. So wäre es denkbar, dass die Chronik die nicht in Jerusalem arbeitenden
Leviten als Bauern in Juda annimmt oder dass sie anderen Diensten im Land zugeordnet werden.

2.4.3 Einsatzorte von Leviten als Torhütern – 1Chr 26,13–18

Eine spätere Ausdifferenzierung der Einsatzorte der Torhüter nimmt
1Chr 26,13–18 vor. Mittels eines Losverfahrens wird einzelnen Vaterhäusern ein spezifischer Dienstort zugewiesen.

1Chr 26,13–18: (13) Und die Lose fielen auf den Kleinen wie auf den
Großen für ihr Vaterhaus, Tor für Tor. (14) Und das Los für den
Osten fiel auf Schelemjahu[114]: Und Secharjahu, sein Sohn, war ein
verständiger Ratgeber[115]. Und sie warfen Lose; und sein Los fiel auf
den Norden, (15) für Obed-Edom (fiel es) auf den Süden und für
seine Söhne[116] auf das Vorratshaus[117], (16) für Schuppim[118] und
Chosa auf den Westen mit dem Tor Schaleschet[119] am Aufgang im

---

[114] Schelemjahu ist mit dem zuvor in 26,1f.9 genannten Meschelemjahu zu
identifizieren.

[115] Die Qualifikation des Ratgebers „mit Einsicht" kennzeichnet nicht seinen Ver-
stand, sondern zeichnet ihn als klugen Ratgeber im Sinn der Weisheit aus. Nach
J.W. WRIGHT, Gates 76, ist damit ein „royal advisor" bezeichnet; ähnlich R.W.
KLEIN, 1Chronicles 492.

[116] LXX liest anstatt Söhne κατέναντι, was לפני entspräche. Für diese Variante gibt
es aber keinen hebräischen Textzeugen, so dass an der *lectio difficilor* festzuhalten
ist.

[117] Der Begriff אֲסֻפִּים ist als akkadisches Lehnwort, wo er so viel wie ein Vestibül
bezeichnet, zu betrachten, das über das Aramäische in MT Eingang gefunden hat.
Vgl. S. JAPHET, Chronicles 459f; R.W. KLEIN, 1Chronicles 493. Ähnlich ist der
Begriff nur noch in Neh 12,25 als Dienstort von Torhütern gebraucht. J.W.
WRIGHT, Gates 76, geht davon aus, dass „the temple storehouses were the bank
vaults".

[118] Die Herausgeber der BHS schlagen vor, den Namen als Dittographie auszulas-
sen, was sie mit einer LXX-Variante begründen (so auch R.W. KLEIN, 1Chronicles
486). Da die LXX-Textüberlieferung an dieser Stelle uneinheitlich ist und kein
hebräischer Textzeuge die Auslassung abdeckt, sollte Schuppim nicht gestrichen
werden.

[119] Dieses Tor begegnet nur an dieser Stelle; seine genaue Zuordnung ist unklar.

Westen,[120] Wache neben Wache. (17) Im Osten pro Tag[121] sechs (Wachen), im Norden pro Tag vier, im Süden pro Tag vier und beim Vorratshaus je zwei; (18) für den Parbar[122] im Westen vier bei dem Aufgang, zwei für den Parbar (selbst).

Die Torhüter sind hier unter die Leviten gerechnet. Der Textabschnitt liegt auf der Ebene des Grundbestandes der späteren Kapitel 1Chr 23–27, der in der Entwicklung der Chronik zwischen ihren Grundbestand und die Torhüter-Ergänzungen in 1Chr 9,17b.18.19aβ.26a fällt.[123] Ausdifferenziert sind in 1Chr 26,13–18 Bezirke innerhalb des Tempelareals, für die eine besondere Sicherung getroffen wird. Dazu gehören einerseits die Tempeltore, die in alle vier Himmelsrichtungen bewacht werden (V.13–16). Andererseits ist ein Treppenaufgang im Westen erwähnt (V.16.18), dessen Zugang zum Tempel als besonders schützenswürdig angegeben wird. Des Weiteren ist das Vorratshaus erwähnt (V.15.17). Schließlich unterliegt auch der Parbar besonderen Sicherheitsbestimmungen (V.18).

Der פַּרְבָּר / Parbar ist in der Chronik ein atl. Hapax legomenon.[124] Er bezeichnet einen bestimmten Bezirk des Tempelareals, wahrscheinlich einen Anbau im Westen des Tempelhofes. Der Parbar ist hier wohl als geschlossener Raum vorzustellen.[125] Möglich wäre auch, dass beim Parbar an einen offenen Säulengang gedacht ist,[126] wie es die Tempelrolle vorsieht (vgl. 11Q19 5,13; 35,10–15; 37,4–12).[127] Die genaue architektonische Zuordnung des Parbars ist allerdings aufgrund der seltenen Belegung des Begriffs und der nicht näher ausgeführten Bezie-

---

[120] Gemeint ist eine Treppe an der Westseite des Tempels; vgl. R.W. KLEIN, 1Chronicles 493. Anders W. RUDOLPH, Chronikbücher 171: „an der heraufkommenden Straße"; ähnlich S. JAPHET, Chronicles 448; G.N. KNOPPERS, AncB 12A, 865f.

[121] Der Text לַמִּזְרָח הַלְוִיִּם ist hier zu konjizieren in למזרחה יום in Entsprechung zu den folgenden Wendungen den Norden und Süden betreffend; vgl. R.W. KLEIN, 1Chronicles 486.

[122] Nach HAL 905f ist der Begriff aus dem persischen *farbar* entlehnt. Anders schlägt D. RUNNALLS, *Parwār* 329–331, eine Ableitung aus dem Hebräischen פר > פרר vor und hält den Ausdruck für einen Kultbegriff aus der Zeit des Zweiten Tempels, der ein „place of separation" (ebd. 330) bezeichnet. Zur Bedeutung s.u.

[123] Vgl. dazu weiter die Abschnitte 2.4.2 und 6.2.

[124] Der Ausdruck בַּפַּרְוָרִים ist noch in 2Kön 23,11 (vgl. Ez 41,12.15) genannt, wobei allerdings fraglich ist, ob hierbei an denselben Ort zu denken ist, da es sich um eine Unterbringung für Pferde handelt. Zweifel hinsichtlich der Identifikation hegt auch W. RUDOLPH, Chronikbücher 172.

[125] Anders denkt D. RUNNALLS, *Parwār* 325, an „an open structure on the western side of the Temple area"; ähnlich E. CURTIS, A. MADSEN, Books 285.

[126] Vgl. P.B. DIRKSEN, 1 Chronicles 313: „columned stoa"; R.W. KLEIN, 1Chronicles 493: „colonnaded porch", s.a. 485f: colonnade.

[127] Vgl. J. MAIER, Tempelrolle 151f. S. dazu A. LABAHN, Licht 35–39. Im Anschluss an die TR nimmt G.N. KNOPPERS, AncB 12A 865f, diese Bedeutung auch für 1Chr 26,18 an.

hung des Architekturteils zur gesamten Tempelanlage unklar. Aus der Chronik geht lediglich hervor, dass er gut bewacht werden soll – mehr als andere Teile des Tempels –, was auf eine besondere Heiligkeit des Bauabschnitts für die Chronik schließen lässt. Da beim ersten Tempel von einer solchen architektonischen Einrichtung nicht die Rede ist, liegt entweder eine literarische Fiktion vor oder die Chronik verarbeitet Informationen aus ihrer Umwelt. Das könnte bedeuten, dass der Parbar (wie auch das Schaleschet-Tor, V.16) einen Reflex aktueller Verhältnisse aus der Zeit des Zweiten Tempels bieten.[128]

Die unterschiedlichen Zahlen von Wachen zeigen die Wertigkeit der zu schützenden Bereiche des Tempels für die Chronik an. Die Torhüter bilden eine Art Schutzwall, der zwischen heiligem und profanem Bereich trennt und damit den Tempel vor Profanisierung bewahrt.[129] Indem die Torhüter eine Grenze markieren, stehen sie selbst auf der Schwelle zwischen Sakralität und Profanität und gehören damit beiden Bereichen an. Wenn die Torhüter später mit den Leviten assoziiert werden, führt die Chronik über die Integration der Gruppe ein Element ihrer Positionierung in die (veränderte) Charakteristik der Gesamtgruppe der Leviten ein. Eine Neuorientierung der levitischen Gruppe geschieht jetzt nicht mehr ausschließlich innerhalb des Sakralbereichs, sondern reicht darüber hinaus.

Trotz dieser Positionierung sind die Torhüterfunktionen nicht mit para-militärischen Diensten in eins zu setzen, wie es John Wright vorschwebt.[130]

„The Chronicler portrays gatekeepers as a paramilitary inner city security force. ... military figures as possessing three significant roles in the Jerusalem temple-state: the governance of the state, the administration of temple revenue, and the maintenance of the temple and its paraphernalia." Da Wright nicht zwischen Torhütern im eigentlichen Sinn und Leviten differenziert, subsumiert er unter den Torhüteraufgaben weitere Funktionen, die der Gruppe der Leviten insgesamt, doch nicht dezidiert den Torhütern zugeschrieben werden.[131]

Ein weiterer Aspekt von Torhüteraufgaben ist in 2Chr 23,19 vorausgesetzt: Die Torhüter wachen an den Türschwellen darüber, dass kein Unreiner den Tempel betritt. Auch dieser Beleg gehört zu der Grundschicht der Chronik.[132] Gibt die Chronik hier ein Ziel des Handelns der Torhüter an, so bleibt sowohl die Zahl der Wachpersonen als auch die Uhrzeit ihres Dienstes offen. Der Hinweis ist demnach genereller Art.

---

128 S.a. H. HENNING-HESS, Kult 107.
129 Eine ähnliche Vorstellung findet sich später in frühjüdischen Belegen; vgl. Jos Bell 6,294f; Philo, Spec Leg 1,156.
130 Vgl. J.W. WRIGHT, Gates 69.
131 Zu militärischen Funktionen s.u. Abschnitt 2.6; zur Tempelverwaltung s.u. Abschnitt 5.
132 Zu 2Chr 23 s.u. Abschnitt 3.1.

Er drückt eine Sinnzuschreibung aus, der zufolge die Torhüter zwischen rein und unrein, d.h. zwischen profanem und heiligem Bereich trennen.

Im Blick auf die Aufgaben der Torhüter ist 2Chr 23,19 nicht viel mehr zu entnehmen, als dass sie für einen rechtmäßigen Einlass von Passanten zum Tempel oder zum Tempelareal sorgen. Ob sie im Eingang zum Tempelhaus selbst oder in den Toren der Umfassungsmauer des Tempelplatzes vorgestellt sind, ist eine Frage der Interpretation, da der Text m.E. für beide Möglichkeiten offen ist.[133] Den Torhütern wird gleichsam eine differenzierende Funktion zugewiesen, indem sie darauf achten sollen, dass kein Unbefugter Zugang zum Tempelareal erhält.[134] Will man diese Bestimmung auf ein Handlungsfeld beziehen, könnte man annehmen, dass die Torhüter nach der Chronik zugleich für die Sicherheit der Gebäude und der sich darin aufhaltenden Menschen zuständig sind.[135]

2.4.4 *Leviten als Torhüter an zentralen Orten der Macht*

Wie die levitischen Lagerverwalter erhalten auch die Torhüter in der Chronik Aufgaben am zentralen kultischen und royalen Ort der Macht, indem sie auf der Schnittstelle zwischen dem profanen und dem kultischen Bereich angesiedelt werden. Diese Positionierung drückt sich sowohl in ihrem Arbeitsfeld, insofern sie am Palast des Königs Wache halten und den Zugang für das Heiligtum sichern, als auch in der Wahrnehmung ihrer Schwellenfunktion zwischen heilig und profan aus. Die Textwelt der Chronik erreicht damit eine ambivalente Position der Gruppe, die durch zwei divergierende Gebiete gekennzeichnet ist. Dieses Porträt der Gruppe ist wichtig, wenn sie durch die Chronik mit den Leviten verschmolzen wird, da die Torhüter in die multi-funktionale Gesamtgruppe der Leviten ihre Charakteristik mit einbringen.

Generiert die Textwelt der Chronik einen Prozess der Verschmelzung der Torhüter mit den Leviten, so werden die genealogischen Linien der Torhüter zugunsten der levitischen Linien preisgegeben. Die Chronik schreibt die Torhüter in die levitischen Stammbäume ein, so dass die eigentlichen Geschlechter der Torhüter an Bedeutung verlieren. Durch ihre Einschreibung in die levitischen Genealogien partizi-

---

[133] Unwahrscheinlich scheint mir demgegenüber die Annahme von J.W. KLEINIG, Song 71–73, dass die Torhüter in den Nebengebäuden des Tempels ihren Dienst tun.

[134] Vgl. J.W. WRIGHT, Gates 70. R.W. KLEIN, 1Chronicles 491, und M. OEMING, Israel 203, bringen dies mit den Tempeltorliturgien (Ps 15; 24,4–6; 118,19f; Jes 26,2; 33,14–16) in Verbindung, wobei Oeming den Torhütern damit zugleich eine Funktion im Kult zuschreibt.

[135] Darin sieht M. OEMING, Israel 204, „eine kultpraktische Neuerung der spätnachexilischen Zeit".

pieren die Torhüter an der Bewertung der Leviten in der Chronik.[136] Die Chronik lässt den Torhütern damit Anerkennung zuteil werden, die auf eine doppelte Aufwertung der Gruppe hinaus läuft. Einmal werden die Torhüter dadurch, dass sie als Leviten betrachtet und dem ursprünglich höheren Stand zugerechnet werden, aufgewertet; ein zweites Mal werden sie hochgestuft durch ihre Partizipation an der späteren Wertschätzung der Leviten, wie sie in der Chronik entwickelt wird. Wie diese weitere Aufwertung der Leviten im Zuge der Literaturwerdung der Chronik im Einzelnen aussieht, ist im weiteren Verlauf dieser Untersuchung zu klären.[137]

2.5 Die Leviten und die Überführung der Lade nach Jerusalem – 1Chr 15

Die Darstellung der Episode der Überführung der Lade nach Jerusalem in der Chronik erhält gegenüber dem DtrG eigene Akzente, insbesondere da 1Chr 15 auf die Leviten fokussiert wird. Gegenüber der dtr Vorlage in 2Sam 6,12–16 baut die Chronik die Szene durch die Einfügung der Leviten erheblich aus und erweitert die Darstellung etwa um das Sechsfache. Bereits die Einleitung der chr Schilderung mit ihrem Hinweis auf den von David bestimmten Ort für die Lade (15,1.3.12) setzt gegenüber der dtr Vorlage andere Schwerpunkte. Ist die Geschichte im DtrG eng mit den Philisterkriegen verzahnt, so löst die Chronik sie weitgehend aus diesem Rahmen und konzentriert die Darstellung auf den Platz, an dem die Lade aufgestellt werden soll.

Da die Geschichte der Überführung der Lade in erheblichem Maß auf den Jerusalemer Tempel bezogen wird, erhält sie einen neuen Charakter. Führte die Lade nach dem DtrG als mobiler heiliger Schrein eine eigenständige Existenz, so lässt die Chronik sie – wie noch genauer zu zeigen ist – zu einem Vorläufer des Jerusalemer Tempels werden. Dazu passt, dass das Tempelpersonal in 1Chr 15 zur Lade in Beziehung gesetzt wird.

> 1Chr 15: (1) Und er (sc. David) baute sich Häuser in der Stadt Davids und bestimmte einen Ort für die Lade Gottes und spannte über ihr ein Zelt auf. (2) Damals sagte David: Die Lade Gottes soll niemand anderes als die Leviten tragen, denn sie hat Jahwe erwählt, die Lade Jahwes[138] zu tragen und

---

[136] Vgl. M. OEMING, Israel 202f.

[137] Vgl. vor allem die Abschnitte 4.–7.

[138] Viele Manuskripte lesen anstatt „Lade Jahwes" „Lade Gottes". Eine textkritische Entscheidung fällt schwer, da in 1Chr 15 sowohl „Lade Jahwe" (zunächst in V.12.14) als auch „Lade Gottes" (später in V.15.24; s.a. V.2) vorkommt sowie die Wortkombination „Lade des Bundes Jahwes" (zuletzt in V.25f.28f) belegt ist. In V.2 spricht m.E. für die Variante „Lade Jahwes" ein Sprachspiel, das die Erwählung durch Jahwe auf die Lade als seinen Kultgegenstand in Beziehung setzt. Da in

ihm[139] bis in Ewigkeit zu dienen. (3) Da versammelte David ganz Israel in Jerusalem, um die Lade Jahwes an ihren Ort, den er für sie bestimmt hatte, hinaufzubringen. (4) Und David versammelte die Söhne Aarons und die Leviten. (5) Von den Söhnen Kehats Uriel, den Oberen und seine Brüder, 120. (6) Von den Söhnen Meraris Asaja, den Oberen und seine Brüder, 220. (7) Von den Söhnen Gerschoms Joel, den Oberen und seine Brüder, 130. (8) Von den Söhnen Elizafans Schemajah, den Oberen und seine Brüder, 200. (9) Von den Söhnen Chebrons Eliel, den Oberen und seine Brüder, 80. (10) Von den Söhnen Usiels Aminadab, den Oberen und seine Brüder, 112.

(11) Und David rief die Priester Zadoq und Abjatar und die Leviten Uriel, Asajah und Joel, Schemajah und Eliel und Aminadab herbei (12) und sprach zu ihnen: Ihr seid die Sippenhäupter der Leviten. Heiligt euch und eure Brüder und bringt die Lade Jahwes, des Gottes Israels, hinauf (an den Platz, den)[140] ich für sie bestimmt habe. (13) Warum seid ihr nicht vorher[141] da gewesen? Jahwe, unser Gott hat einen Riss unter uns hervorgebracht, weil wir ihn nicht gemäß dem Recht gesucht haben. (14) Da heiligten sich die Priester und Leviten, um die Lade Jahwes, des Gottes Israels, hinaufzubringen. (15) Die Söhne der Leviten[142] aber trugen die Lade Gottes, wie *Mose entsprechend dem Wort Jahwes befohlen hatte,* auf ihrer Schulter mit Stangen[143] *auf ihnen[144].*

(16) Da sagte David zu den Oberen der Leviten, dass sie ihre Brüder, *die Sänger, mit den Musikinstrumenten, Harfen, Zithern und Zimbeln, bestellen sollten; und sie ließen ihre Stimme laut schallend zur Freude[145] hören.* (17)

V.2 vorher von der „Lade Gottes" die Rede ist, stellt diese Variante zugleich die schwierigere, weil weniger harmonische Lesart dar.

[139] Das Suffix von וּלְשָׁרְתוֹ könnte sich auch auf die Lade zurück beziehen (so K. GALLING, Bücher 47; S.J. DE VRIES, Chronicles 141), doch scheint es mir naheliegender, den Dienst an Jahwe (vgl. S. JAPHET, 1Chronik 287; G.N. KNOPPERS, AncB 12A, 606.614; R.W. KLEIN, 1Chronicles 345) und nicht an seinen Kultgegenstand zu binden, wie es auch sonst in der Chronik üblich ist (s.o. Abschnitt 2.1.2). Die Ambivalenz der Bezüge ist aber letztlich nicht aufzulösen.

[140] Einige Handschriften ergänzen מקום אשר, was von der Septuaginta, der Vulgata, dem Targum und der Arabica übernommen wird. Diese sinnvolle Ergänzung stellt aber nicht die textkritisch zu bevorzugende *lectio brevior* dar.

[141] E. JENNI, Lamed 269, übersetzt die Doppelpräposition bei לְמַבָּרִאשׁוֹנָה mit „beim ersten Mal". Dahinter steht ein Rückbezug auf 1Chr 13, zu dem eine Stichwortverbindung aufgebaut wird. Nach E.M. DÖRRFUSS, Mose 136f, bildet פרץ ein „keyword"; ähnlich begreift G. STEINS, Chronik 244, 1Chr 13–15 als ein „Leitwortsystem mit der Basis פרץ"; s.a. L.C. ALLEN, Units 27f.

[142] Nur hier steht die längere und ungewöhnliche Formulierung בְּנֵי־הַלְוִיִּם, während 1Chr 15 sonst lediglich הַלְוִיִּם bietet.

[143] Die Chronik kombiniert hier die priesterschriftlichen Anweisungen aus Ex 25,13f; 37,4f (הַבַּדִּים) und Num 4,10.12 (עַל־הַמּוֹט).

[144] Der Apparat der BHS schlägt vor, anstelle des Plurals עליו zu lesen. Die Konstruktion bleibt aber schwierig, da der Bezug auch so unklar ist. M.E. ist die beste Lösung, die Pluralform עֲלֵיהֶם auf die Stangen zu beziehen und als spätere Präzisierung zu betrachten.

[145] E. JENNI, Lamed 280, schlägt „in Freude" als Übersetzung für לְשִׂמְחָה als Beispiel für „positiv gewendete Umstandsangaben" vor. Das wäre dann auf die Sänger / Musiker selbst bezogen. Die Variante „zur Freude" schließt auch die versammel-

Und die Leviten bestellten Heman, den Sohn Joels, und von seinen Brüdern Asaf, den Sohn Berechjahus, und von den Söhnen Meraris, ihren Brüdern, Ethan, den Sohn Kuschajahus. (18) Und mit ihnen waren ihre Brüder zweiter Ordnung Secharjahu(-Ben)[146], Jaasiel, Schemiramoth, Jechiel und Unni, Eliab und Benajahu sowie Maasejahu, Mattitjahu, Elifelehu, Miqnejahu, Obed-Edom und Jeiel, die Torhüter, (19) *und die Sänger Heman, Asaf und Ethan, um eherne Zimbeln ertönen zu lassen.* (20) *Und Secharjahu, Asiel,*[147] *Schemiramoth, Jechiel, Unni, Eliab, Maasejahu und Benajahu (spielten) die Harfen nach Alamot.*[148] (21) *Und Mattitjahu, Elifelehu,*[149] *Miqnejahu, Obed-Edom, Jeiel und Asasjahu*[150] *(spielten) die Zithern nach Scheminit zum Leiten der Musik*[151]*.* (22) *Und Kenanjahu,*[152] *der Oberste der Leviten in*

---

ten Zuhörer mit ein, was als offenere Lesart dem Duktus der Chronik als Anredetext m.E. eher gerecht wird. Das ל mit dem Apparat der BHS als Dittographie zu betrachten, besteht kein Anlass, zumal keine Textzeugen dafür angegeben werden.

[146] Der Namenteil -Ben ist möglicherweise ein Schreibfehler (vgl. P.B. DIRKSEN, 1 Chronicles 212), den einige Handschriften nicht überliefern. Ebenso ist er in der LXX ausgelassen.

[147] BHS schlägt vor, Asiel mit dem in V.18 genannten Jaasiel zu identifizieren und ein י als ersten Buchstaben des Namens einzufügen. Eine Textbasis ist dafür jedoch nicht angegeben.

[148] Die Begriffe עַל־עֲלָמוֹת (V.20) und עַל־הַשְּׁמִינִית (V.21) sind unklar. Wahrscheinlich bezeichnen sie bestimmte Weisen der musikalischen Aufführung, doch Näheres ist nicht mehr auszumachen, so dass sie am besten als Fremdwort stehen bleiben; s.a. J. JARRICK, 1 Chronicles 100f; R.W. KLEIN, 1Chronicles 345f. Anders G. STEINS, Chronik 259: „mit Standleier" und „mit Tragleiern". I. BENZINGER, Chronik 53, erwägt eine Anlehnung an Ps 6,1; 12,1; 46,1, so dass „im Sopran" und „nach der achten Tonart" gemeint sein könnte. Ähnlich W. JOHNSTONE, Chronicles I 185; P.B. DIRKSEN, 1 Chronicles 205 („tuned high" und „an octave lower", doch gibt er an, „the translations are entirely hypothetical", a.a.O. 213); G.N. KNOPPERS, AncB 12A, 608f.623. Dies ist semantisch möglich, aber auch unsicher.

[149] Der Apparat der BHS hält das Schluss-ו im Anschluss an LXX für eine Dittographie. Da theophore Namen auch sonst in 1Chr 15 (vgl. den gleichen Namen in V.21) wie überhaupt bei Levitennamen in der Chronik gebräuchlich sind und keine hebräische Handschrift den Kurztext belegt, gibt es keine hinreichenden Gründe, eine kürzere Namensform „Elifala" zu lesen.

[150] Eine Manuskripte und LXX lesen einen verkürzten Namen עזיהו / Asajahu. Da der Name in 1Chr 15 kein weiteres Mal auftaucht, ist eine letztgültige Entscheidung nicht möglich.

[151] Die Bedeutung von לְנַצֵּחַ ist hier unklar. Wenn man es entsprechend seiner Verwendung in den Psalmen-Überschriften verstehen darf, bezeichnet es die Musikaufführung. Vielleicht drückt es auch nur eine Verstärkung aus, die bedeuten würde „maßgeblich nach Scheminit". K. GALLING, Bücher 48, übersetzt mit „um zu leiten"; ähnlich S. JAPHET, 1Chronik 287: „zum Führen des Gesangs"; auch G.N. KNOPPERS, AncB 12A, 608, interpretiert es als Ausdruck für „directing, supervising, or leading". R.W. KLEIN, 1Chronicles 346, interpretiert die Person als „instructor".

[152] Einige Manuskripte lesen בניהו / Benajahu. Ein Benajahu taucht in V.18 als Torhüter und ein anderer in V.24 als Priester auf; diese sind aber wohl andere Personen. Dennoch ist eine Namensgleichheit möglich und nicht auszuschließen. Aufgrund der Mehrheit der Textzeugen scheint mir die Namensform Kenanjahu näher zu liegen.

Bezug auf das Singen, leitete die Musik[153] *an, denn er war darin kundig.*
(23) Und Berechjah und Elqanah waren Torhüter für die Lade.
(24) *Aber Schebanjahu, Joschafat, Netanel, Amasai, Secharjahu, Benajahu und Elieser, die Priester, bliesen auf den Trompeten vor der Lade Gottes.* Und Obed-Edom und Jechijah waren Torhüter für die Lade.
(25) Und David sowie die Ältesten und die Anführer über Tausend gingen, um die Lade des Bundes Jahwes aus dem Haus Obed-Edoms mit Freude hinaufzubringen. (26) Und weil Gott den Leviten beim Tragen der Lade des Bundes Jahwes half, opferten sie sieben Stiere und sieben Widder. (27) Und David war bekleidet mit einem Obergewand aus Byssos sowie alle Leviten,[154] die die Lade trugen, *und die Sänger und Kenanjah, der Oberste über die Musik der Sänger,* und David trug (außerdem) ein leinenes Ephod. (28) Und ganz Israel brachte die Lade des Bundes Jahwes herauf mit Geschmetter und unter dem Klang von Schophar und Trompeten *sowie dem Erschallen von Zimbeln, Harfen und Zithern.* (29) Und so geschah es, dass die Lade des Bundes Jahwes in die Stadt Davids kam.
Und Michal, die Tochter Sauls, hatte freie Sicht durch ein Fenster und sah den König David hüpfend und tanzend und verachtete ihn in ihrem Herzen.

Wird die Überführung der Lade in der Chronik so dargestellt, dass sie von ganz Israel gestützt wird (vgl. כָּל־יִשְׂרָאֵל in 1Chr 15,3.28; s.a. 15,25), so ruht auf den Leviten ein besonderes Gewicht. Die komplexe chr Darstellung stellt ihre Bedeutung in zweierlei Hinsicht heraus: einerseits werden die Leviten als ausgewählte Träger der Lade bestimmt und andererseits werden prominente Leviten namentlich vorgestellt, die sodann als Sänger / Musiker gekennzeichnet werden (V.4ff. 11f.16f).[155] Diesen beiden Aspekten ist weiter nachzugehen. Zunächst ist jedoch nach dem redaktionsgeschichtlichen Wachstum der Perikope zu fragen.

Eine Beurteilung über das diachrone Wachstum von 1Chr 15 wird an den Levitenlisten, die zum Teil Doppelungen und Explikationen aufweisen, ansetzen müssen. Schwierigkeiten bereiten vor allem die doppelten Listen in V.17–18 // V.19–22(.24a). Sofern sich ein Grundmuster in den genealogischen Strukturen der Leviten zeigt, kann man davon ausgehen, dass ein frühes Entwicklungsstadium vorliegt.

---

[153] Der Begriff מַשָּׂא ist an dieser Stelle wie auch in V.27 mehrdeutig, wie S. JAPHET, Chronicles 304, zu Recht betont (demgegenüber bezieht sie ihn in DIES., 1Chronik 295, stärker auf die Musik). Er bezeichnet so viel wie einen musikalischen Ausspruch und lässt ein ähnliches Bedeutungsspektrum wie נבא in 1Chr 25,1.2f und חֹזֶה in 1Chr 25,5 im Rahmen musikalischer Darbietungen zu. So versteht es auch die Vulgata. Dieser Aspekt ist aber wahrscheinlich in der frühen Fassung von 1Chr 15 noch nicht zur Geltung gekommen, sondern ergibt sich erst durch die spätere Interpretation von 1Chr 25, wie es in der Ergänzung in 15,15 anklingt. Insofern sind dem Text zwei Bedeutungsvarianten inhärent.

[154] In 2Chr 5,12 sind lediglich die Leviten mit Byssosgewändern bekleidet, ein im AT selten genannter, kostbarer Stoff. Nach K. SEYBOLD, David 152, drückt die Bekleidung des Königs seinen Status als „königlichen Priester" aus.

[155] Nach S. JAPHET, Chronicles 293, ist die Gruppe der Leviten hier geteilt.

In 1Chr 15,5–7 stehen die drei prominenten levitischen Sippenhäupter vorweg, deren Stammbäume in der genealogischen Vorhalle entfaltet werden: Kehat (vgl. 1Chr 5,27.28; 6,1.7.18. 39.46.51), Merari (vgl. 1Chr 5,27; 6,1.4.14.29.32.48.62) und Gerschom (vgl. 1Chr 5,27; 6,1.2. 5.28.47.56); diese drei finden darüber hinaus an mehreren Stellen in der Chronik Erwähnung.[156] Zweifelsohne bilden diese Geschlechter den maßgeblichen Bestand der Leviten, mit dem nachfolgende Geschlechter in der einen oder anderen Weise korreliert werden. In 1Chr 15,8–10 folgen drei weitere Sippenhäupter: Elizafan, Hebron, Usiel, die in gewisser Beziehung zu den drei ersten stehen. Hebron wird in 1Chr 5,28; 6,3; 23,12.19 (vgl. 24,23) als Nachkomme Kehats vorgestellt; ebenso gehört Usiel nach 1Chr 5,28; 6,3; 23,12.20 (vgl. 24,24) zu den Kehatitern und steht dabei in Parallelität zu Hebron; anders wird Usiel in 1Chr 25,4 zu der Sippe Hemans gerechnet; doch dieser Beleg steht recht allein. Elizafan erscheint allerdings nicht in der genealogischen Vorhalle, sondern nur noch in 2Chr 29,13 in einem ähnlichen Kontext mit anderen levitischen Sippenhäuptern von Sängern / Musikern (Merari, Kehat, Gerschon, Elizaphan, Asaf, Heman, Jeduthun, vgl. 29,12–14). Als Oberhaupt einer kleinen Levitenfamilie ist er hier mit aufgenommen.

Aus diesen Geschlechtern sind in V.5–10[157] und parallel dazu in V.11 Uriel, Asaja, Joel, Schemaja, Eliel und Aminadab genannt, die auch in anderen levitischen Listen der Chronik begegnen. Uriel wird in 1Chr 9,2.5 als Kehatiter späterer Generationen gekennzeichnet; Asaja gehört nach 1Chr 6,15 zu den Nachkommen Meraris; Joel ist in 1Chr 6,13; 2Chr 29,12 unter den Kehatitern zu finden, hier aber wie auch in 1Chr 23,8 als Gerschoniter genannt (vgl. 1Chr 26,22); Schemaja gehört nach 1Chr 9,14 zu den Nachkommen Meraris, nach 2Chr 29,14 jedoch wie Usiel zu den Nachkommen Jeduthuns;[158] Eliel ist weder in der genealogischen Vorhalle noch den Levitenlisten in 1Chr 23–27 vertreten, nur als levitisches Sippenhaupt in 2Chr 31,13; Aminadab ist nach 1Chr 6,7 ein Sohn Kehats und Vater von Korach, was wohl auch für

---

[156] Kehat: 1Chr 9,32; 23,1.12; 2Chr 20,19; 29,12; 34,12 – Merari: 1Chr 9,14; 23,6.21; 24,26.27; 26,10.19; 2Ch 29,12; 34,12 – Gerschom(/n): 1Chr 23,6.15.16; 26,24; vgl. Esr 8,2.

[157] Für 1Chr 15,5–10 nimmt S. JAPHET, Chronicles 295, an: „It may reflect, then, a census taken of the central levitical families at some juncture." DIES., 1Chronik 289, formuliert etwas offener, wenn sie lediglich von einer ‚vorhandenen Liste‘ spricht, die sie als Basis für die Einnahme von Kopfsteuern von Leviten sieht und daher davon ausgeht, dass „es sich um einen realen Sachverhalt aus der Epoche des Zweiten Tempels handeln" könnte. Ein Argument für die steuerliche Zweckbestimmung bietet der Text allerdings nicht. Ob es tatsächlich eine solche Kopfsteuer gab, ist fraglich; s.u. Anm. 115 in Abschnitt 5.6.

[158] Vermutlich andere Personen gleichen Namens begegnen in 1Chr 24,6 (Schreiber); 26,4.6 (Sohn Obed-Edoms); 2Chr 11,2; 12,5.15 (Prophet); 17,8 (Lehrer); 31,15 (Torhüter); 35,9 (Sippenhaupt).

Usiel (s.o.) angenommen werden kann. Damit überwiegen die Vertreter der Merariter an dieser Stelle, denen immerhin vier von sechs Personen angehören. Alle sechs Sippenhäupter werden jedoch an die drei großen levitischen Familien gebunden, die in der Genealogie der Vorhalle 1Chr 5,27–6,66* auftreten: Kehat, Merari und Gerschon. Daher gehe ich davon aus, dass diese Liste zum Originalbestand gehört und keine spätere Ergänzung darstellt.[159]

Modifizierungen sind in der folgenden Liste 1Chr 15,17–18 auszumachen, in der Namen anderer Leviten aufgeführt werden. Die Liste ist zweigeteilt und benennt zunächst drei Sippenhäupter: Heman, den Sohn Joels, und Berechjahu aus der Gruppe der Asafiten sowie Ethan, den Sohn Kuschajahus, aus der Gruppe der Merariter. Anstelle der großen levitischen Geschlechter sind weitere Sippenhäupter eingeführt, die allerdings mit den drei Geschlechtern der Kehatiter, Merariter und Gerschoniter in Verbindung stehen (Heman gehört zur Gruppe der Kehatiter, 1Chr 6,18; Asaf ist wie Berechja Gerschoniter, 1Chr 6,24. 28; beide begegnen aber auch in einer Liste von Meraritern, 1Chr 9,15. 16; Ethan gehört zu den Meraritern, 1Chr 6,29; 15,17, begegnet aber auch als Vorfahre Asafs, 1Chr 6,27). Diese Sippenhäupter stehen den bedeutenden Leviten aber nicht nach. Daher wird man annehmen, dass diese Liste nicht viel später als V.5–10 datiert, so dass sie in der Übersetzung einer gemeinsamen Schicht zugewiesen wird.

Die Liste 15,17 führt mit den Namen Heman, Asaf und Ethan eine bedeutende Dreiergruppe von einflussreichen Leviten an, die auch in anderen Passagen der Chronik eine Rolle spielen.[160] Dies trifft vor allem auf Heman und Asaf zu, während Ethan in Dreierlisten zumeist durch Jeduthun ersetzt ist;[161] 1Chr 25,1.6; 2Chr 5,12; 35,15; vgl. 1Chr 16,41; 2Chr 29,13. Fehlt Jeduthun in 1Chr 15, so trägt 1Chr 16 diesen Bezug nach; allerdings wird Jeduthun dort als Sänger (16,41) und als Torhüter (16,38.42) vorgestellt.

In der Liste 1Chr 15,17–18 folgen in V.18 die so genannten „Brüder zweiter Ordnung": Secharjahu-Ben, Jaasiel, Schemiramoth, Jechiel, Unni, Eliab, Benajahu, Maasejahu, Mattitjahu, Elifelehu, Miqnejahu,

---

[159] Anders T. WILLI, Auslegung 195f. S.a. die These einer priesterlichen Überarbeitung bei A.C. WELCH, Work 65f; W. RUDOLPH, Chronikbücher 115; R. BRAUN, 1Chronicles 189; E.M. DÖRRFUSS, Mose 135f; P.B. DIRKSEN, Development 268–270; DERS., 1 Chronicles 206f; S.J. DE VRIES, Chronicles 142. Dagegen ist einzuwenden, dass die Priester als Teil des Kultes mit zu der Szene gehören und daher nicht aus dem ursprünglichen Bestand auszuscheiden sind.

[160] Nach S. JAPHET, Chronicles 295f; N. DENNERLEIN, Bedeutung 59.61, spiegelt sich darin die Situation zur Zeit der Chronik, da diese Liste nicht, wie 1Chr 15 behauptet, in der Zeit Davids zu verorten ist.

[161] Daher nimmt S. JAPHET, Chronicles 296, an, dass die Namen Ethan und Jeduthun austauschbar waren. S.S. TUELL, Chronicles 101; P.K. HOOKER, Chronicles 101, betrachten Ethan als Kurzform für Jeduthun, Hooker schließt aber nicht aus, dass die genealogische Linie von Jeduthun die Nachkommen Ethans ersetzt hat.

Obed-Edom, Jeiel. Die Angabe „zweiter Ordnung" ist in der Chronik ungewöhnlich, da sonst lediglich „Brüder" als offener Begriff verwendet wird, der für flexible Verknüpfungen dient. Über die angeführten Leviten wird nichts weiter berichtet, als dass sie zum Dienst aufgestellt werden; gemeint ist wohl ein Dienst vor der Lade, deren Herbeibringen V.15 berichtet und vor der nach ihrer Aufstellung die Diener nunmehr platziert werden, V.16.

Andere Akzente werden demgegenüber in 15,19–22a.24a (ohne die Erweiterung um die Torhüter, s.u.) gesetzt, einem Teilstück, das ein ausführlicheres Duplikat dieser Namensliste bietet und zusätzliche Informationen über verschiedene Funktionen einträgt. Ein Vergleich der beiden Listen zeigt, dass V.19 die in V.17 genannten Namen in zwei Fällen wiederholt, nämlich Heman und Ethan, im dritten Fall jedoch vom Sohn auf den Vater hinüberschwenkt und damit Asaf herausstellt. Die Position Asafs ist hier verändert, da ihm konkrete Aufgaben zugeschrieben werden. Die in V.18 genannten Leviten sind in V.20f vollständig aufgenommen, darüber hinaus findet sich am Ende ein weiterer Name, Asasjahu. Die Gruppe ist jetzt allerdings geteilt, so dass ein Teil der Leviten Musik auf Harfen nach Alamot darbietet, der andere Teil Zithern nach Scheminit spielt. Die in V.24 genannten Musiker sind eine Zutat der zweiten Liste. Ihnen voran geht Kenanjahu, über den es heißt, er sei „der Oberste der Leviten in Bezug auf das Singen" (15,22 vgl. V.27).

Die zweite Liste überrascht gegenüber der ersten Liste nicht nur wegen der doppelten Erwähnung der Namen und der Anfügung weiterer Personen, sondern auch im Blick auf die Aufgabenverlagerung.[162] Gleich zu Beginn der zweiten Liste werden die genannten Personen pointiert als Sänger / Musiker vorgestellt (וְהַמְשֹׁרְרִים). Dazu fügen sich Angaben über die Musikinstrumente in V.19, die Art der musikalischen Präsentation in V.20f und den Chorleiter in V.22. Die musikalischen Aufgaben in 1Chr 15,19–22 setzen neue Akzente gegenüber dem zuvor berichteten, doch nicht näher präzisierten Diensten der Leviten vor der zum Stehen gekommenen Lade. Hierdurch geschieht eine Aufgabenverlagerung, die den Leviten neue Funktionen zuschreibt und gleichzeitig die Sänger / Musiker mit den Leviten verbindet.[163]

Im Blick auf die Sinnbildung der Chronik sind vor allem Heman und mehr noch Asaf zu betrachten. Mit 15,19 (s.a. 16,5; s.u.) setzt eine Entwicklung der Steigerung des Einflusses und des Ansehens von Asaf

---

[162] Von einer einheitlichen Liste geht demgegenüber J.W. KLEINIG, Song 44–51, aus. Er erklärt die Abfolge der Namen als einen Reflex einer tatsächlich durchgeführten Prozession im Gottesdienst, wobei die levitischen Sänger / Musiker paarweise zögen und in der Prozession unterschiedliche Positionen bekleideten und verschiede Aufgaben wahrnähmen. Kann diese Schlussfolgerung aus dem literarischen Porträt wirklich gezogen werden?

[163] Vgl. H. GESE, Geschichte 150, der 15,16–24 als Einschub ansieht, während I. BENZINGER, Chronik 52, in V.19–24.28 eine dritte Bearbeitung annimmt.

ein, die in der Chronik an verschiedenen Stellen relevant wird. Spätere Belege der Chronik schreiben Heman und Asaf eine herausragende Stellung innerhalb der Leviten zu und übertragen ihnen besondere Aufgaben.

Als Ehre wird Hemans auf Jahwes Segen zurückgeführter Kinderreichtum beurteilt, von dem 1Chr 25,4f berichtet. Darüber hinaus ist Heman als Seher des Königs (חֹזֶה) vorgestellt, womit ihm besondere Gaben und Aufgaben zugesprochen werden.

In dieser Funktion erscheint auch Asaf, der ebenso als Seher (חֹזֶה) eingeführt wird (vgl. 2Chr 29,30) und dem in 1Chr 25,2 das Kundtun prophetischer Worte (נבא) sowie in 2Chr 20,14b ein prophetischer Geistbesitz zugesprochen werden. Mit diesen Aussagen zur Prophetie baut die Chronik in späterer Zeit die Rolle der Leviten aus.[164] Asaf erscheint als ein prominentes Oberhaupt und seine Aufwertung verläuft parallel zu der Entwicklung der Leviten in der Chronik.

Die besondere Stellung Asafs unter den Leviten wird darüber hinaus an anderen Stellen der Chronik betont, vgl. 1Chr 16,5.7.37; 2Chr 35,15. Interessant ist hier vor allem die Position, die Asaf in 1Chr 16 zugeschrieben wird, wo die Aufstellung der Lade nach Jerusalem berichtet wird. Die Chronik gestaltet die Szene durch einen Festakt anlässlich der Aufstellung der Lade aus, der durch musikalische Aktivitäten begleitet wird. In Kap. 16 wird die Gruppe um Asaf einerseits zum maßgeblichen Sängerkreis (16,5.7; vgl. 1Chr 6,24) und andererseits zu Verantwortlichen für die Lade (16,37).

Eine Vorordnung Asafs zeigt bereits eine spätere Ausgestaltung der genealogischen Vorhalle, wenn sie ihn als berühmten Gerschoniter an die erste Stelle vorzieht, 1Chr 6,24. Gemessen an der Position, die Asaf ansonsten in der genealogischen Vorhalle einnimmt, überrascht diese herausragende Stellung Asafs, da hier sein Vater Gerschon neben Kehat und Merari zu erwarten wäre.

Dieser Sonderstellung entspricht eine ähnliche Aufwertung Asafs in Esr/Neh, wo er gleichsam zum Inbegriff des Gesangs wird, vgl. Esr 2,41; 3,10; Neh 7,44; 11,17.28; 12,46, und sogar priesterliche Nachkommen hat, vgl. Neh 12,35. Damit korreliert Asafs Bedeutung für die Psalmen. Werden verschiedentlich Leviten als Psalmendichter in den Psalmenüberschriften genannt,[165] so wird Asaf mit zwölf Psalmen der größte Teil dieser Dichtungen zugeschrieben.[166]

Damit vergleichbar ist nur noch die Zahl der Psalmen Korachs, des Sohnes Kehats (1Chr 6,7), der seinem Vater an Einfluss darin mindestens ebenbürtig geschildert ist (vgl. 2Chr 20,19), später diesen sogar übertrifft. Wenn diese Zuschreibung von Psalmen zu einzelnen Leviten kein überlieferungsgeschichtlicher Zufall ist, dann weist auch sie in die gleiche Richtung einer zunehmenden Bedeutung, die Asaf als prominentes Sippenhaupt in der Chronik gewonnen hat.

Zwar ist in V.16b bereits von den Sängern / Musikern und ihren Instrumenten die Rede, doch ist diese Notiz nicht fest mit dem Kontext verankert, sondern durch die literarische Brücke „ihre Brüder" (אֲחֵיהֶם) mit dem Vorhergehenden verbunden. Ist bereits oben darauf hingewiesen worden, dass über das Stichwort „Brüder" die Sänger / Musiker in levi-

---

164 Vgl. dazu Abschnitt 4, zu 1Chr 25,1–7 speziell 4.2; zu 2Chr 20 vor allem 4.4.
165 Ethan in Ps 89,1, Jeduthun in Ps 39,1; 62,1; 77,1, Heman in Ps 88,1.
166 Zu den Asafpsalmen und der Herausstellung des levitischen Hauptes vgl. z.B.
B. WEBER, Asaf-Psalter passim; DERS., Asaf passim.

tische Genealogien eingehängt werden, so begegnet hier dieselbe literarische Technik. Das Stichwort „Brüder" selbst gehört aber wohl zum
ursprünglichen Bestand, bildet es doch das logische Objekt zum vorhergehenden Infinitiv. In der ursprünglichen Lesart hat es als Bezeichnung weiterer Leviten in denselben Funktionen gedient. In der neuen
Lesart wird der Bezug des Wortes verschoben, so dass es jetzt auf die
Sänger / Musiker weist. An אֲחֵיהֶם werden nun die Sänger / Musiker angehängt, indem zuerst ihre Gruppe und daran anschließend ihre Instrumente eingefügt werden. Diese Einfügung in V.16b bildet eine Klammer zu der zweiten Liste in V.19ff und dürfte zum selben Zeitpunkt in
den Text eingeflossen sein.

Durch die Einfügung in V.16b wird die zweite Liste 15,19–22a.24
stärker in den Kontext integriert, da bereits zu einem frühen Zeitpunkt
signalisiert wird, dass die Leviten als Sänger / Musiker ihren Dienst
tun. Dazu gehört dann ebenso V.28b, der die gleichen Musikinstrumente in die ansonsten wörtlich übernommene dtr Vorlage aus 2Sam
6,15f einträgt.

Die Erweiterung um die Sänger / Musiker stellt ein zweites Text-
stadium dar, in dem die Verschmelzung der Sänger / Musiker mit den
Leviten vorliegt. Indem die Sänger / Musiker zu den Leviten gerechnet
werden, werden deren Aufgaben in das Gruppenporträt der Leviten integriert, so dass es zu einer ersten Erweiterung der levitischen Dienste
kommt. Diese Veränderung bedeutet keine große Neupositionierung
der Gruppe, da die levitischen Funktionen im Kultus eine gewisse Verwandtschaft zeigen, insofern sie mit dem Kultbetrieb verknüpft sind.

Für eine vergleichsweise frühe Entwicklung spricht auch, dass der
Dienst der Sänger / Musiker einen bereits im DtrG angelegten Aspekt
ausbaut. Schon 2Sam 6,15 // 1Chr 15,28a erwähnte lautes Geschmetter
und den Klang von Schophar und Trompeten. Diese Festfreude wird
ausgebaut, indem nunmehr Personal zum Spielen der Instrumente genannt wird. Auch wird die Zahl der Instrumente durch die in der Chronik häufiger genannte Dreiheit von Zimbeln, Harfen und Zithern ausgebaut.

Einen weiteren Schritt in der diachronen Entwicklung bildet die
Assoziierung der Torhüter. In 1Chr 15 nimmt Obed-Edom eine auffällige Position ein, indem er in 1Chr 15,18.21 als levitisches Oberhaupt
sowie in 15,24 (vgl. V.18) als Torhüter begegnet. Ein weiteres Mal begegnet ein Obed-Edom in V.25 als Person, in dessen Haus die Lade
untergebracht war. Dies knüpft an die Vorlage in 2Sam 6,11 an. In
2Sam 6,11 ist Obed-Edom ausdrücklich als Gatiter gekennzeichnet. In
der chr Neufassung der Episode wird diese Notiz jedoch eliminiert.
Zwar ist laut 1Chr 13,13f Obed-Edom noch als Gatiter vorgestellt,
doch kommt Kap. 15 darauf nicht mehr zurück; stattdessen wird eine
levitische Herkunft behauptet (vgl. V.21). Ob dieser Obed-Edom mit
dem in V.18.21.24 genannten zu identifizieren ist, geht aus dem Beleg

nicht eindeutig hervor. Wenn es so wäre, dann würde dies zu der Levitisierung durch die Chronik passen. Wenn der Name Obed-Edom gleichwohl viermal in 1Chr 15 auftaucht, so zeigt sich hieran noch eine andere Spannung im Text. Der in 15,24; 16,38 als Torhüter vorgestellte Obed-Edom ist von dem in 15,18.21 genannten Sänger / Musiker gleichen Namens zu unterscheiden. Ein Torhüter namens Obed-Edom ist auch sonst bekannt (1Chr 26,4.8.15) und wird anderweitig als Oberhaupt einer angesehenen Dynastie besonders herausgestellt (vgl. 1Chr 26,5: für Obed-Edom gilt כִּי־בֵרְכוֹ אֱלֹהִים; 1Chr 26,6.8: seine Nachkommen sind angesehene Männer, גִּבּוֹרֵי חַיִל; אִישׁ־חַיִל בַּכֹּחַ לַעֲבֹדָה). Jedoch wird dabei nirgends behauptet, dass er zur Gruppe der Sänger / Musiker gehöre.[167] Diese Torhüteraussagen reiben sich vor allem mit V.21, wo Obed-Edom sogar besondere Fähigkeiten zugeschrieben werden. Die Aussagen zu den Torhütern in V.18b und V.24 lassen sich am Besten als Ergänzungen verstehen, die das bekannte Sippenhaupt uminterpretieren. Im Textverlauf rahmen die Uminterpretationen die ersten Erweiterungen in V.19–22. Die Hinweise auf die Torhüter in V.18b.23.24b sind zudem auffällig, da sie keinen sachlichen Fixpunkt im Handlungsverlauf haben. Den Torhütern fallen in der Szene keine Aufgaben zu, da sie mit dem Transport des mobilen Heiligtums nichts zu tun haben. Auch werden ihre Sippen unter den Oberhäuptern nicht näher vorgestellt. Ihre Erwähnung bildet einen späteren Nachtrag,[168] der sowohl den Grundbestand als auch die Erweiterung um die Sänger / Musiker nochmals ergänzt und neu interpretiert. Die Erwähnung der Torhüter macht dann Sinn, wenn man sie als Teilgruppe der Leviten versteht, die zusätzlich erwähnt werden sollte, um die für diesen Abschnitt wichtigen Leviten zu komplettieren. Das bedeutet dann für die Gruppenidentität der Leviten, dass bereits eine Verschmelzung der Torhüter mit den Leviten vorausgesetzt ist. Ist die Überführung der Lade nach Jerusalem eine zentrale Schaltstelle in der Komposition der Chronik, um die vorstaatliche Zeit theologisch mit der Zeit der Monarchie zu verbinden und den Tempeldienst, der über die Zeit der Monarchie in die Zeit der Chronik hinausweist, zu installieren, so müssen auch die Torhüter hierin einen Platz finden.

Eine letzte Entwicklungsstufe wird in V.15 durch den autoritativen Rückbezug auf Mose hergestellt, der sich in 1Chr 15 sperrig verhält. Er kollidiert mit V.2, demzufolge David die Leviten eingesetzt hat. Die Aussage, dass das Tragen der Lade geschieht, „wie Mose entsprechend dem Wort Jahwes befohlen hatte," unterbricht das Bild, dass die Leviten die Lade auf ihren Schultern tragen. Der Hinweis auf Mose begegnet als ein Kennzeichen späterer Passagen der Chronik,[169] die eine

---

[167] So I. BENZINGER, Chronik 53; S. JAPHET, Chronicles 291.303.
[168] S.a. P.B. DIRKSEN, Development 274f.
[169] Vgl. Näheres in Abschnitt 4. S.a. E.M. DÖRRFUSS, Mose 135.138t.

Referenz auf Mose oder die Tora (Moses) eintragen und damit die Anweisungen für den Dienst der Leviten weiter absichern, indem sie an eine in der Geschichte Israels frühere Autorität gebunden werden. Durch die Vorverlagerung des autoritativen Bezugspunktes wird das Berichtete neu gewichtet und in seiner Bedeutung gesteigert.[170] Diese Neuinterpretation bindet die Episode der Ladeüberführung durch den Verweis auf Mose an das Gesetz an, was in der Entwicklung der Chronik später ausgebaut wird. Die Wendung „Wort Jahwes" spielt an die Tora an. Dabei mag man an ein Detail der Lade denken, das später relevant werden wird: die Lade als Aufbewahrungsort der Gesetzestafeln (vgl. 2Chr 5,10; 6,11). Wenn V.15 zudem die Leviten durch einen engen Körperkontakt mit der Lade verbindet und dadurch in eine enge Beziehung zum Wort Gottes setzt, ereinnert dieser Konnex an Passagen, in denen Leviten mit der Tora infolge ihres Dienstes als Lehrer und Propheten verbunden sind.[171] Mit der Verbindung der Leviten zum Wort Gottes ist eine späte Stufe der Entwicklung der Chronik erreicht, die in der Szene 1Chr 15 einen Schlusspunkt bildet.

Um das Levitenbild von 1Chr 15 im Blick auf die Stellung der Gruppe zu erfassen, ist es notwendig, zunächst die levitischen Listen ein wenig näher zu betrachten und die genealogischen Zusammenhänge zu vergleichen. Dass die Leviten in 1Chr 15 im Vordergrund des Tempelpersonals stehen, erschließt sich schon allein daraus, dass die Priester nur viermal erwähnt werden (V.4.11.14.24). Nicht nur wird mehrheitlich von den Aktionen der Leviten berichtet, sondern es werden zudem einzelne levitische Sippenhäupter genannt, die die gesamte am Geschehen beteiligte Gruppe der Leviten abbilden (15,5–10.18–23). Die Priester werden zwar in V.4.11.14 erwähnt, sind aber insgesamt eher passiv beteiligt. Wenn die Piester auch in V.24a erwähnt werden, entspricht dies der grundlegenden Aufgabenverteilung, wie die Chronik sie für den Kult vorsieht, dass das Blasen der Trompeten den Priestern zufällt.[172]

Die Auflistungen von Leviten sind nun aber in mehrerer Hinsicht interessant. Sprachlich fällt die Bezeichnung „die Oberen der Leviten" mit der Wendung שָׂרֵי הַלְוִיִּם (15,16; vgl. V.22: שַׂר־הַלְוִיִּם) oder einfachem שַׂר (V.5–10, vgl. V.27) oder als „Sippenhäupter" רָאשֵׁי הָאָבוֹת לַלְוִיִּם (V.12) auf. שָׂרֵי הַלְוִיִּם ist nur noch in 2Chr 35,9 als Bezeichnung levitischer Sippenhäupter zu finden. Auch רָאשֵׁי הָאָבוֹת bezogen auf die Leviten ist für den Grundbestand der Chronik eher selten. In 1Chr 9,34(.33) ist noch die gleiche Wortfolge רָאשֵׁי הָאָבוֹת לַלְוִיִּם wie in 1Chr 15,12 belegt. רָאשֵׁי הָאָבוֹת mit Bezug auf die Leviten ist vorzugsweise in den spä-

---

[170] Vgl. J.T. SPARKS, Genealogies 59, der auf „the superiority of Moses over David" hinweist.
[171] Vgl. dazu die Darlegungen in Abschnitt 4. Daher geht J. BLENKINSOPP, Sage 95, davon aus, dass sich die Lehrfunktionen aus dem Ladedienst entwickelt haben.
[172] Vgl. 1Chr 15,24; 16,6; 2Chr 5,12; 7,6; 13,14; 29,26f.

teren Kapiteln 1Chr 23–27 anzutreffen (vgl. 23,9.24; 26,21.32; 27,1), deren Ausgestaltung vermutlich auf die beiden Wortfolgen in 1Chr 9,34; 15,12 zurückgreift. Werden Sippenhäupter gern in der Genealogie genannt,[173] so knüpft ihre Verwendung in 1Chr 15 daran an. Zugleich wird ein sippenbezogener Kultdienst eingeführt, dessen Weg die Chronik von der Lade über die Stiftshütte bis zum Tempel reichen lässt.

Gleichwohl bleibt diese Kennzeichnung gegenüber den sonst in der Chronik geläufigen genealogischen Bezeichnungen der levitischen Nachkommen (בְּנֵי לֵוִי oder מִשְׁפָּחוֹת)[174] und der levitischen Dienstabteilungen, מַחְלְקוֹת,[175] bzw. der Ordnung, פְּקֻדָּה,[176] auffällig. Demgegenüber werden in 1Chr 15 neue Akzente gesetzt, die die Dienstaufgaben mit familiären Strukturen verbinden.[177] Die Episode der Ladeüberführung wird im Blick auf die levitischen Sippenverbände und Funktionszusammenschlüsse zu einem entscheidenden Drehpunkt in der chr Historiographie, da hier die entscheidende Koppelung von verwandtschaftlichen und beruflichen Verbänden vorgenommen wird. Ähnlich ist es in 1Chr 23,11 zu finden, wo das בֵּית אָב der Leviten genannt wird, das als Größe für die Dienstabteilungen steht;[178] vergleichbar bezeichnet 1Chr 28,1 die für die Dienstabteilungen Verantwortlichen als שָׂרֵי הַמַּחְלְקוֹת, womit ebenso eine Mischterminologie zwischen familiären Strukturen und leitenden Positionen verwendet wird.

Um das Levitenbild von 1Chr 15 noch weitergehend zu interpretieren, ist die Verbindung der Gruppe mit der Lade auszuwerten. Indem die Chronik die Leviten als Träger der Lade einsetzt (1Chr 15,2.12.14. 15.26.27; 2Chr 5,4) füllt sie eine Leerstelle der dtr Vorlage, nach der nicht näher bestimmten Träger (2Sam 6,13: נֹשְׂאֵי אֲרוֹן־יְהוָה) die Lade nach Jerusalem bringen. Die Chronik setzt hier an, indem sie den Begriff נשׂא aufnimmt und jetzt die Leviten als „Träger" der Lade (vgl. הַלְוִיִּם נֹשְׂאֵי אֲרוֹן בְּרִית־יְהוָה, 1Chr 15,2.15; וַיִּשְׂאוּ בְנֵי־הַלְוִיִּם אֵת אֲרוֹן הָאֱלֹהִים, 15,26) bestimmt. Da die Leviten von der Chronik durch eine körperliche Berührung mit den Tragstangen der Lade in Kontakt gebracht werden, nehmen sie eine besondere Nähe zu der Lade wahr, durch die sie ausgezeichnet werden. Keine anderen Mitglieder des Tempelpersonals kommen dem die göttliche Präsenz repräsentierenden Gegenstand so nahe wie die Leviten. Durch diesen Handlungsstrang sind die

---

[173] Vgl. רָאשֵׁי אָבוֹת in 1Chr 8,6.10(.13).28; 9,9; רָאשֵׁי בֵית־הָאָבוֹת in 1Chr 5,25; 7,7.9.40.

[174] N.N. בְּנֵי ist die Standardbezeichnung für Generationenfolgen; מִשְׁפָּחוֹת begegnet nur in der genealogischen Vorhalle sowie als einzige Ausnahme in der Chronik in 1Chr 16,28, dort jedoch in anderer Verwendung.

[175] Vgl. 1Chr 23,6; 2Chr 31,16f; 35,4f; s. dazu oben in Abschnitt 2.1.2.

[176] Vgl. 1Chr 23,11.18; 24,3.19; 26,30; 2Chr 17,14; 24,11; 26,11.

[177] H.G.M. WILLIAMSON, Israel 57, bezeichnet daher die Verbindung שַׂר־הַלְוִיִּם, die er mit „leaders of the Levites" übersetzt als „actual titles of the second temple period".

[178] Vgl. dazu Abschnitt 6.1.4; s.a. 1Chr 6,4: מִשְׁפְּחוֹת הַלֵּוִי לַאֲבוֹתֵיהֶם.

Leviten als diejenigen gekennzeichnet, die Gott besonders nahe stehen und damit eine herausragende Stellung einnehmen, die sie gegenüber anderen sozialen Gruppierungen, seien es die Priester oder Autoritäten der profanen Elite, hervorheben.

Eine theologische Begründung untermauert dieses Porträt. Der Grund für die Handhabung der Lade durch die Leviten wird in ihrer Erwählung durch Jahwe angegeben (V.2; vgl. 1Chr 16,41). Die Auswahl der Leviten zu diesem Dienst ruht damit nicht in besonderen Fähigkeiten oder Traditionen, sondern in Gottes eigenem Willen.[179] Aufgrund göttlicher Bestimmung sind die Leviten dafür prädestiniert, die Lade zu tragen. Die Chronik stellt damit klar, dass die Leerstelle des DtrG mit keiner anderen Personengruppe als den Leviten legitim zu füllen ist, da nur sie von Jahwe für diesen Dienst in seiner unmittelbaren Nähe im Angesicht der göttlichen Präsenz vorgesehen sind. Die Leviten werden dadurch innerhalb der Tempelbediensteten autorisiert und legitimiert. An diese Qualifikation schließt in 15,12.14 die Forderung nach einer besonderen Zurüstung zum Umgang mit der Lade in Form der Heiligung an.

Die Chronik knüpft an verschiedene weitere Aspekte aus dem Dtn an, die mit einander verbunden und in Auslegung der Schrift neu interpretiert werden.[180] Nach Dtn 31,25 befiehlt Mose den Leviten, die Lade zu tragen (וַיְצַו מֹשֶׁה אֶת־הַלְוִיִּם נֹשְׂאֵי אֲרוֹן בְּרִית־יְהוָה). Dtn 10,8 gibt an, dass der Stamm Levi (שֵׁבֶט הַלֵּוִי) zum Tragen der Lade ausgesondert (בדל hi.) ist. Liegt hier ein Auswahlkriterium vor, demzufolge einer durch Geburt bestimmten Personengruppe ein Amt zugesichert wird, so bewertet die Chronik diese Aussage durch den Hinweis auf die göttliche Erwählung neu, indem sie eine theologische Qualifikation hinzufügt. Das Stichwort „Erwählung" wiederum könnte an Dtn 18,5; 21,5 anknüpfen, wo allgemeiner von der Erwählung (בחר) zum Dienst vor Jahwe die Rede ist. Allerdings wird in Dtn 21,5 den הַכֹּהֲנִים בְּנֵי לֵוִי die göttliche Erwählung zugesagt, so dass diese Gruppe nicht mit den Leviten der Chronik in eins zu setzen ist, sondern die im Dtn anzutreffende Gruppe der הַכֹּהֲנִים הַלְוִיִּם bezeichnet. Dies greift auf Dtn 18,5 zurück, wo die Erwählung den Priestern gilt,[181] die gemäß der Einleitung im Kontext 18,1 als הַכֹּהֲנִים הַלְוִיִּם bestimmt werden. Begegnen im Dtn also

---

[179] Vgl. E. BEN ZVI, Sense 164f, der herausstellt, dass die Erwählung der Leviten die Korrespondenz von menschlichen Handlungen und Gottes Reaktion darauf in der Geschichte durchbricht.

[180] Nach P.B. DIRKSEN, 1 Chronicles 209, greift die Chronik damit auf eine besstehende mosaische Anrodnung zurück. Anders nimmt D. KELLERMANN, Levi 516, an, dass der Ladedienst der Leviten im DtrG in 1Sam 6,15; 2Sam 15,24; 1Kön 8,4 sekundär hinzugesetzt worden ist, um „die Rechte der Leviten zur Geltung zu bringen."

[181] Die Suffixe in V.5 wie in V.4 beziehen sich auf das nicht näher qualifizierte כֹּהֵן in V.3 zurück. Möglicherweise stammen die unterschiedlich qualifizierten Personengruppen von verschiedenen Redaktoren.

Priestergruppen, denen eine besondere göttliche Zuneigung zugesagt wird, so verändert die Chronik die Zielgruppe und verbindet die göttliche Erwählung so gerade nicht mit den Priestern, sondern mit den Leviten.

Dass die Chronik die Erwählung der Leviten mit der Lade und nicht mit dem Tempel verbindet, bezeichnet ein heilsgeschichtliches Prä der Leviten, das sie gegenüber den Priestern auszeichnet, da sie zu einem frühen Zeitpunkt in eine gewisse Gottesnähe gerückt werden.

Die Erwählung der Leviten, also ihre Aussonderung und Beauftragung mit einem besonderen Dienst, vermerkt die Chronik auch in 2Chr 29,11, wo die Leviten im Rahmen der hiskianischen Passafeier besondere Dienste übernehmen. Dort geht es nunmehr allerdings um den Tempel.

Darüber hinaus erhält die Erwählung der Leviten zum Dienst an der Lade in 1Chr 15,2 das Prädikat der ewigen Dauer. Der Dienst der Leviten an der Lade stellt also nicht eine zwischenzeitliche Einrichtung dar, die für den Transport und die Aufstellung der Lade begrenzt wäre, sondern ist als eine dauerhafte Zueignung zu sehen.

Diese Bestimmung steht in gewisser Spannung zu den Aussagen der Chronik, die von einem endgültigen Ruheplatz der Lade im Jerusalemer Tempel handeln (1Chr 6,16.22f; 28,2; 2Chr 6,41), und solchen Belegen, die angeben, dass die Leviten die Lade demgemäß fortan nicht mehr zu tragen brauchen (1Chr 23,26; 2Chr 35,3). Auf der Handlungsebene der Chronik geht die Zuordnung der Leviten nach der Ankunft der Lade auf den Dienst im Tempel über, so dass die Leviten bei der Lade genauso wie später im Tempel ihren Dienst versehen (שרת, vgl. auch 16,4).[182] Mit der Übertragung des Dienstes der Leviten von der Lade auf den Tempel wird die diesem Dienst zugeschriebene Qualität prolongiert.

Dass die Leviten die Lade tragen, gehört zur Standardbestimmung der Chronik für das Tempelpersonal. Werden in 1Chr 15 dafür die Grundlagen gelegt, so kommen andere Aussagen darauf zurück. Am entscheidendsten sind dabei die Aussagen, die in dem Bericht über die Aufstellung der Lade im Jerusalemer Tempel in 2Chr 5 gegenüber der dtr Vorlage in 1Kön 8 und deren Änderungen getroffen werden. Tragen nach dem DtrG die Priester die Lade in den Tempel (1Kön 8,3), so setzt die Chronik wiederum die Leviten an ihre Stelle (2Chr 5,4). Erst in dem Augenblick, als die Lade in das Allerheiligste gebracht wird, übernehmen die Priester die Lade (5,7.11). Dieser Personenwechsel ist aber nicht durch die Lade selbst motiviert, sondern aufgrund des endgültigen Aufstellplatzes erforderlich geworden. Da die Priester diejenigen sind, die allein das Recht zum Betreten des Allerheiligsten haben (1Chr 6,34; 23,13; vgl. 2Chr 29,16), müssen sie in diesem Raum alle Aufgaben selbst verrichten und übernehmen so von den Leviten auch die Lade. Dies ist die

---

[182] Vgl. W. RILEY, King 180–185. Demgegenüber geht S.S. TUELL, Chronicles 97, davon aus, dass der physisch schwere Dienst des Tragens der Lade durch einen spirituellen Dienst, den er in „liturgy, maintenance, and administration of the Jerusalem temple" erfüllt sieht, ergänzt wird.

Ausnahme. Außerhalb dieses besonderen Platzes im Tempel gelten in der Chronik jedoch die Leviten als diejenigen, die die Lade tragen (vgl. 1Chr 23,26; 2Chr 35,3).

Die Position, die den Leviten in der Letztfassung in 1Chr 15 zugeschrieben wird, verbindet den Dienst an der Lade mit musikalischen Funktionen im Kult, die wiederum an die Genealogien und die göttliche Erwählung zurückgebunden werden. Dieser Konnex ist theologisch und historiographisch bedeutsam, da er eine Kontinuität der levitischen Aufgaben im Dienst an Gott und am Heiligtum bezeichnet.

Um dies näherhin für die Sinngebung der Chronik auswerten zu können, ist der Folgeabschnitt 1Chr 16,1–7 mit in die Interpretation einzubeziehen. Die Doppelfunktion der Leviten als Träger der Lade (15,2.12.14f.26f) und Sänger / Musiker (15,16.19.22.27) findet sich nämlich auch in 1Chr 16,4, demzufolge die Leviten von David als Diener vor der Lade eingesetzt werden, deren Aufgabe im musikalischen Lobpreis Jahwes besteht.

> 1Chr 16,1–7: (1) Und sie (sc. die Leviten)[183] brachten die Lade Gottes und stellten sie in die Mitte des Zeltes, das David für sie aufgespannt hatte, und sie brachten Brandopfer und Schelamim-Opfer[184] vor Gott dar. (2) Und als David das Darbringen des Brandopfers und der Schelamim-Opfer beendet hatte, segnete er das Volk im Namen Jahwes (3) und teilte jedem Israeliten vom Mann bis zur Frau jedem einzelnen einen Brotfladen, einen Dattelkuchen[185] und einen Traubenkuchen aus. (4) Und er setzte vor der Lade Jah-

---

[183] Das Subjekt wird nicht angegeben. Unmittelbar vorher ist in einer anderen Szene von Michal und David die Rede (15,29b). Vorher wurde unpersönlich formuliert, dass die Lade nach Jerusalem kam (V.29a). Davor ist vom Volk die Rede, das die Lade unter Musikbegleitung hinaufbringt; V.28 bietet damit zwei mögliche Bezugsgrößen an: das genannte Volk und die implizit vorausgesetzten Leviten, die musizieren und in V.26f explizit als Träger der Lade erwähnt werden. Da die generellen Bezüge auf „man" und das Volk keinen geeigneten Anknüpfungspunkt bieten, ist m.E. an die Leviten als Subjekt für 16,1 zu denken.

[184] Der Begriff bleibt in dieser Untersuchung als Fremdwort stehen, da keine Einstimmigkeit über seine Übersetzung vorliegt. HAL 251 bietet „Schlachtopfer, Gemeinschaftsopfer", HAH[17] 837 nennt als weitere Möglichkeiten: Friedensopfer, Bundesopfer, Bezahlungsopfer, Dankopfer, Verpflichtungsopfer. In der Literatur sind „Abschlussopfer" (so z.B. R. RENDTORFF, Studien 165–167), „Gemeinschaftsopfer" (so z.B. G. STEINS, Chronik 153–158) oder „Heilsopfer" (so z.B. L. ROST, Studien 84) bzw. „offering of well-being" (P.D. MILLER, Religion 112f) zu finden. Zum den Schelamim-Opfern in der Chronik s.u. Abschnitt 3.5.5.

[185] So HAL 93 und HAH 110. אֶשְׁפָּר ist ein *hapax legomenon*, das nur noch in der Parallele 2Sam 6,19 vorkommt. Nach HAL 93 bezeichnet es „Proviant aus Datteln u. Cerealien". LXX setzt ἀρτοκοπικόν ein, was einem Brotbäcker entspräche und nicht recht zu den beiden flankierenden Opfergaben passt. In den Kommentaren herrscht Unklarheit über die Bedeutung. K. GALLING, Bücher 49, übersetzt „ein Stück Fleisch", was sich bei J.M. MYERS, I Chronicles 114, („a piece of meat") und S. JAPHET, Chronicles 309, („a portion of meat") wiederfindet. W. RUDOLPH, Chronikbücher 120, schlägt „Dattelkuchen" neben Ringbrot und Rosinenkuchen vor,

> wes Diener *von* den Leviten ein, *dass sie preisen, danken und Jahwe, den Gott Israels, rühmen:* (5) *Asaf als Oberhaupt und als seinen Stellvertreter Secharjah; Jeiel, Schemiramoth, Jechiel, Mattitjah, Eliab, Benajahu, Obed-Edom und Jeiel ließen Harfen-Instrumente und Zithern,*[186] *Asaf aber Zimbeln erschallen.* (6) *Doch die Priester Benajahu und Jachasiel bliesen beständig die Trompeten vor der Lade des Bundes Gottes.* (7) *An diesem Tag, damals übertrug David dem Haupt (den Auftrag), Jahwe durch Asaf und seine Brüder zu danken.*

Der Abschnitt schließt im Bericht an 1Chr 15 an, lediglich unterbrochen durch die Notiz über Michal in 15,29b, die aber gegenüber dem DtrG stark reduziert ist. Kapitel 16 setzt die Ladegeschichte fort, indem nunmehr der geglückte Vollzug mit einem Festakt und einer feierlichen Mahlzeit (16,2f) geschildert wird. Der in sich inhomogen wirkende Abschnitt, dessen Anfang 16,1–3 weitgehend der dtr Vorlage in 2Sam 6,17–19 folgt, verlängert das Fest, indem die dtr Schlussnotiz, dass jeder in sein Haus ging, getilgt wird und stattdessen die folgenden Verse als chr Eigenbildung angehängt werden.

Für die Chronik ist der Einsatz in V.4 bei den Leviten nun wieder entscheidend. Sobald die Lade ihren Standplatz erreicht hat, werden von David die Leviten als Diener der Lade eingesetzt. Mit dem Verb √ שרת ist ein typischer Begriff für den kultischen Dienst verwendet.[187] Die Chronik kennzeichnet damit hier wie auch sonst oft das Wirken der Leviten insgesamt, ohne spezifische Dienste zu unterscheiden. Wenn sodann musikalische Dienste als Aufgaben der Leviten bestimmt sind, wechselt der Dienst in einen anderen Bereich. Dem entspricht auch eine sprachliche Brüchigkeit. Nicht nur ist auffällig, dass bereits der erste Infinitiv in V.4b mit der Kopula angeschlossen ist, obwohl eine Verbindung mit ל passender gewesen wäre. Auch der partitive Gebrauch des מִן in V.4a ist bemerkenswert, da üblicherweise „die Leviten" als kollektive Größe erwähnt werden, auch wenn sachlich zutreffend hier nur eine Teilmenge von ihnen gemeint sein kann. Diese beiden sprachlichen Besonderheiten konvergieren mit einer Aufwer-

---

was ebenso in dem deutschen Kommentar von S. JAPHET, 1Chronik 298, erscheint. G.N. KNOPPERS, AncB 12A, 605.611, übersetzt „roll" (was in etwa einer Semmel entspräche) und verweist auf ein hebräisches Ostrakon aus dem 7./6. Jh. v.Chr., das den Begriff in einer Liste mit Nahrungsmitteln bietet (Beleg bei: A. LEMAIRE, Données 460f). An ein vegetabiles Produkt zu denken, ist auch aufgrund der beiden parallelen Begriffe naheliegend. Ob man tatsächlich einen Dattelkuchen annehmen muss oder auch ein anderes vergleichbares Nahrungsmittel einsetzen kann, ist aufgrund der geringen Belegung des Begriffs letztlich nicht zu entscheiden.

[186] Der Apparat der BHS schlägt vor, das ב bei וּבְכִנֹּרוֹת zu streichen. Dies ist vom Handschriftenbefund aber nicht gedeckt und zudem überflüssig, da die beiden parallelen Objekte ebenfalls mit ב konstruiert sind.

[187] Vgl. Abschnitt 2.1.2.

tung der Rolle Asafs in V.5.7[188] und machen auf ein Textwachstum und eine Aufgabenverschiebung aufmerksam, wie sie bereits oben in 1Chr 15,19–22a.24a beobachtet worden sind. Mit diesen Versen liegen 16,4b–7 auf einer Ebene. Setzt der ursprüngliche Text „die Leviten" zu Dienern vor der Lade ein, die für jegliche Belange zuständig sind, so verschiebt die erste Bearbeitung des Textes den Aspekt dahingehend, dass nunmehr auch einige von ihnen für die musikalische Gestaltung eingesetzt werden. Theologisch ist vor allem 16,4 beachtenswert. Einmal ist herauszustellen, dass die musikalischen Dienste an eine Einsetzung durch David gebunden und damit mit den anderen Diensten der Leviten auf eine Stufe gestellt werden. Wenn die Gruppe der Leviten nunmehr geteilt wird, so impliziert dies eine Ausweitung des Zuständigkeitsbereiches der Leviten. Das partitive מן teilt die Gruppe unter Verzicht auf das sonst typische „Brüder".

Am wichtigsten ist aber, dass durch die Aufgabenverlagerung bzw. Aufgabenerweiterung eine Kontinuität gewährleistet wird. Streng genommen endet der primäre Dienst der Leviten an der Lade, nämlich das Tragen derselben, mit ihrer Aufstellung. Nachdem die Lade erst in der Stiftshütte und dann im Tempel Ruhe gefunden hat (1Chr 6,16.22f; 28,2; 2Chr 6,41; vgl. 1Chr 23,25f.32), ist sie zu einem Stillstand gekommen. Die Lade ist an den Platz gelangt, den Jahwe als endgültigen Standpunkt durch die Hand Davids hat auserwählen lassen. Zwar sind Diener noch vor ihr aufgestellt, doch übernehmen diese allenfalls Wachdienste. Würde sich der Dienst der Leviten darauf beschränken, hätte ihr Aufgabengebiet einen Verlust an Umfang und Einfluss erlitten. Indem die Leviten nunmehr mit dem Ausüben von Musik beauftragt werden, gewährleisten sie als Personen die Kontinuität[189] im Kult. Die Musik ist das Verbindungsglied zwischen der mobilen Zeit der Lade und ihrer Aufstellung am Ruheort im Tempel. In der Musik liegt das Kontinuum, das zeitübergreifende Funktion in der Sinnkonstruktion der Chronik hat. Die Erwählung der Leviten zum Dienst wird bei der Sinnkonstruktion auf ihre erweiterten Aufgaben übertragen.

Der gleiche Gedanke ist auch in 1Chr 6,16f anzutreffen,[190] einem sekundären Verbindungsstück innerhalb der Levitengenealogie.[191] Die

---

[188] Anders sieht J.W. KLEINIG, Song 92, Asaf als Repräsentant Davids und Israels in 1Chr 16,7 genannt.

[189] Vgl. G. STEINS, Chronik 418, der von einer „historischen und funktionalen Kontinuität zwischen dem mosaischen Wüstenheiligtum und dem salomonischen Tempel" spricht, sowie J.T. SPARKS, Genealogy 43–45, der die funktionale und lokale Kontinuität in der Verehrung Jahwes zwischen dem Ladeheiligtum und dem Tempel betont.

[190] Nach M. OEMING, Israel 150, handelt es sich hierbei um eine Anspielung an 1Chr 15f.

[191] Anders M. OEMING, Israel 142–145.

Musik bildet auch dort das verbindende Element zwischen Lade, Stiftshütte und Tempel.

1Chr 6,16–17: (16) Und diese waren es, die David zur Leitung des Gesangs im Haus Jahwes bestellte, seitdem die Lade zur Ruhe gekommen war.[192] (17) Und sie waren Diener vor der Wohnstätte des Zeltes der Begegnung mit Gesang[193], bis Salomo das Haus Jahwes in Jerusalem baute; und sie dienten entsprechend ihrem Recht für ihre Arbeit.

In dem Moment, wo die Lade an ihrem endgültigen Platz zur Ruhe gekommen ist, ist ein Wendepunkt in der Geschichte markiert. Die Lade und der Dienst vor ihr werden übergeführt in den Dienst zunächst an der Stiftshütte und dann im Tempel.[194] Da die Chronik den Dienst der Leviten als eine entscheidende Stütze des Kultbetriebes schildert, muss sie die levitischen Funktionen neu ausrichten, um Kontinuität zu wahren. So wie die Leviten einst der Lade zugeordnet sind und vor ihr ihren Dienst versehen, sind sie nunmehr der Stiftshütte und dann vor allem dem Tempel als ihrem Dienstort zugeteilt. Aussagen wie 1Chr 6,16f; 16,4 schaffen ein wichtiges Scharnier in der Textwelt, das die vorstaatliche Zeit mit der Zeit der Monarchie verbindet und den Kult an dem mobilen Heiligtum zu dem Kult im Tempel in Beziehung setzt. Die Stiftshütte und schließlich der Tempel, der die Lade in sich aufnimmt, lösen damit das mobile Heiligtum ab und übernehmen dessen Bedeutung. Die Leviten werden dementsprechend dem Tempel zugeordnet und erhalten eine Neuorientierung, die ihren Status nicht mindert, sondern im Gegenteil erhöht. Durch die Erweiterung der Funktionen der Leviten auf die Dienste der Sänger / Musiker werden Lade und Tempel noch enger miteinander verzahnt, da die Musik und mit ihr die Leviten eine sakrale Kontinuität gewährleisten.

2.6 Die Leviten und der Krieg

Ein weiteres Wirkungsfeld der Leviten in der Chronik ist in militärische Aktionen eingebettet. An zwei Stellen berichtet die Chronik von einer Beteiligung von Leviten an Ereignissen, deren Verlauf von Waffengewalt begleitet wird: in der Liste der Soldaten Davids in 1Chr 12 und in der Episode des Sturzes der Königin Atalja in 2Chr 23.

Zu der Funktion der Leviten als *clerus minor* steht dieser Bereich auf den ersten Blick in einer gewissen Spannung. Doch es ist denkbar,

---

[192] מִן ist temporal zu verstehen, so dass ein Zeitpunkt bestimmt wird, seit dem die Regelung gilt.
[193] Dass Begleitinstrumente dazu gehören, ist nicht ausgeschlossen (vgl. die enge Beziehung von Gesang und Musik in 1Chr 16,42; 2Chr 5,13; 7,6; 34,12). Einen Reflex davon bietet noch die Septuaginta, wo שִׁיר mit ἐν ὀργάνοις übersetzt ist.
[194] S.a. S.J. SCHWEITZER, Utopia 155f.

dass die Chronik den Waffendienst der Leviten im Anschluss an ihren Ladedienst begreift. Eine solche Verbindung ergibt sich jedenfalls dann, wenn man annimmt, dass sich in der Chronik noch ein Reflex für die Lade als eines Kriegsheiligtums oder eines Feldzeichens findet.[195] Zunächst soll ausführlicher 1Chr 12,24–38 besprochen werden, da dieser Abschnitt einige Besonderheiten enthält. Danach ist nach Parallelen zu der Atalja-Episode, in der ebenfalls Leviten mit Waffen umgehen, zu fragen.

2.6.1 Levis Söhne als David unterstützende Soldaten – 1Chr 12,24–38

In 1Chr 12,24–38 ist vom Dienst an der Waffe eines jeden Stammes Israels die Rede. So wie alle Stämme waffenfähige Männer zur Verfügung stellen, sind auch die Söhne Levis darin eingeschlossen (V.27).

1Chr 12,24–41: (24) Diese sind die Zahlen der Häupter der für das Heer Ausgerüsteten, die zu David nach Hebron kamen, um das Königreich Sauls gemäß dem Willen Jahwes ihm zu übertragen. (25) Die Söhne Judas, die Schild und Speer trugen, 6800, ausgerüstet für das Heer. (26) Von den Söhnen Simeons, tüchtige Krieger für das Heer, 7100. (27) Von den Söhnen Levis 4600. (28) Und Jehojada, der Vorsteher von Aaron, und mit ihm 3700. (29) Und Zadoq, ein junger Krieger, und das Haus seines Vaters, 22 Obere. (30) Und von den Söhnen Benjamins, den Brüdern Sauls, 3000; und bis damals hielten viele von ihnen dem Haus Sauls gegenüber die Treue. (31) Und von den Söhnen Ephraims 20800, tüchtige Krieger, Männer mit (berühmten) Namen vom Haus ihrer Väter. (32) Und vom halben Stamm Manasse 18000, die mit Namen angegeben waren, um zu kommen, dass sie David zum König machten. (33) Und von den Söhnen Issaschars, Kundige in der Erkenntnis der Zeiten[196], zu wissen was Israel tun solle; ihre Häupter waren 200, und alle ihre Brüder (handelten) entsprechend ihrem Befehl. (34) Und von Sebulon, die mit dem Heer auszogen (und) die Schlacht mit allen Kriegswaffen ausrüsteten, 50000, um mit ungeteiltem Herzen[197] zu helfen[198]. (35) Und von Naphthali 1000 Obere, und mit ihnen 37000 mit Schild

---

[195] Vgl. J.P. SPENCER, Tasks 270; J.W. WRIGHT, Gates passim, der die Torhüterfunktionen als „paramilitary ... force" bestimmt (69). S.a. T. POLK, Levites 7.

[196] Einige Handschriften sowie LXX und Vulgata lesen לְעִתָּם anstatt לְעִתִּים. Der unbestimmte Plural scheint mir hier sinnvoller zu sein, da es sich um eine allgemeine Aufgabenbeschreibung der Personengruppe handelt, die erst im folgenden Satzteil auf eine Situation hin konkretisiert wird. Issaschar wird hier mit Weisheit verbunden; vgl. G.N. KNOPPERS, AncB 12A, 569.

[197] Diese seltene Formulierung (MT: בְּלֹא־לֵב וָלֵב) korrigieren viele Handschriften in בְּכָל־לֵב וָלֵב, was einer Übersetzung von „mit ganzem Herzen" entspräche. LXX bietet eine eigenständige Variante, die von ihrer Tendenz eher MT unterstützt: οὐχ ἑτεροκλινῶς / „ohne Verratsabsichten", wobei in LXX zusätzlich David als indirektes Objekt eingeführt wird.

[198] Wenige Handschriften lesen nicht das Verb עדר, sondern עזר, was auch LXX und weiteren Übersetzungen zugrunde liegt. Da die *lectio difficilior* hier (anders als in V.39, s.u.) keinen Sinn macht, sollte mit עזר übersetzt werden.

und Speer. (36) Und von Dan, ausgerüstet zum Krieg 28600. (37) Und von Asser, die zum Herr auszogen, ausgerüstet zum Krieg, 40000. (38) Und von jenseits des Jordans von den Rubenitern und den Gaditern und dem halben Stamm Manasse mit allem Kriegsgerät[199], 120000. (39) Alle diese Kriegsmänner waren voll ausgerüstet[200] (und) kamen mit aufrichtigem Herzen nach Hebron, um David zum König über ganz Israel zu machen. Und auch der ganze Rest[201] Israels war eines Herzens, David zum König zu machen. (40) Und sie waren dort bei David drei Tage lang, aßen und tranken (mit ihm), denn ihre Brüder hatten (es) für sie vorbereitet. (41) Und sogar die, die nahe bei ihnen waren, bis Issaschar und Sebulon und Naphthali, brachten Brot auf Eseln und auf Kamelen, auf Maultieren und auf Stier(en), viel Speise, Mehl, Feigen[202] und Rosinen[203], Wein und Öl, Rind und Kleinvieh, denn Freude (herrschte) in Israel.

Auch von den Leviten gehört eine Anzahl zu den waffentragenden Sympathisanten Davids aus allen Stämmen Israels. Die Provenienz des in der Liste 12,24–38 verarbeiteten Materials ist unklar, da es keine Parallele im DtrG gibt; zwar weist sie chr Spracheigentümlichkeiten auf, bietet aber andererseits theologische Differenzen zur Chronik, wie gleich zu zeigen ist.[204] Diesem Charakter entspricht auch die anschließende Inthronisationsfeier (12,39–41). Am ehesten wird man das als separat überliefertes Quellenmaterial bestimmen können, was allerdings aufgrund fehlender außerbiblischer Belege unsicher bleibt.[205]

An der Erwähnung der Leviten ist interessant, dass sie in mehrerer Hinsicht für die Chronik untypisch geschildert sind. Darauf verweist schon die Terminologie. Während die Leviten üblicherweise als הַלְוִיִּם genannt sind, steht in V.27 מִן־בְּנֵי הַלֵּוִי. Außerhalb der Genealogien ist dies der einzige Beleg, der Levi als Stammhalter nennt, so dass die Leviten als seine Söhne bzw. Nachkommen erscheinen.

Des Weiteren ist die Position der Leviten bemerkenswert. Die Leviten sind nach Juda und Simeon an dritter Stelle genannt; ihnen folgen

---

[199] Der Apparat der BHS schlägt vor, die komplexe Wendung בְּכֹל כְּלֵי צָבָא מִלְחָמָה mit der schlichteren Wendung בְּכָל־כְּלֵי מִלְחָמָה („Kriegswaffen") in V.34 anzugleichen. Eine Textgrundlage wird dafür jedoch nicht angegeben. Die Übersetzung mit „Kriegsgerät" gibt der längeren Variante mit צָבָא Ausdruck.

[200] Einige Handschriften korrigieren עדר mit ערך. Die semantische Differenz ist unerheblich, da beide Verben hier die Ausrüstung bezeichnen.

[201] Das *hapax legomenon* שְׁרִית ist mit wenigen Handschriften als שְׁאֵרִית zu lesen.

[202] HAL 200 und HAH[17] 237 geben als Übersetzung für דְּבֵלִים „Feigenkuchen" an. Aufgrund der Parallele zu und an im Kontext (bis auf Brot und Wein ausschließlich) genannten Rohprodukten empfiehlt sich hier eine Wiedergabe mit „Feigen".

[203] HAL 968 nennt als Übersetzung für וְצִמּוּקִים: Rosinen, getrocknete Oliven, (getrocknete) Trauben sowie Kuchen aus getrockneten Trauben.

[204] Vgl. S. JAPHET, Chronicles 257; DIES., 1Chronik 243–246.

[205] S. JAPHET, Chronicles 258f. Somit nimmt K. GALLING, Chronik 45, an, dass sie aus chr Zeit stammt, da V.41 „die nördlich von Samarien wohnende Diaspora" im Blick hat. Da die hier genannten Stämme jedoch eine Doppelung zu der eigentlichen Liste in V.25–38 sind, kann es sich hierbei auch um eine Erweiterung späterer Tage handeln.

die Aaroniden (V.28f). Der Platz der Leviten sticht also nicht heraus. Ebensowenig fällt ihre Größe ins Gewicht, da die Leviten nach den Aaroniden die zweitkleinste Einheit bilden. Während von den vier zunächst genannten Gruppen sowie Benjamin (V.25–30), die zum Kerngebiet Judas gehören, vergleichsweise geringe Soldatenzahlen angegeben werden, sind für die nachfolgenden Stämme aus dem Nordreich und jenseits des Jordans (V.31–38) um ein fünf- bis zehnfaches größere Mengen erwähnt.[206] Auffällig ist darüber hinaus mehr noch, dass die Leviten denkbar blass geschildert sind. Erhalten die Krieger fast aller übrigen Stämme eine nähere Explikation ihrer besonderen Vorzüge oder Leistungen, so wird bei den Leviten auf eine nähere Kennzeichnung verzichtet.

Insgesamt ist zu beobachten, dass die Chronik die Erwähnung von Leviten an dieser Stelle gerade nicht zu einer längeren Ausführung über diese Gruppe nutzt, wie es sonst oft geschieht. Dies ist bemerkenswert, da die übliche Herausstellung der Leviten hier nicht zu finden ist. Ein möglicher Grund könnte in der militärischen Funktion der Liste liegen, die keinen Anlass gab, die Leviten weiter zu profilieren.[207]

Diese untypische Art der Einbindung von Leviten ist vielleicht einem Interesse an Traditionsbewahrung geschuldet. Dahinter könnte eine Erinnerung an die in Ex 32,26–28 geschilderte Szene stehen, wo Mose die Leviten (כָּל־בְּנֵי לֵוִי) auffordert, ihr Schwert zu ergreifen und die von Jahwe abgefallenen Israeliten zu töten. Mit Schwert bewaffnete Leviten treten auch in Gen 34,25f; 49,5–7 in Erscheinung. Eine solche Erinnerung an militärische Handlungen von Leviten wird als Traditionsstück kommentarlos integriert. Ist vermutet worden, dass es in der Vorzeit so etwas wie einen ‚militanten Levitismus' gab,[208] so könnte dies ein möglicher Anknüpfungspunkt sein, so dass die Chronik hier Schriftauslegung betreibt. Eine andere Möglichkeit wäre, dass dieses militante Levitenbild an die Torgewalt der Torhüter anschließt.[209] Das würde allerdings voraussetzen, dass der Levitenbeleg in V.27 auf einer Ebene der Chronik liegt, in der die Torhüter bereits als Leviten gelten.[210] Dies scheint mir aber nicht angebracht, da in der Fortschreibung

---

[206] Zur Problematik der Zahlenangaben vgl. die neueste Diskussion der Forschungspositionen bei G.N. KNOPPERS, AncB 12A, 569–571. Die Zahlen reflektieren kaum tatsächliche Größenangaben, sondern dienen der Deutung der Geschichte, um aufzuzeigen, dass deren Ereignisse von der breiten Bevölkerung unterstützt werden. S.a. E. BEN ZVI, Gateway 222.

[207] Nach J. JARRICK, Chronicles 146, sei dies so zu interpretieren, dass „the role of the army and king in overall control of the Levites" (a.a.O. 148) besteht.

[208] So M. OEMING, Israel 150.151; vgl. J.S. BADEN, Origins 111f.116.

[209] Ähnlich G.N. KNOPPERS, AncB 12A, 567f.

[210] Vgl. für V.26 H.G.M. WILLIAMSON, Chronicles 111; s.a. für V.26–29: W. RUDOLPH, Chronikbücher 109; für V.27–28 S.J. DE VRIES, Chronicles 131; für V.26–28: R.L. BRAUN, 1Chronicles 170; für V.27–29 P.B. DIRKSEN, 1 Chronicles 188.276f.

der Chronik eine Tendenz zur Ausgestaltung von Leviten und deren Tätigkeitsfeldern zu erkennen ist, die hier gerade fehlt. Daher spricht einiges dafür, dass Leviten als Soldaten ein frühes, möglicherweise vor-chr Bild darstellen. Für die Sinnwelt der Chronik scheint die militärische Tradition nicht mehr vorrangig wichtig zu sein, da sie dieses Bild weder ausbaut noch es mit anderen Elementen levitischer Charakteristika verknüpft. Immerhin hält die Chronik aber daran fest, dass Leviten auch mit Waffengewalt tätig sind, wobei sie dies auf Aktionen zur Unterstützung Davids bezieht.

Die Leviten treten als Soldaten in dem Moment in Erscheinung, wo David als König inthronisiert und Saul durch tödliches Ausscheiden abgelöst wird.[211] Die Leviten nehmen eine bedeutsame Position in der Geschichtsbewertung der Chronik im Umschwung der Epochen wahr. Als David untersützende Truppe erscheinen sie in 1Chr 12 in der Funktion einer Gruppe, die Jahwes Willen für Israels Geschichte zu realisieren hilft (vgl. 12,24.39). Das Gewicht liegt nicht auf den Aufgaben der Leviten selbst, sondern integriert die Gruppe in ein Konzept der Geschichtsdeutung.

Die Leviten unterstützen damit einerseits die Einheit und Harmonie von „ganz Israel"; sie sind ein Teil von „ganz Israel".[212] Andererseits stehen sie auf der Seite Davids.[213] Dies tun sie hier nicht deswegen, weil David als Kultgründer in der Chronik gilt, sondern in Wahrnehmung profaner Interessen. Insofern die Leviten damit an einer weltlichen Seite der Macht partizipieren, tritt ein weiteres Charakteristikum zu ihrem Porträt hinzu. An diese profane Seite der Macht knüpfen spätere Ausgestaltungen der Chronik zu Leviten als Verwaltungspersonal und Schreiber an.[214]

Ein Ausbau der Listeneinträge scheint dennoch nicht im Interesse der Chronik zu liegen, da es nicht ihrer Sinnkonstruktion entspricht, die Leviten in der Funktion von Kriegern zu exponieren. Zwar gehören die Leviten zu denjenigen dazu, die royale Interessen unterstützen. Doch hält die Sinnkonstruktion den militärischen Dienst nicht für eine beson-

---

[211] Zur marginalisierenden Schilderung Sauls in der Chronik vgl. J. VAN OOR-SCHOT, Geschichte 20f. I. KALIMI, Geschichtsschreibung 276–278, macht Saul und David als Kontrastfiguren aus, wobei Saul die Stellung einer Antifigur und David die Funktion einer Heldenfigur einnimmt. Zu dieser Charakteristik passst die Stellung der Leviten, die in der konträren Schilderung der beiden Könige nicht auf der Seite Sauls stehen, sondern David als legitimen König unterstützen, was van Oorshot als Ausdruck der „Norm- und Sinngebung" der Chronik interpretiert (ebd. 21).

[212] Zur Bedeutung von „ganz Israel" vgl. Abschnitt 1.3.2.1. sowie 6.1.1.

[213] Diesem Ziel dient letztlich die gesamte in 1Chr 11–12 geschilderte Episode des von Jahwe und Israel unterstützen Herrschaftsantritts Davids; vgl. G.N. KNOPPERS, AncB 12A 575–578.

[214] Vgl. dazu Abschnitt 5.

dere Auszeichnung der Leviten, der in Analogie zu anderen Funktionen steht, mit denen die Leviten in der Chronik profiliert werden.[215]

2.6.2 Die Leviten und ihre Waffengewalt

Dass Leviten als Soldaten in einer kritischen Situation bei der Durchsetzung der royalen Position verhelfen, ist auch in der Episoden 2Chr 23 das entscheidende Merkmal. Hierbei ist der königliche Herrscher allerdings nicht mehr David, sondern Joasch. Die gesamte Textpassage 2Chr 23 wird später in einem anderen Kontext vorgestellt.[216] Hier ist jedoch schon einmal ein Blick die Waffen tragenden Leviten vorauszugreifen.

In der Episode um den Sturz der Königin Atalja (2Chr 23) treten Leviten als Soldaten auf und bilden eine Art Leibgarde des Königs.[217] Die Leviten beschützen den Prinzen Joasch, indem sie mit den Waffen in der Hand vor ihn treten und ihn vor der gegnerischen Partei um Atalja beschützen (V.7).

Die Chronik setzt dabei Leviten in Funktionen ein, die in der dtr Vorlage in 2Kön 11,11 noch der Leibwache des Königs (הָרָצִים אִישׁ) zukommen. Die Änderung der Chronik gegenüber dem DtrG mag durch den Tempelvorplatz als Ort der Szene motiviert sein. Die Heiligkeit des gesamten Tempelareals könnte zur Veränderung der Handlungsträger geführt haben. Gleichwohl fällt auf, wie sehr die Leviten in militärische Belange eingebunden sind, zumal sie in der Szene ebenso kultische Aufgaben wahrnehmen (vgl. V.4.6.18; s.a. Sänger / Musiker in V.13, Torhüter in V.4f.19). Für die Chronik stehen die verschiedenen Aufgaben nebeneinander und machen den Spielraum levitischer Tätigkeiten aus. Die Leviten erscheinen als multi-funktionale Gruppierung, wobei sakrale und profane Dienste vorhanden sind.

Die Leviten erhalten also auch hier profane Aufgaben an Waffen, die als Unterstützung der davidischen Monarchie vorgestellt wird. Die Leviten agieren als königliche Leibwache, die der Durchsetzung royaler Interessen dient. Die Leviten fördern die rechtmäßig anerkannte und von Jahwe legitimierte königliche Linie. Die Sicherung des Prinzen knüpft an die Unterstützung Davids an; so wie die Leviten treu zu David standen, schützen sie seine Dynastie auch in späteren Situationen

---

[215] S. dazu die Abschnitte 4 und 5.

[216] Zu 2Chr 23 vgl. Abschnitt 3.1.

[217] Nach J.W. WRIGHT, Gates 73f, gehört dies zu den Aufgaben der Torhüter, die die Chronik folgendermaßen beschreibt: „the gatekeepers are portrayed as a significant part of the military force within the city. Once the coup is complete, they are established permanently in their routine tasks around the temple. As gatekeepers, the Chronicler does not portray them normally as an attacking force, but as social deterrents and enforces of order and political stability within the city and province. Their daily tasks, therefore, also included other responsibilities." Dies gilt, mutatis mutandis, für das Wirkungsfeld der Leviten in 2Chr 23.

der Gefährdung der Dynastie. Die Chronik betreibt theologische Geschichtsschreibung, mit der die davidische Dynastie ins Recht gesetzt wird.

3 Die Leviten und der Vollzug der Opfer

In der Chronik fallen unterschiedliche Verantwortungsbereiche für die Darbringung der Opfer im Kult auf. In 1Chronik bringen die Priester die Opfer dar, während die Leviten als *clerus minor* Zuarbeiten leisten (vgl. 1Chr 6,33f; 9,26b–34; 23,28–32). Anders ist in einigen Texten in 2Chronik davon die Rede, dass auch Leviten opfern. Nachdem im vorhergehenden Abschnitt den Grundbestimmungen der in den Kult eingebundenen Leviten, wie sie für die Chronik als Dienste des *clerus minor* gelten, festgestellt worden sind, ist nunmehr den Opferhandlungen nachzugehen, an denen Leviten in besonderer Weise beteiligt werden. Bei allen Belegen handelt es sich um Notizen innerhalb von Berichten über kultische Feierlichkeiten anlässlich eines einschneidenden geschichtlichen Ereignisses. An solchen Ereignissen werden Leviten in herausragender Weise beteiligt, wozu auch die von ihnen dargebrachten Opfer gehören.

3.1 Der Dienst der Leviten nach der Ordnung durch Jojada – 2Chr 23,1–21

Nachdem Joasch gegen Atalja zum König erhoben und Atalja samt ihren Gefolgsleuten entmachtet worden ist (23,1–17),[1] lässt die chronistische Darstellung Jojada[2] den Dienst im Tempel für Priester und Leviten[3] neu ordnen. Die Chronik gestaltet hier die dtr Episode aus 2Kön 11 durch Auslassungen, Ergänzungen[4] und stilistische sowie theologische Änderungen weitgehend um.[5] Wesentliche Ergänzungen liegen in den Bestimmungen über die Leviten (z.B. in 23,2f.6f.18f), die das Interesse der Chronik an dieser Gruppe zeigen.

---

[1] Vgl. dazu näherhin A. LABAHN, Atalja 279–283.

[2] Jojada ist für die Chronik eine ausgesprochen positive Gestalt; vgl. I. KALIMI, Geschichtsschreibung 152–154; A. LABAHN, Atalja 285.

[3] Statt ‚levitische Priester' ist wohl ‚Priester und Leviten' zu lesen; zur textkritischen Entscheidung s.u.

[4] Aufgrund umfangreicher Ergänzungen postuliert R.B. DILLARD, 2Chronicles 179, die Existenz einer weiteren Quelle neben dem DtrG; erwogen auch bei H.G.M. WILLIAMSON, Chronicles 312f. C. LEVIN, Sturz 14, denkt hierfür an die „Tagebücher der Könige von Juda". Dies ist allerdings nicht zwingend anzunehmen, da ebenso eine umfangreiche chr Neugestaltung vorliegen kann.

[5] Signifikant sind die Korrekturen in der Präsentation der Bundesschlüsse in V.3 gegenüber 2Kön 11,4 und vor allem in 2Chr 23,16 gegenüber 2Kön 11,17, wo aus dem vom Hohenpriester vermittelten Bundesschluss zwischen Jahwe und dem König ein Bundesschluss zwischen dem Hohenpriester, dem ganzen Volk und dem König wird; damit ist die dtr Bundestheologie aufgelöst.

Bei der Beteiligung von Leviten fällt zunächst auf, dass ihnen unterschiedliche Aufgaben angetragen werden. Vor Beilegung der royalen Krisen und bei der Krönung agieren die Leviten als Torhüter sowie als Waffenträger,[6] indem sie den König mit der Waffe in der Hand verteidigen (23,7).[7] Nach Beilegung der Krise sind sie in den Tempeldienst eingebunden (V.18f). In diesem Zusammenhang wird den Leviten das Darbringen von Opfern angetragen; vor allem diesem Aspekt ist hier nachzugehen.

2Chr 23,1–21: (1) Aber im siebten Jahr war Jehojada erstarkt, so dass er die Oberen über Hunderte nahm: Asarjahu, den Sohn Jerochams, und Jischmael, den Sohn Jehochanas, und Asarjahu, den Sohn Obeds, und Maasejahu, den Sohn Adajahus, und Elischafat, den Sohn Sichris, und (sie traten) mit ihm in einen Bund (ein)[8]. (2) Und sie gingen umher in Juda und sammelten die Leviten aus allen Städten Judas und die Sippenhäupter Israels, und sie kamen nach Jerusalem. (3) Und die ganze Versammlung schloss im Haus Gottes einen Bund mit dem König[9]. Und er (sc. Jehojada)[10] sagte zu ihnen:[11] Siehe, der Sohn des Königs soll herrschen, wie Jahwe (es) für die Söhne Davids bestimmt hat. (4) Dies ist der Plan, den ihr ausführen sollt: Das Drittel von euch, die zum Sabbat kommen, die Priester und die Leviten (sollen) als Torhüter der Schwellen (arbeiten).[12] (5) Das andere Drittel soll im Haus des Königs sein, und das weitere Drittel soll am Grundtor sein.

---

6 W. RUDOLPH, Chronikbücher 271, stößt sich daran und will in den Waffen geistliche Waffen sehen. Ferner bestimmt er die Angabe als sekundäre Übernahme aus dem DtrG. Dies wirft allerdings das Problem des Verhältnisses zum DtrG auf; die Chronik hätte dann entweder zweimal auf das DtrG zurückgegriffen oder man müsste eine un-dtr chr Grundschrift postulieren. – Anders sieht M. OEMING, Israel 150f, darin einen Nachklang aus der militärischen Vorzeit des Levitentums.

7 Vgl. oben Abschnitt 2.6.

8 Die Chronik sprengt die dtr Bundesterminologie aus 2Kön 11,4 auf, so dass die beiden letzten Worte unverbunden im Satz stehen.

9 Gemeint ist der noch nicht inthronisierte Nachkomme aus dem Königsgeschlecht: Joasch. Der Apparat der BHS schlägt vor, anstatt עִם־הַמֶּלֶךְ besser עַל־ zu lesen. Dieser Vorschlag ist insofern sinnvoll, da der noch minderjährige König nicht selbst als Vertragspartner auftreten kann, sondern Gegenstand des Vertrages ist. Doch gibt es für die Textänderung keinen Textzeugen, so dass an dem schwierigen masoretischen Text festzuhalten ist.

10 Handelndes Subjekt ist hier in Rückbezug auf V.1 der Priester Jojada.

11 Für die vom Apparat der BHS vorgeschlagene Textergänzung aus 2Kön 11,4 gibt es keinen hebräischen Textzeugen. Dass die LXX einen entsprechenden Text bietet, ist nicht verwunderlich, da sie auch sonst gelegentlich an die dtr Parallele angleicht; zur „Deuteronomisierung" der Chronik-LXX vgl. A. LABAHN, D. SÄNGER, Paraleipomenon 1041.

12 BHS schlägt vor, לְשֹׁעֲרֵי הַסִּפִּים als הַסִּפִּים לְשֹׁמְרֵי לְשֹׁעֲרִים zu lesen. Die Konjektur korrigiert, dass dem Satz ein Verb fehlt, das den angekündigten Inhalt der Arbeitsanweisung enthält. Nach E. JENNI, Lamed 33f, bildet die Wortfolge eine „Revaluation eines Lebewesens", die mit ‚A wird zu B' zu übersetzen wäre. Dass eine Aufforderung („sollen") naheliegt, zeigt die Einleitung זֶה הַדָּבָר אֲשֶׁר תַּעֲשׂוּ an, wie es auch die Übersetzungen bei K. GALLING, Bücher 134; W. RUDOLPH, Chronikbücher 270, anbieten.

Und das ganze Volk soll (sich) in den Vorhöfen des Hauses Jahwes (aufhalten). (6) Aber sie sollen nicht in das Haus Jahwes gehen; denn dies ist den Priestern und den Diensthabenden der Leviten vorbehalten. *Die sollen hineingehen,* denn sie sind heilig, und das ganze Volk soll die Anordnung[13] Jahwes beachten. (7) Und die Leviten sollen den König von allen Seiten umgeben, ein jeder mit seinen Waffen in seiner Hand; – Und wer zum Haus kommt, der soll getötet werden. – sie sollen um den König sein, wenn er hineingeht und herauskommt. (8) Und die Leviten und ganz Juda taten alles so, wie es der Priester Jehojada angeordnet hatte; jeder nahm seine Männer, sowohl diejenigen, die am Sabbat ihren Dienst antraten, als auch diejenigen, die am Sabbat ihren Dienst beendeten, die der Priester Jehojada jetzt aber nicht aus ihrem Dienst in den Abteilungen entließ. (9) Und der Priester Jehojada gab den Oberen über Hundert Speere und Schilde und sonstige Waffen, die dem König David gehörten und im Haus Gottes (gelagert waren). (10) Und er stellte das ganze Volk auf, einen jeden mit einem Wurfspieß in seiner Hand, von der rechten Seite des Hauses bis zur linken Seite des Hauses, um den Altar und um das Haus, ringsum den König. (11) Und dann brachten sie den Sohn des Königs heraus und setzten ihm das Diadem auf und (gaben ihm) das Zepter; so machten sie ihn zum König, und Jehojada und seine Söhne salbten ihn und riefen: Es lebe der König! (12) Da hörte Ataljahu die Stimme des Volkes, wie sie hinliefen und dem König zujubelten. Und sie kam zu dem Volk in das Haus Jahwes (13) und sah. Und siehe, der König stand an seiner Säule am Eingang. Und die Oberen und die Trompeter für den König und das ganze Volk des Landes freuten sich und bliesen die Trompeten, und die Sänger musizierten auf ihren Instrumenten und riefen Festzeiten zum Jubeln aus. Da zerriss Ataljahu ihre Gewänder und schrie: Verrat, Verrat! (14) Und der Priester Jehojada führte die Oberen über Hunderte, die Aufseher im Heer waren, heraus und sagte zu ihnen: Bringt sie aus dem Haus durch die Reihen (der Krieger) hindurch! Und wer ihr nachgeht, soll durch das Schwert getötet werden! Denn – so hatte (es) der Priester gesagt – ihr sollt sie nicht im Hause Jahwes töten. (15) Und sie legten die Hände an sie und sie ging zum Eingang des Königspalastes am Pferdetor und sie töteten sie dort. (16) Und Jehojada schloss einen Bund zwischen sich und dem ganzen Volk und dem König, dass sie zum Volk für Jahwe werden. (17) Und das ganze Volk kam zum Haus Baals, und sie rissen es nieder und zerbrachen seine Altäre und seine Bilder und töteten Mathan, den Priester Baals, vor den Altären. (18) Und Jehojada setzte Wachen für das Haus Jahwes ein durch die Hand der Priester und[14] der Leviten, (die nach Abteilungen geordnet aufgestellt waren und) die David für das Haus Jahwes verteilt hatte, *um Brandopfer für Jahwe darzubringen,* wie es im Gesetz Moses geschrieben war, unter Freude und Gesang, nach den Anordnungen Davids. (19) Und er bestellte die Torhüter in die Tore des Hauses Jahwes, und es kam kein in irgendeiner Hinsicht Unreiner hinein. (20) Und er nahm die Oberen über Hunderte und die Mächtigen und die Herrschenden im Volk und das ganze Volk des Landes und führte den König aus dem Haus Jahwes hinab und brachte ihn durch das obere Tor des Königspalastes, und sie setzen den König auf den Thron des Königreiches. (21) Und das ganze Volk

---

[13] מִשְׁמֶרֶת bezeichnet hier nach HAH[18] 758 eine Anordnung.
[14] Zur textkritischen Entscheidung s.u.

des Landes freute sich, und die Stadt hatte Ruhe, weil[15] sie Ataljahu mit dem Schwert getötet hatten.

Bevor die Stellung und Funktion der Leviten exegetisch erfasst wird, ist zunächst eine textkritisch wichtige Variante zu klären. Textlich unklar und sachlich problematisch ist die Benennung des Kultpersonals in V.18 als הַכֹּהֲנִים הַלְוִיִּם. In Entsprechung zur dtr Begrifflichkeit ist in vielen Handschriften von ‚levitischen Priestern' (הַכֹּהֲנִים הַלְוִיִּם) die Rede. Allerdings gibt es für V.18f keine direkte dtr Vorlage,[16] da es sich hierbei um chr Eigenformulierungen handelt. Die Wendung הַכֹּהֲנִים הַלְוִיִּם ist in der Chronik unüblich, da die dtr Terminologie in der Regel durch ein eingeschobenes ו auflöst wird,[17] so dass Priester und Leviten ihrem jeweiligen Aufgabenbereich zugeordnet werden. So findet es sich auch in wenigen hebräischen Handschriften, in denen das sonst geläufige ו [und] eingefügt wird.

Ferner wird in einigen Handschriften die weiterhin chr gut überlieferte Wendung, dass *sie nach Abteilungen geordnet aufgestellt worden seien* (וַיַּעֲמֵד אֶת־מַחְלְקוֹת),[18] eingefügt. Da dieser Überlieferungsbefund von den Übersetzungen der Septuaginta, der Vulgata und des syrischen Textes bestätigt wird, ist davon auszugehen, dass deren Vorlage bereits die längere Form enthielt. Diese Version ist wohl gegen die textkritische Regel *lectio brevior potior* als Originalbestand an dieser Stelle anzusehen.[19] Das passt auch zu dem folgenden Sinnzusammenhang in V.18, der nach der kürzeren Lesart besagt, dass *David sie verteilt habe.* Das Verb √חלק wird in der Chronik auch sonst auf verschiedene Abteilungen von Leviten bezogen. Dieser Gebrauch ist auch hier anzunehmen, so dass ein Vorgang bezeichnet ist, demgemäß eine Gruppe von Personen aus einer größeren Menge ausgesondert und auf ihre Posten verteilt wird. Jede Abteilung ist in einem Bereich des Tempels tätig, wobei im Folgenden einige genannt werden, unter denen auch die Torhüter subsumiert sind (V.19). In der Chronik ist ein solcher Zusammenhang nichts Ungewöhnliches. Ähnlich ist es auch in 2Chr 35,4 zu finden, wo das Aufstellen der Abteilungen von Leviten zu ihren Diensten

---

[15] Das letzte Textsegment in Kap. 23, das betont das Objekt Atalja voranstellt, dient als Begründung für die eingekehrte Ruhe, die einen Schalom-Zustand bezeichnet und an die Zeit unter Salomo zurück erinnert.

[16] S. aber 2Kön 11,18b, das hier stark abgewandelt und umgedeutet wird; vgl. dazu S. JAPHET, Chronicles 836; DIES., 2Chronik 291f.

[17] Einzige weitere Ausnahme ist 2Chr 30,27; s.u. Abschnitt 3.3.

[18] Vgl. den statistischen Befund: neben drei Belegen aus dem Josuabuch und jeweils einem Beleg aus Ezechiel (Ez 48,29) und Nehemia (Neh 11,36) ist מַחְלְקוֹת nur in der Chronik zu finden; hier 27 mal.

[19] Vgl. W. RUDOLPH, Chronikbücher 272; R.B. DILLARD, 2Chronicles 178; S. JAPHET, Chronicles 826.835; R. NURMELA, Levites 142. Anders A.H.J. GUNNEWEG, Leviten 207; E.M. DÖRRFUSS, Mose 197.

genannt wird, bevor ihnen ihre Aufgabe im Einzelnen zugewiesen
wird.

Der harmonische Fluss der Szene ist in V.6aβ.18bα gestört; beide
Unterbrechungen betreffen Funktionen von Leviten und erweisen sich
im Kontext als sperrig. V.5b begrenzt den Zugangsbereich des Tempels für das Volk auf die
Vorhöfe. V.6aα schließt daran an und erklärt, dass das Tempelgebäude
allein dem Tempelpersonal zugänglich ist. V.6aβ führt dazu als weitere
Erklärung den heiligen Status an. Bezogen ist diese Äußerung auf die
unmittelbar zuvor genannte Personengruppe, die durch das nachfolgende הֵמָּה aufgenommen wird. Die Erklärung bezieht sich damit m.E.
auf die Leviten allein. Sprachlich überrascht, dass zweimal das Perso-
nalpronomen הֵמָּה gebraucht wird, das die Begründung einleitet und ab-
schließt (הֵמָּה קֹדֶשׁ כִּי־יָבֹאוּ הֵמָּה). Die Doppelung zeigt ein doppeltes
Textwachstum, mit dem die Leviten besonders qualifiziert werden.
Zunächst wird ihr Zugangsbereich noch mal eigens geregelt. Dann werden die Leviten durch ‚heilig' (קֹדֶשׁ) näher qualifiziert. Im Mikrokontext überascht dieses Adjektiv, da es in V.4–8 um Torhüteraufgaben
zum Schutz des Prinzen geht. Für diese Dienste ist jedoch keine Heiligkeit des Personals vorausgesetzt – über die Torhüter, in deren Aufgabenbereich diese Dienste fallen, urteilt die Chronik sonst auch nicht so.
Der Bezugspunkt von V.6aβ scheint also woanders zu liegen.

Er passt zu V.18ba, wo es um das Darbringen von Opfern geht, da
hierzu in der Tat besondere Bedingungen für das Personal gelten. Auch
V.18 zeigt Spuren eines Wachstums. Er benennt sakrale Aufgaben der
Priester und Leviten, wobei zuerst die kultische Verantwortung der
Priester herausgestellt wird (vgl. בְּיַד, das hier wohl nicht instrumental
zu verstehen ist, sondern die maßgebliche Verantwortung kenntlich
macht) und dann Aufgaben der Leviten benannt sind. Die verschiedenen Aufgaben sind mit unterschiedlichen Autoritäten verbunden. So
wird zunächst festgestellt, dass Jojada die Leviten zu ihrem kultischen
Dienst gemäß den davidischen Bestimmungen einteilt (V.18a). Im Folgenden wird der Dienst der Leviten in der Darbringung der Brandopfer
allerdings auf eine Anweisung im Buch des Mose zurückgeführt
(V.18bα). Zum Schluss heißt es, dass gemäß der davidischen Anordnung die Neuordnung der sakralen Dienste unter Freudenrufen und mit
Gesang stattfindet (V.18bβ). Die kultischen Bestimmungen werden damit abgeschlossen, dass zuletzt der friedvolle Dienst der Torhüter herausgestellt wird, die darauf Acht haben, dass kein Unreiner den Tempel
betritt (V.19).

An dieser Aneinanderreihung von kultischen Aufgaben überrascht
nicht nur die unterschiedliche Autorität, unter die sie gestellt werden,
sondern auch die formale Uneinheitlichkeit in der Benennung der Aufgaben. Stilistisch unterbricht ein finaler Infinitiv mit der Präposition לְ
eine Reihe von finiten Verbformen. Dieser sprachlichen Auffälligkeit
entspricht eine theologische Neuakzentuierung, insofern der Infinitiv

eine Zweckbestimmung einführt, die unter mosaischer Autorität steht (לְהַעֲלוֹת עֹלוֹת יְהוָה כַּכָּתוּב בְּתוֹרַת מֹשֶׁה). Entfernt man den Hinweis auf Mose und die Tora, ergibt sich eine Regelung des Kultes, die auf davidische Autorität gegründet ist und die Leviten in ihren Abteilungen mit der Wahrnehmung von musikalischen Diensten und Torhüterfunktionen beauftragt. Demgegenüber sticht die die Aufgabe des Opferns heraus, die schließlich mittels einer theologischen Umakzentuierung die Dienste der Leviten unter mosaische Autorität stellt.[20]
Die Ergänzungen liegen allerdings, wie Parallelitäten zu anderen Belegen zeigen, auf mehreren Ebenen.[21] Zunächst wird der Zugang der Leviten zum inneren Tempelbereich geregelt (V.6aβ); ferner werden ihnen Opferdienste angetragen (18bα). In einem nächsten Schritt werden sie für heilig erklärt (V.6aβ). Schließlich wird auf der letzten Stufe diese Funktionserweiterung unter die Autorität des Mose und der Tora gestellt (18bα). Mit diesen Erweiterungen baut die Chronik das Porträt der Leviten innerhalb des Kultes aus. Indem die Chronik sie Opfer darbringen lässt, werden die Leviten mit den Priestern auf eine Stufe gestellt. Die Chronik legitimiert diese levitischen Funktionen schießlich mit einer Anordnung durch Mose. Indem eine ältere Autorität als David angeführt wird, greift die Chronik auf eine Person zurück, die durch ihr Alter höhere Autorität repräsentiert. Zudem tritt die Tora als autoritative Größe hinzu.

Das Opfer, das die Leviten und die Priester darbringen, ist als das Brandopfer (עוֹלָה) angegeben. Die Wendung kann in zweierlei Weise interpretiert werden: entweder ist לְהַעֲלוֹת עֹלוֹת allgemein zur Bezeichnung von Opfern gemeint, wie es auch in anderen Belegen der Chronik vorkommt,[22] oder es ist speziell an das Brandopfer zu denken. Da das Opfer hier nicht näher spezifiziert ist, scheint mir eine generelle Notiz vorzuliegen. Diese passt gut zur chr Theologie. So wie die Ruhe, die nach der Tötung Ataljas eingekehrt ist (V.21), einen heilvollen Zustand bezeichnet, spiegelt sich diese heilsgeschichtliche Situation auch in der Opferdarbringung. In 2Chr 23 wird diese chr Bewertung der historischen Situation nicht wie in anderen Texten[23] durch einen Festakt ausgestaltet. Dennoch signalisieren die Brandopfer einen besonderen Moment in der Geschichte Israels, insofern sie den Beginn der Wiederaufnahme des regulären Tempelkultes bezeichnen.

Die Sinnkonstruktion der Chronik deutet die zunächst profane und militante Szene kultisch aus. Beide Aspekte, Profanität wie Sakralität,

---

[20] Ähnlich E.M. DÖRRFUSS, Mose 202.204f, der allerdings einen chr Grundtext ohne Bezug auf die Leviten annimmt, der dann zweifach überarbeitet worden sei: zunächst durch den Hinweis auf die davidische Anordnung des Wächterdienstes und dann durch die Erweiterung um die Tora Moses.

[21] Vgl. vor allem zu 2Chr 30 in Abschnitt 3.3.

[22] Vgl. 2Chr 13,10f; 24,14; 29,27f.31; 31,3.

[23] Vgl. 1Chr 21,23–26.29.31; 22,1; 29,20–22; 2Chr 1,6. Weiterhin s.u. Abschnitt 3.5.3.

werden von den Leviten erfüllt, indem sie sowohl zu den Waffenträgern und Verteidigern der davidischen Dynastie gehören als auch für die kultischen Handlungen durch ihre Heiligkeit besonders qualifiziert sind.

3.2 Die Leviten – Erwählt zum Opfern (קטר) – 2Chr 29,4–19

Der nächste Beleg der Chronik über ein Opfern der Leviten fällt in die Darstellung der Hiskiazeit. Der Beginn der chr Darstellung der Regierungszeit Hiskias in 2Chr 29,1f ist weitgehend wörtlich aus 2Kön 18,2f entnommen. Daran schließen in der Chronik umfangreiche Ergänzungen an, die aus mehreren Szenen bestehen und deren Gestalt typische Merkmale der chr Historiographie und Theologie trägt. Sie beginnen mit einer Säuberungsaktion im Jerusalemer Tempel (29,4–19), die Hiskia den Priestern und Leviten auszuführen aufträgt. In die Säuberungsaktion ist eine Rede Hiskias eingeflochten, die den früheren Generationen („unsere Väter", אֲבֹתֵינוּ) Verfehlungen gegenüber Jahwe vorwirft derart, dass sie ihn verlassen und den Tempelkult nicht ordnungsgemäß zelebriert haben (V.6–9). Gerahmt ist diese Rede von königlichen Anweisungen an Priester und Leviten zur Beseitigung der Missstände und zur Wiedereinrichtung des rechten Kultus (V.4f.10ff). Die breit angelegte Säuberungsaktion des Tempels schließt sowohl kultische Maßnahmen (V.4f.11.15) als auch Aktionen der Schmutzbeseitigung ein (V.16f). An diese gesamte Szene schließen sich am Ende Opferfeierlichkeiten im Tempel an (29,20–36).[24]

2Chr 29,4–19: (4) Und er (sc. Chisqijahu) ließ die Priester und die Leviten kommen und versammelte sie auf dem Platz im Osten[25]. (5) Und er sagte zu ihnen: Hört auf mich, ihr Leviten, und heiligt euch jetzt und heiligt das Haus Jahwes, des Gottes eurer Väter, und bringt den Unrat[26] aus der heiligen Stätte hinaus.

---

[24] Vgl. Abschnitt 3.5.1.

[25] Gemeint ist wohl der östliche Tempelvorplatz; vgl. W. RUDOLPH, Chronikbücher 292; S. JAPHET, Chronicles 910. W. JOHNSTONE, Chronicles II 161.190.193, denkt an das Wassertor im Osten, das Zugang zum Kidrontal gewährt. Ähnlich gehen H.G.M. WILLIAMSON, Chronicles 352f; R.B. DILLARD, 2Chronicles 234, von einem Bereich zwischen dem östlichen Tempeltor und dem Stadttor im Osten aus, wie es in Neh 8,1.3 erwähnt ist. P.R. ACKROYD, Chronicles 181, spricht von „square on the east of the temple".

[26] Welche Art von „Unrat" gemeint ist, geht aus dem Text nicht hervor; נִדָּה kann vielfältige Bedeutung haben und Abfall meinen oder einen unerlaubten Zugang zum Tempelbereich bezeichnen; vgl. W. JOHNSTONE, Chronicles II 191. Da in der Chronik die Legitimation des Betretens des Tempels kein Thema ist, scheint ein eher wörtlicher Sinn von Schmutz, der sich über die Jahre des verschlossenen und nicht benutzten Tempels angesammelt hat (V.7), gemeint zu sein.

(6) Denn unsre Väter waren untreu und taten das Böse in den Augen Jahwes, unseres Gottes; sie verließen ihn und wendeten ihre Angesichter von dem Heiligtum Jahwes ab und kehrten ihm den Rücken zu. (7) Auch verschlossen sie die Türen der Vorhalle und löschten die Leuchter; Räucheropfer ließen sie nicht (mehr) in Rauch aufsteigen und auch ein Brandopfer brachten sie im Heiligtum nicht (mehr) für den Gott Israels dar. (8) Und (so) kam der Zorn Jahwes über Juda und Jerusalem und machte sie zum Schreckbild, zum Entsetzen und zum Spott,²⁷ wie ihr (es) mit euren Augen seht. (9) Und siehe, unsere Väter fielen durch das Schwert und unsere Söhne, unsere Töchter und unsere Frauen wurden deswegen in die Gefangenschaft geführt. (10) Jetzt aber, (habe ich) mit meinem Herzen (beschlossen), einen Bund mit Jahwe, dem Gott Israels, zu schließen, damit die Glut seines Zorns von uns weichen möge.

(11) Nun, meine Söhne, seid nicht nachlässig, denn euch hat Jahwe erwählt, vor ihm zu stehen, ihm zu dienen und für ihn da zu sein als solche, die dienen und (Räucher-)Opfer darbringen. (12) *Da standen die Leviten auf: Machat, der Sohn des Amasai, und Joel, der Sohn des Asarjahu, von den Kehatitern; und von den Meraritern Qisch, der Sohn des Abddi, und Asarjahu, der Sohn Jehalelel; und von den Gerschonitern Joach, der Sohn des Simmah, und Eden, der Sohn des Joach;* (13) *und von den Söhnen²⁸ Elizafans Schimri und Jeiel²⁹; und von den Söhnen Asafs Secharjahu und Mathanjahu;* (14) *und von den Söhnen Hemans Jechiel³⁰ und Schimi; und von den Söhnen Jeduthuns Schemajah und Ussiel.* (15) Und sie versammelten ihre Brüder und heiligten sich und gingen entsprechend der Anordnung des Königs auf den Wegen Jahwes, um das Haus Jahwes zu reinigen.

(16) Da gingen die Priester in das Haus Jahwes hinein zur Reinigung und brachten den ganzen Unrat, der in den Tempel Jahwes gelangt war, heraus in den Vorhof des Hauses Jahwes. Und die Leviten nahmen (ihn), um (ihn) zum Wadi Kidron³¹ hinauszubringen. (17) Und sie weihten (den Tempel)

---

²⁷ Der nicht ganz glatte und für eine Rede eher ungewöhnliche Anschluss mit וַיְהִי könnte daher kommen, dass Ankündigungen des Horrors aus Jer 29,18 aufgenommen und mit der Regierungszeit des Ahas verbunden werden. Insgesamt entspricht die Anklage in V.6–9 den Mustern dtr Geschichtsrückblicke, die hier jedoch von der Chronik analog zu 2Chr 28,5–9.17f.24 nachgeahmt und neu geschaffen werden; vgl. I. KALIMI, Geschichtsschreibung 189f; s.a. G. VON RAD, Predigt 252f. Angespielt ist ferner an Jer 18,16; 19,8; 25,9.18; 51,37; vgl. W. JOHNSTONE, Chronicles II 191; W. ZWICKEL, Räucherkult 326. Demgegenüber bezeichnet H.G.M. WILLIAMSON, Chronicles 353, dies als „‚exilic‘ pattern", wie es auch in Dtn 28,5.41; Jer 15,4; 19,8; 25,9.18; 34,17; Ez 23,46 belegt sei.

²⁸ Eine Handschrift fügt Merari ein. Diese singuläre Ergänzung stellt einen Schreibfehler dar, der den bereits in V.12 genannten levitischen Stammvater wiederholt. Die genealogische Zuordnung ist überflüssig, da in V.13 Elizafan die Stelle des Familienoberhauptes einnimmt, wie es später auch Asaf (V.13b) sowie Heman und Jeduthun (V.14) zugewiesen wird.

²⁹ Mit dem Qere und einigen Handschriften ist der Name wohl gegen MT als יעיאל zu lesen.

³⁰ Mit dem Qere und einigen Handschriften ist der Name wohl gegen MT als יחיאל zu lesen.

³¹ Der Ort eignete sich zur Aufnahme des Unrats, da er als Begräbnisstätte ohnehin als unrein galt; vgl. H.G.M. WILLIAMSON, Chronicles 355. Das Wadi dient in der Geschichtsschreibung ebenso zur Aufnahme unbrauchbar gemachter und aus

> zur Heiligung am ersten Tag des Monats und am achten Tag des Monats
> gingen sie in die Vorhalle (des Hauses) Jahwes und sie heiligten das Haus
> Jahwes acht Tage lang; und am 16. Tag des ersten Monats waren sie fertig.
> (18) Und sie gingen hinein zu dem König Chisqijahu und sprachen: Wir ha-
> ben das ganze Haus Jahwes gereinigt, den Brandopferaltar und alle seine
> Geräte sowie den Tisch der Schaubrote und alle seine Geräte. (19) Und alle
> Geräte, die der König Achas während seiner Herrschaft mit seiner Sünde
> entweiht hatte, haben wir aufgestellt und geheiligt; siehe, (sie sind) vor dem
> Altar Jahwes.

Die Art und Weise, wie die Maßnahmen durchgeführt werden, ist in
der Chronik singulär. Beachtlich ist, dass die Arbeiten in klarer Aufgabenverteilung innerhalb des Tempelpersonals erfolgen. Demgegenüber
ergeben die kultischen Maßnahmen (29,4.5aα.11.15) ein weniger klares
Bild, da hierbei einige Spannungen zu beobachten sind.[32] Zunächst fällt
auf, dass einerseits zu der Säuberungsaktion sowohl Priester[33] als auch
Leviten vorgesehen sind (29,4.16f), andererseits aber einige Aktionen
lediglich den Leviten angetragen werden (29,5aβ.11–15). Der initiierende Akt Hiskias mit der Versammlung des aus Priestern und Leviten
bestehenden Tempelpersonals in V.4 passt weder zu der folgenden
Kurzansprache an die Leviten in V.5aβ[34] noch zu der etwas längeren
Aufforderung in V.11, noch zu den mit den Leviten verbundenen Aktionen in V.15. Demgegenüber passt die Einleitung in V.4 zu V.5aα.b
und der Ausführung der Anweisung in V.16f, ungeachtet des einge-
schobenen Geschichtsrückblicks (V.6–9), der als Begründung und Anlass für die Aktion Hiskias (V.10) dient. Während also die Säuberung
des Tempels beiden Gruppen, den Priestern und den Leviten, aufgetra-
gen ist und auch von ihnen gemeinsam durchgeführt wird, fallen die
Passagen auf, in denen allein von den Leviten die Rede ist. Hier wech-
seln nicht nur die Aktanten, sondern es werden auch andere Akzente
als in der eigentlichen Szene gesetzt.

Die ausschließlich die Leviten betreffenden Elemente des Abschnitts stehen nicht nur in Spannung zum Kontext, sondern sind auch
untereinander uneinheitlich. Die Namensliste in V.12–14 gibt aus den

---

dem Tempel entfernter Götterbilder des Baal und der Aschera; vgl. 2Chr 15,16;
30,14; 2Kön 23,4.6.12.

[32]   Dennoch plädieren W. RUDOLPH, Chronikbücher 291; H.G.M. WILLIAMSON,
Chronicles 352; S.J. DE VRIES, Chronicles 370, für die Einheitlichkeit des Abschnitts. Anders W. ZWICKEL, Räucherkult 325–328, der lediglich V.3–5.16–18 für
ursprünglich hält und mit einem zweifachen Wachstum rechnet: zunächst erweitert
um V.12–14, danach Erweiterungen in V.5f.8f sowie schließlich nach-chr Zusätze
in V.7.10f.

[33]   Aufgrund dieser Spannung betrachtet A.C. WELCH, Work 103–105, die Pries-
terpassagen in V.4.16a als sekundäre Einfügungen einer pro-priesterlichen Revision der Chronik; s.a. D.L. PETERSEN, Prophecy 77–85.

[34]   Vgl. H.-S. BAE, Suche 18; anders nimmt S.L. MCKENZIE, Chronicles 341, an,
der Terminus „Leviten" gelte „in a broader sense, and so includes the priests"; so
auch W. JOHNSTONE, Chronicles II 190.

prominenten levitischen Familien jeweils zwei für die Aufgaben Verantwortliche an. Dass diese Liste eine spätere Form darstellt, geht daraus hervor, dass neben den ursprünglichen Levitenfamilien der Kehatiter, Merariter und Gerschoniter (V.12) auch andere levitische Sippenhäupter begegnen, die erst im Laufe der Zeit eine Bedeutung in der Chronik erlangen: Elizafan, Asaf, Heman, Jeduthun (V.13f).[35] Da die gesamte Liste in V.12–14 in sich formal einheitlich ist, ist nicht mit einer sekundären Erweiterung einer bereits vorliegenden kürzeren Liste (etwa aus V.12) zu rechnen; vielmehr sind V.12–14 in einem späteren Stadium insgesamt angefügt worden. Dadurch werden prominente Familien integriert.[36] Die Liste V.12–14 stellt möglicherweise eine Reaktion auf die Einfügung der Ämterlisten in 1Chr 23–27 dar.[37]

Gegenüber der Namensliste V.12–14 heben sich V.5aβ.11.15 heraus, da in ihnen theologische Neubewertungen der Leviten insgesamt erfolgen. In V.5aβ.15 ist von der Heiligung (קדשׁ) der Leviten die Rede. Im Kontext von 2Chr 29 fällt dieses Stichwort deshalb auf, da die Heiligung für die Arbeiten am äußeren Tempelbereich nicht nötig wäre und zudem von den Priestern nicht in gleicher Weise behauptet wird. Ist bereits in anderen Passagen beobachtet worden, dass das Stichwort „Heiligkeit" eine spätere theologische Herausstellung der Leviten prägt (vgl. 2Chr 23,6; 29,34; 30,15bα.17b; 31,18b; 35,3; s.a. 1Chr 15,12.14), so trifft dies auch hier zu. Die Neubewertung der Leviten korrespondiert terminologisch und sachlich der Weihe des Tempels (vgl. 29,5. 17). Die Aufwertung der Leviten geht in V.11 noch einen Schritt weiter, indem jetzt von ihrer Erwählung die Rede ist. Der Gedanke der Erwählung ist mit den Leviten bereits im Zusammenhang der Lade gefallen (1Chr 15,2; vgl. 1Chr 16,41).[38] Hier nun ist der Begriff auf ihren Dienst im Tempel überhaupt ausgeweitet, da √ שׁרת den levitischen Dienst insgesamt umschreibt,[39] was durch die im folgenden artikulierte Nähe zu Jahwe (וְלִהְיוֹת לוֹ) verstärkt wird.[40] In gewisser Weise betreibt die Chronik hier Schriftauslegung und knüpft an Dtn 10,8; 18,5 an, modifiziert diese jedoch insofern, als die im Dtn vorge-

---

[35] Vgl. die Annahme von W. JOHNSTONE, Chronicles I 86f, der den in V.12 genannten Simmah mit dem gleichnamigen Leviten aus 1Chr 6,5.27 identifiziert.

[36] Vgl. T. WILLI, Auslegung 199, der V.12 hinzunimmt. S. JAPHET, Chronicles 921, sieht in ihr ein fiktives Konstrukt mit der Intention, stets eine Siebenzahl in diesem Abschnitt zu erhalten (vgl. 7 Familien, jeweils 7 geopferte Tiere in 29,21). Dass eine idealisierte Liste vorliegt, ist gut möglich; das braucht jedoch nicht auszuschließen, dass bedeutsame Familien dafür zitiert werden, zumal ihre Namen in der Chronik auch anderweitig begegnen.

[37] Zu 1Chr 23–27 vgl. Abschnitt 4.2 und 6.2.

[38] Vgl. oben Abschnitt 2.5.

[39] Vgl. oben Abschnitt 2.1.2.

[40] In dem positiven Kontext ist der vorausgehende Imperativ אַל־תִּשָּׁלוּ dann eher als ermutigende Anrede und nicht so sehr als Ermahnung zu verstehen, wie es S.J. DE VRIES, Chronicles 374, vorschlägt.

nommenen funktionalen Bestimmungen der Leviten (der Erwählungs-
aussage בדל hi. in 10,8 bzw. בחר in 18,5 folgen jeweils שרת und עמד
sowie ברך in 10,8) nunmehr durch die Stichworte Heiligkeit und Gottesnähe neu akzentuiert und intensiviert werden. Damit formuliert 2Chr
29,11 eine Spitzenaussage, die die Leviten als von Jahwe besonders ge-
segnete Gruppe herausstellt.[41] Eine solche Formulierung ist eine späte
Akzentuierung der Chronik, mit der eine theologische Würdigung dieser Gruppe des Tempelpersonals ausgedrückt wird. Die Tendenz dieser
Aussage geht über die bloße Erwähnung von Namen hinaus; sie bewertet die Funktion der genannten Personen. Die theologische Spitzenaussage der Erwählung steht innerhalb der theologischen Neubewertung der Leviten in der Mitte (V.11), gerahmt von den Voten über ihre
Heiligung bzw. Heiligkeit (V.5aβ.15).

Weitere Aspekte ergänzen dieses Bild späterer Ergänzungen und
qualifizieren die Gruppe der Leviten. Das Stichwort ‚levitische Brüder'
(V.15, vgl. 29,34) wird in der Chronik des Öfteren zur Anbindung
weiterer Levitenfamilien genutzt.[42] Zudem sind die Leviten in besondere Verbundenheit zu Hiskia gestellt,[43] da seine Anweisung (V.15:
מִצְוַת־הַמֶּלֶךְ) für sie verbindlich ist und daher von ihnen getreu ausgeführt
wird. Ferner erscheinen die Leviten in der Anrede Hiskias als „meine
Söhne" (בָּנַי, V.11). Dies erinnert an die Aussage, dass Hiskia zu dem
Herzen der Leviten spricht (vgl. 2Chr 30,22).[44] Daher sind es auch die
Leviten allein, die nach V.17f[45] in den Palast Hiskias gehen und ihm
über die erfolgte Reinigungsaktion Bericht erstatten. Formal fällt das
zweimal wiederkehrende עַתָּה in 2Chr 29 auf, das zunächst eine glie-
dernde Funktion erhält und eine Handlung einer vorausgehenden Rede
zuweist (V.10), dann aber als Stilmittel-Imitation in V.11 dient, um
spätere Einfügungen vorzunehmen.

Zu diesem theologischen Konzept gehört schließlich auch die Aussage, dass die Leviten opfern (V.11: קטר). Auffällig ist daran, dass die
Leviten allein als diejenige Gruppe genannt sind, die opfern. Dabei
wird mit √ קטר eine recht vage Formulierung benutzt. Dabei stellt sich
allerdings die Frage, ob der Begriff generell jedwede Opferart meint,

---

[41] Nach S.L. MCKENZIE, Chronicles 341, gilt diese Aussage den zur Zeit der
Chronik lebenden Leviten.

[42] Vgl. unten Abschnitt 6.

[43] W. JOHNSTONE, Chronicles II 189, deutet den Namen Hiskias symbolisch:
„May the LORD establish" und bezieht diese Aussage auf Hiskias Charakterisierung
in der Chronik. Dieser Gedanke ließe sich gut mit den Leviten verbinden, da sie zur
Wiedereinsetzung und Aufrechterhaltung des Kultes von Hiskia eingesetzt sind und
insofern an Hiskias Gottesnähe partizipieren. S.a. S.J. SCHWEITZER, Utopia 111f,
der an der chr Darstellung Hiskias seine „continued faithfulness" hervorhebt.

[44] Zu der Metapher vgl. A. LABAHN, Heart 17–22.

[45] Subjekt von V.17 sind die in V.16b erwähnten Leviten, da kein neues Subjekt
eingeführt ist; anders geht von Priester und Leviten aus: W. RUDOLPH, Chronikbücher 293.

eine semantische Möglichkeit von קטר, die in der Chronik auch in 2Chr 32,12 vorliegt, oder ob hier speziell an die Darbringung von Räucheropfern gedacht ist. Da im Kontext die Doppelwendungen עלה עוֹלָה und קטר קְטֹרֶת vorkommen (V.7), ist anzunehmen, dass der blasse Terminus eines einfachen קטר bewusst vage gewählt worden ist, um keine der Möglichkeiten der Identifikation des Opfers auszuschließen. Die Wahl von קטר grenzt sich gegen die chr Stellen ab, die vom Brandopfer *pars pro toto* für die Opfer im Kult schlechthin reden, da dort als opferndes Kultpersonal Priester und Leviten genannt sind.[46] Wenn hier die Leviten als Verantwortliche für Opferhandlungen bestimmt werden, muss ein anderer Begriff gewählt werden, um innerhalb der Schrift keine Kontradiktionen zu schaffen. Wegen seiner vielfältigen Identifikationsmöglichkeiten kann קטר dennoch auf den gesamten Kult bezogen sein; das würde bedeuten, dass der Kult hier den Leviten zugeordnet wird. Damit wäre eine beinah unerhörte Verschiebung der Verantwortung für den gesamten Kultbetrieb vorgenommen, die selbst in der Chronik, in der die Leviten vielfältig hervortreten, einzigartig wäre.

Es ist aber nicht auszuschließen, dass hier (mindestens auch) speziell an Räucheropfer gedacht ist. Da bei diesem Opfer lediglich Harze und Gewürze verbrannt werden, doch keine therioiden Opfer anfallen und daher nicht das Problem ritueller Schlachtung aufgrund vergossenen Blutes besteht, kann dieses Opfer leichter in nicht-priesterliche Hände gelegt werden.[47] Die Chronik weist den erwähnten Vorgang des קטר gänzlich den Leviten zu. Nähere Details verschweigt sie allerdings, so dass weder Hinweise über die Art der Darbringung noch über das Opfergut noch den Opfervorgang gesetzt werden. Demgegenüber zeigt die Chronik ein stärkeres Interessse an den an der Opferdarbringung beteiligten Personen.

Die Chronik spricht also – mit dezenter Formulierung – das Räucheropfer den Leviten zu. Mit dieser Neuzuschreibung schließt sie an einen Zeitgeschmack an, da das Räucheropfer in der Zeit des Zweiten Tempels beliebt und gebräuchlich gewesen zu sein scheint. Dafür sprechen jedenfalls Funde perserzeitlicher Kultobjekte in Form kleiner Räucherkästen, die an verschiedenen Stätten in Palästina entdeckt wurden.[48]

3.3 Das von Hiskia initiierte Passafest – 2Chr 30

Der in der Chronik bedeutendste Komplex, in dem Opferzeremonien einen wesentlichen Anteil an dem berichteten Geschehen haben, befindet sich in 2Chr 29–31, der chr Variante des unter Hiskia veranstalteten

---

[46] Vgl. 2Chr 13,10f; 23,18; 24,14; 29,27f.31; s. weiter Abschnitt 3.5.3.
[47] Vgl. s. weiter Abschnitt 3.5.9.
[48] Vgl. s. weiter Abschnitt 3.5.9.

Passafestes, deren schmalere Vorlage aus 2Kön 18,1–6 durch Einbau verschiedener Passagen beträchtlich ausgeweitet wird. Im Zentrum steht die eigentliche Passafeier in 2Chr 30, mit der die Chronik ein Pendant zu der Passafeier unter Josia gestaltet.

2Chr 30,1–31,1: (30,1) Und Chisqijahu sandte zu ganz Israel und Juda und schrieb sogar Briefe an Ephraim und Manasse, zum Haus Jahwes in Jerusalem zu kommen, um das Passa für Jahwe, den Gott Israels, zu begehen. (2) So versammelten sich der König und seine Oberen sowie die ganze Versammlung in Jerusalem, um das Passa im zweiten Monat zu begehen. (3) Denn sie konnten (es) zu jener Zeit nicht begehen, da die Priester sich nicht genügend geheiligt hatten und das Volk nicht in Jerusalem versammelt war. (4) So war diese Angelegenheit recht in den Augen des Königs und in den Augen der ganzen Versammlung. (5) Und diese bestätigten die Angelegenheit, dass eine Stimme ergehen sollte durch ganz Israel von Beerscheba bis nach Dan (mit der Aufforderung) zu kommen und das Passa für Jahwe, den Gott Israels, in Jerusalem zu begehen. Denn ihre Anzahl war nicht genug, dass sie es halten konnten, wie es geschrieben war.
(6) So gingen Läufer mit den Briefen aus der Hand des Königs und seiner Oberen durch ganz Israel und Juda gemäß[49] der folgenden Weisung des Königs: Israel(iten), kehrt um zu Jahwe, dem Gott Abrahams, Isaaks und Israels, damit er sich den Entronnenen unter euch, die unter der Hand der Könige von Assur übrig geblieben sind, wieder zuwenden möge. (7) Seid nicht wie eure Väter und eure Brüder, die treulos gegenüber Jahwe, dem Gott ihrer Väter, waren, so dass er sie zur Verwüstung machte, wie ihr selbst seht. (8) Und jetzt, seid nicht halsstarrig wie eure Väter, streckt die Hand nach Jahwe aus und kommt zu seinem Heiligtum, das er für alle Zeiten heiligt, und dient Jahwe, eurem Gott, damit die Glut seines Zorns sich von euch abwenden möge. (9) Denn wenn ihr zu Jahwe umkehrt, so (finden) eure Brüder und eure Söhne Barmherzigkeit von denen, die sie umgewendet haben, und kehren zu diesem Land zurück. Denn gnädig und barmherzig ist Jahwe, euer Gott, und er wird das Angesicht nicht von euch abkehren, wenn ihr zu ihm zurückkehrt.
(10) Und so geschah es, dass die Läufer von Stadt zu Stadt zogen durch das Gebiet von Ephraim und Manasse und bis nach Sebulon. Doch es geschah, dass sie über sie spotteten und sie verlachten. (11) Aber (einige) Männer aus Asser, Manasse und Sebulon demütigten sich und kamen nach Jerusalem. (12) Auch in Juda wurde die Hand Gottes wirksam, insofern er ihnen ein (einträchtiges) Herz gab, dass sie das Gebot des Königs und der Oberen befolgten gemäß dem Wort Jahwes.
(13) *Und viel Volk versammelte sich in Jerusalem, um das Mazzotfest im zweiten Monat zu begehen.* Die Versammlung war sehr groß. (14) Und sie erhoben sich und rissen die Altäre in Jerusalem ab, alle Räucheropferstätten[50] rissen sie nieder und warfen sie in das Kidrontal. (15) Und sie schlachteten das Passa am 14. (Tag) des zweiten Monats. Aber die Priester

---

[49] Die Handschriftenüberlieferung ist gespalten; einige lesen mit MT וּכְמִצְוַת, während andere ובמצות bieten. Sinngemäß muss eine Präposition wie „nach" oder „gemäß" folgen, was in der Regel mit בּ angezeigt ist, so dass diese Variante den korrekten Text darstellen sollte.

[50] W. ZWICKEL, Räucherkult 329, plädiert dafür, in כָּל־הַמְקַטְּרוֹת eine Bezeichnung für „alle Arten von Kultgeräten für das Räuchern" zu sehen.

und die Leviten schämten sich und heiligten sich und brachten die Brandopfer in das Haus Jahwes. (16) Und sie standen auf ihren Posten gemäß
dem Gesetz für sie, gemäß der Weisung Moses, des Gottesmannes. Und
die Priester versprengten das Blut aus den Händen der Leviten. (17) Denn
die Versammlung war zu zahlreich, so dass sie sich nicht (alle) heiligen
konnten, und *die Leviten schlachteten*[51] *(deshalb) das Passa für alle Unrei-
nen* aufgrund ihrer für Jahwe erworbenen Heiligkeit. (18) *Denn die Mehrzahl des Volkes, viele aus Ephraim und Manasse, Issaschar und Sebulon
waren nicht rein, so dass sie das Passa nicht vorschriftsgemäß aßen. Deshalb bat Chisqijahu für sie folgendermaßen: Guter Jahwe, entsündige jetzt
(19) jeden, der sein Herz bereitet, um Gott zu suchen, Jahwe, den Gott seiner Väter, auch wenn (dies) nicht gemäß der Reinheit des Heiligtums
(geschieht). (20) Und Jahwe hörte auf Chisqijahu und heilte das Volk.*
(21) So begingen die Israeliten, die nach Jerusalem gekommen waren, *das
Mazzotfest* sieben Tage lang mit großer Freude, und täglich lobten Jahwe
die Leviten und die Priester mit starken (Musik-)Instrumenten Jahwes[52].
(22) *Und Chisqijahu redete zum Herzen aller Leviten,*[53] *die kompetent waren, indem sie gute Einsicht*[54] *für Jahwe hatten.* Und so aßen sie während
der Festzeit sieben Tage lang von den Schlachtopfern, den Schelamim-
Opfern und lobten Jahwe, den Gott ihrer Väter.
(23) Und die ganze Versammlung versammelte sich, um noch weitere sieben Tage lang (das Fest) zu begehen, und sie feierten sieben Tage lang mit
Freude[55]. (24) Denn Chisqijahu, der König Judas, hatte für die Versammlung 1000 Rinder und 7000 Stück Kleinvieh gespendet. Und die Oberen
hatten für die Versammlung 1000 Rinder und 10000 Stück Kleinvieh gespendet. Und die Priester heiligten sich zahlreich. (25) Und die ganze Versammlung Judas freute sich, die Priester und[56] die Leviten sowie die ganze
Versammlung, die aus Israel gekommen waren. Und die Fremden kamen
aus dem Land Israel und wohnten in Juda. (26) Und die Freude war groß in
Jerusalem, denn seit den Tagen Salomos, des Sohnes Davids, des Königs
Israels, war es so nicht mehr in Jerusalem geschehen.
(27) Und die Priester und[57] die Leviten erhoben sich und segneten das Volk;
und auf ihre Stimme wurde gehört und ihr Gebet stieg zur Wohnung seines
Heiligtums im Himmel.
(31,1) Als dieses alles vollendet war, ging ganz Israel, (alle,) die sich versammelt hatten, hinaus in die Städte Judas, rissen die Mazzeben nieder, zerbrachen die Ascheren, zerstörten die Höhenheiligtümer und die Altäre in

---

[51] Die Substantivierung von הַפְּסָחִים שְׁחִיטַת (das Schlachten des Passas) ist *hapax
legomenon* im AT und im Deutschen nicht nachzuahmen.
[52] Die Verbindung לַיהוָה בִּכְלֵי־עֹז ist im Deutschen nicht adäquat nachzubilden.
[53] Zu der Metapher vgl. A. LABAHN, Heart 17–22.
[54] Die formula ethymologica ist mit „kompetent sein“ und „gute Einsicht haben“
sinngemäß wiedergegeben.
[55] Einige Handschriften ergänzen gegenüber MT ein בְּ, was sinngemäß zu
übersetzen ist.
[56] Wie schon in 2Chr 23,18 bieten auch hier die meisten hebräischen Handschriften die in der Chronik ungewöhnliche Formulierung הַלְוִים הַכֹּהֲנִים; anders LXX,
Vulgata, Peschitta u.a. Übersetzungen. Vermutlich beruht der Wegfall des ו auf
einem Schreibfehler, so dass auch hier die längere chr Variante als Textgrundlage
vorauszusetzen ist. S.a. K. GALLING, Bücher 59; S. JAPHET, 2Chronik 382.
[57] Hier gilt das bereits in der vorhergehenden Anmerkung Gesagte ebenso.

ganz Juda, Benjamin, Ephraim und Manasse vollständig. Und alle Israeliten kehrten jeder auf sein Grundstück in ihre Städte zurück.

Hatte 2Kön 18,4 von Reinigungsmaßnahmen Hiskias berichtet, so nimmt die Chronik diese Notiz zum Anlass, unter dem Monarchen ein Passa- und Mazzotfest nartionaler Tragweite als Dank für die kultischen Maßnahmen statfinden zu lassen. In dem Geschichtsentwurf der Chronik nimmt diese Erzählung die Reformen und das anschließende Fest unter Josia vorweg und zeichnet sich überhaupt durch eine Reihe von Parallelen zu dem Bericht über die Feier des Passas unter Josia in 2Chr 35 aus.[58]

Nach der Sinnwelt der Chronik ordnet Hiskia eine Wiederbelebung des Passafestes an, das über lange Jahre hin nur unzureichend begangen worden sei. Das Passa- und Mazzotfest bildet in der Komposition der Chronik den feierlichen Abschluss vorhergehender Reinigungsmaßnahmen des Tempels in 2Chr 29[59]. Die Initiative für das Fest wird Hiskia zugesprochen (30,4.6).[60] Dieser lässt einen königlichen Erlass zur Feier des Passas ergehen (V.1.5) und die Nachricht von Boten, so genannten Läufern, verbreiten (בָּאִגְּרוֹת מִיַּד הַמֶּלֶךְ, V.6).[61] Die Chronik verbindet damit eine umfangreiche Bußansprache[62] des Königs Hiskia an seine Untertanen (30,6–9), die umfassend allen Einwohnern gilt. Die anschließend berichtete Durchführung des Passas wird dadurch zum Zeichen für die erfolgte Buße des Volkes, wenn deren Vertreter, veranlasst durch den Aufruf zur Umkehr, nach Jerusalem zur Feier des Festes kommen.

Die in der Chronik erzählte Geschichte weist einige Spannungen hinsichtlich des Handlungsablaufs auf. Zunächst springen unterschiedliche Bezeichnungen des Festes ins Auge. Während in V.1f.5.15.17f vom Passa die Rede ist, wird in V.13.21 das Mazzotfest erwähnt. Da die Passanotizen fest mit dem Handlungsverlauf verbunden sind, gehört diese Bezeichnung zur Grundschicht. Demgegenüber fällt V.13a heraus, wozu die Erwähnung des Mazzotfestes in V.21bα gehört. Das Passa ist in einer späteren Schicht mit dem Mazzotfest verbunden worden,

---

58   Zum josianischen Passa in der Chronik vgl. Abschnitt 3.4. T. WILLI, Auslegung 213, spricht von einer „Josia-Typisierung" Hiskias. Zu den Parallelen vgl. z.B. I. KALIMI, Proximity 324f.

59   Zu 2Chr 29 vgl. Abschnitt 3.2.

60   I. KALIMI, Geschichtsschreibung 24f, macht auf den Beweggrund der Treue des Königs aufmerksam, der eine „literarische und ‚chronologische' Beziehung" zwischen Hiskia und Sanherib aufbauen soll. Etwas anders betont E. BEN ZVI, Gateway 219, für die Darstellung Hiskias in der Chronik: „His grandeur is to be derived from his cultic/religious acts".

61   Vgl. S. JAPHET, Chronicles 938. Als typische Gruppen der Reden in der Chronik bewertet bei G. VON RAD, Predigt 256.

62   Nach S. JAPHET, Chronicles 942f, steht im Mittelpunkt dieser Ansprache das Motiv der Umkehr (שוב), das an Sach 1,3f angelehnt ist, welches seinerseits dtr geprägt ist; s. dazu A. LABAHN, Wort 78f; G. VON RAD, Predigt 256.

wie es auch in anderen Abschnitten der Chronik zu finden ist (vgl. 2Chr 8,13b; 35,17b).[63] Hier scheinen die Mazzotnotizen zusätzlich eingefügt worden zu sein.

Ferner springen in der Beschreibung der hiskianischen Maßnahmen divergierende Zuständigkeitsbereiche der Leviten ins Auge. Neben Belegen, die generell von Priestern und Leviten in Handlungseinheit reden (V.15b.27; vgl. die Konkretion in V.16b.21), stehen Aussagen, die Leviten als Opfernde anführen (V.17b).

In V.21b werden Leviten neben Priestern als Musiker angeführt. Auch dieser Beleg scheint mir zu der Grundschicht zu gehören. Leitend ist der Gesichtspunkt, dass die Priester mit „starken Musikinstrumenten" ausgestattet sind. Im Sinn der Chronik ist dabei an Trompeten zu denken, die exklusiv den Priestern zur Verfügung stehen (vgl. 1Chr 15,24; 16,6; 2Chr 5,12; 7,6; 29,26f; s.a. 13,14). Die neben den Priestern genannten Leviten werden demgegenüber nicht explizit mit Instrumenten verbunden; sie gehören aber als Mitglieder des Tempelpersonals zu der handelnden Personengruppe mit hinzu. Ihre Aktionen sind eingebunden in die Festveranstaltung, die sie nach der Chronik ausschmücken. Die Musik verleiht hörbar der Festfreude Ausdruck (V.25f) und gehört damit zu den Aussagen von V.22b.23.25f hinzu.[64]

Anders verhält es sich demgegenüber mit V.22a. Hier wird expliziert, dass die Leviten über besondere Einsicht verfügen. Durch die Explikation werden sie herausgestellt und gegenüber den Priestern, über die eine vergleichbare Aussage nicht getroffen wird, aufgewertet. Eine weitere Kennzeichnung ergänzt die Qualität der Leviten: sie stehen dem König besonders nahe. Diese Nähe wird durch den in der Chronik singulären Ausdruck, dass ‚*Hiskia zum Herzen aller Leviten redet*', betont. Die Verwendung des Begriffs „Herz" als anthropologischer Metapher zielt auf eine besondere Beziehung zwischen dem Herrscher und den Leviten.[65] Die chr Charakterisierung Hiskias hat damit Auswirkungen auf die Leviten. Da diese ihm folgen, partizipieren sie an seiner positiven Bewertung in der Chronik. Die Kennzeichnungen der Leviten in V.22a sind als spätere Bewertungen anzusehen, die die Leviten im Rahmen der episodenimmanenten Handlungsabläufe in den Vordergrund rücken.

Auf der gleichen Eben liegt auch V.17bα, wo berichtet wird, dass die Leviten opfern.[66] Das Verhältnis von V.17bα zu V.16b ist ambiva-

---

[63] Die Verbindung von Passa- und Mazzotfest (30,21; 31,1, vgl. 35,17) findet sich im DtrG nicht so direkt. Zu den Diskussionen um eine sekundäre Umgestaltung des Passafestes durch das Mazzotfest vgl. G. STEINS, Chronik 139–143.148.151. Möglicherweise waren aktuelle Verhältnisse der Anlass für die Neubewertung.

[64] G. STEINS, Chronik 148.152, rechnet 30,21b.22a allerdings zur „Musiker-Torwärter-Schicht".

[65] Vgl. dazu näherhin A. LABAHN, Heart 17–22.

[66] Anders G. STEINS, Chronik 147: Die Leviten überwachen die Schlachtung des Passas durch die Laien.

lent. In V.16b wird die klassische Aufgabenteilung von Priestern und Leviten beim Opfern genannt: Die Priester sprengen das Blut der Opfertiere an den Altar; die Leviten reichen den Priestern das Blut. Die gleiche Aufgabenverteilung ist auch in 2Chr 29,22; 35,11 erwähnt (vgl. die durch diesen Ritus von den Priestern erwirkte Sühne in 1Chr 6,34; 2Chr 29,24). Diese Verteilung gehört zu den Grundaussagen der Chronik. V.16b erwähnt allerdings nicht, wie das Blut in die Hände der Leviten gelangt. Nach der Logik des Handlungsablaufs könnte man annehmen, dass die Leviten die Schlachtung der Tiere vornehmen und dabei das Blut auffangen, das sie später den Priestern überreichen. So logisch diese Annahme auch ist, steht sie doch in Spannung zu anderen Opferbestimmungen der Chronik, da es nach 2Chr 29,22.24 die Priester sind, die die Opfer selbst schlachten. Damit lässt sich 2Chr 30,17bα nicht problemlos verrechnen. Gehören 2Chr 29,22.24 zur Grundschicht der Chronik,[67] so muss man für 2Chr 30,17bα eine spätere Schicht annehmen. Da die Aussagen zum Handlungskonzept der Geschichte passen, indem sie eine Leerstelle des Textes füllen, sind sie als erste Redaktionsschicht zu bestimmen.

Damit verbunden ist die weitere Explikation in V.18–20, wo die Personengruppen genannt werden, denen es an kultischer Reinheit fehlt.[68] Reichlich allgemein stellt die Chronik fest, dass sowohl die Mehrzahl des Volkes als auch viele aus Ephraim und Manasse, Issaschar und Sebulon unrein waren. Hierbei spricht sich eine Kritik an dem Nordreich aus, dessen Bewohner als unrein gekennzeichnet werden.[69] Diese Kritik erweist sich als sperrig im Kontext und baut zudem einen Kontrast auf, insofern eine Teilgruppe aus vier Stämmen mit ganz Israel korreliert wird. Neben den Leviten tritt Hiskia auf, der das levitische Handeln mit einer Fürbitte an Jahwe unterstützt. Wenn die Chronik hier die Bitte um Entsündigen bzw. Vergebung (√ כפר, V.18) einfügt, so entspricht dies der Sühneleistung von 1Chr 6,34; 2Chr 29,24 (√ כפר), die dort allerdings den Priestern zugeschrieben wird. Die Notiz in V.20 bestätigt das erfolgreiche Unternehmen. V.18–20 gehören also

---

67 Zur Begründung s.u. Abschnitt 3.5.1.
68 Die gleiche Liste (Ephraim, Manasse, Sebulon und Issaschar) begegnet nochmals in 30,10f; anders fehlt Sebulon in 30,1 wie auch 31,1, wo weiterhin Benjamin genannt ist.
69 Vgl. T. WILLI, Auslegung 211. Nach S.J. SCHWEITZER, Utopia 110, stellt diese Kritik eine utopische Äußerung dar. Angesichts der kritischen Beurteilung der Völker in der Chronik überrascht es, dass R.L. BRAUN, Chronicles 57, diesen Abschnitt positiv im Sinn einer Integration von Vertretern der Nordstämme in die Glaubensgemeinschaft liest. Ähnlich S. ROYAR, Herr 167: „den Bewohnern Israels …(soll) ein Gottesdienst am Heiligtum ermöglicht werden."

zu V.17b und erläutern die Bedeutung der Opferdarbringung durch die Leviten.[70]

Einen anderen Akzent setzt V.17bβ, wo es heißt, dass die Leviten aufgrund ihrer Heiligkeit zu diesen Handlungen in der Lage sind. Der Aspekt reibt sich mit V.24bβ, wo die kultische Heiligkeit der Priester erwähnt wird. Demgegenüber setzt V.17bβ andere Akzente, weil hier speziell die Leviten im Blick sind. Dazu gehört auch V.15bα, wo von der Heiligkeit der Priester *und* Leviten die Rede ist. Da eine Heiligkeit zu der Handlung des Sich-Schämens und Wegbringens der Opfer nicht passt, gehört וַיִּתְקַדְּשׁוּ in V.15bα auf eine literarische Stufe mit V.17bβ. Bereits in 2Chr 23 war die Heiligkeit der Leviten mit der Darbringung der Opfer verbunden (V.6aβ.18bα) und als Wachstum angesehen worden.[71] Der Aspekt der Heiligkeit der Leviten begegnet in weiteren Texten der Chronik und stellt eine spätere theologische Qualifizierung der Gruppe dar (vgl. 2Chr 23,6; 29,5aβ.15.34; 31,18b; 35,3; s.a. 1Chr 15,12.14). Dies ist auch hier der Fall. Die Heiligkeit der Leviten muss betont werden, damit sie autorisiert werden, für kultisch Unreine das Passa zu schlachten.

An diese Perspektive knüpft sodann V.16a an, wo Mose und die Tora als Bezugsgrößen für die Leviten ins Spiel kommen.[72] Bisher waren die Leviten lediglich an der Autorität Hiskias orientiert. Wenn Mose hier als Gesetzgeber angeführt wird, ist eine neue Autoritätsperson eingeführt. Der Hinweis auf die Tora (כְּתוֹרַת מֹשֶׁה) ist dabei eine theologische Erläuterung der levitischen Dienstanweisung (כְּמִשְׁפָּטָם). Während der Dienst der Leviten mit den klassischen chr Termini formuliert ist (וַיַּעַמְדוּ עַל־עָמְדָם), interpretiert die Chronik mit der Gleichsetzung von Dienstrecht und Tora die Funktionen der Leviten. Der Bezug auf Mose dient als Legitimierung des levitischen Handelns, das im Folgenden ausgesagt ist.[73] Die Priester sind von den Aussagen nicht ausgeschlossen, werden aber auch nicht betont, weil sie ihren üblichen Dienst versehen (V.16a). Anders sieht es bei den Leviten aus, da sie als Schlachtende und Heilige über ihren ursprünglichen Wirkungskreis hinaus gesetzt werden. Die späte Ergänzung in V.16a legitimiert damit noch einmal den Opferdienst der Leviten.

Als ursprünglicher Textbestand ist demnach V.1–12.13b–15a.bβ. 16b–17a.21.22b–27 anzusehen. Es folgen drei redaktionelle Erweiterungen: eine erste Ergänzung in V.13a.17bα.18–20.22a auf der Ebene

---

70 Anders begrenzt G. STEINS, Chronik 147f.152, die Überarbeitung auf V.18–20, nimmt dazu jedoch 30,5b.10–12; 31,1a hinzu und bezeichnet diese Erweiterung als „Nordreich-Schicht".

71 S.o. Abschnitt 3.1.

72 Ähnlich E.M. DÖRRFUSS, Mose 231 (vgl. 233f), der darin eine „königskritische Aussageintention …, die zudem durch ihre implizite Anspielung auf die Wüstenzeit hervorgehoben ist", ausmacht. Indem der Kult auf Mose neu begründet wird, werde er gleichzeitig dem König entzogen.

73 Vgl. U. KELLERMANN, Anmerkungen 57f.

der ersten Redaktionsschicht der Chronik und eine zweite Ergänzung in V.15bα.16a, die auf der zweiten Ebene sowie schießlich eine letzte Erweiterung in V.17bβ auf der letzten redaktionellen Ebene.

Um die Geschichtskonzeption der Chronik einzuordnen, soll zunächst ein Blick auf das von ihr reziperte Traditionsgut geworfen werden. Bei der chr Schilderung wirken theologische Deutungsmuster der dtn/dtr Kultzentralisation[74] nach, der zufolge das Passa allein am Jerusalemer Tempel ordnungsgemäß darzubringen ist. Die Chronik adaptiert mit diesem Muster dtr Vorstellungen, transferiert sie jedoch von der Josiazeit in die frühere Periode unter Hiskia. Mit der Neubewertung der Maßnahmen Hiskias nimmt die Chronik eine neue theologische Geschichtsdeutung vor.[75]

Der historische Wert der berichteten Ereignisse ist allerdings nicht unproblematisch. Selbst wenn Hiskia Reformen des Kultus initiiert haben sollte, so stellt sich doch die Frage nach der Tragweite solcher Maßnahmen.[76] Als Beleg für die Historizität der chr Darstellung sind archäologische Funde in Form von Umbauten von Altären und Tempeleinrichtungen im 8.Jh. v.Chr. in Arad und Beerscheba angeführt worden: in Arad wurden drei Mazzeben eingerissen[77] und in Beerscheba wurde der Hörneraltar zerstört.[78] Wenn diese zeitgeschichtliche Einordnung und Deutung der Zerstörungen zutrifft, könnte sich eine Spur für den Abriss von Heiligtümern außerhalb Jerusalems abzeichnen, die man möglicherweise mit den von Hiskia veranlassten Maßnahmen, wie sie in 2Chr 30,14; 31,1; 33,3 erwähnt werden, verbinden könnte. Allerdings, auch wenn diese Umbauten eine Veränderung von Kultstätten

---

[74] So vor allem in Dtn 12, aber auch in der Zentralisierung des Passas auf Jerusalem als einzig legitimem Ort der Schlachtung, Dtn 16,5–7; zur Kultzentralisation vgl. A. LABAHN, Wort 267–269. Seine dominante Position hat Jerusalem möglicherweise erst infolge der dtn/dtr Bewegung erhalten; jedenfalls ist zuvor die Position der Stadt und mithin des zentralen Tempels in ihr nicht unumstritten, wie archäologische Hinweise auf abweichende Praxis und Ikonographie der Jahweverehrung in anderen Stätten in Juda zeigen; neben der entsprechenden Literatur zu eisenzeitlichen Heiligtümern vgl. z.B. kurz J.S. HOLLADAY, Religion 280–282. 295–299; A.G. VAUGHN, Theology 59–71.

[75] So macht H.-S. BAE, Suche 23, darauf aufmerksam, dass die Kultzentralisation in der Chronik vom Volk ausgeht und als Folge des Passafestes geschildert wird.

[76] Vgl. S. JAPHET, Chronicles 935; H. SPIECKERMANN, Josia 265f; H. REVENTLOW, Priester 384; N. LOHFINK, Cult Reform 465–470; G.N. KNOPPERS, History 189–193; s.a. S.J. SCHWEITZER, Utopia 113f. Anders J.M. MYERS, II Chronicles 176–178; R.B. DILLARD, 2Chronicles 240f. Auch R. NURMELA, Levites 57.68, vermutet, dass bereits unter Hiskia eine Zentralisation des Kultes inauguriert worden sei; nach deren Scheitern habe Josia an diese Reform angeknüpft und sie radikalisiert.

[77] Vgl. J. BLENKINSOPP, Sage 156f; A. MAZAR, Archaeology 498; A.F. RAINEY, Reform 335; A.G. VAUGHN, Theology 46f.

[78] Vgl. A. MAZAR, Archaeology 495f; A.F. RAINEY, Reform 338f; A.G. VAUGHN, Theology 48–50. Ferner verweist P.R. ACKROYD, Faith 177, auf den Abriss der ehernen Schlange nach 2Kön 18,4.

anzeigen,[79] belegen sie noch nicht eine Kultzentralisation auf Jerusalem als alleinigen legitimen Kultort, wie es dem dtr Muster entspräche und wie sie in der Chronik Hiskia zugeschrieben wird. Auch die Annahme von mündlichen Erinnerungssplittern[80] ist angesichts fehlender weiterer Belege letztlich nicht unproblematisch.

Die Schilderung der Feierlichkeiten unter Hiskia entspringt vielmehr einer Neubewertung des Königs und seiner Zeit in der Geschichtsdeutung der chr Konzeption. Die Chronik betreibt damit zugleich Schriftauslegung, indem sie die Bewertung der josianischen Zeit auf die hiskianische Epoche überträgt. Die Intention der Vorverlegung kultischer Maßnahmen und der Einführung des heilsgeschichtlich bedeutsamen Passas liegt darin, Hiskia mit Josia gleichzustellen; damit wird seine Bedeutung gegenüber dem DtrG aufgewertet.[81] Die chr Darstellung lässt Hiskia durch diese Maßnahme zu einem jahwetreuen König werden,[82] der auf die Einhaltung der notwendigen kultischen Maßnahmen achtet.

Die Aufgaben der Leviten werden auf den verschiedenen Ebenen des Textes unterschiedlich dargestellt. In der Grundschrift erscheinen Leviten als *clerus minor*. Im Rahmen kultischer Abläufe sind sie den Priestern zugeordnet, die allein die Opfer darbringen.[83] Priester und Leviten begegnen in Handlungseinheit beim Opfern (V.15bβ.16b), wobei die Leviten den Priestern das Blut der Opfertiere darreichen, damit die Priester es an den Fuß des Altars gießen. Die Chronik interpretiert hier die priesterschriftlichen Anweisungen zur Darbringung von Opfern, indem sie den aus dem Sündopfer stammenden Blutritus auf die Brandopfer überträgt.[84] Die innerkultische Aufgabenverteilung zwischen Priestern und Leviten in V.16b rezipiert demgegenüber die klas-

---

[79] Zuversichtlicher urteilt A.G. VAUGHN, Theology 171–181, und nimmt historisch nachvollziehbare wirtschaftliche und infrastrukturelle Maßnahmen Hiskias an.

[80] A.G. VAUGHN, Theology 181, spricht von „historical memory".

[81] Hiskia wird nicht nur mit Josia, sondern auch mit David und Salomo auf eine Stufe gestellt; vgl. R.B. DILLARD, 2Chronicles 240.249; H.G.M. WILLIAMSON, Israel 119–125; nach S. JAPHET, Chronicles 973, steht Hiskia sogar noch darüber: „Hezekiah overshadows all other Judean kings, including Josiah." Ähnlich P.R. ACKROYD, Faith 177.

[82] Nach S.J. DE VRIES, Chronicles 385, zeichnet die Chronik Hiskia vor allem als „rededicator of the temple". Vgl. H. HENNING-HESS, Kult 169: „Hiskia *soll* als kultisch zentrale Person verstanden werden – seine Frömmigkeit und Anerkennung der Oberherrschaft JHWHs gilt als Begründung für den Fortbestand Judas." (Kursive im Original).

[83] Vgl. z.B. 1Chr 16,39f.

[84] Das Passa wird in 2Chr 30 wie ein Brandopfer dargebracht; zum Brandopfer vgl. weiter Abschnitt 3.5.3.

sische Aufgabenteilung, wie sie aus dem Pentateuch bekannt ist[85] und auch andernorts in der Chronik erwähnt wird.

Ähnlich summarisch ist auch in 2Chr 31,2 vom kultischen Dienst der Priester und Leviten nach deren Dienstabteilungen berichtet. Die Angabe, Priester und Leviten haben Brandopfer und Schelamim-Opfer[86] dargebracht, unter Lob und Dank gedient und die Tore am Lager Jahwes gehütet, benennt das Tempelpersonal in absteigender hierarchischer Reihenfolge von den Priestern (Opferdienst am Altar) zu den Leviten (Darbringung der Schelamim-Opfer, Vorbereitung der Opfer, liturgische Gestaltung, Torwächterfunktionen).

Ferner ist auf 2Chr 35,11 zu verweisen, das dieselbe Aufgabenteilung belegt, diese jedoch im Blick auf die Leviten weiter präzisiert wird: Die Leviten bereiten die Opfer, d.h. Opfertiere und Opfergeräte, vor, wohingegen die Priester mit dem Blutritus den Dienst am Altar übernehmen und damit entscheidend für die Sühnewirkung der Opfer verantwortlich sind (vgl. 1Chr 6,34; 2Chr 29,24).

Eine vergleichbare Aufteilung berichtet ferner 2Chr 13,11, indem als priesterliche Dienste das Darbringen der Brandopfer und als Aufgaben des *clerus minor* das Vorbereiten des Tisches und Anzünden der Leuchter genannt sind. Daran schließt 30,16b an.

Priester und Leviten begegnen weiterhin in Handlungseinheit in 2Chr 30, indem sie gemeinsam zu dem Fest musizieren (V.21b) und damit die Festfreude ausgestalten (vgl. V.22b. 23.25f). Des Weiteren spenden sowohl Priester als auch Leviten dem Volk Segen (V.27). Die Aussage ist als Schriftauslegung zu verstehen. Die Chronik nimmt Dtn 10,8; 21,5 auf, wobei sie die dtr Wendung „levitische Priester" aus 21,5 auflöst und stattdessen von Priestern und Leviten spricht. Diese Hinweise auf gemeinsame Handlungsfelder von Priestern und Leviten fallen allgemein aus und gehen nicht im Detail auf einzelne Abläufe ein. Priester und Leviten vertreten das gesamte Tempelpersonal, ohne dass besondere Akzente gesetzt werden.

Demgegenüber spezifiziert V.22aβ, dass die Leviten besondere Einsicht haben, worunter hier zu verstehen ist, dass sie kundig in der Musik sind. Ähnliche Aussagen sind auch in 1Chr 15,22; 2Chr 34,12 zu finden. Von Priestern ist jetzt keine Rede mehr, sondern nur noch von einer besonderen Qualifizierung der Leviten. Indem die besondere Befähigung der Leviten betont wird, werden sie in den Vordergrund gerückt und damit aus dem Tempelpersonal herausgehoben. Die redaktionelle Schicht setzt dabei voraus, dass die Leviten bereits mit den Sängern / Musikern verschmolzen sind.[87] Genauere Hinweise auf die Bereiche, in denen die Leviten sich besonders gut auskennen, sind in 2Chr 30 nicht zu finden. Weil die Eignung der Leviten im Kontext keinen

---

[85]   Beim Sündopfer wird das Blut eines Stieres von den Priestern versprengt; vgl. Lev 4,5–21; s.a. 16,3.6.11.14–19; Num 15,25 (zum Sündopfer s.u. Abschnitt 3.5.2.).

[86]   Zum Schelamim-Opfer s.u. Abschnitt 3.5.5. Nach G. STEINS, Chronik 153–158, ist ein ‚Gemeinschaftsopfer' anzunehmen.

[87]   Vgl. dazu Abschnitt 2.3.

funktionalen Bezugspunkt hat, sticht sie besonders heraus. Dazu kommt, dass die Wendung הַמַּשְׂכִּילִים שֵׂכֶל־טוֹב לַיהוָה eine theologische Qualifizierung ausdrückt: Die Leviten wissen, was gut für Jahwe ist. Worin diese Einsicht besteht, wird nicht definiert. Im Sinn der chr Historiographie ist der Bezugspunkt wohl in der Erfolgsnotiz in V.27b zu sehen. Wenn Leviten, die wissen, was gut ist, in Handlungsabläufe welcher Art auch immer angemessen integriert werden, gelingen diese Vorhaben im Sinn der Pragmatik der Geschichtsschreibung. Jahwe wird dann seinen Segen wirkasam werden lassen (V.27a), wenn die von der Chronik bevorzugte Gruppe am Geschehen beteiligt ist. Dazu passt, dass die Leviten eng an Hiskia herangerückt werden. Wenn der König – wie es hier metaphorisch heißt – zum „Herzen aller Leviten redet" (וַיְדַבֵּר יְחִזְקִיָּהוּ עַל־לֵב כָּל־הַלְוִיִּם, V.22aα), ist ein besonders vertrauenvolles und vertrauliches Verhältnis zwischen Regent und Leviten ausgedrückt. An welchen Aspekt der levitischen Aufgaben dies anknüpft, wird nicht ausgeführt. Da aber die Angabe der besonderen Eignung der Leviten folgt (V.22aβ), wird man annehmen können, dass auch V.22aα als eine geschichtstheologische Deutung anzusehen ist. Der Bezugspunkt ist demnach nicht auf eine musikalische Tätigkeit, wie sie in V.21b.22b ausgesagt ist, zu begrenzen, sondern hat größere Tragweite. V.22aα weist auf ein Loyalitätsverhältnis zwischen Leviten und Hiskia hin, das über den kultischen Bereich hinausreicht.[88]

Ein neues Aufgabenfeld der Leviten wird in V.17b präsentiert: sie opfern das Passa.[89] Auch in dieser Notiz werden die Leviten von den Priestern abgesetzt, da nunmehr nur noch von ihnen die Rede ist. Die Leviten allein bringen Opfer dar. Damit ist ein neues Aufgabenfeld in der Chronik ausgedrückt. Die Chronik lässt sie aus der Unterordnung unter die Priester heraustreten und selbstständig Opferhandlungen durchführen. Die Handlungsabläufe sind auch hierbei nicht detailliert angegeben. Die Reichweite der levitischen Opfer wird dadurch um so größer, da die Opfertätigkeiten nicht funktionalisiert und daher nicht eingegrenzt werden. Die Chronik lässt die Leviten damit aus ihrer Stellung im *clerus minor* hinaustreten und in einen den Priestern vergleichbaren Rang aufsteigen.

Die Heiligkeit der Leviten wird zu einem Topos in der Chronik, mit dem die Gruppe gekennzeichnet wird.[90] Nachdem zunächst der Aufgabenbereich erweitert wird, folgt nun zunächst eine Deutung durch ddas Stichwort der Heiligkeit und schließlich eine Autorisierung durch das

---

88 Vgl. dazu A. LABAHN, Tendencies 118–123.

89 Nach W. RUDOLPH, Chronikbücher 301, ersetzen die Leviten hier lediglich die Laien, die gemäß Dtn 16,6 und Ex 12,6 das Passa darbringen sollen, doch nicht dazu imstande sind. Ähnlich R.B. DILLARD, 2Chronicles 245. Nach R. DE VAUX, Lebensordnungen II 177, gibt es ein solches Laienopfer in der Erzväterzeit: Als es noch keine Priester gab, opferten die Patriarchen.

90 Vgl. neben 2Chr 30,15bα.17b noch 2Chr 23,6; 29,5.34; 31,18b; 35,3; s.a. 1Chr 15,12.14.

Gesetz des Mose. Mit dieser Charakterisierung werden die Leviten gegenüber anderen Personen des Tempelpersonals, wie etwa den Priestern, ausgezeichnet. Diese Kennzeichnung stellt eine theologische Qualifizierung dar, die neue Akzente innerhalb des Kultes setzt. Die Leviten bleiben im Kult, doch schreibt die Chronik ihnen größere Verantwortung und höhere Weihen gegenüber dem Bereich des *clerus minor* zu. In dieser Erweiterung des Levitenbildes begegnet eine erste Neubestimmung der Gruppe in der Chronik.

Das Opfern der Leviten tritt an die Stelle der fehlenden Festvorbereitung einiger Festteilnehmer, für die die Leviten die Opfer darbringen. Die Chronik schreibt den Leviten damit nicht nur Opferfunktionen zu, sondern bezieht auch den Gedanken der Stellvertretung mit ein. Dadurch übersteigt das von den Leviten dargebrachte Opfer sogar den Wert des von den Priestern dargebrachten Opfers, da eine vergleichbare Zueignung ihrer Opfer nicht erwähnt wird. Die Chronik lässt die Leviten dadurch nicht nur in den Rang der Priester aufsteigen, sondern führt die Leviten sogar darüber hinaus.

Mit diesem Aspekt setzt die Chronik die Leviten von den Priestern ab, denen die Heiligkeit nicht in gleicher Weise zugebilligt wird; so wird die kultische Heiligkeit der Priester von V.24bβ durch den Vorwurf fehlender Heiligkeit in 30,3. kontrastiert. Während die Priester ambivalent geschildert sind, überwiegen bei den Leviten positive Äußerungen in Kap. 30.

Für die Sinngebung der Chronik ist die Neuausrichtung der Leviten ein entscheidender Schritt zu ihrer Aufwertung. Die Neubestimmung der Leviten gegenüber den Priestern impliziert als Kehrseite eine Stoßrichtung gegen die Priester, da nicht nur vergleichbare Aussagen über die Priester nicht getroffen werden, sondern sie durch ihre ambivalente Schilderung dezent kritisiert werden. Die Chronik positioniert die Leviten demgegenüber so, dass sie mit allen verfügbaren Autoritäten verknüpft werden: mit der Autorität Moses als Gesetzgeber (V.16a), mit der göttlichen Autorität Jahwes (V.22aβ) und mit der royalen Autorität Hiskias (V.22aα). Obwohl alle Aussagen kultimmanent bleiben, sind doch in dem fast schon intimen Bezug auf den Regenten Ansätze dafür zu erkennen, dass die Chronik die Leviten nicht nur innerhalb des Kultes neu positioniert. An diese Verbundenheit zwischen Hiskia und den Leviten wird später angeknüpft, wenn die Leviten weiter in den Machtbereich des Königs hineingeholt werden.[91]

3.4   Das Passafest unter Josia – 2Chr 35

Gegenüber dem Parallelbericht der Passafeier unter Hiskia in 2Chr 30, bei dem die Abläufe des Festes eher allgemein berichtet werden, neh-

---

[91]   Zu diesem Themenfeld, das die Chronik in anderen Passagen weiter ausbaut, s.u. in Abschnitt 5.

men die Aufgaben der Priester und Leviten in 2Chr 35 einen breiteren Raum ein und sind konkreter gestaltet.

2Chr 35,1–19: (1) Und Joschijahu veranstaltete in Jerusalem ein Passa für Jahwe. Und sie opferten das Passa am 14. (Tag) des ersten Monats. (2) Und er (sc. Josia) stellte die Priester auf ihre Dienstposten und stärkte sie für den Dienst im Haus Jahwes. (3) Und er sprach zu den Leviten, die ganz Israel belehrten[92], die heilig waren für Jahwe: Stellt die heilige Lade in dem Haus ab, das Salomo, der Sohn Davids, der König von Israel, gebaut hat. Ihr braucht sie nicht länger auf der Schulter zu tragen. Dient jetzt Jahwe, eurem Gott und seinem Volk Israel. (4) Und stellt euch nach euren Vaterhäusern wie euren Abteilungen auf entsprechend der Anweisung Davids, des Königs von Israel, und der Anweisung Salomos, seines Sohnes. (5) Und tretet im Heiligtum an nach Abteilungen der Vaterhäuser für eure Brüder, die Leute aus dem Volk[93], je eine Abteilung eines Vaterhauses von den Leviten. (6) *Und schlachtet das Passa und heiligt euch und bereitet (es) für eure Brüder gemäß dem Wort Jahwes durch die Hand Moses.*
(7) Und Joschijahu spendete für die Menschen im Volk Kleinvieh, Lämmer und junge Ziegen, die ganzen Passagaben für jeden, der versammelt war, bis zu einer Zahl von 30000 (Kleinvieh)[94] sowie 3000 Rinder; diese (kamen) aus dem Besitz des Königs. (8) Und auch seine Oberen spendeten freiwillig für das Volk, für die Priester und für die Leviten. Und Chilkijah und Secharjahu und Jechiel, die Vorsteher des Hauses Gottes, gaben als Passagaben für die Priester 2600 (Kleinvieh) und 300 Rinder. (9) Und Konanjahu und Schemajahu und Netanel, seine Brüder, sowie Chaschabjahu und Jeiel und Josabad, die Oberen der Leviten, spendeten für die Leviten als Passagaben 5000 (Kleinvieh) und 500 Rinder.
(10) Und der Dienst wurde bereitet, indem die Priester sich auf ihren Platz stellten und die Leviten in ihren Abteilungen (dienten) gemäß der Anordnung des Königs. (11) Und sie schlachteten das Passa; und die Priester sprengten von deren Blut, und die Leviten zogen die Haut ab. (12) Und sie entfernten das Brandopfer (aus dem Tempel), um es ihnen für die Abteilungen der Vaterhäuser von den Menschen des Volkes zu geben, um es Jahwe darzureichen, wie es im Buch des Mose geschrieben steht. Und so (geschah es auch) mit den Rindern.[95] (13) Und sie kochten das Passa im Feuer gemäß dem Gesetz, und das Heilige[96] kochten sie in Töpfen und Gefäßen und Schüsseln und brachten sie schnellstens zu allen Leuten des Volkes.
(14) *Und danach bereiteten sie (es) für sich selbst und für die Priester zu, denn die Priester, die Söhne Aarons, opferten das Brandopfer und die Eingeweide bis zur Nacht. Daher bereiteten die Leviten (es) für sich selbst und die Priester, die Söhne Aarons, zu.* (15) Und die Sänger, *die Söhne*

---

[92] Mit vielen Handschriften und Qere als המבינים zu lesen.

[93] בְּנֵי הָעָם wird in 2Chr 35 mit inklusiver Sprache übersetzt, da die gesamte Bevölkerung gemeint ist.

[94] Sinngemäß ist Kleinvieh in Analogie zu V.7 in V.8f zu ergänzen.

[95] Einige Handschriften bieten eine abweichende Vokalisation, indem sie nicht לַבָּקָר, sondern לַבֹּקֶר punktieren und damit auf das am Morgen darzubringende Brandopfer verweisen. Da die Zahl dieser Handschriften geringer ist und vom Morgenopfer in 2Chr 35 nicht weiter die Rede ist, sind die Rinder zu bevorzugen.

[96] הַקֳּדָשִׁים ist hier als Kollektivplural zu lesen.

Asafs, waren auf ihrem Platz gemäß der Anordnung Davids, Asaf, Heman und Jeduthun, der Seher des Königs, sowie die Torhüter von Tor zu Tor. Und keiner von ihnen wich von seiner Arbeit, *denn ihre Brüder, die Leviten, bereiteten (das Passa) für sie.*
(16) So wurde der ganze Dienst Jahwes an jenem Tag bereitet, um das Passa durchzuführen und die Brandopfer auf dem Altar Jahwes gemäß der Anordnung des Königs Joschijahus darzubringen.
(17) Und so vollzogen die Israeliten, die versammelt waren, das Passa in jener Zeit *und das Mazzot-Fest sieben Tage lang.* (18) Ein solches Passa aber war in Israel nicht mehr seit den Tagen des Propheten Schemuel vollzogen worden. Und auch alle Könige Israels hatten kein Passa wie dieses gefeiert, das Joschijahu vollzog und die Priester und die Leviten sowie ganz Juda und Israel, das versammelt war, und die Einwohner Jerusalems. (19) Im 18. Jahr der Königsherrschaft Joschijahus wurde dieses Passa vollzogen.

Im DtrG wird knapp berichtet, dass unter Josia im Anschluss an die Auffindung des Gesetzbuches ein Passaopfer gefeiert wird (2Kön 23,21–23). Diese schmale Notiz wird in 2Chr 35,1–19 breit ausgestaltet, indem die kultische Darbringung des Passas ausgeschmückt und das Kultpersonal in Priestern und Leviten angeführt wird.[97] Die Chronik bewertet dieses Fest so, dass es die Passafeier unter Hiskia[98] (2Chr 30)[99] fortsetzt. Demgegenüber kommt in der Chronik die im DtrG berichtete Auffindung des Buches nur beiläufig zur Sprache. Sie wird zwar in dem vorhergehenden, relativ getreu aus dem DtrG übernommenen Bericht über die Renovierungsarbeiten am Jerusalemer Tempel erwähnt (2Chr 34,14ff),[100] erscheint aber nicht mehr als Auslöser für die Passafeier.[101] Stattdessen stärkt die Chronik die Initiative Josias,[102]

---

97 Nach S. JAPHET, Chronicles 1040.1041f, haben die aus dem DtrG umgestalteten Rahmenpassagen in der Chronik lediglich Struktur gebende Funktion. Die Chronik greift nicht nur auf den dtr Bericht zurück, sondern belässt es auch bei der Datierung des Festes im zweiten Monat, ignoriert also die priesterliche Revision, die das Fest in den ersten Monat rückt; vgl. J.A. WAGENAAR, Calendar 22. Eine Rezeption des chr Berichts vom Josianischen Passa bietet Jos Ant 9,264–265.
98 Zur chr Parallelisierung des Schicksals Josias und Hiskias vgl. I. KALIMI, Geschichtsschreibung 23. Nach T. WILLI, Auslegung 213, sieht die Chronik in beiden Regierungszeiten „Wendepunkte" der Geschichte Israels, die „in kultischer Hinsicht herausgehoben sind".
99 Einen Vergleich beider Passafeiern bietet S. JAPHET, Chronicles 1044f; s.a. die Übersicht bei J. KEGLER/M. AUGUSTIN, Deutsche Synopse 290–293.
100 Zu 2Chr 34 s.u. Abschnitt 5.8; s.a. die Übersicht bei J. KEGLER/M. AUGUSTIN, Deutsche Synopse 286–289. W. RUDOLPH, Chronikbücher 319–321, betont dabei allerdings, dass nach der chr Darstellung Josia bereits vor der Auffindung des Buches entscheidende Reformmaßnahmen einleitet und damit die Entfernung der Fremdkulte unter Manasse prolongiert. S.a. L.C. JONKER, Reflections 30f.
101 Einen Zusammenhang betont E. BEN ZVI, Josiah 92–100; s.a. L.C. JONKER, Reflections 17f.23, basierend auf „temporal markers".
102 Vgl. S.L. MCKENZIE, Chronicles 360. Die Chronik zielt nach L.C. JONKER, Reflections 33, darauf: „reference is made to King Josiah's deeds in order to accentuate the celebration of the Passover. King Josiah is therefore *instrumentalized* rather that *idealized.*" (Hervorhebung im Original).

so dass die Reform damit in ihrer Bedeutung für die Geschichte des Volkes Israel anderen Kultreformen gleichgerechnet wird.[103] Die Schilderung in 2Chr 35 ist allerdings nicht einheitlich,[104] sondern in sich brüchig und bietet zudem Unausgeglichenheiten hinsichtlich der agierenden Personen bei der Schlachtung des Passas. Den Grundtenor des Textes bilden die Aussagen, die den kultischen Dienst der Priester und Leviten, geordnet nach Familien, beschreiben.[105] Die Priester stehen dabei im Textfluss voran (V.2); allerdings wird den danach genannten Leviten mehr Aufmerksamkeit in der Erzählung geschenkt (V.3–6). Dieser Anteil am Handlungsgeschehen entspricht der Gewichtung der für die Chronik entscheidenden Gruppe der Leviten und spiegelt somit das Darstellungsinteresse der Schrift.[106] Im Ablauf des kultischen Geschehens fallen störende Elemente auf, die widersprüchliche Informationen einbringen. So werden in V.3 beiläufig neue Identifikationsangebote hinsichtlich der Leviten eingeführt, die im Kontext der kultischen Passa-Zeremonie aber irritierend wirken. Die Leviten werden zunächst als Lehrer vorgestellt (V.3aα^2) und sodann als diejenigen genannt, die vormals die Lade auf ihren Schultern getragen haben (V.3bα). Diese Hinweise sind sachlich überflüssig und tragen für den Ablauf der Feierlichkeiten und der daran primär beteiligten sozialen Gruppen nichts aus. Der eigentliche Handlungsstrang, der den Dienst der Priester (V.2) und Leviten (V.3bβ.4) verfolgt, wird dadurch unterbrochen und erst im Folgenden wieder aufgenommen. Nachdem der ordnungsgemäße Dienstbeginn der Priester in V.2 vermerkt wird, werden in V.3aα^1 zwar sogleich die Leviten angeredet, doch folgt die eigentliche Dienstanweisung, die auf die Zeremonie bezogen ist, erst in V.3bβ.4f. Jedem Mitglied des Tempelpersonals wird vor der eigentlichen Feier sein bestimmter Dienstplatz zugewiesen, was

---

[103] S.a. K. STRÜBIND, Tradition 113, in Bezug auf einen Vergleich Josias mit Joschafat (s. dazu weiter u. S. 237.254), der STRÜBIND zu der Vermutung führt, dass die Josianische Reform deswegen so sehr minimiert werde, weil die chr Geschichtsschau als Verfallsgeschichte keine „grundsätzliche Wende", keinen „radikalen Neuanfang" gestattet.

[104] Demgegenüber geht S.S. TUELL, Chronicles 239f, davon aus, dass die Josianische Passafeier von Harmonie geprägt ist, so dass sie „a model celebration" (ebd. 239) in der Chronik darstellt.

[105] Anders sucht G. STEINS, Chronik 222.226.229, eine Grundschicht in 35,1.7.11–14.16.18f zu eruieren, die ohne eine besondere Betonung der Leviten auskommt; demgegenüber seien die V.2f.6.8–10.14b der „Leviten-Schicht" sekundär.

[106] So betont R. MEYER, II Chronicles 213: „All in all, there can be no doubt about the writer's feeling for the Levites – they were present everywhere and played a significant role in every place of the celebration." W. RUDOLPH, Chronikbücher 325, deutet die Aufforderung des Königs an die Priester zur Verrichtung ihres Dienstes in V.2 als „Animosität gegen sie" von Seiten der Leviten, die demgegenüber als Geheiligte und als Lehrer ausgezeichnet werden.

hinsichtlich der Leviten in V.4f ausgeführt ist.[107] Das V.3 einleitende
וַיֹּאמֶר לַלְוִיִּם findet seine Fortsetzung aber erst in der Aufforderung in
V.4: ... הָכִינוּ לְבֵית־אֲבוֹתֵיכֶם. Sowohl die Aussage über das Lehren der
Leviten als auch die Aufforderung zum Abstellen der Lade hängen also
in der Luft und sind als spätere Ergänzungen zu betrachten.
Im Gesamtgefüge des Textes erweist sich √ כון hi. als entscheidender semantischer Terminus für die Aufstellung der Dienstabteilungen. In dieser Verwendung kommt כון hi. mehrfach vor, so dass die Bedeutung „sich zum Dienst bereit aufstellen" die Grundaussage in 2Chr
35 formuliert (so neben V.4 auch in V.10.16). V.3 sprengt aber die
Aussagen zur Vorbereitung des Dienstes auf und fügt einerseits eine
partizipiale Erweiterung über die Leviten als Lehrer und andererseits
einen Imperativ mit der Aufforderung zum Tragen der Lade an.
      Eine weitere Störung des Textflusses liegt in V.6 vor. V.5 bildet
eine Ausführungsbestimmung, die auf den Befehl von V.4 antwortet
und berichtet, dass sich die Sippen zum Dienstantritt geordnet aufgestellt haben. V.6 kehrt zurück in den Imperativstil, ohne dass eine Re-
deeinleitung gesetzt ist. Neben die formale Auffälligkeit treten Zweifel
hinsichtlich des logischen Ablaufs. V.6 gibt an, dass die Leviten das
Passa schlachten, sich heiligen und es zubereiten sollen. Verschiedene
vorbereitende Maßnahmen zur Opferhandlung werden erst im Anschluss genannt: Sponsoren stellen große Mengen an Opfertieren zur
Verfügung (35,7–9).[108] Die eigentliche Passa-Handlung schließt in
V.10–13 daran an und wird detailliert beschrieben, wobei die einzelnen
Arbeitsschritte unter verschiedenen Personen aufgeteilt werden. Damit
ist ein langer Vorlauf formuliert, bevor das eigentliche Passa berichtet
wird. Die Information von V.6 unterbricht diese Abfolge und kommt
verfrüht. Ebenso überrascht in V.6 ein abweichender Gebrauch von כון,
das hier wohl anders als in V.4.10.16 eine Zubereitung der Opfertiere
meint.[109] Unklar ist auch, wer in V.6 als Subjekt gedacht ist. Da am
Ende von V.5 unmittelbar vorher die Leviten genannt sind, V.6 aber
kein neues handelndes Subjekt einführt, sind die Leviten demnach auch
als Subjekt von V.6 zu lesen. Das hat dann aber zur Folge, dass in V.6
die Leviten zu den allein Verantwortlichen für die Darbringung der Opfer werden.[110] Dies widerspricht aber dezidiert den Ausführungsbestimmungen zum Passa, wie sie die Rollenaufteilung von V.10–13 berichtet. V.6 nimmt zudem die gleichlautende Ausführung in V.11 vorweg.

---

[107] Vgl. P.K. HOOKER, Chronicles 282f, der die Wichtigkeit dieser den Leviten als
clerus minor, Sängern/ Musikern und Torhütern geltenden Notiz betont.
[108] In Bezug auf die Opfertiere werden hier sowohl priester(schrift)liche Angaben
(Ex 12,3.5.21: Kleinvieh) als auch Dtn 16,2 (Kleinvieh und Rinder) aufgenommen;
vgl. I. KALIMI, Geschichtsschreibung 141f.
[109] Auf dieser Beobachtung basiert auch die Literarkritik von S.J. DE VRIES,
Chronicles 414, der den ursprünglichen Bestand auf 35,2–5.10.17–19 beschränkt.
[110] Ähnlich S.S. TUELL, Chronicles 239f.

V.6 ist folglich als eine spätere Ergänzung anzusehen, die die Intention verfolgt, den Leviten größere Verantwortung zuzuschreiben.

Sucht man nach einem Verbindungsglied im Text, so weist V.6 auf V.14. Beide Verse teilen eine von der Grundschrift divergierende Benutzung von √ כון (s.u.) und beteiligen die Leviten in stärkerem Maß am Passa. Die Auskunft von V.6.14, dass das Darbringen des Passas in den Händen der Leviten lag, steht in Spannung zu dem Rest des Textes, wo die Leviten als *clerus minor* handeln (V.11.13); ferner konkurriert es mit dem Amt der Priester und deren Zuständigkeitsbereich im Kult. Hier verschiebt die Chronik die Aufgaben. Im Verlauf des Textes erscheint V.6 in seiner jetzigen Position wie eine Leseanweisung, die die weiteren Ausführungen in ein neues Licht stellt, so dass der Zuständigkeitsbereich der Leviten und deren Verantwortung durch zwei Stichworte, zunächst Heligkeit und dann Tora, nacheinander ausgebaut werden.

In V.14 ergeht die Auskunft, dass die Priester zu sehr beschäftigt seien, als dass sie auch noch für die Leviten und sich selbst das Opfer hätten darbringen könnten. Dieser Hinweis wirkt wie ein Notargument, das benutzt wird, um die Ausführung bestimmter Dienste zu legitimieren und die Leviten ins Spiel zu bringen (vgl. 2Chr 29,34a)[111]. Der Gruppe der Leviten werden demnach Aufgaben zugewiesen, die ihnen anderweitig nicht zugestanden werden. Das literarkritische Signal im Text für diese Übertragung ist meines Erachtens וְאַחַר,[112] dem die Wendung הֵכִינוּ לָהֶם וְלַכֹּהֲנִים folgt, die fast gleichlautend gegen Ende des Verses wiederkehrt. Die wiederholende Aufnahme escheint wie eine literarische Klammer, die auf ein Wachstum hindeuten könnte. Sie rahmt die dazwischen formulierte Erweiterung und stellt וְאַחַר voran.

Eine weitere sprachliche Auffälligkeit begegnet in der Verwendung von √ כון *hi.*, das in V.14 wie in V.6 von der in 2Chr 35 üblichen Grundbedeutung des Aufstellens von Dienstabteilungen (vgl. V.4.10. 16) abweicht und jetzt die (Vor- bzw. Zu-)Bereitung der Opfer (in zweimaliger Verwendung, die in V.15$_{fin}$ noch ein drittes Mal aufgegriffen wird) bezeichnet. Hier begegnet eine Bedeutungsverschiebung, die mit der ursprünglichen Verwendung des Verbes in 2Chr 35 kaum auf einer Ebene liegt. Das handelnde Subjekt sind in der Erweiterung die Leviten, deren verantwortliche Beteiligung am Kult nunmehr herausgestellt wird.

Inhaltliche Bedenken treten hinzu, die zu einer sachkritischen Rückfrage führen. Sollte die Auskunft in Bezug auf die Hilfe durch die Leviten aufgrund von Überbelastung der Priester zutreffend sein, so fragt sich, warum die Leviten erst dann involviert werden, nachdem die

---

[111] Ähnlich begegnet es in 2Chr 29,34: Die Leviten helfen beim Brandopfer, weil die Priester zu wenige sind. Zu 2Chr 29,20–34 s.u.

[112] Als „temporal marker" bewertet dies auch L.C. JONKER, Reflections 37 (s.o. Anm. 100).

Priester bereits fertig sind. Eine zeitgleiche Unterstützung wäre eher sinnvoll gewesen. Kritische Fragen stellen sich auch hinsichtlich der opfernden und verzehrenden Gruppe ein, wenn die Priester die für sie bestimmten Passatiere von den Leviten und damit einer Gruppe nicht aaronidischer Herkunft (V.14) darbringen lassen.[113] Schließlich fügt sich die Nennung der Tempelsänger (35,15) eher hinter die Angaben über den Vollzug der mit Musik und Gesang begleiten Opfer[114] als hinter die nachklappende Information über ein Opfergeschehen, das erst gegen Ende der kultischen Zeremonien stattfindet.

V.14 ist daher als eine Ergänzung anzusehen, die mit V.6 auf einer Ebene liegt. Dazu gehört ferner die Notiz des Passaschlachtens durch die Leviten in V.15aα².bβ.[115] Wird ferner das Argument der Heiligkeit der Leviten eingeführt, so liegt dies nochmals auf einer anderen Ebene. Die Heiligkeit gibt die Legitimation zur Darbringung der Opfer an.Wie es auch bereits in anderen Texten festzustellen war,[116] ist der Aspekt der Heiligkeit der Leviten später hinzugesetzt worden, um die Leviten zu ihrem neuen Opferdienst zu qualifizieren und zu legitimieren.[117]

Als weiterer Ausweis der Qualifikation der Leviten wird nochmals später eine neue Autorität eingeführt. V.6 beruft sich für den Opferauftrag zurück auf Mose.[118] Während auf David und Salomo die Ordnung des Kultes beim Tempelbau zugeführt[119] und dabei den Priestern eine entscheidende Stellung eingeräumt wird, wird die Tätigkeit der Leviten hier an die Autorität des Mose gebunden. Der Opferdienst der Leviten wird damit auf eine ältere Tradition zurückgeführt, der aufgrund ihres Alters eine höhere Autorität zukommt.[120] V.6 führt Mose als vermittelnde Größe an (בְּיַד־מֹשֶׁה) und bringt zugleich das Wort

---

[113] Diese Problemstellung gewinnt umso mehr an Brisanz, wenn man sie auf dem Hintergrund von 2Chr 30,17 liest, wo gesagt wird, dass die Leviten ausschließlich für den Teil des Volkes, der sich nicht vorschriftsgemäß für das Passa geheiligt hat, die Opfer darbringen. Wenn die Priester von der gleichen Gruppe des Tempelpersonals bedient werden, ergeben sich Fragen hinsichtlich der Reinheits- und Heiligkeitsaspekte.

[114] So ist auch von Begleitung der Opfer mit Gesang und Musik in 2Chr 29,25–27.30 die Rede; s.u. Abschnitt 3.5.1.

[115] Für G. STEINS, Chronik 229, gehören diese Verse der „Leviten-Schicht" (insgesamt in V.2f.6.8–10.14b) an, die später von der „Musiker-Torwächter-Schicht" um V.15 ergänzt worden ist. Anders nimmt E.M. DÖRRFUSS, Mose 272, eine Überarbeitung in V.3f.8f.12.14b.15 an, die späterhin um die Moseaussagen in V.6.12 erweitert worden ist.

[116] Vgl. 2Chr 23,6; 29,5aβ.15.34; 30,15bα.17bβ; 31,18b; s.a. 1Chr 15,12.14.

[117] Auch G. STEINS, Chronik 227, rechnet „das Thema der ‚Selbstheiligung' der Leviten" zu „späten Bearbeitungen".

[118] Vgl. ähnlich 2Chr 23,18bα, s. dazu S. 143.

[119] Von David und Salomo ist explizit in 2Chr 35,3.4 die Rede. In 2Chr 35,10 wird die Anweisung des Königs (gemeint ist hier Josia) als Fortführung des davidischen Auftrags gesehen (vgl. die Ausführungsbestimmung in V.11; s.a. 35,3.15).

[120] Anders macht E.M. DÖRRFUSS, Mose 166, für Leviten und Priester gemeinsam eine Verankerung in einer höheren Autorität aus.

Jahwes ins Spiel (כִּדְבַר־יְהוָה). Dieses göttliche Wort legitimiert nunmehr die Leviten und stellt ihre Tätigkeit unmittelbar vor den durch Mose vermittelten Offenbarungshorizont. Die Leviten werden damit direkt an Jahwe gebunden und in eine Nähe zu ihm gesetzt.

In 2Chr 35 wird Mose ein zweites Mal in V.12 erwähnt, wo allerdings – in variierender Aufnahme dtn/dtr Sprachformen und Traditionen – das „Buch des Mose" genannt ist (כַּכָּתוּב בְּסֵפֶר מֹשֶׁה)[121] und damit die Gesetzesvorschriften zitiert werden.[122] Da beide Referenzen an unterschiedliche Aspekte der Mosegestalt anknüpfen, liegen sie auf verschiedenen Ebenen des Textes. Die Ausführung in V.12 ist als Schriftexegese der Grundschrift anzusehen, nach der die Durchführung des Kultes ordnungsgemäß vollzogen wird, wie es erneut V.13 betont.

Zu der ersten Redaktionsschicht von V.6.14 gehört ferner der Hinweis auf das Mazzotfest in V.17b. Wie bereits in 2Chr 30,13a.21bα ist auch in Kap. 35 das Passa sekundär zum Mazzotfest umgestaltet worden. Dazu gehört ferner die Mazzotnotiz in 2Chr 31,1.

Einen anderen Aspekt bietet der Hinweis auf die Lade in V.3bα. Dass die Leviten die Lade auf ihren Schultern tragen, nimmt 1Chr 15,2f.12.14f.26–28 auf. In 2Chr 35 hängt die Referenz im Blick auf den Erzählablauf der Geschichte jedoch in der Luft. V.3bα kann auch nicht den Dienst der Leviten im Tempel begründen, weder ihren Dienst als *clerus minor* noch ihren Opferdienst. Es scheint sich um eine nachträgliche Eintragung zu handeln, die noch einmal auf die Voraussetzungen für den Dienst der Leviten im Tempel zu sprechen kommt und eine wichtige Funktion angibt, die die Gruppe in der Vergangenheit innehatte[123]. Da der Hinweis auf den ehemaligen Ladedienst aber nicht fest mit dem Mikrokontext in Kap 35 verankert ist, scheint mir V.3bα auf einer späteren Ebene zu liegen.[124]

---

[121] Vgl. כַּכָּתוּב בְּסֵפֶר תּוֹרַת מֹשֶׁה in Jos 8,31; 23,6; 2Kön 14,6 sowie בְּסֵפֶר הַתּוֹרָה הַזֶּה in Dtn 29,19; 30,10 oder בְּסֵפֶר הַתּוֹרָה in Dtn 28,61; 29,20; Jos 8,24 oder בְּסֵפֶר הַזֶּה in Dtn 28,59; 29,26.

[122] Anders sieht T. WILLI, Leviten 85–88, in beiden Varianten in gleicher Weise die Frage der Schriftkonformität berührt, die auf das Aufkommen einer Torakultur aufmerksam mache.

[123] Dies findet sich oft im DtrG: Jos 3,3; 8,33; 1Sam 6,15; 2Sam 15,24; 1Kön 8,4; und bildet nach R. NURMELA, Levites 11, eine der zentralen Aufgaben, die die Leviten nach dem DtrG ausüben. Dass das Tragen der Lade den Leviten vorbehalten ist, ist in der Chronik rezipiert in 1Chr 15,2.15; 2Chr 5,4; vgl. 1Chr 6,16f (Leviten qua Sänger / Musiker), anders 2Chr 5,5: Leviten und Priester tragen die Lade. Nach P.B. DIRKSEN, Future 48f, ist das Tragen der Lade durch die Leviten ein „ancient rule", das auch für die Rolle der Leviten in der Chronik bedeutsam ist; die Leviten als Tempelsänger bilden hierdurch eine theologische Basis des Kultes überhaupt.

[124] Für sekundär hält V.3 auch T. WILLI, Auslegung 200, der ihn jedoch mit V.4.8 verbindet.

Abermals später sind die Aufgaben der Leviten als Lehrer in V.3aα[2] und der Seher in V.15bα[1] hinzugefügt worden.[125] Beide Dienste haben keine Funktion in der Passafeier, sondern stehen zusammenhangslos im Text. Die bezeichneten Aufgaben tauchen nicht weiter auf und sind in Bezug auf dem kultischen Tempeldienst und die Passafeier überflüssig. Die Ämter von Lehrern und Sehern[126] sind stattdessen als spätere Neuakzentuierungen levitischer Tätigkeiten zu sehen. Nachdem die Leviten in V.3 in der literarischen Entwicklung nach der Grundschicht zunächst als heilig qualifiziert worden sind und sie sodann mit ihrem besonderen Dienst des Tragens der Lade vorgestellt werden, trägt die letzte Ergänzung eine weitere Funktion nach: die Lehre. Sie knüpft an den Gesetzesbezug in V.6bβ an. Alle Ergänzungen füllen Leerstellen des Textes. Lässt V.3bβ, offen, worin der Dienst besteht und geht aus V.4f nicht hervor, welche Aufgaben im Einzelnen von den Abteilungen wahrzunehmen sind, so erklären die späteren Ergänzungen diese Leerstelle mit ihrer je eigenen Antwort, die vor die bestehenden Dienste vorgeschaltet wird.

Die Notiz in V.15 ist ausgelöst durch die Einfügung von Asaf in V.15aα[2] auf der ersten redaktionellen Ebene. Während er in V.15a als prominentes Familienoberhaupt der Sänger / Musiker angeführt wird, korrigiert V.15bα[1], dass Asaf wie auch Heman und Jeduthun prophetische Züge tragen, wie es ähnlich 1Chr 25,1–6 behauptet.[127] Sowohl V.3aα[2] als auch V.15bα[1] tragen damit späte levitische Aufgaben als Lehrer und Propheten nach.[128]

In der Grundschrift treten die Leviten als *clerus minor* in den Blick, indem sie neben den Priestern an den Opferdarbringungen und der Schlachtung des Passa in klarer Rollenteilung beteiligt sind. Nach V.11 schlachten die Leviten die Passatiere und ziehen ihnen die Haut ab. Die Priester dagegen versprengen das Blut der Opfertiere. Damit gehören die Aufgaben der Leviten in den Zuständigkeitsbereich des *clerus minor* und stellen einen im Blick auf die Hierarchie geringeren Dienst dar. Die Priester demgegenüber nehmen einen höheren Dienst wahr, da sie mit dem Blut als dem Sitz des Lebens, also dem heiligsten Teil der Opfertiere, beschäftigt sind.[129] Die Zuordnung von Priestern und Levi-

---

[125] Dass das Lehren der Leviten erst späteren Datums ist, hebt auch S. JAPHET, Chronicles 1047, hervor. – Aufgrund der Abfolge von Ladedienst und Lehre, aber auch unter Berufung auf 2Chr 7,6; 5,4–12 geht J. BLENKINSOPP, Sage 95, davon aus, dass sich die Lehrfunktionen aus dem Ladedienst entwickelt haben, wobei die Lade als Aufbewahrungsort der Gesetzestafeln das Verbindungsglied darstellt.

[126] S. JAPHET, 2Chronik 490, rechnet mit der Möglichkeit, dass nicht nur Jeduthun, sondern auch die beiden anderen als Seher vorzustellen sind.

[127] S. dazu Abschnitt 4.2.

[128] Zu diesen Aufgaben s.u. Abschnitt 4., wo sie näher vorgestellt werden.

[129] Zur Verbindung der Priester mit dem Blut der Opfertiere vgl. auch 2Chr 29,21b–22.24. Damit ist der priesterschriftliche Gedanke rezipiert, dass im Blut die

ten bewegt sich in V.11 damit im Rahmen der klassischen Aufgabenteilung, wie sie in der Grundschrift der Chronik auszumachen ist.[130] In V.12f ist nur von einer Aktantengruppe im Plural die Rede. Da keine abweichenden Angaben gemacht werden, ist das vorhergehende Subjekt vorauszusetzen, so dass die Leviten das handelnde Subjekt bilden.[131] Dies passt zu den in V.13 genannten Diensten: das Passa zu kochen, die Töpfe zu heiligen und dann die Speise zum Volk zu bringen. Da es sich bei der Vorbereitung der Pfannen und Töpfe wie auch beim Verteilen des Opferfleisches um niedere Dienste handelt, wie sie auch sonst als kultisches Aufgabenfeld des *clerus minor* bekannt sind, sprechen diese Angaben dafür, dass sie auf die Leviten zu beziehen sind. Damit beschreiben 2Chr 35,11–13 kultische Aufgaben der Leviten, wie sie in ähnlicher Weise auch in anderen chr Texten genannt sind.[132]

In der Schilderung der Zubereitung des Passas betreibt die Chronik Schriftexegese. Die Beschreibung in V.13, dass das Passa im Feuer gekocht wird (וַיְבַשְּׁלוּ הַפֶּסַח בָּאֵשׁ), verbindet unterschiedliche Anweisungen aus dem Pentateuch. So bestimmt Ex 12,8f, dass die Passatiere als ganze am *Feuer* gebraten (צְלִי־אֵשׁ) und nicht mit Wasser gekocht werden sollen (וּבָשֵׁל מְבֻשָּׁל בַּמָּיִם, V.9). Demgegenüber legt Dtn 16,7 fest, dass das Passa *gekocht* werden soll (וּבִשַּׁלְתָּ). 2Chr 35,13 verbindet beide Angaben, insofern das Passa im Feuer gekocht wird.[133]

Überhaupt stellt die Schilderung des Passas eine Eigenheit der Chronik dar, da seine Durchführung wie die eines Brandopfers (עוֹלָה) ausfällt (vgl. V.12.14.16). Damit variiert die Chronik die beiden zentralen Anweisungen aus dem Pentateuch in Dtn 16,1–8 und Num 9,2–14 und betreibt auch in dieser Hinsicht Schriftexegese.[134] Allerdings verbindet die Chronik hier nicht beide Angaben, sondern gestaltet einen eigenen Ablauf, indem sie das Passa an der Hauptopferart zur Zeit des Zweiten Tempels orientiert.[135] Die Chronik nimmt Umakzentuierungen vor, indem sie das Passaopfer durch seine szenische Ausgestaltung der Betei-

---

Lebenskraft eines Lebewesens enthalten ist; vgl. programmatisch Lev 17,11: הוּא כִּי נֶפֶשׁ הַבָּשָׂר בַּדָּם. S. dazu B. JANOWSKI, Sühne 242–247.

[130] Vgl. Abschnitt 2.1.

[131] Vgl. S. JAPHET, 2Chronik 488.

[132] Von der Vorbereitung der Opfergeräte ist in 1Chr 9,28f.31f die Rede; dazu gehört das Zurichten der Schaubrote und Opfer, 1Chr 23,28f; den Priestern ist das Versprengen des Blutes vorbehalten, während die Leviten ihnen das Blut lediglich zureichen, 2Chr 30,16b.

[133] Zur Traditionsmischung s. weiter W. RUDOLPH, Chronikbücher 327; M. HARAN, Temples 322; S. JAPHET, Chronicles 1052f; DIES.; 2Chronik 489; E.M. DÖRRFUSS, Mose 266f; I. KALIMI, Geschichtsschreibung 142f.

[134] Anders bestreitet R. RENDTORFF, Studien 101f.114, unter Verweis auf 2Chr 30,16; 29,22, dass die Chronik von der Priesterschrift abhängig ist. E.M. DÖRRFUSS, Mose 266, sieht gar „keinen konkreten Anhaltspunkt in alttestamentlichen (Gesetzes-)Texten" für die Bestimmungen in Bezug auf die Passafeier.

[135] Zum Brandopfer s.u. Abschnitt 3.5.3.

ligung von Leviten neu interpretiert und ihm als Brandopfer mit dem Blutritus einen neuen Stellenwert verleiht.[136] Ob und inwieweit hinter dieser Darstellung aktuelle Verhältnisse vom Zweiten Tempel durchscheinen, kann man fragen.[137] Möglicherweise sind aktuelle Praktiken eingeflossen und von der Chronik interpretiert worden.[138]

Gegenüber der kultischen Aufgabenverteilung zwischen Priestern und Leviten, wie sie in 35,11–13 beschrieben ist, stehen in 2Chr 35 andere Angaben in Spannung. So werden einerseits die Priester allein mit dem Opfer in Verbindung gebracht (vgl. V.8). Dies ist als eine verkürzte Redeform anzusehen, die lediglich die Hauptverantwortlichen für Opferhandlungen stellvertretend für alle am Kult Beteiligten nennt. So ist es nicht nur in 35,8 zu finden, sondern pointiert etwa auch in 1Chr 6,34; 2Chr 29,24 formuliert. Die Priester gelten als allein Verantwortliche, während die übrigen Mitglieder des Tempelpersonals verschwiegen werden.

Mit V.3 sind Rudimente alter Aufgaben der Leviten aufgenommen,[139] die in die tempellose Zeit zurückreichen.[140] Da die Lade mit ihrer Ankunft im Tempelbau ihren Ruheplatz erreicht hat (vgl. 1Chr 6,16.22f; 28,2; 2Chr 6,41), ist es für die Chronik nicht mehr nötig, sie fortan zu bewegen. Zwar könnte man annehmen, dass die Lade zu Prozessionen aus dem Allerheiligsten herausgebracht wird, doch ist dies in der Chronik nirgendwo explizit vermerkt. Daher muss man wohl davon ausgehen, dass nach Sicht der Chronik die Lade mit dem Zeitpunkt ihrer Aufstellung im Tempel nicht mehr bewegt worden ist. Dies gilt wohl auch dann, wenn man zugute hält, dass der Topos der Ruhe ein theologisch qualifizierter Begriff ist,[141] der ein harmonisches Zusammenleben aller Teile des Volkes und Jahwes bezeichnet. Diese segensreiche Phase strahlt auf den Tempel mit den Tempeldiensten

---

[136] S. JAPHET, Ideology 240f, meint, dass das Passa ursprünglich im familiären Bereich beheimatet gewesen ist, aber in der Zeit des Zweiten Tempels an den institutionalisierten Kult angeschlossen wird; dabei tritt auch der Ritus des Blutsprengens hinzu.

[137] Vgl. S. JAPHET, Chronicles 950f; DIES., 2Chronik 478; S.L. MCKENZIE, Chronicles 363.

[138] Immerhin schildert auch Josephus in Ant 3,249 das Passa als eine spezialisierte Form des Brandopfers, indem das eigentliche Passa durch die Opferung eines Bocks als Sündopfer angereichert wird. Es ist aber mit der Möglichkeit zu rechnen, dass Josephus von der Chronik abhängig ist, wie es auch anderweitig zu beobachten ist; vgl. E. BEN ZVI, Authority passim.

[139] Das Tragen der Lade durch die Leviten spielt auch in 1Chr 15,15 eine entscheidende Rolle, wobei es hier als mosaische Anordnung bezeichnet wird. R. DE VAUX, Lebensordnungen II 239, bezeichnet dies als „eine Methode, levitische Ansprüche auf die Überlieferung zu stützen: mit der Lade sind die Leviten legitim in den Tempel hineingekommen, sie haben hier also Rechte."

[140] Anders U. GLESSMER, Leviten 140–142, der eine „Lade-Mystik" im 2.Jh. hinter dieser Notiz annimmt und diese mit „eschatologisch orientierten Strömungen" (ebd. 142) identifiziert.

[141] S.o. Abschnitte 1.3.2.1. und 2.5.; vgl. weiter W.M. SCHNIEDEWIND, Chronicler 170–172.

und dem Tempelpersonal ab. Dies betrifft im 2Chr 35 vor allem die Leviten, denen ein Großteil der Handlung zukommt und die eine zentrale Rolle im Kult spielen.

Hier sind nun allerdings die Opferfunktionen der Leviten auszuwerten, wie sie vor allem die Ergänzungen der ersten Redaktion beiten, wo berichtet wird, dass die Leviten selbstständig Opfer darbringen (V.6.14. 15aα².bβ). Die Chronik weist ihnen damit größere Verantwortung im Kult zu. Indem die Leviten mehr Kompetenzen wahrnehmen, werden sie in der kultischen Hierarchie in die gleiche Position wie die Priester gesetzt. In V.6 werden die Leviten aufgefordert, das Passa zu schlachten (√ שחט) und es zuzubereiten (√ כון *hi.*). V.14 berichtet die Ausführung dieses Auftrags, wobei hier nur zweimal von der Zubereitung (√ כון *hi.*) die Rede ist. Die Leviten treten jetzt allein als die Gruppe des Tempelpersonals in Erscheinung, die an der Handlung beteiligt werden soll. Dass auch Priestern eine Rolle in diesem kultischen Geschehen zukommt, wird nicht gesagt. Vielmehr werden andere Gruppen als die Leviten aus der Handlung verdrängt. 2Chr 35,6.14 knüpft damit an die gleiche Aussage von 30,17b an, wo ebenso die Leviten allein das Passa darbringen. Die Leviten rücken dadurch in eine entscheidende Position vor, da die Durchführung des Passas allein bei ihnen liegt.

Ein anderer chr Topos, der bereits in 2Chr 30,17b zu beobachten war, ist mit der Heiligkeit der Leviten gegeben, wie sie die zweite Redaktionsstufe ergänzt. Die verantwortlichen Handlungsträger werden aufgefordert, sich kultisch zu weihen (V.6), damit sie sich die nötige Heiligkeit erwerben und die rituellen Voraussetzungen für Opfernde erfüllen. Die Aufforderung in V.6 bezieht die Heiligkeit der Leviten (V.3aβ: הַקְּדוֹשִׁים לַיהוָה) auf ihren Dienst im Kult, wodurch sie nahe an Jahwe herangerückt und in einzigartiger Weise für ihren Dienst positioniert werden. Diese Qualifizierung spricht die Chronik in 2Chr 35 allein den Leviten zu. Sie werden dadurch als eine besondere Gruppe des Tempelpersonals herausgestellt, wie es auch in anderen chr Belegen zu finden ist.[142] Indem die Leviten als heilige Gruppe ausgezeichnet werden, stellt die Chronik sie als gegenüber den Priestern bevorzugte Gruppe dar.

Obwohl in der Chronik das Passa als ein Brandopfer begegnet (V.12.14.16), wird dennoch nicht behauptet, dass die Leviten diejenigen sind, die das Brandopfer darbringen. Das Brandopfer wird vielmehr, sofern überhaupt eine Personengruppe angegeben wird, bei den Priestern belassen (V.14). Angesichts der Aufwertung der Leviten in V.3aβ.6 fällt die Zurückhaltung der Chronik hinsichtlich der Beteiligung von Leviten am Brandopfer auf. Die Chronik ist dabei allerdings in sich stimmig. Blickt man auf den gesamten Befund der Chronik, so ist zu erkennen, dass Priester und Leviten auch sonst gemeinsam für das Brandopfer zuständig sind, ohne dass der jeweilige Aktionsradius

---

142 Vgl. 2Chr 23,6; 29,5aβ.15.34; 30,15.17.24; 31,18b; s.a. 1Chr 15,12.14.

einer Gruppe spezifiziert wird (vgl. 2Chr 13,10f; 23,18; 24,14; 29,27f. 31; 31,3).[143] Dabei ist dann allerdings vorausgesetzt, dass die Leviten als *clerus minor* mitbeteiligt sind. An diesem Miteinander von Priestern und Leviten beim Brandopfer nehmen auch spätere Redaktionen keine Revision vor. Die Opferfunktion der Leviten ist in 2Chr 35 auf das Passa konzentriert. Dieses wird von den Leviten für alle an der Szene beteiligten Personengruppen geschlachtet: sowohl für die Laien, d.h. das Volk (V.12),[144] als auch für das Tempelpersonal, d.h. die Priester (V.14) und die Leviten selbst (V.6.14). Anders als beim Brandopfer setzt die Chronik hinsichtlich des Passas eigene Akzente. Sie interpretiert traditionelle Aussagen, indem sie das Passaopfer in die Hände der Leviten legt. Im Pentateuch war ein gewisser Spielraum gelassen, den die Chronik ausfüllt. Nach Ex 12,3 soll ein Mann (gemeint wohl ein Familienvater) das Passa für seine Großfamilie schlachten (אִישׁ שֶׂה לְבֵית־אָבֹת שֶׂה לַבָּיִת). In Dtn 16,1ff ist keine Person spezifiziert, die die Schlachtung vornimmt, da lediglich ein „du" angeredet ist (V.1: וְעָשִׂיתָ פֶּסַח), was man entweder (wie Ex 12,3 auch) auf den Familienvater beziehen oder (entsprechend Num 9,2: וַיַּעֲשׂוּ בְנֵי־יִשְׂרָאֵל אֶת־הַפָּסַח) als kollektive Aussage über das Volk Israel verstehen kann. Die Chronik führt insofern Dtn 16 aus, als das Passa am Jerusalemer Tempel geschlachtet wird (Dtn 16,6; 2Chr 35,2.16). Allerdings weicht die Chronik von Dtn 16 auch ab, da die geopferten Passatiere nicht vom Volk im Tempel verzehrt werden (2Chr 35,12; anders Dtn 16,7). Die Chronik verbindet die beiden Pentateuchtexte Ex 12 und Dtn 16, indem sie die Opfernden neu bestimmt. Da das Passa am Tempel stattfindet, nimmt die Chronik das Passa aus den Händen der Laien[145] und legt es in die Hände einer Gruppe des Tempelpersonals. Sie sucht die von ihr bevorzugte Gruppe der Leviten dafür aus und bindet das Passa exklusiv an diesen Kreis.

Die Leviten gelten im Licht des Pentateuchs damit als Familienvorsteher, die ihre Familien versorgen. Diese Interpretation des Passas in der Chronik passt zu der Bestimmung von einzelnen Leviten als Sippenhäuptern (רָאשֵׁי הָאָבוֹת). Zwar fällt in 2Chr 35 dieser maßgebliche Terminus nicht, doch ist in V.4f von den בֵּית הָאָבוֹת der Leviten die Rede, aus denen Abteilungen (מַחְלְקוֹת) gebildet werden. Daran knüpfen einerseits in V.9 die שָׂרֵי הַלְוִיִּם an, die auch in 1Chr 15,16.22 erwähnt sind.[146] Andererseits ist eine weitere soziale Kategorie in 2Chr 35 aufgerufen, die aus anderen levitischen Gruppenstrukturen bekannt ist: die Leviten sind Brüder (V.6: לַאֲחֵיכֶם; V.9: אֶחָיו; V.15: כִּי־אֲחֵיהֶם הַלְוִיִּם,

---

143 Vgl. weiter Abschnitt 3.5.3.
144 S. JAPHET, Chronicles 1045, charakterisiert die Leviten daher als „corps of intermediaries between the cult and the people".
145 Im frühen Judentum wird das Passa erneut als ein Laienopfer betrachtet, vgl. Jos Ant 3,225–226; Philo VitMos 3,224–225; Decal 159; SpecLeg 2,145ff.
146 S.o. Abschnitt 2.5.

V.15). Die Aussage schließt an familiäre Strukturen an, wie sie in den genealogischen Listen der Leviten erscheinen und in vielen Passagen der Chronik begegnen.[147] Zudem ist die Vater-Sohn-Relation durch בְּנֵי־אָסָף in V.15a eingeführt. Die Schilderung der Opfertätigkeit der Leviten beim Passa passt damit zu sozialen Strukturen, wie sie für die Leviten in der Chronik entwickelt werden.

Die Sinnkonstruktion der Chronik schafft damit soziale Verbindungen, die über den Abschnitt dieser Perikope hinausreichen. Die von der Chronik bevorzugte Gruppe wird in den Verantwortungsbereich der Schlachtung des Passa eingesetzt, wie es im AT nirgendwo sonst begegnet.[148] Die Chronik schafft damit eine außergewöhnliche Aussage, mit der die Dienste der als heilig gekennzeichneten Leviten herausgestellt werden. Die Textwelt der Chronik geht sogar noch über diesen kultischen Zusammenhang hinaus, indem die Leviten zudem als Lehrer (V.3aα[2]) und als Propheten (V.15bα[1]) mit Bezug auf Asaf vorgestellt und an die Autorität des Wortes Gottes zurückgebunden werden. Das Porträt der Leviten wird dadurch um weitere Aspekte ergänzt, die ebenso der Auszeichnung der Leviten dienen.

3.5 Opferrezeption und -theologie in der Chronik

Wie gesehen, lässt die Chronik neben den Priestern bisweilen auch die Leviten am Opfervorgang mitwirken. Dies betrifft das Brandopfer (1Chr 23,18b; vgl. 16,1[149]) und das Räucheropfer (2Chr 29,11), wobei diese Opferform hier möglicherweise für den gesamten Kult steht, sowie das Schelamim-Opfer (1Chr 16,1). Ferner ist in 2Chr 30,17b; 35,6.14.15β davon die Rede, dass die Leviten das Passa schlachten. Die Beteiligung von Leviten an diesen Vorgängen ist der Chronik innerhalb des atl. Schriftencorpus eigen. Doch nicht nur in dieser Hinsicht entsprechen die Opferbestimmungen und Opferausführungen der Chronik nur partiell deren Gestalt im Pentateuch. Die Chronik setzt das Deuteronomium und vor allem die Priesterschrift mit ihren detaillierten Angaben zur Darbringung der Opfer (also: P[G] und die daran angegliederten Gesetze, die auf sukzessive redaktionelle Erweiterungen in P[S] zurückgehen) voraus.[150] Die auffallenden Modifikationen der Chronik

---

[147] Vgl. vor allem Abschnitt 6.; s.a. 1Chr 15; 16 sowie die מִשְׁפְּחוֹת הַלֵּוִי in 1Chr 6,4.

[148] W. RUDOLPH, Chronikbücher 329f, verweist unter Bezug auf Jub 49 und den Mischnatraktat Pessachim darauf, dass die Bestimmungen, denen zufolge die Leviten das Passaopfer vollziehen, sich im Judentum nicht durchgesetzt hätten.

[149] Subjekt sind vermutlich die Leviten; vgl. Abschnitt 2.5.

[150] Die Chronik setzt bereits Spätformen sowohl des Deuteronomiums als auch der priester(schrift)lichen Passagen voraus. Die entstehungsgeschichtlichen Differenzen werden demnach hier nur dann eine Rolle spielen, wenn eine Veränderung der Opferpraxis davon betroffen ist. Setzt man voraus, dass die redaktionelle Gestalt und Einbindung der Priesterschrift (einschließlich ihrer Erweiterungen in P[S]) in den

betreffen die Zubereitung der Opfer, das Opfergut, die Opfernden und die Anlässe für Opfer. Diese Beobachtungen, die im Folgenden für die einzelnen Opferarten zu spezifizieren sind, führen zu der Frage nach der Intention der Veränderungen. Betreibt die Chronik Schriftauslegung und welche Bestimmungen werden in der Rezption modifiziert und interpretiert? Und welches Interesse verfolgt die Chronik darüber hinaus, wenn sie Opferszenen in den dargestellten Geschichtsablauf (teilweise neu) einbindet?[151]

Da in der Sekundärliteratur die Darstellung der Opferpraxis am Zweiten Tempel zumeist an den Bestimmungen, wie sie von der Priesterschrift geboten werden, orientiert wird,[152] sollen im Folgenden die priester(schrift)lichen Opferbestimmungen mit den Opferbezügen aus der Chronik verglichen werden. Dabei wird sich zeigen, dass die Chronik die priester(schrift)lichen Anweisungen partiell rezipiert und interpretiert, indem sie den Opfern veränderte Funktionen zuschreibt.[153]

Da die abweichenden Akzente der Chronik gegenüber den priester-(schrift)lichen Opferbestimmungen vor allem die Spendepraxis des Räucheropfers (קְטֹרֶת)[154] betreffen, ist auf diese Opferart besonderes Gewicht zu legen. Demgegenüber folgt die Chronik bei der Darbringung von Brandopfer (עוֹלָה), Schelamim-Opfer (זֶבַח שְׁלָמִים / שְׁלָמִים)[155], Schlachtopfer (זֶבַח), Speisopfer (מִנְחָה) und Trankopfer (נֶסֶךְ)[156] weitgehend den Angaben der Priesterschrift (P^S). Veränderungen und Harmonisierungen priester(schrift)licher Anweisungen sind bei dem Dankopfer (תּוֹדָה) und dem Sündopfer (חַטָּאת) auszumachen. Das Ganzopfer

---

Pentateuch am Ende der achämenidischen Zeit abgeschlossen ist (zu den unterschiedlichen Modellen, den Abschluss der Priesterschrift zu bestimmen, vgl. das Literaturreferat bei E. ZENGER, Werk 163–167) und damit in einer recht späten Gestalt den Verfassern der Chronik vorgelegen hat, so ist für einen Vergleich weniger eine binnen-priesterliche Entwicklung von Bedeutung als vielmehr ein priester(schrift)liches Gesamtbild. Gleiches gilt auch für die Rezeption des Dtn wie auch des DtrG.

[151] So betont z.B. H. HENNING-HESS, Kult 127, dass die Chronik „theologische und legitimatorische Interessen" am Kult hat. Zugleich gilt aber auch, dass die Chronik „in den Angaben über den Opferkult tatsächlich nachexilische Verhältnisse widerspiegelt oder sogar zu legitimieren sucht" (a.a.O. 145).

[152] Vgl. z.B. A. CODY, History 190 u.ö.; M. HARAN, Temples passim; J.W. KLEINIG, Song 101–104.107 u.ö.; L.L. GRABBE, Leviticus 207–224; C. EBERHART, Studien 9f; s.a. E. AUERBACH, Aufstieg 247f; L.L. GRABBE, Priests 182f; DERS., History 218–230; P.D. MILLER, Religion 196ff.

[153] Vgl. exemplarisch zu 2Chr 24,6; 25,4; 26,17; 31,3 auch J.R. SHAVER, Torah 87–121, der vor allem Ex 23; Lev 23 und Num 28–29 im Hintergrund stehen sieht.

[154] Als Opferart ist hier der Terminus „Räucheropfer" verwendet. HAL 1024 beschränkt die Bedeutung auf ‚Räucherwerk'.

[155] Da der Begriff strittig ist, wird hier an einer Transskription festgehalten. KBL 980 schlägt als Übersetzung „Abschlussopfer", HAL 251 „Schlachtopfer, Gemeinschaftsopfer" vor. HAH^{17} 837 nennt als weitere Möglichkeiten: Friedensopfer, Bundesopfer, Bezahlungsopfer, Dankopfer, Verpflichtungsopfer.

[156] So als Opferart; HAL 620 gibt daneben „Libation" an.

(כָּלִיל), das Hebopfer (תְּרוּמָה),[157] die Darbringung der Opfergabe (קָרְבָּן), das Erhebungsopfer (תְּנוּפָה)[158], das Feueropfer (אִשֶּׁה) und das Schuldopfer (אָשָׁם)[159] werden in der Chronik ausgelassen.[160] Als neue Opferart tritt das Passa hinzu, das in der Chronik, wie bereits gesehen, als ein Brandopfer zelebriert wird (vgl. 2Chr 30; 35).[161]

Die folgende Darstellung wird daher auf diejenigen Opferbegriffe konzentriert, die in der Chronik vorkommen und sich als Rezeption von priester(schrift)lichen Angaben verstehen lassen.

3.5.1 Opferfeierlichkeiten in der Chronik – 2Chr 29,20–34

Neben den bereits vorgestellten Texten aus der Chronik stellt ein wichtiger Abschnitt das sog. chr Sondergut in 2Chr 29,20–34 dar, weil hier besonders viele Opferarten der Chronik im Rahmen einer kultischen Feier zur Zeit Hiskias begegnen. Dazu gehören das Brandopfer (עוֹלָה, 29,24.27–29.31–35), Dankopfer (תּוֹדָה, 29,31), Schlachtopfer (זֶבַח, 29,31; vgl. 30,22), Schelamim-Opfer (שְׁלָמִים, 29,35; vgl. 30,22; 31,2), Sündopfer (חַטָּאת, 29,21.23.24) und Trankopfer (נֶסֶךְ, 29,35).[162] Es fehlen allerdings Speisopfer (מִנְחָה) und Räucheropfer (קְטֹרֶת), die andernorts in der Chronik wichtig sind. Da dieser Passus bisher noch nicht vorgestellt worden ist, ist das zunächst nachzuholen.

2Chr 29,20–36: (20) Und der König Chisqijahu machte sich früh auf und versammelte die Vorsteher der Stadt und ging hinauf in das Haus Jahwes. (21) Und sie brachten sieben Stiere und sieben Widder, sieben Lämmer und sieben Ziegenböcke zum Sündopfer für das Königreich sowie für das Heiligtum und für Juda dar. Und er befahl den Aaroniden, den Priestern, zum Altar Jahwes hinaufzugehen. (22) Da schlachteten sie die Rinder und die Priester empfingen das Blut und sprengten (es) an den Altar. Und sie

---

[157] Oder Weihegabe (vgl. HAL 1645). Zwar begegnet der Begriff תְּרוּמָה in 2Chr 31,10.12.14 (vgl. Abschnitt 5.7), doch bezeichnet er dort eine an den Tempel zu entrichtende Abgabe; anders W. ZWICKEL, Tempelkult 356.

[158] So mit HAL 1622f; In KBL 1034 war noch ‚Weihung durch Schwingen' oder ‚Weihegabe' angegeben; dessen englisches Äquivalent „wave-offering" allerdings ansprechender ist.

[159] Zu den Belegen vgl. H. HENNING-HESS, Kult 134.

[160] Vgl. die Übersicht der Opfertermini im AT bei W. ZWICKEL, Tempelkult 346–360. Die Zusammenstellung bietet auch dann einen guten Überblick, wenn man die jeweiligen Belege im Einzelnen kritisch einordnet und bisweilen an spätere historische Entstehung wird denken müssen. Dies betrifft vor allem die Belege aus dem DtrG, die ZWICKEL bereits ins 10./9.Jh. datiert. Dass mit einer Nachwirkung von früher praktizierten Bräuchen im literarischen Korpus zu rechnen ist, soll damit nicht bestritten werden, doch bleibt eine literarische Rekonstruktion des DtrG oder etwaiger Vorstufen vor der Josiazeit doch eher hypothetisch.

[161] S.o. die Abschnitte 3.3 und 3.4.

[162] Die in 2Chr 29,7 erwähnten Räucheropfer (קְטֹרֶת) dienen nicht der Ausgestaltung der Szene, sondern der Anklage des Volkes, da sie gerade nicht dargebracht worden sind.

schlachteten die Widder und sprengten das Blut an den Altar; auch schlachteten sie die Lämmer und sprengten das Blut an den Altar. (23) Und sie führten die Ziegenböcke des Sündopfers vor den König und die Versammlung und sie stemmten ihre Hände auf sie. (24) Und die Priester schlachteten sie und brachten ihr Blut als Sündopfer auf dem Altar dar, um Sühne zu erwirken für ganz Israel, denn für ganz Israel hatte der König angeordnet, Brandopfer und Sündopfer darzubringen.

(25) Und er stellte die Leviten im Haus Jahwes mit Zimbeln, mit Harfen und mit Zithern auf gemäß der Anordnung Davids und Gads, des Sehers des Königs, und Nathans, des Propheten, denn im Auftrag Jahwes[163] wurde das Gebot gesprochen, im Auftraq seiner Propheten. (26) Und die Leviten standen da mit den Instrumenten Davids und die Priester mit den Trompeten. (27) Da gab Chisqijahu Anweisung, Brandopfer auf dem Altar darzubringen. Und zu (genau) der Zeit, als das Brandopfer anfing, begannen der Gesang Jahwes und die Trompeten unter der Leitung[164] der Instrumente Davids, des Königs von Israel. (28) Und die ganze Gemeinde fiel (anbetend) auf ihr Angesicht sowie der Liedersänger und die Trompetenbläser. Das alles (geschah solange), bis das Brandopfer vollendet war. (29) Und als die Brandopfer vollendet waren, beugten sich der König und alle übrigen mit ihm und fielen (anbetend) auf ihr Angesicht. (30) Und der König Chisqijahu und die Oberen forderten die Leviten auf, Jahwe zu preisen mit den Worten Davids und Asafs des Sehers. Und sie priesen (Jahwe) bis zur Freude und fielen nieder und fielen (anbetend) auf ihr Angesicht.

(31) Und Chisqijahu antwortete und sagte: Jetzt habt ihr eure Hand für Jahwe gefüllt; tretet herzu und bringt Schlachtopfer und Dankopfer für das Haus Jahwes dar. Und die Gemeinde brachte Schlachtopfer und Dankopfer dar und jeder, wer wollte, (brachte) Brandopfer (dar). (32) *Und die Zahl des Brandopfers, das die Gemeinde darbrachte, war: 70 Rinder, 100 Widder, 200 Lämmer; zum Brandopfer für Jahwe (waren) all diese. (33) Und heilige (Tiere) waren: 600 Rinder und 3000 Schafe und Ziegen. (34) Nur, die Priester waren zu wenige und konnten nicht alle Brandopfer(-Tiere) abhäuten. So ergriffen sie ihre Brüder, die Leviten, bis sie die Arbeit vollendet hatten und bis sich die (restlichen) Priester geheiligt hatten.* Denn die Leviten waren aufrichtigen Herzens, so dass sie sich geheiligt hatten, mehr als die Priester. (35) *Und auch Brandopfer in Menge mit dem Fett der Schelamim-Opfer und den Trankopfern zum Brandopfer; und die Arbeit im Haus Jahwes war bereitet.*

---

163 Der textkritische Apparat der BHS schlägt eine Textänderung von בְּיַד־יְהוָה in בדויד היה vor. Da es keine Textzeugen für diese Veränderung gibt, sollte der vorhandene Text erhalten bleiben, zumal er durchaus Sinn macht.

164 Das וְעַל־יְדֵי ist an dieser Stelle schwer zuzuordnen. Die Wendung taucht noch fünfmal in 1Chr 25,1–7 auf (vgl. Abschnitt 4.2), wo sie Leitungsfunktionen im Kult ausdrückt. Ähnlich übersetzt K. GALLING, Chronik 155: „und zwar nach Anleitung der Instrumente Davids"; s.a. W. RUDOLPH, Chronik 298: „und zwar so, daß die Musikinstrumente Davids ... die Führung hatten". Die vorliegende Übersetzung versucht dem zweimaligen בְּיַד / „im Auftrag N.N.s" in V.25 und dem Leitungsaspekt der Präposition עַל zu entsprechen. LXX ersetzt die Wendung durch die Präposition πρός. Daran schließt die Übersetzung von S. JAPHET, 2Chronik 361, an, die als präpositionale Bestimmung mit „mittels" übersetzt.

(36) Und Chisqijahu und das ganze Volk freute sich über das, was Gott für das Volk[165] bereitet hatte, denn äußerst rasch ereignete sich die Sache.

2Chr 29 berichtet von ersten Handlungen Hiskias, die zunächst in der Säuberung (V.4–19)[166] und schließlich in der kultischen Wiedereinweihung des Tempels (V.20–36) bestehen. V.36 beschließt den Bericht und leitet zugleich zur in 2Chr 30 berichteten Passafeier unter Hiskia über.[167] Entsprechend der chr Historiographie stellt der Beginn der Hiskiazeit zugleich das Ende der vor-hiskianischen Epoche dar.[168] Der Übergang von der Zeit des Ahas zu Hiskia wird mit einer kultischen Zeremonie gefeiert, die Ausdruck der Freude (V.30) und der Verehrung Jahwes angesichts seiner Führung in der Geschichte ist. In der Chronik ist mit dieser Szene eine wichtige Wegstation formuliert, die von chr Theologumena geprägt ist und sukzessive Erweiterungen erfahren hat.

Die kultische Wiedereinweihung geschieht in einer „Mehrzweck-Veranstaltung"[169] durch das Darbringen unterschiedlicher Opfer. Die geschilderte Szene der Opferdarbringungen verläuft recht glatt. König, Gemeinde und Volk, die hier die Gesamtheit der Bevölkerung repräsentieren,[170] sind als Spender der Opfer vertreten, während Priester und Leviten die Arbeiten im Tempel ausführen. Die Veranstaltung beginnt mit einem Sündopfer (חַטָּאת, V.23f), das ein sakrales Pendant zu den zuvor berichteten profanen Reinigungsarbeiten am Tempel (2Chr 29,4–19) bildet. Die Opfer werden von den Priestern allein dargebracht.[171] Es folgen Brandopfer (עוֹלָה), die von Musik begleitet werden (V.27–30). Die Leviten kommen dabei als Sänger / Musiker zum Einsatz (V.25f), wobei den Priestern die Trompeten vorbehalten sind (V.26).[172] Danach werden Schlachtopfer (זֶבַח) und Dankopfer (תּוֹדָה) dargebracht (V.31f). Dass die Ausgestaltung von Feiern durch Musik für die Chronik konstitutiv ist und zum Grundbestand dazu gehört, ist bereits gezeigt

---

[165] BHS schlägt vor, לְעָם in לעת zu ändern. Anders wollen S. JAPHET, 2Chronik 363, und S. MCKENZIE, Chronicles 343, לבב lesen. Der Targum liest wieder anders לרב. Textzeugen, die eine Änderung rechtfertigen würden, gibt es nicht. Da der Text durchaus Sinn macht, insofern die zweite Erwähnung des Volkes auf seine erste in V.36a bezogen ist, ist eine Änderung überflüssig.

[166] S. dazu Abschnitt 3.2.

[167] S. dazu Abschnitt 3.3.

[168] W. JOHNSTONE, Chronicles II 195f.198, sieht die in 2Chr 29 geschilderten Maßnahmen Hiskias als gezielten Gegenbericht zur Regierungszeit des Ahas.

[169] So S. JAPHET, 2Chronik 373.

[170] Vgl. S. JAPHET, 2Chronik 374.377.

[171] Anders geht A.C. WELCH, Work 105–108, von einer priesterlichen Ergänzung in 29,21–24 aus.

[172] Zu den Trompeten in V.26f vgl. 1Chr 15,24; 16,6; 2Chr 5,12; 7,6; 13,14.

worden.[173] Dazu gehört auch die Schlussnotiz über die Festfreude in V.36, die an die Freude in V.30 anknüpft.[174]

Eine Spannung ergibt sich in Bezug auf das Bandopfer zwischen V.31$_{fin}$ und V.32. Nach der dritten Szene, in der Schlachtopfer und Dankopfer dargebracht werden, folgen am Ende in V.31 noch Brandopfer. Nach V.31 stammen diese Brandopfer von freiwilligen, nicht näher gekennzeichneten Privatpersonen, die nach Belieben weitere Opfer hinzufügen dürfen. In V.32 ist demgegenüber von Brandopfern der Gemeinde die Rede, womit den Opfern ein öffentlicher Charakter in der Volksfeier zugewiesen wird.[175] Der weitere Verlauf von V.32f führt dieses öffentliche Opfer näher aus, indem Mengenangaben der Opfertiere eingebracht werden. Die öffentlichen Brandopfer sind in der Szene nachgetragen worden und lassen eine Konkurrenz mit den privaten Brandopfern entstehen.

Eine sprachliche Beobachtung unterstützt diese Annahme. In V.33 sind die Opfer mit dem ungewöhnlich absolut gebrauchten Begriff als „Heilige" (וְהַקֳּדָשִׁים) bezeichnet.[176] Während der Wortstamm קֹדֶשׁ sonst auf heilige Geräte bezogen ist[177] oder im Zusammenhang der Heiligkeit der Leviten begegnet, fällt seine Verwendung hier aus dem Rahmen der Chronik und drückt eine spätere Bewertung der öffentlichen Feier aus.

Zu der ersten redaktionellen Ebene gehört ferner V.35, wo mit den Schelamim-Opfern und den Trankopfern weitere Opfer ergänzt werden. Da in der Szene diese Opfer weder vorbereitet sind noch die folgende Handlung auf sie zurückkommt, sind sie als spätere Ausgestaltung zu betrachten. In der Chronik begegnet ein Trankopfer nur noch ein weiteres Mal in 1Chr 29,21,[178] so dass sein Vorkommen auf eine Besonderheit aufmerksam macht. Da das Schelamim-Opfer zu den

---

[173] Vgl. oben Abschnitt 2.1. Anders betrachtet K. GALLING, Bücher 157, die musikalische Ausgestaltung der Szene in V.25–30 als Nachtrag.

[174] Nach S. JAPHET, 2Chronik 377, impliziert die seltenere sprachliche Form עַד־לְשִׂמְחָה „ein höheres Maß an Freude ..., etwa ‚hingerissen' oder ‚begeistert'."

[175] Zur Bedeutung von „Gemeinde" vgl. Anm. 119 in Abschnitt 5.6.

[176] Die heiligen Opfertiere versteht S. JAPHET, 2Chronik 378, als Weihegaben, die dem Tempel gespendet werden. Diese Interpretation scheint mir dem offenen Terminus eher gerecht zu werden als der Vorschlag von K. GALLING, Bücher 157, der hierin Schlachtopfer sieht, oder von W. JOHNSTONE, Chronicles II 198, der von Dankopfern ausgeht.

[177] Vgl. im Zusammenhang des Tempels und der kultischen Zeremonien 1Chr 9,28.29; 22,19; 23,26; 28,13.14; 2Chr 4,16.18.19; 5,1.5; 15,18; 23,13; 24,14; 25,24; 28,24; 29,18.19; 36,7.10.18.19. – In 1Chr 15,16; 16,5.42; 23,5; 2Chr 5,13; 7,6; 29,26.27; 30,21; 34,12 bezeichnet (הַשִּׁיר) כְּלֵי die in den kultischen Feiern gebrauchten Musikinstrumente. – In 1Chr 10,4.5.9.10; 11,39; 12,34.38; 18,10; 2Chr 23,7 sind verschiedene militärische Waffen mit den Sammelbegriff כֵּלִים gemeint. Schließlich sind in 1Chr 18,8; 2Chr 9,20.24; 20,25; vgl. 2Chr 32,27 Gefäße zum täglichen Gebrauch genannt. Die überwiegende Zahl der Belege stammt also aus dem kultischen Bereich.

[178] Vgl. Abschnitt 3.5.7.

buntesten Opfern der Chronik zählt und zumeist in kultischen Volksfeiern begegnet,[179] ist aus seiner Verwendung hier nicht viel zu schließen. Trankopfer und Schelamim-Opfer ergänzen die Szene und komplettieren die Festfreude.

In V.34a wird eine zu geringe Zahl an für ihren Dienst vorbereiteten
Priestern beklagt, wie es ähnlich bereits in 2Chr 35,14 vorkam. Um
diesen Mangel auszugleichen, werden Leviten eingesetzt. Auffällig ist
dabei ihre Kennzeichnung als ‚Brüder' (V.34a), und zwar als Brüder
der Priester. Diese Darstellung der Levitengruppe ist ein entscheidender Aussageschwerpunkt späterer Schichten, mit dem weitere Personen
oder Personengruppen in den Kreis der Leviten integriert werden.[180] In
diesem Fall stellt die Aussage eine Parallelität zu den Priestern her,
insofern die Leviten durch die relationale Parallelaussage als „ihre
Brüder" (אֲחֵיהֶם) auf eine Stufe mit den Priestern gestellt werden. Auch
wenn nicht expressis verbis behauptet wird, dass die Leviten opfern, so
stehen sie als Brüder doch an der Seite der Priester und verrichten nach
dem Handlungsablauf die gleichen Aufgaben wie sie. Diese Aussage
liegt auf der ersten redaktionellen Ebene der Chronik, auf der Opfer-
aussagen der Leviten ergänzt werden.

V.34a formuliert mit der Nebenordnung der Leviten zu den Priestern aber auch eine implizite Kritik an den Priestern. Der Beginn von
V.34a „nur, die Priester waren zu wenige und sie konnten nicht ..."
(רַק הַכֹּהֲנִים הָיוּ לִמְעָט וְלֹא יָכְלוּ) ist negativ formuliert, da ein Desiderat
der Priester den Anlass für die Einbeziehung der Leviten bildet. Eine
vergleichbare Begründung war in 2Chr 35,14 gegeben, doch war es
dort neutraler formuliert, da mit der Auslastung der Priester als Grund
für ihre zu geringe Zahl argumentiert wurde. Demgegenüber klingt
29,34a negativer, was schon der Auftakt durch das knappe adversative
רַק ausdrückt.

Dieser Aspekt wird in V.34b verstärkt. Die Leviten werden jetzt als
aufrichtigen Herzens (יִשְׁרֵי לֵבָב)[181] und heilig (קדשׁ *hitpa.*) qualifiziert.
Von der Heiligkeit der Leviten war bereits in anderen Kontexten die
Rede.[182] Die Ergänzung dieser Qualifikation der Leviten liegt mit jenen
Belegen auf einer Ebene. Hinzu kommt hier der Aspekt der Redlichkeit
(יָשָׁר), was als eine innere Gabe (לֵבָב) ausgewiesen wird. Der letzte
Begriff von V.34 (מֵהַכֹּהֲנִים) erhebt die Leviten sogar insofern über die
Priester, als sie über mehr Aufrichtigkeit und Heiligkeit als jene ver-
fügen. Das kritische Konkurrenzverhältnis zwischen Priestern und Le-
viten wird hier noch einmal betont und neu bewertet.[183]

---

179 Vgl. Abschnitt 3.5.5.
180 Dies wird weiter unten zur Sprache kommen; vgl. bes. Abschnitt 6.
181 Vgl. dazu A. LABAHN, Heart 13.
182 Vgl. 2Chr 23,6; 29,5aβ.15.34; 31,18b; 35,3.15.17.; s.a. 1Chr 15,12.14.
183 Vgl. W. RUDOLPH, Chronikbücher 299, der hierin eine Kritik an den Priestern
ausmacht.

Die letzte redaktionelle Ergänzung stellt die Eintragung von prophetischen Elementen in V.25bβ.30aβ dar, die ansonsten in der Szene weiter nicht relevant sind. Die Erwähnung der Musik und der als Sänger / Musiker vorgestellten Leviten hat wohl dazu geführt, Asaf wie andernorts später umzugestalten und ihn in V.30aβ nicht nur als Sänger, sondern als Seher zu präsentieren. Damit lässt sich V.25bβ verbinden.[184] Der „Auftrag der Propheten" konkurriert mit dem „Auftrag Jahwes". Die Ergänzung der Propheten erläutert, auf welchem Weg der Auftrag Jahwes zu den Menschen gelangt ist, indem die Propheten als Vermittlungsinstanz eingeführt werden. Dass prophetische Aspekte im Laufe der Entwicklung der Chronik wichtig werden und ihren literarischen Niederschlag finden, wird noch zur Sprache kommen.[185] Hier (V.25bβ.30aβ) ist die letzte redaktionelle Ebene der Chronik erreicht.

Konstitutiv für das in 2Chr 29 berichtete kultische Geschehen sind also Sündopfer, Brandopfer, Schlachtopfer und Dankopfer. Demgegenüber treten Trankopfer (נְסָכִים) und Schelamim-Opfer (שְׁלָמִים) erst später zur Ausgestaltung der Szene mit hinzu.

Im Interesse der chr Schilderung liegt wesentlich die Gestaltung kultischer Feierlichkeiten. Dieser Bereich der Ausgestaltung des Festes wird in 2Chr 29 den Leviten zugeschrieben. Den Priestern fällt demgegenüber ein wesentlicher Anteil an den Opfern zu. Inwiefern die Leviten daran mitbeteiligt sind, wird in diesem Abschnitt nicht näher ausgeführt. 2Chr 29,20–36 bringt wesentliche Aspekte der chr Theologie zur Sprache, die auch in anderen Texten (wie noch im Folgenden zu zeigen ist) mit den Opfern und kultischen Feiern verbunden sind. Opfer geschehen in Volksfeierlichkeiten und tragen den Charakter von Dankesfeiern, in denen Jahwe für seine Hilfe an wichtigen Knotenpunkten der Geschichte Israels gedankt wird. Die Feiern sind mit Musik ausgestaltet, wobei die Musik dem Dank hörbar Ausdruck verleiht, indem sie Jahwe für seine Taten preist. Wenn dabei die Leviten (fast ausschließlich) beteiligt sind, entspricht dies der Sinnkonstruktion der Chronik, dass Leviten als entscheidende Handlungsträger mit wichtigen Funktionen für die jeweilige Szene ausgestattet sind. Dass eine weitere Beteiligung von Leviten an den Opfern nicht ausgeführt wird, entspricht dieser Sinnzuschreibung und der zentralen Position von Leviten.

Die Opferszene und Volksfeier ist (wie andere solcher Szenen in der Chronik auch) ein chr Eigenprodukt, das die dargestellte Zeit der Monarchie interpretiert. Die vorexilische Epoche wird nicht einfach abgebildet, sondern im Licht der eigenen theologischen und sozialgeschichtlichen Interessen vorgestellt.[186] In der Schilderung der Vorgänge findet sich eine Mischung aus literarischen Konventionen und theologischen

---

[184] Nach S.J. DEVRIES, Chronicles 376, stellt der gesamte V.25 eine Ergänzung dar.

[185] Vgl. unten Abschnitt 4.

[186] Vgl. S. JAPHET, 2Chronik 374.

Traditionen, aus Fiktion und Realität. Die Opferszenen werfen somit die Frage nach kultischen Abläufen, wie sie in der Chronik dargestellt sind, und nach deren Deutung auf. Wie die einzelnen Opfer in der Chronik geschildert sind und welche Opferbestimmungen nach der Art der Schriftauslegung rezipiert[187] oder modifziert werden, soll im Folgenden geklärt werden. Die Abfolge der Darstellung ist im Wesentlichen an der Reihenfolge der Opfer in 2Chr 29 orientiert, wobei verwandte Opferarten aufeinander folgen.

3.5.2 Sündopfer (חַטָּאת)

Das Sündopfer begegnet in der Chronik lediglich in 2Chr 29,21–24, wo ihm als Abschluss der kultischen Reinigungszeremonien eine Sühnefunktion zukommt. Die eigentliche Sühnewirkung übernimmt das Blut der geschlachteten Rinder, Widder und Ziegenböcke, das von den Priestern an den Altar gesprengt wird, nachdem durch das Aufstemmen der Hände der maßgeblichen politischen Autoritäten, des Königs und der Gemeindeversammlung, die Schuld auf die Ziegenböcke übertragen worden ist. Ob die geschlachteten Tiere dem Verzehr frei gegeben werden, bleibt in 2Chr 29 offen.

Die Chronik rezipiert das kultische Reinigungsritual des Sündopfers mit kleinem Blutritus aus der Priesterschrift, nicht jedoch ohne es abzuwandeln. Zwar dienen die Sündopfer in beiden Schriften innerhalb des kultischen Sühnerituals zur Beseitigung von Schuld,[188] doch fällt die Durchführung des Ritus im Einzelnen unterschiedlich aus.

In dem priester(schrift)lichen Material wird zwischen verschiedenen möglichen Anlässen zur Darbringung des Sündopfers sowie unterschiedlichen Opfernden und ihren sozio-religiösen Verhältnissen differenziert. So ist vorgesehen, dass bei unabsichtlichen Vergehen eines Priesters oder der Gemeinde (כָּל־עֲדַת יִשְׂרָאֵל) das Blut eines Stieres versprengt werden soll (vgl. Lev 4,5–21; s.a. 16,3.6.11.14–19[189]; Num 15,24[190]), bei Vergehen eines Fürsten (נָשִׂיא) jedoch ein Ziegenbock (Lev 4,22–26)[191] und bei Verschuldung einer Privatperson eine Ziege

---

[187] Dies betont P.R. ACKROYD, Theology 283f.

[188] Zur Sühne vgl. 1Chr 6,34; 29,24; Lev 10,17; 17,11. Vgl. P.D. MILLER, Religion 114–117, der die Wirkung von Reinigung und Vergebung gegeben sieht. Etwas anders I. WILLI-PLEIN, Opfer 96: „ein Mittel, um die gestörte Ordnung wiederherzustellen".

[189] Zu den Ritualen des Versöhnungstages vgl. ausführlich B. JÜRGENS, Heiligkeit 57–123. Dass die Bestimmungen auf unterschiedlichen Ebenen (P^G und P^S) liegen, hat etwa K. ELLIGER, Leviticus 208f, heraus gearbeitet.

[190] Num 15 und gehört zu P^S und den jüngsten Abschnitten in Num, die die Angaben aus Lev ergänzen; vgl. L. SCHMIDT, Buch 55.

[191] Ein Ziegenbock ist auch sonst als Opfertier üblich, vgl. Lev 9,3; 16,5; 23,19; Num 6,12.14.17; 7,82.87; 15,24, und ebenso das Opfertier bei den Opfern der regelmäßigen Feste, vgl. Num 28,15 (Neumond), Num 28,22 (Mazzot), Num 28,30

oder ein Schaf zu opfern ist (Lev 4,27–35; 5,1–6[192]; Num 15,27; vgl.
die soziale Abmilderung als Ersatz durch zwei Tauben, Lev 5,7–10,
von denen eine als Sündopfer, die andere als Brandopfer dargebracht
wird, oder durch Mehl, das in Anlehnung an den Ritus des Speisopfers
als Gedenkopfer und Feueropfer dargebracht wird, Lev 5,11f; s.a. Lev
12,6.8; 14,21f).[193] Zur Übertragung der Sünde auf das Opfertier erfolgt
der Ritus der Handaufstemmung[194] desjenigen, der Schuld auf sich
geladen hat. Dass das Opfertier danach geschlachtet wird, ist oft nur
implizit vorausgesetzt; während zunächst die opfernden Laien agieren,
treten später die Priester an ihre Stelle. Sodann wird das Blut des Tieres
von den Priestern versprengt, wobei gemäß dem großen Blutritus ein
Teil an den Vorhang des Allerheiligsten gesprengt, ein anderer Teil an
die Hörner des Brandopferaltars gestrichen und der Rest des Blutes an
den Fuß des Altars weggegossen wird (vgl. Lev 4,6.17).[195] Der
ursprüngliche Ritus, dass die Innereien, das Fell und die Gliedmaßen
außerhalb des heiligen Bezirkes verbrannt bzw. vernichtet werden
(שָׂרַף), wird später durch das Abheben und Verbrennen des Fettes ergänzt.[196] Auch wird später der Verzehr des Fleisches den Priestern gestattet (vgl. Lev 6,18–22; 7,7).[197] Durch den Opfervorgang ist die
Schuld beseitigt, wobei der Blutritus eine wesentliche Funktion im Reinigungsritual einnimmt.[198]

(Schawuot); Num 29,5 (Rosch Haschanah); Num 29,8.11.13ff (Sukkoth). Allerdings scheint das Sündopfer im Opferkalender in P^S nachgetragen worden zu sein;
vgl. R. RENDTORFF, Studien 15–17.

[192] Allerdings geht A. SCHENKER, Verfehlungen passim, davon aus, dass es in Lev
5 um Schuldopfer (אָשָׁם) geht, die unter der Terminologie der Sündopfer (חַטָּאת)
dargeboten sind.

[193] Zum Ritus des Sündopfers vgl. weiter B. JÜRGENS, Heiligkeit 304–339.

[194] Vgl. dazu H. GESE, Sühne 95ff. Der Ritus erfüllt die Funktion einer Identifizie-
rung des Opfernden mit dem für seine individuelle Schuld sterbenden Tier; vgl. B.
JANOWSKI, Sühne 41. Da dieser Ritus in einigen Belegen fehlt, könnte man vermuten, dass die Handaufstemmung nicht fest mit dem Ritus des Sündopfers verbunden ist; vgl. R. RENDTORFF, Studien 214–216.

[195] Der kleine Blutritus, bei dem ein Teil des Blutes an den Brandopferaltar gesprengt wird, bildet zusammen mit der Beseitigung von Fell, Innerein und Gliedmaßen des Opferstieres die ursprüngliche Gestalt des Sündopfers; demgegenüber
stellt der große Blutritus eine sekundäre Ausgestaltung dar; vgl. B. JANOWSKI,
Sühne 234–237.

[196] Da der Fettritus des Rituals an denselben Ritus im Speisopfer erinnert, ist dieser wohl sekundär von dorther übernommen worden; vgl. R. RENDTORFF, Studien
221; B. JANOWSKI, Sühne 237.

[197] Vgl. B. JANOWSKI, Sühne 237f: schon in P^G bekannt, doch noch nicht mit dem
Sündopfer verbunden. Auch U. DAHM, Opferkult 215–218, geht von verschiedenen
Verfasserkreisen für Lev 1–5 und Kap. 6–7 aus.

[198] Programmatisch Lev 17,11. Zum Blutritus vgl. B. JANOWSKI, Sühne 235; I.
WILLI-PLEIN, Opfer 97f. Anders sieht R. RENDTORFF, Studien 216, die Sünde des
Opfernden durch die Beseitigung (vgl. Lev 16) oder den Verzehr des Tieres durch

Angesichts dessen, dass das Sündopfer bei zahlreichen Anlässen Verwendung findet und bisweilen auch mit anderen Opfern bzw. Reinigungsriten verbunden ist, kann man wenigstens fragen, ob für P[S] im Laufe der Zeit das Sündopfer zum Hauptopfer geworden ist.[199] Das Sündopfer könnte jedoch ausgehend vom Individualopfer institutionalisiert worden sein (vgl. Lev 16; Num 28–29[200]; s.a. Num 15,22–26).[201]

Dieses differenzierte Prozedere ist in der Chronik harmonisierend und zugleich vereinfachend rezipiert. Werden nach P[S] unterschiedliche Tiere von verschiedenen Personengruppen zu differenten Zwecken dargebracht, so kombiniert die Chronik diese Anweisungen und weist alle Opfertiere (ausgenommen den Tauben, von denen P im Zuge sozialer Abmilderungen redet) dem Sündopfer zu. Die Chronik knüpft an priester(schrift)liche Vorstellungen zur Sühne an,[202] wie sie auch in 1Chr 6,34; 2Chr 29,24 begegnen, wenn den Priestern ausdrücklich der Zugang zum Brandopferaltar, Räucheropferaltar und Allerheiligsten gesichert[203] und dies mit der Sühne wirkenden Opferfunktion der Priester verknüpft wird (לְכַפֵּר עַל־יִשְׂרָאֵל).[204] Durch den Blutritus geschieht Sühne, da Gott als der Heilige die Lebensgabe sowohl des Geopferten als auch des Opfernden im Opfer empfängt.[205]

Daneben interpretiert die Chronik das Sündopfer. Die Kultzeremonie unter Hiskia geht über die priester(schrift)lichen Angaben insofern hinaus, als hier in der Chronik nicht (wie in P) Personen oder Personengruppen das Sündopfer als Entsühnung für ihre eigene Schuld darbringen, sondern jetzt das Sündopfer durch eine Übertragung auf das Königreich und das Heiligtum (29,21: לְחַטָּאת עַל־הַמַּמְלָכָה וְעַל־הַמִּקְדָּשׁ)

---

die Priester vernichtet. Später betont DERS., Opfertora 186f, dass ein Handeln Jahwes zu den Aktionen der Priester hinzu tritt.

[199] So die These von R. RENDTORFF, Studien 88.206. Das Sündopfer hat hierbei das Brandopfer sowohl hinsichtlich seiner Funktion als auch hinsichtlich seiner Bedeutung abgelöst.

[200] Der Opferkalender Num 28–29 ergänzt die Angaben in Lev 23 und gehört mit Num 15 zu den jüngsten Abschnitten in Num (P[S] oder P[SS], wenn man dieses Siegel verwenden will); vgl. L. SCHMIDT, Buch 174f.

[201] S.a. I. WILLI-PLEIN, Opfer 99f. Sie betont anderweitig, DIES., Ritus 152, dass im Gegensatz zum Brandopfer das Sündopfer an das Heiligtum gebunden ist.

[202] Der Bezug auf die sühnende Wirkung der Opfer ist in der Priesterschrift stärker betont, vgl. Lev 4,20.26.31.35; 5,6.10.13.18.26; 7,7 etc. Allerdings liegen die Sühnevorstellungen nicht alle auf einer Ebene, wie es B. JANOWSKI, Sühne 232f.357f, herausgestellt hat. Wenn die Chronik dies übernimmt, schwächt sie die Funktion ab. Dies konvergiert mit einer Herausstellung der Leviten gegenüber den Priestern.

[203] S.a. 2Chr 29,16: Da nur die Priester Zugang zu dem Allerheiligsten haben, müssen sie eigenhändig den Unrat aus dem Allerheiligsten entfernen.

[204] Vgl. H. HENNING-HESS, Kult 133f.

[205] So mit H. GESE, Sühne 97–99, der hierin eine positive Bedeutung des Kultus ausmacht, indem die Seele des Opfernden an das Heiligtum geweiht wird. Ob dahinter „die Idee, die Lebenskraft des Geopferten auf Gott zu übertragen", steht, kann mit R.E. CLEMENTS, קטר 14, erwogen werden.

entpersonalisiert wird.[206] Damit ist eine geschichtliche Deutung des Sündopfers als Wiedergutmachung historischer Vergehen formuliert. Wenn darin dann freilich das Volk als ganzes mit eingeschlossen ist (V.21: עַל־יְהוּדָה; vgl. V.24: לְכָל־יִשְׂרָאֵל), entspricht auch dies einer Entpersonalisierung, da die kollektive Größe nicht als Ausdruck einer Personalhaftung für individuell verschuldete Vergehen verstanden werden kann. Vielmehr ist כָּל־יִשְׂרָאֵל eine geschichtstheologische Größe der Chronik,[207] die Ausdruck für die Akklamation der Führung Jahwes ist.

3.5.3 Brandopfer (עוֹלָה)

Die in der Chronik am häufigsten erwähnte Opferart ist das Brandopfer. Allerdings ist es zugleich das Opfer, das am wenigsten spezifisch ausfällt. Des öfteren ist vom Brandopfer *pars pro toto* als summarischer Ausdruck für Opfer im Kult generell die Rede (vgl. 2Chr 13,10f; 23,18; 24,14; 29,27f.31; 31,3), wobei die Darbringung nicht näher gekennzeichnet wird. Die Chronik lässt die Priester und Leviten dabei gemeinsam agieren, ohne dass eine explizite Zuordnung des Kultpersonals vorgenommen wird. Zu diesen Belegen gehört wohl auch 2Chr 29,7, der eine Vernachlässigung der Darbringung von Brandopfern neben Räucheropfern als historische Schuld der Vergangenheit bewertet.[208]

Eine wichtige Funktion kommt dem Brandopfer in der Chronik im Rahmen der chr Festtheologie zu. So begegnet es in 1Chr 16,1f neben dem Schelamim-Opfer als Dank für die Aufstellung der Lade; ähnlich erwähnt 1Chr 21,26 beide Opfer als Reaktion auf das Finden des Tempelplatzes, der sog. Tenne Araunas; nachdem hier ein Altar errichtet worden ist, finden Brandopfer als Dankfeier für die Einrichtung des Kultplatzes statt (vgl. 1Chr 21,23–26.29.31; 22,1; 29,20–22). Schließlich lässt David nach Beendigung der Vorbereitung des Tempelbaus Brandopfer von 1000 Stieren, 1000 Widdern und 1000 Lämmern (vgl. 1Chr 29,21: פָּרִים אֶלֶף אֵילִים אֶלֶף כְּבָשִׂים אֶלֶף) darbringen, denen 1000 Brandopfer unter Salomo korrespondieren (vgl. 2Chr 1,6: עֹלוֹת אָלֶף). Bisweilen werden diese Brandopfer von Zusatzopfern begleitet (vgl. 1Chr 29,21: Schlachtopfer und Trankopfer, וְנִסְכֵּיהֶם וּזְבָחִים; 2Chr 7,1: Schlachtopfer; 2Chr 7,7: חֶלְבֵי הַשְּׁלָמִים). Schließlich tritt das Brandopfer neben das Passaopfer (35,12.16). Ist das Brandopfer funktional mit

---

[206] Möglich wäre auch, dass die Chronik hier eine Intention von Lev 16 aufnimmt, sofern man den Text mit R. RENDTORFF, Studien 205, folgendermaßen interpretieren will: „Nach dem jetzigen Wortlaut dienen die Riten dieses Tages dazu, für die Priesterschaft und das Volk Sühne zu schaffen. Doch zeigt sich deutlich, daß sie eigentlich einen anderen Zweck verfolgen: Sühne (כפר) für das Heiligtum ... und Reinigung (מהר pi.) und Weihe (קרש pi.) für den Altar." Hierin sieht RENDTORFF, a.a.O. 206, die „genuine Funktion" des Sündopfers.

[207] Zu der Vorstellung s.o. in Abschnitt 1.3.2.1.

[208] Zu 2Chr 29,7 vgl. Abschnitt 3.2.

kultischen Dankfeiern verbunden, so entspricht dies der chr Theologie und Historiographie, die an entscheidenden Stationen der Geschichte Israels kultisch gefeierte Freudenfeste inszeniert.[209] Auch hierbei begegnet das Brandopfer in gewisser Weise *pars pro toto* für die intakte und ordnungsgemäße Kultausübung, die ein Reflex des göttlichen Segens im Tempel und damit in Jerusalem und Juda ist. Mit diesem theologischen und kultischen Programm knüpft die Chronik einerseits an die als Festopfer dargebrachten Brandopfer an und andererseits kehrt sie die theologische Valenz der bei Klagefeiern dargebrachten Brandopfer um.[210] Die Opfer sind nun nicht mehr eingebunden in das Klageritual zur Unterstützung von Hilfeersuchen und Sühnebegehren, sondern werden in ihr Gegenteil verkehrt, indem sie einen rituellen Ausdruck von Freude und heilvollem Zustand unterstreichen.

Ferner begegnen in der Chronik einige Rechtsvorschriften zur Darbringung von öffentlichen Brandopfern. Brandopfer sind von den Priestern (vgl. 1Chr 6,34) zu bestimmten Tageszeiten, an vorgeschriebenen Wochentagen und zu festgesetzten Festzeiten darzubringen: abends und morgens (vgl. 1Chr 16,40; 2Chr 2,3; 13,11; s.a. 2Chr 8,13; 31,2), an Sabbaten, Neumonden und Festzeiten (vgl. 1Chr 23,31; 2Chr 2,3; 8,12f) sowie zu den Jahresfesten (vgl. 2Chr 8,13). Gelegentlich erfahren Brandopfer eine nähere Kennzeichnung, wenn sie ständig (תָּמִיד) dargebracht werden sollen: das tägliche Opfer in 1Chr 16,40, das Opfer an Wochentagen und Festzeiten in 1Chr 23,31. Die Forderung nach תָּמִיד ist Ausdruck einer theologischen Steigerung, um einen grenzenlosen heilvollen Zustand zu beschreiben.[211] Das Heil, das mit dem Tempelbau in Israel Einzug gehalten hat, soll durch die Feier der kultischen Zeremonien prolongiert werden, damit es in der irdischen Geschichte Gestalt erhält.

Eine Abwandlung erhalten diese Aussagen, wenn in 2Chr 29,34; 30,17b; 31,2; 35,14 davon die Rede ist, dass neben den Priestern auch die Leviten an der Darbringung der Opfer beteiligt sind. Mit dieser Zuordnung werden andere Belege der Chronik revidiert, nach denen die Priester und Leviten insofern gemeinsam agieren (vgl. etwa 2Chr 13,10f), als den Leviten lediglich Vor- und Nachbereitung der Zeremonien zukommt, die Priester aber mit der eigentlichen Durchführung des Opfers beschäftigt sind und aus den Händen der Leviten das Blut in Empfang nehmen, um es selbst zu versprengen (vgl. 2Chr 29,22.24; 30,16b; 35,11). Wenn diese ursprüngliche Bestimmung später variiert wird, sind darin Neuzuschreibungen des amtierenden Kultpersonals zu

---

[209] Vgl. M. OEMING, Israel 152: Brandopfer in der Chronik sind primär Ausdruck von Freude und Dankbarkeit.

[210] Vgl. dazu R. RENDTORFF, Studien 82f: Brandopfer zusammen mit שְׁלָמִים.

[211] Dazu mag auch dienen, dass Brandopfer von Musik begleitet werden; vgl. J.W. KLEINIG, Song 74f.

sehen, insofern die Leviten mit den Priestern auf eine Stufe gestellt werden.[212]

Die Chronik knüpft mit ihrer Rezeption des Brandopfers an verschiedene priester(schrift)liche Opferbestimmungen an, allerdings nicht ohne diese zu interpretieren und damit im eigenen theologischen Interesse zu gestalten. In der Darstellung der Brandopfer betreibt die Chronik Schriftauslegung, da sie die priesterschriftlichen Anweisungen auf die dargestellten Handlungsabläufe appliziert.

In P kommt dem Brandopfer die Bedeutung des eigentlichen Hauptopfers zu,[213] wobei es einerseits als privates Opfer und andererseits als öffentliches Opfer fungiert. In jedem Fall ist es allerdings von den Priestern darzubringen.[214] Hinsichtlich des privaten Brandopfers[215] besagen die generellen und situationslosen Bestimmungen des Rituals, dass ein männliches fehlerloses Rind, Kleinvieh oder Geflügel auf dem Altar darzubringen ist (vgl. Lev 1,1–17). Das Opfertier, das von einer Privatperson zum Heiligtum gebracht wird,[216] wird am Eingang dem Priester übergeben, sodann geschlachtet und als Ganzes abzüglich dem Fell, das nach Lev 7,8 den Priestern zusteht, auf dem Altar verbrannt (קטר). In dieser beinahe ganzheitlichen Verbrennung des Tieres besteht das eigentliche Opfer,[217] denn „das Verschwinden des Opfergutes im vollständigen Verbrennen wird als Gottesnähe erlebt".[218] Die Forderung, dass das Blut des Opfertieres rings um den Altar versprengt werden soll, ist wohl erst sekundär mit dem Brandopfer verbunden und aus dem Ritus des זֶבַח שְׁלָמִים entlehnt worden.[219]

Die Vorschriften zur Darbringung der privaten Brandopfer sind im weiteren Traditionsprozess so expliziert worden,[220] dass die priesterlichen Brandopfer dazu dienen, dass das Feuer auf dem Altar nie verlischt (vgl. Lev 6,1–6). Die Wendung

---

[212] Zur literarischen Fortschreibung vgl. die vorhergehenden Abschnitte.

[213] So jedenfalls in der ursprünglichen Funktion; vgl. D. KELLERMANN, עוֹלָה 120; R. RENDTORFF, Studien 67.87f.236f; I. WILLI-PLEIN, Opfer 90: „Herzstück des Kultes" in nachexilischer Zeit. S.a. H. GESE, Sühne 93.

[214] Nach P agieren ausschließlich Priester, selbst dort, wo die Asche des Brandopfers den Tempelbereich verlässt und an einen anderen reinen Ort außerhalb des Heiligtums gebracht wird; vgl. Lev 6,3f.

[215] Nach R. RENDTORFF, Studien 107.110, ist das Brandopfer ursprünglich ein Laienopfer gewesen; s.a. S. JAPHET, Ideology 241f; DIES., 2Chronik 374f.

[216] Der Ritus der Handaufstemmung wie auch die Sühnewirkung (כפר) sind nur in Lev 1,4 sekundär mit dem Brandopfer verbunden, gehören aber zum begleitenden Sündopfer. Vgl. R. RENDTORFF, Studien 96f. Anders B. JÜRGENS, Heiligkeit 391. 404–409, der gerade hierin die Funktion des Brandopfers ausmacht, insofern Sühne dadurch geschieht, dass Jahwe durch den aufsteigenden Geruch besänftigt wird.

[217] Vgl. D. KELLERMANN, עוֹלָה 120; I. WILLI-PLEIN, Opfer 91; W. DOMMERS-HAUSEN, כֹּהֵן 72.

[218] So I. WILLI-PLEIN, Opfer 86, die darin einen Anklang an das Opfer als Götterspeisung sieht (ebd. 85).

[219] Vgl R. RENDTORFF, Studien 97f; B. JANOWSKI, Sühne 217f; I. WILLI-PLEIN, Opfer 90. Dies hat Rückwirkungen hinsichtlich der Sühnefunktion des Brandopfers, die bisweilen behauptet (vgl. D. KELLERMANN, עוֹלָה 121; s.a. B. JANOWSKI, Sühne 230.233; P.D. MILLER, Religion 108f), bisweilen bestritten (vgl. R. DE VAUX, Lebensordnungen II 299.302) wird.

[220] Vgl. R. RENDTORFF, Leviticus 231f.

בַּבֹּקֶר בַּבֹּקֶר in Lev 6,5 markiert einen Übergang zum ständigen bzw. täglichen Brandopfer (עֹלַת תָּמִיד), wie es als öffentliches Opfer in Ex 29,38–42; Num 28,3–6 begegnet.[221] Mit der Forderung nach einem täglichen Opfer von zwei einjährigen fehlerfreien Schafen ist das ursprüngliche Morgen-Brandopfer ausgebaut worden.[222] Allerdings begegnen hier nicht ausschließlich Anweisungen über das Brandopfer, sondern daneben auch Vorschriften für das Feueropfer (עֹלָה אִשֶּׁה) bzw. Altarfeuer, das einen lieblichen Geruch vor Jahwe erzeugen soll (רֵיחַ־נִיחוֹחַ לַיהֹוָה), wobei die Flamme und der Rauch die Verbindung der Erde zum Himmel herstellen.[223] Außerdem wird das Brandopfer von den Zusatzopfern Speisopfer und Trankopfer begleitet, so dass bereits spätere Mischvorschriften begegnen.

Im Festkalender in Num 28–29 (vgl. Lev 23,37[224]) – den 2Chr 8,13 bezüglich der drei großen Jahresfeste rezipiert –, ist von Brandopfern als „normalen Festopfern" die Rede,[225] die allerdings von Zusatzopfern begleitet werden, vor allem von חַטָּאת und זֶבַח שְׁלָמִים, aber auch Trankopfer und Speisopfer kommen vor. Das Brandopfer ist auch hier ein öffentliches Opfer, das zu den Festzeiten dargebracht wird: zu den Jahresfesten Mazzot (Num 28,16–25), Schawuot (Num 28,26–31), Rosch Haschanah (Num 29,2.6) und Sukkoth (Num 29,8ff), ferner als tägliches Brandopfer (Num 28,3–8.15.23) sowie an Sabbaten (Num 28,9f) und an Neumonden (Num 28,11–14). Das Opfer wird von den Priestern dargebracht. Das Opfertier soll männlich und fehlerlos sein; es ist zumeist ein Schaf (כֶּבֶשׂ),[226] kann aber auch ein Stier oder ein Widder sein.

Die Chronik schließt an die priesterschriftlichen Bestimmungen zur öffentlichen Darbringung des Brandopfers an Feiertagen an; ein Individualopfer ist in der Chronik nicht genannt. Das öffentliche Brandopfer, begleitet von Zusatzopfern, wird integriert in chr Festnotizen, indem es weiterhin durch musikalische Darbietungen ausgestaltet wird. In 2Chr 7,1–3 (als chr Erweiterung gegenüber 1Kön 8,54) ist an das Feueropfer angespielt, wenn das Feuer vom Himmel das vorbereitete Brandopfer verzehrt (7,1: וְהָאֵשׁ יָרְדָה מֵהַשָּׁמַיִם) und die Herrlichkeit Jahwes den Tempel zur Gänze ausfüllt (7,1: כְבוֹד יְהֹוָה מָלֵא אֶת־הַבָּיִת, vgl. V.2f). In

---

[221] Aus diesen Anweisungen hat sich das spätere Tamid-Opfer eines Wochenzyklus mit fester liturgischer Ordnung entwickelt; vgl. J. SCHAPER, Septuaginta-Psalter 165–183; F. SIEGERT, Bibel 323, die annehmen, dass die Leviten dabei Psalmen gesungen hätten; Siegert schließt das aus Psalmenüberschriften in der LXX: ψ 92,1: Rüsttag zum Sabbat; ψ 91,1: Sabbat; ψ 23,1: erster Tag nach dem Sabbat; ψ 47,1: zweiter Tag nach dem Sabbat; ψ 93,1: vierter Tag nach dem Sabbat; dazu zählt mTam 7,4 für den dritten Tag nach dem Sabbat ψ 82 und für den fünften Tag nach dem Sabbat ψ 80. S.a. R.T. BECKWITH, Courses 499–501.506–511.518–524. Zum Tamid-Opfer s.a. R. RENDTORFF, Opfertora 179–182.188f.
[222] Vgl. R. RENDTORFF, Studien 74 –76, der im Morgen-Brandopfer bereits eine kultische Einrichtung des ersten Tempels sieht.
[223] Vgl. I. WILLI-PLEIN, Opfer 89f, die von einer symbolischen Bedeutung spricht.
[224] Vgl. K. GRÜNWALD, Heiligkeitsgesetz 77f.283–285, der gezeigt hat, dass 23,27 zum ursprünglichen Festkalender in P gehört.
[225] So R. RENDTORFF, Studien 77, der hierin die Hauptfunktion der Brandopfer ausmacht. Allerdings handelt es sich bei Num 28–29 um spätere Teile von Num (P[S]); vgl. L. SCHMIDT, Buch 174f.
[226] Vgl. B. JÜRGENS, Heiligkeit 388f. Anders nimmt I. WILLI-PLEIN, Opfer 90, einen Stier an.

diesen Notizen findet sich ein Schwerpunkt der chr Theologie, der zufolge Freude angesichts eines von Jahwe gewirkten heilvollen Zustandes im Tempel und im Tempelkult herrscht.[227] Wenn die Chronik mit dem Brandopfer den Ritus des Versprengens des Blutes verbindet (vgl. 2Chr 29,22.24; 30,16; 35,11), so verwendet sie einen Teil des großes Blutritus des Sündopfers und verknüpft ihn mit dem Brandopfer bzw. mit dem als Brandopfer dargebrachten Passa. Mit dieser Kombination entwickelt die Chronik ein neues Opfermodell nicht nur hinsichtlich des Passas, sondern auch bezüglich des Blutritus. Nachdem im priester(schrift)-lichen Material der Blutritus von dem Schlachtopfer (זֶבַח שְׁלָמִים) mit dem Brandopfer verknüpft worden ist, bezieht die Chronik einen Ritus des Sündopfers weiter auf das Brandopfer. Das Brandopfer wird damit neu akzentuiert, da die Sühnefunktion des Sündopfers mit eingeholt wird.

Im weiteren Traditionsprozess der Chronik wird das öffentliche Brandopfer aus der priesterlichen Exklusivität herausgenommen, da die Leviten ebenso das Opfer darbringen. Damit wird der vermeintliche *clerus minor* mit den Priestern auf eine gleiche Stufe der Heiligkeit gestellt. Die Chronik nimmt dadurch an Aussagen wie Lev 21,6.8 deutliche Veränderungen vor, insofern nunmehr auch die Leviten als heilig gelten.[228] Die Leviten übernehmen mit dem chr Brandopfer nicht nur kultische Handlungen der Priester, sondern außerdem deren rituelle Funktion, weil die Leviten implizit an der Sühnewirkung des Rituals beteiligt sind. Auch wenn mit den Leviten explizit weder der Blutritus noch eine Sühneaussage verbunden wird, so sind in der Sinnwelt der Chronik beide Funktionen dennoch auf die Leviten bezogen, da sie als Teil des Tempelpersonals am chr Brandopfer partizipieren.[229]

3.5.4 Schlachtopfer (זֶבַח)

Das Schlachtopfer (זֶבַח) ist mit dem Brandopfer verwandt, jedoch werden hierbei nur einzelne Teile des Opfertiers verbrannt, während der überwiegende Rest verzehrt wird. Anders als beim Brandopfer ist der Verzehr des Fleisches nicht den sakralen Größen (Kultpersonal und Gottheit) vorbehalten, sondern gehört den Laien. Damit ist das Schlachtopfer ein tierisches Sättigungsopfer und als solches ein Pendant zu dem vegetabilen Speisopfer. In dieser Funktion tritt es grund-

---

[227] Vgl. J.W. Kleinig, Song 27.88f, der die gnädige Präsenz Gottes beim Brandopfer (wie bei jedem Opfer) durch die Musik ‚verkündet' („proclaimed") sieht.

[228] Vgl. 2Chr 23,6; 29,5aβ.15.34; 30,15.17b.24; 31,18b; 35,3; s.a. 1Chr 15,12.14.

[229] So gilt für die Chronik, dass die Sühnewirkung weiter reicht als nur für die versammelte Gemeinde, geht vom Brandopfer doch zudem eine „kosmische Bedeutung des Heiligtums als Ort der Verbindung zum himmlischen Heiligtum" aus; vgl. I. Willi-Plein, Opfer 89; s.a. A. Meinhold, Serubbabel 200–205: „Im Tempel berühren sich ... Himmel und Erde" (ebd. 200).

sätzlich sowohl in der Chronik als auch im priester(schrift)lichen Material in Erscheinung, allerdings mit Unterschieden im Detail.

Da das Schlachtopfer als Sättigungsopfer der Laien dient, verwundert es nicht, wenn es neben dem Brandopfer (עוֹלָה) bei kultischen Feierlichkeiten erscheint (vgl. 1Chr 29,21; 2Chr 7,1; 29,31). So erfolgt in 2Chr 29,31 die Darbringung der זְבָחִים וְתוֹדוֹת als Individualopfer im Anschluss an offizielle Festopfer der Brandopfer. Hierbei ist vorauszusetzen, dass die Schlachtopfer, die von allen Familienvorstehern (vgl. וְכָל־נְדִיב, הַקָּהָל) mitgebracht werden, zur Sättigung der Festgäste bestimmt sind. Nach der chr Festnotiz über die Einweihung des Tempels durch Salomo in 2Chr 7,4f wird das Schlachtopfer vom König und vom ganzen Volk dargebracht und damit *de facto* zu einem öffentlichen Opfer. Als Opfergaben werden Rinder und Kleinvieh verzehrt.

Das Festessen ist so sehr mit dem Jerusalemer Tempel verbunden, dass dieser nach der chr Bewertung in 2Chr 7,12 als בֵּית זֶבַח, „Opferhaus"[230] (gegen 1Kön 9,3)[231] gilt, das für alle Judäer Speise zu Verfügung stellt. Die Heiligkeit des Tempels bleibt damit nicht auf das Gotteshaus beschränkt, sondern wirkt sich durch den gemeinschaftlichen Verzehr der Festopfer auf jede Familie aus. Der Tempel hat in der Chronik eine herausragende Bedeutung und wird als gesellschaftlicher Mittelpunkt verstanden, was sich in Bezug auf die Opfer darin äußert, dass er die Lebensbasis der gesamten Bevölkerung bis hin zu den einzelnen Familien zur Verfügung stellt. Zu dieser Bewertung des Tempels passt die chr Änderung in 2Chr 7,5, wenn die Chronik als Festopfer זֶבַח darbringen lässt, nicht jedoch den Doppelausdruck זִבְחֵי שְׁלָמִים aus 1Kön 8,63 rezipiert.

Der Doppelausdruck זִבְחֵי שְׁלָמִים findet sich demgegenüber in 2Chr 30,22; 33,16 zur Bezeichnung des Anteils des Volkes an den Festfeiern neben dem Dankopfer. Auch hierbei ist jeweils an ein Festessen anlässlich einer außergewöhnlichen geschichtlichen Situation gedacht. Die Chronik bindet die זִבְחֵי שְׁלָמִים in ihre Historiographie mit ein und verwendet die Feier dieses Doppelopfers in chr Eigenformulierungen zur Neubewertung von Geschichtsperioden (gegenüber dem DtrG). Drückt das Opfer einen heilvollen Aspekt (שלם) des gemeinschaftlichen Mahles aus, so werden durch seine Feier die Epochen Hiskias und Manasses aufgewertet.

In P^S ist das Schlachtopfer stets in der späteren Variante mit dem sog. Doppelausdruck זֶבַח שְׁלָמִים[232] bezeichnet und stellt ein nicht-öffentliches Individualopfer dar.

---

[230] So nach HAH[18] 293.

[231] Vgl. die Zweckbestimmung des Tempels, wie sie in 1Kön 9,3 geboten wird: הִקְדַּשְׁתִּי אֶת־הַבַּיִת הַזֶּה אֲשֶׁר בָּנִתָה לָשׂוּם־שְׁמִי שָׁם עַד־עוֹלָם; sie rezipiert eine späte Variante des dtr Theologumenons des Wohnens von Jahwes Namen.

[232] Da in anderen Schriften beide Begriffe auch getrennt von einander auftauchen, ist anzunehmen, dass P zwei ursprünglich selbstständige Opferarten miteinander

Dargebracht wird ein fehlerloses Tier, ein Rind, ein Schaf oder eine Ziege (vgl. Lev 3,1.6.12; Num 7,17.23.29.35.41.47.53.59.65.71.83.88), dessen Fettstücke (כָּל־חֵלֶב) sowie Nieren und Leberlappen (einschließlich des Fettschwanzes eines Schafes) als Feueropfer (אִשֶּׁה) für Jahwe bestimmt (Lev 3,3f.9f.14f; vgl. Num 9,18–20) und damit dem Verzehr entzogen sind. Die Tiere werden von Laien gespendet und zunächst wohl auch von Laien geschlachtet, erst später vollzieht ein Priester selbst das Opfer (Lev 3,2.8.13).[233] In späteren Ausdifferenzierungen des Rituals[234] erhalten die Priester an dem Fleischmahl der Laien einen bedeutsamen Anteil, da ihnen der Verzehr der Bruststücke (bisweilen zuzüglich der Keule) eines Opfertiers zugestanden wird (vgl. Lev 7,30f; 10,14; s.a. Ex 29,26–28; Lev 9,21: הֶחָזֶה), also der besonders schmackhaften und wertvollen Fleischstücke, die zum Dank vor Jahwe geschwungen werden sollen (נוף hi.).

Die Anweisungen an den Laienspender zur Handaufstemmung und zur Schlachtung stellen spätere Ausweitungen dar, durch die zusammen mit dem kleinen Blutritus einerseits eine Sühnefunktion in das Schlachtopfer eingeführt (Lev 3,2. 8.13; 8,19)[235] und andererseits die Schlachtung in die Hände der Priester gegeben wird (Lev 3,5.11.16; 4,10). Im Heiligkeitsgesetz wird in Lev 17,5.7[236] zwischen legitimen זֶבַח שְׁלָמִים, die von einem Priester am Jerusalemer Tempel dargebracht werden, und illegitimen זְבָחִים, die andernorts geschlachtet werden, unterschieden. Die Differenz dient der Ablehnung der Profanschlachtung.[237]

Gelegentlich begegnet auch ein Gemeinschaftsopfer des זֶבַח שְׁלָמִים; so in Ex 24,5 als Begleitopfer des Brandopfers anlässlich des Bundesschlusses am Sinai; dabei bringen die נַעֲרֵי בְּנֵי יִשְׂרָאֵל die Opfer dar. Ebenso begegnet es in der kurzen und isolierten Festnotiz in Num 10,10, der zufolge Brandopfer und זֶבַח שְׁלָמִים vom Volk zu den Festen dargebracht werden. Entbehren diese Hinweise nähere Informationen zur Darbringung, so scheinen sie eine spätere Variante des Sättigungsmahls zu zeigen, das aus dem Individualbereich herausgerückt und in öffentliche Feierlichkeiten hineingelangt ist. Dem korrespondieren die Hinweise in Num 7, die vorsehen, dass זֶבַח הַשְּׁלָמִים von einzelnen Stammesfürsten (נָשִׂיא) bei der Einweihung der Stiftshütte darzubringen sind. Die Opfergaben bestehen aus Rindern, Widdern, Böcken und Schafen und begleiten andere Opfer. Hierin begegnen kollektive Formen der Schlachtopfer, die ihre spätere Funktion in der Chronik präludieren.

Das tierische Sättigungsmahl kann nach P^S zu besonderen Anlässen vom vegetabilen Sättigungsmahl des Speisopfers sowie des Trankopfers begleitet werden (Num 6,17; 15,3f für ein Gelübde). Ein weiterer besonderer Fall des Schlachtopfers

---

verbunden hat; vgl. R. RENDTORFF, Studien 151; s.a. A. RUWE, Heiligkeitsgesetz 148.

[233] Nach R. RENDTORFF, Studien 164f; I. WILLI-PLEIN, Opfer 78f, ist davon auszugehen, dass das ursprüngliche זֶבַח von einem Laien dargebracht wurde, der selbst das Fett verbrannt hat; in die Hand der Priester ist dieser Ritus erst aufgrund der Verbindung dieses Opfers mit dem Schelamim-Opfer gekommen.

[234] Vgl. R. RENDTORFF, Studien 159f.

[235] Nach R. RENDTORFF, Studien 153–155.162f, sind beide Akte sekundär mit dem Schlachtopfer verbunden worden, wobei die Handaufstemmung aus dem Ritus des Sündopfers stammt, während der Blutritus ursprünglich am Schelamim-Opfer haftet und mit dessen Verschmelzung mit dem Schlachtopfer auf dieses appliziert worden ist.

[236] Sowohl das Gesetz als auch die Ausführungsbestimmungen in V.7 gehören zur Grundschicht; vgl. K. GRÜNWALD, Heiligkeitsgesetz 25f.140f; s.a. A. RUWE, Heligkeitsgesetz 138f.

[237] Vgl. A. RUWE, Heligkeitsgesetz 144f.

liegt in Ex 12,27 (vgl. 34,25) vor, wenn das kultisch zelebrierte Jahresfest des Passa als זֶבַח־פֶּסַח eingeführt wird und das Schlachtopfer zu einem öffentlichen Opfer wird. Das Schlachtopfer kann auch als Dankopfer (תּוֹדָה; vgl. Lev 7,11ff) dargebracht werden (s.u.), wobei darin wohl eine besondere Funktion in Erscheinung tritt,[238] da einerseits auch vegetabile Materialien zum Einsatz kommen (Lev 7,12–14) und andererseits über verbleibende Fleischreste spekuliert wird (Lev 7,15–18; 19,6; 22,29f, זֶבַח תּוֹדַת הַשְּׁלָמִים). In diesen Aussagen begegnen wohl spätere Mischformen von Opfern, die an das verbreitete Sättigungsmahl anschließen. Auffällig ist die Intention von Lev 7, da hier nicht so sehr der ordnungsgemäße Ablauf der Opfer-handlung wichtig ist, als vielmehr die unbedingte Vermeidung von Blutgenuss und Unreinheit (7,19–21.26f) im Vordergrund steht.

Während die priester(schrift)lichen Anweisungen auf eine ordnungs-gemäße Darbringung unter bestimmten kultischen Prämissen wie einer Bevorzugung der Priester und der Vermeidung eines Kontaktes von Laien mit Blut zielen, geht es in der Chronik um die Funktion, die dem Schlachtopfer zukommt. Da die Schlachtopfer in die öffentlichen Kult-feiern integriert sind und hierbei heilsgeschichtlich wichtige historische Stationen markieren, sind die von (einzelnen) Laien gespendeten und dargebrachten Opfer einem gemeinschaftlichen Interesse so unterge-ordnet, dass nicht mehr zwischen einem Individualopfer und einer öf-fentlichen Feier differenziert wird. Wenn man voraussetzt, dass die geschlachteten Tiere als für die Festgemeinde zum Verzehr bestimmtes Fleisch dienen, scheint in der Chronik eine ursprüngliche Form des זֶבַח als Sättigungsmahl der Laien vorzuliegen.

Damit akzentuiert die Chronik das Opfer anders als die Priester-schrift, die durchweg die Variante זֶבַח שְׁלָמִים bietet,[239] wobei das זֶבַח die Funktion des שְׁלָמִים übernimmt und das Opfer in weitaus größerem Maß als in der Chronik in den Verfügungsbereich der Priester gerät. Dass gemäß der Priesterschrift die Anteile des Opfers für die Priester im Laufe der Zeit zunehmen, bedeutet eine „beträchtliche Erhöhung" der „Einkünfte" der Priester.[240] Die Chronik nimmt an der immer weiter fortschreitenden Klerikalisierung des Schlachtopfers eine Korrektur vor, indem sie es den Laien zurückgibt. Der Fleischgenuss ist nun aber keine tägliche Nahrung, sondern als Festspeise zu besonderen Anlässen und an einem besonderen Ort definiert.

---

[238] R. RENDTORFF, Studien 152f, nimmt eine sekundäre Verbindung mit dem Dankopfer an.

[239] Dennoch geht A. RUWE, Heligkeitsgesetz 145–149, davon aus, dass für die Priesterschrift die Differenz zwischen Schlachtopfer und זֶבַח שְׁלָמִים in unterschied-lichen Blutriten besteht: „Während der Blutritus beim זבח שלמים wahrscheinlich die Funktion hat, das Blut als Lebensträger der Tiere mit JHWH in Kontakt zu bringen und so das Leben gleichsam zu bewahren, scheint der entsprechende Blutritus beim vorpriester(schrift)lichen זבח eine reguläre Darbringungshandlung zu sein und das Blut als ganz normale Opfergabe an JHWH zu fuingieren." (Zitat ebd. 148)

[240] So L. ROST, Studien 84.

3.5.5   Schelamim-Opfer (זֶבַח שְׁלָמִים / שְׁלָמִים)

Während die priester(schrift)lichen Opferbestimmungen kein Schela-mim-Opfer ohne Schlachtopfer kennen (s.o.), bietet die Chronik sehr wohl einige Belege für ein separates Schelamim-Opfer. In der Mehr-zahl der Belege erscheinen Schelamim-Opfer als Begleitopfer zum Brandopfer (vgl. 1Chr 16,1f; 21,26; 2Chr 7,7; 31,2; s.o.) und gehören damit zu öffentlichen Opferfeiern, die als Abschlussfeste verschiedener Einschnitte in Epochen stattfinden. Aus diesem vielfältigen Erschei-nungsbild geht hervor, dass Schelamim-Opfer für die Chronik mit unterschiedlichen Zwecken verbunden sind.

Genaue Hinweise über den Vollzug des Opfers fehlen in der Chro-nik allerdings. Doch lassen sich aus der allgemeinen Notiz in 2Chr 31,2 zur Darbringung von Schelamim-Opfern und Brandopfern Informatio-nen entnehmen? Der Beleg trägt den Charakter einer Rechtsvorschrift, da Hiskia die Kultausübung nach ihrer Deformation unter Ahas wieder neu regelt.[241] An der Durchführung der Opfer sind Priester und Leviten beteiligt, wobei keine Zuordnung der Dienste zu den Personalgruppen erfolgt. Wenn man aber das Personal und die Opfer einander in der Reihenfolge ihrer Erwähnung zuordnen dürfte, würde das bedeuten, dass die Priester für die Darbringung der Brandopfer und die Leviten für die Darbringung der Schelamim-Opfer zuständig sind. Das Erste scheint trotz marginal divergierender Leserhinweise in der Chronik von den Kultpraktiken gedeckt. Dann könnte man aber auch das Zweite annehmen, zumal die im Anschluss an die Opfer erwähnten Dienste (לְשָׁרֵת וּלְהֹדוֹת וּלְהַלֵּל) auch anderweitig von Leviten ausgesagt sind.[242] Ferner wäre auf 1Chr 16,1 zu verweisen, wo Leviten neben Brandop-fern auch Schelamim-Opfer darbringen.[243]

Die Chronik gibt nur gelegentlich an, was mit dem Fleisch der geop-ferten Tiere geschieht.[244] Nach der Abfolge der Zeremonie scheint es für 2Chr 31 immerhin möglich, in den Schelamim-Opfern eine Art Schlachtopfer mit besonderer Dankfunktion zu sehen. Dafür könnte auch die Verschmelzung der beiden Opferarten sprechen. In der Chro-nik finden sich ferner zwei implizite Notizen, die eine solche Schluss-folgerung nahe legen. Die Einholung der Lade wird in 1Chr 16,1f durch ein Fest beschlossen, das mit Brandopfern und Schelamim-Op-fern gefeiert wird. Wenn in V.3 weiter davon die Rede ist, dass das bei der Feier anwesende Volk vegetabile Nahrung verzehrt,[245] könnte man

---

241   Zu 2Chr 31 vgl. Abschnitt 5.7.

242   Vgl. im einzelnen Abschnitt 2.

243   Zur Begründung des handelnden Subjekt s.o. Abschnitt 2.5.

244   Nach W. DOMMERSHAUSEN, כֹּהֵן 72, geht bei diesem Opfer der Anteil für Jahwe in Flammen auf, während der Priester die Brust und rechte Keule des Tieres für seinen eigenen Verzehr empfängt. Die übrigen Teile des Tieres dienen dem Ver-zehr der anderen Israeliten.

245   Zu den Opfergaben in 1Chr 16,3 vgl. in Abschnitt 2.5. Anm. 185.

daraus schließen, dass dafür die Schelamim-Opfer genutzt werden, da die Brandopfer dies nicht zur Verfügung stellen und keine weiteren Opfer erwähnt werden. Ähnlich begegnet es auch in 2Chr 29,35, wenn das Fett der Schelamim-Opfer (בְּחֶלְבֵי הַשְּׁלָמִים) die Brandopfer begleitet und neben die Trankopfer tritt. Da Trankopfer nach der Libation dem Verzehr dienen, könnten Schelamim-Opfer das Pendant der Speise dazu darstellen. Allerdings ist für 2Chr 29,35 zu bedenken, dass diese Notiz eine sekundäre Ausgestaltung der Szene darstellt und somit eine spätere Praxis reflektieren kann, als Schelamim-Opfer und Schlachtopfer bereits ein gemeinsames Opfer bildeten.

In dieser Weise funktioniert das Schelamim-Opfer auch in 2Chr 30,22, wo der Doppelausdruck זֶבַח שְׁלָמִים dem einfachen Hinweis auf die Schlachtopfer folgt und deutlich artikuliert, dass die dargebrachten Tiere für den Verzehr (אכל) auf dem siebentägigen Fest bestimmt sind. Die Doppelung der Opfer trägt hier Informationen des Handlungsablaufs nach. Ein weiteres Mal begegnet der Doppelausdruck in 2Chr 33,16, wo die זֶבַח שְׁלָמִים neben den Trankopfern gefeiert werden. Auch wenn hier nicht explizit gesagt wird, dass das Fleisch der Opfer verzehrt wird, so liegt dies aufgrund der Parallelität der beiden Opfer doch nahe.[246]

Wie bei anderen Festen ist der Chronik mehr die Funktion als die korrekte rituelle Zelebration der öffentlichen Schelamim-Opfer wichtig. So unterstützt die Präsentation der Opfer in der Chronik die in der Forschung geäußerten Bewertungen der Schelamim-Opfer als „Abschlussopfer"[247], „Gemeinschaftsopfer"[248] oder „Heilsopfer"[249]. Gleichwohl erhalten die Schelamin-Opfer in der Chronik eine eigene, herausgehobene Qualität gegenüber anderen Opfern im Rahmen der heilsgeschichtlichen Historiographie.

Obwohl Schelamim-Opfer für die Priesterschrift nicht mehr eigens von Bedeutung sind, gibt es doch noch einen gelegentlichen Reflex ihrer ursprünglich separaten Darbringung. So geschieht es im Rahmen der Salbung Aarons und seiner Söhne zum Priesteramt in Lev 9,4. Nachdem die Priester Brandopfer und Sündopfer dargebracht haben (9,2), folgen die Opfer des Volkes bestehend aus Brandopfern, Sündopfern, Schelamim-Opfern und Speisopfern (9,3f). Wenn allerdings in 9,18 nähere Informationen über die Darbringung von Stier und Widder durch Aaron gegeben werden, ist erneut der für P charakteristische Doppelausdruck זֶבַח הַשְּׁלָמִים verwendet und das Opfer in seiner um den kleinen Blutritus erweiterten Form präsent. Ähnlich verhält es sich mit dem individuellen Schelamim-Opfer anlässlich

---

[246] S.a. P.D. MILLER, Religion 112.
[247] So die Bezeichnung von R. RENDTORFF, Studien 165–167, da in P זֶבַח שְׁלָמִים oft am Ende von Reihen von Opfern erscheint, aus denen hervorgeht, dass das Opfer als Doppelopfer den Abschluss „großer und relativ seltener öffentlicher Feiern" (ebd. 167) bildete.
[248] Vgl. HAL 251; HAH[17] 837; G. STEINS, Chronik 153–158.
[249] So die Bezeichnung von L. ROST, Studien 84; s.a. P.D. MILLER, Religion 112f: „offering of well-being".

eines Gelübdes in Num 6,14, das ebenfalls neben andere Opfer tritt und in den Ausführungsbestimmungen erneut als שְׁלָמִים זֶבַח erscheint (zu Num 6,17 s.o.). Einen weiteren Hinweis auf die ursprüngliche Form des Schelamim-Opfers gibt Num 29,39, wo der Festkalender durch die וּלְמִנְחֹתֵכֶם וּלְנִסְכֵּיכֶם וּלְשַׁלְמֵיכֶם nebeneinander abgeschlossen wird. Erscheinen hier die Schelamim-Opfer noch separat gegenüber Speisopfern und Trankopfern, so spiegelt ihre gemeinsame Erwähnung womöglich eine gewisse Nähe in der Darbringungspraxis, die einer späteren Verschmelzung des Schelamim-Opfers mit dem Schlachtopfer zu einem Sättigungsmahl des Volkes Vorschub geleistet haben könnte. Da die separate Erwähnung der Schelamim-Opfer in P in zwei von drei Fällen öffentliche Opfer nennt, ist anzunehmen, dass das Schelamim-Opfer zunächst ein öffentliches Opfer war.[250]

Diese Linie wird in der Chronik dann weiter ausgezogen, wenn die Schelamim-Opfer öffentliche kultische Feierlichkeiten beschließen. Die in den priester(schrift)lichen Anweisungen durchgängig zu beobachtende Verschmelzung von Schelamim-Opfer und Schlachtopfer mit einem Schwerpunkt auf Individualopfern führt zur Preisgabe des eigentlichen Schelamim-Opfers. Demgegenüber scheint die Chronik an einen früheren Gebrauch anzuknüpfen, wenn sie Schelamim-Opfer als Abschluss großer öffentlicher Feierlichkeiten stattfinden lässt und damit eine theologische Bewertung der geschichtlichen Situation verbindet. Punktuell bei der Feier sind Jahwe und Volk einander ganz nah, wirkt Jahwes heilvoller Schalom in das Volk hinein.

3.5.6 Speisopfer (מִנְחָה)

Das Speisopfer (מִנְחָה) begegnet in der Chronik in kultischem Sinn[251] nur viermal,[252] in 1Chr 16,29; 21,23; 23,29; 2Chr 7,7. Nach 1Chr 21,23 wird das Opfer aus Weizen (חִטִּים) zubereitet, nach späterer Sichtweise laut 1Chr 23,29 aus Mehl (סֹלֶת). Dieses Opfer begleitet andere Opferarten, zu denen nach 1Chr 21,23 das Brandopfer (עוֹלָה) gehört[253] und laut 2Chr 7,7 neben das Brandopfer (עוֹלָה) auch das Schelamim-Opfer (שְׁלָמִים, vgl. 1Chr 21,26) und der Verzehr von Fettstücken eines Opfertieres (V.7b: חֲלָבִים; vgl. die in V.7a genannten חֶלְבֵי הַשְּׁלָמִים) treten. Dienen die Opfer in 2Chr 7,7 zur Ausgestaltung des von Salomo anlässlich der Einweihung des Tempels zelebrierten Festes, das entsprechend chr Erzählstrategie von musikalischen Darbietungen beglei-

---

250 Vgl. R. RENDTORFF, Leviticus 119.121,

251 Im profanen Sinn bedeutet מִנְחָה eine Gabe oder Abgabe (vgl. HAL 568f; HAH¹⁸ 697), die als Spende oder Steuer an Machtautoritäten abgetreten wurde. In der Chronik begegnet es in diesem Sinn in 2Chr 17,5.11(s.u. Abschnitt 4.3). Diese Art von מִנְחָה interpretiert I. WILLI-PLEIN, Opfer 82, als „eine Gabe zur Huldigung gegenüber einem Höhergestellten ..., gleichgültig ob sie freiwillig oder unfreiwillig erfolgt", und stellt so eine Verbindung zum Opfer her.

252 Vgl. H. HENNING-HESS, Kult 138f, die die Verbindung zur Lade als konstitutiv betrachtet.

253 Die Chronik ergänzt hier das Speisopfer zum Brandopfer aus 2Sam 24,22.

tet und mit Festfreude begangen wird, so entspricht dieser Topos der Aussage 1Chr 16,29, wenn in dem Lobpreis Davids nach der Aufstellung der Lade eine Gemeinschaft zum Darbringen von מִנְחָה vor Jahwe aufgefordert wird. Das Speisopfer gilt der Chronik also als ein vegetabiles, aus (Weizen-)Mehl zubereitetes Zusatzopfer.

Da nicht von dem Darbringen des Opfers durch einen Priester die Rede ist, scheint ein Darbringen des Speisopfers von Laien für die Chronik durchaus möglich zu sein. In 1Chr 21,23 ist es Arauna, der die Gaben für das letztlich nicht zustande kommende Opfer bereitstellen will. In 1Chr 16,29 wird eine nicht näher gekennzeichnete Menge zum Darbringen der מִנְחָה aufgefordert. Wenn man den das Dankgebet Davids einleitenden Satz aufnimmt, um hieraus die Adressaten des Imperativs zu entnehmen, so ist an die Leviten zu denken, die in 16,7 instrumental בְּיַד־אָסָף וְאֶחָיו als Ausführende genannt werden. Dies passt zu 1Chr 23,29, da auch hier die Leviten diejenigen sind, die mit den Ingredienzen von Opfern, u.a. der Speisopfer befasst sind.[254] Eine weniger klare Zuordnung ist 2Chr 7,7b zu entnehmen. Während V.7a von einem zweiten Altar in der Mitte des Tempelvorplatzes spricht, auf dem die Brandopfer und die חֶלְבֵי הַשְּׁלָמִים dargebracht werden, ist nach V.7b die Opfergabe zusammen mit dem Brandopfer und dem Schelamim-Opfer (אֶת־הָעֹלָה וְאֶת־הַמִּנְחָה וְאֶת־הַחֲלָבִים) auf dem (ersten Altar, dem) Kupferaltar (מִזְבַּח הַנְּחֹשֶׁת) darzubringen; dieser ist laut 2Chr 4,1 von Salomo im Tempel errichtet worden.[255] Eine Personengruppe, die das Speisopfer darbringt, wird in 2Chr 7,7 jedoch nicht erwähnt.

Mit diesem Bild, das die Chronik von dem Speisopfer entwirft, entspricht sie in mancher Hinsicht den priester(schrift)lichen Angaben. Auch nach P[S] begegnet dieses Opfer oft als Zusatzopfer zu anderen Opfern,[256] so z.B. zum Trankopfer (מִנְחָה וְנֶסֶךְ, Ex 29,41; 30,9; Lev 23,13; Num 6,15), zum Brandopfer (Ex 30,9; 40,29; Lev 14,31; 23,12f.18.37; Num 7,87; 28,3–6.11–14.19.23f.27f.31; 29,2f.6. 8.13f. 24f[257]), in Verbindung mit dem Räucheropfer (vgl. Ex 30,9), neben dem Schuldopfer (Lev 14,21; Num 18,9), dem Schwingopfer (Lev 14,21; 23,15–17.20), dem Sündopfer (חַטָּאת, Lev 23,19; Num 7; 18,9; 28,15.22; 29,5.11.16–39) und dem Dankopfer (Lev 23,19), als Gedenkopfer (Lev 2,2.16; 6,8) oder als Feueropfer (אִשֶּׁה, Ex 29,41; Lev 2,2f.9f; 6,10f; 10,12; 23,13.18.37; Num 28,3.6.8.13.24; 29,6. 13.36). Des Weiteren werden in den verschiedenen Bestimmungen in P[S] aufgrund

---

[254] Zu 1Chr 23 s.u. Abschnitt 4.1.

[255] 2Chr 4,1 ist eine chr Ergänzung gegenüber 1Kön 7,23, so dass damit zu rechnen ist, dass es dahinter eine Aktualisierung aus der Zeit des Zweiten Tempels stehen könnte.

[256] Vgl. R. RENDTORFF, Studien 169f.172–178; DERS., Leviticus 85–90. Die Hinzufügungen des Speisopfers zu anderen Opferarten sind verschiedentlich als spätere priesterschriftliche Revisionen betrachtet worden; vgl. RENDTORFF, Opfer 173.

[257] Im Opferkalender Num 28–29 scheinen sowohl das Speisopfer als auch das Trankopfer sekundär zum Hauptopfer, dem Brandopfer, nachgetragen worden zu sein, vgl. R. RENDTORFF, Studien 14f. Anders hält P.D. MILLER, Religion 110f, die Abfolge für alt.

divergierender Explikationen im Detail unterschiedliche Formen des Speisopfers angeführt, z.B. das Opfer am Morgen gegenüber dem Trankopfer am Abend (מִנְחַת הַבֹּקֶר, Ex 29,41; Lev 6,13; vgl. Lev 9,17[258]; Num 28,3–8.14f.24.31; 29,16–39), die Opfergabe als קָרְבַּן מִנְחָה (vgl. Lev 2,1.4.13) sowie das tägliche Speisopfer (מִנְחַת הַתָּמִיד, Num 4,16).[259]

Die Ingredienzen des Speisopfers, wie sie in den priester(schrift)lichen Bestimmungen vorgesehen sind, überschneiden sich partiell mit den Angaben der Chronik, stimmen aber nicht vollständig damit überein. So soll das Speisopfer aus einem Getreideprodukt (סֹלֶת), wohl einer Art Mehl besonders wertvoller Qualität,[260] bestehen und mit Öl übergossen werden (vgl. Lev 6,13; 14,10.21; 23,13; Num 6,15; 7,13.19.25.31.37.43.49.55.61.67.73.79; 15,4. 6.9; 28,5.12.20.28; 29,3.9. 14); es werden also Brotfladen verzehrt. Der Teil des Speisopfers, der verbrannt und nicht verzehrt wird, soll mit weißem Räuchergut (לְבֹנָה), was wohl das Harz des Boswellia-Baumes meint, bestreut werden (vgl. Lev 2,1.4.15).[261] Innerhalb dieser Bestimmungen werden darüber hinaus verschiedene Zubereitungsarten genannt, so dass ein Speisopfer als gesäuerte oder ungesäuerte Speise, in einer Pfanne oder im Ofen oder in einem Tiegel zubereitet werden kann (vgl. Lev 2,4–8.11–13; 7,9f).[262] Als Opfergaben können auch andere Agrarprodukte der Erstlingsgaben dienen (vgl. Lev 2,12.14: רֵאשִׁית; 2,14: מִנְחַת בִּכּוּרִים).[263] Die Angabe in Lev 2,13, dass diese mit Salz (מֶלַח) dargebracht werden sollen, ist aber wohl als eine nachträgliche Ergänzung anzusehen, die den Salzbund (מֶלַח בְּרִית) begründet.[264] Ob für alle Opfer vorauszusetzen ist, dass sie gesalzen werden, geht daraus kaum hervor.[265] Das Salz scheint eine besondere Nähe des Opfernden zu Gott herzustellen, so dass möglicherweise auch „eine kultische und politische Bedeutung des Salzes zum Ausdruck" kommt.[266]

Anders als in der Chronik wird das Speisopfer nach P[S] von den Priestern dargebracht (vgl. Lev 2,2.8; 6,7). Nach der Vorbereitung des Opfers durch die Laienspender werden die Opfergaben zur Darbringung des Opfers den Aaroniden gegeben (וֶהֱבִיאָהּ אֶל־בְּנֵי אַהֲרֹן הַכֹּהֲנִים), die den Vorgang des Räucherns (קטר oder בוא

---

[258] Als Glosse bewertet bei R. RENDTORFF, Opfer 75.

[259] Als Eifersuchts- und Gedenkopfer, das sparsam zubereitet wird, begegnet das Speisopfer im Zusammenhang von Ehebruchvergehen, begangen von einer Frau: כִּי־מִנְחַת קְנָאֹת הוּא מִנְחַת זִכָּרוֹן מַזְכֶּרֶת עָוֹן, Num 5,15, vgl. 5,18.25f.

[260] Zur Einordnung von סֹלֶת vgl. etwa Ez 16,13, wo es als Luxusgut genannt wird; demgegenüber bezeichnet wohl קֶמַח das gewöhnliche Mehl. Während סֹלֶת laut Ex 29,2 aus Weizen gewonnen wird (סֹלֶת חִטִּים), ist קֶמַח laut Num 5,15 aus Gerste zu erhalten (קֶמַח שְׂעֹרִים). Vgl. R. RENDTORFF, Leviticus 90–95.

[261] Vgl. HAL 493; R. RENDTORFF, Leviticus 97. Dieses besonders kostbare Harz stammt laut Jes 60,6; Jer 6,20 aus Ägypten; s.a. TAD A4.7.21; A4.7.25; A4.8.21; A4.9.9; A4.10.11: dargebracht in Elephantine als Räucheropfer (לבונה) neben dem Speiseopfer (מנחה).

[262] Darunter verbergen sich wahrscheinlich „verschiedene historische Bräuche", die in P kodifiziert werden; so R. RENDTORFF, Opfer 180; ähnlich P.D. MILLER, Religion 110. Nach I. WILLI-PLEIN, Opfer 84, richtet sich die Art der Zubereitung nach dem gleichzeitig verzehrten Tieropfer, das die Rezeptur der Beigaben bestimmt.

[263] Infolgedessen begreift I. WILLI-PLEIN, Opfer 82, das Opfer als „Primitialgabe".

[264] Vgl. R. RENDTORFF, Leviticus 83f. Zum Salzbund vgl. Num 18,19; 2Chr 13,5; s.a. Esr 4,14.

[265] Die Anweisung, alle Opfer zu salzen, begegnet erst in Jub 21,11.

[266] So R. RENDTORFF, Leviticus 111; vgl. H. SEEBASS, Numeri 232f.

kausativ) selbst übernehmen.[267] Nachdem ein Teil der Opfergabe verbrannt worden ist, steht der Rest den Priestern zum Verzehr zur Verfügung (Lev 2,2f.10; 5,13; 6,7–11; 10,12; Num 18,10). Allerdings ist diesbezüglich eine Entwicklung in der Darbringung des Speisopfers festzustellen: „Ursprünglich ist die *mincha* ein Opfer, von dem ein Anteil den Priestern zufällt; später wird sie zu einer Abgabe an die Priester, von der ein Anteil als Opfer verbrannt wird. Lediglich die von den Priestern selbst dargebrachte *mincha* bleibt als ganze ein Opfer."[268]

Die Angaben in der Chronik decken sich mit denen priester(schrift)lichen Bestimmungen (auf unterschiedlichen Redaktionsschichten in P^S) hinsichtlich der Ingredienzen und der Darbringungsart. Möglicherweise teilen sie auch die Funktion, wie es Patrick D. Miller annimmt: „It was understood as a gift to the deity, presumably to seek the benevolence and help of the deity, whether in a particular situation or as a regular part of one's life". Die Angaben in der Chronik und P differieren jedoch in Bezug auf die das Opfer darbringenden Personen, da die Chronik das Opfer für Laien öffnet und es damit der Exklusivität der Priester entreißt. Dies passt zu der Tendenz der Chronik, den Einflussbereich der Priester zu beschränken.

3.5.7 Trankopfer (נֶסֶךְ)

Die sog. Trankopfer, unter denen Libationsopfer zu verstehen sind, begegnen in der Chronik nur an zwei Stellen. In der Erweiterung der Opferszene in 2Chr 29,35 sind Trankopfer neben Schelamim-Opfern als Zusatzopfer der Brandopfer erwähnt und gestalten die kultische Feier anlässlich der Wiedereinweihung des Tempels feierlich aus. Eine ähnliche Funktion nehmen die Trankopfer in 1Chr 29,21 ein. Die Chronik beschließt die Darstellung der davidischen Epoche mit einem Fest, das die ganze Gemeinde (כָּל־הַקָּהָל)[269] begeht (29,20).[270] Nachdem V.21a zunächst die Darbringung von Schlachtopfern und Brandopfern in konkreter Zahl erwähnt, folgt in V.21b ein summarischer Hinweis auf Schlachtopfer und Trankopfer, der die Notiz des kollektiven Essens und Trinkens in V.22a (וַיֹּאכְלוּ וַיִּשְׁתּוּ) einleitet. Aus der Abfolge ist ersichtlich, dass so, wie die Schlachtopfer den Fleischbedarf des Festes decken, die Trankopfer die Getränke der Feier bereitstellen. Entsprechend der chr Theologie folgt die Kennzeichnung des Festes als Freu-

---

[267] Zum Ritus vgl. R. RENDTORFF, Opfer 182–190.

[268] So R. RENDTORFF, Opfer 189.

[269] Zur Bedeutung von „Gemeinde" vgl. Anm. 119 in Abschnitt 5.6.

[270] 1Chr 29,20 greift zurück auf 29,1 und bildet einen Abschluss der letzten Episode Davids in der Chronik. Die Gemeinde preist Jahwe (וַיְבָרְכוּ) und vollzieht vor Gott und König die Proskynese (וַיִּשְׁתַּחֲווּ). In dieser Verwendung von כָּל־הַקָּהָל ist H. HENNING-HESS, Kult 198, zuzustimmen, wenn sie die Gemeinde als „Kult- und Weltgemeinde" betrachtet und darin eine „Aufhebung der Trennung von kultischem und weltlichem Bereich" sieht.

denfest, das Jahwes Segen für sein Volk an dieser heilsgeschichtlich wichtigen Stelle spiegelt.

Ähnlich wie in der Chronik sind auch in den priester(schrift)lichen Opfervorschriften (P^S) Libationen als Zusatzopfer zu anderen Opfern, vornehmlich Brandopfer und Speisopfer (vgl. Ex 29,41; Num 6,15.17; Num 28–29), vorgesehen.[271] Nach dem späten Abschnitt Num 15[272] besteht das Trankopfer aus Wein unterschiedlicher Menge entsprechend dem Opfer, das von der Libation flankiert wird, beim Speisopfer entweder ein viertel *Hîn* (Ex 29,40; Lev 23,13; Num 15,5) oder ein drittel *Hîn* (Num 15,7), beim Brandopfer ein halbes *Hîn* (Num 15,10) Wein. Trankopfer übernehmen dabei die Funktion eines Feueropfers (אִשֶּׁה) und sorgen für einen lieblichen Geruch (רֵיחַ־נִיחֹחַ) vor Jahwe (Num 15,10.13f). Entsprechend ist das Trankopfer auch im Opferkalender Num 28–29 als Begleitopfer aller Feste vorgesehen (vgl. Num 28,24.31; 29,11.16–39).[273] Auf ein Schaf kommt ein viertel *Hîn* (Num 28,7.14), auf einen Widder ein drittel *Hîn* und auf einen Stier ein halbes *Hîn* Wein (Num 28,14). Da das Trankopfer parallel zu dem Speisopfer verwendet wird, ist davon auszugehen, dass die Produkte analog behandelt werden, d.h. dass eine kleine Menge Wein auf den Altar ausgegossen wird und der Rest eines umfangreicheren Vorrats zum Konsum während des Festes bereitsteht.

Hinsichtlich des Trankopfers sind keine Unterschiede in der Darbringung in den priester(schrift)lichen Bestimmungen und der Chronik zu erkennen. In beiden Schriftkorpora erscheint das Trankopfer als Zusatzopfer anderer Opfer. Es ergänzt die bereits erwähnten Opfer, die vegetabile und fleischliche Nahrung für den Verzehr abgeben. In der Chronik wird das Trankopfer aus P rezipiert und als wichtiges Gestaltungsmittel der Feste in die theologische Historiographie integriert. Somit erfüllt das Trankopfer die gleiche Funktion wie die Opfer, die es flankiert.

3.5.8 Dankopfer (תּוֹדָה)

Vom Dankopfer ist in der Chronik nur zweimal die Rede. Da es jeweils in Verbindung mit anderen Opfern zelebriert wird (mit Schlachtopfern in 2Chr 29,31: זְבָחִים וְתוֹדוֹת und mit Schelamim-Opfern in 2Chr 33,16: זִבְחֵי שְׁלָמִים וְתוֹדָה), erscheint es für die Chronik nur als Zusatzopfer, das nicht selbstständig gefeiert wird. Beide Belege befinden sich im chr Sondergut[274] und begegnen in kultischen Dankfeiern aus Anlass der Wiederherstellung des Jahwekultes im Jerusalemer Tempel, zunächst durch Hiskia, dann durch Manasse.

Über den Ablauf des Dankopfers informiert die Chronik nicht. Weder wird die Opfergabe noch werden die Opfernden erwähnt. So bleibt

---

271 Vgl. R. RENDTORFF, Studien 169f; DERS., Leviticus 89f.
272 Vgl. L. SCHMIDT, Buch 54f.
273 Num 28–29 gehören zur späten Schicht wie Num 15; vgl. L. SCHMIDT, Buch 175.
274 Betont von H. HENNING-HESS, Kult 138.

es unklar, ob es sich um ein vegetabiles oder blutiges Opfer handelt und ob es ein Priesteropfer oder ein Laienopfer[275] ist. Wichtig scheint der Chronik allein der Zweck des Opfers zu sein, nämlich eine kultische Danksagung des Volkes für Jahwes geschichtliche Führung abzubilden.

Die bei den Feierlichkeiten ertönende Musik unterstützt diese Funktion des Gotteslobes.[276] Damit kommt dem Dankopfer eine historiographische Funktion zu, da die Chronik (anders als die Bewertung durch das DtrG) positive Wegstationen in der Geschichte Jahwes mit seinem Volk markiert.

In Lev 7,12f bezeichnet זֶבַח הַתּוֹדָה eine Funktion des הַשְּׁלָמִים זֶבַח. Anders als bei dem regulären Schlachtopfer ist dieses Opfer als vegetabiles Opfer gekennzeichnet, wie es im Folgenden weiter expliziert wird; verschiedene Arten von ungesäuerten Mazzen (מַצּוֹת) oder Mehl (סֹלֶת) können mit Öl vermengt als Dankopfer dargebracht werden. Die Priester, die zusätzlich ein blutiges Opfer darbringen, sollen einen Anteil an dem vegetabilen Opfer zum eigenen Verzehr erhalten, 7,14. Damit ist eine Sonderfunktion des Schlachtopfers herausgestellt, die mit den Hinweisen in Lev 7,15–18; vgl. 22,29f, in Spannung steht, wenn das זֶבַח תּוֹדַת הַשְּׁלָמִים als ein blutiges Opfer vorgestellt wird, dessen Fleisch am selben Tag zu verzehren ist und nur in Ausnahmefällen (so V.16: נֶדֶר אוֹ נְדָבָה זֶבַח) über Nacht aufbewahrt werden darf.

Wenn die Chronik keine Festlegung vornimmt, ob es sich um ein vegetabiles oder ein blutiges Opfer handelt, geht sie harmonisierend vor. Indem sie Leerstellen lässt, werden mehrere Möglichkeiten zur Identifikation des Opfers geboten.

3.5.9 *Räucheropfer* (קְטֹרֶת)

Die letzte hier vorzustellende Opferart ist das Räucheropfer. An diesem nimmt die Chronik erneut Modifikationen vor, die in gewisser Hinsicht den Veränderungen am Speisopfer zu vergleichen sind. Treten Verbformen von √ קטר bisweilen als Oberbegriff für das Opfern generell auf (z.B. 2Chr 32,12 [s.a. 1Chr 23,13; 2Chr 29,11]),[277] so ist hier der Blick auf das spezielle Räucheropfer zu konzentrieren, bei dem Räucherwerk bestehend aus Gewürzen, Kräutern und Harzen verbrannt wird. Dieser

---

[275] Hierfür plädiert J.W. KLEINIG, Song 125.

[276] J.W. KLEINIG, Song 126, interpretiert, dass die Leviten dabei als „supervisors and beneficiaries of the thanksgiving" fungieren. Dies ist allerdings lediglich aus der historiographischen Positionierung der levitischen Sänger / Musiker zu erschließen.

[277] In dieser generellen Bedeutung sind Formen von √ קטר und קְטֹרֶת allerdings seltener als in der spezifischen Bezeichnung für das Räucheropfer verwendet; vgl. K. NIELSEN, Incense 58. Zur generellen Funktion vgl. HAL 1024; J.W. KLEINIG, Song 105–108.

Vorgang selbst ist in der Chronik allerdings nicht beschrieben,[278] vielmehr kommt es wieder auf die Funktion der Opfer und mehr noch auf
die Opfernden an.

　　Anders als bei anderen Opferarten verbindet die Chronik das Räucheropfer mit illegitimen Kultpraktiken des Opferns auf den sog. Kult-
höhen, wie es einigen Königen Judas (2Chr 25,14: Amasja; 28,3f.25:
Ahas) und dem Volk insgesamt (2Chr 34,25) vorgeworfen wird.[279] Die
Kritik an der Opferpraxis übernimmt die Chronik aus dem DtrG, das
eine kultische Verehrung Jahwes an anderen Orten als dem legitimen
Tempel in Jerusalem mit diesem Vorwurf ablehnt, ungeachtet der Frage, ob auf den Höhen tatsächlich andere Götter als Jahwe oder wahrscheinlich doch Jahwe selbst in anderer Form verehrt wird.[280]

　　Wenn die Chronik von Räucheropfern handelt, die Jahwe dargebracht werden, ist zunächst impliziert, dass die aaronidischen Priester
diejenigen sind, die opfern (1Chr 6,34; 23,13; 2Chr 26,18). Die Chronik führt hierbei priester(schrift)liche Angaben (s.u.) weiter. Allerdings
fällt auf, dass es sich bei diesen Belegen um drei Stellen mit apologe-
tischer Tendenz handelt. (1.) In 2Chr 26,18f wird Usia das Darbringen
von Räucheropfern untersagt; den Kontrapunkt dazu bildet die Zuweisung des Opfers an die Aaroniden, die sich geheiligt haben, so dass die
Heiligkeit des Opfers in einen scharfen Gegensatz zur Darbringung
durch Usia gestellt wird. Zudem werden die Räucheropfer an den Räucheropferaltar gebunden (26,16.19), was für eine spätere literarische
Ausgestaltung spricht.[281] Der Räucheropferaltar ist erst am Zweiten
Tempel errichtet worden[282] und steht de facto nicht ausschließlich den
Priestern zur Verfügung. Wenn den Aaroniden jedoch dieser Altar zugewiesen wird, trägt die Aussage einen ironischen Charakter. (2.) Auch
der sekundäre Beleg 1Chr 6,34 ist nicht tendenzfrei, da die Aaroniden
zwar mit ihrer eigentlichen Dienstbefugnis vorgestellt, doch zugleich in
die Leviten-Genealogie integriert werden. Den Priestern wird ihr
Dienstplatz an den beiden Altären zugewiesen, am Räucheropferaltar
und am Brandopferaltar (עַל־מִזְבַּח הָעוֹלָה וְעַל־מִזְבַּח הַקְּטֹרֶת). Dies ist überraschend, da sonst lediglich der Brandopferaltar für die Aaroniden reserviert ist, während der Räucheropferaltar[283] den Leviten zusteht.

---

[278]　Daher bleibt es lediglich eine Annahme, dass als Opfermaterie Brot, Wein und
Spezereien in der Chronik gedient haben, wie es W. ZWICKEL, Räucherkult 330.
334, meint.

[279]　In dieser Kultpraxis sieht K. NIELSEN, Incense 44f, ein kanaanäisches Erbe, das
in die private Frömmigkeitspraxis gelangt ist.

[280]　Zu dieser Praxis des Räucheropfers in vorexilischer Zeit, aus der sich das Räucheropfer am Zweiten Tempel entwickelt hat, vgl. P. HEGER, Development 191–
210.

[281]　Vgl. W. ZWICKEL, Räucherkult 321–323.

[282]　Vgl. W. ZWICKEL, Räucherkult 332.

[283]　Zum Räucheropferaltar vgl. weiter unten in diesem Abschnitt, bes. Anm.
Fehler! Textmarke nicht definiert. und **Fehler! Textmarke nicht definiert.**.

Daher ist auch in 6,34 eine ironische Bemerkung zu finden.[284] (3.) Die gleiche ironische Tendenz befindet sich auch in 1Chr 23,13, wo den Aaroniden solche Dienste am Tempel zugemutet werden, die sonst über die Leviten ausgesagt werden: קטר und שרת. Insgesamt sind die chr Belege, die die Priester mit dem Räucheropfer verbinden, tendenzkritisch als problematisch zu bewerten.

Anders liest sich demgegenüber der allgemeine Hinweis in der Rede des chr Sonderguts in 2Chr 13,11. Ergeht eine Aufzählung von Opfern, so ist nicht eindeutig geklärt, welches Subjekt dem einleitenden Partizip וּמַקְטִרִים zuzuordnen ist. Im vorhergehenden V.10 ist zunächst vom Dienst der Priester und anschließend von dem der Leviten die Rede; V.11 setzt dies mit der Nennung der regelmäßig darzubringenden Opfer fort: Brandopfer (עֹלוֹת), Räucheropfer (וּקְטֹרֶת־סַמִּים) und Schaubrote (וּמַעֲרֶכֶת לֶחֶם) – eine Aufzählung, die 2Chr 2,3 rezipiert, jedoch die Reihenfolge der Opfer umkehrt. Bezieht man das Partizip וּמַקְטִרִים in 2Chr 13,11 auf das nächste Bezugswort, so folgt daraus, dass die Leviten die Aktanten in V.11 sind, deren Dienst schließlich über die Versorgung des Tisches (הַשֻּׁלְחָן) bis zum Anzünden der Menorah und der kleineren Leuchter reicht. Dieses Verständnis wird von 2Chr 29,11 unterstützt, wo betont wird, dass die Leviten zum Darbringen der Räucheropfer (קטר)[285] von Jahwe erwählt sind (בחר). Damit formuliert die Chronik eine Spitzenaussage über die Leviten sowie das ihnen zugeordnete Räucheropfer.

Begegnet in der Chronik also eine Modifikation hinsichtlich des opfernden Personals, so ist eine weitere Variante darin festzustellen, dass an einigen Stellen die Reihenfolge der Opfer verändert wird. So stehen die Räucheropfer vor den Brandopfern (vgl. 2Chr 2,3; 29,7). Dieser Umstand ist bemerkenswert, da er sowohl die Abfolge der rituellen Darbringung umwertet als auch die Bedeutung der Opfer umkehrt. Diese Umstellung ist weder zufällig noch absichtslos,[286] sondern hat ihren Grund in der größeren Bedeutung des Räucheropfers für die Chronik.[287]

Bei den Aussagen der Priesterschrift über das Räucheropfer sind nur solche Belege zu behandeln, die קְטֹרֶת oder Formen von √ קטר nicht als generellen Oberbegriff für

---

[284] S.a. P. HEGER, Development 172, der den Vers als krude Interjektion betrachtet mit der Intention, dem Pentateuch zu widersprechen.

[285] Jedenfalls wenn man den Begriff auf das Räucheropfer speziell bezieht; s.o. Abschnitt 3.2.

[286] Vgl. M. OEMING, Israel 152: „Die Räucheropfer sind gleichsam die feierlichen Kandelaber bei der fröhlichen Festversammlung im Angesicht des Herrn." Auch P. HEGER, Development 172–177, stellt die Bedeutung des Räucheropfers für die Chronik heraus.

[287] Vgl. W. ZWICKEL, Räucherkult 333: „Das Räucheropfer ist inzwischen zum bedeutendsten Opfer geworden und steht noch vor dem Brandopfer."

Opfer nehmen,[288] sondern ein spezielles Räucheropfer angegeben. Dabei fällt auf, dass P[G] noch keine Räucheropfer zu kennen scheint.[289] Unter den Opfergesetzen in Lev 1–7 sind keine Anweisungen für das Räucheropfer enthalten, und das in Lev 10,1 erwähnte קְטֹרֶת ist als fremdes Feuer (אֵשׁ זָרָה) disqualifiziert. Die Belege für Räucheropfer in P[S] stellen spätere Korrekturen bzw. Ergänzungen dar, wobei die Funktion des Räucheropfers als „to build a bridge between the divine and the human sphere" bestimmt worden ist.[290]

Nach Lev 16,12f; vgl. Ex 30,10, wird das Räucheropfer einmal im Jahr am Versöhnungstag im Allerheiligsten von dem Priester dargebracht, um hinter dem Vorhang den Thron Jahwes mit den Gesetzestafeln einzunebeln.[291] Das Räucherwerk besteht aus zerstoßenem oder gemahlenem סַמִּים (סַמִּים דַּקָּה),[292] einer Mischung aus Gewürzen und Harzen, die beim Verbrennen auf glühenden Kohlen einen Wohlgeruch erzeugt. In Ex 30,34f werden die Bestandteile des סַמִּים benannt: Harzklumpen, der sog. Räucherklaue aus zerstoßenen Muschelschalen, dem gummiartigen Galbaum und weißem Weihrauch (נָטָף וּשְׁחֵלֶת וְחֶלְבְּנָה סַמִּים וּלְבֹנָה זַכָּה), die ferner mit Salz gemischt und dann zerstoßen werden sollen. Trotz dieser Aufzählung bleiben die Ingredienzen letztlich mehrdeutig;[293] betont wird nur die gute Qualität, die durch ein optimales Mischverhältniss zustande kommt (vgl. Ex 37,29: קְטֹרֶת הַסַּמִּים טָהוֹר מַעֲשֵׂה רֹקֵחַ.[294] Weitere Angaben zum Räucheropfer finden sich in Ex 30. Der in Ex 30,1–6; vgl. Ex 37,25–27 beschriebene mobile Räucheropferaltar ist dem Räucheropfer vorbehalten und soll weder für Brandopfer noch für Speis- und Trankopfer benutzt werden. Auf dem Altar soll das tägliche Räucheropfer (קְטֹרֶת תָּמִיד) abends und morgens als קְטֹרֶת סַמִּים von Aaron dargebracht werden (30,7f).[295] Dass das Räucheropfer ausschließlich in die Hände der Priester gehört, um anderweitigen Missbrauch zu vermeiden, betont ebenso die Korrektur[296] (gegenüber dem in Num 16 thematisierten Fehlverhalten[297]) in Num 17,5.

---

[288] Vgl. z.B. Lev 4,7; Num 18,17. S. dazu R. RENDTORFF, Studien 110f: zusammenfassender Oberbegriff in P für alle Opferarten. Ähnlich P. HEGER, Development 5.26.34; K. NIELSEN, Incense 52, der jedoch betont, dass קְטֹרֶת sowohl das Opfer als das Räuchergut bezeichnen kann.

[289] Vgl. R.E. CLEMENTS, קטר 17f.

[290] So K. NIELSEN, Incense 73.

[291] Nach P. HEGER, Development 100–104, spiegelt der Hinweis auf den Vorhang aktuelle Verhältnisse aus dem Zweiten Tempel wider.

[292] Ebenso Ex 25,6; 31,11; 35,8.15.28: קְטֹרֶת הַסַּמִּים (auch als Abgaben zu erbringen); Ex 40,27: קְטֹרֶת סַמִּים.

[293] Vgl. K. NIELSEN, Incense 65–67. P. HEGER, Development 132, dessen Analyse der Begriffe (ebd. 127–143) zu dem Ergebnis gelangt: „The precise character of the species cannot be ascertained, and doubts persist regarding their correct identification, as well as their probable use in ancient period".

[294] Die Bestandteile des Räucheropfers scheinen entweder gut gehütet zu sein (vgl. Jos Bell 5,218: 13 Bestandteile, die aber nicht ausgeführt werden; anders erwähnt der Talmud 11 Gewürze, bKerioth 6b; dazu P. HEGER, Development 93–95) oder die Mischung ist so variabel, dass sie sich nicht in Vorschriften pressen lässt.

[295] Da das Tamid-Opfer sonst nicht mit Bestimmungen zum Räucheropfer korreliert ist, geht K. NIELSEN, Incense 70f, davon aus, dass Ex 30,1–10 einen Nachtrag bildet. Die Funktion bestimmt er als „a way to pay homage to the deity" (a.a.O. 86).

[296] Vgl. L. SCHMIDT, Buch 73.

[297] Num 16,9 ist wohl mit R. NURMELA, Levites 9, als spätere Angleichung von P an die Chronik zu bewerten. Der Rest des Kapitels repräsentiert Traditionen, die das „Eindringen der Leviten in den [aaronidischen] Priesterdienst" abwehren; vgl.

Nach Num 17,11 wird während der Wüstenwanderung das Räucheropfer von Aaron dargebracht, um Sühne für das Murren des Volkes zu erwirken. In dieser Einbindung des Räucherns in Israels vorstaatliche Vergangenheit begegnet eine Rückprojektion, die Funktionen anderer Opfer auf das Räucheropfer in der Retrospektive überträgt und damit zugleich Funktionen des Versöhnungstages verbindet.

Verglichen mit anderen Opfern fällt das Räucheropfer in P denkbar knapp und blass aus; zudem begegnet es erst in späteren Passagen.[298] Dies ist bemerkenswert, da die Stellung des Räucheropfers in der Chronik eine ganz andere ist. Hier führt das Räucheropfer kein Randdasein, sondern gehört gerade zu den Opfern, die mit den Leviten verbunden und damit neu akzentuiert werden. Die Chronik zeigt also eine zweifache Variation gegenüber P: einerseits die stärkere Verbreitung von Räucheropfern und andererseits ihre Verbindung mit den Leviten. Die Chronik hat also ein ausgeprägtes Interesse an diesem Opfer.

Die Betonung des Räucheropfers korrespondiert einerseits mit der Errichtung des Räucheropferaltars im Zweiten Tempel.[299] Dies mag sich in der Einfügung des Räucheropferaltars in 1Chr 28,18 (gegenüber 1Kön 7,48, wo er fehlt) spiegeln, wenn man seine Erwähnung hier auf eine aktuelle Situation an Zweiten Tempel zurückführen darf.[300] Andererseits entspricht dem ein Negativbefund, da Räucheropfer in anderen atl. Schriften nicht belegt sind.[301] Diese Beobachtungen sprechen dafür, dass ein Räucheropfer am Jerusalemer Tempel erst für die nachexilische Zeit zu belegen ist.[302] Aufgrund dessen ist anzunehmen, dass das

---

R. ACHENBACH, Priester 304. Daher ist es auch zweifelhaft, ob aus der in Lev 16 geschilderten Darbringung von Räucheropfer durch Nadab und Abihu abgeleitet werden kann, dass ihre Spende ein priesterliches Privileg darstellt, wie es K. NIELSEN, Incense 86f, interpretiert.

[298] Fraglich ist jedoch, ob die knappe Bezeugung des Opfers in P aus dem Bestreben stammt, die Spendepraxis des Räucheropfers zu begrenzen, wie es K. NIELSEN, Incense 88, vorgeschlagen hat. Erwägenswert scheint mir demgegenüber der Gedanke, dass die Räucheropfer weder für P^G noch für die redaktionsgeschichtlichen Schichten von P^S ihre spätere Bedeutung erreicht hatten und deswegen in P noch nicht so zahlreich repräsentiert sind.

[299] Ein separater Räucheropferaltar ist für den ersten Tempel nicht vorauszusetzen, sondern erst am Zweiten Tempel baulich realisiert worden; vgl. dazu z.B. P. HEGER, Development 164ff; W. ZWICKEL, Räucherkult 332.

[300] Nach P. HEGER, Development 239, stellt die Errichtung des Räucheropferaltars im Zweiten Tempel einen Kompromiss im Zuständigkeitskampf um das Räucheropfer zwischen rivalisierenden Gruppen (Priester und Korachiten, ausgehend von Lev 16) dar. So anregend die historische Erklärung für den Umbau des Tempels auch ist, bleibt doch fraglich, ob auf die Legende Lev 16 so viel Nachdruck gelegt werden kann. Dennoch scheint der Räucheropferaltar erst am Zweiten Tempel im Zuge der Installation des Räucheropfers am Jerusalemer Heiligtum errichtet worden zu sein.

[301] Die Belege aus der prophetischen Literatur sind allesamt spätere literarische Ergänzungen aus der nachexilischen Zeit. Möglicherweise stellen auch diese Ausgestaltungen spätere literarische Reaktionen auf eine gewandelte Kultpraxis am Zweiten Tempel dar.

[302] Dessen ungeachtet gab es die Verbrennung von Räucherwerk als Begleitopfer des Speisopfers sowie eine Räucherpraxis in der privaten Frömmigkeit.

Räucheropfer erst am Zweiten Tempel eingeführt wurde.[303] Wenn die Chronik die Priesterschrift (P^S) hinsichtlich des opfernden Personals korrigiert, könnte man auf dem Hintergrund anderweitiger Nachweise des Räucheropfers annehmen, dass die Chronik mit dieser Revision nicht nur Schriftauslegung betreibt, sondern einen Realitätsbaustein aus einer realen Praxis bietet.

Damit einher geht ein zu beobachtender Import von Weihrauch in der Perserzeit. Weihrauch wie auch Myrrhe und andere Aromata wurden über die Weihrauchstraße, die in Gaza endete, importiert (vgl. Plin. nat. 32,63–64).[304] In *Tall Ǧimma* befand sich eine Wegstation für südarabische Karawanen, die Räucherwerk und Myrrhe vom Jemen zu dem Mittelmeerhafen Gaza transportierten.[305] Der südarabische Weihrauchhandel machte den Weihrauch also auch in Palästina erhältlich.

Dass das Räucheropfer nicht nur im Tempel, sondern auch darüber hinaus beliebt war, zeigen auch kleine Räucherkästen, die in verschiedenen Stätten in Palästina gefunden wurden:[306] im südlichen Palästina, z.B. in Gezer,[307] *Tall Ǧimma*,[308] *Tall Fār'a* (S),[309] Lachisch,[310] *Tall aš-Šarī'a*[311] und Beerscheba[312] sowie in *Šiqmōnā*[313] und in *Makmiš*[314].

---

[303] S.a. P. HEGER, Development 163–171, der davon ausgeht, dass das Räucheropfer zunächst ein fremder Kult war, aber kurz vor dem Ende des Exils in Juda institutionalisiert und als selbstständiger Kult erst in der Zeit des Zweiten Tempels eingerichtet wurde. Breiter belegt sind die Räucheropfer schließlich im Jubiläenbuch, vgl. Jub 3,27; 4,25; 6,3; 15,2; 16,24; 32,6; 50,10; s.a. TestLev 8,10. Ähnlich urteilt W. ZWICKEL, Räucherkult 124.195, demzufolge die Räucheropfer erst gegen Ende der Spätbronzezeit in Palästina aufgekommen sind. Diese Räucheropfer stammen aus einer Übertragung der an Baal gerichteten Opfer auf den Jahwekult und sind seit dem 8.Jh. im Jerusalemer Kult beheimatet.

[304] Vgl. W. ZWICKEL, Räucherkult 321; H. WEIPPERT, Palästina 717; M. O'DWYER SHEA, Incense-Burners 95; s.a. L.L. GRABBE, Judaism I 202; K. NIELSEN, Incense 16–24.99f, der darauf hinweist, dass Weihrauch seit dem 2. Jahrtausend aus Südarabien über Kamelkarawanen importiert wurde.

[305] So E. STERN, Land 413f, mit Hinweis auf einen Vorratskrug mit der Inschrift des südarabischen Namens *'bm*, Vorräte an Getreide und Wein; s.a. L. MILDENBERG, Münzwesen 12. Ist eine solche Praxis in Jer 6,20 gespiegelt, wie es K. NIELSEN, Incense 60, annimmt?

[306] Vgl. E. STERN, Material Culture 182–195. Die Räucherkästen mit rechteckiger Struktur, stehend auf vier Füßen und dekoriert mit geometrischen Mustern sowie Tiergestalten oder Menschen rechnet Stern zu einer Gruppe *Type A*, vgl. a.a.O. die Abbildungen fig. 307.308, ebd. 188f. Innerhalb dieses Typs lassen sich wiederum verschiedene Ausführungen unterscheiden; da deren Qualität sich im Laufe der Zeit verringerte, wurden die weniger detailliert gearbeiteten Produkte der späteren Perserzeit zugeschrieben. Da diese Gruppe von Räucherkästen auf den Verbreitungsraum Palästina beschränkt ist, hat Stern angenommen, dass sie dort gefertigt wurden und somit einheimische perserzeitliche Kunst repräsentieren. Möglicherweise wurden sie in phönizischen Manufakturen hergestellt; vgl. STERN, ebd. 194. S.a. E.S. GERSTENBERGER, Israel 43f.98.

[307] Vgl. R.A.S. MACALISTER, Excavations 444f; K. GALLING, Jahresbericht 247f; E. STERN, Land 441; W. ZWICKEL, Räucherkult 80f; R. REICH, B. BRANDL, Gezer 49.

Die Chronik bewegt allerdings nicht die Frage nach der Häufigkeit des Räucheropfers, sondern nach dem opfernden Personal. Da der Ritus der Verbrennung von Aromen und Räucherwerk „in Simplizität und Effektivität mit dem Gebet gleichgerechnet" ist[315] und bei dem Räucheropfer kein Blutritus anfällt, ist ein Vollzug durch Priester keine notwendige Voraussetzung. Vielmehr ist mit der Möglichkeit zu rechnen, dass auch Angehörigen anderer Gruppen des Tempelpersonals oder Laien[316] die Darbringung von Räucheropfern möglich ist. Die Chronik könnte von dieser Möglichkeit ausgehen, wenn sie eine Neuzuschreibung des Räucheropfers an die Leviten vornimmt.

Für die Sinnwelt der Chronik ergibt sich daraus die Schlussfolgerung, dass das beliebte Opfer in der Zeit des Zweiten Tempels den nach der Chronik dafür erwählten Leviten (2Chr 29,11) zugewiesen wird. Das Räucheropfer wird in der Chronik mit der von ihr bevorzugten Gruppe verbunden. Aufgrund der Verbindung mit dem Räucheropfer partizipieren die Leviten an der Beliebtheit des Opfers. Die Chronik positioniert in der Konstruktion der Opfervorgänge die Leviten damit so, dass Zustimmung von Seiten der Rezipienten zu erwarten ist.

---

308 14 Räucherkästen wurden gefunden, die nach der Datierung von E. STERN, Material Culture 185; DERS., Land 413f, aus dem 6./5. Jh. v.Chr. stammen, nach W. ZWICKEL, Räucherkult 78–80, jedoch eher in das 7./6. Jh. gehören; vgl. den Ausgrabungsbericht W.F.M. PETRIE, Gerar 18f. plate 40.41. Die Mehrzahl der Kästen weist geografische Muster auf, doch lassen sich auch Beispiele mit Palmen und Tierdarstellungen finden.
309 In Grab 662 wurden zwei Räucherkästen gefunden, Anfang 5.Jh. v.Chr.; vgl. J.L. STARKEY, G. LANKESTER-HARDING, Beth-Pelet plate 88:14. 93; E. STERN, Material Culture 185.
310 Insgesamt wurden über 200 Exemplare in verschiedenen Arealen gefunden, die zwischen 450 und 350 v.Chr. gefertigt wurden; vgl. O. TUFNELL, Lachisch III, 220f.226.358f.383f. Plates 49:3. 68–71; A. BEN-TOR, S. GEVA, Hazor III–IV, Pl. 198:28; 365:6; E. STERN, Material Culture 185; W. ZWICKEL, Räucherkult 76f. Aber auch hellenistische Räucherkästen sind anzutreffen; vgl. Y. AHARONI, Investigations 3–11; DERS., Solar Shrine 160.
311 Ein Räucherkasten mit geometrischen Motiven und einer Lotusblume aus dem 5./4. Jh.; vgl. E. OREN, Ziglag 158; W. ZWICKEL, Räucherkult 83.
312 Vgl. E. STERN, Limestone 52f. Plate 29. Nach W. ZWICKEL, Räucherkult 84, datieren die Räucherkästen in das 4.Jh. oder in die hellenistische Zeit; aber auch für das 8. und 7. Jh. sind bereits einige Kästen belegt; vgl. Y. AHARONI, Beer-Sheba 40.134f; DERS., Excavations 165.
313 Vgl. J. ELGAVISH, Excavations 24f.49.53, Plates 36:39. 64:175; E. STERN, Material Culture 184.187.
314 Vgl. N. AVIGAD, Excavations 1959, 95; als Beispiel s. a.a.O. Plate 10 D. S.a. E. STERN, Material Culture 185.
315 So R.E. CLEMENTS, קטר 17.
316 P. HEGER, Development 55f, geht davon aus, dass Räucheropfer bereits vorexilisch und exilisch von Laien dargebracht wurden und verweist dafür auf Ez 8,10f.

3.5.10 Ertrag

Zwar setzt die Chronik die priester(schrift)lichen Bestimmungen zur Darbringung von Opfern voraus, doch nimmt sie in der Rezeption entscheidende Modifikationen vor. Die Veränderungen der Chronik gelten vor allem dem Brandopfer und dem Räucheropfer, die nunmehr nicht nur von Priestern, sondern auch von Leviten dargebracht werden (vgl. für das Brandopfer 1Chr 23,18b; 16,1, für das Räucheropfer 2Chr 29,11 und für Schelamim-Opfer 1Chr 16,1).[317] Die Applikation priesterlicher Funktionen auf die Leviten weitet die priesterlichen Rechte auf diese Gruppe des Tempelpersonals aus.[318] Die Leviten werden damit den Priestern gleichgestellt. Die Chronik ist im atl. Schriftgut mit dieser Aussage allein. Doch rezipieren frühjüdische Texte diesen Gedanken, indem sie die Leviten in der Nachfolge ihres Stammvaters Levi als Priester kennen.[319]

Das Räucheropfer ist in der Chronik in den Vordergrund gerückt und nimmt gegenüber den priester(schrift)lichen Belegen einen breiteren Raum ein. Die Chronik legt dieses Opfer in die Hände der Leviten, die zu dessen Darbringung von Jahwe sogar ausdrücklich erwählt sind (2Chr 29,11). Mit der Zuweisung dieses Opfers an die Leviten wertet die Chronik diese Gruppe des Tempelpersonals auf. Die Sinnwelt der Chronik weist damit den Leviten ein zu ihrer Zeit beliebtes Opfer zu.

Da das Räucheropfer erst in der Zeit des Zweites Tempels als öffentliches Opfer am Jerusalemer Tempel praktiziert wurde und zusammen mit der Errichtung des Räucheropferaltars in den offiziellen Kult eindrang, stellt die Zuweisung dieses Opfers an die Leviten den Versuch einer positiven Kontextualisierung der Gruppe dar. Die Wirklichkeitskonstruktion der Chronik bietet hier einen Realitätsbaustein an, für den eine Sinndeutung generiert wird, die mit der bevorzugten Personengruppe verknüpft ist. Indem die Leviten mit dem Räucheropfer verbunden werden, partizipieren sie an der Beliebtheit des Opfers. Die Chronik positioniert die Leviten also in einer Weise, dass ihre Stellung auf eine möglichst große Zustimmung bei den potentiellen Hörern / Hörerinnen und Leserinnen / Lesern ihrer Zeit trifft, so dass die Wirklichkeitskonstruktion soziale Bestätigung erfährt.

Die in der Chronik präsentierten Opfer unterscheiden sich gegenüber ihrer Darstellung in P^S vor allem in ihrer Funktion, wie sie von der Historiographie präsentiert wird. In der Chronik finden Opfer (insbesondere Schlachtopfer, Speisopfer, Trankopfer, Dankopfer und Schela-

---

[317] Zu einem ähnlichen Ergebnis kommt H. HENNING-HESS, Kult 144f.

[318] S.a. H.-J. FABRY, Zadokiden 204.

[319] Vgl. 11Q19 22,10–16; 11Q20 5,25 Frg. 10 i, 11: Leviten bringen Speis- und Trankopfer dar; ATL 32–33,13; 33,15–19; 34,5; 4Q213a Frg. 5 Kol. 1; 4Q541; TestLev 5,2; 8,2–10; 9,3; 12,8; Jub 30,18f; 32,1–9; vgl. die Analysen in A. LABAHN, Licht (jeweils z.St.).

mim-Opfer, aber auch Brandopfer) statt, um öffentliche Feiern zum Lob und Dank Jahwes auszugestalten. Durch die Opfer wird – so die Sinndeutung der Konstruktion – das Heil Gottes im Tempelkult, wie es von den Leviten für das Volk zelebriert wird, real erlebbar.[320] Musik und Festfreude, die die Opfer begleiten, vergegenwärtigen gleichsam Jahwes punktuelle Präsenz bei seinem Volk, deren bleibende Anwesenheit für die Zukunft erhofft wird.[321] Dies gilt auch für das Passa, das die Chronik die Leviten in 2Chr 30,17b; 35,6.14.15bβ schlachten lässt. Die Leviten sind also in die heilsgeschichtliche Konzeption der Chronik eingebunden, insofern sich das Heil Gottes in der Geschichte ereignet und dies in den kultischen Feierlichkeiten erlebbar wird.

Die Chronik interpretiert mit diesem Konzept die Geschichte, indem sie die Opfer, den Tempelkult und das Tempelpersonal, besonders die Leviten, in die Deutung der Geschichte als positiv elebbare und zelebrierte Festfreude einbindet, die als Ausdruck von Jahwes Heil und Segen verstanden wrden. Damit verbindet die Chronik die Hoffnung, dass das, was sich in der Vergangenheit bewährt hat, weil es unter dem Segen Jahwes stand, auch in der Gegenwart wie in der Zukunft Bestand haben wird.

---

[320] Vgl. die von J.W. KLEINIG, Song 25, herausgearbeitete These zur Funktion des Ritus: „the Chronicler ... believes that through the right ritual God maintains Israel as his people, confers the status and benefits due to each of them, and assigns them their proper role in the divinely created cosmic order." H. HENNING-HESS, Kult 135.143f, zeigt auf, dass Sühnefunktionen von Opfern in der Chronik zurückgehen und stattdessen ihr „Lobpreischarakter" hinzutritt (ebd. 143).

[321] Zur Verbindung von Gegenwart und Erwartungen für die Zukunft s.a. den Ansatz von S.J. SCHWEITZER, Utopia 144, der die Chronik als Ausdruck der Erwartung liest, dass der Kult in der Zukunft besser werden möge.

4 Die Leviten als Lehrer und Propheten

An zwei Stellen ist in der Chronik von Leviten als Lehrern die Rede: in 2Chr 17,7–9 und 35,3. In vier Texten treten Leviten als Propheten auf: 1Chr 23,14; 1Chr 25,1–7; 2Chr 35,15; vgl. 2Chr 20. Zwischen beiden Funktionsbereichen gibt es Gemeinsamkeiten, da die Leviten jeweils mit literarischen Traditionen aus der Schrift bzw. Tora umgeben sind, die nach der Chronik von ihnen benutzt und verarbeitet werden. Auch wenn die Lehrer sich von den Propheten in der Art und Weise der Traditionsrezeption unterscheiden, so gestatten die funktionalen Gemeinsamkeiten doch, beide Gruppen von Leviten hier gemeinsam zu behandeln. Da die Rekurse auf Leviten als Propheten etwas häufiger sind und Material über die Präsentation der Dienste zur Verfügung stellen, auf dessen Hintergrund auch die Funktionen der Lehrer für die Chronik erhellt werden können, werden zunächst die Prophetenbelege und dach die Referenzen auf Lehrer hier vorgestellt.

4.1 Der Gottesmann Mose als Identifikationsfigur für die Leviten – 1Chr 23,1–32

Der erste Beleg der Chronik, in dem Leviten als Propheten erscheinen, begegnet in 1Chr 23,14. Die Chronik lässt auf die Initiierung des Tempelbaus (1Chr 21–22) einen umfangreichen Abschnitt über die Einteilung der Dienste am Tempel folgen (1Chr 23–27), der kein Pendant im DtrG hat. In diesem Listenmaterial[1] sind die Leviten zahlreich repräsentiert, da ihre Gruppen den Schwerpunkt ausmachen. In dem ersten Kapitel dieses Abschnitts begegnen Leviten als *clerus minor*, als Propheten, als Beamte und Richter. In diesem Abschnitt geht es vor allem um die Leviten als Propheten.[2] Da dieser Aspekt jedoch in seinem literarischen Umfeld zu sehen ist, soll zunächst das gesamte Kapitel übersetzt und exegetisch erfasst werden.

> 1Chr 23,1–32: (1) Als David alt und reich an Tagen war, übertrug er die Herrschaft über Israel auf seinen Sohn Salomo. (2) Und er versammelte alle Oberen Israels sowie die Priester und die Leviten. (3) Und die Leviten im Alter von 30 Jahren und darüber wurden gezählt; und ihre Zahl nach ihren Köpfen der Männer betrug 38000. (4) Von diesen hatten[3] 24000 die Arbeit des Hauses Jahwes zu be-

---

[1] Zu dem Listenmaterial in 1Chr 23–27 vgl. Abschnitt 6.2.
[2] Zu den Beamtenfunktionen in 1Chr 23 vgl. Abschnitt 5.1.
[3] Nach E. Jenni, Lamed 226–228, drückt der mit Lamed suffigierte Infinitiv eine ‚deontische Modalität' mit „Aussagen über eine Notwendigkeit, ein Bestimmtsein,

aufsichtigen,[4] und 6000 (waren) Beamte und Richter, (5) ferner (waren) 4000 Torhüter und 4000 hatten Jahwe auf den Instrumenten, die (David) zum Lobpreisen[5] hatte anfertigen lassen,[6] zu preisen. (6) Und David teilte Abteilungen ein nach den Söhnen Levis, nach Gerschon, Kehat und Merari. (7) Von den Gerschonitern: Ladan und Schimi. (8) Die Söhne Ladans waren: der erste Jechiel, sowie Setam und Joel, (diese) drei. (9) Die Söhne Schimis waren: Schelomith, Chasiel und Haran, (diese) drei. Diese waren die Sippenhäupter von Ladan. (10) *Und die Söhne Schimis waren: Jachat, Sisah,[7] Jeusch und Beriah; diese waren die Söhne Schimis, (diese) vier.* (11) *Und Jachat war das Haupt, Sisah der Zweite; aber Jeusch und Beriah hatten nicht viele Söhne, so wurden sie zu einer Sippe, (ja) zu einer einzigen Abteilung.* (12) Die Söhne Kehats waren: Amram, Jizhar, Chebron und Ussiel, (diese) vier. (13) Die Söhne Amrams waren Aharon und Moscheh. Und Aharon wurde ausgesondert, um das Allerheiligste zu heiligen, er und seine Söhne für immer, um (Rauch) aufsteigen zu lassen vor Jahwe, um ihm zu dienen, um in seinem Namen für immer zu segnen. (14) Und Moscheh war der Mann Gottes und seine Söhne wurden zum Stamm Levis gerechnet. (15) Die Söhne Moschehs waren Gerschom und Elieser. (16) Die Söhne Gerschoms waren Schubael, das Haupt. (17) Und die Söhne Eliesers waren Rechabjah, das Haupt; aber Elieser hatte keine anderen Söhne, doch die Söhne Rechabjahs waren überaus zahlreich. (18) Die Söhne Jizhars waren: Schelomith, das Haupt. (19) Die Söhne Chebrons waren: Jeriah, das Haupt, Amarjah, der Zweite, Jachasiel, der Dritte, und Jeqamam, der Vierte. (20) Die Söhne Ussiels waren: Michah, das Haupt, und Jischijah, der Zweite. (21) Die Söhne Meraris waren: Machli und Muschi. Die Söhne Machlis waren: Eleasar und Qisch. (22) Aber Eleasar starb und hatte keine Söhne, sondern Töchter; und die Söhne von Qisch, ihre Brüder, heirateten sie. (23) Die Söhne Muschis waren: Machli, Eder und Jeremoth, (diese) drei.

---

ein Müssen und Sollen" (ebd. 226) aus, wie sie vor allem in später Sprache belegt ist.

[4] Die Bedeutung von לְנַצֵּחַ ist an dieser Stelle nicht eindeutig. Der Infinitiv pi. könnte Leitungsfunktionen bezeichnen (vgl. KBL 629; s.a. W. RUDOLPH, Chronikbücher 154: „sollen ... vorstehen"). Die folgende Größenangabe unterstützt dieses Verständnis nicht unbedingt. HAL 676 beschränkt die Bedeutung des Begriffs auf „beaufsichtigen" und bezieht es auf Arbeiten und Tätigkeiten im Zusammenhang des Tempels. Möglicherweise ist ein integratives Verständnis anzunehmen, insofern Aufsicht und Ausführung als ein Vorgang gesehen werden. Einen anderen Vorschlag unterbreitet S.J. DE VRIES, Chronicles 192, der den Ausdruck als „to be forever" interpretiert; dieses Verständnis ist vom Kontext nicht gedeckt, da ein Zeitaspekt nirgends erwähnt ist. In lexikalischer Hinsicht nimmt HAL 676 eine durative Bedeutung lediglich für den ni. an.

[5] Evtl. ist hier mit einigen Handschriften und der LXX „Jahwe" als Objekt zu ergänzen. Gemäß der textkritischen Regel *lectio brevior potior* handelt es sich dabei aber wohl um ein späteres Textwachstum.

[6] Die Verbform 1.Sg. bezieht sich auf David, der unvermittelt zitiert wird.

[7] Obwohl die Mehrzahl der Handschriften זִינָא / Sina bietet, ist mit der Minderheit hier זִיזָה / Sisa zu lesen, da der Name in V.11 wiederkehrt und dort Sisa sicher überliefert ist.

(24) Diese waren die Söhne Levis nach ihren Vaterhäusern, die Sippenhäupter nach ihren Zählungen gemäß der Anzahl der Namen nach ihren Köpfen, die die Arbeit leisteten[8] für den Dienst am Haus Jahwes im Alter von 20 Jahren und darüber. *(25) Denn David hatte gesagt: Jahwe, der Gott Israels, hat seinem Volk Ruhe gegeben, und es wird in Jerusalem für immer wohnen; (26) und auch den Leviten, damit sie nicht mehr das Heiligtum noch alle ihre Geräte für ihren Dienst tragen müssen.* (27) Denn gemäß den späteren Worten Davids soll die Zahl der Söhne Levis sein, im Alter von 20 Jahren und darüber.

(28) Denn ihre Posten waren unter den Söhnen Aharons zum Dienst am Haus Jahwes in den Vorhöfen und in den Kammern zur Reinigung alles Heiligen und der Arbeit im Dienst am Hause Gottes (29) an dem Brot der Schaubrote, an dem Mehl der Speisopfer, an den Opferkuchen, an der Rosinenplatte und an dem Gerührten im Hinblick auf jedes (korrekte) Maß und (jede) Menge; (30) sie sollen stehen, Morgen für Morgen, um Jahwe zu danken und zu preisen, und ebenso an jedem Abend, (31) und zu jedem Brandopfer, darzubringen für Jahwe an den Sabbaten, an Neumonden und Festzeiten nach der Zahl, wie es für sie täglich vor Jahwe (festgesetzt ist). (32) Und sie sollen bewachen den Dienst des Zeltes der Begegnung und den Dienst des Heiligen und den Dienst der Söhne Aharons, ihrer Brüder, als Arbeit am Haus Jahwes.

Die Kapitel 1Chr 23–27 unterbrechen den Tempelbaubericht in 1Chr 22 und 28 und bilden eine Art Scharnier, das zwischen der Anordnung zum Tempelbau durch David und seiner Ausführung durch Salomo eingeschoben ist. Während erst Salomo[9] die eigentliche bauliche Ausführung zugeschrieben wird,[10] führt die Chronik die Ausarbeitung des Bauplans für den Tempel, die Vorbereitungen des Tempelbaus und die Einteilung des Tempelpersonals auf David zurück,[11] der damit als Kultgründer präsentiert wird.[12] Dass der Tempelbau unter Salomo stattfin-

---

[8]   Viele Manuskripte lesen gegen den masoretischen Text einen Plural; dieser ist zu bevorzugen, da die Bezugsworte ebenso im Plural stehen.

[9]   Zum Salomobild in der Chronik vgl. R.L. BRAUN, Solomon passim. BRAUN, Apologetic 507, bewertet die Darstellung Salomos als „completely faithful to Yahweh". Die Frage der Historizität Salomos ist von dem theologischen Porträt der Chronik unberührt; vgl. das kritische Votum von H.M. NIEMANN, Megiddo passim.

[10] Vgl. H. HENNING-HESS, Kult 165f, die Salomo primär als Tempelbauer bestimmt, wobei sie von einer „Überordnung des Kultes über das Königtum" ausgeht (ebd. 166). Ähnliche Schwerpunkte setzt auch S.J. SCHWEITZER, Utopia 87f.

[11] Nach H.G.M. WILLIAMSON, Origins 134f u.ö., ist dies ein wichtiges Merkmal der Kapitel, das ihre Grundschicht prägt; dafür verweist er auf Parallelen in 2Chr 8,14; 13,8; 35,4. J. BLENKINSOPP, Sage 95, versteht die in 1Chr 23 dargestellte Davidszeit als die Zeit der idealen Theokratie. S.a. J. JARRICK, 1Chronicles 145.

[12] Vgl. J. WELLHAUSEN, Prolegomena 189; W.M. SCHNIEDEWIND, Word 205–208; K. SEYBOLD, David 152; K.E. POMYKALA, Images 42f; W. RILEY, King 157–168; s.a. H. HENNING-HESS, Kult 160, die David als „Modellkönig" bestimmt, dessen Königtum „dem Königtum JHWHs auf Erden gleichkommt", so dass ihm „als von JHWH autorisiertem und legitimiertem Kultgründer seine besondere Stellung eingeräumt" wird. Demgegenüber sieht S.J. SCHWEITZER, Utopia 79f, David als

det, konvergiert mit der chr Beurteilung der salomonischen Zeit, die als eine Zeit des Friedens und der Ruhe (vgl. 1Chr 22,9.18) nach den Philisterkriegen unter David bewertet wird.[13] Diese Periode bietet für die Chronik einen geeigneten Rahmen zur Neugestaltung des kultisch-sakralen Bereichs.

1Chr 23,2 hat eine szenische (nicht wörtliche) Dublette in 28,1,[14] insofern die Oberen vor David versammelt werden. Nach 23,2 sind zudem Priester und Leviten in die Szene eingebunden, was auf die folgenden Kapitel vorausweist. Zwischen 23,2 und 28,1 bietet die Chronik Listen von Personen. Da die Kapitel 23–27 den Tempelbaubericht in 1Chr 22 und 28 unterbrechen, sind sie zu Recht als spätere Hinzufügung angesehen worden.[15] Dabei ist davon auszugehen, dass die genealogischen Listen in 1Chr 23–27 einen Grundbestand bieten, der zunächst separat entstanden ist und danach in die Chronik integriert wurde. Der Grundbestand von 1Chr 23–27 datiert demnach später als die Grundschrift der Chronik, liegt aber vor den redaktionellen Überarbeitungen, die sowohl die Grundschrift der Chronik als auch 1Chr 23–27 erweitert haben.

Uneinheitlichkeiten sind in 1Chr 23–27 vor allem darin zu erkennen, dass die genealogischen Angaben von Funktionsbeschreibungen durchbrochen werden.[16] Generell ist dabei zu beobachten, dass spätere

---

utpoischen Herrscher und damit als autoritätsstiftende Modellfigur für den gegenwärtigen und zukünftigen Tempeldienst.

[13] Zum Topos der Ruhe vgl. P. WELTEN, Geschichte 43.49f.202f; s.a. bezogen auf Salomo R.L. BRAUN, Apologetic 507, der in dieser Hinsicht Salomo gegenüber David in der Chronik hervortreten sieht; sowie A. RUFFING, Jahwekrieg 219–223, der die Zeit der Ruhe als Idealzustand unter Salomo bestimmt. Anders betont R. MOSIS, Untersuchungen 98–101, die Ruhe Jahwes, in der er ein chr Theologumenon ausmacht, das auch in 1Chr 28,2 (der Tempel als Haus der Ruhe) und in 2Chr 6,41 (Gott kommt zu seiner Ruhe) reflektiert ist. Zum Topos der Ruhe vgl. weiter 2Chr 14,4f; 23,21; s.a. W.M. SCHNIEDEWIND, Chronicler 170–172; J.E. DYCK, Ideology 143f.149f; S.J. SCHWEITZER, Utopia 81f.

[14] Vgl. 23,2: וַיֶּאֱסֹף אֶת־כָּל־שָׂרֵי יִשְׂרָאֵל וְהַכֹּהֲנִים וְהַלְוִיִּם mit der kürzeren Fassung in 1Chr 28,1: וַיַּקְהֵל דָּוִיד אֶת־כָּל־שָׂרֵי יִשְׂרָאֵל.

[15] Vgl. W. RUDOLPH, Chronikbücher 3.149 u.ö.; K. GALLING, Chronik 63; M. NOTH, Studien 112–114; T. WILLI, Auslegung 194f; M. SÆBØ, Theologie 79; R. DE VAUX, Lebensordnungen II 229 (spätere Ergänzung zu einem chr Grundbestand aus dem 3.Jh.); R.L. BRAUN, 1 Chronicles 231 (mehrere Verfasser, die unterschiedliche Quellen aufnehmen und disparat stehen lassen); G. STEINS, Chronik 283–287; P.B. DIRKSEN, Chronicles 92; R. THEN, Propheten 226. Anders J. BECKER, 1Chronik 91; S. JAPHET, Ideology 229; C. SCHAMS, Scribes 65; P.B. DIRKSEN, 1 Chronicles 5.275–277 u.ö.; I. KALIMI, Geschichtsschreibung 321f, der auf eine gemeinsame literarische Technik verweist; s.a. J.W. WRIGHT, Legacy 230; W.M. SCHNIEDEWIND, Word 165f.169f; G.N. KNOPPERS, AncB 12A, 791–795; G.H. JONES, Chronicles 40.

[16] Auf diese Doppelstruktur ist später zurückzukommen, vgl. Abschnitt 6.2.

Modifikationen der Register vor allem Funktionszuweisungen sowie bestimmte theologische Aspekte eintragen.[17]

Da in 1Chr 23 Zählungen der Leviten, Geschlechtsregister und Zuteilungen von Aufgaben durcheinander gehen, ist keine klare thematische Abfolge gegeben. Dazu passt, dass zwar alle wesentlichen Funktionen, die die Leviten in der Chronik wahrnehmen, genannt werden,[18] diese aber auf das gesamte Kapitel verstreut sind. In V.4 werden Leviten, die Verwaltungsaufgaben und das Rechtswesen wahrnehmen[19], angeführt, anschließend folgen die Torhüter und schließlich die Sänger / Musiker (vgl. 1Chr 23,4f). Erst in V.28–32 wird die ganze Palette der Tempeldienste, die die Leviten verrichten, erwähnt; diese reicht von der Verwaltung und Versorgung der Kammern des Tempels einschließlich ihrer Sauberhaltung bis hin zu sakralen liturgischen Diensten. Die unterschiedlichen Funktionen der Leviten in 1Chr 23 stehen in gewisser Spannung zueinander und weisen auf ein Textwachstum hin.

Als Ausgangstext sind genealogische Notizen über die Leviten auszumachen, die in V.3.6–9.12.13a.15–24a zu finden sind. Die Basis knüpft an die Einleitung in V.1f an und stellt die Gruppe derjenigen vor, die nach der Chronik die Hauptakteure des Tempelpersonals bilden. Die ursprünglichen Listen haben genealogischen Charakter. Erst nach und nach sind inhaltliche Aussagen über die Leviten auf drei Ebenen hinzugewachsen.

Auf einer ersten Ebene werden Funktionen von Leviten ergänzt, die entfernt an die in 1Chr 9 beschriebenen Grundfunktionen des *clerus minor* erinnern. Bei einem genaueren Vergleich sind die Verse jedoch als spätere Nachahmung erkennbar, da bereits die Sänger / Musiker integriert sind (V.30).[20] Der Anschluss in V.28 mit כִּי zeigt eine Bruchstelle in 1Chr 23 an, da er eine Doppelung zu der Einleitung von V.27 liefert, wo bereits eine abschließende Begründung (כִּי) mit einer davidischen Anordnung geboten wird. Die sprachliche Gestaltung von V.28–32 ist zudem auffällig, da der Abschnitt, abgesehen von dem neu einsetzenden V.32, eines finiten Verbs entbehrt. V.28–31 ist als eine substantivische Auflistung mit Präfixen (עַל bzw. לְ) gestaltet, in der verschiedene Zuständigkeitsbereiche angegeben werden. Diese Angaben schließen an den festen Standort (מֵעֲמָדָם) in V.28 an, der das Tragen der Lade und den Dienst vor ihr ablöst (V.26). Diese Bestimmung der levitischen Aufgaben hängt wiederum von der theologischen Bewertung der Davidzeit ab (V.25): Die Neuordnung der levitischen Dienste wird erst möglich, nachdem Jahwe durch die Aktionen Davids

---

[17]   Die Einzelheiten werden bei der Analyse der jeweiligen Texte geklärt.

[18]   Ähnlich W. JOHNSTONE, Chronicles I 248f.

[19]   Diese werden im Zusammenhang der Beamten und Richter aus 1Chr 26 in Abschnitt 5.3 behandelt.

[20]   Zu den Funktionen s.u.

dem Heiligtum und dem Volk Ruhe verschafft hat.[21] Sprachliche Mittel
und theologische Gestaltung weisen V.28–32 also als eine spätere
Schicht aus. Diese Beobachtungen führen zu der Schlussfolgerung,
dass der Abschnitt V.28–32 ursprünglich nicht mit der Genealogie
(23,6–12.15–24a) verbunden gewesen ist.[22]

Zu den detaillierten Beschreibungen der Aufgaben in V.28–32 passen V.25f, wo eine theologische Begründung (כִּי) für den Dienst der
Leviten geboten wird, die zu ihren Funktionen als *clerus minor* passt,
da es um die heiligen Geräte geht (V.26). Als Ausgangspunkt der levitischen Tätigkeit wird an die Überführung der Lade nach Jerusalem
angespielt. Zwar ist in V.26 von dem Heiligtum (מִשְׁכָּן) die Rede, doch
muss damit das Zelt der Begegnung, in dem die Lade stand, gemeint
sein, da nur darauf das Tragen (√ נשׂא) zu beziehen ist.[23] Die Ruhe, die
seit David eingekehrt ist (V.25), kommt den Leviten zugute, weil ihnen
eine Entlastung für den weggefallenen Ladedienst gewährt wird (V.26),
so dass Kapazitäten für andere Dienste im Tempel frei werden.[24] Im
Anschluss an V.24 überrascht diese Begründung allerdings, da sie der
Tendenz von V.24b entgegen läuft. Eine partielle Dienstbefreiung, wie
sie in V.25 erteilt wird, müsste nicht zu einer Vorverlegung des Dienst-
beginns von 30 (V.3) auf 20 Jahre führen, wie es V.24b proklamiert
(s.u.), sondern würde umgekehrt Personal freisetzen. Löst man V.25f
von V.24b, lassen sie sich gut als Begründung für V.28–32 verstehen.
V.25f geben einen durch die Ruhe theologisch qualifizierten Anfangspunkt der levitischen Aufgaben an und formulieren einen Wendepunkt,
von dem aus Verhältnisse eintreten, für die eine unbegrenzte Dauer
ausgesagt wird (עַד־לְעוֹלָם). Der neue Tempeldienst ist durch den Umgang mit den Tempelgeräten gekennzeichnet, was zu V.28–32 hinüber-
leitet.

In diesem Stadium der Textentstehung sind auch V.10f hinzugewachsen, die eine zweite Liste von Söhnen Schimis bieten. Während
V.6–9 an den genealogischen Grundbestand in V.12–13a.15–24a anknüpfen, bringen V.10f eine weitere Liste von Nachkommen Schimis
ein und stellen damit eine korrigierende Erweiterung dar, die sich aufgrund ihrer formalen Abweichung kenntlich macht.[25]

Ein anderes Problemfeld stellen die in V.4f erwähnten administrativen und juridischen Aufgaben der Leviten dar, die zu den in V.25f.28–

---

[21] Vgl. W.M. SCHNIEDEWIND, Word 167–169.
[22] Vgl. W. RUDOLPH, Chronikbücher 155f.158: 23,25–32 sind vor-chr, V.6b–24
nach-chr; umgekehrt plädiert H.G.M. WILLIAMSON, Origins 131f, dafür, dass
23,13b.14.25–32 sekundär und V.1–13a.15–24 ursprünglich seien. Trotz seines
synchronen Ansatzes hält R.W. KLEIN, 1Chronicles 455.459.462, V.25–32 für
sekundär. Anders gehen S. JAPHET, Chronicles 418; J. BECKER, 1Chronik 93, von
einem einheitlichen Kapitel aus.
[23] Vgl. G.N. KNOPPERS, AncB 12A, 820.
[24] Zu den Leviten und ihrem Dienst bei der Lade vgl. Abschnitt 2.5.
[25] Zur Argumentation im Einzelnen vgl. Abschnitt 6.1.4.

32 genannten kultischen Tätigkeiten in Spannung stehen. Harmonisch zueinander verhalten sich allenfalls die musikalischen Dienste in V.5 und V.30, doch wird man diese nicht gegen ihren jeweiligen Mikrokontext ausspielen können. Über diese unterschiedliche Akzentsetzung hinaus ist die Stellung von V.4f auffällig. Die Verse unterbrechen die Genealogie nach deren Einleitung. Vom Aufbau her wäre zu erwarten, dass nach der Einleitung in V.3 die Aufzählung der levitischen Geschlechter unmittelbar einsetzt. Dies ist jedoch nicht der Fall; vielmehr wird eine Aufzählung von Aufgaben dazwischen geschaltet, die den Textfluss unterbricht. Daher ist davon auszugehen, dass V.4f eine spätere Ämterbeschreibung levitischer Funktionen eintragen.[26] Die in V.3 erwähnten insgesamt 38000 Leviten werden später spezifiziert und einzelne Gruppen nunmehr verschiedenen Aufgaben zugewiesen, wobei solche Funktionen ausgewählt werden, die im Ausgangstext von 1Chr 23 bisher noch nicht erwähnt waren.[27] Diese levitischen Funktionen sind auf einer späteren Stufe hinzugewachsen.

Auffallend sind in 1Chr 23 weiterhin die unterschiedlichen Altersstufen, die für den Dienstbeginn von Leviten angeboten werden und sich nicht auf eine Schicht zurückführen lassen. V.24b lässt das Dienstalter der Leviten mit dem 20. Lebensjahr beginnen, wie es auch in V.27 festgeschrieben wird.[28] Anders legt V.3 fest, dass Leviten ab dem 30. Lebensjahr ihre Funktionen wahrnehmen. Letztere Auskunft gehört zu der Grundschicht von 1Chr 23. Daher ist die Angabe des 30. Lebensjahres als die ursprüngliche Variante anzusehen.[29] V.24b nimmt daran eine spätere Korrektur vor, indem das Dienstalter auf das 20. Lebensjahr vorverlegt wird.[30] V.27 ist um einen Ausgleich dieser beiden Angaben bemüht und fügt als Erklärung für die Divergenz ein, dass die Bestimmung der 20 Jahre eine spätere Anweisung Davids sei.

Daraus ergibt sich, dass die drei Angaben auf drei unterschiedlichen Entstehungsschichten liegen. Da V.24b weder zum Grundbestand gehört noch zu V.25f passt, ist es als spätere Ergänzung anzusehen. V.24b lässt gegenüber der ursprünglichen Variante durch die Vorverlegung des Dienstalters eine größere Menge von Leviten im Amt sein. Diese

---

[26] Nach W. RUDOLPH, Chronikbücher 153f.158, sind V.3–6a vor-chr, V.6b–24 aber nach-chr. Anders bestimmt D.L. PETERSEN, Prophecy 66–68, V.1f als erste Schicht, V.2–4a.6f als zweite Schicht und V.4b.5 als dritte Schicht; zustimmend R.L. BRAUN, 1 Chronicles 244. Für H.G.M. WILLIAMSON, Origins 127f, gehören sie zusammen.

[27] W. RUDOLPH, Chronikbücher 153, weist auf die umgekehrte Reihenfolge in den folgenden Genealogien in 1Chr 25–26 hin.

[28] Dieser Angabe entspricht auch 2Chr 31,17 und Esr 3,8.

[29] Dahinter stehen die P-Angaben aus Num 4,3.23.30, die in der Grunschicht rezipiert werden.

[30] Vgl. A.C. WELCH, Work 81f; W. JOHNSTONE, Chronicles I 245.249. – Anders J. BECKER, 1Chronik 91, der meint, dass die verschiedenen Altersangaben „zu den Merkwürdigkeiten der chr Darstellung" gehören.

Ergänzung ist notwendig geworden, nachdem V.4f weitere Dienstgruppen als Leviten ausgewiesen haben. Zwar verteilen V.4f die in V.3 angegebenen 38000 Leviten auf die nachfolgenden Funktionen. Doch legt die Entstehungsgeschichte des Textes eine andere Konsequenz nahe. Wenn außer dem Tempelpersonal weitere Gruppen zu den Leviten gerechnet werden, bedeutet dies, dass eine größere Anzahl von Leviten notwendig wird. Die personelle Erweiterung wird in 1Chr 23 durch eine Vorverlegung des Dienstalters erreicht, durch die ein größerer Personalbestand erzeugt wird. Diese redaktionsgeschichtliche Erklärung für die Vorverlegung des Dienstalters kommt ohne eine Spekulation über einen äußeren Anlass zur Vorverlegung der Dienstjahre aus, wie er in der Forschung verschiedentlich vorgetragen worden ist.[31] Im theologischen und historiographischen Interesse der Chronik steht eine intensivere Einbindung der Leviten in verschiedene Funktionen innerhalb und außerhalb des Kultes.

Eine ähnliche Korrektur ist auch in 1Chr 27,23f zu finden, das eine Zwischennotiz in das Listenmaterial von Beamten in die Umbruchstelle zwischen den Listen die Stammesoberen (שָׂרֵי שִׁבְטֵי יִשְׂרָאֵל) und die Beamten betreffend einfügt.[32] Die merkwürdig fragmentarische Information, dass der zählende Joab nicht fertig geworden sei, liefert hier wohl auch eine sekundäre Erklärung nach.

Auf einer abermals späteren redaktionsgeschichtlichen Stufe ist die Ausgleichsnotiz in V.27 ergänzt worden. Diese bildet die späteste Stufe der Textgeschichte der Chronik. Sie scheint recht vereinzelt zu stehen, da es keinen natürlichen Anknüpfungspunkt im Textverlauf gibt.

Zu der spätesten Schicht der Chronik gehört auch die Ergänzung der Genealogie in V.13b.14.[33] 1Chr 23,13a rezipiert die aus Ex 6,18–20 bekannte Genealogie, dass die Brüder Aaron und Mose die Söhne

---

[31] Vgl. W. RUDOLPH, Chronikbücher 153, nimmt schlicht einen „erhöhten Bedarf an Leviten" an. P.R. ACKROYD, Chronicles 82: „shortage of the Levites of a proper age led to a lowering of the point of entry to office". J.M. MYERS, I Chronicles 160, vermutet: „a fluctuating situation … when the Levitical families were depleted". S. JAPHET, Chronicles 412 (s.a. 418f): „changing circumstances and the availability of Levites"; ähnlich S.S. TUELL, Chronicles 95, „changed circumstances" nach der Aufstellung der Lade im Tempel. W.M. SCHNIEDEWIND, Word 167, nimmt an „a theology of rest beginning in the time of David as the reason for the changing of the levitical age." H.G.M. WILLIAMSON, Origins 128: „Probably the age was changed from time to time under the pressure of circumstances." Einen mehrfachen Wechsel anzunehmen, ist jedoch nicht zwingend. S.a. H. SEEBASS, Leviten 37. D. KELLERMANN, Levi 517, geht aufgrund der in den Rückkehrerlisten Esr 2,36–39.40; 8,15–19; Neh 7,39–42.45 genannten Zahlen des Kultpersonals davon aus, dass von Anfang an mehr Priester als Leviten zur Verfügung standen, so dass ein „Mangel an levitischem Kultpersonal" herrschte.

[32] Zu 1Chr 27 s.u. Abschnitt 5.4.

[33] Vgl. A.C. WELCH, Work 85; R.L. BRAUN, 1 Chronicles 236; E.M. DÖRRFUSS, Mose 163 (bes. Anm. 198).165f; H.G.M. WILLIAMSON, Origins 131.133; S.J. DE VRIES, Chronicles 191f; S.L. MCKENZIE, Chronicles 185.

Amrams und damit die Urenkel Levis waren.[34] V.13b.14 fügen allerdings neue Akzente hinzu, indem überraschend die Auskunft erteilt wird, dass Aaron für das Allerheiligste[35] zuständig und Mose ein Mann Gottes sei. Lässt sich die Funktion Aarons im Zusammenhang der kultischen Bestimmungen von V.25f.28–32 unterbringen, so passt der Mosetitel „Mann Gottes" nicht in den Kontext von 1Chr 23. Der Titel אִישׁ הָאֱלֹהִים spielt an prophetische Aufgaben an und bringt damit einen Aspekt ein, der im restlichen Kapitel nicht zu finden ist.[36] Brüchig ist auch die Formulierung, dass ,die Söhne Moses zum Stamm Levis gerechnet wurden'. Da sowohl Mose als auch Aaron in die Urenkelgeneration Levis gehören, sollte es selbstverständlich sein, dass die weiteren Nachkommen zu dieser Sippe gehören. Eine Betonung dieser genealogischen Linie ist also überflüssig. Sprachlich fällt zudem das Verb auf, da ein Anrechnungsterminus ($\sqrt{}$ קרא) gegenüber den üblichen Geburtsaussagen ($\sqrt{}$ ילד) ungewöhnlich ist und zudem der ni. (יִקָּרְאוּ) einen konstruierten Eindruck hinterlässt. Ebenso überrascht es, dass die Zugehörigkeit zum Stamm Levi für die Nachkommen Aarons nicht in gleicher Weise ausgesagt wird. V.13b.14 stellen einen Unterschied zwischen Mose und Aaron heraus, wie er später für die Chronik prägend wird. Aaron wird als kultischer Ahnherr charakterisiert, während Mose zum Propheten wird. Diese beiden unterschiedlichen Dienste werden einerseits auf die Leviten als Nachfolger Moses und andererseits auf die Priester als Aaroniden adaptiert.

Zusammenfassend ist für 1Chr 23 festzuhalten, dass die Genealogie drei Erweiterungen mit unterschiedlichen theologischen Schwerpunkten erhält. Zunächst werden in V.25f.28–32 sakrale Aufgaben der Leviten in kultischen Feiern nachgetragen und mit dezenten genealogischen Neuausrichtungen in V.10f verbunden. Diese Ergänzung wird nicht viel später in die Genealogie eingeschoben worden sein, da die Priester noch als führende Gruppe des Tempelpersonals anerkannt werden. In einem zweiten Schritt werden in V.4f weitere Tätigkeitsbereiche der Leviten nachgetragen, durch die eine größere Gruppe von Leviten entsteht (V.24b). Die Intention dieser Ergänzung liegt darin, einen umfassenderen Einblick in levitische Aufgaben dem weiteren Kapitel voranzustellen, um damit das Profil der Leviten zu stärken. Schließlich werden V.13b.14 hinzugesetzt, die auf ein neues levitisches prophetisches Amt hinweisen, das in Relation zu den Priestern gesetzt wird. Als Ausgleich wird V.27b ergänzt.

Nachdem das Wachstum des Textes herausgestellt worden ist, ist nun das Levitenbild von 1Chr 23, soweit es die kultischen Funktionen

---

34 Eine ähnliche genealogische Abfolge bietet 1Chr 5,29, wo neben den beiden Söhnen Amarams Aaron und Mose ferner die Tochter Mirijam erwähnt wird.

35 S. JAPHET, Chronicles 415, sieht in der Angabe einen Midrasch über die initiierende Salbung Aarons nach Ex 30,29f, wobei P-Sprache aufgenommen wird.

36 Auf die funktionale Auswertung ist in Abschnitt 4.3 zurückzukommen.

betrifft, zu erfassen. Die in 23,28–32 geschilderten Aufgaben erinnern an Dienste des *clerus minor*, wie sie ähnlich in 1Chr 9,26b–29.31f formuliert sind.[37] 1Chr 23,28–32 ist eingeleitet durch zwei allgemeine Aussagen in V.28: מַעֲשֵׂה עֲבֹדַת בֵּית הָאֱלֹהִים bezeichnet generell kultische Funktionen, während die Wendung טָהֳרַת לְכָל־קֹדֶשׁ die Zuarbeiten als Vor- und Nachbereitung kultischer Feiern angibt. Im Folgenden werden diese Angaben näher expliziert: Die Leviten bereiten die Opfer vor, indem sie die Schaubrote und Opferkuchen zubereiten (V.29), und verrichten regelmäßig liturgische Lob- und Dankgesänge am Morgen und am Abend (V.30) sowie an den Sabbaten, Neumonden und Festzeiten und schließlich auch zur Darbringung von Brandopfern.[38] Die Chronik weist dem levitischen Verantwortungsbereich die Einhaltung der täglichen kultischen Dienste zu (V.31). Schließlich obliegt den Leviten die Wache am Heiligtum und den darin amtierenden Aaroniden (V.32).

Uneindeutig ist das Verhältnis zwischen Leviten und Priestern in V.28. Nach der Einleitung, dass die Leviten auf ihrem Posten stehen, folgt die Zuordnung לְיַד־בְּנֵי אַהֲרֹן (V.28). Mit der Wendung לְיַד sind die Leviten den Aaroniden *an die Hand* bzw. *zur Seite* gestellt.[39] Die Leviten unterstützen die Priester bei den sakralen Aufgaben im Haus des Herrn. Worin die eigentlichen Aufgaben der Priester bestehen, wird nicht ausgeführt. Die Bezeichnung der Aaroniden als „Söhne Aarons" wird in der Chronik als synonymer Ausdruck für die Priesterschaft verwendet.[40] Mit der Bezeichnung der Priester als Söhne Aarons nimmt die Chronik zwar einen priesterschriftlich überkommenen Ausdruck auf,[41] betreibt damit aber Schriftexegese. Die Verwendung des genealogischen anstelle des funktionalen Begriffs leitet zu der Herkunft der Aaroniden zurück, wie sie in der Genealogie genannt ist (vgl. 1Chr 5,29; 23,13a). Indem die Priester als Nachkommen Levis angeführt werden, treten sie in gewisser Weise neben die Leviten, so dass die funktionale Differenz zwischen Priestern und Leviten durch die genealogische Verbindung aufgeweicht wird.[42]

---

[37] Vgl. dazu Abschnitt 2.1.

[38] Da nach F. HARTENSTEIN, Sabbat 129, die Schaubrote eine Woche ausliegen, spiegeln sie die Sabbatpraxis.

[39] Vgl. G.N. KNOPPERS, Hierodules 59. vgl. 70f: „the author portrays levitical and Aaronide responsibilities as generally complementary".P. WELTEN, Geschichte 85, interpretiert die Wendung על ידו „in der Bedeutung ‚nebeneinander'". Anders lesen W. RUDOLPH, Chronikbücher 157; J.M. MYERS, I Chronicles 161, darin eine Unterordnung.

[40] Vgl. A.H.J. GUNNEWEG, Leviten 208: Söhne Aarons ist ein „Theologumenon, … das je nach Bedarf zum Vorschein geholt werden konnte". S.a. G.N. KNOPPERS, Hierodules 59.

[41] Vgl. dazu R. NURMELA, Levites 2.7, der pointiert auf Num 16 verweist.

[42] Daher beurteilt P.K. HOOKER, Chronicles 98, den Aufbau des Tempelpersonals in Chr als „egalitarian".

Einen neuen Gedanken bringt V.31 ein, wo es um die Darbringung der Brandopfer (עוֹלָה) geht. Unklar ist allerdings, welche Personengruppe als handelndes Subjekt bei der Opferung in V.31 zu gelten hat. Der Beginn des Verses bezieht sich wohl auf die Leviten, die Jahwe danken, was V.31 mit dem Anlass des Brandopfers verbindet.[43] Als Opfernde sind aber mindestens auch die Priester anzunehmen, da die Leviten nach V.29 mit der Vorbereitung der vegetabilen Opferbeigaben beschäftigt sind. Möglicherweise ist impliziert, dass die Leviten ferner für die Vorbereitung der blutigen Opfer zuständig sind, wie es aus der Parallele in 2Chr 35,11 nahegelegt ist;[44] dies ist aber nicht ausgeführt. V.30 ergänzt die levitischen Tätigkeiten durch musikalische Dienste. 1Chr 23 knüpft also an die in der Grundschrift der Chronik übliche Aufgabenverteilung im Kult zwischen Priestern und Leviten an und gestaltet diese durch Details wie die Vorbereitung der Schaubrote aus.[45]

Neue levitische Funktionen werden dagegen in der Erweiterung in V.4f formuliert. Die Leviten sind als Beamte und Richter in die Administration eingebunden. Auf diesen Gedanken ist später an geeigneter Stelle zurückzukommen.[46]

Einen nochmals anderen Akzent setzt die späte Ergänzung in V.13b.14. An dieser Stelle betreibt die Chronik Schriftexegese, indem sie Bestimmungen des Dtn neu definiert. Auffallend ist zunächst für Aaron die Beschreibung des Priesterdienstes in V.13.

Dörrfuss findet hierin eine Beschreibung der „Ganzheit des kultischen priesterlichen Dienstes", die ihre traditionsgeschichtlichen Wurzeln in Dtn 10,8[47] habe, dort jedoch den Leviten (als שֵׁבֶט הַלֵּוִי) zugesprochen werde.[48] Dieser Bezugspunkt ist allerdings das Dienen der Aaroniden vor Jahwe (√ שרת) und das Segnen in seinem Namen (בֵּרֵךְ בִּשְׁמוֹ),[49] was die Chronik am Ende von 1Chr 23,13 rezipiert. Kritisch ist allerdings, die Beurteilung dieser beider Aufgaben als „Ganzheit" zu betrachten. Dies geht allenfalls, wenn man √ שרת als Ausdruck für den gesamten Priesterdienst versteht, der auch die Opferfunktionen mit abdeckt. Ein solches Verständnis ist zwar vom Bedeutungsspektrum des Verbes her denkbar[50] und auch in

---

43 Vgl. W. RUDOLPH, Chronikbücher 157; S. JAPHET, Chronicles 420.
44 Dazu s.u. Abschnitt 3.4.
45 Daraus schließt W. RUDOLPH, Chronikbücher 157: der „Verfasser schildert ... die Kultordnung seiner eigenen Zeit".
46 Vgl. Abschnitt 5.1.
47 U. DAHMEN, Leviten 23–29.71–73, nimmt in Dtn 10,8f eine nach-dtr und nach-priesterliche späte Erweiterung an, die in der Nähe zu chr Gedankengut steht und den Rang der Leviten mit Blick auf eine Gleichstellung gegenüber den Priestern aufwertet.
48 So E.M. DÖRRFUSS, Mose 165. S. JAPHET, Chronicles 415, verweist zudem auf Dtn 21,5; ähnlich W. ZWICKEL, Räucherkult 331. – Der Zusammenhang mit Dtn 10,8 wird von G.N. KNOPPERS, Hierodules 58, bestritten, von S. JAPHET, Authorship 350, hingegen als möglich erachtet.
49 Dtn 10,8: לַעֲמֹד לִפְנֵי יְהוָה לְשָׁרְתוֹ וּלְבָרֵךְ בִּשְׁמוֹ עַד הַיּוֹם הַזֶּה.
1Chr 23,13: לְהַקְטִיר לִפְנֵי יְהוָה לְשָׁרְתוֹ וּלְבָרֵךְ בִּשְׁמוֹ עַד־עוֹלָם.
50 Vgl. C. WESTERMANN, שרת 1021; HAL 1532f.

der Chronik bekannt,[51] doch bestünde bei diesem Verständnis eine Spannung zu der kurz zuvor erwähnten Opfertätigkeit der Priester (√ קטר) und dem folgenden Segnen.

Allerdings ist auch das Opfern nicht eindeutig formuliert, da √ קטר entweder als Oberbegriff für verschiedene Opfer fungieren oder speziell das Räucheropfer bezeichnen kann.[52]

Die Chronik hält sich für die Priester an das Konzept, das sie bereits in 1Chr 6,34 entwickelt hat. Allerdings geht 1Chr 23,13a noch einen Schritt weiter, da die Bestimmungen des priesterlichen Dienstes für alle Zeiten (עַד־עוֹלָם) gelten sollen. Waren die Anweisungen in Dtn 10,8 auf den Offenbarungszeitpunkt bezogen, wie er mit dem typisch dtr הַיּוֹם bezeichnet ist und an dem die Glaubensgemeinschaft ihre ihr von Jahwe gesetzten Lebensregeln empfangen hat,[53] und waren diese den Leviten für die Gegenwart zugesagt, so verändert die Chronik diese Bezugsgrößen. Die Chronik fügt einen Ewigkeitsaspekt für den Geltungsbereich hinzu und schreibt die Anweisungen den Priestern zu. Indem die priesterlichen Dienste auf unabsehbare Zeit hin geregelt werden, weist 1Chr 23,13b in die Zukunft voraus, in der das von der Chronik propagierte System gelten soll. Die Chronik nimmt eine Entlevitisierung der Aussagen aus Dtn 10,8 vor, an deren Stelle eine Aaronisierung tritt.

Angesichts der sonst in der Chronik bevorzugten Personengruppe ist diese Schriftexegese, die in der Forschung mit einem priesterlichen Interesse verbunden worden ist,[54] erstaunlich. Allerdings darf V.13b nicht gegen die neben den Priestern agierende Gruppe des Tempelpersonals, wie sie in der Chronik in früheren Passagen ausgesagt ist, ausgespielt werden. Für beide, Leviten und Priester, wurden in V.28–32 Regelungen für den jeweiligen kultischen Geltungsbereich getroffen. Für die Priester nimmt die Ergänzung in V.13b daran keine Änderungen vor, wohl aber präzisiert sie ihren Dienst. Die unterschiedlichen Binnendifferenzierungen zwischen Priestern und Leviten sind nicht alternativ zu sehen, sondern beide Gruppen ergänzen einander und erfüllen ihre Aufgaben als Teilbereiche des gesamten Tempeldienstes.[55] Von einer besonderen Betonung der Priester kann also keine Rede sein. Vielmehr sind in 1Chr 23,28–32 grundlegende Funktionszuschreibungen für Leviten und Priester ausgesagt,[56] an die V.13b hinsichtlich der Priester zunächst anschließt.

Anders verhält es sich aber in Bezug auf die Leviten. An deren Neuausrichtung liegt das Gewicht der letzten Textstufe in 1Chr 23. Nachdem die Chronik die Opfer den Priestern zugewiesen hat, fehlen kultische Aussagen über die Leviten. Vielmehr werden in V.14 die Dienste der Leviten neu akzentuiert, indem an das Amt einer ihrer prominenten

---

[51] Vgl. Abschnitt 2.1.2, dort allerdings als Bezeichnung für Aufgaben von Leviten .

[52] Vgl. Abschnitt 3.5.9 und die dort genannten Referenzen.

[53] Vgl. U. DAHMEN, Leviten 50f.

[54] So H.G.M. WILLIAMSON, Origins 131–133. Ähnlich P. HEGER, Development 174. Auch S. JAPHET, Chronicles 416, sieht das Opfern als vornehmste Aufgabe der Priester in der Chronik an („distinctive status and functions").

[55] Ähnlich G.N. KNOPPERS, AncB 12A, 825f.

[56] Noch stärker akzentuiert G.N. KNOPPERS, Hierodules 55–62.64: 1Chr 23 sei von der Priesterschrift terminologisch und theologisch beeinflußt; doch gehe das Kapitel insofern darüber hinaus, als der Zuständigkeitsbereich der Leviten aufgewertet wird. Ebenso interpretiert W. ZWICKEL, Räucherkult 331.

Vorfahren, Mose, angeknüpft wird. Mose wird als אִישׁ הָאֱלֹהִים, als Gottesmann interpretiert.[57] Fragt man nach der Intention, die die Chronik mit dieser Erweiterung verfolgt, kann man eine ideelle und genealogische Identifikation der Leviten mit Mose ausmachen. Die Leviten werden dadurch dem mosaischen Erbe in besonderer Weise verpflichtet.

Ambivalent ist jedoch, auf welchen der theologischen Aspekte, die mit der Person Moses verbunden sind, die Chronik hier rekurriert. Wie in V.13b betreibt die Chronik auch hier Schriftexegese. Ist Mose für die Deuteronomisten der Gesetzgeber, aber auch der Prophet schlechthin,[58] so gibt die Bezeichnung אִישׁ הָאֱלֹהִים eine eher unpräzise Auskunft über die Art und Weise, in der Mose als ein Mann in besonderer Nähe zu Jahwe gesehen wird.[59] Eine kultische Ausrichtung wäre theoretisch möglich, wie grundsätzlich eine legislative oder offenbarungstheologische Tendenz denkbar wäre; auch könnte an Mose als Wundertäter oder Führer des Volkes in der Wüste angespielt sein.[60] Ferner könnte Mose wegen seines Eifers für Jahwe angeführt sein.[61] Ein zweites Mal wird Mose in der Chronik als Gottesmann vorgestellt, in 2Chr 30,16;

---

[57] Vgl. S.S. TUELL, Chronicles 96, der darin eine Bestreitung priesterlicher Ansprüche der Nachkommen Moses sieht.

[58] So vor allem in Dtn 18,15–18 (s.a. Dtn 5,1.5.31) und 2Kön 17,13–15; vgl. weiter A. LABAHN, Wort 102.

[59] Nach HAL 42 ist אִישׁ הָאֱלֹהִים „keine exakte Standesbezeichnung", sondern bezeichnet den Besitzer eines Geistes oder eine Gott nahestehende Gestalt. Ähnlich gibt N.P. BRATSIOTIS, אִישׁ 250, an, dass Gottesmänner „Charismatiker, die Gott nahestehen, aber deren Amt und Aufgabe verschieden ist", sind. S.a. J. KÜHLE-WEIN, אִישׁ 137: „In der Spätzeit verblasst er zum bloßen Titel für große Männer." Undeutlich äußert sich A. HANSPACH, Interpreten 40, der den Begriff für „problematisch" hält, sich aber nicht dazu äußert, mit welcher Personengruppe der Titel zu identifizieren sein soll. S.a. L.L. GRABBE, Priests 70.

[60] Weitere Perspektiven eröffnen sich, wenn man den Beleg in 2Chr 8,14 zu David als אִישׁ הָאֱלֹהִים mit einbezieht. Ein weiteres Mal ist אִישׁ הָאֱלֹהִים in 2Chr 11,2 für Schemaja gebraucht. Allerdings ist eine präzise Zuordnung der Wendung auch hier aufgrund eines nicht explizierten Bezugs im Kontext nicht gegeben. Auffällig ist hingegen, dass Schemaja als נָבִיא in 2Chr 12,5 auftaucht und ein Schemaja als levitischer Schreiber in 1Chr 24,6 begegnet. Schließlich findet sich אִישׁ הָאֱלֹהִים für einen Anonymus in 2Chr 25,7.9, der wie Schemaja deutlich als Prophet gekennzeichnet ist, insofern das Gotteswort auf beide kommt und sie als Mandatare benutzt. Erscheint David demgegenüber als Autorität und Führungspersönlichkeit (anders gehen W.M. SCHNIEDEWIND, Word 193–196; S.J. DE VRIES, Moses passim, davon aus, dass David als Kultgründer der Gestalt des Mose nachgebildet sei), so ist für die Chronik insgesamt ein changierender Begriff vorauszusetzen; vgl. W.M. SCHNIEDEWIND, Word 46–51.

[61] Letzteres nimmt H. SEEBASS, Leviten 39, an, so dass die Leviten Mose „als einen der ihren betrachtet haben".

dort ist deutlich die dtr Variante mit ihrem Gesetzesbezug rezipiert.[62] Darf dieses Verständnis auch für 1Chr 23,14 angenommen werden? Solche Implikationen des אִישׁ הָאֱלֹהִים sind in 1Chr 23,14 allerdings unwahrscheinlich, da kein Gesetzeskontext vorliegt und das Stichwort Tora nicht fällt. Überhaupt ist nicht ausgeführt, in welcher Hinsicht der Gottesmann angespielt ist. Da V.14 aber einen Gegensatz der auf Mose zurückgehenden Leviten zu den aaronidischen Priestern aufbaut, legt sich ein Verständnis nahe, das ein Gegengewicht zum Kult einbringt. Am ehesten wird man den Titel אִישׁ הָאֱלֹהִים dann als Bezeichnung eines Propheten zu verstehen haben.[63] Dieses Verständnis nimmt die Bewertung Moses aus dem Dtn auf (vgl. Dtn 18,15–18) und ist auch von der Benutzung des Begriffs an anderen Stellen der Chronik gedeckt.[64] So findet sich ein Gottesmann oft neben einem נָבִיא / Propheten oder einem רֹאֶה / Seher bzw. חֹזֶה / Seher, so dass auch der Gottesmann von Jahwe zur Verkündigung des göttlichen Wortes, ausgestattet mit Geist[65] und einer besonderen Heiligkeit, beauftragt ist.[66] Diese Bedeutung ist auch für den אִישׁ הָאֱלֹהִים in 1Chr 23,14 wahrscheinlich. Der Bezug auf Mose nimmt mit der Bezeichnung אִישׁ הָאֱלֹהִים ein prophetisches Element auf und weist auf prophetische Aufgaben hin, so dass Moses als prophetische Gestalt[67] dem Aaron als priesterlicher Gestalt gegenüber steht. So wie Aaron als Ahnherr den idealen Priester darstellt, bildet Mose die Idealgestalt eines Propheten.

Dieses Verständnis der Mosegestalt hat auch Auswirkungen auf die Leviten, da der Vorfahre in eine genealogische Linie mit den nachfol-

---

[62] Diese Deutung widerspricht der These von E.M. DÖRRFUSS, Mose 277–279, der dem chr Grundbestand eine Bedeutung aller Funktionen und Traditionselemente, die an Mose haften, abspricht; nach Dörrfuss ändert sich dies in der Wende vom 3. zum 2.Jh., wenn die Mosereferenz sekundär bzw. tertiär eingetragen wird und eine königskritische Stoßrichtung erhält, die auch Auswirkungen auf den Jerusalemer Tempel hat.

[63] Eine prophetische Bedeutung des Begriffs favorisieren hier auch T. WILLI, Auslegung 228; W.M. SCHNIEDEWIND, Word 49f; W. JOHNSTONE, Chronicles I 248; ähnlich P.R. ACKROYD, Chronicles 83. Anders E.M. DÖRRFUSS, Mose 166.275–277, der אִישׁ הָאֱלֹהִים als eine inhaltlich allgemeine Überhöhung betrachtet, die in königskritischer Frontstellung stehe.

[64] Zu den Begriffen in der Chronik vgl. W.M. SCHNIEDEWIND, Word 31–54; A. HANSPACH, Interpreten 39f.

[65] Vgl. 2Chr 15,1; 20,14. Da eine solche Geistbegabung in der Chronik nur von den weniger bekannten Propheten berichtet wird, nicht jedoch von Nathan, Jehu oder Gad etc., nimmt S. JAPHET, Chronicles 717, an, dass die Chronik damit eine Initiation von „‚non-professional' prophets" bezeichnen will. Demgegenüber sieht T. WILLI, Auslegung 228f, darin eine „ununterbrochene Kette des prophetischen Geistes", die „den Gedanken der prophetischen Sukzession", wie er bei Jos ContAp 41 formuliert ist, präludiert.

[66] Vgl. z.B. 1Kön 17,24; 2Kön 4,9; s. weiter N.P. BRATSIOTIS, אִישׁ 251f; s.a. A.G. AULD, Prophets 295f; J. BLENKINSOPP, Sage 125f.

[67] Als charismatische Einzelgestalt stellt sich P.K. HOOKER, Chronicles 98, Mose hier vor.

genden Generationen, d.h. den Leviten, gesetzt wird. Mose dient damit als Modell für seine Nachkommen, die genealogisch mit ihm verknüpft werden.[68] Die Leviten stehen damit in einer Reihe mit Mose und nehmen wie Mose prophetische Aufgaben wahr. Mose als Prophet wird damit zur Identifikationsfigur für die Leviten.

Die Sinnkonstruktion der Chronik hält sich in 1Chr 23 einerseits an kultische Ämteraufteilungen, wie sie auch in anderen Textpassagen zu finden sind (vgl. 1Chr 6,33f; 9,26b–29.31f). Zusätzlich werden ferner weitere Aufgaben der Leviten hinzugenommen, die sie aus dem Kult hinausführen und in Funktionsstellungen von Administration und Prophetie einbinden. Liest man 1Chr 23 im Rahmen der Sinnkonstruktion der Chronik, wird für die Leviten ein vollständiges Porträt ihrer Dienste vorgestellt: sie gelten als *clerus minor*, agieren in Herrschaftspositionen, sind als Beamte und Richter tätig und wirken schließlich als Propheten. Zusammengehalten wird die multi-funktionale Gruppe durch genealogische Relationen. Dieser Katalog unterschiedlich detailliert gekennzeichneter Dienste drückt für die Chronik eine multi-funktionale Beschreibung levitischer Aufgaben aus,[69] auf die später noch zurückzukommen ist.

4.2 Musik als prophetisch-aktualisierendes Lob Gottes – 1Chr 25,1–7

Eine andere Kennzeichnung prophetischen Wirkens begegnet zwei Kapitel später. In 1Chr 25,1–7 wird eine genealogische Namensliste von Sängern / Musikern der Söhne Asafs, Hemans und Jeduthuns geboten, die in V.8ff von einer Namensliste über durch Losverfahren zugeteilte Dienstposten abgelöst wird. Durch die genealogische Rückführung dieser Sänger / Musiker auf die levitischen Sippenhäupter Asaf,[70] Heman und Jeduthun[71] sind die Genannten als Leviten ausgewiesen. Zudem nehmen sie Aufgaben wahr, die in Berichten über kultische Opferfeiern in anderen Passagen der Chronik den Leviten zugesprochen werden (vgl. 1Chr 23,4f; 2Chr 30,16. 21b.22; 35,3.15).

---

[68] S.a. U. DAHM, Opferkult 247, die herausstellt, dass die Leviten „ihren sozialen Status und ihre religiösen Bindungen durch Personifizierung ihrer Gruppenidentität" an die Biographie Moses binden.

[69] Zur integrativen Betrachtung der verschiedenen Aufgaben s.a. G.N. KNOPPERS, AncB 12A, 788f u.ö.

[70] In 1Chr 26,1 begegnet er als Korachiter, in 1Chr 6,24.28 als Gerschoniter und in 1Chr 9,15.16 als Merariter; vgl. weiter 1Chr 15,17.19; 16,5.7; 2Chr 5,12; 20,14; 29,12f.30; 35,15.

[71] Für Heman vgl. 1Chr 6,18; 15,17.19; 16,41; 2Chr 5,12; 29,14; Jeduthun fehlt zwar in der genealogischen Vorhalle, begegnet aber in 1Chr 16,41; 2Chr 5,12; 29,14 als Levit.

1Chr 25,1–7: (1) Und David und die Oberen des Heeres sonderten für die Arbeit von den Söhnen Asafs, Hemans und Jeduthuns aus, die prophetisch tätig waren[72] auf Zithern, auf Harfen und auf Zimbeln. Und ihre Anzahl der Männer des Werks für ihre Arbeit war: (2) Von den Söhnen Asafs Sakkur, Josef, Nethanjah, Asarelah,[73] Söhne Asafs, unter der Leitung[74] Asaf, des Propheten,[75] unter der Leitung des Königs. (3) Von Jeduthun: die Söhne Jeduthuns Gedaljahu, Zeri, Jeschajahu, (Schubael,)[76] Chaschabjahu, Mattitjahu, (diese) sechs, unter der Leitung ihres Vaters Jeduthuns auf der Zither. Er prophezeite zur Herrlichkeit und pries Jahwe. (4) Von Heman: die Söhne Hemans Buqqijahu, Mattanjahu, Ussiel, Schebuel, Jerimoth, Chananjah, Chanani, Eliathah, Giddalti, Romamtthi-Eser, Joschbeqaschah, Mallothi, Hothir und Machasioth. (5) Alle diese waren Söhne Hemans, des Sehers des Königs gemäß den Worten Gottes, um das Horn zu erheben. Und Gott gab Heman 14 Söhne und drei Töchter. (6) Alle diese sangen unter der Leitung ihres Vaters im Haus Jahwes mit Zimbeln, mit Harfen und mit Zithern zur Arbeit am Haus Gottes. Unter der Leitung des Königs waren Asaf, Jeduthun und Heman. (7) Und ihre Zahl unter ihren Brüdern, die geübt im Singen für Jahwe und alle kundig waren, (betrug) 288.

Die Basis von 1Chr 25,1–7 befindet sich in der Entwicklung der Chronik bereits auf einer späteren Stufe, so dass für die Grundschicht von 1Chr 23–27 kein Textbestand zu reklamieren ist. Dies ergibt sich aus der literarischen Position von V.1–7, deren Namensliste in V.8–31 ein Duplikat hat. Da die in V.8–31 genannten Sippenhäupter in Funktionszuordnungen eingebunden sind (vgl. V.8) und fest mit dem Losverfahren verknüpft sind (V.9ff), kommt dieser Liste Priorität zu. Während die Ergebnisliste des Losverfahrens zu dem Grundbestand der Erweiterungskapitel 1Chr 23–27 gehört, sind V.1–7 nachträglich vorangestellt worden.[77] Die Zahl 288 in V.7 reflektiert die Liste aus V.8ff, indem die dort genannten 12 mal 24 antizipiert werden.

---

[72] Die Verbform ist mit dem Qere und vielen Handschriften als Partizip ni. הַנִּבְּאִים zu lesen; s.a. G.N. KNOPPERS, AncB 12A, 844.

[73] An Asarelah ist als *lectio difficilior* festzuhalten; vgl. G.N. KNOPPERS, AncB 12A, 844.

[74] Die Wendung bezeichnet einen Leitungsaspekt, der auch Verantwortlichkeit ausdrückt; vgl. P.B. DIRKSEN, 1 Chronicles 299: „sons are appointed to their skilled fathers", was ein Ausdruck von „professional responsibility" und „authority" ist (a.a.O. 302) .

[75] Wenige Handschriften lesen den Prophetentitel; die meisten Mss. bieten hingegen das Partizip ni. הַנִּבָּא, was aber auch Asafs Prophetentätigkeit zum Ausdruck bringt.

[76] Ob der sechste Name mit LXX zu ergänzen ist, so dass er analog zu V.20 hier zu lesen wäre, ist fraglich, da er nur in wenigen Handschriften überliefert ist. G.N. KNOPPERS, AncB 12A, 844, geht von einem aufgrund von Haplographie verderbten MT aus.

[77] Umgekehrt votiert H.G.M. WILLIAMSON, Origins 129–131, der eine Grundschicht in 25,1–6 und eine Erweiterung in V.7–31 annimmt; s.a. S.J. DE VRIES, Chronicles 203f; S.L. MCKENZIE, Chronicles 193f; P.B. DIRKSEN, 1 Chronicles 298–300.

Zu dieser Einschätzung passt auch die Charakterisierung der Leviten, die einer späteren Form entspricht,[78] da sie bereits als Sänger / Musiker in Erscheinung treten, die als besonders kundig ausgewiesen sind (V.7: מְלֻמְּדֵי־שִׁיר).[79]

Der Abschnitt V.1–7 ist in sich allerdings nicht einheitlich – so sind in der Forschung bereits verschiedene Vorschläge für Wachstumsspuren gemacht worden.[80] Eine auffällige Doppelung begegnet in der Nennung von Asaf, Heman und Jeduthun in V.1 und V.6, die wie eine Klammer um die Namensliste wirkt (wobei V.6b nachgetragen sein kann, um diese literarische Klammer zu erzeugen). V.7 setzt demgegenüber mit וַיְהִי neu ein und formuliert eine Art Schlusspunkt, der zum anfänglichen Bestand der Namensliste hinzugehören kann.[81] Überraschend bleibt die zweimalige Erwähnung Asafs, die auf ein Wachstum der Liste deutet, dem eine Neubewertung des prominenten Sängers korrespondiert. Ist schon darauf verwiesen worden, dass Asaf in späteren Texten der Chronik besonders profiliert wird,[82] so passt 1Chr 25 zu diesem Befund. In V.2b.6b wird Asaf durch Zuweisung zu einer Leitungsfunktion unter den Leviten besonders betont. Ihm stehen Heman und Jeduthun als zwei andere leitende Personen zur Seite. Ebenso wie Asaf werden sie jetzt mit prophetischen Funktionen gekennzeichnet. Diese Funktion ist in der Chronik hier neu und indiziert eine spätere Wachstumsspur. Asaf, Heman und Jeduthun[83] sind damit als prophetische Familienhäupter neu bewertet. Mit dieser Vorstellung konvergieren die Notizen aus 2Chr 20,14; 29,30, wo Asaf ebenso als prominentes Oberhaupt mit der Prophetie in Verbindung gebracht wird. Während das Prophetenthema für die frühere Fassung von 1Chr 25,1–7 kein Thema war, findet in der späteren Fassung eine Neubewertung der drei Sippenhäupter statt.

Dazu gehört auch die Prophetennotiz in V.3b, die locker im Textzusammenhang steht. Wenn man sie aus dem Text herausnimmt, bleibt

---

[78] Vgl. W. RUDOLPH, Chronikbücher 168f; D.L. PETERSEN, Prophecy 67f; anders bestimmt G. STEINS, Chronik 321–323, das gesamte Kapitel als spät. S.a. H.G.M. WILLIAMSON, Origins 130: „the lists are based on the actuality of the situation at the time of composition".

[79] Vgl. Abschnitt 2.3.

[80] Nach D.L. PETERSEN, Prophecy 67f, liegt der älteste Bestand in der Liste der Asafiten in V.2, die später von einem dreiteiligen Sängerschema in V.2–4a.6f abgelöst wird und schließlich mit der Einfügung des psalmistischen Fragments in V.4b die Sippe Hemans betont und gleichzeitig die Leviten zu Propheten werden lässt. Nach R. THEN, Propheten 233f, ist der bereits sekundäre Grundbestand in V.1b–6* vierfach erweitert: zunächst um V.6a, dann um V.1a.2b.3b.5a, sodann um V.5b und schließlich um V.6b.

[81] Nach S.L. McKENZIE, Chronicles 193f, bilden V.1.7. einerseits einen Rahmen, dennoch weist er V.7 dem späteren Bestand von V.8ff zu.

[82] Vgl. Abschnitt 2.3.

[83] Dass dies später bedeutend werdende Geschlechter sind, zeigt S.J. DE VRIES, Chronicles 206, im Anschluss an H. GESE, Geschichte 156, auf.

eine schlichte Namensliste stehen. Dass Näherbestimmungen und Äm-
terzuweisungen als sekundäre Ausgestaltungen von Namenslisten anzusehen sind, entspricht Wachstumsindizien innerhalb von Genealogien, die auch sonst die Tendenz zeigen, Namenslisten durch inhaltliche Angaben zu ergänzen. Die Frage nach dem Sinn dieser Genealogie
und dem Aufgabenbereich der in der Liste genannten Personen wäre
dann von späteren Interpreten damit beantwortet worden, dass den dort
genannten levitischen Sängern / Musikern prophetische Aufgaben in
Analogie zu den Vorfahren zugesprochen werden.

Weiterhin könnte überlegt werden, ob V.4b als eine spätere Erweiterung anzusehen sei. Die Liste wirkt insofern künstlich, als formal und
inhaltlich ungewöhnliche Namen im Hinblick auf die Namensform zu
finden sind. Dem ist allerdings entegegen zu halten, dass dieselben
Namen in 1Chr 25,14ff erneut begegnen, wenn auch in etwas anderer
Reihenfolge, und dort zusammen mit dem vorhergehenden Teil der
Liste für die Einteilung der Abteilungen genutzt werden. Dennoch ist
vorgeschlagen worden, in V.4b ein Fragment eines nicht weiter überlieferten Psalms zu sehen, dessen Rekonstruktion wie folgt aussähe:[84]

חנן יה	Sei barmherzig, Jah[we],
חנני	sei mir barmherzig!
אלי אתה	Du bist mein Gott.
גדלתי ורממתי עזרי	Ich mache groß und erhöhe meine Hilfe.
ישב קשה מלותי	Ich sitze im Elend und spreche:
הותיר מחזיאות	lass Visionen übrig bleiben.

Abgesehen von dem ungewöhnlichen Hinweis auf die Visionen, bilden
sich bei dieser Segmentierung in der Tat poetische Psalmensprache und
lobpreisende theologische Elemente ab. Die Überlegung, in V.4b ein
Psalmenfragment auszumachen, ist insofern reizvoll, weil dann damit
eine weitere Verbindung zur Psalmentradition bestünde, die über die
Namen der Psalmendichter hinausginge. Zudem wäre über das Stichwort der Visionen ein prophetisches Element damit verknüpft, das für
das prophetische Thema in 1Chr 25 sinnbildend ist.

Der Text 25,1–7 lässt sich demnach auf zwei Schichten aufteilen:
Die erste Fassung liegt in V.1a.bβ.2a.bβ.3a.4a.5a.bβ.6a.7 vor. Da Asaf
hier bereits eine wesentliche Autoritätsperson darstellt, liegt diese Fassung bereits auf einer späten Schicht der Chronik. Mir scheint es naheliegend, in ihr die zweite Redaktionsschicht zu sehen. Eine (weitere)
redaktionelle Überarbeitung ergänzt Aspekte der Prophetie in V.1bα.
2bα.3b.4b.5bα.6b. Diese Aussagen gehören zur dritten und damit letzten Ebene der Chronik, die sich im Wesentlichen durch das Prophetenthema auszeichnet.

---

[84] Zum Vorschlag vgl. G.N. KNOPPERS, AncB 12A, 855; s. schon R. DE VAUX,
Lebensordnungen II 231, der 1Chr 25,4 als Psalmenfragment bezeichnet.

Die zweite Redaktionsschicht kennzeichnet die Dienste (עֲבוֹדָה, vgl.

עֲבוֹדַת בֵּית־יְהוָה)[85] bzw. עֲבוֹדַת בֵּית הָאֱלֹהִים der Sänger / Musiker derart, dass sie Gott preisen, indem sie Lobgesänge auf Jahwe anstimmen und diese mit verschiedenen Instrumenten begleiten. Genannt werden: Zithern, Harfen und Zimbeln (V.1.3.6)[86] sowie ein Horn (V.5)[87].

Diese Leviten werden einerseits von David (V.1; vgl. V.2.5.6) und andererseits von den שָׂרֵי הַצָּבָא autorisiert (V.1). Wer mit den שָׂרֵי הַצָּבָא zu identifizieren ist, geht aus der Terminologie nicht klar hervor. Entweder kann man in der Gruppe aufgrund des militärischen Terminus הַצָּבָא eine profane Autorität sehen[88] oder man kann die Wendung als chr Bezeichnung für levitische Sippenhäupter betrachten, die dann gleichbedeutend mit der Wendung שָׂרֵי הַלְוִיִּם wäre.[89] Da militärische Anführer, wenn es um kultische Zusammenhänge geht, sonst nicht als Weisungsbefugte von Leviten auftreten,[90] scheint es mir naheliegender, mit einem weiter gefassten Begriff als Ausdruck für Leviten zu rechnen.[91] Man könnte darin eine Art Oberbegriff sehen, unter dem verschiedene, im Einzelnen nicht näher spezifizierte Dienstgrade und/oder Familienverbände subsumiert sind. Ein solches Verständnis passt gut zu den levitischen Diensten, die durchaus verschiedene Funktionen beinhalten.

---

[85] In der Chronik begegnet עֲבוֹדָה als terminus technicus primär für unmittelbar kultische Handlungen, vgl. 1Chr 23,28, dann aber auch in erweiterter Form als Ausdruck für sämtliche Arbeiten, die mit dem Tempel in Zusammenhang stehen; vgl. 1Chr 6,17.33; 9,13; 28,13f.20f; 2Chr 24,12; 29,35; 35,16; vgl. Abschnitt 2.1.2.

[86] Zu den Musikinstrumenten vgl. Abschnitt 2.3.

[87] Das Horn (קֶרֶן) als Musikinstrument begegnet in der Chronik nur hier. Folgt man R.W. KLEIN, 1Chronicles 482, steht es als „sign of strength or vistory" und dient der Ehrung Hemans, wie es auch die Anzahl seiner Kinder ausdrückt.

[88] Vgl. G.N. KNOPPERS, AncB 12A, 846f; s.a. D. EDELMAN, Origins 216.221f, die auf die Verwendung des Titels auf Bullen verweist (Beispiele: a.a.O. 217–221; AHI 100.401; 100.402; 100.403; 100.510; CWSSS 401; die Inschriften der als *śr* [*h´r*] / הֵעִיר] שׂר Titulierten sind mit Darstellungen von bewaffneten Männern erläutert, was auf militärische Verantwortungsträger schließen lässt).

[89] So S. JAPHET, Chronicles 439; R.W. KLEIN, 1Chronicles 479; P.B. DIRKSEN, 1 Chronicles 300f; s.a. S.S. TUELL, Chronicles 101f, der es im Sinne von „sacred service" versteht; ähnlich S.L. McKENZIE, Chronicles 194.

[90] Dies gilt jedenfalls dann, wenn nicht alle levitischen Gruppierungen sofort in eins gesehen werden. Zwar sind militärische Konnotationen bei Torhütern auszumachen, wie die Chronik auch Leviten mit Waffen hantieren lässt (vgl. dazu die Abschnitte 2.4 und 2.6), doch gehören zu diesem Aufgabenbereich weder Sänger / Musiker noch Propheten hinzu.

[91] Einen alternativen Vorschlag unterbreitet R. THEN, Propheten 235f, der die Musiker dezidiert von den Leviten abgrenzt, indem er den Begriff שׁר als vorexilischen Ausdruck der Tempelsänger bestimmt, während er für die Zeit des Zweiten Tempels den Begriff מְשֹׁרְרִים als terminus technicus für die Sänger hält (vgl. 2Chr 20,21; Esr 2,65; Neh 7,67). Daher nimmt er an, dass die Sänger in 1Chr 25,1–7 keine Leviten, sondern noch selbstständig sind; die spät in den Text gelangte genealogische Liste habe altes Gut bewahrt.

In der weiteren Explikation der musikalischen levitischen Dienste werden diese neu interpretiert, indem ihnen prophetische Züge zugeschrieben werden.[92] Diese Aussage ist bemerkenswert, da sich die Chronik hierin von anderen atl. Aussagen abhebt. Die Kennzeichnung prophetischen Wirkens betrifft zunächst Asaf, der als Prophet eingeführt wird (V.2.3), wie auch Heman, der als Seher erscheint (V.5). Dennoch sind die nachfolgenden Generationen mit im Blick, da in V.1–7 ausdrücklich von den Söhnen der drei prominenten Sippenhäutper (בְּנֵי N.N.) die Rede ist, die in eine „line of authority"[93] gestellt werden. Die folgenden Generationen partizipieren also an den Aufgaben der Väter, indem deren Funktionen durch die genealogische Liste auf die Nachkommen appliziert werden.

Der Dienst der Sänger / Musiker wird auf der letzten Redaktionsstufe in 25,1–7 als Wirken der Propheten mit Zithern, Harfen und Zimbeln zum Lob Gottes umschrieben. Durch den Begriff des prophetischen Verkündens (נבא, V.1) und des Titels נָבִיא (V.2.3 für Asaf[94])[95] bzw. חֹזֶה (V.5 für Heman, vgl. 2Chr 29,30 als Titel für Asaf[96]) ist dieser musikalische Dienst der Sänger / Musiker[97] als prophetische Äußerung charakterisiert. Anders als in 1Chr 23,14 stellt hier nicht die Tradierung des Wortes Gottes den Aufgabenbereich der Propheten dar, sondern prophetische Dienste sind mit musikalischen Darbietungen verknüpft.[98]

---

[92] Bestritten von A. HANSPACH, Interpreten 126f; skeptisch äußert sich auch W.M. SCHNIEDEWIND, Word 176–182.

[93] So mit G.N. KNOPPERS, AncB 12A, 855 – anders beschränkt G. STEINS, Chronik 322, das prophetische Wirken auf die Vätergeneration.

[94] Vgl. aber 2Chr 29,30, wo Asaf als Seher und Liederdichter bezeichnet wird. Hier ist deutlich ein Bezug zur psalmistischen Tradition auszumachen. Darin ist sowohl das Dichten der Psalmen im Blick als auch deren Sammlung und Literaturwerdung eingeschlossen, so dass sich auch hier eine Linie vom mündlichen Medium zum schriftlichen Medium abzeichnet.

[95] Dass נָבִיא „the Chronicler's preferred title for prophetic figures" mit einem weiten Bedeutungsspektrum ist, hat W.M. SCHNIEDEWIND, Word 36, heraus gestellt.

[96] Der Hinweis auf „Asaf, den Seher", ist hier möglicherweise nachgetragen. Er verhält sich sperrig im Satzgefüge, das zuvor den Leviten den musikalischen Dienst anträgt und im folgenden den Vollzug dessen berichtet. Auch steht die Gestalt Asafs in 2Chr 29 in Spannung zu den in V.25 genannten Seher Gad und Propheten Nathan.

[97] Anders G. STEINS, Chronik 326, „nicht die Kultmusiker insgesamt, sondern nur die drei Musikerhäupter" Asaf, Heman und Jeduthun, also die „‚Gründer' der Kultmusik", werden als Propheten anerkannt; s.a. P.B. DIRKSEN, 1 Chronicles 301. Daher betrachtet STEINS, a.a.O. 327, V.1aβ.3b als Überarbeitung, die Kontextelemente aufnimmt.

[98] Vorsichtig urteilen ebenso W. JOHNSTONE, Chronicles I 257; J. BLENKINSOPP, Sage 97; H. HENNING-HESS, Kult 104. Nach R.B. DILLARD, 2Chronicles 236, nehmen die levitischen Musiker prophetische Aufgaben wahr; er erklärt dies im Zusammenhang der These von der erlöschenden Prophetie in der nachexilischen Zeit. M.E. bedarf diese Sicht jedoch einer Revision, die wesentlich nach den Cha-

Ist in 1Chr 23 ein prophetisches literarisches Wirken im Blick, so akzentuiert 1Chr 25 ein mündliches Medium. Die Chronik beschreibt damit das prophetische Wirkungsfeld neu, insofern neben den Aufgaben um die Tradierung des Wortes Gottes auch Funktionen bei kultischen Feiern dazu gehören, indem levitische Propheten das Wort Gottes in musikalischer Form präsentieren.[99]

Einen anregenden Gedanken äußerte Joseph Blenkinsopp mit der Annahme, dass in 1Chr 25 ekstatische Phänomene zugrunde liegen, wobei die Musik mit perkussiven Rhythmen und Tanz das Mittel bildet, um ekstatische Bewusstseinszustände bei den Propheten zu erzeugen.[100] Obwohl solche Erscheinungsweisen von Prophetie aus der Umwelt bekannt sind und auch für Juda nicht ausgeschlossen werden können, ist in der Chronik davon gleichwohl explizit nicht die Rede. Immerhin ist es aber vorstellbar, dass prophetische Äußerungen in musikalischer Form keinen Schwerpunkt auf den Rede-Vortrag legen, sondern andere Erscheinungsweisen zeigen. Das pragmatische Ziel eines solchen Vorgangs wäre, Emotionen bei den Zuhörern freizusetzen, die durch den gezielt platzierten Einsatz von Instrumenten erzeugt werden, um eine Nachhaltigkeit der Wirkung der Botschaft zu erreichen.

Wie das Aufgabengebiet der musischen Prophetie im Einzelnen vorzustellen ist, geht aus den Aussagen der Chronik nicht deutlich hervor. Gleichwohl lassen sich einige Kennzeichen prophetischen Wirkens auf dieses Gebiet übertragen. Auszugehen ist zunächst davon, dass Propheten auftreten und in musikalisch angereicherter Form Aussprüche darbieten, die von dem Walten des göttlichen Willens und seiner Befolgung (oder Missachtung) in Juda handeln. Ob es sich hierbei um einen eher rezitierenden Vortrag von vorgeprägten traditionellen Aussagen oder um eine stärker freie Paraphrase von Schrifttraditionen oder gar um eine Auslegung desselben handelt, ist schwer zu entscheiden. Die Chronik lässt hier eine Leerstelle, anhand derer eine polyvalente Interpretation ermöglicht wird. Aus dem nicht fest formulierten materialen Teil, der in Entsprechung zu dem in 2Chr 17,9 genannten Objekt der Tora Jahwe ein Äquivalent erwarten ließe,[101] könnte man schließen, dass die musikalische Darbietung nicht nur eine schlichte Wiedergabe der bis dahin schriftlich fixierten Überlieferungen darstellt. Da prophe-

---

rakteristika der Prophetie in der Zeit des Zweiten Tempels zu fragen hat. S. dazu weiter das Folgende. Die These der erlöschenden Prophetie bestreitet auch R. THEN, Propheten 264f.283, der mit seiner Studie auf ein Weitergehen der Prophetie nach dem Exil hinweist. Hebt er hervor, dass auch in der Zeit des Zweiten Tempels prophetische Rede weiter ergangen ist, so ist verstärkt nach den Kriterien für eine gewandelte Vorstellung von prophetischer Aktivität zu fragen, die über mündliche Erscheinungsformen hinausgeht.

[99]   Vgl. D.L. PETERSEN, Prophecy 99; P.B. DIRKSEN, 1 Chronicles 301.
[100] So J. BLENKINSOPP, Sage 131; s.a. W.M. SCHNIEDEWIND, Word 173f.
[101] Vgl. dazu Abschnitt 4.3.

tische Worte in späterer Zeit mindestens auch einen kreativen Eigenanteil aufweisen,[102] wird man dies auch hier annehmen können.

Die Kreativität besteht wohl wenigstens in der instrumentalen Ausgestaltung mit Zimbeln, Harfen und Zithern. Stellten die Instrumente bereits das Handwerkszeug der levitischen Sänger / Musiker dar, so werden sie auf der Endstufe der chr Sinnzuschreibung mit dem prophetischen Wirken verbunden. Der Einsatz der Instrumente unterstützt die Wortbotschaft und interpretiert diese, wenn die von den Instrumenten erzeugten Klänge und Stimmungen sie adäquat zur Geltung bringen.[103] Die musikalische ‚prophetische Rede' (sofern man den Terminus für diese Darbietung gebrauchen kann) ist damit als eine neue Form der Darbietung des überkommenen Materials bestimmt und stellt zugleich eine innovative Interpretation dessen dar.

Bei der Interpretation geht es um eine Aktualisierung der Traditionen in Form und Inhalt. Die aus der Tradition bekannte Tora wird aktualisiert und als „etwas ... Lebendiges" interpretiert.[104] Dies lässt sich auch mit dem Gedanken von Ehud Ben Zvi verbinden, dass „a written text becomes the starting point in oral communication", was in göttlicher Legitimation stattfindet und sich als rhetorisch kunstvoll gestaltete Rede darstellt; diese nimmt ein „oral retelling … of a prophetic text" vor, was soziologisch als „a process of recontextualization" zu begreifen ist.[105] Das besagt nichts anderes, als dass diese mündliche Rede den schriftlichen Text adäquat auf die jeweilige Situation bezieht und damit den einstmals schriftlich formulierten Gotteswillen aktualisiert, um seine Bedeutung den gegenwärtigen Hören und Hörerinnen nahezubringen.

In dieser Art der Präsentation prophetischer Rede, die sich massiv von der prophetischen Mahnrede unterscheidet, wie sie sich hinter den Schriftpropheten des 8.Jh. v.Chr. eruieren lässt, begegnet eine neue Form prophetischer Äußerungen.[106] Vergleicht man diese mit ihren Erscheinungsweisen, wie sie vorexilisch und exilisch die im AT anzutreffenden institutionalisierten und privaten Propheten auszeichneten, sind

---

[102] S.u. Abschnitt 4.6.

[103] Anders betont J.W. KLEINIG, Song 156f, den Verkündigungscharakter der musikalisch-prophetischen Äußerungen, den er in der Nähe zu prophetischen Orakeln ansiedelt.

[104] Vgl. T. WILLI, Thora 104.

[105] So E. BEN ZVI, Agenda 16–20.23 (Zitate 16.19).

[106] W. RUDOLPH, Chronikbücher 171, nimmt an, dass die Kultpropheten in den Sängern aufgegangen sind. Ähnlich sieht H.G.M. WILLIAMSON, Chronicles 166, die musizierenden Propheten in 1Chr 25 „in direct continuity with the cultic prophets of pre-exilic Israel". Auch R. THEN, Propheten 231, spricht von „Berufspropheten", die ihren „Dienst … mit Instrumenten leisten". Damit meint er letztlich Kultpropheten, vgl. a.a.O. 243–245; ähnlich L.L. GRABBE, Priests 69f.106. Für die These, dass die musikalisch-prophetisch auftretenden Leviten Nachfolger der Kultpropheten sind, gibt es allerdings kaum hinreichend Belege in 1Chr 25.

die Neuerungen unübersehbar.[107] Gemeinsam ist beiden Erscheinungsweisen, dass Propheten als Mittler zwischen Gott und den Menschen auftreten.[108] Neu ist in 1Chr 25 aber sowohl die Form als auch der Inhalt, auch wenn Letzterer mit den literarischen Erscheinungsformen von Prophetie in der Zeit des Zweiten Tempels konvergiert.

Ergeht diese neue Form prophetischer Rede in innovativer Art musikalischer Darbietungen, so ist damit in der Textwelt der Chronik und den von ihr rezipierten Traditionen zugleich eine Verbindung zu den Psalmen gezogen.[109] Für diese Verbindung setzt die Chronik voraus, dass die Psalmen als musikalisch rezitierbare Lieder in den Archiven des Tempels zur Verfügung stehen. Da die Chronik die Leviten als verbindendes Element zwischen den in den Archiven lagernden Traditionen und ihrer Anwendung präsentiert, liegt hierin das entscheidende Verbindungsglied. Indem die Leviten zu den Archiven des Tempels Zugang haben, stehen ihnen die Traditionsstücke – Psalmen bzw. Psalmenfragmente[110] – für ihre Verwendung zur Verfügung. Die Chronik erweitert damit das Aufgabenfeld der Leviten, indem sie die Leviten die im Kult zunächst liturgisch benötigten Psalmen bzw. deren literarische Vorformen oder Psalmenfragmente[111] aus den Archiven zu ihrer gottesdienstlichen Verwendung bringen. Als *clerus minor* agieren die Leviten dabei zunächst nur als Boten, die darüber hinaus keine eigenständigen Aufgaben wahrnehmen. In der Folgezeit ist die Funktion in

---

[107] Demgegenüber verweist S.S. TUELL, Chronicles 102, auf frühe Vorformen von Prophetie in Verbindung mit Musik: Mirjam (Ex 15,20f), anonyme Propheten vor Saul (1Sam 10,5), Elischa (2Kön 3,15). Von den Belegen überzeugt einzig die Einleitung des sog. Mirjamliedes Ex 15, die aber eine Reaktion auf 1Chr 25 ist. In den übrigen Belegen treten zwar Propheten in Begleitung von Musik auf, doch wird nicht gesagt, dass sie selbst musizieren.

[108] Für 1Chr 25 stellen dies P.K. HOOKER, Chronicles 102f; P.D. MILLER, Religion 176, heraus.

[109] Nach S. JAPHET, Chronicles 440, zeichnen sich die levitischen Seher dadurch aus, dass sie „composers of the Temple psalmody" waren. Vgl. S.L. MCKENZIE, Chronicles 195.

[110] Damit soll nicht behauptet werden, dass zur Zeit der Abfassung der Chronik die Psalmen oder der Psalter bereits abgeschlossen ist. Vielmehr ist anzunehmen, dass Vorformen oder Überlieferungsstücke der späteren Psalmen in den Tempelarchiven zur Verfügung stehen. Ein Urteil über den Umfang des Materials und das Alter einzelner Psalmen und Psalmenfragmente ist damit nicht impliziert

[111] Dass Fragmente von Psalmen neu zusammengesetzt werden, zeigt auch 1Chr 16,8–36, wo Teile verschiedener Psalmen zitiert und neu kombiniert worden sind: Ps 105,1–15 ist in 1Chr 16,8–22 zitiert; Ps 106,1 ist rezipiert in 1Chr 16,34; 2Chr 5,13; 20,21; Ps 96 ist aufgenommen in 1Chr 16,23–33; 1Chr 16,35f rezipiert Ps 106,47f; 1Chr 16,28f nimmt zugleich Ps 29,1f auf. Die Rezeption der Psalmentradition geschieht allerdings nicht als wörtliches Zitat, sondern fügt die einzelnen Elemente mehr oder weniger frei zusammen. Vor allem die Rezeption von Ps 96 ist relativ frei, während Ps 105 eher getreu aufgenommen wird. Zu der Komposition s.a. die Apparate in W. GROSS / B. JANOSWKI / T. POLA, Psalter-Synopse 170–173.186f.192f.

der Handhabung der Psalmen modifiziert worden, indem die Chronik die Leviten nunmehr von Boten zu Rezitatoren und damit Interpreten der Traditionen werden lässt. Die Chronik spricht den Leviten damit größere Verantwortung zu. So lässt die Wirklichkeitskonstruktion der Chronik aus der zunächst niedrigen Position der Leviten in späterer Zeit einen eigenständigen Umgang mit den prophetischen und psalmistischen (und, so darf man wohl ergänzen, nicht nur mit diesen, sondern auch mit anderen) Traditionen werden. Nach dem Porträt der Chronik besitzen die Leviten zum Umgang mit diesem Traditionsgut nicht nur praktische Voraussetzungen, sondern auch entsprechende theoretische Kenntnisse sowie schließlich auch Autorität und Legitimität.

Mit der musikalischen Präsentation von 1Chr 25 zeichnet die Chronik die Leviten als eine Gruppe, die Psalmen rezitiert und dabei aktualisiert. Die im Wesentlichen allgemein formulierten kollektiven oder individuellen Aussagen der Psalmen in Lob und Dank, Klage und Bitte sind offen für Konkretisierungen im Einzelnen und neue Interpretationen, sofern diese im Angesicht aktuell veränderter Situationen ausgelöst sind. An diese Offenheit knüpft die Chronik an und setzt die von ihr favorisierte Gruppe in eine Position ein, aus der sie eine autoritative Interpretation des Materials vornimmt und vorträgt.

Treten die prophetischen Leviten in 1Chr 25,1–7 als Vortragende auf, so ist damit gleichzeitig wieder ein Bogen zu den literarischen Tätigkeiten der Gruppe geschlagen. Das bedeutet, dass die Chronik davon ausgeht, dass den Leviten die von ihnen rezitierten Traditionen schriftlich überkommen sind. Zugleich impliziert die Chronik, dass die Aktualisierungen nicht nur von den Leviten mündlich vorgetragen, sondern auch schriftlich festgehalten werden.[112] Da die Chronik die Leviten als Schreiber und aktuelle Interpreten der Tora vorstellt, schreibt sie den Leviten die Fähigkeit zu (V.7: מְלֻמְּדֵי־שִׁיר ... כָּל־הַמֵּבִין), fachgerecht mit den Überlieferungsgut umgehen und dieses adäquat zum Einsatz bringen zu können.[113] Ein externes Indiz für diesen Zusammenhang stellen die Psalmenüberschriften insofern dar, als einige Psalmen auf bestimmte levitische Sängergruppen – vor allem die Asafiten (Ps 50; 73–83) und die Korachiter (Ps 42–49; 84–88), aber auch Jeduthun (Ps 39; 62), Heman (88) und Ethan (Ps 89) – zurückgeführt werden.[114] Unabhängig davon, ob die Zuschreibungen real oder fiktiv sind, zeigen

---

[112] Auf den Zusammenhang von Mündlichkeit und Schriftlichkeit macht auch E. BEN ZVI, Agenda 16–18, aufmerksam. S.a. T. WILLI, Chronik 58f, der urteilt: „Der mündliche Stoff ist für den Chronisten ein Mittel der Schriftauslegung" (ebd. 59).

[113] Interessant ist der Vorschlag von M.E. STONE, Figures 578, der den weisen Schreiber bei Sir so charakterisiert, dass er dem Bild der Leviten in der Chronik nahekommt: „He has a fixed, prominent role in society and not merely intellectual and technical qualifications but also religious and ethical ones". Der Priester erhält demgegenüber nur eingeschränkte Funktionen im Kultus (a.a.O. 581). S.a. J. BLENKINSOPP, Sage 15–20.

[114] Vgl. G.N. KNOPPERS, AncB 12A, 859.

diese Verbindungen, dass im literarischen Prozess die Tradierung von Psalmen (einigen der) Leviten zugeschrieben wird.[115] Die Psalmenüberschriften könnten implizieren, dass Leviten eigenständig mit den Psalmen umgehen und ihnen ein Anteil an der Genese des Psalters zukommt.[116]

Da diese neue Form musikalischer prophetischer Tätigkeit in 2Chr 25,1–7 als späte Erscheinung herausgestellt worden ist, kann man davon ausgehen, dass dieses Phänomen nicht zu der Frühzeit der Überlieferung der Chronik gehört. Eine weitere Beobachtung am Text stützt diesen Befund. Erst seit der Zeit des Zweiten Tempels scheint die Zimbel (מְצִלְתַּיִם) bekannt gewesen zu sein. Sie begegnet nur in der Chronik[117] und darüber hinaus zweimal in Esr/Neh sowie einmal in 1Makk.[118] Wenn man aus den literarischen Belegen auf ein Vorkommen in der realen zeitgeschichtlichen Welt schließen kann, könnte das bedeuten, dass dieses musikalische Begleitinstrument in früheren Zeiten ungebräuchlich war. Dafür spricht auch eine Änderung der Chronik gegenüber dem DtrG, wenn aus וּבְצֶלְצֶלִים in 2Sam 6,5 nunmehr in 1Chr 13,8 וּבִמְצִלְתַּיִם wird. Diese Änderung könnte einen Umschwung in der musikalischen Kultpraxis reflektieren. Dazu passt ein archäologischer Befund, auf den Joachim Braun aufmerksam gemacht hat. Kleine Metallbecken in einer Größe von 3–6 cm sowie 7–12 cm, die als Zimbeln zu bezeichnen wären, sind einerseits für die Spätbronzezeit und andererseits für die hellenistische Zeit nachgewiesen, allerdings vorwiegend in phönizischem Gebiet.[119] Nicht belegt sind solche Becken jedoch für die Zeit der Monarchie, die Exilszeit und die Perserzeit. Zwar kann man aus fehlenden materiellen Funden nicht schließen, dass es die Zimbeln in diesen Epochen tatsächlich nicht gegeben hat, jedoch ist die Fundsituation ein gewisser Hinweis auf deren Verwendung, der dann an Gewicht gewinnt, wenn er mit literarischen Beobachtungen konvergiert.

Findet man die Zimbel nun in 1Chr 25,1.6 erwähnt, kann man weitergehend daraus schließen, dass die Art und Weise, in der die Zimbel hier im Rahmen kultischer Feiern eine liturgische Verwendung findet, beachtlich ist. Sie dient nach 1Chr 25 zur musikalischen Untermalung von rezitierten Schrifttraditionen, deren Impetus durch den musikalischen Beitrag intensiviert wird.

---

[115] Vgl. P.R. Davies, Scribes 128; s.a. D.L. Petersen, Prophecy 99f.

[116] Dementsprechend sieht P.R. Davies, Scribes 131, die Kanonisierung des Psalters in den Händen der Leviten liegend.

[117] Vgl. 1Chr 13,8; 15,16.19.28; 16,5.42; 25,1.6; 2Chr 5,12f; 29,5.

[118] Vgl. Esr 3,10 (auch hier mit Asaf verbunden); Neh 12,27; vgl. 1Makk 4,54 (κυμβάλοις).

[119] Vgl. J. Braun, Musikkultur 43f; Abbildungen von kleinen Becken aus ʿAkko und großen Becken aus Megiddo und Hazor: Abb. III/6–2 und III/6–1 a.a.O. 247. Weniger differenziert J.W. Kleinig, Song 82.

Als Ziel der musikalischen Darbietung wird in 1Chr 25 das Gotteslob genannt (V.3.7).[120] Primärziel ist also nicht die Unterweisung des Volkes, die der schriftlichen Tora oder einer Vorform ihrer bedurfte, von der in 1Chr 25,1–7 aber keine Rede ist. Damit wird der mündliche aktualisierende Vortrag deutlich von der literarischen Tätigkeit von Propheten unterschieden. Eine weitere Unterscheidung dieser prophetischen Sänger / Musiker betrifft die Autorität, unter die sie gestellt werden. Einerseits stehen sie in der Traditionslinie ihrer Väter (V.2.3.6) und andererseits werden sie an die Autorität des als Kultstifter agierenden Königs gebunden (V.2.6: עַל יְדֵי הַמֶּלֶךְ,[121] vgl. V.1.5). Auch wenn David hier als Initiator des Kultes in Erscheinung tritt,[122] so ist die Figur des Königs doch auffällig.[123] Mit dieser autoritativen Anbindung könnte eine konkurrierende Autorität zu den Priestern im Blick sein.

Anders als in anderen Abschnitten der Chronik wird der Dienst der prophetischen Leviten in 1Chr 25,1–7 aber nicht direkt in ein Verhältnis zu den Priestern gesetzt, sondern lediglich über indirekte Hinweise korreliert.[124] Eine implizite Abgrenzung von den Priestern ist darin zu sehen, dass für die Sänger / Musiker eine eigene genealogische Liste formuliert und durch Hinzufügungen von Charakterisierungen des Aufgabenbereiches weiter ausgebaut wird. Doch auch in den funktionalen Ausführungen tauchen die Priester nicht auf, obwohl eine Erwähnung der kultisch Verantwortlichen zu erwarten wäre und sie auch als Trompetenbläser[125] hätten angeführt werden können. Dieses Schweigen im Blick auf die Priester ist nicht bedeutungslos, sondern zeigt, dass die Präsenz der Priester für den Sinnentwurf der Chronik nicht im Vordergrund steht. Indem die Priester übergangen werden, setzt die Chronik die Sänger / Musiker in eine bedeutungsvolle Position ein, aufgrund derer sie Wirkung erzielen und damit Einfluss auf die Hörer und Hörerinnen ausüben. Wenn sie noch dazu der royalen Leitung untergeordnet

---

[120] Vgl. dazu oben Abschnitt 2.3. S.L. MCKENZIE, Chronicles 196, folgert daraus: „The singing in the temple becomes not only a way in which humans speak to God but also a way for God to speak to people." Diese Auswertung scheint mir überzogen zu sein, da von einer Kommunikationsbewegung von Gott zu den Menschen in 1Chr 25 nichts gesagt ist.

[121] Für עַל יְדֵי vgl. das oben auf S. 220 zu dem entsprechend gebrauchten ליד Gesagte; s.a. G.N. KNOPPERS, AncB 12A, 851. Anders G. STEINS, Chronik 321f. J.W. KLEINIG, Song 93, sieht David als Kultgründer im Sinn von „patronage and direction" angeführt.

[122] Zu David als Kultstifter s.o. in Abschnitt 4. Anm.12.

[123] Vgl. W.M. SCHNIEDEWIND, Word 129, der Propheten in der Nähe zu den Königen sieht und die in 1Chr 25,5 auftretende Gruppe als „inspired royal musicians" (a.a.O. 173) bezeichnet. Auch T. WILLI, Auslegung 224, geht von einer Verbindung der Propheten zum König aus.

[124] Dazu zählt G.N. KNOPPERS, AncB 12A, 847, die Verbform וַיַּבְדֵּל in V.1, mit der zwischen Leviten und Priestern getrennt wird.

[125] Vgl. gl. 1Chr 15,24; 16,6; 2Chr 5,12; 7,6; 13,14; 29,26f.

werden, so ist damit die Verantwortung für den Kult weg von den
Priestern und hin auf den Regenten und seine Repräsentanten verlagert.

Diese Ausrichtung kultischer Autorität der Leviten positioniert sie
in einem spezifischen Sozialgefüge, das auch strittig und anfechtbar ist.
Wenn die Chronik die oberste Zuständigkeit für den Kult nicht dem
Hohenpriester und dem ihm unterstehenden priesterlichen Tempelpersonal, sondern alternativ dem Königshaus zuspricht, liegt darin ein
Konfliktpotential. Der Wirklichkeitsentwurf der Chronik bietet hier dezent formulierten sozialen Sprengstoff, der Kritik an herrschenden Verhältnissen übt und auf eine Neuausrichtung von Verantwortlichkeiten
zielt.

In 1Chr 25,1–7 präsentiert die Chronik levitische Propheten als Sänger / Musiker, die durch ihre Rezitation eine Aktualisierung der überlieferten Traditionen vornehmen. Diese prophetisch wirkenden Leviten
bilden eine zweite Gruppe von Leviten neben solchen, die literarisch an
dem Überlieferungsgut arbeiten. Beiden Ausprägungen von Propheten
gemeinsam ist die Aktualisierung des Gotteswortes, in der die prophetischen Leviten eine Aufgabe wahrnehmen, die sie auf die Seite der
Autorität des weltlichen Machthabers stellt und von den Priestern abgrenzt.

4.3 Levitische Toralehrer in Juda – 2Chr 17,7–9

Während der Regierungszeit Joschafats, wie sie in 2Chr 17 neu erzählt
wird, integriert die Chronik Leviten als Lehrer in Regierungsmaßnen.

> 2Chr 17,1–19: (1) Jehoschafat, sein Sohn, herrschte an seiner Statt und er-
> wies sich als stark über Israel. (2) Und er platzierte eine Heeresmacht in
> allen befestigten Städte Judas und setzte Posten[126] im Land Juda sowie in
> den Städten Ephraims, die sein Vater Asa erobert hatte, ein.
> (3) Und Jahwe war mit Jehoschafat, denn er wandelte in den anfänglichen
> Wegen Davids, seines Vaters, und suchte nicht die Baale; (4) sondern er
> suchte den Gott seines Vaters und wandelte in seinen Geboten und nicht
> entsprechend dem Handeln Israels. (5) Und Jahwe festigte das Königreich in
> seiner Hand. Und ganz Juda gab Gaben[127] für Jehoschafat. Und er erlangte
> großen Reichtum und viel Ehre. (6) Und sein Herz wurde mutig in den We-
> gen Jahwes und er riss wieder die Höhenheiligtümer und Ascheren in Juda
> nieder.
> (7) Und im dritten Jahr seiner Herrschaft sandte er seine Oberen Ben-Chajil,
> Obadjahu, Secharjahu, Netanel und Michajahu, um in den Städten Judas zu
> lehren. (8) Und mit ihnen waren die Leviten Schemajahu, Netanjahu,

---

[126] So die Übersetzung in HAL 677; s.a. K. GALLING, Bücher 118. נְצִיבִים ist aufgrund der Parallele zu חַיִל als militärische Leitungsposition zu sehen. Ansprechend
ist auch der Vorschlag von S. JAPHET, 2Chronik 214: „Kommandeure".

[127] מִנְחָה ist hier als Kollektivbegriff für Abgaben (vgl. HAL 568f; HAH[18] 697)
verwendet; ebenso in V.11.

Sebadjahu,[128] Asahël, Schemiramoth, Jonatan, Adonijahu, Tobijjahu und Tob-Adonijah, die Leviten,[129] und mit ihnen Elischama und Jehoram, die Priester. (9) Und sie lehrten in Juda und hatten bei sich das Buch der Tora Jahwes; sie durchzogen alle Städte Judas und lehrten im Volk.
(10) Und der Schrecken Jahwes kam über die Königreiche der Länder[130], die rings um Juda (lagen), so dass sie keinen Krieg mit Jehoschafat führten. (11) Und einige der Philister brachten (materielle) Gaben und Geldabgaben[131] zu Joschafat und sogar die Araber brachten ihm Kleinvieh, 7700 Widder und 7700 Böcke.
(12) So geschah es, dass Jehoschafat wandelte und überaus groß wurde. Und er baute in Juda Festungen und Lagerstätten. (13) Und er hatte viele Vorräte in den Städten Judas und Soldaten, tüchtige Krieger, in Jerusalem.
(14) Und dies war ihre Amtsordnung entsprechend ihren Vaterhäusern in Juda: die Oberen über Tausende waren Adna, der Obere, und mit ihm 300.000 tüchtige Krieger. (15) Und unter ihm war Jehochanan, der Obere, und mit ihm waren 280.000. (16) Und unter ihm war Amasjah, der Sohn Sichris, der sich freiwillig zum Krieg für Jahwe gestellt hatte, und mit ihm waren 200.000 tüchtige Krieger[132]. (17) Und aus Benjamin kam der tüchtige Krieger Eljada und mit ihm 200.000 gerüstet mit Bogen und Schild. (18) Und unter ihm war Jehosabad und mit ihm 180.000 als Heer gerüstet. (19) Diese dienten dem König außer denen, die der König in die befestigten Städte in ganz Juda gesetzt hatte.

Unter Joschafats Regierung werden gemäß 2Chr 17 einige Neuerungen eingeführt;[133] so werden Neuregelungen der Ämter im Land Juda und in Ephraim getroffen.[134] Charakterisiert die chr Darstellung Joschafat als jahwetreu (17,3f.6), so hat diese Einordnung des Monarchen auch

---

[128] Wenige Handschriften lesen stattdessen Secharhaju, was aber wohl ein Schreibfehler in Anlehnung an denselben Namen in V.7 ist.

[129] Der textkritische Apparat der BHS schlägt vor, das zweite הַלְוִיִּם zu streichen. Da eine Textgrundlage dafür nicht angegeben wird, ist an dem Wort festzuhalten.

[130] Die Wendung כָּל־מַמְלְכוֹת הָאֲרָצוֹת könnte mit T. WILLI, Weltreichsgedanke 400f, auf den Völkerkontext Bezug nehmen und die „politischen Realisationen" (Zitat 400) der zu dem persischen Weltreich dazu gehörenden Länder bezeichnen und damit der „chr. adaptierten Weltreichsidee" (Zitat 401) entsprechen. Vgl. die weiteren Belege: 1Chr 13,2; 14,17; 22,5; 29,30; 2Chr 9,28; 11,23; 12,8; 13,9; 15,5; 20,29; 34,33.

[131] מִנְחָה וְכֶסֶף מַשָּׂא steht als Doppelbegriff für Abgaben. Während כֶּסֶף מַשָּׂא (das Tragen von) Geldbeträge(n) meint, ist מִנְחָה (s.o. V.5) auf Abgaben in Form von Naturalien zu beziehen. In den Kommentaren ist מַשָּׂא zumeist als „Tribut" übersetzt (vgl. K. GALLING, Bücher 118; S. JAPHET, 2Chronik 211). Dies scheint mir zu speziell zu sein, da dabei ein Vasallenverhältnis der Völker gegenüber Juda impliziert ist. Es könnte sich auch um eine einmalige oder jedenfalls nicht regelmäßige Abgabe handeln, die zu einem bestimmten Anlass erhoben wird.

[132] Ist mit Qere als Plural zu lesen.

[133] Zur Umgestaltung der dtr Geschichte Joschafats in der Chronik vgl. S. JAPHET, Chronicles 743f.

[134] Von juristischen und administrativen Reformen unter Joschafat ist erst in 2Chr 19,4–11 die Rede; s. dazu Abschnitt 5.5.

Auswirkungen auf die von ihm geregelten Ämter.[135] Nach Befriedungen der Nachbarländer lässt die Chronik unter Joschafat eine Reihe von Neubauten von Festungen und Lagerstätten[136] entstehen (V.12). Diese Notiz stellt in der Historiographie einen geprägten Topos dar, mit dem jahwetreue Könige charakterisiert werden.[137] Die Loyalität der Regenten gegenüber Jahwe wirkt sich unmittelbar in wirtschaftlicher Prosperität aus, die eine umfassende Blütezeit für Juda bedeutet und als deren wesentliches äußeres Kennzeichen umfangreichere Baumaßnahmen erscheinen. Ebenso werden von Joschafat administrative Reformen berichtet, deren Ausführung jedoch erst in Kap. 19 folgt.[138]

1Chr 17 ist relativ einheitlich gestaltet. Auffällig ist lediglich die Namensliste von Oberen (17,14–19), die nach der Erwähnung der Oberen in V.7 erst jetzt nachgeliefert wird.[139] Im Zuge der Neuregelungen der Ämter werden fünf namentlich genannte Obere mit einem Lehrauftrag in judäische Städte entsandt (17,7). Diesen wohl zu Laien zu rechnenden Familienhäuptern werden Leviten und Priester zur Seite gestellt (17,8f),[140] die mit der Tora Gottes in der Hand in den Städten Judas die Menschen unterweisen.[141] Setzt 17,10 mit וַיְהִי pointiert neu ein, so fallen in V.8f Doppelungen und Spannungen zu V.7 auf. Dop-

---

[135] Dies entspricht der positiven Schilderung Joschafats in der Chronik, die ihn damit in die Nähe zu den positiv dargestellten Königen Hiskia und Josia rückt; vgl. K. STRÜBIND, Tradition 110.113. Demgegenüber betont G.N. KNOPPERS, Reform passim, die Ambivalenz im chr Joschafat-Porträt, insofern die Chronik ihn zum Nordreich Kontakt aufnehmen lässt, um in der Historiographie zu zeigen, dass Juda nur als unabhängiger Staat und in Treue zu Jahwe existieren kann. S.a. P.R. ACKROYD, Theology 277f.

[136] Gemeint sind wohl Festungsanlagen und Lagerkapazitäten zur Bevorratung, für die auch archäologische Funde aus dem Negev beigebracht worden sind; vgl. Y. AHARONI, Land 345; J. BLENKINSOPP, Sage 30; A. MAZAR, Fortresses 108 (für 2Chr 27,4).

[137] Vgl. J. WEINBERG, Chronist 226; P. WELTEN, Geschichte 42–52; P.K. HOOKER, Chronicles 200.

[138] Vgl. Abschnitt 5.5.

[139] Nach P. WELTEN, Geschichte 19–24.45f.82–87, ist die Baunotiz in V.12f zusammen mit der Heeresnotiz in V.14–19 ein fiktives Produkt aus der Zeit der Chronik.

[140] Dass die gesamte Namensliste in V.7–9 auf Quellen beruht, die der Chronik über das DtrG hinaus zugänglich sind, wie es S.S. TUELL, Chronicles 175f, und S.J. DE VRIES, Chronicles 312, für V.7 meinen, ist eher unwahrscheinlich. – Nach S. JAPHET, Chronicles 750, weist die Abfolge der drei Ämter auf eine hierarchische Struktur des Tempelpersonals in der Zeit des Zweiten Tempels von Laien über Leviten zu Priestern hin; ähnlich R.B. DILLARD, 2Chronicles 134; J.E. DYCK, Ideology 131.

[141] P. WELTEN, Geschichte 184f, sieht in dieser Notiz sowie in der Ausführung 2Chr 19,4–11 den Topos der „Volksbelehrung". Da dieser Motivkomplex allerdings anders als die ansonsten von WELTEN ermittelten Topoi lediglich bei Joschafat zu finden ist, scheint mir diese Zusammenstellung nicht topisch zu sein. A.H.J. GUNNEWEG, Leviten 213, sieht darin „neue Formen" der „levitischen Belehrung", die Gepflogenheiten der Zeit der Chronik aufnehmen.

pelt erwähnt sind die Städte Judas sowie der Begriff הַלְוִיִּם, und sogar dreimal ist vom Lehren die Rede. Dieses Signal weist auf Nahtstellen zwischen der Nennung der einzelnen Geschlechter und Erweiterungen. Der doppelt gebrauchte Begriff הַלְוִיִּם in 17,8, der eine Namensliste von neun Leviten umrahmt, fällt gegenüber der einmaligen Erwähnung von שָׂרִים am Anfang und von הַכֹּהֲנִים am Ende der Namensliste auf. Das Stichwort וְעִמָּהֶם hätte zu Beginn der Aufzählung der Leviten, parallel zu dem die Priesterliste einleitenden וְעִמָּהֶם vollkommen genügt[142] und benötigte keine Hinzufügung des הַלְוִיִּם. Zusammen bilden beide Ausdrücke eine Klammer um die Namensliste der Leviten, was auf ein späteres Hinzuwachsen hindeutet.[143] Entfernt man den Text mitsamt der Klammer in V.8a aus dem Kapitel, so entsteht eine glatte Auflistung von Namen von Oberen und Priestern. Die namentlich genannten Leviten sind demgegenüber später hinzugewachsen. Der Text, der ursprünglich von Lehrern aus Familienhäuptern und Priestern redet, wird damit sekundär auf die Leviten uminterpretiert.

Zu der Hinzufügung der Levitenliste passt die ausgeführte Wiederholung in V.9b, dass sie *umherzogen*[144] und in *allen* Städten Judas lehrten. Der Lehrauftrag wird hier ausdrücklich mit der Vollständigkeitsangabe כָּל verbunden. Eignet dem כֹּל in der Chronik ein ganzheitlicher Aspekt, der das Volk Israel als eine ganzheitliche Größe vor Jahwe begreift, so ist hier wohl das Land als Ort der Verwirklichung der Ganzheit Israels besonders in den Blick genommen. Die Betonung der Vollständigkeit in V.9b setzt den Akzent darauf, dass das Lehren in erster Linie den Leviten zusteht. Das כֹּל weitet den Lehrauftrag der Leviten gegenüber dem zuvor im Grundbestand in V.7 genannten Lehrauftrag der Oberen aus. Dass darin ein Anspruch auf ausschließliche Lehrautorität der Leviten vorliegt, ist denkbar, doch nicht ausgeführt. Auf jeden Fall sind die Leviten für ganz Juda zuständig.

Auf eine spätere Zeit weist auch die dritte Nennung des Lehrens in V.9a, das zudem durch das Stichwort *Tora Jahwes* näher entfaltet wird. Der Terminus סֵפֶר תּוֹרַת יְהוָה spiegelt vermutlich eine spätere Praxis und setzt den nahezu abgeschlossenen Pentateuch[145] voraus. Aufgenommen

---

[142] Anders erkennt S. JAPHET, Chronicles 749, in dem וְעִמָּהֶם eine stilistische Wiederholung, die die Einheit von V.7–9 sichert und auf die Besonderheit des Lehrens im Begriff למד aufmerksam macht.

[143] Demgegenüber geht S.J. DE VRIES, Chronicles 311, von einer Einfügung der Priester- und Levitennamen aus.

[144] B. LANG, Schule 200, nimmt an, dass Unterricht weitgehend auf den Straßen und Marktplätzen, nicht so sehr in Häusern stattgefunden hat. Vielleicht schwingt dieser Gedanke bei der Erwähnung des Umherziehens mit.

[145] Auch H.G.M. WILLIAMSON, Chronicles 282; P.K. HOOKER, Chronicles 200, identifizieren die Tora mit dem Pentateuch, allerdings ohne literarkritische Schlussfolgerungen daraus zu ziehen. Anders B.A. LEVINE, Levites 527f, der in den Torot Verhaltensregeln und Ausführungsbestimmungen für das sakrale Personal sieht. Ähnlich bestimmt U. KELLERMANN, Anmerkungen 50, die Tora in der Chronik als

aus dem vorgegebenen Kontext wird nicht nur das Lehren (למד),
sondern auch das Stichwort וְעִמָּהֶם, das jetzt allerdings keine menschli-
che Begleitung wie in V.8b ausdrückt, sondern sachlich das Unterrichtsmaterial benennt. Die Grundlage der Lehre ist das schriftlich fi-
xierte Wort Jahwes, das den Leviten zu vermitteln und auszulegen auf-
getragen ist.[146] Dies begegnet ihnen in der Form, wie es im sich entwi-
ckelnden Pentateuch vorliegt.

Damit unterscheidet sich das mit סֵפֶר תּוֹרַת יְהוָה in 2Chr 17,9a Gemeinte aber doch
fundamental vom סֵפֶר תּוֹרַת־יְהוָה בְּיַד־מֹשֶׁה aus 2Chr 34,14 (vgl. V.15: סֵפֶר הַתּוֹרָה;
V.15f: הַסֵּפֶר; V.30: סֵפֶר הַבְּרִית), wo es in gut dtn/dtr Erbe das unter Josia gefundene
Gesetzbuch meint und damit wie im DtrG eine Vorform des Dtn bezeichnen
dürfte.[147] Hier rezipiert die Chronik mit sparsamen Änderungen relativ texttreu das
DtrG, ohne starke Eigenakzente zu setzen.[148] Die chr, primär kultischen Schwerpunkte werden erst im folgenden Kapitel, 2Chr 35, formuliert. Der Terminus יְהוָה
סֵפֶר תּוֹרַת ist in der Chronik also nicht uniform verwendet, sondern zielt auf unterschiedliche Textkorpora, deren Bedeutung im jeweiligen Kontext zu erheben ist.

Zusammengefasst sind V.8a.bα.9a als Ergänzung zu verstehen, die Leviten zur Ausführung eines bestimmten Auftrags nachträgt. Ein besonderes Interesse liegt dabei auf dem Aspekt des Lehrens, das nunmehr
den Leviten zugeschrieben wird.[149] Die Notiz hat im Kapitel keinen
festen Haftpunkt. Um sie einer Redaktionsschicht zuzuweisen, muss
man andere Texte vergleichen, die Leviten ebenso als Lehrer einsetzen,
wie es in 2Chr 35,3 geschieht.[150] Die Hinweise auf levitische Lehrer
liegen auf einer Ebene. Als solche kommt nur die letzte Redaktionsschicht in Frage.

„Norm, die den Jahwekult von Jerusalem bestimmt und bewahrt". Weitergehend
umschreibt T. WILLI, Leviten 91, „die Tora als das umfassende Bildungs-, Rechts-,
Religions-, und Lebensgut ‚Israels'".
[146] Vgl. A.H.J. GUNNEWEG, Leviten 214f; T. WILLI, Levites 90–92; DERS, Tora
268 (die Tora „ist Grundlage eines umfassendes Bildungs- und Schulprogramms").
Nach U. KELLERMANN, Anmerkungen 90, erteilen die Leviten die mündliche Tora
auf der Grundlage der schriftlichen Tora, was Kellermann als Anfang der zwei-
gestaltigen Tora im Judentum in zweierlei Gestalt begreift. – Anders sieht J.
WEINBERG, Chronist 228f, in dem Torabegriff in der Chronik eine ethische
Abzweckung.
[147] Vgl. R.B. DILLARD, 2Chronicles 280. Dass das Dtn noch bis ins 1.Jh. hinein
seine eigene Identität als Tora bewahrt hat, hat zuletzt P.R. DAVIES, Scribes 94,
anhand von Sir 24,23; 39,1; 1Makk 1,56f; 2Makk 8,23 aufgezeigt. – Anders
H.G.M. WILLIAMSON, Chronicles 402: Auch 2Chr 34,14 meint den Pentateuch und
bricht dadurch mit der dtr Tradition.
[148] Zu den Gemeinsamkeiten bzw. Unterschieden zwischen 2Chr 34 und 2Kön
22–23 s.a. die Übersicht bei J. KEGLER/M. AUGUSTIN, Deutsche Synopse 286–289.
[149] Nach H.G.M. WILLIAMSON, Chronicles 280.282, wird mit dem chr Hinweis auf
das Lehren der positive Charakter Joschafats herausgestellt, unter dessen Regierung
dies ermöglicht wurde.
[150] Vgl. unten Abschnitt 5.5.

Die Chronik präsentiert die Leviten in 2Chr 17 als Lehrer und bildet damit ein neues Aufgabenfeld aus. Die Leviten begegnen nicht als Mitglieder des Tempelpersonals, sondern als Lehrer mit umfassender Zuständigkeit für die Einwohner Judas und Jerusalems. In der literarischen Textwelt der Chronik durchläuft das Aufgabenspektrum der Leviten also eine Entwicklung. Dieses neue Aufgabenfeld fordert andere Qualitäten der Leviten als die kultischen Dienste.

Diese Neuausrichtung der Leviten in der Sinnkonstruktion der Chronik stellt Rückfragen an die implizite Soziologie des levitischen Aufgabenbereichs. Uwe Glessmer hat die Veränderung im literarischen Porträt damit erklärt, dass in der Wirklichkeit zur Zeit der Chronik einzelne Leviten für mehrere Aufgaben in gleicher Weise qualifiziert waren, welche sie lediglich abwechselnd ausübten.[151] Gegen diesen Vorschlag erheben sich jedoch soziologische Zweifel. Bedenkt man, dass die Durchführung von Lehrfunktionen einen Umgang mit literarischen Produkten impliziert, so erfordert dieses Berufsfeld Qualifikationen von Lesen und Schreiben, die für den niederen Klerus nicht vorauszusetzen sind. Diese Kenntnisse sind aufwendiger zu erlernen und lassen sich hinsichtlich ihrer Funktionalität nicht problemlos mit kultischen Diensten kombinieren. Dies trifft umso mehr dann zu, wenn als Lehrgut die Tora angegeben wird. Da anzunehmen ist, dass Lehrer über Kenntnisse in ihrem Unterrichtsmaterial verfügen, bedeutet dies, dass Lehrer der Tora mindestens Vorformen des Pentateuchs kennen und mit seinen Bestimmungen vertraut sind. Eine problemlose Verbindung von Kult und Lehre in der Realität der Zeit des Zweiten Tempels scheint damit ausgeschlossen.

Ein zweiter Aspekt in der Neubestimmung der Aufgaben der Leviten in der Textwelt der Chronik tritt hinzu. Die Leviten, die als Lehrer auftreten und denen Kenntnisse in der Tora zugeschrieben werden, sind dem Land Juda zugeordnet. Leviten vom Land treten zwar öfter in den Blick, doch ist diese Gruppe sonst nicht mit einem Lehramt verbunden.[152] In 2Chr 17 setzt die Chronik voraus, dass Leviten im Land Juda leben und dort ihren Dienst tun.[153] Einen Reflex davon findet man auch

---

[151] Vgl. U. GLESSMER, Leviten 145, der die These aufgestellt hat, dass die Leviten nur einige Zeit im Jahr als Kultdiener am Jerusalemer Tempel gearbeitet haben, während sie die meiste Zeit im Jahr im Land Palästina „dezentrale oder Gesamtaufgaben der Tempelverwaltung wahrnehmen".

[152] R. DE VAUX, Lebensordnungen II 225f, sieht eine Anknüpfung an exilische Verhältnisse gegeben, insofern die Landleviten kultische Tätigkeiten an den lokalen Heiligtümern im Land Juda während der Exilszeit wahrgenommen haben. Weiterhin vermutet er dies auch zu dtn Zeiten trotz der geforderten Kultzentralisation, als die Leviten zu „Priestern der Provinz" wurden (a.a.O. 199). Ob man voraussetzen kann, dass es tatsächlich Landleviten gegeben hat und die Chronik daran anknüpft, ist eine Frage.

[153] Vgl. G. VON RAD, Predigt 259f; M. LEUCHTER, Levite 219.

in 2Chr 11,13–16, wo von der Verlagerung der Leviten[154] weg von dem
Land hin nach Jerusalem in den Tempel und an den Königshof die
Rede ist, die mit der Unterstützung des royalen Monarchen begründet
wird; dahinter steht eine Aufgabenverlagerung, die den Leviten andere
Tätigkeitsfelder zuweist. Doch bleibt auf diesem Hintergrund unerklärt,
warum Leviten auf dem Land mit der Lehre verbunden werden. Die
Chronik etabliert hier ein neues Levitenbild und gestaltet die Gruppe
der Leviten als kompetente Vermittlungsinstanz für „ganz Israel", der
„die Durchführung der Thora im täglichen Leben des Volkes" als
„Wegweisung für ein ... Leben vor Gott" zugetraut wird.[155]

Indem die Leviten nach der Chronik in den Bereich der Lehre vorrü-
cken, verlassen sie den Kult und erfahren eine Neuausrichtung. Da die
Lehre, wie die Leviten sie in 2Chr 17,7–9 wahrnehmen und nach
Ausweis der Chronik von Joschafat angeordnet ist, kann man als eine
neue Form des Lehrens unter „royal patronage" ausmachen.[156] Eine
ähnliche autoritative Verbindung begegnet auch 1Chr 25,2.6; 2Chr
29,5.15.30; 30,22, wo die Aufgaben der Leviten mit profanen Machtstrukturen verbunden werden.[157] Die Lehrfunktionen der Leviten führen
also zu einer Neuausrichtung der Gruppe, die aus dem Bereich des Kultes herausführt und in stärker profane Funktionsbereiche hineinführt.

Die Neuausrichtung des Levitenbildes findet in Erweiterungen der
Chronik in V.8a.9b ihren Niederschlag. Die Chronik setzt hiermit neue
funktionale und theologische Schwerpunkte; funktionale Schwerpunkte, indem eine Erweiterung um Schreib- und Lehrfunktionen geschieht,
und theologische Schwerpunkte,[158] indem die Leviten mit der Tora als
der Urkunde des maßgeblichen göttlichen Willens betraut werden. Damit wird ein levitisches Gruppenporträt erzeugt, das eine Verflechtung
von sakralen und profanen Funktionen impliziert[159] und die Leviten in
neue soziale Bereiche hineinführt.[160] Mit dieser Positionierung der Le-

---

154 Anders nimmt R. NURMELA, Levites 3, an, dass der Begriff Leviten in 2Chr
11,14 Leviten und Priester gleichermaßen einschließt. Da Priester an die Stelle der
wegziehenden Leviten treten, ist dieser Gedanke zwar nicht auszuschließen, allerdings scheint es mir nicht zwingend zu sein, mit einer Abwanderung auch der
Priester zu rechnen. Vielmehr nehmen die nach Jerusalem umgesiedelten Leviten
nunmehr andere Aufgaben wahr.
155 So mit T. WILLI, Thora 149, mit Hinweis auf 2Chr 6,16.27.
156 So J.L. CRENSHAW, Education 613.
157 S. dazu auch A. LABAHN, Tendencies 118–123.
158 S. JAPHET, Chronicles 744, bezeichnet V.7–9 als „theological core", das sich
sperrig zum politischen Kontext des Kapitels verhält.
159 Zur Verflechtung von politischer, sozialer und religiöser Führung in Juda in der
Zeit des Zweiten Tempels vgl. J. BLENKINSOPP , Temple 47.51.53; J.L. BERQUIST,
Judaism 150.
160 Nach J. BLENKINSOPP, Scribalism 312, entsteht mit dieser Tätigkeit der Leviten
als Lehrer „a new form of scribalism ... focusing on instruction and interpretation
of the law".

viten setzt die Sinnkonstruktion der Chronik neue Akzente gegenüber anderen atl. Schriften.

4.4 Jachasiel – ein levitischer Prophet mitten im Kriegsgeschehen – 2Chr 20,1–30

In 2Chr 20 wird berichtet, dass Leviten das Kriegsgeschehen begleiten und das von Joschafat geführte Heer in seinem Zug gegen die Moabiter und die Ammoniter unterstützen. Die durchweg chr Episode, die kein Äquivalent im DtrG hat,[161] bildet im Textverlauf der Chronik eine Gegengeschichte zu der Kriegshandlung auf dem Schauplatz Ramot in Gilead in 2Chr 18 (vgl. 1Kön 22), wo Joschafat mit Ahab von Israel gegen Aram kämpft. Tritt in 2Chr 18 der Prophet Micha ben Jimla auf, dessen Warnung vor der Niederlage mit seiner Inhaftierung endet, so übernimmt in 2Chr 20 der Prophet Jachasiel diese Funktion. Der Verlauf der Ereignisse in 2Chr 18 verläuft unglücklich; Ahab bleibt verwundet auf dem Feld, während Joschafat nach einer Demütigung zurückkehrt. Anders ist der Ausgang in 2Chr 20: Joschafat siegt. Die Chronik begründet den anderen Ausgang mit Joschafats zwischenzeitlichen Regierungsmaßnahmen. Seine administrativen und juristischen Reformen bereiten den Boden, auf dem Joschafat nach dem Desaster in 1Chr 18 doch noch als jahwetreuer König erscheint. So mündet die Geschichte denn auch in das historiographische wie theologische Urteil ein, dass Jahwe dem König Ruhe verschafft und somit einen heilvollen Zustand hergestellt habe (V.30).[162]

Ein weiterer wichtiger Unterschied zwischen den Kriegsberichten betrifft die Beteiligung von Leviten. Während in 2Chr 18 von ihnen überhaupt keine Rede ist, nehmen sie in 2Chr 20 einen wichtigen Platz im Handlungsverlauf ein und sorgen durch ihr Engagement für einen positiven Ausgang der Ereignisse. Die Chronik schafft mit dieser Episode eine klare Gegengeschichte zu 2Chr 18, die Joschafat herausstellt und letztlich als loyalen König würdigt (vgl. seine Ansprachen und Maßnahmen V.5–12.20f).

2Chr 20,1–30: (1) Und es geschah danach, dass die Moabiter und die Ammoniter und mit ihnen einige der Meuniter[163] gegen Jehoschafat zum Krieg

---

[161] Vgl. W. RUDOLPH, Chronikbücher 258f; P. WELTEN, Geschichte 142.151; R.B. DILLARD, 2Chronicles 153f; S. JAPHET, Chronicles 782f; A. HANSPACH, Interpreten 119f; s.a. K. STRÜBIND, Tradition 103.110f; J. KEGLER/M. AUGUSTIN, Synopse 182–191.

[162] Vgl. das ähnliche Urteil für die Regierungszeit Asas in 2Chr 14,6; 15,15. Zum Topos der Ruhe vgl. P. WELTEN, Geschichte 43.49f.202f; A. RUFFING, Jahwekrieg 219–223, der die Zeit der Ruhe als Idealzustand unter Salomo bestimmt.

[163] Anstatt der doppelten Erwähnung der Ammoniter ist wohl eine Vertauschung von ע und מ anzunehmen, so dass hier wie in 2Chr 26,7 הַמְּעוּנִים zu lesen ist, wie es

zogen. (2) Da kamen sie und teilten Jehoschafat Folgendes mit: Eine große Menge zieht gegen dich von jenseits des Flusses aus Aram[164], und siehe, sie sind (schon) in Chazzon-Thamar, welches En-Gedi[165] ist. (3) Da hatte Jehoschafat Angst und richtete sein Angesicht darauf, Jahwe zu suchen. Und er rief ein Fasten über ganz Juda aus. (4) So versammelte sich ganz Juda, um von Jahwe (Hilfe) zu ersuchen, und sogar aus allen Städten Judas kamen sie, um Jahwe (um Hilfe) zu ersuchen.[166]
(5) Und Jehoschafat stand in der Gemeinde Judas und Jerusalems am Haus Jahwes vor dem neuen Vorhof (6) und sagte: Jahwe, Gott unserer Väter, bist du nicht der Gott im Himmel und bist du nicht der Herrscher über alle Königreiche der Völker[167]? Und sind nicht in deiner Hand Macht und Stärke, so dass niemand vor dir standhalten kann? (7) Bist du nicht unser Gott, der du die Einwohner dieses Landes vor deinem Volk Israel vertrieben und es der Nachkommenschaft Abrahams, deines Geliebten, für immer gegeben hast? (8) So haben sie dort gesiedelt und dir dort ein Heiligtum für deinen Namen mit folgendem Gesuch gebaut: (9) Wenn ein Unheil über uns kommt, sei es Schwert, Strafe, Pest oder Hunger, dann sollen wir vor dieses Haus und vor dich hintreten – denn dein Name ist in diesem Haus – und sollen dich anrufen in unserer Not, damit du uns erhörst und uns rettest. (10) Und jetzt, siehe, die Ammoniter, die Moabiter und die vom Berg Seir, deren Land die Israeliten nicht betreten durften, als sie aus dem Land Ägypten kamen, weil sie vor ihnen weichen mussten und sie nicht vernichtet haben, (11) siehe, diese tun uns Böses an, sie kommen, um uns aus deinem Besitz, den du uns vererbt hast, zu vertreiben. (12) Unser Gott, kannst du sie nicht richten? Denn es hat keiner unter uns Macht gegenüber einer so großen Menge wie diese, die gegen uns zieht. Und wir wissen nicht, was wir tun sollen, denn auf dich richten sich unsere Augen.
(13) Und ganz Juda stand vor Jahwe, sogar ihre kleinen Kinder, ihre Frauen und ihre Söhne. (14) Und Jachasiel, der Sohn Secharjahus, der Sohn Banajahs, der Sohn Jeiels, der Sohn Mathanjahs, der Levit von den Söhnen Asafs, auf dem der Geist Jahwes ruhte, war inmitten der Versammlung (15) und sprach: Hört her, ganz Juda, Einwohner Jerusalems und König Jehoschafat! So spricht Jahwe zu euch: Seid nicht furchtsam und verzagt nicht

---

der textkritische Apparat der BHS vorschlägt; vgl. S. JAPHET, 2Chronik 242.244. LXX bietet an beiden Stellen Μιναῖοι.

[164] Möglicherweise ist mit einigen Handschriften Edom zu lesen, wie es auch einige Kommentare vorschlagen: vgl. K. GALLING, Chronik 123; S. JAPHET, Chronicles 780.

[165] Der chr Hinweis auf En-Gedi, der kein Äquivalent im DtrG hat, könnte einen aktuellen Hintergrund haben. – Zur Identifikation der Route von ʿEn Gedī nach Jerusalem vgl. M. NOTH, Lokalüberlieferung passim. Nach J.M. MILLER, Korahites 59, stellt es jedoch eine alte Tradition dar, die als ein Midrasch in 2Chr 20 aufgenommen wird.

[166] Da in V.3 דרש steht, in V.4 aber בקש pi. verwendet ist, scheinen beide Verben etwas andere Akzente zu setzen und sollten daher unterschiedlich übersetzt werden. Denkbar wäre auch, dass verschiedene Aktanten hervorgehoben werden sollen.

[167] Eine Handschrift ändert in „Königreiche der Länder", wie es in 2Chr 17,10 und unten in V.29 begegnet. Die Völker sind auffällig, doch ist der Text insgesamt gut bezeugt, so dass eine Änderung nicht infrage kommt. S. ROYAR, Herr 155, hält die MT-Wendung theologisch für passend, da die Völker in der Chronik oft negativ konnotiert seien.

vor dieser großen Menge, denn der Krieg ist nicht euer, sondern Gottes. (16) Geht morgen zu ihnen; siehe, sie kommen zu euch hinauf bei dem Aufstieg von Ziz, und ihr werdet sie finden am Ende des Tals gegenüber der Wüste Jeruel. (17) Ihr sollt nicht selbst kämpfen in diesem (Gefecht), tretet hin, stellt euch auf und seht die Hilfe Jahwes bei euch, Juda und Jerusalem. Seid nicht furchtsam und verzagt nicht! Zieht morgen herauf, ihnen entgegen, und Jahwe wird mit euch sein.

(18) Da warf Jehoschafat sich (auf die Knie) mit dem Gesicht auf die Erde und ganz Juda und die Einwohner Jerusalems fielen nieder vor Jahwe, um Jahwe anzubeten. (19) *Da erhoben sich die Leviten von den Kehatitern und den Korachitern, um Jahwe, den Gott Israels, mit lauter Stimme für das Werk zu preisen.*

(20) Und sie machten sich früh am Morgen auf und zogen in die Wüste Thekoa. Und als sie hinzogen, stand Jehoschafat auf und sagte: Hört auf mich, Juda und Einwohner Jerusalems! Vertraut auf Jahwe, euren Gott, so werdet ihr Bestand haben; vertraut auf seine Propheten, so werdet ihr Erfolg haben! (21) Und er fasste mit dem Volk einen Beschluss und stellte Sänger für Jahwe auf und sie sangen *in heiligem Schmuck* beim Herausgehen vor den Soldaten *und sprachen: Dankt dem Herrn, denn seine Güte (reicht) bis in Ewigkeit.* (22) Und zu der Zeit, als sie mit Jubel und Ruhm lobten, ließ Jahwe die (auf einen Hinterhalt) Lauernden gegen die Ammoniter, (die) Moab(iter) und (die vom) Berg Seir, die nach Juda gekommen waren, los, und sie wurden geschlagen. (23) Da standen die Ammoniter und (die) Moab(iter) gegen die Bewohner des Berges Seir, um sie zu vernichten und vollständig auszurotten. Und als sie die Einwohner Seirs aufgerieben hatten, half jeder seinem Nächsten (sich gegenseitig) zu verderben. (24) Und als Juda zu dem Aussichtsturm in die Wüste kam, wandten sie sich der Menge zu, und siehe, ihre Leichname lagen auf der Erde und niemand war entronnen.

(25) Da gingen Jehoschafat und sein Volk, um ihre Beute zu rauben, und sie fanden bei ihnen viele Güter, Kleidungsstücke[168] und Kostbarkeiten; und sie raubten (diese) von ihnen, bis sie nichts mehr tragen konnten. Und so geschah es drei Tage lang, dass sie die Beute raubten, denn sie war zahlreich. (26) Und am vierten Tag versammelten sie sich in dem Tal Beracha, denn dort priesen sie Jahwe. Darum nennen sie diesen Ort bis heute mit dem Namen Tal Beracha.

(27) Und alle Männer Judas und Jerusalems wendeten sich zurück, und Jehoschafat kehrte als erster nach Jerusalem mit Freude zurück, denn Jahwe hatte sie erfreut vor ihren Feinden. (28) *Da kamen sie nach Jerusalem mit Harfen, Zithern und Trompeten in das Haus Jahwes.* (29) Und da geschah es, dass der Schrecken Gottes über alle Königreiche der Länder kam, als sie hörten, dass Jahwe den Krieg mit den Feinden Israels geführt hatte. (30) Und das Königreich Jehoschafats hatte Ruhe und sein Gott ließ ihn Ruhe haben ringsum.

Entscheidend für das Geschehen ist neben Joschafats Initiative die Einbindung der Leviten. Einerseits tritt der Levit Jachasiel aus dem Geschlecht der Asafiten als Prophet auf (V.14–17); lässt die Chronik ihn eine Ansprache an die versammelte Menge richten, so wird seine Funk-

---

168 Mit einigen wenigen Handschriften nicht als פְּנֵרִים, sondern als בְּנֵרִים zu lesen; so auch S. JAPHET, Chronicles 781; DIES., 2Chronik 244.

tion später als prophetisches Wirken näher gekennzeichnet. Andererseits ist von Sängern / Musikern aus den Reihen der Leviten die Rede (V.19.21f.28). Diese sind hier aber nicht kultisch tätig, sondern begleiten das Kriegsgeschehen, indem sie Gott für den erhofften glücklichen Ausgang des Unternehmens preisen, V.19.21f.28. Wenn sie dies bereits vor dem eigentlichen Kriegsgeschehen tun (V.19), so ist darin die Gewissheit des antizipierten Sieges zum Ausdruck gebracht. Denn nach menschlichem Ermessen wäre ein Sieg angesichts der großen Anzahl gegnerischer Soldaten unwahrscheinlich, doch ist in V.19 die Hoffnung formuliert, dass Jahwes Macht die Unterlegenheit Judas ausgleichen und der Truppe durch sein Eingreifen zum Sieg verhelfen werde.

2Chr 20 beschränkt sich nicht auf eine Funktion von Leviten, sondern zeigt zwei Aspekte ihrer Multifunktionalität. Zum einen wird von Sängern / Musikern berichtet (V.19.28aβ), die das Kriegsgeschehen begleiten und schließlich in Jerusalem der Freude über den Sieg hörbar Ausdruck verleihen, und zum anderen wird der Levit Jachasiel als Künder des Gotteswillens vorgestellt, der in prophetischer Erscheinungsweise agiert.[169] Sind bereits Leviten als Sänger / Musiker und als Propheten zur Sprache gekommen,[170] so überrascht, dass beide Funktionen hier zusammen in einem Kriegsbericht auftauchen.[171] Bevor das Bild der Leviten ausgewertet wird, ist zunächst den Wachstumsspuren in 2Chr 20 nachzugehen.

In V.19 erscheinen Leviten aus den Kehatitern und Korachitern als Sänger / Musiker. Die Notiz überrascht nicht nur deswegen, weil liturgische Dienste jetzt mitten in einem Kriegsbericht erwähnt werden. Auch ist zu beobachten, dass der Vers unmotiviert im Ablauf des Geschehens steht. Mit וַיָּקֻמוּ setzt unvermittelt ein neues Geschehen ein. In V.20 ist die kämpfende Menge als Subjekt vorausgesetzt ist, was an V.18 anschließt. In V.19 sind jedoch die Sänger / Musiker beteiligt, so dass mit der Abfolge der Verse ein Bruch entsteht, da der Subjektswechsel in V.20 zwar vorausgesetzt, nicht aber angezeigt ist.

V.19 passt in gewisser Weise zu V.21f, auch wenn sich liecht Nuancen ergeben. Ist in V.21 von Sängern die Rede, so bietet V.19 dazu eine nähere Kennzeichnung der Gruppe als Kehatiter und Korachiter. Damit sind zwei prominente levitische Gruppen in den Handlungsverlauf eingeführt, die in Funktionen von Sängern / Musikern auftreten.

---

169 Vgl. G.N. KNOPPERS, AncB 12A, 858. Nach K. STRÜBIND, Tradition 115, treten Propheten „an allen Wendepunkten der Geschichte Joschaphats" auf, wobei sie geschichtliche Ereignisse theologisch deuten.
170 Zu den Sängern / Musikern vgl. vor allem Abschnitt 2.3, zu Leviten als Propheten vgl. 4.1 und 4.2.
171 Zum Topos des Kriegsberichts in der Chronik vgl. P. WELTEN, Geschichte 115–175. Dagegen bestreitet A. HANSPACH, Interpreten 123, diese Form und lässt nur „Elemente einer Kriegserzählung (Orakel, Aufstellen eines Heeres, Schlacht)" gelten, da eine „gottesdienstlich-kultische(.) Handlung" vorliege, die ihren Ausgangs- und Endpunkt im Tempel hat.

Zudem überrascht der Artikel bei der Nennung des Stichwortes Leviten (הַלְוִיִּם) in V.19; da im Folgenden Namen genannt werden, die das vorangehende Substantiv ohnehin determinieren, ist der Artikel sprachlich unnötig. Der Artikel unterstützt den Neuanfang und setzt pointiert einen neuen Akzent in der Szene, der eine Beteiligung von Leviten am Kriegsgeschehen einbringt. Da die beiden Sippen der Kehatiter und Korachiter direkt als Leviten bezeichnet sind, kann man davon ausgehen, dass V.19 bereits die Verschmelzung der Sänger / Musiker mit den Leviten voraussetzt.[172]

Dazu passt die Notiz in V.28, dass der triumphale Einzug unter dem Ertönen von Harfen, Zithern und Trompeten stattfindet. Eine aktive Personengruppe wird dafür allerdings nicht angegeben. Auch ist die Art der Dankes- und Lobesäußerungen gegenüber Jahwe nicht näherhin spezifiziert, sondern offen für verschiedene Interpretationen. V.28 füllt eine Lücke durch den Hinweis auf die Instrumente aus, mit der die Kriegsepisode historiographisch gedeutet wird. Die Notiz in V.28 über Harfen, Zithern und Trompeten trägt damit levitisches Engagement späterer Provenienz ein. Dazu passt, dass die genannten Instrumente in der Chronik auch sonst mit Leviten verbunden sind.[173]

Der Hinweis auf die Instrumente überrascht, da die Szene des Einzugs in Jerusalem außer dieser Notiz nichts über musikalische Aktivitäten verrät. Zwar ist zuvor vom Lob Gottes (V.26) und von Freude (V.27) die Rede, doch sind dies eher allgemeine Bemerkungen, die eine Schlussnotiz des Kriegsberichtes formulieren, die entsprechend dem chr Topos Freude konstatiert, anlässlich der Rückkehr von Heer und König nach Jerusalem. In einer späteren Schicht ist die Vorstellung eines Triumphzuges[174] ausgelöst worden, der von Leviten begleitet und festlich mit Musik ausgestaltet wird. In der Musik werden Jahwes Gaben der Freude akustisch symbolisiert, womit der Gedanke von Ruhe und Frieden (vgl. 2Chr 20,30) noch einmal neu interpretiert wird.

Diese Leviten, die das Kriegsgeschehen begleiten und darin Dank und Lob für Gottes Hilfe zum Ausdruck bringen (so in V.19.21.28),[175] sind ähnlich geschildert wie die Sänger / Musiker in 1Chr 25,1–7, die

---

[172] H. Gese, Geschichte 156f, nimmt Rangstreitigkeiten in nachexilischer Zeit an. Hinter 2Chr 20 gebe sich dabei eine Situation um den Aufstieg der Korachiten nach ihrem Zusammenschluss mit den Sängern zu erkennen, „nachdem ihnen die Priesterschaft verschlossen war" (ebd. 157), den Gese in die zweite Hälfte des 4.Jh. (ebd. 149f) datiert.

[173] Vgl. die in Abschnitt 2.3 genannten Belege.

[174] Ähnlich charakterisiert S.S. Tuell, Chronicles 184, den Zug als „festal procession".

[175] G. Steins, Chronik 407–409, unterscheidet zwischen V.19 und V.21, indem er V.19 als sekundäres Gut der Musiker-Torwächter-Schicht betrachtet; in V.21 die Israeliten aber als Subjekt begreift und den Vers dann aufgrund einer abweichenden Terminologie zur Grundschicht rechnet.

bereits näher beleuchtet worden sind.[176] Kennzeichnend für die Aufgaben dieser levitischen Sänger / Musiker ist, dass sie Musik und traditionelle Worte in einer bestimmten Situation darbieten. Dass den Leviten aktive Kenntnisse in psalmistischen Traditionen zugetraut sind, zeigt vor allem V.21, der den Refrain aus Ps 136: כִּי לְעוֹלָם חַסְדּוֹ zitiert.[177] Möglicherweise ist das Zitat aus Ps 136 dem Bericht erst in einer abermals späteren Schicht hinzugewachsen. Das Zitat könnte dann den prophetischen Aspekt verstärken und Charakteristika dieser Rede in intratextueller Anspielung an 1Chr 25 einbringen. Dazu passt auch die Wendung לְהַדְרַת־קֹדֶשׁ. Das Stichwort der Heiligkeit reibt sich mit der militärischen Szene. Während ursprünglich Sänger zur Unterstützung der Kampfmoral der Truppe eingesetzt worden sind, kommen sie nunmehr als Liturgen zur Geltung. Ob die Neuakzentuierung erst auf der letzten redaktionellen Stufe oder doch bereits auf der Ebene der Levitisierung der Sänger / Musiker hinzugewachsen ist, ist schwer zu entscheiden. Auf jeden Fall wird dem Gesang nunmehr eine spezifische Qualität zugemessen, so dass diese musikalischen Äußerungen anderen parallelen Erscheinungsformen in der Chronik, wie sie sonst im Kult zu finden sind, angenähert werden. Damit wird ein altes Aufgabenfeld[178] der Leviten, das auch hinter 2Chr 23,7 steht,[179] neu akzentuiert.

Der Lobgesang für Jahwes Eingreifen erklingt nach V.19 bereits vor dem Triumph. Mit diesem musikalischen Dienst treiben die Leviten das Geschehen nicht eigentlich voran, sondern unterstützen die Ereignisse durch Aktivitäten im Hintergrund. In Lob und Anbetung Jahwes wird der noch ausstehende Sieg in der Sinndeutung antizipiert (V.18f). Der Lobgesang der Leviten reicht aber weiter, da vorausgesetzt ist, dass er während des Kampfes andauert (V.21). So findet der Sieg über die Feinde denn auch zu genau dem Zeitpunkt statt, als der Lobgesang ertönt (V.22). Die musikalische Darbietung der Sänger / Musiker dient nach 20,19.21 zwar primär dem Lob Gottes, fördert aber ebenso die Motivation der Soldaten. Die Musik unterstützt damit das Gebet[180] und

---

[176] Vgl. Abschnitt 4.2.

[177] J.E. DYCK, Ideology 224, bewertet das Zitat als „central refrain in the theocratic anthem". Zu Zitaten von Psalmen in der Chronik vgl. Abschnitt 1.2.4 und oben Anm. 111.

[178] Zur Beteiligung von Leviten am Kriegsgeschehen vgl. Anschnitt 2.6; zu Funktionen von Schreibern dabei vgl. C. SCHAMS, Scribes 67, die aufgrund des in 2Chr 26,11 genannten Jeiel, einem Beamten unter Usia, annimmt, dass die Funktionen der Musterung des Volkes und der Organisation des Heeres vorexilische Aufgaben benennen und auf außerbiblische Quellen zurückgehen.

[179] Eine ähnliche Vorstellung begegnet bei dem Motiv des Tragens der Lade durch die Leviten und dem Musizieren vor ihr, 1Chr 15,2f.12.14f.26–28; 2Chr 5,4f; 23,2; 35,3, mit dem der musikalische Dienst im Krieg verwandt sein mag; s.o. Abschnitt 2.5 und 2.6.

[180] Vgl. dazu S. ROYAR, Herr 154–163; s.a. S.J. SCHWEITZER, Utopia 172f, der zu der Schlussfolgerung gelangt, dass „prayer is a means to change the present – a truly utopian activity" (Zitat 173).

die Ansprachen Joschafats (20,5–12.20) und Jachasiels (20,15–17), die ebenso auf die Motivation der Soldaten ausgerichtet sind.

Mit dem Gotteslob und der Motivation der Soldaten stärken die Leviten nun aber auch die Position des Königs in der Chronik. Joschafat steht als jahwetreuer König nicht allein, sondern erhält Unterstützung von den Leviten. Sie fördern in 2Chr 20 die royalen Interessen und verhelfen nach dem Handlungsverlauf der Geschichte der legitimen Königslinie zur Durchsetzung ihrer Interessen, die nach der Sicht der Chronik mit dem Plan Gottes für sein Volk identifiziert wird. Ähnlich ist es auch in 2Chr 11,17 vorausgesetzt, wo die Leviten den König Rehabeam als den rechtmäßigen Nachfolger Salomos unterstützen. So sehr die Leviten auch in politische Interessen eingebunden sind und staatsloyal agieren, so ist der Sieg letztlich doch als Werk Jahwes gekennzeichnet, dessen Zustandekommen der König durch seine Handlungen und Ansprachen gemäß 2Chr 20 maßgeblich beeinflusst. Dass die Leviten hierin eingebunden sind, ist kein Zufall, sondern Gestaltungsinteresse der Wirklichkeitskonstruktion der Chronik.[181] Die Leviten fördern durch ihr Engagement damit letztlich gleichzeitig royale wie sakrale Interessen.

Die Einbindung von Leviten scheint mir aber dennoch nicht dafür zu sprechen, dass man die Szene in 2Chr 20 als „heiligen Krieg" bezeichnen kann.[182] Vielmehr unterstützen sie in wesentlich schlichterer Weise den Handlungsverlauf der Ereignisse nach der Chronik. Der levitische Gesang kennzeichnet einen Zeitpunkt des Kampfgeschehens, an dem Jahwe seinem Volk Rettung zuteil werden lässt.[183] Auf der Handlungsebene transportiert die Musik den Segen Jahwes zu den Kämpfenden und stellt damit das gesamte Kriegsgeschehen unter das Zeichen göttlichen Schutzes und göttlicher Präsenz. Dass mit der Überbringung des göttlichen Segens Leviten befasst sind, ist für die Sinnkonstruktion der Chronik fraglos eine Basis der historiographischen Pragmatik, da von der Beteiligung der Leviten ein Gelingen oder Misslingen von Ereignissen abhängig gemacht wird.

Eine weitere Funktion von Leviten begegnet in V.14, wenn Jachasiel auftritt und den Willen Jahwes an Juda und Joschafat übermittelt. Jachasiel wird eine Rede zugeschrieben, in der er, eingeleitet mit der

---

[181] Daher betont S.J. SCHWEITZER, Utopia 159: „The Levites provide a means of victory even when no other hope can be offered". Die Einbindung der Leviten geschieht also in historiographischem Interesse.

[182] So die Annahme von J.M. MYERS, II Chronicles 11; D.L. PETERSEN, Prophecy 73f; J.W. KLEINIG, Song 170–173; P. WELTEN, Geschichte 149.151; R.B. DILLARD, 2Chronicles 154.157f; P.K. HOOKER, Chronicles 212f; zurückhaltender S.J. DE VRIES, Chronicles 325; ähnlich nehmen G.N. KNOPPERS, Jerusalem passim; K. STRÜBIND, Tradition 105f, die Vorstellung des heiligen Krieges als traditionsgeschichtlichen Hintergrund an.

[183] Vgl. H. GESE, Geschichte 155; s.a. S.J. DE VRIES, Chronicles 326: „A mystical noise from God threw the enemies into a panic".

prophetischen Botenspruchformel כֹּה־אָמַר יְהוָה, ein Heilsorakel[184] an das Volk richtet (V.15–17), in dem die Adressaten zum mutigen Standhalten im Kampf aufgefordert werden, da eigentlich nicht das Volk kämpfe, sondern Gott selbst für sie gegen die Übermacht der anderen Völker eintreten wird.[185] In dieser Handlungsfolge und aufgrund der übermittelten Botschaft ist Jachasiel als ein Prophet gekennzeichnet, obwohl der Prophetentitel nicht fällt.[186] Das Heilsorakel beinhaltet eine göttliche Antwort, die der Prophet als Mittler an das Volk weiter gibt.[187] Die Chronik bietet eine dezente Schilderung prophetischen Wirkens, das nicht auf den terminus technicus gebracht wird, der in anderen späten Abschnitten zu finden ist. Daher braucht das Orakel selbst nicht einer späteren Schicht zugewiesen zu werden, zumal die Kriegsansprache durchaus den Topoi chr Historiographie entspricht.[188]

Präziser formuliert demgegenüber V.14b, da Jachasiel einerseits als Levit der Gruppe der Asafiten[189] gekennzeichnet wird und andererseits als Prophet dadurch ausgewiesen ist, dass der Geist Jahwes auf ihm ruht.[190] In V.14b ist eine Levitisierung auszumachen, die nicht generell auf die Leviten verweist, sondern speziell die Asafiten anführt. Dies entspricht der Tendenz der Aufwertung Asafs und seiner Nachkommen, da für den Handlungsverlauf entscheidendes Gewicht an dieser

---

[184] Vgl. H. GESE, Geschichte 155; P. WELTEN, Geschichte 150; A. RUFFING, Jahwekrieg 167.255f; R.B. DILLARD, 2Chronicles 154f; D.L. PETERSEN, Prophecy 73; S.J. DE VRIES, Chronicles 326; s.a. E. CURTIS, A. MADSEN, Books 407; L.L. GRABBE, Priests 82. Die direkte Anrede an das Volk (vgl. „euch" in V.15) geht über die stringente Form hinaus; vgl. W.M. SCHNIEDEWIND, Word 58. Dagegen bestreitet A. HANSPACH, Interpreten 125, dass es sich um eine prophetische Rede handelt; vielmehr sei die Ansprache „paränetischer bzw. pädagogischer Natur". Wieder anders hat G. VON RAD, Predigt 253f, hieraus auf ‚levitische Predigt' in prophetischer und paränetischer Tradition geschlossen.

[185] Vgl. J.W. WRIGHT, Fight 170f.

[186] Daher bestimmt W.M. SCHNIEDEWIND, Word 125f.183f, die Funktion der Rede als „exhorting and encouraging" (ebd. 125); diese prophetischen Funktionen werden in der Chronik für solche Personen verwendet, die zwar als Propheten („prophetic messenger") agieren, aber nicht mit einem Prophetentitel gekennzeichnet werden.

[187] Vgl. P.K. HOOKER, Chronicles 211f.

[188] Vgl. A. RUFFING, Jahwekrieg 166–173.254–266.290.

[189] Nach T. WILLI, Auslegung 198; G. STEINS, Chronik 409, ist die genealogische Verknüpfung mit den Asafiten künstlich und sekundär. Nach R. THEN, Propheten 258f, dagegen bilden die Asafiten gerade die (Kult-)Propheten.

[190] S. JAPHET, Chronicles 793, nimmt an, er sei „not a regular prophet, but a singer inspired spontaneously in the midst of the assembly". Eine ähnliche Annahme allerdings mit Verweis auf die bei den Schriftenpropheten unübliche Geistbegabung äußert W.M. SCHNIEDEWIND, Word 116f; s.a. S.J. DE VRIES, Chronicles 327. – Folgt man der Überlegung von D.L. PETERSEN, Prophecy 100, so avanciert die Geistbegabung in griechisch-hellenistischer Zeit zum Zeichen für die Rückkehr der Prophetie; s.a. A. RUFFING, Jahwekrieg 255f. Dass Geistbegabung wesentlich zum Prophet-Sein dazu gehört, nimmt dagegen L.L. GRABBE, Priests 83, an.

Ansprache hängt.[191] Sind prophetische Aktionen bereits in 1Chr 25 mit Asaf verbunden, so konvergiert V.14b mit anderen späten Prophetenäußerungen der Chronik, die mit diesem Aspekt auf einer Ebene liegen. Der Hinweis auf die Geistbegabung Jachasiels steht ganz in dieser Fluchtlinie prophetischen Engagements. Mit dieser Interpretation ist eine Verstärkung des latenten prophetischen Aspektes der Grundschicht formuliert, indem als Quelle der prophetischen Äußerungen nunmehr Gott selbst angegeben wird. Der prophetisch agierende Levit wird damit in eine Nähe zu Gott gesetzt, die sein Wirken kennzeichnet. Da dieser Hinweis eine Intensivierung der Beziehung des Leviten zu Gott zum Ausdruck bringt, liegt dieser Teil auf einer späteren Ebene.

Mit dieser Schilderung eines Leviten wird der zuvor genannte Aufgabenbereich von Leviten als Sänger / Musiker erweitert. Während die Beteiligung der Sänger / Musiker an der Szene auf die Darbietung von Gesang und Musik beschränkt ist, nimmt der Prophet eine andere Funktion wahr. Gilt für die Sänger / Musiker, dass sie als kundig in den (psalmistischen) Traditionen angesehen sind, so könnte man auf der Stufe der Endredaktion darin wie auch in dem Bezug auf Asaf (vgl. V.14b) eine Verknüpfung zu 1Chr 25,1–7 sehen. Wenn die dort gewonnenen Kriterien für die Darbietung von Musik als prophetische Äußerung auch auf die Sänger / Musiker in 2Chr 20 zu beziehen sind, dann ist zu vermuten, dass nach der Sinnkonstruktion der Chronik die Musikdarbietung in 2Chr 20 nicht gänzlich von dem prophetischen Erbe mit seiner aktualisierenden Schriftrezeption abzugrenzen ist. Dass diese Musiker Propheten sind, wird in 2Chr 20 aber nicht gesagt, auch werden ihnen hier keine prophetischen Aufgaben angetragen. Von daher sind sie im Blick auf ihre Tätigkeiten nicht mit Jachasiel zu verbinden.[192] Will man die musikalischen Dienste aufgrund der gemeinsamen Zuordnung beider zu den Leviten als prophetische Aufgabe betrachten, so lässt sich diese Interpretation nur auf der Endstufe des Textes und mithin der abschließenden Sinngebung der Chronik halten, und dies auch nur dann, wenn man die prophetische Ausrichtung der Musik für die Chronik gleichsam als konstitutiv mit voraussetzt.

Die ursprüngliche Variante der Textpassage und ihre erste Ergänzung bringen die Sänger / Musiker in ihren primären Aufgaben ein, wobei durch ihre Begleitung am Kriegszug der Segen Jahwes zu dem Volk transportiert wird. Das levitische Engagement hat damit unmittelbare Auswirkungen auf die Lebenssituation.[193] Damit ist in gewisser Weise ein Konnex von sakraler und profaner Sphäre in der Sinngebung

---

[191] Vgl. A. RUFFING, Jahwekrieg 166, der auf die Voranstellung des Personennamens und dadurch eine Betonung der Person verweist.

[192] Anders nimmt R.B. DILLARD, 2Chronicles 158, eine stärkere Zusammengehörigkeit an, da der Prophet Jachasiel von dem Geschlecht der Sänger / Musiker (Asafiten) abstammt.

[193] Nach S. JAPHET, Chronicles 783, liegt dies im theologischen Darstellungsinteresse der Chronik.

der Chronik formuliert, der in dem Aufgabenbereich der musikalischen Ausgestaltung wichtiger Etappen der Geschichte des Gottesvolkes konvergiert. Ragt der Kult damit partiell in das profane Leben hinein, so sind die Leviten für beide Bereiche, den sakralen und den profanen, zuständig. Auch der Aspekt der Prophetie verbindet Sakrales mit Profanem, wenn die Geistbegabung und die Nähe Jachasiels zu Gott seine Worte prägen. In dieser Zuständigkeit für beide Sphären liegt ein wesentliches Gestaltungsprinzip des chr Levitenbildes, wie es in der Sinngebung der Chronik erzeugt wird.

Die Wirklichkeitskonstruktion der chr Darstellung schildert Joschafat als von der prophetischen Rede überzeugten König, der unmittelbar mit einem Bußgestus reagiert und zu Beginn der nächsten Szene, in der das angekündigte Geschehen ausgeführt wird, selbst das Wort ergreift und eine (weitere) Rede an das Volk richtet (V.20),[194] in der er mit dem Glaubenswort aus dem Jesajabuch (Jes 7,9; 28,16) den Israeliten ein Gelingen des Kampfes unter der Bedingung zusagt, dass sie in ihrem Glauben an Jahwe nicht wanken, sondern im Vertrauen auf ihn ihren Weg mutig gehen.[195] Dass hier gerade ein spätes, dtr inspiriertes Wort[196] aus einer prophetischen Schrift zitiert wird,[197] ist ebenso charakteristisch wie der Umstand, dass die Szene mit dem Engagement der Sänger (V.21, vgl. V.19.28) ausgeschmückt wird. Das zitierte Prophetenwort (V.20: הַאֲמִינוּ בִנְבִיאָיו) appelliert an das Volk, den Worten von Propheten Glauben zu schenken, womit in der Szene der Botschaft des einen auftretenden Propheten, Jachasiel, Nachdruck verliehen wird. Die Chronik interpretiert szenisch, wie prophetisches Wirken so geschieht, dass es zum Erfolg führt. Sie setzt eine Person der von ihr bevorzugten Gruppe in diese Funktion ein und stellt damit klar, dass die Leviten zu Mittlern zwischen Gott und Menschen werden. Nimmt Jachasiel die prophetische Aufgabe im Kriegsgeschehen wahr, so tritt er als Einzelgestalt *pars pro toto* für andere Leviten auf. Mit der Zuweisung prophetischer Qualifikationen an Jachasiel als Vertreter der Leviten stellt

---

[194] K. STRÜBIND, Tradition 110.113, macht darauf aufmerksam, dass Joschafat in der Chronik positiv geschildert sei; er vereinige alle chr Königsideale auf sich (vgl. 2Chr 17,1–19), womit er pädagogisch motiviert von seinen Nachfolgern abgesetzt wird. Ähnlich bereits O. PLÖGER, Reden 62f; s.a. A. RUFFING, Jahwekrieg 201f, der Joschafat als Beispiel für einen glaubenden Menschen und Jahwes Rettungshandeln sieht.

[195] Nach A. HANSPACH, Interpreten 121, „entspricht" die Notiz „der theologischen Vorstellung des Chr, daß Glaube an YHWH mit Erfolg belohnt wird." Dieses Vertrauen in Gott ist terminologisch mit אמן bezeichnet. Anders beurteilt A. RUFFING, Jahwekrieg 201, den Text als „narrative Paraphrasierung und zugleich Konkretisierung des Jesajawortes".

[196] Vgl. A. LABAHN, Wort 280; U. BECKER, Jesaja 41f.51f.224–226.245.252f. 284f.

[197] Zur Bedeutung dieses Zitats vgl. R. ALBERTZ, Religionsgeschichte 615f.

die Chronik klar, dass das Wort Gottes in den Händen der Leviten liegt, so dass aus ihrem Kreis der Übermittler des Gotteswillens stammt.

In 2Chr 30 ist damit eine weitere Form prophetischen Engagements der Leviten vorgeführt. Der Kriegsbericht stimmt in der Zuweisung des Wortes Gottes an die Leviten mit der Tendenz der übrigen Propheten-schilderungen überein. Die Grundschicht des Textes belässt es noch bei vorsichtigen Äußerungen, während spätere Intensivierungen deutlicher werden und die Leviten auf die Seite Gottes in seine Nähe rücken. Kann man dabei so weit gehen, dass ein solcher Prophet den Status eines *angelus interpres* einnimmt?[198] Dies könnte allenfalls dann gel-ten, wenn man einen *angelus interpres* wie einen Propheten bestimmt, insofern Propheten „als theologische Hermeneuten einzelner Ereig-nisse" den Gotteswillen übermitteln und eine „Zwischeninstanz zwi-schen der transzendenten und der irdischen Welt" bilden.[199] Eine Nähe zu Gott ist für Jachasiel tatsächlich vorausgesetzt, doch scheint mir eine engelhafte Zuspitzung, wie sie später etwa in Jub 31,14 begegnet, nicht vorzuliegen. Das prophetische Wirken in der Chronik ist verbunden mit dem Wort Gottes und seiner aktualisierenden Interpretation, die aber innerhalb der geschichtlichen Wirklichkeitskonstruktion der Chronik geschieht und sich nicht einer angelologisch qualifizierten Metaebene bedient.

Die Charakterisierung von Jachasiel als einem prophetisch agieren-den Leviten passt zu anderen Äußerungen der Chronik, in denen Levi-ten zu Propheten werden. Geschieht dies pointiert erst in der letzten re-daktionellen Erweiterung, so werden die Leviten in der Sinngebung der Chronik zu den Erben der Propheten.[200] Die Chronik präsentiert diese levitischen Propheten in doppelter Hinsicht, indem sie einerseits im mündlichen Medium das Wort Gottes aktualisierend verkündigen und andererseits das schriftlich überlieferte Wort tradieren und aktualisie-rend interpretieren.[201] Für die Wirklichkeitskonstruktion treten die Le-viten damit das Erbe der Propheten an.

Darf man daraus die Schlussfolgerung ziehen, dass es in der Zeit des Zweiten Tempels keine Propheten gegeben hat, die nicht zugleich Le-

---

[198] So K. STRÜBIND, Tradition 105.107.110.

[199] So K. STRÜBIND, Tradition 110.105 Anm. 7.

[200] S. etwa R.B. DILLARD, 2Chronicles 282. Nach H. GESE, Geschichte 145f, spie-gelt sich in 2Chr 20,14–19 „die prophetische Verkündigung der Sänger", so dass diese Sänger zu „Nachfahren der vorexilischen Kultpropheten" werden. Auch R. THEN, Propheten 257f, sieht darin das Kultprophetentum begründet. Eine Be-schränkung allein auf die Kultpropheten ist aber wohl zu schmal.

[201] Beide Erscheinungsweisen autoritativer Prophetie betonen auch S.S. TUELL, Chronicles 183; S.J. SCHWEITZER, Utopia 44, der in der prophetischen (mündlichen oder schriftlichen) Interpretation von Ereignissen eine Verbindung von Vergangen-heit und Gegenwart ausmacht. W.M. SCHNIEDEWIND, Word 184, betrachtet die Re-de des Propheten dagegen als „reinterpretation of authoritative texts".

viten oder levitischer Herkunft sind?[202] Zutreffend ist, dass die Chronik aus ihrer eigenen zeitgeschichtlichen Gegenwart keine anderen Propheten als Leviten kennt. Doch gibt es in den geschichtlichen Berichten durchaus noch andere Propheten aus der Vergangenheit neben den Leviten.[203] Treten diese Propheten vorwiegend als Bußprediger[204] in Erscheinung, so führen sie entsprechend der dtr Vorlage ein Ideal fort. Daneben werden auch Seher erwähnt, die zum König oder zum Volk in prophetischer Autorisation gesprochen haben.[205] Diese Propheten werden aber nicht den Leviten hinzugerechnet, obwohl es möglich gewesen wäre, sie in levitische Genealogien einzuhängen. Wenn demgegenüber die Chronik für ihre eigene Zeit nur Leviten als Propheten angibt, so verdankt sich diese Sichtweise der chr Wirklichkeitskonstruktion und der in ihr vorgenommenen Positionierung der Leviten.

Doch sollte nicht von einer in der Chronik nicht erwähnten Gruppe, i.e. nichtlevitischen kontextuellen Propheten, darauf geschlossen werden, dass es sie in der realen Zeit des Zweiten Tempels nicht mehr gegeben hat.

Diese Schlussfolgerung könnte sich allerdings etwa aus der chr Veränderung in 2Chr 34,30 gegenüber dem Ausgangstext in 2Kön 23,2 nahe legen, wo aus der dtr Nennung von Propheten (הַנְּבִיאִים) in der Chronik Leviten (הַלְוִיִּם) werden, die in der Szene der Auffindung des Gesetzes neben den Priestern und dem Volk in seiner Gesamtheit (vom Kleinen bis zum Großen) stehen. Soll diese Veränderung so zu lesen sein, dass für die Chronik die Leviten die Propheten ablösen?[206] Oder ist lediglich die Funktion der Leviten – hier als Propheten, die hier neben den Priestern stehen – noch einmal betont, wie es in der Chronik des Öfteren gerade in Abweichung zum DtrG angibt?[207] Der Gedanke liegt jedenfalls nahe, dass die Le-

---

[202] So behauptet R.B. DILLARD, 2Chronicles 157, dass die Leviten nachexilisch die Funktion der Propheten übernehmen, da es keine anderen Propheten mehr gegeben habe.

[203] Als נָבִיא werden Nathan (2Chr 29,25.29; 9,29), Micha ben Jimla (2Chr 18,12, vgl. Zidkia 18,10), Samuel (2Chr 35,18), Iddo (2Chr 13,22), Asarja (2Chr 15,1.8), Schemaja (2Chr 12,15), Jehu ben Hananja (2Chr 20,34), Jesaja (2Chr 26,22; 32,20) und Oded (2Chr 28,9) bezeichnet. Zu den Propheten in der Chronik s.a. die Übersicht bei J. KEGLER, Prophetengestalten 484–487.

[204] So etwa 2Chr 36,15f; vgl. 1Chr 19,10; 2Chr 30,15. S.a. S. JAPHET, Ideology 176–188; DIES., Chronicles 46; U. BECKER, Jesaja 252; differenzierter urteilt für die Chronik demgegenüber W.M. SCHNIEDEWIND, Word 125–127 (zu seiner Position s.a. oben Anm. 186 und unten Anm. 245), dem zufolge diese Funktion in der Chronik nicht auf Propheten zu beschränken ist; s.a. DERS., Prophets passim.

[205] So werden als חֹזֶה vorgestellt Gad (1Chr 21,9; 29,25.29), Jehu (2Chr 19,2), Jeddo (2Chr 9,29), vgl. 2Chr 33,18: Reden der Seher; als רֹאֶה begegnet Samuel (1Chr 29,29). S.a. die tabellarische Übersicht bei W.M. SCHNIEDEWIND, Word 123, die auch die Propheten / נָבִיא einschließt, wie auch J. KEGLER, Prophetengestalten 484–487.

[206] So vermutet es R.L. BRAUN, 1 Chronicles 245; ähnlich D.L. PETERSEN, Prophecy 85. W.M. SCHNIEDEWIND, Word 185f, erklärt den Wechsel dadurch, dass „the most important players in the social organization of post-exilic Israel" in die Erzählung der Chronik eingesetzt werden sollen.

[207] S. JAPHET, Chronicles 1036, vermutet gängige chr Stilistik.

viten als Erben der Propheten betrachtet und in 2Chr 34,30 in eine entsprechende Position gesetzt werden. Der Beleg ist für die Wirklichkeitskonstruktion der Chronik beachtlich; dennoch ist zu Vorsicht hinsichtlich zu weit reichender historischer Rückschlüsse zu raten.

Die Positionierung der Leviten in einem Bereich, der sowohl von sakralen als auch von profanen Belangen bestimmt wird, hat Auswirkungen auf die Gestalt dieser sozialen Gruppe im Vergleich zu den Priestern. In der profanen wie kultischen Zuständigkeit der Leviten ist ein Gegengewicht gegen den Priesterstand formuliert. Beansprucht die Chronik eine Zuständigkeit der Leviten für sakrale und profane Lebensbereiche, so hat diese Ausrichtung eine Stoßrichtung gegenüber der Beschränkung der klerikalen Gruppe der Priester auf einen innerkultischen Bereich. Sind die Priester ausschließlich in ihrem heiligen Bereich im Tempel und zwar vorzugsweise am Altar Jahwes tätig, so geht das Wirkungsfeld der Leviten weiter und überschreitet dabei auch die Grenzen des sakral ausgesonderten Bereichs. Obgleich die Leviten „heilig für Jahwe"[208] sind, ist ihre Heiligkeit für die Wirklichkeitskonstruktion der Chronik (anders als die der Priester) nicht auf den Tempeldienst beschränkt, sondern hat in der Endgestalt der Chronik Auswirkungen auf das gesamte Spektrum ihrer Tätigkeiten in allen ihren Bereichen, den sakralen wie den profanen.

4.5 Levitische Lehrer und der Seher Jeduthun – 2Chr 35,3.15

Vom Lehren der Leviten ist zum zweiten Mal in der Chronik im Kontext der josianischen Passafeier in 2Chr 35,3 die Rede. Die Lehre der Leviten gilt „ganz Israel" und ist nach einer zweiten Ortsangabe zudem um Jerusalem herum zentriert. Ferner wird der Seher Jeduthun in V.15 erwähnt. Am Ende des literarischen Korpus von 2Chr 35 erscheinen damit beide späten levitischen Aufgaben in einer Episode. Da der Text oben bereits im Hinblick auf seine literarische Entwicklung vorgestellt worden ist,[209] genügt es hier den spezifischen Funktionen der Leviten als Lehrer und Propheten nachzugehen.

2Chr 35,3.15: (3) Und er (sc. Josia) sprach zu den Leviten, die ganz Israel belehrten[210], die heilig waren für Jahwe: Stellt die heilige Lade in dem Haus ab, das Salomo, der Sohn Davids, der König von Israel, gebaut hat. Ihr braucht sie nicht länger auf der Schulter zu tragen. Dient jetzt Jahwe, eurem Gott und seinem Volk Israel.
(15) Und die Sänger, *die Söhne Asafs*, waren auf ihrem Platz gemäß der Anordnung Davids, Asaf, Heman und Jeduthun, der Seher des Königs, sowie die Tor-

---

[208] Vgl. 2Chr 29,5; 30,15; 31,18; 35,3; s.a. 1Chr 15,12.14; 2Chr 23,6; 29,5.11.15. 17.19.34; 30,3.
[209] Zu 2Chr 35 vgl. oben Abschnitt 3.4.
[210] Mit vielen Handschriften und Qere als המבינים zu lesen.

hüter von Tor zu Tor. Und keiner von ihnen wich von seiner Arbeit, *denn ihre Brüder, die Leviten, bereiteten (das Passa) für sie.*

Die Leviten werden als Lehrer vorgestellt und Jeduthun als Seher. Beide Belege fallen unspezifisch aus, da ihnen nur wenig über die konkreten Funktionen zu entnehmen ist.

Die Kennzeichnung Jeduthuns als Seher knüpft an die Aussagen über Asaf als Propheten an, wie sie in 1Chr 25,1–7 und 2Chr 20,14 zu finden sind. Vor allem zu 1Chr 25,1–7 wird ein intratextueller Bezug hergestellt, da dort neben Asaf auch noch Heman und Jeduthun vorkommen. Dies ist in 2Chr 35,15 aufgenommen. Ausgeführt ist allerdings nicht, in welcher Hinsicht Jeduthun als Seher des Königs ins Spiel kommt.

Zwei Kennzeichen sind der Lehre der Leviten zu entnehmen: der Ort und die Art und Weise der Vermittlung. Da die Szene während der Passafeier im Tempel in Jerusalem spielt, sind die Leviten als Lehrer in Jerusalem vorgestellt. Waren sie in 2Chr 17,8a.9b im Land Juda tätig, so ist ihnen jetzt ein anderer Dienstort zugewiesen. Das Lehren ist damit in ein sakrales Umfeld eingewoben, was durch die Herausstellung der Heiligkeit der Leviten unterstrichen wird, so dass letztlich die Heiligkeit der Leviten auch ihre Lehrkompetenz prägt. Diese Verbindung ist jedoch überraschend, da die Lehre an sich nicht an kultische Zeremonien gebunden ist und in diesen auch keinen Platz hat.

Ein zweites Kennzeichen lässt sich aus der Terminologie erschließen. Im Unterschied zu 2Chr 17 wird hier zur Kennzeichnung der Lehre nicht √ למד, sondern √ בין verwendet. Die terminologische Variation könnte möglicherweise durch den kultischen Kontext nahegelegt sein, da בין ein tieferes Verstehen zum Ausdruck bringt, das eine Erkenntnis des Gehörten bei den Hörern und Hörerinnen zu erreichen sucht. Allerdings ist eine Verbindung des Begriffs mit dem Kult eher selten,[211] während er umgekehrt in weisheitlichen Kontexten häufig auftritt.[212] Eine exakte Determination der Lehre wird durch die Terminologie kaum vorgenommen, so dass offen bleibt, ob erneut eine Rezitation traditioneller Texte[213] oder freie Formulierungen gemeint sind.[214]

---

[211] Vgl. H.H. Schmid, בין 306, der den Beleg 2Chr 35,3 als eher selten bewertet. H. Ringgren, בין 625, nennt als parallele Belege für „Wirksamkeit des Lehrers" 1Chr 25,8, Esr 8,16; Neh 8,7.9, die aber die spezifische Bedeutung von בין an dieser Stelle auch nicht erhellen.

[212] Vgl. H.H. Schmid, בין 307; H. Ringgren, בין 622–625.

[213] Vgl. S.S. Tuell, Chronicles 239, der die Bedeutung der Schrift herausstellt und sowohl davidisch-salomonische als auch mosaische Traditionen damit verbindet. An eine „Unterweisung in der Tora", die nach dem Exil von den Priestern auf die Leviten übergeht, denkt R. de Vaux, Lebensordnungen II 187f.

[214] Die Überlegung von A. Cody, History 188f, dass בין in der Chronik aus dem dtr Gedankengut stammt und die Ladeerzählung in Erinnerung ruft, hilft nicht weiter. Obwohl בין im Dtn und in der Chronik in diesem Zusammenhang anzutreffen

Über diese beiden eher marginalen Aussagen hinaus ist dem vereinzelten Hinweis auf die Lehrfunktionen der Leviten wenig zu entnehmen. Offen ist, in welcher Weise die Leviten als Lehrer vorgestellt sind, da der Vorgang des Lehrens nicht näher qualifiziert ist. Verschiedentlich ist die Vermutung geäußert worden, dass die Leviten mit der Lehre einen priesterlichen Dienst übernehmen, der angesichts des kultischen Kontextes noch hinter 2Chr 35,3 durchscheine.[215]

Ähnlich könnte man die Notiz in 2Chr 15,3 auswerten, die die Vergangenheit dafür kritisiert,[216] dass sowohl ein lehrender Priester (לֹא כֹהֵן מוֹרֶה) als auch die Tora gefehlt habe (לֹא תוֹרָה). Kommen die Priester dieser Aufgabe nicht hinreichend nach, so tritt in 2Chr 15 nunmehr der Prophet Asarja in diese Rolle ein und richtet nach der chr Darstellung eine Bußansprache[217] an den König Asa. Ist der Text überinterpretiert, wenn man daraus schließt, dass die Lehrfunktion für die Chronik auch dort in die Hände der Propheten übergeht, wo ehedem Priester am Werk gewesen sind? Die Chronik zeigt hier jedenfalls ein Defizit einer Gruppe auf, das nunmehr von einer anderen übernommen wird. Allerdings ist Vorsicht angeraten, den Chronikbeleg nicht vorschnell als einen Hinweis auf eine priesterliche Lehrtätigkeit zu sehen. Die Bußansprache Asarjas drängt nach der Schilderung der Chronik auf eine Reform, die in der Kultreform Asas nach 2Chr 15,8.16.18 erfüllt wird. Darin ist ein Anachronismus zu sehen, der spätere Verhältnisse zurückprojiziert, um damit die dominierende Rolle Jerusalems bereits für eine frühere Zeit heraus-

---

ist, so ist doch ein einzelner Begriff, wie er hier ohne diesen Kontext vorkommt. kaum mit dieser spezifischen Thematik zu füllen.

[215] Vgl. R. DE VAUX, Lebensordnungen II 188 (die Priester als „Lehrer der Moral und der Religion" ähnlich den Propheten); A. CODY, History 190; S. JAPHET, Chronicles 748.1047; s.a. W. RUDOLPH, Chronikbücher 325, B.A. LEVINE, Levites 528.

[216] Damit dürfte nach der Intention der Chronik an die vormonarchische Richterzeit angespielt sein; vgl. S. JAPHETH, Chronicles 717f.

[217] In Aufnahme spät-dtr Gedanken (vgl. Dtn 4,29; Jer 29,13; Jes 55,6) ergeht die Aufforderung, Jahwe zu suchen; dem korrespondiert die Verheißung, ihn zu finden, vgl. 2Chr 15,2.4.12.15; in Verbindung mit der (auch schon spät-dtr bekannten) Wendung „von ganzem Herzen und ganzer Seele" in 1Chr 28,9; 2Chr 15,12.15. Diese Formeln stellen auch ein wichtiges Charakteristikum der chr Theologie dar; vgl. S. JAPHET, Chronicles 716; A. RUFFING, Jahwekrieg 308.315–322; J.E. DYCK, Ideology 145f Anm. 42; S. ROYAR, Herr 165. Dabei „bedeutet Gott suchen die Thora tun", so T. WILLI, Thora 105. Zu לִדְרֹשׁ אֱלֹהִים vgl. 1Chr 21,30; 2Chr 19,3; 26,5; 31,21; s.a. 2Chr 32,31. Wenn dieses Motiv in der Zueignung zu David und Salomo fällt, so dass sie als ideale Gestalten ausgewiesen werden, betrachtet R.K. DUKE, Appeal passim, bes. 54, es gleichsam als Paradigma der Chronik. S.a. S.J. SCHWEITZER, Utopia 171f.
Der Abschnitt 2Chr 15,1–15 ist eine chr Eigenformulierung, die eine Reihe von prophetischen Elementen rezipiert. Als solche nennt JAPHET, 716.719–721: Jes 9,18–20; 19,2; Jer 6,10; 10,18; 25,30; 31,6.16; Ez 7,7; 38,21; Hos 3,4; 5,15–6,1; Am 3,9; Joel 2,1; Zeph 1,18; 3,16; Hag 2,22; Sach 8,9.10.13; 11,6; 14,13f. Zur Bedeutung dieser Elemente s.a. R. ALBERTZ, Religionsgeschichte 615.617, der hierin einen Ausdruck persönlicher Frömmigkeit sieht.

zustellen. Dieser ist Ausdruck der theologischen Historiographie,[218] die die Geschichte Israels im Licht der Zeit des Zweiten Tempels erscheinen lässt. Eine solche theologische Wertung kann auch in V.3 angenommen werden, weil der Vers weniger auf die Priester zielt, sondern das Lehramt den Propheten zuteilt.

2Chr 35,3 gibt aber lediglich allgemein Lehrtätigkeiten an, ohne etwas über den Zuständigkeitsbereich in der Zeit des Zweiten Tempels zu sagen.

Doch gerade auf diesem Hintergrund wird die Ansicht, dass das Lehren dem priesterlichen Bereich zuzuordnen sei, fraglich. Lassen sich Belege anführen, dass die Priester einen göttlichen Bescheid etwa bei einem Orakel, also die priesterliche Weisung und damit Tora von Jahwe erteilen,[219] so sind diese Orakel an den Tempel gebunden. Lehren in der Zeit des Zweiten Tempels hat seinen Platz aber eher in den Schreibstuben und Archiven, da die Lehre den Umgang mit den schriftlich überlieferten Traditionen und ihre Interpretationen impliziert und damit nicht von der Literaturproduktion zu trennen ist.

Auf diesen Bereich weisen auch die Prophetenaspekte hin, die in 2Chr 35 mit dem Lehraspekt zusammenkommen. Beide weisen auf die Literaturproduktion und damit auf den Bereich der Schreiber, die das überlieferte (Schrift-)Gut sammeln und bewahren. Daraus ist auf den Bereich der Propheten und deren schriftgelehrte Schulen zu schließen, die mit der Tradierung der Schriften bzw. deren Vorformen oder Fragmenten verbunden sind.[220]

Die Chronik erweitert also in einer späten Schicht das Aufgabenfeld der Leviten, indem sie ihnen Lehraufgaben und prophetische Dienste anträgt und sie dadurch in Verbindung zu solchen Kreisen setzt, die mit Schrift und Schriftentstehung befasst sind. Die Leviten geraten in der Wirklichkeitskonstruktion der Chronik also in Funktionen der Weitergabe, Tradierung und Aktualisierung des schriftlich überlieferten Wortes Gottes.[221]

---

[218] Nach P. WELTEN, Geschichte 180–184, gibt es in der Chronik einen Topos „Kultreform", der neben Joschafat, Hiskia und Josia auch bei Asa, Asarja und Manasse begegnet. Wesentliche Elemente dieser theologischen Aussage sind Reden der Monarchen mit Bundesverpflichtung, Nachrichten über Kultreinigung und Kultneuordnung sowie die Wiederherstellung des Tempelkultes in Jerusalem.

[219] Reflexe einer priesterlichen Tora finden sich etwa in Jer 18,18; Ez 7,26; Hag 2,11; Mal 2,6f; s.a. die Kritik am rechten Umgang der Priester mit der Tora, die auf Missstände in der Zeit des Zweiten Tempels schließen lassen könnte, in Dtn 17,11; 33,10; 31,9ff; Hos 4,6; Ez 22,26; Jer 2,8; 8,8; Zeph 3,4; Mal 2,8f. Dafür, dass die Tora zunächst auf die Seite der Priesterschaft gehört, vgl. J. BEGRICH, Tora passim; J. JENSEN, Use 9f.26f; T. WILLI, Thora 148; A. RENKER, Tora 162–166 (für Hag). Zur priesterlichen Tora s. weiter A. LABAHN, Wort 110–112.

[220] Eine ähnliche Verbindung im Blick auf die *literati* zieht E. BEN ZVI, Agenda 9.

[221] Vgl. A.H.J. GUNNEWEG, Leviten 213–215, demzufolge eine Lehrtätigkeit von Leviten kontinuierlich von der frühen Epoche bis in die Zeit des Zweiten Tempels anzunehmen ist.

Dieser Aspekt ist nunmehr auf dem Hintergrund der prophetischen Aktivitäten in der Zeit des Zweiten Tempels im Folgenden weiter zu entfalten.

4.6 Die Leviten als literarische Tradenten in Funktionen von Propheten und Lehrern

Wie die Analyse der Textpassagen gezeigt hat, setzt die Wirklichkeitskonstruktion der Chronik die Leviten als Propheten (1Chr 23,14; 25,1–7; 2Chr 20,14; 35,15) und Lehrer (2Chr 17,7–9; 35,3) ein und schreibt ihnen damit eine Erweiterung ihrer Funktionsbereiche zu. In der Entwicklung der Schrift liegen diese Belege allerdings erst auf der letzten redaktionellen Ebene, so dass die Endredaktion eine Erweiterung im Levitenbild gestaltet.

Der Textwelt der Chronik sind folgende Kennzeichen für dieses Wirken von Leviten zu entnehmen: die Leviten haben Zugang zur Tora und den Psalmentraditionen; die Leviten aktualisieren die Traditionen sowohl in schriftlicher Weiterarbeit als auch durch mündlichen Vortrag und nehmen dabei eine Schriftauslegung und Neuinterpretation vor; die Leviten sind nicht nur im Tempel in Jerusalem tätig, sondern auch in anderen Orten im Land Juda, wo sie entweder in verschiedenen Gebäuden oder unter freiem Himmel auftreten.

Indem die Leviten nach der Chronik eine aktuelle Interpretation der Traditionen vornehmen, stehen sie den jeweilgen Adressaten der narrativen Szene, aber auch weiter gefasst den Adressaten der Chronik überhaupt als Schriftautorität gegenüber. Das bedeutet für ihre funktionale Anbindung, dass sie nun nicht mehr ausschließlich in dem engeren kultischen Bereich angesiedelt sind, sondern diesen durch funktionale und lokale Ausweitung ihrer Einsatzgebiete überschreiten. Diese Ausweitung hat weitergehend zur Folge, dass es nunmehr Korrelationspunkte mit profanen Angelegenheiten, die außerhalb des Tempelbetriebes geschehen, gibt.

Die Entwicklung, die die Leviten in der Fortschreibung der Chronik durchlaufen, ist hier an ihren Endpunkt gekommen, so dass die Wirkung von Leviten als Propheten und Lehrer als ein ausgeprägtes und zugleich spätes Porträt zu erkennen ist. Die Leviten sind damit nicht nur vereinzelt als Propheten aktiv, sondern werden von der Chronik generell zu Erben der Propheten stilisiert.[222] Indem die Chronik die Leviten mit dem literarischen Überlieferungsgut verbindet, schreibt sie ih-

---

[222] Vgl. auch A.H.J. GUNNEWEG, Leviten 215f; D.L. PETERSEN, Prophecy 87; U. DAHMEN, Leviten 373; s.a. U. GLESSMER, Leviten 132; P.R. DAVIES, Scribes 133; E. BEN ZVI, Agenda 14 („the literati's self identification as animators of the prophets and YHWH … with a quasi-prophetic status"). Anders beschränkt W.M. SCHNIEDEWIND, Word 186.236f, diese Funktion auf die levitischen Sippenhäupter.

nen größere Verantwortungsbereiche als in andren Bereichen zu. Ebenso erhalten sie als maßgebliche Interpreten der Schrift(en) Autorität. Damit verbunden ist der Gedanke der Legitimität, da die Leviten von der Chronik als rechtmäßige Ausleger der Schrift eingesetzt werden. Diese Sinnkonstruktion levitischer Funktionen in der Chronik ist wesentlich für das Gesamtverständnis der Gruppe, da ihnen hierbei Legitimität und Autorität zuwächst.

4.6.1 Der Umbruch in der Prophetie

Zeigt sich in dem Einsatz von Propheten in der Chronik ein Schwerpunkt auf Schriftauslegung, so ist damit ein zweifacher Wandlungsprozess in der Prophetie angezeigt. Auszumachen ist einerseits ein Wechsel des *Mediums* – von Mündlichkeit zur Schriftlichkeit – und andererseits eine Veränderung des *Charakters der Prophetie* – vom Prophet als Mandatar zum selbstständigen Tradenten.[223]

An diesem Umbruch des Prophetenverständnisses partizipiert auch die Chronik. Die Propheten werden zu Literaten, die die Schrift aktualisieren und dabei interpretieren; sie werden als Propheten zu tradierenden Nachfolgern der Propheten, indem sie produktiv mit dem prophetischen Traditionsgut arbeiten.

In den atl. Prophetenschriften finden sich literarische Indizien für diesen Wandlungsprozess. Prophetische Worte werden nach ihrer Sammlung kommentiert und aktualisiert. In der weiteren Überlieferung der Prophetenschriften werden diese Bemerkungen mit aufgenommen und als sachgemäße Fortführung des von den Propheten Gesagten in neuen Situationen erachtet. Neuere redaktionsgeschichtliche Studien[224] zu den einzelnen Prophetenschriften haben darauf aufmerksam gemacht, wie die prophetische Botschaft über einen längeren Zeitraum durch Herausstellung ihres immer wieder neuen Aktualitätsbezugs lebendig erhalten wird.[225] Die Schrift gewordene prophetische Botschaft wird mehrfach fortgeschrieben und im Blick auf ihre Bedeutung in veränderten Zeiten aktualisiert. Diese Tradierung ist nun nicht mehr eine unveränderte Bewahrung überkommenen Materials, sondern darum

---

[223] Dass dies in der neuen Forschung verstärkt ins Blickfeld gerückt wird, macht der Artikel von F.E. DEIST, Prophets passim, bes. 595–599, deutlich, der einen Paradigmenwechsel in der Prophetenforschung konstatiert, der nicht nur exegetisch fragt, sondern auch soziologische, anthropologische und archäologische Fragestellungen mit berücksichtigt. – Zum Wandel des Prophetenbildes vgl. auch W.M. SCHNIEDEWIND, Word 238–249.

[224] Zu Begriff „Redaktionsgeschichte" s.o. Abschnitt 1.2.2. Vgl. dazu W. ZIMMERLI, Prophetic Word 431f; U. BECKER, Jesaja 9f.15; K. KOENEN, Heil 265f.

[225] Vgl. R.E. CLEMENTS, Prophets 448.452, der von „routinization of prophecy" spricht und damit die Herausstellung des immer neuen Aktualitätsbezugs, mit dem die Redaktoren die prophetische Botschaft interpretieren und gültig erhalten, beschreibt.

bemüht, die Relevanz der überkommenen Traditionen für neue Situationen aufzuzeigen. Die Bewahrung der prophetischen Texte impliziert somit eine Weiterarbeit an den Texten, die sich als Fortschreibung oder bisweilen auch Neuschreibung artikuliert und einen aktuellen Gegenwartsbezug herstellt. Innovationen geschehen jetzt in schriftlicher Form in Anknüpfung an bereits existierende prophetische Botschaften.

Obgleich der Charakter der Prophetie verändert und das Medium variiert wird, bedeutet dies nicht einen Abbruch der Prophetie, sondern ihre Fortsetzung mit anderen Mitteln.[226] Die schriftlichen Worte sind in gleicher Weise wie die einstmals mündlichen Äußerungen ihrer Qualität und ihrer Autorität nach prophetische Worte[227] und d.h. letztendlich eine Interpretation des göttlichen Willens für neue Situationen.[228]

Ist zunächst wohl mit dem Phänomen zu rechnen, dass Mündlichkeit und Schriftlichkeit nebeneinander herlaufen und beide Formen als sachgemäße prophetische Äußerungen betrachtet werden (so vor allem in der Exilszeit),[229] so verlagert sich das Schwergewicht zunehmend auf die Schriftlichkeit.[230] Dieser Prozess setzt spätestens in der Exilszeit ein und wird in nachexilischer Zeit verstärkt ausgebaut. Mündliche prophetische Äußerungen sind nur noch sehr begrenzt zu erkennen,[231] bis sie schließlich ganz in neuen Formen aufgehen; stattdessen werden in verschiedenen Gruppen von Prophetenschülern prophetische Worte weiter tradiert und aktualisiert.[232] Das prophetische Wirken verschiebt sich in der frühen Zeit des Zweiten Tempels in Richtung auf die fortschreibende Tradierung und Überlieferung des prophetischen literarischen Erbes.

---

[226] Vgl. J. BLENKINSOPP, History 239.256f, der in der Verschiebung von der Mündlichkeit zur Schriftlichkeit einen entscheidenden Einschnitt sieht. Diese Transformation bedeute jedoch nicht einen Niedergang der Prophetie oder Verlust von Inspiration. S.a. das grundsätzliche Votum von E. BEN ZVI, Agenda 6f, der auf den literarischen Charakter der Prophetenschriften hinweist. W.M. SCHNIEDEWIND, Word 130, geht von „reuse and reinterpretation of prophecy in Chronicles" aus, wobei das Gotteswort von einem „spoken word" zu einem „written word" wird.

[227] Vgl. dazu K. KOENEN, Heil 266; E. BEN ZVI, Agenda 13f.

[228] Vgl. W.M. SCHNIEDEWIND, Prophets 223 u.ö.

[229] In die Diskussion um die gleichzeitige Existenz von Mündlichkeit und Schriftlichkeit bringt E. BEN ZVI, Agenda 5–8, einen neuen Aspekt ein, wenn er auf das Phänomen von vorgelesener oder vorgetragener Botschaft durch schriftkundige Spezialisten gegenüber einer weitgehend unliterarischen Bevölkerung hinweist.

[230] G. WANKE, Prophecy 162f, geht für die Eigenart der nachexilischen Prophetie wie selbstverständlich davon aus, dass anonyme Tradenten die prophetische Botschaft schriftlich weitergeführt haben; allerdings wird dem Problem des Wechsels von Mündlichkeit zur Schriftlichkeit nicht nachgegangen.

[231] M. HENGEL, Judentum 340.376f.382–394.439, führt Beispiele an, dass es in der Zeit des Zweiten Tempels noch prophetische Aussprüche, prophetische Ekstatiker und Empfänger besonderer Offenbarung gab, die nicht nur im jüdischen Raum begegnen.

[232] S.a. A.H.J. GUNNEWEG, Leviten 214f.

Ausgehend von der These vom Ende der Prophetie, die vielfach auf Sach 13,2–6 aufgebaut worden ist, hat lange Zeit die These vorgeherrscht, dass es in der nach-sacharjanischen Zeit keine Propheten mehr gegeben habe. Begrenzt man prophetische Tätigkeiten auf den Bereich der Verkündigung des göttlichen Wortes, mag manches Argument für diese Annahme zu erbringen sein.[233] In der Tat ist kaum noch vom Auftreten von Propheten in der Zeit des Zweiten Tempels die Rede.[234]

Es ist das Verdienst von David L. Petersen herausgestellt zu haben, dass Sach 13,2–6 gegen ein vorexilisches Prophetenbild angeht, dessen Ende es konstatiert.[235] Daraus darf aber nicht die Schlussfolgerung gezogen werden, dass in Sach 13 das Ende jeglicher Prophetie im Blick sei.[236] Stattdessen geht Petersen von einer Unterscheidung zwischen mündlicher („classical prophets") und schriftlicher („prophetic traditionalists" bzw. „tradents") Prophetie aus.[237] Während die erste endet, geht die zweite weiter und übernimmt die Funktion der ersten, gleichwohl mit anderen Mitteln. Sach 13 blickt also nicht auf das Ende der Prophetie, sondern reflektiert einen Umbruch in der Prophetie.

Für die Zeit des Zweiten Tempels ist also mit einer Prolongation der Prophetie zu rechnen, die sich jetzt allerdings anderer Mittel bedient, um Jahwes Willen für die Gegenwart auszudrücken. Dabei ist konstitutiv, dass die Bewahrung des Traditionsgutes und seine Interpretation unmittelbar miteinander verschränkt sind.[238] Die die Gegenwartsbedeutung herausstellende Interpretation gehört nicht nur mit der Bewahrung

---

[233] Vgl. R. HANHART, Bestimmung passim, bes. 151–153, demzufolge das Ende der (mündlichen) Offenbarung nach dem Exil einen geistesgeschichtlichen Umbruch markiert, der das Judentum als „Epoche der erloschenen Prophetie" (ebd. 153) beginnen lässt. S.a. A. HANSPACH, Interpreten 172f; R.G. KRATZ, Suche 296; DERS., Propheten 104.

[234] Dies gilt auch, wenn für die erste Hälfte der achämenidischen Zeit von Auftritten von Propheten und Prophetinnen berichtet wird: von Haggai und Sacharja im Zusammenhang des Tempelneubaus (vgl. Esr 5,1f; 6,14; Hag 1,1; 2,1.10.20; Sach 1,1.7; 7,1); von Opponenten Nehemias (vgl. Neh 6,7.12.14).

[235] Vgl. D.L. PETERSEN, Prophecy 33–38. J. BLENKINSOPP, History 263, vermutet, dass die Propheten, gegen die Sach 13 votiert, eine mit dem Tempelpersonal assoziierte Splittergruppe waren.

[236] So von T. WILLI, Auslegung 242f, und selbst von O.H. STECK, Abschluß 90.120, verstanden; s.a. R.P. CARROLL, Jeremiah 474. – Gegen diesen Gedanken wendet sich auch T.W. OVERHOLT, End 535–537, der die eigenwillige These aufgestellt hat, dass die Prophetie auch dann weitergeht, wenn die Propheten von dem Auditorium nicht mehr als solche erkannt werden. Dies macht er allerdings daran fest, dass er die Propheten primär als Visionäre begreift, denen Gottes Offenbarungen fortgesetzt zuteil werden. Ist dieser Prophetenbegriff nicht zu eng gefasst?

[237] So D.L. PETERSEN, Prophecy 13–19.

[238] Vgl. dazu J. MAIER, Lehrer 12. Nach T. WILLI, Auslegung 237, stellt die Bewahrung die primäre Geschichtsschreibung der Chronik dar, während die Interpretation eine sekundäre Geschichtsschreibung bildet. Beide Vorgänge sind aber in der Chronik miteinander verknüpft.

der Tradition zusammen, sondern erscheint mehr noch als die angemessene Art und Weise, das überlieferte Traditionsgut aktualisierend weiterzugeben. Auf diesem Hintergrund begegnet die Zeit des Zweiten Tempels als konstruktive Periode, in der die Überlieferungen weiter tradiert und aktualisiert werden. Jahwes bleibender Wille wird in neuen Gegenwartsbezügen herausgestellt und schriftlich dokumentiert. Daran zu arbeiten ist die Aufgabe der Propheten, die das überkommene literarische Erbe weiter tradieren und sinngemäß fortführen, indem sie es aktualisieren.

Auf dieser Aktivität liegt in der Zeit des Zweiten Tempels die Priorität prophetischen Wirkens. Die „auslegende und aktualisierende Rezitation heiliger Texte" bildet die Aktivität prophetischen Wirkens.[239] Die Gruppen der Propheten sind als kreative Kreise[240] zu begreifen, die das Traditionsgut fortführen. Die Bewahrung und aktualisierende Tradierung der schriftlich überlieferten Worte wird schließlich zum prophetischen Aufgabenbereich schlechthin.

In diesem Zusammenhang erscheinen die Propheten in der Zeit des Zweiten Tempels zunehmend als Literaten, in deren Interesse die Bewahrung der Tradition gestanden hat. Unter diesem Gesichtspunkt schildert Ehud Ben Zvi die Aktivität von *literati*, die durch „writing, reading and rereading written texts" als Redaktoren der Schriften in Erscheinung treten.[241] Zur fortschreibenden Tradierung gehört hinzu, dass ein Aktualitätsbezug des bereits Schrift gewordenen prophetischen Erbes in seiner Bedeutung für die spätere Zeit eruiert wird. Literarische Tradierung und aktualisierende Deutung der prophetischen Überlieferung auf die Gegenwart gehören zusammen und bilden gemeinsam die prophetische Aktivität in der Zeit des Zweiten Tempels.[242]

4.6.2 Propheten als auslegende Literaten in der Chronik

An diese Vorstellung knüpft die Chronik an, wenn sie in ihrer Historiographie die prophetischen Worte der Vergangenheit auf die Gegenwart der erzählten Geschichte hin deutet.[243] Neben den bereits genannten Stellen ist der Hinweis auf den ‚Midrasch des Propheten Iddo' (מִדְרַשׁ הַנָּבִיא) in 2Chr 13,22 ein weiteres Indiz für diese Entwicklung der Prophetie. Hier ist der *terminus technicus* der Schriftdeutung (דרשׁ √)

---

[239] Vgl. A.H.J. GUNNEWEG, Leviten 215.

[240] K. KOENEN, Heil 266, begreift die Redaktoren als „kreative Interpreten".

[241] So E. BEN ZVI, Urban Center 200, vgl. DERS., Agenda 13–16. Dabei ist ihm wichtig, dass der geschriebene Text Stabilität gewährt, die ihrerseits den *literati* Legitimität und Autorisation verleiht.

[242] Vgl. kurz A.H.J. GUNNEWEG, Leviten 214: „Schreiben und Lesen ist Tradieren und Auslegen."

[243] Vgl. z.B. 2Chr 15,2: Jer 29,14; 2Chr 20,20: Jes 7,9; 2Chr 29,8: Jer 29,18 (jeweils chr Sondergut).

mit dem Wirken des Propheten Iddo verbunden.[244] Auch wenn der Begriffs √ דרש hier noch nicht seine spätere symptomatische Verwendung impliziert, so ist in ihm doch eine Vorform oder frühe Form der späteren Entwicklung zu sehen, weil die „Suche" nach der Bedeutung letztlich eine Frage nach der Interpretation eines literarischen Zusammenhangs und mithin seiner Hermeneutik ist. Dieses Verständnis wird vom Kontext unterstützt,[245] da in dem Midrasch (literarisches) prophetisches Gut überliefert wird. Versteht man den Vers in diesem Sinn, dann kann man in 2Chr 13,22 Anfänge der Schriftgelehrsamkeit in der Chronik mit einem Propheten verbunden finden. In diesem Zusammenhang ist auch die Quellennotiz in 1Chr 29,29 zu sehen, der zufolge die erwähnten Ereignisse aus der Regierungszeit Davids in den Worten des Propheten Nathan, des Sehers Samuel und des Sehers Gad aufgezeichnet sind. Unabhängig von der Frage, ob es sich bei diesen Dokumenten um reale oder fiktive Quellen handelt,[246] spricht die Chronik doch den Propheten einen wesentlichen Anteil an der Literaturwerdung zu.

Die Tradierung und die aktualisierende Interpretation prophetischer Überlieferung(en) ist nach der Konstruktion der Chronik damit nicht in beliebige Hände gegeben, sondern obliegt den Propheten als verantwortlichen Tradenten der Tradition(en). Die Chronik spricht den Umgang mit dem Traditionsgut damit einer bestimmten mit Autorität ausgestatteten Gruppierung zu, die ihrzufolge dafür zuständig ist und diese Zuständigkeit verantwortet und beauftragt wahrnimmt.[247] In Entsprechung zu dieser Neubestimmung von Prophetie setzt die Chronik die Leviten als autoritative Interpreten und Verwalter des prophetischen Erbes ein.

In der Wirklichkeitskonstruktion der Chronik werden die Leviten nunmehr zu der Gruppe, die mit dem geistigen, kulturellen und auch theologischen Erbe, also dem (schriftlichen, aber auch mündlich überlieferten) Traditionsgut, befasst ist. Legt die Chronik das Überlieferungsgut in die Hände der levitischen Propheten, so repräsentieren die Leviten dabei zugleich die Schreiber. Die prophetischen Schreiber verfügen über Kenntnisse und Deutungen von Zusammenhängen in

---

[244] Während T. WILLI, Auslegung 236f, den Begriff vom zentralen chr Topos der Suche nach Gott her interpretiert, plädiert WM. SCHNIEDEWIND, Wort 41, dafür, darin „some sort of interpretative activity" zu sehen.

[245] Entsprechend stellt W.M. SCHNIEDEWIND, Word 106, heraus, dass Propheten in der Chronik mehrheitlich als Interpreten agieren und weniger oft als Bußprediger oder Mahner auftreten.

[246] Gemeint sein könnten Fragmente der Prophetenschriften oder Annalen, die in den Archiven zur Verfügung stehen; vgl. T. WILLI, Auslegung 237–239.

[247] Diesen Gedanken äußert J. MAIER, Lehrer 12, der dies jedoch auf die mosaische Tora-Autorität bezieht. Strukturell gilt dies aber ebenso für den Umgang mit der Tradition, wie er in der Chronik den Leviten zufällt.

Vergangenheit und Gegenwart; sie sind gleichsam professionell mit dem (vor allem) literarischen Traditionsgut verbunden.

Nach Philip Davies lassen sich die Aufgaben solcher Schreiber folgendermaßen charakterisieren: „The scribal duties … traditionally embraced a range of activities, amounting to a good deal of ideological control: archiving (possession and control of the present), historiography (possession and control of the past), didactic writing (maintenance of social values among the elite), predictive writing (possession and control of the future)"[248] Die Schreiber werden damit zu einer tradierenden Größe in der Gesellschaft.[249]

Solche Schreiber besitzen die Möglichkeit und Fähigkeit, ihre theologische und ideologische Position in den Dokumenten festzuhalten und den Ereignissen ihre Deutung aufzuprägen.[250] Traditionsbildung und Traditionsbewahrung gehen dann einher mit der Vermittlung einer bestimmten Konzeption und fördern die Durchsetzung der eigenen Interessen. Solche Interpretationen wirken sozio-kulturell prägend, je mehr sie rezipiert werden. Auf den Schreibern liegt damit eine große Verantwortung, aber auch die Möglichkeit zu großer Einflussnahme bei der Deutung der Traditionen in der sie rezipierenden Gesellschaft.

Diese Bestimmung von Prophetie impliziert, dass die Propheten in der Zeit des Zweiten Tempels als Literaten tätig sind. Die literarisch arbeitenden Propheten, die schließlich vollständig als Literaten in Erscheinung treten, sorgen für eine Aktualisierung des ihnen überkommenen Traditiongutes und produzieren neue Schriftstücke. Die spätere Form der Prophetie, wie sie sich hier entwickelt hat, erscheint damit als ausschließlich literarische Tätigkeit.[251]

Dieser Umgang mit Schrift rückt die Propheten in der Zeit des Zweiten Tempels an Funktionen heran, wie sie später von Schriftgelehrten wahrgenommen werden. Dass auch die Funktionen der Leviten in der Sinnkonstruktion der Chronik mit denen der Schriftgelehrten konvergieren, ja Leviten selbst später in der ChronikLXX als γραμματεῖς bezeichnet werden,[252] setzt diese Linie fort. Die Septuagintaüber-

---

[248] So P.R. DAVIES, Scribes 74f.

[249] Vgl. im einzelnen P.R. DAVIES, Scribes 18f; J.L. BERQUIST, Judaism 167f.

[250] Vgl. Z. KALLAI, Patterns 158.163.

[251] Vgl. zu diesem Phänomen O.H. STECK, Abschluß 61f („produktive, schriftliche Tradentenprophetie"); DERS., Prophetenauslegung 221f.234–242 (aktualisierende Relecture durch Tradentenpropheten); aufgenommen bei E. ZENGER, Eigenart 420f; ähnlich D.L. PETERSEN, Prophecy 13–16.18f („prophecy by the prophetic traditionists" als literarische Fortschreibungsprodukte, die „a new ‚concept' of prophecy" bilden; ebd. 19); P.R. DAVIES, Scribes 116 („literary ‚prophecies'"); R. KRATZ, Propheten 48f; W.M. SCHNIEDEWIND, Chronicler 164f.167f.

[252] Vgl. 1Chr 2,55; 18,16; 24,6; 27,1.32; 2Chr 19,11; 2Chr 24,11; 34,13.18. Für MT nimmt dies bereits A.H.J. GUNNEWEG, Leviten 214, an. S.a. M. HENGEL, Schriftauslegung 4, der den γραμματεύς als Ausleger und Übersetzer und später als ‚pharisäischen Schriftgelehrten' betrachtet.

lieferung der Chronik setzt damit eine schon im MT auszumachende Entwicklung fort. Es entspricht der Wirklichkeitskonstruktion der Chronik, die Leviten in diese entscheidenden Positionen als historiographisch und theologisch deutende Schreiber einzusetzen.

4.6.3 Gruppen von Literaten

Gelten diePropheten als Literaten, die die Schrift aktualisierend interpretieren, so stellt sich ein Bild von kompetenten Schreibern ein, das die Chronik den Leviten zuspricht. Die so konstruierten Schreibergruppen erfassen komplexe literarische Textzusammenhänge,[253] was man als eine Fähigkeit zum Umgang mit „high literacy" bezeichnet hat.[254] Solche Schreiber verfassen Schriftstücke, die im Einzelnen freilich hinsichtlich ihrer spezifischen theologischen und ideologischen Inhalte divergieren können.

Dass Schriftkultur gerade in der achämenidischen Zeit entstehen konnte, hat etwa Thomas Willi betont.[255]

Er zeigt auf, dass das achämenidische Reich dafür die Rahmenbedingungen zur Verfügung stellt, zu denen „monumentale Schriftdenkmäler wie Bau- und Königsinschriften; wirtschaftlich-statistische Verschriftung bei Gefäßen ...; Aufschriften auf Kultgegenständen und schließlich Ostraka als Briefe, Listen und im Schulbetrieb" gehören.[256] Damit im Zusammenhang sind auch spezielle Literatenschulen anzunehmen; Willi betrachtet die Entstehung solcher Schulen als eine Entwicklung, die aus einem mündlichen „Lehr- und Lernvorgang" eine Verschriftlichung werden lässt.[257]

In eine ähnliche Richtung wies bereits Antonius H.J. Gunneweg, der Schreibertätigkeiten seit der Zeit Esras mit Schriftgelehrtentum in Verbindung bringt. In der Zeit Esras nimmt Gunneweg die Entstehung von Schriftgelehrten an und bestimmt in diesem Zusammenhang die spätnachexilischen Leviten als „Vorläufer der Masoreten".[258]

Ähnlich lässt auch Dieter Kellermann die Schriftgelehrsamkeit bereits im Schreiberwesen der Chronik beginnen.[259]

---

253 Vgl. B. LANG, Schule 198f, der folgende Schritte zum Erlernen der hebräischen Sprache und mit ihr geisteswissenschaftlicher Inhalte herausstellt: zunächst Erlernen des „Alfabeths", dann Schreibübungen und schließlich Umgang mit längeren Texten und Textsammlungen.
254 Dieser Ausdruck ist von EHUD BEN ZVI in die Diskussion eingebracht worden; vgl. E. BEN ZVI, Urban Center 195; DERS., Agenda 5.8f. Sinngemäß auch L.L. GRABBE, History 154.
255 Vgl. T. WILLI, Tora 269.
256 Ebd. in Anknüpfung an J. RENZ, W. RÖLLIG, Inschriften II/1 1–51.
257 T. WILLI, Tora 270.
258 So A.H.J. GUNNEWEG, Leviten 214.
259 So D. KELLERMANN, Levi 517; s.a. A. JEPSEN, Mose 323; M. HENGEL, Schriftauslegung 29f.

An die hellenistische Zeit als zeitgeschichtlichen Rahmen denkt dem-gegenüber Philip R. Davies.

Davies, der die Existenz von Schulen in vor-hellenistischer Zeit bezweifelt, orien-tiert sie an philosophischen Lehrbetrieben,[260] wie sie von den Griechen initiiert worden seien und mit dem Aufkommen der Weisheitsliteratur auch in Palästina Einzug hielten.[261]
    Eine ähnliche Vorstellung leitet auch Jon L. Berquist, der davon ausgeht, dass die Beamten in den Tempeln und Verwaltungszentren mit weisheitlich geschulten Schreibern zu identifizieren seien.[262]
    Ähnlich geht Georg Steins für die fortschreibende Bearbeitung der Chronik von literarischen Techniken der Schriftrezeption und Schriftproduktion aus, wie sie bei Schriftgelehrten zu finden sind und sich in Abgrenzung gegen den Hellenismus entwickelt haben.[263]

Die Frage nach dem Aufkommen von Schulen, vor allem wenn man sie zu sehr spezifisch ausrichtet, wird man nicht zu sehr pressen dürfen. Zeigen sich unterschiedliche Grade an Rezeption oder Absorption hel-lenistischen Gedankengutes, so könnte einiges dafür sprechen, dass in verschiedenen Gruppierungen divergierende Abgrenzungsprozesse bei partieller Rezeption anzunehmen sind. Dies könnte parallel in verschie-denen Schulen zu unterschiedlichen Zeiten geschehen sein. Dann wäre für die Weisheitsbewegung ein Modell in Erwägung zu ziehen, zu dem die Schreiberschulen bereits verstärkt nach dem Vorbild hellenistischer Philosophenschulen gestaltet waren. Andere Schulen, die weniger stark vom Hellenismus durchdrungen waren, könnten demgegenüber früher gewirkt haben. Das könnte ebenso bedeuten, dass man mit Gruppenbil-

---

[260] Auf einen solchen ist etwa in Sap 7,17–22 angespielt (vgl. dazu J.L. CRENSHAW, Education 612; zur griechischen Philosophie vgl. H. HÜBNER, Weis-heit 100), nicht jedoch für die Chronik vorauszusetzen.
[261] Vgl. P.R. DAVIES, Scribes 82f.86; s.a. 79: „the later we move in date, the easier it is to conclude that the temple could sustain a number of scribal schools with a vigorous literary activity. But we do not know how well funded the temple was in the Persian period." S.a. M. HENGEL, Judentum 148f.
[262] Vgl. J.L. BERQUIST, Judaism 165–167. Neben dem Hauptstrom der Weis-heitsliteratur, dem er die Proverbien als eine den gesellschaftlichen, religiösen und politischen status quo fundamentierende Literatur zuweist (a.a.O. 167.169.173), sieht er auch zwei Nebenzweige bei den Schreibern entstehen; einerseits sind dies die Apokalyptiker, die mit ihrer gesellschaftlichen Position unzufrieden sind und größeren Einfluss erwerben wollen (a.a.O. 185); andererseits sind dies Kreise, die für die Entstehung von Qohelet und des Hiobbuches, die Berquist als „dissent literature" wertet, verantwortlich zeichnen und den maßgeblichen sozialen und reli-giösen Inhalten ihre Zustimmung verweigern (a.a.O. 205–207). – Auf Weisheits-schulen verweist auch A. LEMAIRE, Écoles 40f.
[263] Vgl. G. STEINS, Bücher 260, der die chr Theologie als „*schriftgelehrte Theolo-gie* im Horizont eines bereits weit vorangeschrittenen kanonischen Prozesses" be-greift; s.a. DERS., Chronik 426f.

dungen zu einem früheren Zeitpunkt zu rechnen hat,[264] in denen sich analoge Strukturen auszubilden beginnen. Diese Überlegung eröffnet Spielräume etwa für levitische Gruppen, die bereits früher in Schreiberschulen zusammengeschlossen gewesen sein können. Dennoch wird eine Existenz von Schulbetrieben vor allem für die hellenistische Zeit herausgestellt. Mit dieser zeitlichen Einordnung könnte ein Rahmen angegeben sein, der einen möglichen Hintergrund für die Chronik abgibt. Die Textpassagen der Chronik, in denen Leviten in Funktionen von Lehrern und Propheten als aktualisierende Interpreten von Schrifttraditionen auftreten, könnten dann in hellenistischer Zeit entstanden sein. Ist gezeigt worden, dass diese Aspekte auf der letzten Redaktionsstufe liegen, so ist mit einem Wachstum der Chronik in hellenistischer Zeit zu rechnen.

Die aufgezeigten Gruppen von Literaturproduzenten bilden Kreise, die man als Anfang der Schriftgelehrsamkeit bezeichnen kann.[265] Verbindet man die Interpretationsleistungen der Schreiber mit Funktionen von Propheten und Lehrern, wie sie in der Sinnkonstruktion der Chronik vorliegen, so rücken die Propheten in die Nähe von Schriftgelehrten, die mit der Tradierung der Schriften bzw. deren Vorformen betraut sind und diese in schriftgelehrten Gruppen pflegen. Daraus könnte man schließen, dass Prophetenkreise in der Zeit des Zweiten Tempels auf dem Weg zum Schriftgelehrtentum sind, indem Tradenten als Propheten und Schriftgelehrte mit der aktualisierenden Literaturproduktion verbunden und die literarischen Techniken an Nachfolgende weitergegeben werden.

4.6.4 Leviten als Interpreten der Schrift

Auf dem Hintergrund der Entwicklung der Prophetie und ihrem Ort ist die Frage nach dem den Leviten zugeschriebenen Aufgabenbereich in der Wirklichkeitskonstruktion der Chronik nach den dort gewonnenen Kennzeichen wieder einzuholen.

Nach der Sicht der Chronik übernehmen die Leviten in späterer Zeit die Aufgaben der Prophetenkreise, die zunehmend zu Schriftgelehrten werden. Die Leviten sind mit einer aktualisierenden Literaturproduk-

---

[264] Diese gesteht auch P.R. DAVIES, Scribes 82f.86, für die achämenidische Zeit zu.

[265] Benennt Josephus, Ant 11,128; 12,142, γραμματεῖς τοῦ ἱεροῦ, die erst im Zusammenhang mit dem Edikt von Antiochos III. auftreten – ein Beleg, der vielfach als Beginn der Schriftgelehrsamkeit interpretiert wird (vgl. M. HENGEL, Judentum 144; DERS, Schriftauslegung 30f; anders U. GLESSMER, Leviten 134.138; D. KELLERMANN, Levi 517, lässt Schriftgelehrsamkeit bereits im Schreiberwesen der Chronik beginnen) –, so ist davon die Frage nach Schulbildungen bzw. deren Vorläufern nicht betroffen.

tion der prophetischen Schriften befasst.[266] Dass diese Gruppe nach Sicht der Chronik aus den Leviten gebildet wird, geht aus den Bezeichnungen von Leviten als Propheten bzw. Seher (1Chr 25,1–7; 2Chr 20,14b; 35,5) wie auch aus Bezugnahmen auf Prophetentitel (vgl. 1Chr 23,14; s.a. in anderer Verwendung 2Chr 30,16) hervor. Lässt die Chronik die Leviten eine Aktualisierung zur Herausstellung der Relevanz prophetischer Überlieferungen formulieren, so vermitteln sie eine neue Interpretation des Traditionsgutes sowohl literal als auch oral. Werden die Leviten also mit den Propheten identifiziert, so werden sie in der Wirklichkeitskonstruktion der Chronik zu Erben der Propheten.[267]

In der Funktionsbestimmung der aktualisierenden Interpretation von Schrift und Traditionen konvergieren die Aufgaben der prophetischen Aktanten mit denen der Lehrer (vgl. 2Chr 17,7–9; 35,3), wie die Chronik sie den Leviten zuschreibt.[268] Die Wirkungsbereiche der Lehrer und der Propheten werden dadurch in der Sinndeutung des Geschichtsentwurfs eng miteinander verbunden und funktional angenähert. Dies ist bedeutsam, da den Leviten als Lehrern kein wesentlich divergierender Aufgabenbereich zugeschrieben wird. Vielmehr ist der gemeinsame Umgang mit Schriftgut und seiner Interpretation bedeutsam, was Bezüge zu Schreiberkreisen herstellt.

Rücken die Leviten in einen – gemessen an ihrer ursprünglichen Funktion des *clerus minor* – fremden Tätigkeitsbereich vor, so eröffnet die Chronik ihnen neue Aufgabenfelder. Diese neuen Funktionsbereiche gestalten sich nicht einfach als Erweiterung des bisherigen Arbeitsgebietes, sondern bedeuten auch eine Veränderung, da neue Qualifikationen vorausgesetzt sind und eine Bewegung heraus aus dem Kult und hin zu nicht-kultischen Aufgaben gezeichnet wird. Dennoch schließt das neu gestaltete Aufgabenfeld an ursprünglich wahrgenommene Aufgaben an und konvergiert zudem mit – auch für andere Bereiche bedeutsamen – Schreibfunktionen, wie noch zu zeigen sein wird.[269] Hatte die Chronik den Leviten bereits den Zugang zu den Tempelarchiven zugesprochen,[270] so liegt es in der Konsequenz des Entwurfes, dass das Personal mit dem dort aufbewahrten literarischen Überlieferungs-

---

[266] Vgl. A.H.J. GUNNEWEG, Leviten 215f; A. JEPSEN, Mose 323. Anders S.J. SCHWEITZER, Utopia 162–164.

[267] Vgl. auch A.H.J. GUNNEWEG, Leviten 215f; D.L. PETERSEN, Prophecy 87; U. DAHMEN, Leviten 373; s.a. J. KEGLER, Prophetengestalten 495f; U. GLESSMER, Leviten 132; P.R. DAVIES, Scribes 133; E. BEN ZVI, Agenda 14 („the literati's self identification as animators of the prophets and YHWH … with a quasi-prophetic status"). Anders beschränkt W.M. SCHNIEDEWIND, Word 186.236f, die Gruppe auf die levitischen Sippenhäupter.

[268] Nach J. BLENKINSOPP, Scribalism 312, entsteht mit dieser Tätigkeit der Leviten als Lehrer „a new form of scribalism … focusing on instruction and interpretation of the law".

[269] Vgl. Abschnitt 5.

[270] Vgl. Abschnitt 2.2.

gut nicht nur aufgrund seiner Ordnungspflichten befasst ist, sondern auch eine thematische Beschäftigung mit den verwalteten Schriftstücken anstrebt. Die Sorge für die Archive schließt die Sorge für das Archivierte mit ein. Der Bestand der Archive, mit dem die Archivare und Schreiber umgehen, führt zu einer Erweiterung der Funktionen mit der bekannten Materie.

Ob die Gruppe der Leviten zahlenmäßig als groß genug angesehen wird, um weitere Aufgabenbereiche zusätzlich zu den überkommenen Funktionen des *clerus minor* auszufüllen zu können, wird in der Chronik zwar nicht explizit problematisiert, doch immerhin angedeutet. Die (spätere) Vorverlegung des Dienstalters, von der in 1Chr 23,24.27 die Rede ist, könnte ein Indiz für eine Erweiterung der Aufgaben in der Wirklichkeitskonstruktion sein.

Die Chronik lässt die Leviten literarische Arbeit am theologischen wie geschichtsdeutenden Überlieferungsgut wahrnehmen. Welche umfangreiche Kenntnis des Materials die Chronik den Leviten dabei zuschreibt, geht aus den reichhaltigen Zitaten und intertextuellen Anspielungen der Chronik an andere Schrifttexte hervor. Die Chronik rezipiert verschiedene Passagen anderer Schriften oder spielt an solche an. So hat das deuteronomistische Geschichtswerk neben den genealogischen Listen der Priesterschrift als literarische Vorlage für den Geschichtsentwurf gedient. Die Chronik zitiert ferner Psalmentexte[271] und zeigt Kenntnisse von Prophetenschriften[272]. Außerdem verweist sie an mehreren Stellen auf außer-atl. Schriftstücke,[273] denen sie nach eigenem

---

[271] Vgl. Anm. 86 und 87 in Abschnitt 2.3.

[272] Vgl. Jeremia in 2Chr 36,12 und die ihm zugeschriebenen Klagelieder (2Chr 35,25); Jesaja (2Chr 26,22; 32,20.32). Ferner zitiert 2Chr 15,5 Am 3,9; 2Chr 20,20 zitiert Jes 7,9; 2Chr 15,7 spielt an Jer 31,16 an, und 2Chr 16,9 bezieht sich auf Sach 4,10. Auf weitere Rezeptionen von Prophetentexten, genauerhin aus dem Bereich des Dodekaprophetons, macht I. KALIMI, Geschichtsschreibung 218, aufmerksam: 2Chr 15,5 rezipiert Sach 8,10; 2Chr 30,9 rezipiert Mal 1,9.

[273] So finden sich folgende Hinweise auf Dokumente (כְּתוּבִים o.ä.) oder Sammlungen von Worten (בְּדִבְרֵי o.ä.) in der Chronik:
das Buch der Könige von Israel (סֵפֶר מַלְכֵי יִשְׂרָאֵל, 1Chr 9,1; 2Chr 20,34),
das Buch der Könige von Juda und Israel (סֵפֶר מַלְכֵי־יְהוּדָה וְיִשְׂרָאֵל, 2Chr 16,11; 25,26; 27,7; 28,26; 32,32; 35,27; 36,8; vgl. 2Chr 24,7),
Geschichten der Könige von Israel (עַל־דִּבְרֵי מַלְכֵי יִשְׂרָאֵל, 2Chr 33,18),
Midrasch des Propheten Iddo (מִדְרָשׁ הַנָּבִיא, 2Chr 13,22),
Midrasch über das Buch der Könige (מִדְרָשׁ סֵפֶר הַמְּלָכִים, 2Chr 24,27),
Worte des Propheten Nathan (דִּבְרֵי הַנָּבִיא, 1Chr 29,29; 2Chr 9,29;),
Worte des Propheten Schemaja und des Sehers Iddo (בְּדִבְרֵי, 2Chr 12,15),
Äußerungen Jesajas (בְּחֲזוֹן, 2Chr 32,32; vgl. 26,22),
Worte Jehus, des Sohnes Chananis (בְּדִבְרֵי, 2Chr 20,34),
Worte Chosais (עַל דִּבְרֵי, 2Chr 33,19),
Worte des Sehers Samuel, Worte des Sehers Gad (עַל־דִּבְרֵי, 1Chr 29,29),
Prophezeiungen Achijas von Silo, Schauungen des Sehers Jeddo (עַל־נְבוּאַת, בַּחֲזוֹת, 2Chr 9,29);
s.a. den Hinweis auf die. Klagelieder (הַקִּינוֹת, 2Chr 35,25).

Bekunden weitere geschichtliche Notizen entnimmt. Auch wenn nicht ganz klar ist, welche Schriftstücke damit im Einzelnen zu identifizieren sind,[274] sollte meines Erachtens nicht bestritten werden,[275] dass es sich hierbei (großteils) um tatsächlich physisch damals existierende Dokumente handelt, die heute jedoch weder bekannt noch erhalten sind. Solche Schriftstücke könnten den Verfassern der Chronik in Archiven aber begegnet sein. Im Hinblick auf die Produktion der Chronik hat dies zur Folge, dass ihre Träger Zugang zu verschiedenen anderen Schriften oder Fragmenten von Schriften haben.

Die Wirklichkeitskonstruktion der Chronik spricht diesen Zugang den Leviten als maßgeblichen Interpreten des Materials zu. Aus der Sicht der Chronik ist die Ausweitung der Funktionen der Leviten eine konsequente Weiterentwicklung aus den niederen kultischen Aufgaben.[276] Die Übernahme von Schreibarbeiten und literarischen Aufgaben im Zusammenhang des überlieferten Traditionsstoffes zeigt für die Chronik ein Herauswachsen der Leviten aus ihren ursprünglichen Tätigkeiten als niedere Kultbedienstete (in den Archiven) an. Indem die Chronik den Kreis der Leviten seinen Zuständigkeitsbereich erweitern lässt, ist für die redaktionelle Endstufe der Chronik eine Entwicklung der Leviten zu beobachten. Die Wirklichkeitskonstruktion präsentiert Leviten als Schriftausleger und prophetische Interpreten. Dies trifft sowohl auf die in der Chronik erwähnten aktualisierenden Interpretationen zu als auch auf die Entstehung der Chronik selbst, da sie als Schriftauslegung zutiefst von Rezeption, Modifikation und Aktualisierung der in ihr verarbeiteten Traditionen und Texte geprägt ist.

Beansprucht die Chronik damit, dass den Leviten allein das Erbe der Propheten zusteht? Da vom aktuellen Wirken anderer Propheten in der

---

Möglicherweise sind Worte von Propheten später in andere Dokumente integriert worden, wofür der Begriff הֶעֱלָה in 2Chr 20,34 sprechen könnte, der nach T. WILLI, Auslegung 237, den Vorgang der Aufnahme der Prophetenworte in das Buch der Könige bezeichnet.

[274] Zu Versuchen der Identifikation vgl. z.B. W.M. SCHNIEDEWIND, Word 209–228, der jedoch darum bemüht ist, die genannten Quellen mit anderweitigen biblischen Belegen und atl. Schriften zu verbinden. Anders nimmt P.R. ACKROYD, Community 132f, an, dass es ein Geschichtswerk gegeben hat, das er „Judean narratives" nennt, das das DtrG weitertradiert und um judäische Stoffe aus der Exilszeit erweitert; es stellt eine heute nicht mehr erhaltene Quelle der Chronik dar, die aber auch anderen Texten vorgelegen haben könnte, z.B. Jes 36–39; Jer 37–44; 52; 1Esra.

[275] Kritisch zu den von der Chronik genannten Quellen äußert sich R.G. KRATZ, Suche 294, insofern er sie für eine „literarisch-historische Fiktion, besser: Rekonstruktion des Chronisten" hält. Auch M. NOTH, Studien 134f, geht schon davon aus, dass die Angaben von Quellen fiktiv seien.

[276] S. JAPHET, Chronicles 1047, sieht einen neuen Berufsstand in späterer Zeit entstehen, insofern die Leviten zu Vermittlern zwischen den Priestern als den Lehrern und dem Volk werden. R. DE VAUX, Lebensordnungen II 176.189, lokalisiert das Lehren der Leviten im 3.Jh. v.Chr. (a.a.O. 229) in den Synagogen.

Chronik keine Spur zu finden ist, muss diese Schlussfolgerung für die Wirklichkeitskonstruktion der Chronik wohl zutreffen. Doch darf das Schweigen der Sinnkonstruktion über andere kontemporäre Propheten nicht als ein historisches Urteil missverstanden werden, da eine Reihe von literarischen Divergenzen in anderen Schriften gegen diesen Anspruch steht.

Ist die Literaturproduktion an den prophetischen Schriften zur Zeit des Zweiten Tempels fortgesetzt worden, so wirft dies massiv die Frage nach weiteren, literarisch tätigen Propheten auf. Die prophetischen Schriften differieren zu sehr von der Chronik, als dass man deren spätere Aktualisierung ebenso in den Händen der Leviten vermuten könnte.[277] Zeigen die Prophetenschriften im Großen und Ganzen wenig Interesse an den Leviten, so ist es zweifelhaft, dass ihre Entstehung in levitischen Händen gelegen hat. Eher wird man diesbezüglich von prophetischen Tradentenkreisen auszugehen haben, die für die aktualisierende Tradierung der Prophetenschriften verantwortlich sind. Dementsprechend hat man wohl mit dem Wirken anderer Propheten zu rechnen, die für die Fortschreibung der prophetischen Schriften verantwortlich sind.

Es ist also wahrscheinlich, dass es neben den Leviten noch andere Kräfte gibt, die in einer Traditionslinie mit den Propheten stehen. In ähnlicher Funktion bestimmt Shemaryahu Talmon die Schreiber und Weisen als Erben der Propheten. Sie sind nicht allein mit dem mündlichen Medium, das nach Talmon durch den Abbruch der Exilskrise fraglich geworden ist, befasst, sondern haben auch Umgang mit der schriftlichen Überlieferung als dem angeblich stabil gebliebenen Fundament des Jahweglaubens.[278] Mit dieser Beschreibung der Kennzeichen nachexilischer Prophetie nähert sich Talmon der chr Schilderung der Kennzeichen levitischer Aufgaben in der Chronik; mit diesen konvergiert die Beschreibung Talmons ferner darin, dass für die Chronik die Leviten immanent als Schreiber eine tragende Rolle im Gesellschaftsgefüge in der Zeit des Zweiten Tempels einnehmen.[279] Eine Konvergenz in den Aufgaben überrascht angesichts der Vielfalt von Schriften und Gruppen nicht; die Frage ist doch aber, welche Personengruppe von dem jeweiligen Wirklichkeitsentwurf favorisiert wird und wie sich dieses Porträt mit historischen Phänomenen zur Deckung bringen lässt.

Im Chor anderer Stimmen, doch auch unabhängig davon, setzt der Sinnentwurf der Chronik Leviten als Propheten im Rahmen ihrer eigenen Schriftwerdung ein. Demnach wird man wohl davon ausgehen können, dass die Konstruktion, die die Leviten als Nachfolger der Pro-

---

277 Anders H. SEIDEL, Trägergruppen 380–384, dessen vermutete Verschmelzung von Leviten mit Sängern sowie Musikern mit Propheten de facto auf einen Panlevitismus in Israel hinausläuft, der sowohl für die dtr Literatur als auch für priesterliche Äußerungen reklamiert wird. Ähnliches ist auch gegen P.D. HANSON, Religion 503, der das Maleachibuch in abtrünnigen levitischen Kreisen mit apokalyptischen Tendenzen entstanden sieht, einzuwenden (auch gegen den Bezug auf die Leviten bei K. BALTZER, Deutero-Jesaja 489–492).

278 So S. TALMON, Emergence 594.

279 S. dazu Abschnitt 5.

pheten versteht und Anspruch auf deren Erbe erhebt,[280] dies auf die Genese und Literaturwerdung der Chonik selbst bezieht. Die Konstruktion der literarisch arbeitenden Leviten benennt also die Gruppe aus der Menge der Schreiber, die für die Chronik aktiv ist.

Ist gezeigt worden, dass Leviten erst in der spätesten Schicht der Chronik zu Literaten und Propheten werden und dass die Genese der Chronik eine Entwicklung der Leviten nachzeichnet, dann stellt sich die Frage, wann eine Veränderung der Aufgaben der Leviten in den Wirklichkeitsentwurf der Chronik eingeflossen ist. Ist dies noch während der achämenidischen Herrschaft zu vermuten oder bereits in der hellenistischen Zeit anzunehmen? Sieht man die Veränderung der levitischen Aufgaben im Zusammenhang der Literaturproduktion, so steht die Zeit des Zweiten Tempels, d.h. hier sowohl die persische als auch die hellenistische Zeit,[281] zur Verfügung. Sammlung und Aktualisierung von Schriften gibt es in der Zeit des Zweiten Tempels an verschiedenen Orten und von unterschiedlichen Trägerkreisen, die sich in Gruppen um die Bewahrung und Bedeutung ihrer Tradition bemühen. Vor allem die zweite Hälfte der Perserzeit ist in letzter Zeit in den Mittelpunkt gerückt worden, da man sie zunehmend als formative Epoche der Hebräischen Bibel sieht.[282]

Ist aufgrund des Interesses der Chronik an den Leviten davon auszugehen, dass die Schriftwerdung der Chronik und deren aktualisierende Fortführung in den Händen von Leviten liegt,[283] so tritt dieser Verfasserkreis seit der ersten Schriftwerdung der Chronik als gebildete Literaten auf, die über Kenntnisse in Gestaltung von Texten verfügen, also Techniken von ,writing, reading and rewriting' beherrschen.[284] Dieser Vorgang hat in der ausgehenden achämenidischen Zeit eingesetzt, als die Chronik in ihren Grundzügen konzipiert worden ist.

Allerdings kommt es vermutlich erst zu einem späteren Zeitpunkt zu einer Entwicklung der Leviten, als eine Reflexion über den Stand der Verfasser einsetzt und sich in der literarischen Wirklichkeitskonstruktion niederschlägt. Eine wahrgenommene Diskrepanz zwischen den

---

[280] Vgl. D.L. PETERSEN, Prophecy 77 (vgl. 84.85 zu 2Chr 29,20ff, dem m.E. allerdings eine Identifikation der Sänger mit den Propheten nicht direkt zu entnehmen ist).

[281] Dies betont vor allem die so genannte Kopenhagener Schule; vgl. grundlegend T.L. THOMPSON, History; N.P. LEMCHE, Testament.

[282] Die zweite Hälfte der Perserzeit ist als der Zeitraum bestimmt worden, der für die Formierung der hebräischen Bibel einen wesentlichen Beitrag geleistet hat: vgl. M. HENGEL, Schriftauslegung 16–20; E. BEN ZVI, Urban Center 194–196 (Persian II period); E.M. MEYERS, Second Temple 42; C.E. CARTER, Provinz 122f; T. WILLI, Judaism 147; DERS., Juda 35–39; J. BLENKINSOPP, Temple 42; DERS., Pentateuch 60; L.L. GRABBE, Reality 20.25; DERS., History 341f.359f; R. ALBERTZ, Wirtschaftspolitik 335; E.S. GERSTENBERGER, Israel 13.

[283] Vgl. dazu Abschnitt 7.4.

[284] So in Anspielung an E. BEN ZVI, Urban Center 200.

tatsächlichen Funktionen und dem für sie bestimmten Zuständigkeitsbereich kann eine Neubewertung auslösen. Nehmen die Verfasser der Chronik Schreibfunktionen wahr, so gerät diese Aufgabe in Spannung zu dem Status der Leviten als *clerus minor*. Dies findet seinen Ausdruck nicht nur in den prophetischen Funktionen der Literaturproduktion, sondern auch in Schreibfunktionen administrativer Art, die den prophetischen Aufgaben in zeitlicher Hinsicht vorausgehen.[285] Die Chronik reflektiert eine Ausweitung von Schreibdiensten, von denen die Leviten profitieren. Hierin bildet die Chronik eine Entwicklung der Leviten ab, die sich als ein literarischer Prozess der Ausweitung von Funktionen darstellt. Dieser Prozess beginnt am Ende der achämenidischen Zeit in Erweiterung durch administrative Dienste und wird in der hellenistischen Zeit durch die Zuschreibung prophetischer Schriftinterpretation ergänzt. Die Entwicklungsstufen der Chronik schildern damit einen Epochen übergreifenden Entwicklungsprozess.

Als leitendes Interesse steht dahinter eine Betonung der judäischen Identität[286], die gegen Hellenisierungsbestrebungen das eigene judäische Glaubensfundament festzuschreiben sucht. Mit der Verortung der eigenen Existenz in der Vergangenheit entwirft die Chronik ein komplettes Programm, das eine Art Kompendium bildet und neben der Vergangenheit ebenso die Gegenwart und die Zukunft mit in ihr theologisches Konzept einbezieht. Die Vergangenheit wird im Blick auf ihre Relevanz für die Gegenwart dargestellt, ebenso werden Perspektiven für die Zukunft eröffnet, die durch die Erfüllung der einstmals von David oder Mose getroffenen Regelungen gestaltet wird.[287] Für die Historiographie der Chronik ist demnach wichtig, dass die Leviten sowohl an die Autorität Moses (1Chr 15,15; 23,14) als auch an die Davids (1Chr 6,16f; 15,2.4; 16,4; 23; 2Chr 23,18; 29,25; 31,13; 35,10) gebunden sind, da sie von beiden Autoritätsfiguren Beauftragung und Befähigung zur Amtsausführung erhalten.[288] Dass die Chronik die Zeit unter verschiedenen Aspekten linear und zirkular konstruiert, hat neuerdings Ehud Ben Zvi herausgestellt.[289] Die Chronik entwirft damit ein umfassendes historiographisches Programm, das einen Beitrag zur Identität leistet, welche unter veränderten Konstellationen neu formuliert wird. Das Mittel, mit dem die Chronik dies erreicht, besteht in literarischen Techniken von Schriftrezeption und Schriftinterpretation, anhand derer die Konstruktion der Gegenwart präsentiert und das Programm für die Zukunft entworfen wird.

---

[285] Vgl. Abschnitt 5.

[286] Zum Begriff ‚Identität' vgl. Abschnitt 2.2 Anm. 34.

[287] Zur Autorität von Mose neben David in der Chronik vgl. S.J. DE VRIES, Mose passim.

[288] Vgl. E. BEN ZVI, Chronicler 137.143f; s.a. H. HENNING-HESS, Kult 192.

[289] Vgl. E. BEN ZVI, Time passim.

Indem die Chronik die Schreibfunktionen der Leviten herausstellt und ihre Position theologisch legitimiert, spricht sie ihnen neue Aufgabenbereiche zu. Der Stand der Leviten erhält in der Wirklichkeitskonstruktion schließlich ein neues Profil, das nach der Kongruenz zu anderen Tätigkeitsfeldern fragen lässt. Reibungspunkte betreffen vor allem die Aufgaben der Leviten im Kultbetrieb, deren Wirkungsfeld eine Korrelation zu den Priestern entstehen lässt. Die Frage ist also, ob die Neuausrichtung und Entwicklung der Leviten Rückwirkungen auf das Verhältnis zu den Priestern in der Wirklichkeitskonstruktion der Chronik hat. Ein Negativbefund ist zunächst festzuhalten, da die Chronik diesbezüglich keine klaren Aussagen trifft. Vielmehr lässt die Konstruktion die Leviten Aufgaben des *clerus minor* wahrnehmen und damit zwangsläufig als Teil des Kultpersonals begegnen, das über seine Aufgaben im Tempel mit den Priestern in Verbindung steht, auch wenn beide Gruppen im Detail unterschiedlichen Zuständigkeitsbereichen zugeordnet werden. Daneben gestaltet die Chronik eine Neuausrichtung der Leviten, die Konsequenzen auch für die Relationen der verschiedenen Gruppen des Tempelpersonals untereinander hat. Wenn die Leviten auf der Seite der Literaten und der Propheten stehen, entsteht eine Orientierung, die sie von den Priestern distanziert.[290] Mit der Wahrnehmung des Prophetentitels setzt die Chronik für die Leviten einen Kontrapunkt gegenüber den Priestern. In dem Rekurs auf prophetische Aufgaben begreift die Chronik die Leviten als eigenständige Größe im Sozialgefüge, die weniger der kultischen Elite als vielmehr der profanen Herrschaft gegenüber verantwortlich ist. Diese Verbindung ergibt sich aus Hinweisen auf David und den Königshof, denen als autoritative Instanz die Leviten zugeordnet werden. Auch die Zweiteilung der genealogischen Linie in Mose und Aaron trotz ihrer gemeinsamen Anfänge, wie es in 1Chr 23,14 formuliert ist, spricht für eine von der Chronik vorgenommene Trennung von Leviten und Priestern, die durch die Einsetzung von Leviten in weitere neue Positionen erreicht wird. Damit ist eine Entwicklung der Leviten aus ihrem vormaligen Status als niedere Kultdiener gegenüber den Priestern erreicht, so dass die Chronik diese Gruppe gegenüber den Priestern, aber auch weitergehend in der Gesellschaft als verantwortliche Tradenten in der aktualisierenden Rezeption des literarischen Erbes etabliert. Damit formuliert die Chronik für die Leviten einen Gegenpol gegen die Priester. Sind die Priester für ihren kultischen Bereich verantwortlich, so wird den Leviten in dem Umgang mit dem literarischen Traditionsgut ein eigener Zuständigkeitsbereich zugewiesen.

Die Chronik eröffnet also den Leviten eine Öffnung in andere Kreise hinein. Sie gestaltet die levitischen Propheten als mit wichtigen

---

[290] Ähnlich erblickt J. BLENKINSOPP, Sage 94, in den Leviten, großteils mit Unterstützung der Laien, „a counter to the dominance of the priestly aristocracy" ausmacht, das sich vor allem in Lehre und Verwaltung ausdrückt.

Funktionen und Autorität ausgestattete eigenständige Größe. Der für die Leviten erhobene Anspruch auf Kompetenz in den literarischen Traditionen konvergiert mit autoritativen Verantwortungsbereichen, die Anschlussfähigkeit besitzen.[291]

Die Chronik erhebt für die Leviten einen Anspruch auf Kompetenz im Umgang mit den Traditionen und Schriften. Nach Maier ist ein solcher Anspruch auf umfassende Kompetenz theologisch gerade mit dem Mosetitel verknüpft, da die in der Mosegestalt ,gebündelten Ämter' mit ,priesterlicher, politischer und prophetischer Kompetenz' gleichermaßen „weitergehende Machtansprüche" begründen.[292] Wenn man dies auch für die Chronik voraussetzen kann, ist es kein Zufall, dass die Chronik für die Zuschreibung von Prophetenfunktionen gerade an Mose anknüpft. Sie rezipiert Implikationen seiner Gestalt, die über die Funktionen, die mit Mose als Gesetzgeber und Vermittler der Tora hat, hinausgehen. Die Chronik setzt die Leviten als diejenige Gruppe ein, der legitim der Umgang mit der mosaischen Tora zusteht. Doch reicht der Rekurs auf Mose weiter, da ein Umgang mit Schrift auf seine Autorität gegründet wird, wie es für Prophetenaufgaben und eine Interpretation sowie Aktualisierung des literarischen Erbes auf seine Gegenwartsrelevanz inkludiert ist.

---

[291] Als Beleg außerhalb der Chronik könnte man mit J. MAIER, Lehrer 14, Jos Ant 4,216–218 anführen, für den „die höchste Torah-Prophetenfunktion fester Bestandteil der Verfassung" war. S. ebenso a.a.O. 13, wo Maier auf das Konzept einer Dreiteilung der Machtfaktoren in Propheten, Priester und König hinweist, um damit die Eigenständigkeit der Propheten als *Gottesmänner* herauszustellen.

[292] Vgl. J. MAIER, Lehrer 16, der eine solche Kombination aus der makkabäischen Propaganda für Johannes Hyrkan reklamiert.

5 Leviten als Schreiber und Beamte

Schreibfunktionen sind in der Chronik in verschiedener Hinsicht mit den Leviten verbunden. Einerseits treten Leviten in der Chronik als Lehrer und Propheten auf, wie sie im letzten Abschnitt vorgestellt worden sind. Andererseits begegnen Leviten in Funktionsbereichen der Administration. Diese sind nunmehr in den Blick zu nehmen und auf weitere Aspekte im Wirkungsfeld der Schreiber zu befragen.

Mehrfach werden die Leviten in der Chronik als Schreiber vorgestellt: Leviten werden entweder generell als Schreiber genannt (סוֹפְרִים, 1Chr 24,6) oder treten als administrative und juridische Funktionsträger auf. Die Chronik kennt verschiedene Ämter der Leviten in im Einzelnen unterschiedlichen Funktionen: Schreiber (2Chr 24,4–14; 34,13),[1] Beamte (1Chr 23,3f; 26,29–32; 27,25–34; 2Chr 19,11; 24,4–14; 34,8–21), Richter (1Chr 23,3f; 26,29–32; 2Chr 19,8–11) sowie Leviten im Bereich der Finanzverwaltung (2Chr 24,4–14; 31,2–19; 34,8–21). Ist das Phänomen des Schreibens diesen Tätigkeitsfeldern sowie den Funktionen der Lehrer und Propheten gemeinsam, so unterscheiden sich die spezifischen Schreiber oder Beamten[2] durch die von ihnen produzierten Schriftstücke. Stärker noch als es für die Tradentenpropheten herausgestellt worden ist, schließt das Betätigungsfeld dieser Schreibfunktionen neben den Diensten in der Tempelverwaltung auch profane Sachzusammenhänge mit ein. Indem die Leviten in diesen Funktionen einem primär profan ausgerichteten Berufsstand angehören, rücken sie

---

[1] Vgl. P.R. DAVIES, Scribes 132f, der herausstellt, dass die Leviten in der Chronik mit „scribal class" identifiziert werden; als solche nehmen sie Schreibtätigkeiten, Beamtenfunktionen einschließlich finanzieller Belange in Verantwortung vor den weltlichen Machthabern wahr. Davies beruft sich dafür vor allem auf 2Chr 20,13ff; 24,11; 34,12f; 35,3; 1Chr 25,1–3; Neh 8,7f; Esr 8,30–33. Ferner könnte man 1Chr 26,20.22 anführen. – Vorsichtiger äußert sich J. BLENKINSOPP, Scribalism 310.

[2] Unter „Beamte" wird in dieser Untersuchung das administrative Personal bzw. Verwaltungsmitarbeiter verstanden. Ich verwende den hierzulande üblichen modernen Begriff, da mir dieser im Vergleich mit anderen Termini wie „Offizielle" (so KBL 964; DWNSI 1123) oder „Funktionäre" (so H.M. NIEMANN, Herrschaft 3–90) am geeignetsten zu sein scheint, impliziere damit aber nicht einen beamtenähnlichen Rechtsstatus. In gleicher Weise wird auch die Bezeichnung „Beamtensiegel" gebraucht; vgl. D. CONRAD, Bauinschriften 565. Demgegenüber verwendet H.M. NIEMANN, Herrschaft 3–90, den Begriff „Funktionäre", der jedoch, da er ideologisch vorbelastet ist, mindestens ebenso schwierig ist. Auch empfiehlt sich der Begriff „Staatsbedienstete" nicht, da er eine Engführung auf den profanen Bereich darstellt. Am treffendsten wäre der sachliche englische Terminus „administrator", dessen deutsches Äquivalent „Adminsitrator" oder Verwaltungsperson(en) allerdings gekünstelt wirkt. Deswegen behalte ich den üblichen Begriff „Beamte" bei.

in der Textwelt der Chronik aus dem engeren kultischen Bereich heraus und stehen unter der Autorität der Repräsentanten der weltlichen Macht. Für die in der Chronik dargestellte Zeit begegnen diese Autoritäten in dem judäischen König und den an ihn gebundenen Verwaltungsbeamten. Suchte man diese Aktanten auf Personen der Erzählzeit des Zweiten Tempels hin transparent zu machen, so wäre an Verwaltungsbeamte zu denken, die Funktionen auf unterschiedlichen Ebenen der Administration wahrnehmen und auf höchster Ebene gegenüber der politischen Oberherrschaft verantwortlich sind.

5.1　Leviten als Leitungspersonal, Beamte und Richter in Jerusalem – 1Chr 23,2–5

In 1Chr 23,4 werden Leviten als Beamte genannt. Da der Text bereits vorgestellt worden ist,[3] reicht es hier aus, die levitischen Funktionen aus dem Bereich der Administration zu erheben.

> 1Chr 23,2–5: (2) Und er (= David) versammelte alle Oberen Israels sowie die Priester und die Leviten. (3) Und die Leviten im Alter von 30 Jahren und darüber wurden gezählt; und ihre Zahl nach ihren Köpfen der Männer betrug 38000. (4) Von diesen hatten[4] 24000 die Arbeit des Hauses Jahwes zu leiten,[5] und 6000 (waren) Beamte[6] und Richter, (5) ferner (waren) 4000 Torhüter und 4000 hatten Jahwe auf den Instrumenten, die (David) zum Lobpreisen[7] hatte anfertigen lassen,[8] zu preisen.

Nach dem Bericht der Chronik nimmt David eine Bestandsaufnahme der Bevölkerung vor. Sowohl die Laien als auch das aus Priestern und Leviten bestehende Tempelpersonal werden versammelt. Ob sie aus ganz Juda kommen oder aus Jerusalem stammen, wird nicht gesagt.

3　Vgl. oben Abschnitt 4.1, wo auch die diachrone Entwicklung des Textes vorgestellt wird.

4　Nach E. JENNI, Lamed 226–228, drückt der mit Lamed suffigierte Infinitiv eine ‚deontische Modalität‘ mit „Aussagen über eine Notwendigkeit, ein Bestimmtsein, ein Müssen und Sollen" aus (ebd. 226), wie sie vor allem in später Sprache belegt ist.

5　Die Bedeutung von לְנַצֵּחַ ist an dieser Stelle unklar. Bezeichnet der Infinitiv pi. Leitungsfunktionen (vgl. HAL 629; s.a. W. RUDOLPH, Chronikbücher 154: „sollen ... vorstehen"), so spricht die folgende Größenangabe gegen ein enges Verständnis von Leitung. Vermutlich ist impliziert, dass zugleich ausführende Arbeiten mit dazu gehören, da sich nur so die Größenangabe sinnvoll mit dem Text verrechnen lässt. Anders liest S.J. DE VRIES, Chronicles 192, den Ausdruck als „to be forever".

6　Zum Begriff s.u.

7　Evtl. ist hier mit einigen Handschriften und der LXX „Jahwe" als Objekt zu ergänzen. Gemäß der textkritischen Regel *lectio brevior potior* handelt es dabei aber wohl um ein späteres Textwachstum.

8　Die Verbform 1.Sg. bezieht sich auf David, der unvermittelt zitiert wird.

Wahrscheinlicher scheint die Juda-These zu sein, wofür der Begriff חלק pi. spricht (V.2), der sich schwerlich auf einen begrenzten Raum beziehen lässt.

Während die Oberen und die Priester nicht näher gekennzeichnet werden (V.2), gehen V.3–5 auf die Leviten detaillierter ein. Nach der generellen Angabe der Gruppengröße in V.3 folgt in V.4f eine nähere Explikation der Gesamtgruppe der Leviten, die später ergänzt worden ist. Die Leviten setzen sich demnach aus leitendem Tempelpersonal, Beamten und Richtern (V.4) sowie Torhütern und Sängern / Musikern (V.5) zusammen.

V.4f benennt umfassend levitische Funktionen,[9] wie sie die Chronik für die Gruppe vorsieht. Nachdem die Leviten als Torhüter und Sänger / Musiker schon vorgestellt worden sind,[10] ist hier noch auf die Verwaltungsaufgaben aus V.4 einzugehen, die drei unterschiedliche Gruppen von Leviten angeben: Leitungspersonen, Beamte und Richter.

Zunächst werden Leitungspersonen aus dem Tempelpersonal genannt. Der Einsatzort der Leviten ist der Jerusalemer Tempel (vgl. V.4: עַל־מְלֶאכֶת בֵּית־יְהוָה); dort nehmen sie leitende Funktionen wahr (נצח pi.). Unter den מֵאֵלֶּה לְנַצֵּחַ עַל־מְלֶאכֶת sind aufgrund der Größenangabe der 24000 aber wohl nicht nur unmittelbar leitende Beamte zu sehen, sondern auch diejenigen mit zu berücksichtigen, die die Arbeit ausführen. Leitungsaufgaben und ausführende Dienste ergänzen einander und sind nicht gegeneinander auszuspielen. Hier werden neue Akzente gegenüber dem traditionellen Bild der Leviten gesetzt, das sie lediglich als *clerus minor* betrachtet hat.[11] Den Leviten werden jetzt (auch) Leitungsfunktionen innerhalb des Tempelpersonals zugeschrieben. Diese Leviten stehen nicht mehr auf einer unteren Stufe der Hierarchie, sondern werden in verantwortungsvolle Positionen gerückt. Sie partizipieren damit an der Herrschaft der Tempeladministration und, indem sie als Entscheidungsträger wirken, üben sie indirekte Herrschaft aus.[12] Welche Aufgaben sie dabei konkret wahrnehmen, wird nicht gesagt. Der offene Hinweis kann mit verschiedenen Diensten auf der Leitungsebene oder auf der Ausführungsebene gefüllt werden. Die Offenheit leistet einen Beitrag zur vielschichtigen Gestaltung des Levitenbildes der Chronik, da die Leitungsfunktionen auf diverse einzelne Funktionsbereiche bezogen werden können.

Die zweite Gruppe sind die שֹׁטְרִים. Der Terminus ist schwer mit einem adäquaten deutschen Begriff wiederzugeben. In Lexika wird die Nähe dieser Tätigkeit zu Schreibfunktionen in einem öffentlichen Amt

---

9   So interpretiert auch R.W. KLEIN, 1Chronicles 449.

10   Vgl. Abschnitt 2.3 und 2.4.

11   Vgl. Abschnitt 2.1.

12   Der Begriff „Indirekte Herrschaft" drückt die aktiv wahrgenommene Herrschaftspartizipation aus, wie sie in der Administration durch konkrete Entscheidungen auf Ebenen unterhalb der politischen Leitung wahrgenommen wird; zum Begriff vgl. Abschnitt 7.8.

betont.[13] Allerdings sollte nicht mit ‚Schreiber' übersetzt werden, da dieser Begriff in der Chronik und in kontextuellen Schriften als Wiedergabe für סוֹפְרִים reserviert ist. Die englischen Varianten ‚scribe, officer, official'[14] stellen m.E. die besten Übersetzungsmöglichkeiten dar, sind aber im Deutschen kaum nachzuahmen, da der neutrale Begriff „Offizielle" missverständlich ist. Da das Verwaltungspersonal hoher Ebenen in unserem gesellschaftlichen Kontext als „Beamte" bezeichnet wird, scheint mir dieser Begriff am geeignetsten zur Übersetzung für שֹׁטְרִים sein.[15]

Der Begriff שֹׁטְרִים ist auffällig, da er in der Hebräischen Bibel nur selten belegt ist.

Während er in Esr/Neh überhaupt nicht vorkommt, sondern dort für Beamte der Terminus סְגָנִים üblich ist,[16] begegnet er zahlreich im Dtn.[17] Prominent ist vor allem der Beleg im Ämtergesetz Dtn 16,18, wo der Doppelausdruck שֹׁפְטִים וְשֹׁטְרִים den Richterspiegel einleitet. Eine von den Richtern unterschiedene Funktion haben die Beamten dort jedoch nicht. Die übrigen Belege im Dtn setzen andere Akzente. Nach Dtn 1,15 stehen שֹׁטְרִים neben Stammeshäuptern und militärischen Anführern, wie sie nach 20,5.8f als Dolmetscher im Kriegsfall zwischen Militär und Volk agieren. In Dtn 29,9; 31,28 stehen שֹׁטְרִים neben Stammeshäuptern und Ältesten als einflussreiche soziale Elite. Welche Funktion ihnen im Unterschied zu den jeweils anderen Gruppen zukommt, wird nicht definiert.

Der Begriff bleibt offen und interpretationsbedürftig. Die Chronik füllt diese Leerstelle, indem sie den Begriff aufnimmt und der Gruppe eine neue gesellschaftliche Anbindung aufprägt. Aus den unbestimmten שֹׁטְרִים werden in der Chronik ‚Beamte', die neben Richtern und Tempelbediensteten stehen. Die Chronik betreibt an dieser Stelle Schriftexegese, indem sie geprägte Termini aufnimmt und mit neuen Inhalten füllt. Möglicherweise hat der komplementäre folgende Begriff שֹׁפְטִים die Aufnahme von שֹׁטְרִים in V.4 bedingt. In der näheren Bestimmung des Amtes der שֹׁטְרִים wird sich zeigen, dass die Chronik die Gruppe, die in Esr/Neh von den סְגָנִים gebildet wird, mit den שֹׁטְרִים identifiziert. Für die ‚Beamten' wählt die Chronik einen Begriff aus ihrer literarischen Tradition und füllt diesen mit Inhalten aus ihrem Gesellschaftsbild. Der

---

13   Vgl. KBL 964: „Listenführer, Ordner"; HAL 1368: Schreiber, pl.: Amtsleute.
14   Vgl. KBL 964; DWNSI 1123. Dem entsprechen die gängigen englischen Bibelübersetzungen New King James Version (1982) und Revised Standard Version (1989): „officer".
15   So auch HAH[17] 822; G. Lisowsky 1426; zum Begriff „Beamte" vgl. oben Anm. 2. Uneinheitlich sind die Vorschläge in deutschen Bibelübersetzungen: Die Lutherbibel (1984) bietet „Amtleute", die Einheitsübersetzung (1980) benutzt „Listenführer", die Revidierte Elberfelder (1993) übersetzt mit „Aufseher", was aber in der Chronik für andere Dienste vorgesehen ist (s.u.).
16   Vgl. Esr 9,2; Neh 2,16; 4,8.13; 5,7.17; 7,5; 12,40; 13,11.
17   Vgl. Dtn 1,15; 16,18; 20,5.8f; 29,9; 31,28. Darüber hinaus begegnet der Begriff nur noch in Num 11,16 und jeweils fünfmal in Jos (1,10; 3,2; 8,33; 23,2; 24,1) sowie in Ex 5,6.10.14f.19.

Begriff שֹׁטְרִים ist ein beispielhaftes Konglomerat aus der Verbindung von Tradition, Gesellschaft und literarischer Fiktion. Der Aufgabenbereich der Beamten wird (noch) nicht angegeben. Es ist nur allgemein von Bediensteten die Rede, die im Bereich der Verwaltung tätig sind. Der Beleg ist generell und lässt Leerstellen für einzelne Spezifikationen auf verschiedene Aufgaben und unterschiedliche „Dienstgrade" innerhalb der Verwaltung. Da aus dem Begriff allein noch nicht auf Aufgaben geschlossen werden kann, sind diese aus dem jeweiligen literarischen Kontext zu erheben. Da die Leviten in V.4 neben Leitungspersonen und Richtern stehen, kann man vielleicht ein Tätigkeitsbild annehmen, das mit den benachbarten Gruppen Konvergenzen zeigt. Die Beamten üben Verwaltung aus und fällen an ihrem konkreten Einsatzort Entscheidungen. Auch hier trägt die Offenheit der Formulierung dem vielschichtigen Bild der Leviten Rechnung.

Ob alle Beamten in Jerusalem eingesetzt sind, wird nicht gesagt. Der explizite Verweis auf den Tempel ist streng genommen nur auf die vorher erwähnte Gruppe bezogen. Im Zusammenhang mit V.2 scheint es mir aber naheliegend, die angegebenen Personen in Jerusalem tätig zu sehen, wobei die Möglichkeit eines nur temporären Aufenthalts nicht auszuschließen ist.

Als dritte Gruppe werden Richter (שֹׁפְטִים) erwähnt. Ihr Aufgabenbereich ist wesentlich klarer, da er sich aus dem Begriff ergibt. Die Richter üben Rechtsprechung aus und entscheiden in strittigen Fällen. Doch auch hier sind Leerstellen gelassen, da die Ebene der Gerichtsbarkeit nicht angegeben ist und nicht gesagt wird, in welchen Rechtsfällen sie entscheiden, weder thematisch noch in Bezug auf die gesellschaftliche Gruppe. Da die Richter neben den Beamten stehen, sind Konvergenzen hinsichtlich ihres Einsatzortes in Jerusalem und der Ausübung indirekter Herrschaft anzunehmen.[18]

In der Sinnkonstruktion der Chronik wird gleich zu Beginn der Kapitel, die ein soziales Porträt der Leviten erheben (1Chr 23–27), ihr Einflussbereich abgesteckt. Als wesentliche Funktion der Leviten, die nach der Nennung der Gesamtgruppe (V.3) voran steht, ist in V.4 von einflussreichen Positionen in der Administration die Rede. Leitungspositionen in der Tempelverwaltung, zu der die Gerichtsbarkeit hinzuzurechnen ist, werden den Leviten insgesamt zugesprochen. Zwar gibt es daneben Leviten in anderen Positionen (V.5), doch wird die Tempelverwaltung ganz in die Hände der Leviten gelegt. Welche Teilbereiche in der Dienstausführung hinzugehören, wird hier nicht festgelegt. Vielmehr sind generelle Oberbegriffe gewählt, die für einzelne Identifikationen offen sind. Welche Aufgaben dazu gezählt werden können, explizieren andere Texte der Chronik, die in den folgenden

---

18 Daher behandelt G.N. KNOPPERS, AncB 12A, 806, beide Gruppen gemeinsam und stellt fest, dass sie „having some supervisory role in temple construction itself".

Kapiteln stehen.[19] Die Wirklichkeitskonstruktion nimmt zunächst einmal eine Grundbestimmung vor und schreibt den Leviten ganz allgemein indirekte Herrschaft zu.[20]

5.2 Der levitische Schreiber Schemajah – 1 Chr 24,6

In 1Chr 24,6 begegnet Schemajah, ein Schreiber aus der Gruppe der Leviten, den die Chronik im Tempel die genealogischen Listen der Priester, Leviten und Sippenhäupter führen lässt.

1Chr 24,6: (6) Aber Schemajah, der Sohn Nethanels, der Schreiber von den Leviten[21], verzeichnete vor dem König, den Oberen, dem Priester Zadoq und Achimelech, dem Sohn Ebjathars, und den Sippenhäuptern für die Priester und für die Leviten, (für) jedes einzelne[22] Vaterhaus, den Grundbesitz für Elasar und den jeweiligen Grundbesitz[23] für Ithamar.

Der gesamte genealogische Abschnitt 1Chr 24,1–6 soll unter dem Listenmaterial behandelt werden, da er schwerpunktmäßig dort hin gehört. Hier ist allerdings schon einmal der levitische Schreiber vorzustellen. Schemajah wird als Schreiber (הַסּוֹפֵר) eingeführt und mit der Aufgabe, die genealogischen Listen aufzuschreiben, betraut. Der Hinweis auf den Schreiber unterbricht die Abfolge der priesterlichen Genealogien und stellt die späteste Erweiterung des Abschnitts dar.[24]

Die abschließende Wirklichkeitskonstruktion der Chronik betont, dass ein Levit den Schreibdienst versieht. Es ist überraschend, dass hierfür kein Priester vorgesehen ist, obwohl priesterliche Geschlechter neben anderen verzeichnet werden. Dass hier kein Priester den Schreibdienst übernimmt, konvergiert mit einem Negativbefund, da in der Chronik von priesterlichen Schreibern nirgends die Rede ist. Kann man daraus schließen, dass die Chronik die Priester als des Schreibens un-

---

19 Vgl. G.N. KNOPPERS, AncB 12A, 805, der für die Aufgaben der Leviten auf Korrespondenzen zu ihrem „prominent role in temple construction" in 2Chr 34 aufmerksam macht; s.u. Abschnitt 5.8.

20 Zur Vorstellung von „indirekter Herrschaft" vgl. Abschnitt 7.8 und ausführlicher A. LABAHN, Herrschaft.

21 Mit einer Anzahl von Mss ist hier sinngemäß der Plural zu lesen.

22 אֶחָד gehört wohl nicht zu dem folgenden אָחֻז, sondern ist auf das vorhergehende Substantiv zu beziehen.

23 Das doppelte אָחֻז bereitet Probleme, die bereits in der handschriftlichen Überlieferung der Chronik sichtbar werden. Eine Korrektur in אֶחָד אָחֻז ist zwar durch die gleichlautende Wendung zuvor möglich, doch syntaktisch nicht angeraten, da die Zahlenangaben den Bezugsworten in der Regel folgen und ihnen nicht vorausgehen.

24 Vgl. im Einzelnen die Begründungen in Abschnitt 6.2.1.

kundig bewertet?[25] Eine explizite Antwort wird in der Chronik nicht gegeben; es bleibt aber immerhin ein auffallendes Schweigen in der Wirklichkeitskonstruktion der Chronik und ihrer Interpretation von Abläufen festzuhalten.[26]

Für alle Bevölkerungsgruppen wird also ein Levit eingesetzt, um die genealogischen Listen zu führen; in 24,6 ist es konkret der namentlich genannte Schreiber Schemajah, der als Verantwortlicher für die proto-kollarischen Listen in dem Archiv bestimmt wird. Schemajah tritt als einziger namentlich genannter levitischer Schreiber in der Chronik auf. Ihm als Mitglied des Tempelpersonals wird die Dokumentation der Familienverhältnisse zugesprochen. Ob Schemajah darüber hinaus in die Tempelverwaltung integriert war, wird nicht gesagt. Da aber die Registrierung der Geschlechter ihm zugeteilt wird, wird man seine Schreibfunktionen nicht gegen weitergehende Beamtenfunktionen ausspielen können. Möglicherweise ist er ein hoher Beamter, der eine wichtige Rolle in der Verwaltung spielt, wie es seine namentliche Erwähnung nahelegt.[27]

Dass ein Levit die Schreibfunktionen übernimmt, konvergiert mit 2Chr 34,13bα, wo andere Leviten als Schreiber auftreten. Kann man daraus schließen, dass die Wirklichkeitskonstruktion der Chronik nach Möglichkeit Leviten in diese Funktionen einsetzt?[28] Zu weitreichende Schlussfolgerungen sollten auch für die Textwelt der Chronik nicht gezogen werden, da auch anderweitig Schreiber begegnen, die nicht ausdrücklich als Leviten gekennzeichnet sind.[29] Dennoch ist auffällig, dass bei bedeutenden Schreibaufträgen einzelne Leviten zum Einsatz kommen.

5.3 Leviten als Beamte und Richter in Juda – 1Chr 26,29–32

In 1Chr 26,29 werden – nach 1Chr 23,4 – erneut Beamte und Richter (שֹׁטְרִים und שֹׁפְטִים) aus den Reihen der Leviten erwähnt.

---

[25] So die Vermutung von P.R. DAVIES, Scribes 17.

[26] Dass Priester ihrerseits Schriften verfasst und tradiert haben (z.B. die Priesterschrift), soll damit nicht bestritten werden. Vgl. J.L. BERQUIST, Judaism 156, der unter den Priestern auch Schreiber annimmt und ihre Befähigung zum Umgang mit Schriftgut im Laufe der Zeit anwachsen sieht. M. HENGEL, Judentum 143.147, bestimmt die Priester als diejenigen, die in Schreiberschulen vornehmlich ausgebildet werden.

[27] Vgl. C. SCHAMS, Scribes 65, die „a role in the religious administrative sphere" annimmt, wobei sie davon ausgeht, dass Schemaja ein Kleriker war, weil ihm die Aufgabe zufällt, religiöse Belange zu dokumentieren (a.a.O. 66). Inwiefern man allerdings von einer ausschließlich oder primär religiösen Verwaltung sprechen kann, ist zweifelhaft (s.u.).

[28] Anders C. SCHAMS, Scribes 65, die betont, dass nur Schemaja als Levit bezeichnet wird und levitische Schreiber erst in nach-chr Zeit anzutreffen sind.

[29] Vgl. die in 1Chr 2,55 erwähnten Tiraiter, die Schimatiter und die Suchatiter.

1Chr 26,29–32: (29) Von[30] den Jizcharitern (waren) Kenanjahu und seine Söhne (zuständig) für die weltliche[31] Arbeit an Israel als[32] Beamte und als Richter. (30) Von den Chebronitern (waren) Chaschabjahu und seine Brüder tüchtige Söhne, 1700, (zuständig) für die Verwaltung Israels jenseits des Jordans im Westen für[33] jedes Werk Jahwes und für die Arbeit des Königs. (31) Von den Chebronitern (war) Jerijah[34] das Haupt für die Chebroniter für seine Geschlechter für die Väter. Im 40. Jahr der Königsherrschaft Davids wurden sie untersucht und man fand unter ihnen tüchtige Krieger in Jaser Gilead. (32) Auch seine Brüder (waren) tüchtige Söhne, 2700 Sippenhäupter; und der König David bestellte sie zur Verwaltung über die Rubeniter, die Gaditer und die Hälfte des Stammes Manasse für jede Angelegenheit Gottes und die Angelegenheit des Königs.

Dieser Abschnitt der mehrteiligen levitischen Listen in 1Chr 23–27 schließt die levitischen Familien ab, auf die im Anschluss die Beamten folgen (Kap. 27).[35] Die Liste der levitischen Beamten und Richter in 26,29–32, die sich im jetzigen Textverlauf an die Sippen der Aufseher über die Schätze (26,20–28) anschließt, ist in sich einheitlich und bildet mit dem vorhergehenden Abschnitt den ältesten Teil der Erweiterungskapitel.[36]

Der Dienst der שֹׁפְטִים und שֹׁטְרִים[37] ist in 1Chr 26,29–32 nicht sehr detailliert angeführt. Wichtig ist allerdings, dass er in Anbindung an den royalen Herrscher wahrgenommen wird. Mehrmals ist auf die Anordnung des Königs verwiesen (vgl. V.30.31.32),[38] die neben dem Wort Jahwes steht.[39] Die Chronik verweist damit auf eine doppelte autorita-

---

[30] Das zu Beginn der Vv.29.30.31 stehende ל ist als genealogische Zugehörigkeit zu werten; vgl. E. JENNI, Lamed 66.

[31] חיצון bezeichnet den Bereich außerhalb des Heiligtums (vgl. HAL 299f; HAH[18] 347); anstatt ‚äußere Geschäfte' (so E. JENNI, Lamed 299) ist ‚weltliche Arbeit' verständlicher. Entsprechend schlägt HAH[18] 347 für diese Stelle „Außendienst" vor; s.a. den Vorschlag für Neh 11,16: „außer(kultischer) Dienst".

[32] ל steht hier zum Ausdruck der „Revaluation als Person"; vgl. E. JENNI, Lamed 34.

[33] ל bezeichnet einen Aufgabenbereich; vgl. E. JENNI, Lamed 299.

[34] Möglicherweise ist der Name mit einigen Handschriften als Jedijah zu lesen; allerdings hat die Namensform ‚Jediah' Parallelen in 1Chr 23,19 (Chebroniter Jedijahu [Abweichungen in LXX]); 24,23 (ein weiterer Levit mit demselben Namen).

[35] Vgl. dazu Abschnitt 5.4.

[36] Vgl. H.G.M. WILLIAMSON, Origins 134f, der aufgrund der hier genannten Autorität Davids an den genealogisch geprägten Grundbestand denkt.

[37] Nach S. JAPHET, Chronicles 454, geht die Begrifflichkeit auf dtr Einfluss zurück; s.a. G.N. KNOPPERS, AncB 12A, 880. Dafür könnte man etwa die Bestimmungen im dtn/dtr Ämtergesetz in Dtn 16,18 anführen.

[38] Nach H.G.M. WILLIAMSON, Chronicles 173, ist diese Bestimmung Ausdruck dessen, dass die Leviten in einem besonderen Loyalitätsverhältnis zur davidischen Dynastie standen.

[39] So V.30: לְכָל־דְּבַר הָאֱלֹהִים וּדְבַר הַמֶּלֶךְ V.32: לְכֹל מְלֶאכֶת יְהוָה וַלַעֲבֹדַת הַמֶּלֶךְ.

tive Anbindung der levitischen Einsatzgebiete: einerseits an den Tempel und andererseits in Einbindung in weltliche administrative Funktionen.[40] Der König ist hierbei nicht als Kultgründer angespielt, da im Kontext militärische Termini begegnen (vgl. גִּבּוֹרֵי חַיִל, V.31) und durch das Stichwort חִיצוֹן deutlich nicht-kultische Akzente gesetzt sind. Der Monarch tritt jetzt als oberste politische und administrative Autorität in den Blick, was die Chronik dadurch gestaltet, dass sie ihm die Einrichtung von Verwaltungswegen (פקד) zuschreibt.

Der Dienst der Beamten und Richter ist in V.29 als „weltlich" (חִיצוֹן, V.29) gekennzeichnet, was wohl nicht nur einen engeren Kreis um den Jerusalemer Tempel meint, sondern weitere Bezugspunkte in Juda (V.30) und ‚in Israel' hat.[41] חִיצוֹן ist hier nicht nur als ein lokaler Begriff gefasst, sondern impliziert eine funktionale Größe. Die Tätigkeit von Beamten und Richtern aus dem Kreis der Leviten erscheint damit als profane Aufgabe.[42] In ihrer Bindung an den König werden Verwaltungsstrukturen im Land etabliert.[43]

Während von Richtern nur in V.29 die Rede ist, nimmt der Hinweis auf die Verwaltung (פקד, V.29b.32) zweimal auf die Beamten als die in diesem Bereich tätigen Personen Bezug. Das muss nicht bedeuten, dass das Rechtswesen gegen die Verwaltung auszuspielen und von ihr grundsätzlich zu trennen sei. Doch sind Schwerpunkte im Hinblick auf administrative Vorgänge auszumachen. Darauf weisen die Begriffe des semantischen Wortfeldes פקד hin (V.30: פְּקֻדָּה, V.32: פקד hi.). Der vielschichtige Begriff פְּקֻדָּה[44] ist auch in der Chronik nicht eindeutig gebraucht; er bezeichnet Dienstleistungen, Aufsichtsfunktionen und Verwaltungsfunktionen der Tempelbediensteten, die auch als פְּקוּדִים angeführt werden.[45] Auch wenn aus dem Wortfeld keine Spezifika zu entnehmen sind, so bewegen sich die Funktionen jedenfalls im Bereich der Verwaltung und ihrer Substrukturen.

---

[40] Vgl. P.B. DIRKSEN, 1 Chronicles 320, der darin vor allem die Aufgabe von „collecting taxes for palace und temple" sieht und damit 1Chr 26 im Licht von 2Chr 34 (vgl. Abschnitt 5.8) liest; ähnlich R.W. KLEIN, 1Chronicles 497.

[41] Vgl. J. BECKER, 1Chronik 105; M. LEUCHTER, Levite 219; s.a. H.G.M. WILLIAMSON, Chronicles 173; R.W. KLEIN, 1Chronicles 496, die zudem eine Parallele in Neh 11,16 sehen (הַמְּלָאכָה הַחִיצֹנָה לְבֵית הָאֱלֹהִים). Fraglich ist jedoch, ob חִיצוֹן in beiden Fällen die gleiche Bedeutung hat, da Neh 11,16 innerhalb einer Namensliste von Einwohnern Jerusalems zu finden ist und daher einen Dienst in der engeren Umgebung der Stadt kennzeichnet.

[42] Vgl. P.B. DIRKSEN, 1 Chronicles 314, der darin nicht näher definierte administrative Funktionensbereiche seiht. S.a. S.L. MCKENZIE, Chronicles 203: „Their ‚outside duties' ... appear ... to be both religious and secular". S. ferner G.N. KNOPPERS, Authorization 126f.

[43] Vgl. G.N. KNOPPERS, AncB 12A, 880, der an „civil servants in judicial and administrative capacities" denkt.

[44] Vgl. HAL 902: Zu unterscheiden sind 5 Hauptbedeutungen mit weiteren Untergliederungen.

[45] Vgl. 2Chr 24,11; 31,13; s.a. מְפֻקָּדִים in 2Chr 34,10.12.17; s.u. Abschnitt 5.8.

Ein weiteres Kennzeichen der Verwaltung ist dem Einsatzort der Beamten und Richter zu entnehmen. Der Dienst der Beamten und Richter wird im Land Juda wahrgenommen (vgl. V.30). Ferner werden Beamte für „Ruben, Gab und halb Manasse" (V.32) erwähnt, womit die traditionelle dtr Einbindung des Ostjordanlandes[46] aufrecht erhalten und als Schriftexegese eingebracht wird. Die Beamten sind verschiedenen lokalen administrativen Behörden zugewiesen, in denen sie nicht näher bestimmte Verwaltungsbelange ausüben. Dieser Gedanke verbindet den vorliegenden Text mit 1Chr 27,25, wo von Beamten in „Städten, Dörfern und Türmen" außerhalb Jerusalems die Rede ist. Auch dort wird nicht exakt beschrieben, welche Aufgaben die Beamten wahrnehmen. Ebensowenig wird geklärt, auf welcher Ebene die Beamten tätig sind: so wäre es möglich, an lokale oder an übergeordnete Behörden auf einer höheren Verwaltungsebene zu denken.

Da es die Textwelt der Chronik bei allgemeinen Hinweisen belässt, scheint mir eine Vielstimmigkeit impliziert zu sein. Leviten werden in weit gestreute Verwaltungspositionen eingesetzt und nehmen ihren Dienst unter der Autorität des Königs wie des Tempels wahr. Indem keine speziellen Einsatzgebiete festgelegt werden, sind auf der anderen Seite auch keine Funktionen explizit ausgegrenzt. Das bedeutet, dass in der Sinnwelt der Chronik den Leviten eine generelle Zuständigkeit für die Verwaltung zugeschrieben wird

Die Zuweisung von Beamten an den Bereich profaner Administration, wie sie von dem Entwurf der Chronik geleistet wird, setzt eigene Schwerpunkte und integriert die Beamtenfunktion in ein spezifisches Porträt von Leviten. Literarisch werden die Verhältnisse in die davidisch-salomonische Epoche zurückprojiziert.[47] Konnte die Konstruktion bei der Schilderung der Verhältnisse der Königszeit an die deuteronomistische Darstellung anknüpfen, wo Beamte in königlichen Diensten mit administrativen Funktionen präsentiert werden,[48] so zeichnen sich die chr Eigenformulierungen durch charakteristische Änderungen gegenüber dem dtr Sozialporträt aus.[49] Die Intention der Wirklichkeitskonstruktion der Chronik ist es, durch die Rückführung auf

---

46 Vgl. Dtn 3,13; 29,7; Jos 1,12; 4,12; 12,6; 13,7 etc.
47 In dieser Hinsicht werden David und Salomo gleich behandelt; s.a. R.L. BRAUN, Apologetic 511.514f, wenn er schlussfolgert: „The work of David and Salomo should be considered a unity culminationg in the errection of the temple and the institution of its cult" (ebd. 515). S.a. E. BEN ZVI, Gateway 226.
48 Vgl. U. RÜTERSWÖRDEN, Beamten passim; J. BLENKINSOPP, Sage 149; T. METTINGER, State Officials 25–139, der allerdings andere Funktionsbezeichnungen als die der Chronik angibt: שׂר („royal secretary", womit er ספר bezeichnet), מזכיר („royal herold"), רעה המלך („friend of the king"), אשר על־הבית („house-minister", „royal estate"), אשר על־הנצבים („chief of the district prefects"), סם על־המס („superintendent of the forced Levy"); s.a. Y. AVISHUR, M. HELTZER, Studies.
49 S.a. U. RÜTERSWÖRDEN, Beamten 44, der die Divergenzen in den mit שָׂרִים verbundenen Ämtern der Chronik gegenüber dem DtrG betont.

David und Salomo aktuelle Verhältnisse zu legitimieren.[50] Auf dieser Legitimation ruht die Darstellung des aktuellen Sozialgefüges sowie der Verwaltung, die den Leviten zugeteilt wird.[51]

Der Wirklichkeitsentwurf der Chronik rückt die lokale Verwaltung nahe an die lokale Gerichtsbarkeit heran; beide werden an gemeinsamen Zentren angesiedelt und beide werden der gleichen Personalgruppe zugewiesen. Dabei erscheinen administrative und juridische Tätigkeiten pointiert als profane Aufgabe. Insofern die Leviten diese Funktionen bekleiden, gehören sie in den Kreis der im profanen Bereich Arbeitenden hinein. Beide Funktionen, sowohl die Gerichtsbarkeit als auch die Administration, sind als dezentrale Herrschaftsausübung an lokalen Zentren ausgewiesen, wobei eine gewisse Rückbindung an die Metropole bzw. den Regenten besteht.[52] Levitische Verwaltungsaufgaben ragen dabei in unterschiedliche Teilbereiche hinein. Indem nach 1 Chr 26,29–32 die Leviten als Beamte und Richter im Umland in Juda Entscheidungsbefugnisse wahrnehmen, wird ihnen eine Beteiligung an der Macht als indirekte Herrschaftsausübung zugesprochen.

5.4 Leviten als Beamte in königlichen Diensten – 1 Chr 27,25–34

1 Chr 27,1 bildet den Beginn einer Personenliste,[53] die nach der Nennung des Tempelpersonals in den vorhergehenden Kapiteln (1 Chr 23–26) nunmehr Bedienstete auflistet, die dem profanen Bereich zuzuordnen sind. Auch dieser Abschnitt gehört zu dem frühesten Bestand der Erweiterungskapitel.

> 1 Chr 27,1: Und die Israeliten (waren folgende) nach ihrer Zahl der Sippenhäupter und der Oberen über Tausende und über Hunderte und ihrer Beamten, die dem König dienten für jede Angelegenheit der Abteilungen, zu kommen und zu gehen, Monat für Monat in allen Monaten des Jahres; eine jede Abteilung (betrug) 24000.

Interessant ist, dass in dieser Liste Beamte (שֹׁטְרִים) vorkommen. Anders als zuvor haben sie jedoch keine Leitungsposition inne, sondern sind Untergebene der Sippenhäupter und der Oberen. Als Beamte sind sie

---

[50] Vgl. W. RUDOLPH, Chronikbücher 177–179, der von einer Verankerung in der Gründerzeit der Monarchie spricht.

[51] E. CURTIS, A. MADSEN, Books 289, schlagen konkret Gilead als Ort der anvisierten Verwaltung vor (mit Hinweis auf 1 Makk 5,7f). Nach Personen sucht S.L. MCKENZIE, Chronicles 202f, der die unter David und Salomo installierte Administration vollständig den Leviten zuteilt. Anders urteilt H.G.M. WILLIAMSON, Chronicles 173, der hierin „a somewhat utopian presentation of trends" sieht; s.a. A.C. WELCH, Work 93f.

[52] Vgl. G.N. KNOPPERS, AncB 12A, 883, der von „a centralized state with a significant degree of influence in peripheral areas" spricht.

[53] Zur Einfügung der Kap. 23–27 vgl. Abschnitt 6.2.

im Auftrag des Königs für verschiedene Abteilungen bzw. Einheiten
zuständig (הַמְשָׁרְתִים אֶת־הַמֶּלֶךְ). Die über den Beamten stehenden Oberen
(שָׂרִים) wie die Sippenhäupter (רָאשֵׁי הָאָבוֹת) sind hier als übergeordnete
soziale Größe angeführt und repräsentieren profane Machtverhältnisse.
Aus dieser Zuordnung der Beamten geht hervor, dass sie ihren Dienst
innerhalb administrativer Strukturen in einem profanen Milieu wahrnehmen.[54]

Obwohl die Beamten Vorgesetzte haben, stehen sie denn doch nicht
auf der untersten Stufe der administrativen Hierarchie. Dies geht daraus
hervor, dass sie Verantwortung in ihrem Bereich tragen, da sie *jede Angelegenheit der Abteilungen* (לְכֹל דְּבַר הַמַּחְלְקוֹת) regeln. Inhaltlich bedeutet diese Regelung, dass sie Personal einteilen, das in einem Monat
seinen Dienst ausübt. Die Beamten erscheinen also als ausführende
Organe.

Nach 1Chr 27,2–15 beziehen sich diese Abteilungen zunächst nur
auf militärisches Personal (vgl. 27,5: שַׂר הַצָּבָא),[55] das in zwölf Abteilungen eingeteilt ist und zu bestimmten Zeiten unter Waffen steht. Allerdings ist der Begriff „Abteilungen" in der Chronik zumeist allgemeiner gebraucht und dabei oftmals auf kultische Dienstgruppen, vornehmlich Leviten, bezogen.[56] Das semantische Feld von מַחְלְקוֹת warnt
davor, den Begriff auf militärische Zusammenhänge einzuengen.

Für ein offeneres Verständnis spricht auch 27,1, wenn von *jeder
Angelegenheit* im Dienst der Beamten gegenüber dem König die Rede
ist. Diese Einleitung bezieht sich meines Erachtens über den unmittelbaren militärischen Kontext hinaus auch auf 27,25–31. Dort werden in
einem recht umfassenden Porträt einzelne Verantwortliche den königlichen Besitztümern zugeordnet; da die Einleitung in 27,1 sachlich diesen Bereichen nicht widerspricht, scheint sie auf die Dienste in 27,25ff
voraus zu verweisen.[57]

In 1Chr 27,25ff folgen zwei Listen. Zunächst werden in 1Chr
27,25–31 zwölf Aufseher namentlich vorgestellt und ihren jeweiligen
Aufgabengebieten zugeordnet. Die folgende Liste von Ratgebern in
27,32–34 beschließt die Einfügung der Kapitel 23–27 mit einigen David vertrauten Mitarbeitern an seinem Hof.[58] Beide Listen gehören zu

---

[54] Vgl. J. BLENKINSOPP, Sage 30.32, der von Staatssekretären in „royal
bureaucracy" redet (ebd. 30) und den „royal court" als „primary locus of scribal
activity" bestimmt (ebd. 32). Nach Y. AVISHUR, M. HELTZER, Studies 118, treten
die Leviten als „government officials" auf.

[55] Nach U. RÜTERSWÖRDEN, Beamten 35, bezeichnet der Titel den Rang des
‚obersten Befehlshabers des Heeres' und bildet „eines der höchsten Staatsämter".

[56] Vgl. Abschnitt 2.1.2.

[57] Vgl. W. RUDOLPH, Chronikbücher 180f.

[58] Vgl. den Onkel Davids in V.31 und den ‚Freund des Königs' in V.32. Auf dem
Hingrund von Erwägungen zum königlichen Krongut nimmt H.M. NIEMANN, Herr-
schaft 164f, an, dass hinter 1Chr 27,25–34 Verhältnisse aus der Zeit des Zweiten
Tempels stehen.

dem ursprünglichen Bestand in 1Chr 23–27 und haben keine späteren Ergänzungen erfahren.[59]

1Chr 27,25–34: (25) Für die Vorräte des Königs (war) Asmawet, der Sohn Adiels, (zuständig). Für die Vorräte des Feldes in den Städten und in den Dörfern und in den Türmen (war) Jehonathan, der Sohn Usijahus (zuständig). (26) Für die Arbeiter des Feldes hinsichtlich der Bearbeitung des Erdbodens (war) Esri, der Sohn Kelubs, (zuständig). (27) Für die Weinberge (war) Schimi, der Ramatiter, (zuständig). Für die Produkte der Weinberge[60] hinsichtlich der Vorräte an Wein (war) Sabdi, der Schifmiter, (zuständig). (28) Für die Olivenbäume und Maulbeerfeigenbäume, die in der Schefela (wuchsen), (war) Baal-Chanan, der Gederiter, (zuständig). Für die Vorräte an Öl (war) Joasch (zuständig). (29) Für das Vieh, das in Scharon weidete, (war) Schitrai[61], der Scharoniter, (zuständig). Für die Vieh in den Ebenen (war) Schafat, der Sohn Adlais (zuständig). (30) Für die Kamele (war) Obil, der Jischmaeliter, (zuständig). Für die Eselinnen (war) Jachdejahu, der Meroniter, (zuständig). (31) Für das Kleintier (war) Jasis, der Hagriter, (zuständig). Diese alle waren Obere des Besitzes, der dem König David (gehörte).
(32) Und Jehonathan, der Onkel Davids, war Ratgeber; ein verständiger Mann und Schreiber war dieser.[62] Und Jehiel, der Sohn Chachmonis, (lebte) mit den Söhnen des Königs. (33) Und Achithofel war der Ratgeber für den König. Und Chuschai, der Arkiter, war Freund des Königs. (34) Und nach Achithofel (kamen) Jehojada, der Sohn Benajahus, und Abjathar und der Obere des Heeres für den König, Joab.

Aufgelistet werden Funktionsträger, die über unterschiedliche Teilbereiche der agrarischen Produktion und Viehwirtschaft gesetzt sind. Im Einzelnen werden folgende Segmente unterschieden: die Vorräte des Königs (V.25), die Vorräte auf dem Land sowie in den Städten, Dörfern und Türmen (V.25), die Bauern (V.26), die Weinberge (V.27), die Vorräte an Wein (V.27), die Olivenbäume und Maulbeerbäume in der Schefela (V.28), die Vorräte an Öl (V.28), die Rinderherden in der Scharonebene (V.29), die Rinderherden in den Tälern (V.29), die Kamelherden (V.30), die Eselherden (V.30) und die Kleintierherden (V.31). Die für diese Besitztümer Zuständigen verwalten nach den Angaben der Chronik den Besitz Davids (vgl. V.25.31), was offensichtlich

---

59 Anders G. STEINS, Chronik 432–436, der 1Chr 27 zu den jüngsten Zuwächsen rechnet, da die Liste von Texten wie etwa 1Chr 11,11–47; 18,15–17 abhängig sei und zwischen 1Chr 23–26 und 28 später eingestellt wurde.

60 Die aramaisierende Wendung שֶׁבְּכַרְמִים bezeichnet den Ertrag der Weinberge und differenziert damit zwischen den Weinbergen (V.27a) und ihrer Ernte (V.27b). Daher erscheint mir der Glättungsvorschlag der BHS unbegründet, zumal es keine Textbasis für ihn gibt.

61 Evtl. ist der Name mit einigen Handschriften auch als Schirtai zu lesen.

62 Gegen die masoretische Interpunktion zieht S. JAPHET, Chronicles 468, das הוא mit dem folgenden zusammen und liest beide als Subjekt der folgenden Einheit.

die Verwaltung der dazu gehörigen Bauern und Viehhirten mit einschließt. Dies geht aus den unterschiedlich angegebenen Bereichen
hervor. So ist in einigen Fällen eine lokale Einteilung vorgenommen
(V.25), in anderen Fällen sind landwirtschaftliche Zuständigkeitsbereiche angegeben (V.24.27–31) und in wieder anderen Fällen sind Arbeiter angeführt (V.26). Daraus geht hervor, dass diese Verantwortlichen
für die Chronik einen mehrschichtigen Aufgabenbereich abdecken. Sie
sind einerseits für die Verwaltung der Besitztümer und die Lagerung
des Besitzes zuständig und betreuen andererseits die Personen bzw.
Bauern, die zum Erwerb dieser Vorräte in der Landwirtschaft und der
Viehzucht tätig sind.[63] Folglich wird man in den Aufsichtspersonen
königliche Beamte sehen können, die den Besitz des Königs umfassend
verwalten.

Diese Beamten sind zur Verwaltung des ihnen unterstellen Bereichs
in Landwirtschaft und Viehzucht zuständig und tragen dafür Sorge,
dass ausreichend Produkte vorhanden sind. Man wird davon ausgehen
können, dass diese Beamte, die namentlich genannt sind und damit besonders herausgestellt werden, höhere Verwaltungsbeamte repräsentieren sollen. Dabei wird unterschieden zwischen denen, die unmittelbar
bei dem König arbeiten, also an seinem Hof in Jerusalem tätig sind,
und denen, die in anderen *Städten, Dörfern und Türmen* (V.25) ihren
Dienstort haben, also im Umland Juda in anderen königlichen Depen-
danzen arbeiten. Für letztere Gruppe ergibt sich eine Konvergenz zu
1Chr 26,30, wo von Leviten als Beamten im Land Juda die Rede ist.[64]
Ferner ist auf 2Chr 11,14 zu verweisen, wo ein Wohnort der Leviten im
Land in Juda vorausgesetzt ist; ob man vom Wohnort zugleich auf
einen benachbarten Arbeitsbereich schließen kann, bleibt dabei zwar
unbestimmt, dürfte aber im Interesse des Textes liegen, da eine Unterstützung der dezentral wohnenden Leviten für den König angegeben
wird (vgl. 11,17).

Die in 27,25ff genannten Beamten sind ohne einen Amtstitel eingeführt (vgl. die präpositionalen Wendungen mit עַל plus Objekt)[65]. Welcher konkrete Posten damit im Blick ist, geht daraus schwerlich hervor.
Aus den Zuständigkeiten kann lediglich auf eine funktionale Wahrnehmung von Verwaltungsaufgaben geschlossen werden. Ein weiterführender Hinweis könnte aus der Schlussnotiz in V.31b zu gewinnen sein,
wo resümiert wird, dass sie Obere (שָׂרִים) waren. Genauerhin wird gesagt, dass sie Obere des königlichen Besitzes[66] (שָׂרֵי הָרְכוּשׁ אֲשֶׁר לַמֶּלֶךְ)
waren. Da aber auch diese Größenangabe undefiniert ist, ergeben sich
keine präzisen Angaben daraus.

---

[63]   Vgl. J. BLENKINSOPP, Sage 30.
[64]   S.o. Abschnitt 5.3.
[65]   S. U. RÜTERSWÖRDEN, Beamten 63.
[66]   Vgl. W. RUDOLPH, Chronikbücher 185: ‚Oberbeamte‘.

Dass diese Beamten Leviten waren, wird nicht explizit gesagt. Da aber die Kapitel 1Chr 23–27 ein Sozialporträt der Leviten bieten, wird man die Einleitung in 23,2 als Überschrift für den gesamten Komplex zu verstehen haben. Das steuernde genealogische Signal von 1Chr 23,2.3 הַלְוִיִּם umrahmt demzufolge die gesamte chr Personenliste und gilt folglich auch für die Beamten von Kap. 27, die indirekt den Leviten zugeordnet werden – ausgenommen die in V.32–34 genannten Personen, für die abweichende genealogische Zuordnungen gesetzt werden.[67] Das bedeutet dann, dass sämtliche Personen in 1Chr 23–27, sofern nichts anderes angegeben wird, unter die Leviten fallen.[68]

Die Wirklichkeitskonstruktion der Chronik setzt verschiedene Verwaltungsstätten und unterschiedliche administrative Stätten voraus. Ob dabei lediglich an verschiedene Orte gedacht ist oder womöglich an unterschiedliche Verwaltungsebenen zu denken ist, lässt sich nicht eindeutig eruieren. Für die Sinnwelt der Chronik scheint eine Vielschichtigkeit wichtig zu sein, die sowohl die Vielgestaltigkeit der Funktionen als auch die verschiedenen Hierarchien der administrativen Ebenen betrifft. Innerhalb dieser Vielschichtigkeit nehmen die Leviten einen besonderen Platz ein, da sie in der gleichen offenen Weise als das in diversen Behörden diensthabende Personal präsentiert werden.

5.5 Levitische Beamte und Richter mit prophetischen Funktionen – 2Chr 19,4–11

In 2Chr 19,4–11 werden Leviten einerseits als Beamte erwähnt (V.11) und andererseits treten sie als Richter auf (V.8–11). Die Beobachtungen zum Wachstum des Textes werden in diese Darstellung eingeflochten, da die literarkritschen Signale mit den Gruppenbildern verknüpft sind. Zwar sind beide Levitengruppen – Beamte und Richter – in einem literarischen Kontext gemeinsam anzutreffen, doch in unterschiedliche Funktionen eingebunden. Daher sollen sie hinsichtlich ihrer Aufgaben nacheinander als Beamte und als Richter vorgestellt werden. Da die Leviten als Beamte in einer älteren Schicht anzutreffen sind, werden zunächst diese und erst danach die Richter vorgestellt, zumal die Aussagen über die Richter detaillierter ausfallen.

2Chr 19,4–11: (4) Und Joschafat wohnte in Jerusalem. Und er zog wieder unter das Volk von Beerscheba bis zum Gebirge Ephraim und brachte sie zu Jahwe, dem Gott ihrer Väter, zurück. (5) Und er setze Richter im Land ein,

[67] Als sekundären nicht-levitischen Zuwachs mit profanem Schwerpunkt bewertet 1Chr 27 dagegen S.J. DE VRIES, Chronicles 213; s.a. W. RUDOLPH, Chronikbücher 179; G.N. KNOPPERS, AncB 12A, 908.

[68] Die Angabe בְּנֵי יִשְׂרָאֵל in 27,1 ist keine alternative Gruppenzuordnung, sondern eine theologische Bestimmung, die alle Personen, die die Chronik nennt, als das vor Jahwe stehende „Israel" anspricht.

in allen befestigen Städten Judas, Stadt für Stadt. (6) Und er sagte zu den Richtern: Seht, was ihr tut; denn nicht für Menschen richtet ihr, sondern für Jahwe; er[69] wird in der Sache[70] des Rechts mit euch sein. (7) Und nun komme der Schrecken Jahwes über euch. Beachtet, was ihr tut. Denn bei Jahwe, unserem Gott, ist keine Verkehrtheit, (bei ihm) gibt es kein Ansehen der Person und keine Annahme von Bestechung.[71] (8) Und auch in Jerusalem setzte Joschafat *von den Leviten und* den Priestern *und von den Sippenhäuptern von*[72] *Israel* für das Gesetz Jahwes und den Rechtsentscheid ein. *Sodann kehrten sie*[73] *nach Jerusalem zurück.*
(9) Und er ordnete für sie folgendes an: So sollt ihr handeln in der Furcht Jahwes und in Treue und mit ganzem Herzen. (10) Und (in) jedem Rechtsstreit, der vor euch kommt von euren Brüdern, die in ihren Städten wohnen, (sei es) zwischen Blut und Blut, (sei es) zwischen Tora, Gebot, Ordnungen und Rechtssatzungen, sollt ihr sie warnen, dass sie sich nicht vor Jahwe verschulden; dann käme der Zorn (Gottes) über euch und eure Brüder. So sollt ihr handeln und euch nicht verschulden. (11) Und siehe, Amarjahu, der Hohepriester, ist bei euch in jeder Angelegenheit Jahwes sowie Sebadjahu, der Sohn Jischmaels, der Vorsteher über das Haus Juda, in jeder Angelegenheit des Königs. Beamte nämlich sind die Leviten vor euch. Seid stark und handelt (entsprechend); so sei Jahwe mit dem Guten[74].

Der Abschnitt 2Chr 19,4–11 schildert eine Neuordnung der Rechtsprechung durch Joschafat, indem zunächst in Juda (V.5–7) und schließlich auch in Jerusalem (V.8–11) Richter (שֹׁפְטִים) eingesetzt werden.

Während das Thema des Sinnabschnitts die Regelung des Rechtswesens ist, bringt V.11 eine neue Personengruppe ins Spiel. Unvermittelt und zusammenhangslos fällt in V.11bα ein Hinweis auf Beamte aus

---

[69]   Inhaltlich ist das Subjekt zu ergänzen, wie es auch der kritische Apparat der BHS mit Verweis auf die Vetus Latina vorschlägt, die hier eine Haplographie annimmt.

[70]   דבר ist als Kollektivbegriff zu verstehen, wie es auch in LXX durch λόγοι ausgedrückt ist.

[71]   Zu den letzten beiden Gliedern vgl. die Anweisungen im dtn/dtr Richterspiegel in Dtn 16,19 sowie als Aussage über Jahwe in Dtn 10,17, die hier um den Aspekt der Hinterlist erweitert werden.

[72]   Dieses ל dient als „Angabe der Sippen- oder Stammeszugehörigkeit", während die beiden folgenden als „Einsetzung für Aufgabenbereich" verwendet sind; vgl. E. JENNI, Lamed 66.299.

[73]   Das Subjekt in der Schlussnotiz der Szene passt nicht zu ihrem Anfang in V.4, wo Joschafat sich allein auf den Weg macht. Hier ist wohl impliziert, dass ein Mitarbeiterstab oder eine Kohorte ihn begleitet. Der Vorschlag des Apparates der BHS, stattdessen ישבי zu lesen, ist insofern sinnvoll, als ein paralleler Ausdruck entsteht: Gesetz Jahwes und Rechtsentscheide (jetzt Pl.) der Einwohner Jerusalems. Allerdings hängen dann in gewisser Hinsicht V.4 und mehr noch der folgende Anschluss in V.9 in der Luft, da in diesem Fall das Objekt in V.9 (עֲלֵיהֶם) nicht mehr auf die Richter, sondern die Jerusalemer bezogen wäre. Dies wiederum gibt Sinn im Anschluss an V.4b, doch weist der Kontext auf das Thema der rechten Haltung der Richter und der Angemessenheit der Rechtsprechung.

[74]   Gemeint ist: der, der Gutes tut, wie es auch der Apparat der BHS zu lesen vorschlägt: עשׂי הטוב.

dem Kreis der Leviten (וְשֹׁטְרִים הַלְוִיִּם), die im Textverlauf keine Funktion wahrnehmen.[75] Diese konkurrieren mit den in V.8 genannten Leviten, die im jetzigen Verlauf des Textes als Personen der Gerichtsbarkeit neben Priestern und Sippenhäuptern eingesetzt sind. Eine zweite Spannung wird dadurch aufgebaut, dass in V.8 eine Teilgruppe von Leviten erscheint (vgl. das partitive מִן־הַלְוִיִּם), während in V.11 generalisierend von levitischen Beamten die Rede ist; nähere Auskünfte über das Verhältnis der beiden Gruppen von Leviten werden nicht gegeben. Der Hinweis auf die levitischen Beamten in V.11bα steht sperrig im Text und hat keine Anbindung im Kontext, so dass in ihm eine Erweiterung zu sehen ist.[76] Sie liegt auf einer literarischen Stufe mit einer anderen Eintragung in der Chronik, die ebenfalls kurze Hinweise auf levitische Beamte ergänzt (vgl. 1Chr 23,4; s. aber 2Chr 34,13). Diese stammen ursprünglich aus dem Textkorpus 1Chr 23–27 (vgl. 26,29) und werden nunmehr auch dem Levitenbild in anderen Kapiteln der Chronik aufgeprägt.

Die denkbar kurze Notiz in 2Chr 19,11bα spricht allgemein von Leviten als Beamten (שֹׁטְרִים הַלְוִיִּם), ohne dass ihr Wirkbereich präzisiert wird. Die Leviten ergänzen als dritte Gruppe die sakrale und profane Autorität, die in dem Hohenpriester Amarjahu und dem Vorsteher (הַנָּגִיד) Sebadjahu begegnen. Während diese beiden namentlich genannten Autoritäten konkret angegebenen Verantwortlichkeitsbereichen zugeordnet sind, nämlich der Hohenpriester den religiösen Angelegenheiten (לְכֹל דְּבַר־יְהוָה), der Vorsteher jedoch den Belangen des Königs zugeteilt ist (לְבֵית־יְהוּדָה לְכֹל דְּבַר־הַמֶּלֶךְ), wird für die dritte Gruppe der Beamten keine klare Zuständigkeit formuliert. Die Aussage: sie stehen „vor euch", bedeutet wohl so viel wie: *sie stehen euch zur Verfügung*. Der vage Ausdruck לִפְנֵיכֶם gibt nur unpräzise Auskunft über die Art und Weise, in der sie zur Verfügung stehen, und über die Personengruppe, für die sie zur Verfügung stehen. Nimmt man diesen Hinweis in seiner offenen und allgemeinen Formulierung ernst, gibt es keinen enger definierten Zuständigkeitsbereich der levitischen Beamten; daraus folgt dann, dass sie vielmehr generelle Befugnisse über jedwedes Anliegen in Juda und Jerusalem haben und für alle Bevölkerungsteile zuständig sind.

Anders profiliert sind die levitischen Richter, deren Bild in der Fortschreibung weiter ausgebaut wird. Die mit theologischen Motiven beschriebene Neuordnung der Rechtsprechung durch Joschafat[77] setzt Leviten, Priester und Sippenhäupter als Richter ein, die Entscheidungs-

---

[75] Vgl. U. GLESSMER, Leviten 143, der die שֹׁטְרִים in 2Chr 19,11 als Schreiber bestimmt.

[76] Vgl. T. WILLI, Auslegung 198; S.J. DE VRIES, Chronicles 321.

[77] Zu Joschafat vgl. in Abschnitt 4.3 Anm. 135.

funktionen in der Rechtsprechung (19,8: לְמִשְׁפַּט יְהוָה וְלָרִיב) erhalten.[78] Kennzeichnend für die Aufgaben der Richter ist die Schilderung der Art und Weise, wie sie diesen Dienst auszuüben haben, V.9f. Während es in V.8 um Gerichtsverfahren geht,[79] formuliert V.9 eine theologische Intention der Rechtsprechung. Gottesfurcht, Treue und Einmütigkeit werden als leitende Kriterien für die Entscheidungsfindung benannt.

V.10 setzt demgegenüber andere Akzente. Literarisch hebt sich der Vers aus dem Kontext heraus und erscheint als ein Einschub, der den ursprünglichen Zusammenhang von V.9 und V.11 aufsprengt. Die beiden Worte וְלֹא תֶאְשָׁמוּ, die m.E. ursprünglich das Satzgefüge von V.9 bildeten, werden abgetrennt und nunmehr an das Ende von V.10 verschoben. Das כֹּה תַעֲשׂוּן aus V.9 wird zu dieser Wendung wieder aufgenommen und beschreibt nunmehr zusammen mit וְלֹא תֶאְשָׁמוּ eine Handlungsanweisung an die Richter. Dieses (neue) Ende von V.10 sprengt nicht nur die Satzkonstruktion, sondern erscheint als eine überflüssige Dublette zu וְלֹא יֶאְשָׁמוּ in V.9, wo eine Warnung vor Verschuldung des Volkes formuliert ist. Ferner ist die angesprochene Personengruppe verändert, da nicht mehr die Einwohner Jerusalems im Blick sind, sondern wie in 19,5–7 nunmehr wieder die Bewohner der Städte des Landes Juda[80] den Zielpunkt bilden. Hinzu tritt eine theologische Veränderung, die eine Motivation für die Richter zur Rechtsprechung vorgibt. Die Richter werden jetzt primär zu Bußpredigern, die dem Volk das Recht vorhalten, um es zum Gehorsam gegen Gott zu bewegen. Ihre Aufgabe besteht in der Warnung vor Abfall und Sünde, die ein Entbrennen des göttlichen Zorns nach sich zögen. Hier klingt deutlich das dtr Prophetenmodell nach,[81] das in seinem chr Gewand die Warnung als prophetischen Appell an das Volk unterstreicht. Die Möglichkeit von Reue, Umkehr und Rückkehr zu Jahwe[82] ist hier allerdings

---

[78]   Diese Bestimmung konvergiert in gewisser Weise mit der Umsetzung von Dtn 16,18 (Bestimmungen über שֹׁפְטִים und שֹׁטְרִים) in Jos Ant 4,218, wo als Personen, in deren Hände die Gerichtsbarkeit liegt, Hohepriester, Propheten und Älteste genannt werden. Modifikationen gegenüber 1Chr 19,8 bestehen allerdings in der Variante, dass anstelle von Priestern bei Josephus allein der Hohepriester erscheint und dass anstatt von Leviten von Propheten gesprochen wird. Dies hängt sicher mit der schwachen Betonung von Leviten und des demgegenüber starken priesterlichen Akzentes bei Josephus zusammen (vgl. A. LABAHN, Licht 144f). Immerhin ließe sich diese Angabe insofern harmonisieren, als die Leviten aus der Sicht der Chronik das prophetische Erbe antreten. Die Erwähnung des Hohenpriesters könnte sich dem Hinweis bei Josephus verdanken, der als Gerichtsort Jerusalem nennt, wiewohl die Zuständigkeit des dort ansässigen Gerichts über Jerusalem hinausreicht.

[79]   Allerdings geht S.J. DE VRIES, Chronicles 321, davon aus, dass es um „the whole judiciary ... both religious and secular matters" geht.

[80]   R. DE VAUX, Lebensordnungen II 233, verweist auf Josephus, der in Ant 4,214 berichtet, dass jede Stadt sieben Richter und vierzehn levitische Beisassen im Gericht hatte.

[81]   Das dtr Prophetenmodell wirkt ferner in 2Chr 24,19; 25,15; 36,15f nach.

[82]   Zum dtr Schema der Umkehr (שׁוב) vgl. A. LABAHN, Wort 75–80.

nicht eingeräumt. Demgegenüber sollen die prophetisch agierenden Richter durch die von ihnen ausgesprochenen Warnungen, die den unterschiedlichen Rechtskorpora entnommen sind, dafür sorgen, dass Unrecht von Anfang an vermieden wird. V.10 trägt damit ein Prophetenideal an die levitischen Richter heran, da die Warnung als Element einer prophetischen Mahnrede zu begreifen ist. Mit dieser prophetischen Mahnrede, die nach dem angemessenen Verständnis der Tora für die Gegenwart fragt, werden neue Akzente im Berufsbild der Richter gesetzt, die weg von einer juridischen Funktion und hin zu einer prophetischen Aufgabe führen. Dass in V.10 von der Tora gesprochen wird, zeigt einen Bezug zu weiteren Torabelegen in der Chronik an, die mit dieser Notiz auf einer Ebene liegen und erst spät hinzugewachsen sind.

Die spätere Ergänzung 2Chr 19,10 zeichnet ein gewandeltes Berufsbild der Richter, insofern die Richter den verschiedenen Rechtssatzungen zugeordnet werden. Zugleich setzt die Chronik neue Akzente, die mit der Kennzeichnung der Leviten an anderen Stellen konvergieren. Begegnen die Leviten in der Chronik als die Gruppe, die das prophetische Erbe antritt,[83] so schlägt sich diese Funktion in der Aufgabenbeschreibung der Richter nieder. Rechtsprechung ist jetzt nicht mehr allein auf die kasuistische Praxis begrenzt, sondern nimmt weitergehend Funktionen wahr, die mit der Interpretation des Rechts und seinem angemessenen Verständnis in der Zeit des Zweiten Tempels zu tun haben.

Wenn dieses Bild der Richter hier streng auf die Leviten bezogen wird, mag einzuwenden sein, dass in V.8 nicht nur Leviten, sondern auch Priester und Sippenhäupter auftreten. Es fällt jedoch eine uneinheitliche Benennung auf. Während die Priester als kollektive Größe insgesamt genannt sind, sind von den Leviten und den Sippenhäuptern lediglich Personengruppen nicht näher bestimmten Umfangs herausgegriffen (vgl. מִן). Diese Uneinheitlichkeit ist ein sprachliches Signal für ein Textwachstum. Wendet sich der Blickpunkt des Textes mit V.8 nunmehr auf Jerusalem, nachdem in V.5–7 das judäische Umland im Blick ist, so haben zunächst wahrscheinlich nur die Priester im Text gestanden, die zu einem Handeln in Gottesfurcht, Treue und Einfalt aufgefordert werden. Literarisches Indiz dafür könnte das doppelte לְ in V.8 sein, das jeweils unterschiedliche Objekte anführt, wenn es einmal eine Zuordnung zu Israel vornimmt und das andere Mal eine Bestimmung über das göttliche Recht bietet.[84] In einem späteren Schritt sind dann die Leviten und die Sippenhäupter hinzugetreten. Ist der Text in V.8 zunächst auf Jerusalem konzentriert gewesen, so treten die ausschließlich am Tempel beschäftigten Priester in den Blick, von denen eine ordnungsgemäße Führung ihres Amtes nach dem Gesetz Jahwes

---

[83] Vgl. dazu Abschnitt 4.6.
[84] S.o. Anm. 72.

eingefordert wird. In einer späteren Phase wird der Text auf das Land Juda, in dem andere Verantwortungsträger eingesetzt werden, umgeschrieben. Jetzt treten die Leviten und Sippenhäupter hinzu, denen die Regelung des Rechtswesens zugewiesen wird. Eine Überleitung formuliert die unpassend und missverständlich[85] im Textverlauf stehende Notiz: „Sodann kehrte er nach Jerusalem zurück". Erst zu diesem Zeitpunkt entsteht die merkwürdige Dreiergruppe, die an 2Chr 17,7–9 erinnert, wo eine ähnliche Trias im Zusammenhang von Reformen Joschafats begegnet ist; allerdings werden dort nicht Sippenhäupter (רָאשֵׁי הָאָבוֹת), sondern Obere (שָׂרִים) neben Priestern und Leviten genannt. Auch in 2Chr 17 erhalten die einzelnen Gruppen eine Binnendifferenzierung.

Aus der Dreiergruppe der Sippenhäupter, Priester und Leviten scheint V.10 nochmals eine Auswahl zu treffen und die erwähnten Leviten näher zu kennzeichnen. Weder in Bezug auf die Sippenhäupter noch in Bezug auf die Priester ist sonst davon die Rede, dass sie prophetische Aufgaben wahrnehmen, wohl aber wird dies in der Chronik von den Leviten gesagt. In dem Gesamthorizont der Chronik ist es daher sehr wahrscheinlich, dass die abermals spätere Ergänzung in V.10 ihnen allein und nicht allen drei erwähnten sozialen Gruppen gilt. Da die Chronik ein besonderes Interesse an den Leviten zeigt, ist es verständlich, dass das Berufsbild der Richter an dem der Propheten ausgerichtet wird. Dies geschieht, indem beide Funktionsträger aus der Gruppe der Leviten genommen werden. Mit der Annäherung der Richter an die Propheten setzt die Chronik neue Akzente und profiliert das Bild der Leviten.

Da es sich bei 2Chr 19,4–11 um einen genuin chr Textabschnitt handelt, ist verschiedentlich bedacht worden, ob hinter den Joschafat zugeschriebenen Reformen Verhältnisse aus der Zeit des Zweiten Tempels reflektiert seien.[86] Alternativ wurde angenommen, dass alte Traditionen über weitere Aktionen Joschafats in der Chronik aufgenommen worden seien, die im DtrG nicht enthalten sind.[87] Für diese Annahme wurden archäologische Hinweise geltend gemacht; insbesondere wurden eisenzeitliche Verwaltungsgebäude aus dem 9.Jh. v.Chr. mit den Maßnahmen Joschafats in Verbindung gebracht.[88]

Näher liegt die Annahme, dass die Rechtsreformen ein literarisches und theologisches Mittel der chr Sinnkonstruktion darstellen, mit dem

---

85 S.o. Textkritik.
86 Vgl. P. FREI, Zentralgewalt 56–58, der hinter dem ‚Gesetz des Königs' ein Edikt Artaxerxes' vermutet, das auch in Esr 7,26 erwähnt ist.
87 S. dazu die Überlegungen von C. MACHOLZ, Geschichte.
88 Daher geht J. BLENKINSOPP, Sage 30, davon aus, dass Joschafat eine Salomo vergleichbare Verwaltungsreform durchführte, die Juda möglicherweise ebenso in zwölf Distrikte einteilte. Bestritten wird dies von T. WILLI, Auslegung 198.

die wesentlichen Handlungsträger gekennzeichnet werden.[89] Die Chronik interpretiert erneut das Dtn: das Gebot, nicht die Person anzusehen und keine Bestechung anzunehmen, in V.7 rezipiert deutlich Dtn 1,17; 16,19 und interpretiert den Text. Nur in Dtn 1,17 ist ein Obergericht in Jerusalem erwähnt (vgl. 17,8–11), auf das die Ausführungen zum Richterspiegel in den einzelnen Orten (Dtn 16,16–18) bezogen sind. Offen bleibt im Dtn, auf welche Autorität dieses Gericht zurückgeht. Die Chronik füllt die Leerstelle, indem sie den König einsetzt, der den Namen „Jahwe richtet" trägt: יְהוֹשָׁפָט.[90] Der Topos der Rechtsprechung (שׁפט) wird in der Sinnkonstruktion der Chronik nunmehr generativ mit Joschafat verbunden. Ausgehend von der Bedeutung des Königsnamens betreibt die Chronik hier anhand einer Deutung also Schriftexegese.[91]

In diesem Sinn werden auch die handelnden Personen neu akzentuiert. Der im Dtn charakteristische Doppelbegriff הַכֹּהֲנִים הַלְוִיִּם / „levitische Priester" (verwendet z.b. in Dtn 17,9) wird in der Chronik aufgesprengt, so dass zunächst nur von den Priestern die Rede ist (V.8) und später die Leviten ausdifferenziert werden und hinzutreten. Bei der Aufsprengung der aus dem Dtn bekannten Gruppe der „levitischen Priester" werden die Leviten betont vorangestellt; ihnen folgen weitere Personen: die Priester und die Sippenhäupter.

Dazu passt, dass weitere theologische und historiographische Topoi in dem Abschnitt zu finden sind, zu denen etwa die עָרֵי יְהוּדָה הַבְּצֻרוֹת (V.5),[92] sowie das Motiv der Suche nach Jahwe (zentral in V.9 formuliert als בְּיִרְאַת יְהוָה בֶּאֱמוּנָה) gehören.[93] Eine theologische Absicht ist auch in der grundlegenden Bestimmung formuliert, dass die Ausübung des Richteramts nicht um der Menschen willen geschieht, sondern auf Gott ausgerichtet ist (לֹא לְאָדָם תִּשְׁפְּטוּ כִּי לַיהוָה). Diese sinngebende Lesersteuerung in V.6 verweist nicht auf Rechtspraktiken, sondern fragt nach einer dahinter stehenden Intention und prägt damit die Sinndeutung der Chronik.

Die Neuordnung der Justiz, wie sie in der Wirklichkeitskonstruktion der Chronik Joschafat zugeschrieben wird, spiegelt ein gesellschaftliches Ideal, das alle maßgeblichen sozialen Kreise und alle Regionen in die harmonische Konstruktion einschließt und die Gesamtgröße an Gottes Willen orientiert. Zu diesem Porträt gehören für die Sinngebung der Chronik die Leviten an entscheidender Stelle dazu, da der Ausgang von Handlungen und Ereignissen von ihrer adäquaten Einbeziehung

---

[89] Noch einen Schritt weiter geht S.J. SCHWEITZER, Utopia 97f, der in den beschriebenen Maßnahmen Joschafats Erneuerungsvorschläge für die Zeit der Chronik sieht.

[90] Vgl. W. RUDOLPH, Chronikbücher 257; S.J. DE VRIES, Chronicles 320; s.a. W. JOHNSTONE, Chronicles II 99; S. ROYAR, Herr 162.

[91] S.a. G.N. KNOPPERS, Authorization 124.

[92] Vgl. P. WELTEN, Geschichte 12.

[93] Vgl. P.K. HOOKER, Chronicles 207f. Zum Motiv vgl. Abschnitt 4. Anm. 217.

abhängig gemacht wird. Nach 2Chr 19 sind sie durch ihre offene Zuordnung als Beamte für alle Belange zuständig. Als richtende und mahnende Instanz vermitteln sie zugleich Gottes in der Tora verbrieften Willen. Unter ihren Familien und Geschlechtern (vgl. die Stichworte „Brüder" und „Blut" in V.10) sorgen sie ferner für Ruhe und Ordnung. Damit spiegelt sich in dem kompletten Engagement der Leviten letztlich ein heilvoller Zustand (vgl. V.9: שָׁלֵם),[94] der durch die Gruppe erzeugt und erhalten werden soll.

5.6 Die Leviten und die Instandsetzung des Jerusalemer Tempels – 2Chr 24,4–14

Eine weitere Funktion von Leviten in der Tempelverwaltung wird in 2Chr 24 berichtet. In der Episode der Renovierung des Jerusalemer Tempels unter Joasch werden Leviten eingesetzt, um Gelder zur Ausbesserung des Tempels einzusammeln (2Chr 24,5–7.10f), nach Jerusalem zu bringen (V.11) und zu verwalten.

> 2Chr 24,4–14: (4) Und es geschah danach, dass es Joasch in den Sinn kam, das Haus Jahwes zu erneuern. (5) Da versammelte er die Priester und die Leviten und sprach zu ihnen: Geht hinaus in die Städte Judas und sammelt von ganz Israel Geld[95], um das Haus eures Gottes auszubessern, jährlich; und ihr sollt euch in der Angelegenheit beeilen. *Aber die Leviten beeilten sich nicht.* (6) *Da rief der König das Haupt*[96] *Jehojada und sprach zu ihm: Warum hast du nicht die Leviten gesucht, dass sie aus Juda und Jerusalem die Abgabe*[97] *des Mose, des Knechts Jahwes, und der Gemeinde Israels*[98] *zum Zelt des Zeugnisses bringen?* (7) Denn Atalja, die Frevelhafte,[99] (und)

---

94 Zur Verwendung des Begriffspaars „ganzes Herz" an dieser Stelle vgl. A. LABAHN, Heart 14f.24.

95 Silber im Sinn von Silberstücken als Zahlungsmittel, vgl. HAH[19] 563; HAL 467: „Geld". Zum Silber als lokaler Währung s.u. Anm. 120.

96 Jojada ist aus 2Chr 23 hinlänglich als Priester bekannt; vgl. 24,11: Hoherpriester (dort jedoch in Variation von 2Kön 12,11 הַכֹּהֵן הַגָּדוֹל). Möglicherweise sollte auch hier die Konnotation כֹּהֵן הָרֹאשׁ gelesen werden, wobei in der textkritischen Überlieferung lediglich das zweite Glied übrig geblieben wäre.

97 So mit HAH[18] 746: ‚Abgabe, Steuer'; etwas anders HAL 605: ‚Spende, Abgabe' (jeweils als Bedeutung für מַשְׂאֵת in 2Chr 24,6.9 angegeben).

98 Nach E. JENNI, Lamed, 65f, ist ‚Israel' der Gemeinde als Nebenprädikation zugeordnet, so dass eine „Zugehörigkeitsrelation" vorliegt, die „in ein präpositionales Attribut ... transformiert" ist (ebd. 65). LXX vokalisiert demgegenüber anders, indem sie והקהל als ἐξεκκλησίασε übersetzt, was einem וְהִקְהִל entspräche. Diese Variante ist durchaus sinnvoll, da sie berichtet, wie Israel bei der Stiftshütte zusammen kommt; während das Tempelpersonal die Abgabe eintreibt, bildet der Rest des Volkes ein Forum. Die Szene umfasst jetzt das ganze Volk, was durchaus zur Theologie der Chronik passt. Träfe diese Deutung zu, würde die Abgabe allein auf Mose zurückgehen und nicht auch von der Gemeinde erlassen sein.

99 הַמִּרְשַׁעַת ist hap. leg. (die [personifizierte] Ruchlosigkeit); besser ist es mit dem Apparat der BHS als Partizip hi. fem. im *casus pendens* zu vokalisieren.

ihre Söhne rissen das Haus Gottes nieder und alles Heilige des Hauses Jahwes weihten sie den Baalen. (8) Da gab der König Anweisung, und sie fertigten einen Kasten an und brachten ihn am äußeren Tor des Hauses Jahwes an. (9) Und sie riefen in Juda und in Jerusalem aus, dass man Jahwe die Abgabe Moses bringen sollte, die der Knecht Gottes in der Wüste über Israel (verhängt hatte). (10) Und alle Oberen und das ganze Volk freuten sich; sie kamen und warfen (es) in den Kasten, bis er voll war. (11) Und es geschah zur Zeit, als man den Kasten zur Aufsichtsbehörde[100] des Königs brachte (und ihn) in die Hand der Leviten (gab) und als sie sahen, dass das Geld (in ihm) viel war, da kamen die Schreiber des Königs und der Aufseher[101] des Hohenpriesters und leerten den Kasten, dann hoben sie ihn hoch und brachten ihn an seinen Platz zurück. So taten sie Tag für Tag; und sie zählten Geld in Menge. (12) Und der König und Jehojada gaben es den Arbeitern[102] für die Arbeit am Haus Jahwes; und sie stellten Steinhauer und Steinarbeiter an, um das Haus Jahwes zu erneuern, und auch Arbeiter[103] mit Eisen und Kupfer, um das Haus Jahwes auszubessern. (13) Und die Arbeiter taten (ihre Arbeit), so dass durch ihre Hände eine Ausbesserung[104] über das Werk kam, und stellten das Haus Gottes nach seinem (ursprünglichen) Bauplan wieder her und festigten es. (14) Und nachdem sie fertig waren, brachten sie den Rest des Geldes zum König und Jehojada; und man fertigte davon Geräte für das Haus Jahwes an, Geräte für den Dienst und die Brandopfer sowie Pfannen, ferner goldene und silberne Geräte. Und so geschah es, dass sie beständig Brandopfer darbrachten im Haus Jahwes, alle Tage Jojadas.

Die chr Geschichte der Instandsetzung des Jerusalemer Tempels durch Joasch in 2Chr 24,4–14 gestaltet die dtr Vorlage aus 2Kön 12,1–17 derartig stark um, dass der Charakter der Episode grundlegend verändert wird. Sowohl Handlungsablauf und Handlungsträger als auch die Motivation des Unternehmens werden weitgehend modifiziert. Die Geschichte verliert die dtr Kritik am priesterlichen Tempelpersonal und erhält nunmehr eine positive Gesamtausrichtung: Geschildert wird eine umfassende Ausbesserung des Tempels, bei der nicht nur die baulichen Mängel beseitigt, sondern (gegen die dtr Vorlage) auch Tempelgeräte hergestellt und anschließend Opfer feierlich dargebracht werden. Die harmonische Schilderung bezieht die gesamte Bevölkerung mit ein und stärkt die Rolle des Königs, der in der Chronik als Initiator agiert und

---

[100] So mit HAL 902.

[101] פָּקִיד ist in der Chronik auf Tempelbedienstete beschränkt, wo es Verwaltungspositionen in der Tempeladministration bezeichnet; vgl. HAL 904; s. weiter Abschnitt 5.8.

[102] Der Begriff ist mit einigen Mss als Plural עֹשֵׂי zu lesen.

[103] Auch diese Arbeiter sind auf שׂכר bezogen; ausgedrückt wird eine „Instruktion bei Behandlungsverben", die einen Vorgang auslösen soll; vgl. E. JENNI, Lamed 205.

[104] אֲרוּכָה meint eigentlich eine Fleischschicht, die auf einer neuen Wunde wächst (vgl. HAH[18] 96). Das anschauliche Bild ist auf die Ausbesserung des Jerusalemer Tempels übertragen worden (so mit HAL 82; HAH[18] 96). Zur Beziehung der Ausbesserung auf das Werk vgl. E. JENNI, Lamed 81.

damit die Position Jojadas aus 2Kön 12 einnimmt. Die Chronik schreibt mit dieser Geschichte *de facto* fast eine neue Episode, die mit der Vorlage lediglich die Tatsache der Restauration des Tempels und seiner Finanzierung aus den Mitteln des ‚Geldkastens' gemein hat. Die chr Episode macht insgesamt einen geschlossenen Eindruck und zeigt wenig literarische Bruchstellen. Einzig auffällig sind V.5b.6, die sich in mehrerer Hinsicht vom Kontext abheben. Zunächst überrascht der Wechsel des Tempelpersonals von Priester und Leviten in V.5a zu Leviten in V.5b.6. Nur in V.6 ist in 2Chr 24 von der Gemeinde (קָהָל) die Rede; sie erscheint hier als ein Organ, das mit der Sammlung und Verwaltung der Abgabe verbunden ist. Ebenso überrascht die Wendung אֶת־מַשְׂאַת מֹשֶׁה עֶבֶד־יְהוָה in V.6, die wörtlich auf V.9 vorausgreift, hier jedoch gegenüber der gesamten Phrase in V.9 einerseits gekürzt und andererseits durch andere Elemente erweitert worden ist. Ferner fällt das ‚Zelt des Zeugnisses' (אֹהֶל הָעֵדוּת) in V.6 auf, das in der Chronik nur hier begegnet. Wenn die Stiftshütte gemeint ist, wird diese sonst in der Chronik das „Zelt der Begegnung" genannt.[105] Auch die Bezeichnung Jojadas in V.6 als הָרֹאשׁ ist auffällig.[106] Schließlich fügt sich V.7 glatt an V.5a an, da der Hinweis auf die kultischen Verunreinigungen des Tempels in der Ära Ataljas in V.7 hinlänglich den Grund für die Eile der Baumaßnahmen in V.5a erklärt.

Inhaltlich überrascht die vermeintliche Kritik an den Leviten in V.5b, die in der Chronik eine gegenläufige Tendenz zur theologischen Historiographie darstellt, da die Leviten üblicherweise als Garant für das Gelingen eines Unternehmens gelten. Daher sind V.5b.6 als sekundäre Erweiterung beurteilt worden.[107] V.5b drückt eine ablehnende Reaktion der Leviten aus, die sich dem Auftrag des Königs durch eine Verschleppungstaktik zu entziehen scheinen. In Spannung steht dazu aber V.6, der ausdrücklich die Forderung des Königs formuliert, dass die Leviten vom Hohenpriester „gesucht" werden sollen. Selbst wenn man דרשׁ als eine Aufforderung zur Suche nach nicht erschienenem Personal versteht, überrascht das Verb, da nicht gesagt wird, dass die Leviten zu größerer Sorgfalt bei ihrer Arbeit angehalten werden. Genau genommen unterbleibt eine Kritik an dem Verhalten der Leviten. Nimmt man V.5b als eine Dienstverweigerung ernst, die zudem eine Illoyalität gegenüber dem Dienstherrn bedeutete, wäre eine scharfe

---

[105] Vgl. 1Chr 6,17; 9,19.21.23; 23,32; 2Chr 1,3.6.13; 5,5.

[106] Vgl. oben Anm. 96.

[107] Vgl. A.C. Welch, Work 79f; H.G.M. Williamson, Chronicles 320; S.J. De Vries, Chronicles 345. Anders nimmt W. Rudolph, Chronikbücher 277, eine weitere Quelle, eine dem in 2Chr 24,27 erwähnten „Midrasch des Buches der Könige" entnommene Ausschmückung an, die der eigentlichen Tendenz der Chronik entgegenläuft. Doch warum hätte die Chronik eine unveränderte Nachricht aufnehmen sollen, wenn sie nicht ihrer Intention entsprach? Dass es sich bei dieser Notiz lediglich um eine „überlieferungsgeschichtliche Konzeption" handelt, der kein realer oder fiktiver Quellenwert zukomme, meint dagegen T. Willi, Auslegung 233.

Mahnung zu erwarten; diese fällt aber nicht. Umgekehrt liest sich V.6 ohne V.5b im Rahmen der chr Theologie selbstverständlich als Hinweis darauf, dass ein Unternehmen, welches ohne die aktive Unterstützung der Leviten abläuft, zum Scheitern verurteilt ist. Nur wenn die Leviten als aktive Handlungsträger in einer Szene fungieren, sendet Jahwe seinen Segen, so dass der Erfolg garantiert ist. V.6 formuliert – so gelesen – einen Konflikt zwischen König und Priester, in dem die Leviten auf der Seite des Königs zu stehen kommen. Der König weiß um ihre Bedeutung und fordert vom Priester, sie dementsprechend am Geschehen zu beteiligen, zumal die Autorität Moses und das Interesse der Gemeinde (sowie in gewisser Weise die alte Ladetradition) dahinter stehen. Liest man V.5b vor diesem theologischen Horizont, dann stellt sich das Einsprengsel als eine ironische Bemerkung dar, die eine implizite Kritik an den Priestern bietet.

Kennzeichen späterer chr Neuakzentuierungen sind in dem Abschnitt nicht zu erkennen. Daher ist die Ergänzung in V.5b.6 einer ersten Erweiterung der Chronik zuzuweisen, die betont, dass die Leviten auf Geheiß des Königs reagieren, nicht jedoch dem Hohenpriester Jojada (V.6a) und der Priesterschaft (V.5a) folgen. Die Entwicklung der Chronik zeigt erste Ansätze, ein Konkurrenzverhältnis zwischen Priestern und Leviten aufzubauen, was in späteren Schichten noch verstärkt wird.[108]

Die Episode in 2Chr 24 schildert die Baumaßnahme als eine Erneuerung des Tempels (חדשׁ, vgl. 24,4.12)[109]. Dahinter steht das theologische Interesse einer kultischen Erneuerung, die nach dem Intermezzo der Regentschaft Ataljas[110] und der ihr zugeschriebenen kultischen Verunreinigungen notwendig wird. Die Initiative der Aktion geht vom König Joasch aus (V.4.8), der das Tempelpersonal anweist. Um den Umbau zu finanzieren, werden Abgaben aus der Bevölkerung erhoben und von Boten in den Tempel gebracht, wo die Gelder verwaltet und für Baumaßnahmen sowie Neuanschaffungen verwendet werden. Der Tempel tritt als eine Finanzbehörde in Erscheinung, das Tempelpersonal ist das ausführende Organ.

Um diese Baumaßnahmen finanziell zu ermöglichen, werden im Volk Abgaben erhoben (24,6.9). Die Forderungen des Tempels werden als מַשְׂאַת bezeichnet. Der Begriff ist eher untypisch, da er nicht eine bestimmte Steuer oder Abgabenform bezeichnet.[111] So ist umstritten, ob er hier eine Spende zum Ausdruck bringt[112] oder eine steuerliche Abgabe darstellt.[113] Der Gedanke der Spende knüpft an 2Kön 12,5 an, wo

---

[108] Vgl. dazu Abschnitt 7.6.
[109] Anders noch 2Kön 12,6–9.13: בֶּדֶק הַבָּיִת.
[110] Vgl. dazu Abschnitt 3.1. sowie A. LABAHN, Atalja passim.
[111] S. die angegebenen Belege in DNWSI 697.
[112] So der Vorschlag im HAL 605 für 2Chr 24,6.9 neben der Alternative ‚Abgabe'.
[113] So in HAH[18] 746 für 2Chr 24,6.9.

ausdrücklich von freiwilligen Gaben die Rede war. Die Chronik formuliert offener und redet von einer „Erhebung".[114] Da die Zahlung auf Anlass des Königs erfolgt, ist kaum an eine freiwillige Gabe zu denken. Vielmehr dürften Abgaben in Form von festgelegten Steuern im Blick sein. Dass diese euphemistisch als „Gabe oder Geschenk" und nicht als „Steuer" bezeichnet werden, ist in der Antike nicht ungewöhnlich.[115] Ob es sich bei den Abgaben um regelmäßige und reguläre Steuern handelt oder ob man an Sonderzuwendungen zum Tempeletat zu denken hat, geht aus der Episode nicht hervor. Immerhin legt V.5 aber fest, dass die Steuer jährlich erhoben werden soll.

Diese Abgabe ist nach der Darstellung der Chronik zweckgebunden, indem sie für Renovierungsarbeiten, aber auch für Opfer aufgewendet wird. Letztere Bestimmung konvergiert mit Neh 10,33f, demzufolge jährlich ein Drittel Schekel für Arbeiten am Tempel abzuführen ist.[116] Die dort erwähnte Tempelsteuer ist jedoch als Abgabe für die Opfer und den Unterhalt des Tempelpersonals bestimmt. Weiter führt die Parallele nicht, da auch in Neh 10,33 keine genauen Angaben zu finden sind, um welche Abgabe es sich konkret handelt.[117]

Die Kennzeichnung der Abgabe als מַשְׂאַת מֹשֶׁה ist als theologische Bewertung zu sehen, da ein entsprechender Beleg aus dem Pentateuch nicht vorhanden ist.[118] Der Verweis auf Mose als Urheber einer solchen

---

[114] Erste Grundbedeutung für מַשְׂאַת nach HAL 605 und HAH[18] 746.

[115] Zur Terminologie von „Gabe" als Ausdruck für bei bestimmten Anlässen erhobenen Steuern vgl. Anm. 184 weiter unten. In der klassischen hellenistischen Literatur wird zumeist von Steuern unter dem Begriff φόρος gehandelt (vgl. Hdt. Hist. 1,27,1; 1,171,2; 1,192,1; 3,13,3; 3,96,1–2; 3,97,2; 4,165,2 u.ö.; s.a. Diod. 31,19,2; Athen. 4,145; Arr. an. 3,16,4; 3,17,6; in der ChrLXX in 2Chr 8,8; 10,18; 36,3). J. WIESEHÖFER, Persien 100f, sieht φόρος als einen auf Provinzialebene erbrachten Tribut.
Mit J. SCHAPER, Priester 141–150 (s.a. M.E. STEVENS, Temples 111), der sich an Esr 4,13.20; 7,24 orientiert, lassen sich des Weiteren eine staatliche Steuer (*mdh* / מדה), eine Grundsteuer (*hlk* / הלך) sowie eine Kopfsteuer (*blw* / בלו) anführen. Allerdings sind diese Steuerarten außerbiblisch nicht ohne Weiteres deckungsgleich zu finden. *mndh* ist in Elephantine belegt, z.B. in TAD A6.1.2f als monatlich zu erbringende Abgabe in der Provinz; vgl. TAD A6.9.1f. *hlk* begegnet als Ausdruck für einen Kaufpreis für den Erwerb einer Sklavin in TAD B3.6.7 und als Ausdruck für einen Verkaufspreis oder eine Leihgebühr in den fragmentarisch erhaltenen Texten aus *Saqqāra* TAD B8.5.3 und TAD B8.11.2–3. Die Kopfsteuer (*blw* / בלו) ist vor allem atl. belegt; verweisen könnte man noch auf eine Art personenbezogene Abgabe, die Josephus für die Zeit Artaxerxes III. erwähnt (Jos Ant 12,142: τέλος τῆς κεφαλῆς). Für weitere Belege und deren Interpretation verweise ich auf meine umfangreiche historische Studie A. LABAHN, Herrschaft.

[116] Vgl. Neh 10,33: עָלֵינוּ מִצְוֹת לָתֵת עָלֵינוּ שְׁלִשִׁית הַשֶּׁקֶל בַּשָּׁנָה לַעֲבֹדַת בֵּית אֱלֹהֵינוּ.

[117] Vermutlich ist an eine jährlich zu entrichtende Tempelsteuer zu denken, die die Bevölkerung in Höhe von ein Drittel Schekel an den Tempel zur Deckung seines Bedarfs richten muss.

[118] Auch die angenommene Quelle in Ex 30,11–16 passt nicht (vgl. S.J. DE VRIES, Chronicles 345), da es sich um eine תְּרוּמָה pro Kopf handelt (V.13f) und sie als

Steuer dient der theologischen Legitimation der Abgabe und legt ihre unhinterfragbare Gültigkeit fest.

Ebenso schwierig zuzuordnen ist die Gemeinde (קָהָל) in V.6. Die ‚Gemeinde Israels' steht wohl parallel zu Mose und tritt hier als eine Größe auf, die eine Steuerverordnung erlässt. Während Mose die theologische Autorität darstellt, könnte der קָהָל als politische Autorität betrachtet werden, die Entscheidungen fällt, die dem Gemeinwohl dienen.[119] Ihre genaue Einbindung in das Geschehen bleibt aber ein wenig rätselhaft, da sie nicht genau konnotiert ist und der קָהָל im weiteren Verlauf nicht mehr auftaucht.

Die Baumaßnahmen werden von Geldmitteln bestritten. In V.5.11. 14 ist explizit von כֶּסֶף die Rede, das von der Bevölkerung aufgebracht wird. Das „Silber" dient als Zahlungsmittel; zu denken ist an Silberstücke als lokale Währung.[120]

Die Einnahmen gelangen in einen Kasten (הָאָרוֹן), der am Eingang des Tempels aufgehängt worden ist (vgl. V.8.10f). Der Behälter soll als Sammelkasten dienen, in dem die in den Tempel hineingehenden Judäer ihre Abgaben ablegen. Die Höhe der Gaben pro Besucher des Heiligtums wird nicht angegeben. Die Chronik betont aber die Menge der gesamten Einnahmen, so dass der Kasten täglich geleert wird.

Im Tempel werden die Abgaben eingenommen und ihrem Bestimmungszweck zugeführt. Der Jerusalemer Tempel tritt damit in der Chronik als eine Institution auf, die Finanzmittel verwaltet. Der Tempel erscheint in der Szene vor allem als eine administrative Finanzbehörde. Dass im Heiligtum auch Kultfeiern stattfinden und es zunächst einmal dem Kultus dient, wird in 2Chr 24 nur am Rande erwähnt (V.14b). Da der Tempel als Finanzbehörde agiert, nimmt er Funktionen wahr, die über den eigentlichen Kultbetrieb hinausgehen. Die Finanzbehörde waltet zentralistisch, insofern aus ganz Juda Abgaben ohne Zwischeninstanzen im Umland hierher kommen (V.5.9f).[121]

Sühnegeld (V.12.16) gedacht ist. Allerdings wäre es möglich, dass 2Chr 24,6 von Ex 30 beeinflusst ist, da in beiden Fällen das „Zelt des Zeugnisses" (Ex 30,16) als Nutznießer erscheint.

[119] Der קָהָל wird in der Regel als die unterste kommunale Versammlungsebene, was gut zu der Vorstellung von 2Chr 24 passt, oder als eine Art Volksversammlung bestimmt; vgl. R. ALBERTZ, Religionsgeschichte 473–475; DERS., Restoration 13; M. BERNETT, Polis 112f. Alternativ sieht J.E. DYCK, Ideology 192.197f, darin die Gruppe der Sippenhäupter. – Bestritten von L.L. GRABBE, History 154f.

[120] „Silber" als Zahlungsmittel weist auf das silberne Provinzialgeld, das innerhalb einer Provinz Gültigkeit besaß und in der Münzautonomie des jeweiligen Provinzgouverneurs dieser Provinz geprägt wurde; in Juda wurde solches Geld seit ca. 360 v.Chr. geprägt. Vgl. L. MILDENBERG, Money Circulation 60, der für Lokalgeld auf lokale Münzen der westlichen Levante verweist und Provinzialgeld aus Samaria und Juda nennt, vgl. L. MILDENBERG, Münzwesen 10f. 272f Tafel III; s.a. I. EPH'AL, Changes 112f.

[121] Anders sieht S. JAPHET, Chronicles 843, in dem Aspekt, dass die Leviten Gelder aus Juda einsammeln, einen dezentralen Zug der Verwaltung. Dies gilt dann

Die Tempelverwaltung ist aus mehreren Ebenen zusammengesetzt. Eine recht hohe Position nimmt die sog. königliche Aufsichtsbehörde (פְּקֻדַּת הַמֶּלֶךְ) ein (V.11). Sie bildet eine eigene administrative Ebene, die mit der Kontrolle der Gelder befasst ist. Unklar ist jedoch, welche Institution im Einzelnen damit zu identifizieren ist. Die Behörde ist an den Tempel gebunden und Teil seiner Administration. Allerdings ist sie als eine Instanz des Königs ausgewiesen und damit, obwohl sie im Tempel lokalisiert ist, dem profanen Regenten unterstellt.[122] Die Behörde agiert als eine gesamt-judäische Einrichtung mit Sitz in Jerusalem.

In der Behörde arbeiten Leviten, die nach V.11 die Einnahmen zählen, d.h. sie verwalten. Der Terminus בְּיַד הַלְוִיִּם legt die Leviten als das ausführende Organ fest. Die Leviten stehen damit unter der Autorität des Königs, also eines profanen Vorstehers. Ob die gesamte Behörde in ihren Händen lag, wird nicht gesagt. Doch mag es als ein beredtes Schweigen der Chronik gelten, dass hier keine anderen Mitarbeiter in der Finanzbehörde *neben* oder *außer* den Leviten erwähnt werden. Sicher ist, dass die Chronik Leviten in der Finanzbehörde auf recht hoher Stufe tätig sein lässt. Die Leviten kontrollieren die Einnahmen und geben Anweisung, wie weiter zu verfahren sei. In dieser Position schreibt die Chronik ihnen Einfluss zu, indem sie sie an entscheidenden Prozessen in der administrativen Ausführung beteiligt.

Unterhalb der Leviten stehen ein anonymer Schreiber des Königs und ein Aufseher des Hohenpriesters (V.11). Anscheinend ist vorausgesetzt, dass beide Personen auf Geheiß der Leviten erscheinen, sobald diese es für angemessen halten. Der Schreiber und der Aufseher repräsentieren die profane und sakrale Macht, in deren Gegenwart die Gelder entnommen werden. Die Aufgabe des Schreibers dürfte darin zu sehen sein, die Summe der Einnahmen festzuhalten. Die Funktion des פָּקִיד wird nicht genau bestimmt. Zwar ist er ein Aufseher, wohl eine Art Unteraufseher, doch wird ihm die praktische Durchführung der Leerung und des Aufhängens des Kastens zugewiesen. Die Handhabung der Finanzen wird in vertrauensvolle Hände gelegt, für die ein ausgewiesener Funktionsträger eingesetzt wird. Dieser Aufseher ist den Priestern zugeordnet und unterscheidet sich damit von Aufsehern aus dem Kreis der Leviten, wie sie z.B. in 2Chr 31,13a erwähnt sind.[123]

פָּקִיד begegnet in der Chronik also als vielschichtige Funktionsbezeichnung. Ein Posten als פָּקִיד ist für die Chronik offensichtlich weder

---

aber allenfalls für die Wege der Abgabenerhebung, doch nicht für ihre Verwaltung und Verwendung, die in Jerusalem zentriert sind.

[122]   Aus den Angaben schließt C. Schäfer-Lichtenberger, Soziologie 189, dass es sich um eine jährliche Sterer für den König handele. Sie sieht hinter den Angaben der Chronik „ein funktionierendes Abgabensystem" aus der Zeit der Chronik (a.a.O. 190).

[123]   Dazu s.u. Abschnitt 5.7.

an eine bestimmte Gruppenzugehörigkeit noch an eine spezifische eine Funktion gebunden. Ein festes פָּקִיד-Amt scheint die Chronik folglich nicht zu implizieren, auch wenn sowohl dieser Aufseher als auch die Aufseher in 2Chr 31,13 mit den Einnahmen des Tempels befasst sind und dem Tempelpersonal angehören. Vielmehr bezeichnet der Ausdruck פָּקִיד eine relationale Funktionsstellung, die zwischen höheren und niedrigeren Posten steht, ohne dass sie spezifiziert werden kann. Die Füllung des Amtes im Detail divergiert je nach entsprechender Funktionsstellung und ist nicht schon durch den Titel gegeben.

Priester und Leviten werden in V.5a gemeinsam in ‚ganz Israel' ausgesandt, um Gelder aus der Bevölkerung zu sammeln.[124] Doch während die Priester hernach nicht mehr erwähnt werden, wird auf die Anwesenheit der Leviten besonderer Wert gelegt (V.6, s.o.). Die Ergänzung in V.6 betont, dass nur dann, wenn die Leviten die Sammlung durchführen, der Erfolg der Mission gesichert ist.

Eine besondere Verantwortung erhalten die Leviten in V.11, wenn sie die oberste Ebene der Finanzbehörde ausfüllen (s.o.). Die Verwaltung der Finanzen liegt demnach für die Wirklichkeitskonstruktion der Chronik in den Händen der Leviten. Die Leviten haben damit eine verantwortungsvolle Position inne. Sie agieren als eine Schaltstelle, die die Kontrolle der Finanzen innehat und damit über Macht verfügt. Zwar haben die Leviten ihrerseits einen Machthaber über sich und stehen zwischen Tempel und Palast, da sie einerseits dem König gegenüber verantwortlich sind und andererseits im Tempel ihren Dienstort haben. Doch üben die Leviten in ihren Positionen indirekte Macht aus, indem sie die Kontrolle über die Finanzen innehaben. Die Leviten sind damit in einer Position, die zwischen profanen Interessen und sakralen Belangen steht. Mit dieser starken Einbindung der Leviten in verantwortungsvolle Positionen der Finanzbehörde platziert die Textwelt der Chronik sie in Funktionen, die im Vergleich zu dem bis dahin geläufigen Bild der Leviten neu sind. Indem die Leviten Verantwortung in der Finanzbehörde wahrnehmen, werden sie von den Priestern abgesetzt, die nach der Konstruktion der Chronik mit der Kontrolle der Finanzbehörde nicht befasst sind. Vielmehr sind es die Leviten, die nach der Sinnzuschreibung der Chronik indirekte Herrschaft ausüben.

5.7 Die Leviten und die Tempelsteuer – 2Chr 31,2–19

Im Anschluss an den Bericht über das Passafest unter Hiskia in 2Chr 30 folgen Regelungen zur Aufrechterhaltung des Kultes, wie sie in der

---

[124] Vgl. J.W. WRIGHT, Gates 77, der von „tax-controllers" spricht, die „all aspects of temple revenue – its collection, its storage, and its distribution" wahrnehmen. Allerdings identifiziert er diese mit den Torhütern, obwohl weder Torhüter noch anderweitig Kontrolleure an einem der Tempeleingänge in 2Chr 24 erwähnt sind.

Chronik auf eine Anordnung Hiskias zurückgeführt werden.[125] Hiskia wird damit von der Chronik auf dieselbe Ebene wie David und Salomo hinsichtlich neuer bzw. erneuerter Regelungen für den Kult gestellt.[126]

2Chr 31,2–19: (2) Und Hiskia bestellte die Abteilungen der Priester und die Leviten entsprechend ihren Abteilungen, einen jeden entsprechend seiner Arbeit als Priester und Leviten für das Brandopfer und für das Schelamim-Opfer, zu dienen und zu loben und zu preisen in den Toren der Lager[127] Jahwes. (3) Und der Anteil[128] des Königs von seinem Besitz für die Brandopfer (war bestimmt für) die Brandopfer am Morgen und am Abend, für die Brandopfer an den Sabbatten und an den Neumonden und an den Festtagen, wie es im Gesetz Jahwes geschrieben war. (4) Und er befahl dem Volk, den Einwohnern Jerusalems, den Anteil der Priester und der Leviten zu geben, damit sie im Gesetz Jahwes stark werden. (5) Und als sich die Nachricht verbreitet hatte, vermehrten die Israeliten die Erstlingsgaben an Getreide, Most und Öl und Honig und jeglichem Ertrag des Feldes, und sie brachten den Zehnten von allem in Menge. (6) Und die Israeliten und die Judäer[129], die Bewohner der Städte Judas, auch sie[130] brachten den Zehnten von Rindern und Kleinvieh und den Zehnten der Weihegaben, die Jahwe, ihrem Gott, geweiht waren[131]. Und sie brachten und gaben haufenweise. (7) Im dritten Monat fingen sie an Haufen zu bilden, und im siebten Monat beendeten sie (es). (8) Da kamen Hiskia und die Oberen und sahen die Haufen; und sie lobten Jahwe und sein Volk Israel. (9) Und Hiskia erkundigte sich bei den Priestern

---

[125] Zu 2Chr 30 und Hiskia vgl. Abschnitt 3.3.

[126] Zur Parallelität vgl. z.B. S.J. DE VRIES, Chronicles 386f, der Hiskia als „rededicator of the temple" und daher als ‚neuen Salomo' bestimmt.

[127] Da Lager normalerweise keine Tore haben, schlägt der Apparat der BHS vor, stattdessen מתנות (Geschenke) zu lesen. Eine Textgrundlage gibt es dafür nicht und der Text wird dadurch auch nicht klarer. LXX liest stattdessen αὐλαί (Höfe). Die Lager beziehen sich in der Chronik zurück auf 1Chr 9,18f und haben damit eine Epochen übergreifende Funktion.

[128] Der Vorschlag des kritischen Apparates der BHS, וּמְנָת in וּמַתְנַת zu ändern, entbehrt einer gesicherten hebräischen Textbasis; der Bedeutungsunterschied ist marginal, da beide Begriffe eine Abgabe ausdrücken.

[129] Da יְהוּדָה eine Doppelung zu den ‚Einwohnern Judas' darstellt, schlägt BHS vor, es zu streichen. Eine von Handschriften gedeckte Textgrundlage gibt es dafür jedoch nicht. E. CURTIS, A. MADSEN, Books 479; S.J. DE VRIES, Chronicles 384, bieten eine literarkritische Lösung an, indem sie es als Glosse betrachten.

[130] Der Vorschlag des kritischen Apparates der BHS, die Wendung נַם־הֶם zu הֵבִיאוּ am Ende des Verses zu ziehen, ist durchaus sinnvoll, da נַם־הֶם hier störend wirkt, doch als Subjekt zu הֵבִיאוּ gut passt. Die Übersetzung folgt hier jedoch MT, zu dem es keine abweichende Textgrundlage gibt.

[131] BHS nimmt einen Lesefehler an („aberratio oculi") und schlägt vor, die Gaben durch eine Ergänzung der Ernteprodukte aus V.5 zu präzisieren. Zwingend notwendig ist die Ergänzung nicht, da der Text verständlich ist; vielmehr hat er ohne die Ergänzung eine größere Bedeutungsvielfalt, da andere Abgaben nicht ausgeschlossen sind. Eine Textgrundlage gibt es für die Ergänzung ohnehin nicht. Insgesamt bietet der Vers Verständnisschwierigkeiten, wie auch einige Variationen in der LXX zeigen, doch wird hier an der *lectio difficilior* festgehalten.

und den Leviten nach den Haufen. (10) Und zu ihm sprach Asarjahu, der oberste Priester für das Haus Zadoq, und sagte: Seitdem sie begonnen haben, die Abgabe in das Haus Jahwes zu bringen, haben wir gegessen und sind satt geworden, und übrig geblieben ist in Menge, denn Jahwe hat sein Volk gesegnet, und übrig geblieben ist diese Menge. (11) Da befahl Hiskia, Kammern im Haus Jahwes herzurichten; und sie richteten (sie) ein. (12) Und sie brachten die Abgabe und den Zehnten und die Weihegaben zuverlässig[132] hinein. Und Vorsteher über sie war Konanjahu, der Levit, und der Zweite war Schimi, sein Bruder. (13) Und Jechiel und Asasjahu[133] und Nachat und Asahel und Jerimot und Josabad und Eliel und Jismachjahu und Machat und Benajahu waren Aufseher unter Konanjahu und Schimmi, seinem Bruder, nach dem Befehl des Königs Hiskia und Asarjahus, des Vorstehers im Hause Gottes. (14) Und Qore, der Sohn Jimnahs,[134] der Levit, war Torhüter nach Osten, (zuständig) für die freiwilligen Gaben für Gott[135], um[136] die Abgabe für Jahwe und die heiligen Weihegaben auszugeben. (15) Und neben ihm waren Eden und Minjamin[137] und Jeschua und Schemajahu, Amarjahu und Schechanjahu in den Städten der Priester in Vertrauensstellung, um ihren Brüdern in den Abteilungen, dem Großen wie dem Kleinen, (ihre Anteile) auszugeben, (16) abgesehen davon,[138] ob sie in Geschlechtsregister eingetragen waren, (sie gaben) Männern im Alter ab drei Jahren und für die Arbeit, jedem, der in das Haus Jahwes kam, die für den Tag bestimmte (Menge) für ihre Arbeiten in ihren Abteilungen entsprechend[139] ihren Ordnungen. (17) Und das[140] Registrieren der Priester nach ihren Vaterhäusern und der Leviten (geschah) im Alter ab 20 Jahren und darüber in ihren Abteilungen entsprechend ihren Ordnungen. (18) Und sie waren eingetragen mit

---

[132] So mit HAH[18] 60 („zuverlässig, gewissenhaft"); demgegenüber beschränkt HAL 72 die Bedeutung auf ‚gewissenhaft'.

[133] Die Überlieferung des Namens ist unsicher; einige Mss lesen Asarjahu, andere Usijahu.

[134] E. CURTIS, A. MADSEN, Books 482, schlagen vor, הימן anstatt ימנה zu lesen. Der Text gibt dies jedoch nicht her; auch andernorts ist kein Heman-Sohn namens Qore bekannt (s. z.B. 1Chr 25,4).

[135] Diese und die beiden folgenden Konstruktusverbindungen sind als Asdruck eines Genitivus Objektivus zu verstehen.

[136] Der Apparat der BHS schlägt vor, ולתת zu lesen und somit die beiden folgenden Gaben dem Sinn nach nebenzuordnen. Dies ist durchaus möglich, doch nicht von dem handschriftlichen Befund gedeckt.

[137] Die Überlieferung des Namens ist unsicher; einige Mss lesen Binjamin.

[138] Der Wortlaut מִלְּבַד ist möglicherweise korrupt. LXX übersetzt mit ἐκτός, was aus ἕκαστος gebildet sein kann, so dass BHS vorschlägt, כל כדי zu lesen. Der Sinn des Verses würde sich damit in der Tat besser erschließen: Anteil an alle diejenigen auszugeben, die eingetragen waren. Die Übersetzung folgt der *lectio difficilior*.

[139] Die Übersetzung folgt כְּמַחְלְקוֹתֵיהֶם, da die Variante einiger Mss, כמחלקותיהם zu lesen, nicht sinnvoller ist, weil sich die Wendung mit dem vorhergehenden בְּמִשְׁמְרוֹתֵיהֶם reibt.

[140] Die einleitende *nota accusativi* verhält sich sperrig im Satzgefüge, da sie syntaktisch nicht anzubinden ist. Leichter ist die Übersetzung in LXX zuzuordnen, die οὗτος liest, was nach dem Apparat der BHS einem hebräischen זאת entspräche; dafür gibt es jedoch keine Textzeugen. Daher schlage ich vor, ein unpersönliches Verb zu ergänzen, wie etwa „man nahm das Registrieren ... vor". Der schwierige Anschluss scheint mir ein literarkritisches Signal zu sein.

ihren Kleinkindern, ihren Frauen und ihren Söhnen sowie ihren Töch-
tern[141] in der ganzen Versammlung, denn in ihrer Zuverlässigkeit[142] hatten sie sich heilig geheiligt[143].

(19) Und für die Aaroniden, die Priester, auf dem freien Umland[144] ihrer
Städte in jeder Stadt, und (in der) Stadt (gab es) Männer, die mit Namen
bekannt waren, um Anteile für jeden männlichen Priester und für jeden, der
von den Leviten in Geschlechtsregister eingetragen war, zu geben.

Der vorliegende Abschnitt ist chr Sondergut, das in dem 2Kön 18,4.5f
folgenden Bericht in 2Chr 31 zwischen V.1 und V.20f[145] eingebaut
worden ist. Weil V.2–19 eine Neubildung der Chronik sind, kommt ihnen besonderes Gewicht für die Fragestellung dieser Untersuchung zu,
da sie die genuine Sichtweise der Chronik erkennen lassen. Die Chronik gestaltet mit dieser Schilderung der Vergangenheit[146] eine Szene
aus, die ihrer eigenen Wirklichkeitskonstruktion im Tempel, bei dem
Tempelpersonal und den Abläufen darin folgt.

Der Text beschreibt „die wirtschaftliche Grundlage für das Bestehen
des Tempels".[147] Die Geschichte berichtet, wie Abgaben des Königs
und der Bevölkerung an den Tempel gelangen, wo sie dort gelagert und
wozu sie verwendet werden. Diese Einkünfte des Tempels werden als
Naturalien erbracht und dienen dem Unterhalt des Tempelpersonals.
Die Chronik schildert eine üppige Szene, in der mehr Abgaben an den
Tempel kommen, als *ad hoc* verbraucht werden. Daher werden Baumaßnahmen von Lagerräumen notwendig, um die überschüssigen Produkte aufzubewahren und zu verwalten.

---

[141] Folgt man BHS, so stellt וּבְנוֹתֵיהֶם וּבְנֵיהֶם נְשֵׁיהֶם eine Ergänzung dar. Eine Textgrundlage wird für diesen Vorschlag nicht angeführt. Sachkritische Gründe scheinen für dieses Urteil vorzuliegen, da Frauen und Kinder normalerweise nicht als
Mitglieder der Gemeinde gelten (Ausnahme: Neh 8,2f; zur Funktion von קָהָל s.o.
Anm. 119 in Abschnitt 5.6).

[142] Der kritische Apparat der BHS stößt sich an בֶּאֱמוּנָתָם und will stattdessen
באבותם („in ihren Vaterhäusern") gelesen wissen. Auch hierfür gibt es keine Textgrundlage. Eine Änderung ist überflüssig, da die Chronik des Öfteren auf die Treue
der Leviten verweist, die hier mit dem Heiligkeitsaspekt verknüpft ist.

[143] Die Verbform ist mit einigen Handschriften als Perfektform zu lesen, wie es
auch der kontingenten Zeitebene des Erzähltextes entspricht.

[144] Zu korrigieren mit vielen Mss in שׁדה.

[145] 2Chr 31,1 bildet das Ende von Kap. 30; s.o. vgl. Abschnitt 3.3.

[146] Nach W. RUDOLPH, Chronikbücher 309, gilt: „In allen diesen genauen Angaben spiegeln sich offenbar die Zeitverhältnisse des Chr. wider." Auch S. JAPHET,
2Chronik 407, kommt zu dem Schluss: „Die hier geschilderten Praktiken könnten
in die Zeit des Chronisten gehören." Für V.14–19 nimmt sie an, dass „der Chronist
hier ein Dokument aus der Zeit des Zweiten Tempels verwendet und dessen Regelungen ... zurückprojiziert", „ein Verwaltungsdokument, das die Einschreibung von
Priestern und Leviten zwecks Empfang der ihnen zustehenden Angaben regelt". –
Anders sieht S.J. DE VRIES, Chronicles 387, den Text als präskriptiv an und bewertet ihn als „*Programmschrift*, a working paper, for keeping Israel's worship on
a straight line" (Kursiv im Original).

[147] So S. JAPHET, 2Chronik 405.

Entsprechend dem Verständnis der Chronik vom Tempelkult und Tempelbetrieb kommt den Priestern und vor allem den Leviten ein beträchtlicher Anteil an den Handlungen zu. Auffällig ist allerdings, wie die Anteile am Geschehen auf Priester und Leviten verteilt sind. Während zunächst Priester und Leviten in Handlungseinheit begegnen (V.1–4.9.19), sind in V.11–15 nur noch die Leviten mit den Abgaben beschäftigt, während von den Priestern nicht mehr die Rede ist – ausgenommen V.19, wo sie allerdings nur als grammatikalisches Objekt genannt sind und Gaben empfangen. Dies reibt sich mit V.10, wo der Oberpriester Asarjahu die Nachfrage des Königs, die an Priester und Leviten gerichtet ist, beantwortet. Von Asarjahu ist zwar noch in V.13 die Rede, doch ist er dort anders eingebunden (s.u.). Die (übrigen) Priester werden im weiteren Verlauf nicht weiter an der Handlung beteiligt. Die in V.11 folgende Anweisung des Königs hat zwar keinen direkten Adressatenkreis, doch werden Reaktionen einzelner levitischer Verantwortungsträger erwähnt (V.12ff). Diese Personen nehmen die Stelle derer ein, die den königlichen Auftrag ausführen. Die unterschiedlich eingesetzten handelnden Personen und divergenten Verantwortungsträger liegen nicht auf einer literarischen Ebene, sondern zeigen Wachstumsspuren des Textes an.

Eine weitere Spannung liegt innerhalb der Levitenpassagen vor. In V.11–15 werden zwei konkurrierende Gruppen von Leviten aufgezählt, die mit der Verwaltung der Abgaben befasst sind. In V.14 wird der Levit Qore, der Sohn Jimnahs, eingeführt, der als Lagerverwalter für die Vorräte zuständig ist. Ihm zu Seite stehen sechs weitere Personen (V.15). Dass sie Leviten sind, wird nicht gesagt,[148] doch da keine andere Gruppenzugehörigkeit angegeben wird, ist die enge Zuordnung durch וְעַל־יָדוֹ wohl so zu interpretieren, dass auch sie zu den Leviten zu rechnen sind.[149] Diese sieben Leviten sind עַל (zuständig für) die Abgaben, doch erhalten sie keine spezielle Amtsbezeichnung. Über sie wird lediglich gesagt, dass sie die eingenommenen Vorräte an das Tempelpersonal ausgeben (V.15b.16).

Anders verhält es sich mit V.12b.13a, wo eine weitere Liste mit Leviten verzeichnet ist. Konanjahu und Schimmi werden als Vorsteher (נָגִיד) und Stellvertreter aufgeführt; ihnen zur Seite stehen zehn weitere Personen, die als Aufseher (פְּקִידִים) ausgewiesen werden. Auch die Gruppenzugehörigkeit der Zehn wird nicht angegeben, doch ist wohl hier ebenso vorauszusetzen, dass sie Leviten sind, da sie in Handlungseinheit mit Konanjahu und Schimmi auftreten und vor allem keine

---

[148] Zu Eden vgl. allerdings den gleichen levitischen Personennamen in 2Chr 29,12; nach W. RUDOLPH, Chronikbücher 306, sind beide Personen miteinander zu identifizieren. Da sie zur Zeit Hiskias im Tempel tätig sind, wäre es möglich, doch könnte es sich auch um eine zufällige Namensgleichheit handeln, wie es bei Leviten des Öfteren begegnet.

[149] Anders W. RUDOLPH, Chronikbücher 306.309; J. BECKER, 2Chronik 104, die annehmen, dass sie Priester gewesen sein könnten, ohne dies zu begründen.

weitere, abweichende Zuordnung vorgenommen wird. Für die Gruppe der zwölf Leviten wird (anders als für die sieben Leviten von V.14f) nicht angegeben, welche Aufgaben sie konkret wahrnehmen. An die Stelle der Aufgabenbeschreibung treten ihre Titel, die aus dem Bereich der Verwaltung des Tempels stammen.

Die unterschiedliche Präsentation der Leviten weist auf verschiedene Schichten des Textes. Die umfangreichere Liste in V.12b.13a ist als späteres Wachstum auszumachen. Dafür sprechen im Wesentlichen zwei Argumente: Die Liste ist länger und zeigt das formale Gestaltungsprinzip der Zwölfzahl, wie es auch in genealogischen Listen zu finden ist.[150] Ferner stellen die Titel eine begriffliche Präzisierung gegenüber der eher allgemeinen Zuständigkeitsaussage in V.14 dar.

Von dieser Liste hebt sich der in V.13b genannte weitere Vorsteher (נָגִיד) Asarjahu ab. Während der levitische Vorsteher Konanjahu den Abgaben zugeordnet ist, wird Asarjahu mit dem Haus Gottes verbunden. Eine nähere Kennzeichnung wird für Asarjahu hier nicht vorgenommen. Allerdings erwähnt V.10 Asarjahu als den obersten Priester für das Haus Zadoq (הַכֹּהֵן הָרֹאשׁ לְבֵית צָדוֹק). Aufgrund der Namensidentität wird man davon ausgehen müssen, dass beide Personen identisch sind, auch wenn ein Asarjahu in der Chronik sonst nicht weiter bekannt ist.[151] Dass ein Priester als נָגִיד erscheint, ist in der Chronik nicht ungewöhnlich, da der Titel anderweitig auch auf Priester angewendet wird (vgl. 1Chr 9,11: Asarja Ben Chilqija als Vorsteher über das Haus Gottes; נְגִיד בֵּית הָאֱלֹהִים; s.a. 1Chr 12,28: Jehojada als הַנָּגִיד לְאַהֲרֹן). Im Erzählgang der Geschichte ist allerdings problematisch, dass ein Titel für zwei Personen aus unterschiedlichen Funktionsgruppen verwendet wird. Diese lassen sich nicht auf einen kontingenten Text aufrechnen, sondern weisen auf verschiedene Ebenen. Während auf einer frühen Stufe nur der Priester Asarjahu als Vorsteher begegnet und als oberster Priester neben dem König steht, ergänzen später V.12b.13 zwei levitische Vorsteher. Die Chronik verlagert die Funktion damit aus dem priesterlichen in den levitischen Verantwortungsbereich.[152]

Eine weitere Uneinheitlichkeit ist in V.14aβ zu erkennen. Der Levit Qore, der Sohn Jimnahs, wird näherhin als „Torhüter nach Osten" vorgestellt. Diese Bestimmung überrascht, da die folgenden Aufgaben sonst nicht als Torhüterdienste bestimmt sind. Vom Wachdienst eines Torhüters am Osttor (des Königs) ist umgekehrt in 1Chr 9,17–19 die Rede, wo Schallum, dem Sohn des Qore, diese Aufgabe übertragen wird;[153] dort werden jedoch keine Verwaltungsarbeiten notiert. Da sich

---

[150] Vgl. im einzelnen Abschnitt 6.

[151] Zur konstruierten Fiktivität der Gestalt vgl. S. JAPHET, 2Chronik 410f.

[152] Nach S. JAPHET, 2Chronik 412, ist hierin ein neues Amt in der Zeit der Chronik auszumachen.

[153] Auch diese Angaben liegen nicht auf einer Ebene, sondern bieten Erweiterungen im Torhüterbild; vgl. Abschnitt 2.4.

in 2Chr 31,14 die Gruppenzugehörigkeit mit den Funktionen reibt, ist davon auszugehen, dass beide auf unterschiedlichen Ebenen des Textes liegen. Weil Torhüter in 2Chr 31 sonst nicht begegnen und ihnen im tempelinternen Handlungsverlauf der Verwaltung auch keine Funktion zufällt, muss man annehmen, dass die Gruppenzuschreibung zu den Torhütern eine sekundäre Erweiterung darstellt. Ausgelöst hat diese vermutlich der Name Qore, durch den ein Bezug zu 1Chr 9,17–19 hergestellt wird. Bei dem in 1Chr 9,19 erwähnten Qore handelt es sich aber aufgrund seiner divergierenden Genealogie um einen anderen Leviten; doch auch er ist ein Torhüter in hoher Funktionsstellung (Oberhaupt). Die Zuschreibung eines Torhüters aus dem Qore-Kreis mit dem Tor im Osten liegt in 2Chr 31 auf derselben Ebene wie in 1Chr 9, so dass levitische Torhüter mit der Wache über besonders wichtige Plätze beauftragt werden.

Eine weitere Spannung bieten V.17f. Nachdem V.16 die ‚Abteilungen entsprechend den Ordnungen' erwähnt hat, fügt V.17f eine nähere Bestimmung dafür an. Die Angabe וּלְמַֽעְלָה בְּמִשְׁמְרוֹתֵיהֶם בְּמַחְלְקוֹתֵיהֶם (V.17) variiert כְּמַחְלְקוֹתֵיהֶם בְּמִשְׁמְרוֹתָם לַעֲבוֹדָתָם aus V.16 und erläutert die מַחְלְקוֹת aus V.2, indem in V.17f nunmehr die Zugehörigkeit zu den Gruppen geregelt wird. Der Beginn des levitischen Dienstalters war bereits in 1Chr 23,24 mit 20 Jahren angegeben. An diese Angabe schließt 2Chr 31,17 an. Über die Bestimmungen in 1Chr 23 hinaus werden jetzt auch entsprechende Abteilungen für Priester gebildet (V.17a), für die allerdings abweichende Altersgrenzen und Registrierungsverfahren gelten. V.17 ergänzt V.16 durch den sprachlich und syntaktisch ungeschickten Eingang וְאֵת, der sich am ehesten als ein Hinweis auf eine spätere Hinzufügung im Sinn eines Doppelpunktes verstehen lässt.[154] Dass die Angaben von zwanzig Jahren als Mindestalter der amtierenden Leviten erst eine spätere Präzisierung darstellen, ist bereits für 1Chr 23,24b festgestellt worden.[155] Daher ist die dort angenommene redaktionsgeschichtliche Schicht der Chronik auch für 2Chr 31,17 wahrscheinlich zu machen, da die Angaben konvergieren.[156] V.18 verknüpft diese Abteilungen mit gesellschaftlichen Familienstrukturen, indem die Familienmitglieder der Leviten als Bestandteil der Gemeinde (קָהָל) ausgewiesen werden (V.18a).[157] Welche Funktion

---

[154] Nach G. STEINS, Chronik 161, ist „V 17 offensichtlich eine Nachinterpretation von V 16 …, mit der auch das Erfassungsalter der Leviten neu geregelt und auf das 20. Lebensjahr festgesetzt wird". Korrigiert wird die Angabe aus Num 4,3 und 1Chr 23,3 (s.a. 2Chr 31,16 in bezug auf die Priester, wenn man statt drei Jahren 30 liest), der zufolge die Leviten ab dem 30. Lebensjahr ihren Dienst ausüben.

[155] Vgl. Abschnitt 4.1.

[156] S.a. E. CURTIS, A. MADSEN, Books 484, die allerdings V.17–19 als Nachtrag ansehen.

[157] Dass die späte Korrektur in V.18 anstößig war, zeigt noch die Textüberlieferung des kritischen Apparates der BHS; s.o.

die Gemeinde hier hat, wird anders als in 2Chr 24,6, wo sie eine Steuerverordnung erlässt, nicht gesagt.[158] Abzusetzen ist von dieser administrativen Angabe allerdings V.18b, wo ein neuer Aspekt hinzukommt. Der Hinweis auf die Zuverlässigkeit und Heiligkeit der Leviten kann kaum begründen, dass auch ihre Familien Mitglieder der Gemeinde sind, da es sich hierbei um einen abweichenden Personenkreis handelt, der in Bestandslisten eingetragen wird. Zudem kennzeichnen Heiligkeit und Zuverlässigkeit die Haltung der Leviten, weisen also auf eine besondere Qualität in der Dienstausführung hin. Von der Heiligkeit der Leviten war bereits an mehreren Stellen die Rede.[159] Dieser Aspekt ist hier aufgenommen und durch die Doppelwendung יִתְקַדְּשׁוּ־קֹדֶשׁ betont worden. Die Verstärkung zeigt an, dass V.18b auf einer späten literarischen Stufe liegt. Die Heiligkeit der Leviten entspricht der Bewertung der an den Tempel kommenden Gaben, insofern sie als heilige Gaben beurteilt werden (vgl. V.6.14).

Die Zuverlässigkeit (אֱמוּנָה) der Leviten nimmt einerseits deren Position einer Vertrauensstellung auf, wie er in 1Chr 9,22.26.31; 2Chr 31,15 genannt und in V.12 ähnlich als Zuverlässigkeit (בֶּאֱמוּנָה) ausgedrückt ist. Andererseits geht בֶּאֱמוּנָתָם darüber hinaus, da es hier nicht nur um die Stellung ihres Amtes geht, sondern ihre Dienstausführung ausgezeichnet wird. Dies impliziert zugleich ein Urteil über die treue Haltung der Leviten.[160] Auch wenn אֱמוּנָה in der Chronik primär die gewissenhafte und zuverlässige Ausübung der Amtspflicht bezeichnet,[161] so ist dies nicht gegen das gesamte semantische Bedeutungsspektrum des Begriffs auszuspielen. Der Aspekt der Zuverlässigkeit und der Treue schwingt mit und zeichnet die Leviten aus. Diese Herausstellung der Leviten liegt auf einer späten Ebene der Chronik. Die Sinnwelt der Chronik bewertet die Leviten in ihrer abschließenden Gestalt als treu und heilig.

Die in der narrativen Welt zur Zeit Hiskias spielende Geschichte schildert, wie Abgaben von dem König und von der Bevölkerung an den Tempel entrichtet werden. Die Chronik setzt die Leviten in entscheidende Funktionsstellungen der Verwaltung der Abgaben ein. Die in der Welt der Chronik konstruierte Episode ist für die Fragestellung dieser Untersuchung wichtig, da ihr einiges darüber zu entnehmen ist, wie die Chronik den Umgang mit dem Steueraufkommen darstellt. Die Wirklichkeitskonstruktion der Chronik ordnet hier Verwaltungsvorgänge bestimmten Personen und Personengruppen zu. Daher ist nunmehr

---

[158] Zu 2Chr 24,6 vgl. Abschnitt 5.6; zur Funktion von קָהָל dort Anm. 119. Möglicherweise ist der Begriff in der Chronik nicht konzise verwendet (vgl. HAL 1009, wo verschiedene Arten von Versammlungen oder die nachexilische Kultgemeinde erwogen wird), so dass hier keine strikte administrative Größe vorauszusetzen ist. Für eine definitive Entscheidung ist die Konnotation des Begriffs zu vage.

[159] Vgl. 2Chr 23,6; 29,5.11.15.17.19.34; 30,3.24; 35,3; s.a. 1Chr 15,12.14.

[160] Vgl. M.J. SELMAN, 2Chronicles 502.

[161] Vgl. HAL 60; HAH[18] 72.

einerseits den Ämtern nachzugehen, andererseits sind die Abgabenarten näher zu betrachten.

Der Tempelverwaltung werden drei Positionen zugeordnet: ein Vorsteher (נָגִיד, V.12.13), sein Stellvertreter (מִשְׁנֶה, V.12) und weitere Aufseher (פְּקִידִים, V.13).

Wenn man voraussetzen darf, dass diese Reihenfolge eine hierarchische Rangfolge bezeichnet, ist die höchste Position die des Vorstehers. Welche Befugnisse ihm zufallen, ist dem Titel allein nicht zu entnehmen. Der Begriff נָגִיד wird in der Chronik vielseitig verwendet, da sowohl Beamte im Tempelkult[162] als auch am Hof[163] sowie David[164] selbst und sogar militärische Führer[165] diesen Titel tragen können.[166] Der Begriff scheint in der Chronik eine relative hierarchische Stellung auszudrücken und keine bestimmte Position zu markieren. Der Aufgabenbereich ergibt sich aus dem Kontext, in dem Arbeitsbereiche dem jeweiligen Vorsteher zugeordnet werden. In 2Chr 31 ist ein Verwalter der Tempeladministration aus den Reihen der Leviten als נָגִיד bezeichnet. Er ist zuständig für die Verwaltung der Einnahmen des Tempels (s.u.). Das bedeutet, dass der Vorsteher die administrative Kontrolle über die steuerlichen Einnahmen innehat.

Der Stellvertreter des Vorstehers ist der zweite in der administrativen Hierarchie (מִשְׁנֶה, V.12). Diese Bezeichnung ist weniger häufig als die des Vorstehers.[167] Die Chronik bezeichnet damit die zweite Position in der Rangfolge.[168] Wie der Vorgesetzte ist auch der Stellverteter unterschiedlichen Aufgabenbereichen zugeordnet, so dass die genaue Funktion dem Kontext zu entnehmen ist. Wenn Vorsteher und Stellvertreter parallel genannt werden, kann man annehmen, dass beide die gleichen Aufgaben mit graduellen Unterschieden in dem Grad der Verantwortung wahrnehmen sollen.

In 2Chr 31,13 werden ferner Aufseher (פְּקִידִים) angeführt. Auch dieser Titel ist nicht eindeutig einer Funktion zuzuordnen, da er grundsätzlich kultische, zivile oder militärische Aufgabenbereiche bezeichnen kann.[169] In der Chronik gilt dazu eine gewisse Einschränkung, da er

---

[162] In 1Chr 26,24 ist נָגִיד für den levitischen Schatzmeister Schebuel gebraucht, in 2Chr 31,12 für den levitischen Schatzmeister Konanjahu; in 2Chr 31,13 ist Asarjahu als נְגִיד בֵית־הָאֱלֹהִים ausgewiesen, analog in 2Chr 35,8 die Leviten Chilkijah, Secharjahu und Jechiel; in 1Chr 9,20 bezeichnet der Titel Pinchas. In 1Chr 9,11 ist Asarja Ben Chilqija als Vorsteher des Hauses Gottes (נְגִיד בֵית הָאֱלֹהִים) ein Priester; s.a. 1Chr 12,28: Jehojada als הַנָּגִיד לְאַהֲרֹן.

[163] Vgl. 2Chr 11,11 (Pl.); 19,11.

[164] So in 1Chr 11,2; 17,7; 29,22; 2Chr 6,5; s.a. 1Chr 28,4.

[165] Vgl. 1Chr 13,1; 27,4.16; 2Chr 28,7; 32,21.

[166] Vgl. U. RÜTERSWÖRDEN, Beamten 104f; HAL 630.

[167] Es gibt nur vier Belege: in 1Chr 5,12; 16,5 (s.a. Neh 11,17) folgt der Stellvertreter dem Oberhaupt (הָרֹאשׁ); in 2Chr 28,7; 31,12 ist er einem Vorsteher (נָגִיד) zugeordnet; s. aber Neh 11,9: Stellvertreter des פָּקִיד.

[168] Vgl. HAL 614; HAH¹⁸ 75f.

[169] Vgl. U. RÜTERSWÖRDEN, Beamten 101; HAL 904.

hier für Tempelbedienstete reserviert ist.[170] In 2Chr 31,12f scheinen die Aufseher einer untergeordneten Ebene unter dem Vorsteher und seinem Stellvertreter anzugehören, da sie von diesen beauftragt sind.[171] Dennoch bekleiden sie keinen ganz niedrigen Posten, da sie immerhin namentlich erwähnt werden, was für eine gehobene Stellung spricht.[172] Der Aufgabenbereich wird nicht ausdifferenziert, doch ist anzunehmen, dass die Aufseher im gleichen Arbeitsbereich wie ihre Vorgesetzten tätig sind. Das bedeutet, dass auch die פְּקִידִים mit den Abgaben, die dem Tempel als Einnahmen von Seiten der Bevölkerung zukommen, befasst sind. Dieser Gebrauch des Titels passt zu seiner Verwendung in aramäischen Dokumenten, wo ein פקיד ebenfalls mit den Abgaben verbunden ist, dort allerdings als Überbringer der Waren eingesetzt wird.[173]

Was die Einnahmen angeht, die in den Tempel gelangen, so fällt zunächst generell auf, dass in 2Chr 31 nicht wie in 2Chr 24,5.11.14; 34,14.17 Gelder abgeführt werden, sondern die Einnahmen allesamt in Form von Naturalien erbracht werden. Hierbei unterscheidet die Chronik in 2Chr 31 fünf verschiedene Abgaben, die an den Tempel entrichtet werden: der Zehnte (מַעֲשֵׂר, V.5.6.12), der Anteil (מְנָה, V.3.4.19), die Abgabe (תְּרוּמָה, V.10.12.14), freiwillige Gaben (נְדָבוֹת, V.14) und Weihegaben (קֳדָשִׁים, V.6.12.14).

Am eindeutigsten zu bestimmen ist der Zehnte (מַעֲשֵׂר, V.5f.12). Die Chronik sieht vor, dass ein Zehntel der agrarischen Produkte (V.5) sowie des Nachwuchses der Viehherden aus Rindern und Kleinvieh (V.6) als Abgabe abgeführt wird. Diese Interpretation setzt allerdings voraus, dass die Erstlingsabgaben mit dem Zehnten konvergieren. Deutlich ist in V.6 der Zehnte auf das Vieh bezogen, wie es im Pentateuch entsprechend vorgesehen ist (vgl. Lev 27,32; Dtn 14,23; s.a. 1Sam 8,17). Da aber auch Ernteabgaben als Zehnter bekannt sind (vgl. Lev 27,30; Dtn 12,17; 14,23), sollte V.5a nicht gegen V.5b ausgespielt werden.[174] Die Chronik betrachtet den Zehnten (mit anderen biblischen und frühjüdischen Belegen) wohl als eine innerjudäische Tempelsteuer auf Ernte und Viehzucht, von der der Unterhalt des Tempelpersonals bestritten wird.[175]

---

[170] Vgl. 2Chr 24,11; 31,13; s.a. מִפְקָדִים in 2Chr 34,10.12.17.

[171] Dies spiegelt sich in der Übersetzung von S.J. DE VRIES, Chronicles 384, wider: „assistants"; s.a. H.-S. BAE, Suche 25; demgegenüber spricht S. JAPHET, 2Chronik 403, allgemeiner von „Beamten".

[172] S.a. U. RÜTERSWÖRDEN, Beamten 100: „Der פקיד ist ein Vorgesetzter; dies macht die Verwendung der Präposition על deutlich."

[173] Vgl. z.B. die Briefe aus dem späten 5.Jh., die allerdings nicht aus Elephantine stammen: TAD A6.9.1–2; A6.10.1; A6.14.2–5; A6.15.1.

[174] S.a. E. CURTIS, A. MADSEN, Books 480.

[175] Vgl. Lev 27,30–32; Num 18,21.26.28; Dtn 12,6.11.17; 14,23.28; 26,12; 2Chr 31,5f.12; Neh 10,35–40; 12,44; 13,5.12; s.a. Jub 13,25–27; 32,15; Philo SpecLeg 1,141; Congr 95. Der Zehnte stellt demnach eine Tempelsteuer auf alle agrarischen Produkte dar.

Der Anteil (מְנָה, V.3.4) scheint eine regelmäßige Abgabe darzustellen,[176] da kein bestimmter Anlass genannt wird, sondern generell auf eine permanent geltende Gesetzesbestimmung (V.4: בְּתוֹרַת יְהוָה) verwiesen ist. Allerdings ist ein direktes Pendant im Pentateuch nicht zu finden.[177] Offen bleibt in der Chronik auch, nach welcher Bemessungsgrundlage der Anteil entrichtet wird und in welcher Höhe er zu erbringen ist. Wichtig scheint hier nur der Zweck zu sein: Während der Anteil des Königs nach V.3 für verschiedene Brandopfer bestimmt ist – ein Ausdruck, der wohl *pars pro toto* für den gesamten Kultbetrieb steht –,[178] dient die Abgabe der übrigen Bevölkerung nach V.4 dem Unterhalt des Tempelpersonals. Daran schließt der Gebrauch in V.19 an, wo מְנָה (jetzt im Pl.) den vom Tempelpersonal erhaltenen Anteil bezeichnet.[179] Dabei setzt die Chronik voraus, dass Priester und Leviten keine eigenen Einkünfte (z.B. aus einem anderen Beruf) besitzen, sondern auf die materielle Unterstützung aus der Bevölkerung angewiesen sind. Diese Bedeutung von מְנָה liegt auch der Kritik in Neh 13,10 zugrunde, wo das Ausbleiben der Anteile für die Leviten beklagt wird.[180]

Der Begriff תְּרוּמָה schließt an מְנָה an. Sobald die Abgabe im Heiligtum angekommen ist, wird sie als תְּרוּמָה bezeichnet (V.10.12.14). Entsprechend ihrem Aufbewahrungsort gilt die Abgabe jetzt als heilige Gabe; zwar wird sie für den Tempelbedarf verwendet, doch dominiert die theologische Bewertung als Gabe für Jahwe.[181] Nach Num 18,11 steht die תְּרוּמָה ausschließlich den Leviten zu, nach Lev 7,14.34; Num 6,20 ausschließlich den Priestern, gemäß Neh 12,44 allerdings den Priestern und den Leviten, wie es auch in 2Chr 31,10 vorausgesetzt ist. Aus welchen Produkten die Abgabe zusammengesetzt ist, wird in der Chronik nicht erwähnt. Da eine Abgabe generell alle Arten von Produkten umfassen kann,[182] ist grundsätzlich für jeden Kontext gesondert

---

[176] Vgl. S. JAPHET, 2Chronik 405.

[177] Nach S.L. MCKENZIE, Chronicles 346f, nimmt die Chronik Dtn 4,22–29 und Mal 3,8–10 auf. E. CURTIS, A. MADSEN, Books 478, denken demgegenüber an die Festopfer aus Num 28–29. Ein Signal im Text gibt es für die Vorschläge jedoch nicht.

[178] In dieser Verwendung begegnet das Brandopfer auch in 2Chr 13,10f; 23,18; 24,14; 29,27f.31; 35,12.16.

[179] So versteht den Begriff auch HAH[18] 696: Verpflegung mit einer Speiseportion. Etwas anders HAL 567: während 2Chr 31,3f nicht erwähnt wird, wird als Bedeutung für V.19 „Delikatesse eines Festtages" angegeben. Dies scheint mir ein wenig zu speziell zu sein, da doch wohl eher an eine Art Grundversorgung gedacht ist.

[180] Vgl. Neh 8,10.12: Anteile für die Priester.

[181] Vgl. die zahlreichen Belege im AT, in denen תְּרוּמָה mit Heiligkeitsaussagen verbunden ist; z.B. Ex 36,6; Lev 22,12; Num 18,19; 2Chr 31,14; Esr 8,25; Ez 45,6f.

[182] Dazu gehören nach HAL 1645: Stücke von jedweder Gabenart (vgl. Lev 7,14), Teile des Tieropfers, bes. die sog. Erhebungskeule (vgl. Ex 29,27f; Lev 7,34; 10,14f; Num 6,20), diverse Landesprodukte (vgl. Num 15,19–21; Neh 10,38f.40) sowie die Ausstattung des Heiligtums (Ex 25,3–7; 35,5–9; Num 31,52).

zu klären, welche Gaben konkret gemeint sind. In 2Chr 31 wird man wohl an die in V.5f genannten agrarischen und tierischen Produkte denken müssen.[183]

Nach Ex 35,4–9.21–24 ist die תְּרוּמָה als eine „freiwillige Gabe" vorzustellen; tatsächlich ist dies aber als Ausdruck für eine erhobene Abgabe anzusehen, wie es in der antiken Literatur durchaus geläufig ist.[184] Möglicherweise knüpft die Chronik implizit daran an, wenn gesagt wird, dass die Israeliten die Gaben „vermehrten" (V.5) und sie „haufenweise gaben" (V.6). V.14 nimmt dies auf, indem neben die תְּרוּמָה weitere „freiwillige Gaben" (נְדָבוֹת) treten. נְדָבָה bezeichnet eine Gabe, die ‚spontan erbracht' wird.[185] Der Spontaneität geht in 2Chr 31 allerdings eine königliche Anordnung voraus, die in der Sinnwelt der Chronik in den Lobpreis des Überflusses (ברך, V.8) einmündet.

Schließlich werden noch Weihegaben (קֳדָשִׁים, V.6.12.14) erwähnt, die in der Chronik des Öfteren auftauchen.[186] Eine neue Abgabenform ist damit jedoch nicht bezeichnet. Vielmehr qualifiziert der Bestimmungsort die Gaben. So wie der Tempel durch Heiligkeit ausgezeichnet ist, partizipiert alles, was mit ihm in Berührung kommt, an seiner Heiligkeit. Dies gilt für die Sinngebung der Chronik nicht nur für das Tempelpersonal, besonders für die Leviten, sondern auch für die Ausstattung des Tempels mit „heiligen Geräten" und „heiligen Gaben". Präzise bestimmen lassen sich die Weihegaben genau so wenig wie die übrigen Abgaben.[187] Auszuschließen ist nicht, dass die Weihegaben auch Votivgaben implizieren. Nahezuliegen scheint mir dies allerdings nicht, da alle in den Tempel eingehenden Gaben dem Unterhalt des Tempels und vor allem des Tempelpersonals dienen, was bei Votivgaben nicht zutrifft. Entgegen der Bestimmung in Num 18,8f sind die Weihegaben nicht nur für die Priester bestimmt, sondern für alle Mitglieder des Tempelpersonals, an die diese Gaben nach einem bestimmten Schlüssel distribuiert werden (vgl. V.15–18).

---

183   Anders nehmen E. CURTIS, A. MADSEN, Books 482, Priesteranteile der Sünd- und Schuldopfer an.

184   Gemeint sind damit in der Realität so genannte freiwillige, d.h. freie oder zweckfreie, Abgaben (in der klassischen Gräzität als δῶρα bzw. δορά bezeichnet; Belege s.u.), deren Höhe immer wieder neu festgesetzt wurde und die nur bei bestimmten Gelegenheiten anfielen; in der antiken Literatur werden sie oftmals auch als „Geschenke" bezeichnet, vgl. z.B. bei Herodot: Hdt. Hist. 3,13,3; 3,84,1; 3,89,3; 3,91,1; 3,97,2.4–5 (δῶρα); ähnlich Arr. an. 3,16,3; 4,15,2; Plut. Artaxerxes 4,5; Xen. an. 1,9,14; 1,9,22; s.a. Curt. 5,1,21; 5,2,9–10; 5,3,18–20 (dona).

185   So mit HAL 634 (Belege dort). In der Chronik begegnet der Begriff ein zweites Mal in 2Chr 35,8.

186   Vgl. 1Chr 26,20.26; 28,12; 2Chr 5,1; 15,18; 24,7; 29,33; 35,13.

187   Die Annahme von S. JAPHET, 2Chronik 411, dass Pentateuchbestimmungen zum Banngut aus Lev 27,14–25; Num 18,14 sowie zu Gelübden aus Lev 27,2–13 und zu Geheiligtem aus Lev 27,14–25 aufgenommen seien, scheint mir nicht naheliegen, da entsprechende Passagen nicht anklingen.

Die Einführung der an den Tempel entrichteten Abgaben hat in der historiographischen Präsentation der Geschichtserzählung einen Anlass, nämlich die Wiedereinrichtung des Tempelbetriebes; dennoch gilt diese Regelung auf unbestimmte Zeit, da das Gesetz unentwegt ausgeführt werden soll (V.4). Der vergangenheitlichen Episode eignet somit ein Appell für die Zukunft; dieser ist in der Gegenwart der Chronik schon realisiert. Präzise Angaben finden sich allerdings nicht, so dass die administrativen Funktionen und Abgabengrößen nur vage zu greifen sind. Am ehesten zu fassen ist die Position eines פָּקִיד; doch aufgrund seiner vielfältigen Bezugsmöglichkeiten ist auch er undeutlich. Dass der Zehnte eine innerjudäische Tempelsteuer auf Ernte und Viehzucht bezeichnet, ist relativ evident. Die weiteren Abgabenarten schließen zwar daran an, doch lassen sich diese nicht mit außer-biblischen Termini von Abgaben überein bringen. Die Episode in 2Chr 31 ist damit nur vordergründig konkret; ihre Präsentation in der Geschichtsdeutung verfolgt vielmehr ein theologisches oder ideologisches[188] Interesse, insofern die Unterstützung des Tempels und seiner Ausstattung durch alle Einwohner der Region in scheinbarer Detailtreue erzählt wird.

Im Rahmen der administrativen Regelungen des tempeleigenen Steueraufkommens nehmen die Leviten in der Wirklichkeitskonstruktion der Chronik einen entscheidenden Platz ein. Die Leviten treten in verschiedenen Positionen als Vorsteher über das Tempelvermögen auf. Sie sind hohe Verwaltungsbeamte am Tempel, wobei ihnen gemäß 2Chr 31 die materiellen Güter des Tempels unterstellt werden. Dass ihr Wirkungsbereich ihnen durch die Autorisation des Königs und des Hohenpriesters zugewiesen wird (V.13), ist nur kurz konstatiert. In dieser Notiz ist lediglich eine hierarchische Absicherung zu sehen, aus der in der weiteren Beschreibung der Tätigkeiten keine Folgen für deren praktische Durchführung entstehen. Den entscheidenden Handlungsspielraum haben die Leviten inne. In ihren Händen liegt die Ausführung der Verwaltung, sie haben die Kontrolle über Einnahmen und Ausgänge. 2Chr 31 komplettiert die levitischen Funktionen über das Tempelvermögen, wie sie in 2Chr 24; 34 zu finden sind,[189] durch eine Zuordnung des tempeleigenen Bestandes an Naturalien zu der Gruppe. Damit legt die Wirklichkeitskonstruktion der Chronik das gesamte Steueraufkommen in die Hände der Leviten, die durch die von ihnen getroffenen Entscheidungen indirekte Herrschaft ausüben. Hatten die Leviten als Lagerverwalter bereits Zugang zu den Kammern des Tempels (לִשָׁכוֹת: 1Chr 9,26.33; 23,28; 2Chr 31,11),[190] so werden in der Konstruktion der Chronik und in der Profilierung der von ihr bevorzugten Gruppe aus

---

[188] Zum Ideologiebegriff dieser Untersuchung vgl. die Definition in Abschnitt 1.2.4 Anm. 78.

[189] Zu 2Chr 24 s. Abschnitt 5.6; zu 2Chr 34 s. Abschnitt 5.8.

[190] Vgl Abschnitt 2.2.

diesem Dienst engere Verbindungen zur Administration und zu den Finanzen entwickelt. Die Chronik gestaltet levitische Funktionsämter (Vorsteher / נָגִיד, Stellvertreter / מִשְׁנֶה, Aufseher / פְּקִידִים) und setzt namentlich erwähnte Personen in die Stellungen ein.

5.8 Die Leviten als Schreiber und Beamte in der Finanzverwaltung des Tempels – 2Chr 34,8–21

In dem Bericht über Renovierungsarbeiten am Jerusalemer Tempel zur Zeit Josias in 2Chr 34,8–13 werden verschiedene Funktionen von Leviten erwähnt. Sie treten als Musiker (V.12) und Torhüter (V.9) auf, sie sind Schreiber (V.13), Beamte (V.13), Aufseher (V.13) und schließlich auch mit der Finanzverwaltung (V.9) befasst. Die Episode rezipiert Aspekte aus dem Levitenporträt anderer Geschichten und bindet noch einmal die favorisierte Gruppe in zentrale Funktionen ein.

2Chr 34,8–21: (8) Im 18. Jahr seiner Königsherrschaft sandte er (sc. Josia) Schafan, den Sohn Azaljahus, und Maasejahu, den Vorsteher der Stadt[191], und Joach, den Sohn des Joachas, den Beamten[192], aus, *um das Land und das Haus zu reinigen*, um das Haus Jahwes, seines Gottes, auszubessern. (9) Und sie kamen zu Chilkijahu, dem Hohenpriester, und gaben ihm das Geld[193], das in das Haus Gottes gelangt war, welches *die Leviten, die Hüter der Türschwelle, aus der Hand Manasses, Ephraims und vom ganzen Rest Israels, von ganz Juda und Benjamin* eingesammelt hatten, *und kehrten[194] nach Jerusalem zurück.* (10) Und sie gaben es in die Hand der Arbeiter[195], die im Haus Jahwes Aufsicht führten, und diese gaben es den Arbeitern, die im Haus Jahwes tätig waren, um das Haus in Stand zu setzen und

---

[191] Vgl. KBL 929; שַׂר־הָעִיר ist also ein leitender Beamter in der lokalen Administration. HAL 1259 bestimmt den Posten als einen militärischen Grad und gibt als Übersetzung „Stadtkommandant" an; militärisch interpretiert auch D. EDELMAN, Origins 221, den Titel. Ein militärischer Sinn liegt aber in 2Chr 34 nicht vor.
[192] Weder KBL 509.257 noch HAH[18] 653.301 geben eine Übersetzung für מַזְכִּיר < זכר hi. an. KBL 257 beschränkt sich auf die Auskunft, dass es ein Titel eines hohen Hofbeamten sei, während HAH[18] 301 auf einen Beamtentitel mit ungewisser Bedeutung verweist. U. RÜTERSWÖRDEN, Beamten 89, spricht generell von einem „Staatsbeamten". HAL 536 gibt als Bedeutung „Sekretär" an und meint damit einen ‚Titel eines hohen Hofbeamten'.
[193] Silber im Sinn von Silberstücken als Zahlungsmittel, vgl. HAH[18] 563; HAL 467: „Geld".
[194] Die im Apparat der BHS vorgeschlagene Punktation, die einer Übersetzung „und der Einwohner (Jerusalems)" entspräche, passt besser zum defektiv geschriebenen Konsonantenbestand. Beide Varianten ergeben eine sinnvolle Textaussage. Während die ‚Einwohner' die zuvor genannten Bevölkerungsgruppen um die Bewohner der Hauptstadt ergänzen, schließt die Verbform ‚zurückkehren' die Handlung ab, die mit dem Einsammeln der Gelder durch (umherziehende) Leviten begonnen hat (V.9aβ).
[195] Mit einigen Mss ist der Plural zu lesen, wie es dem davon abhängigen הַמֻּפְקָדִים entspricht.

auszubessern. (11) Sie gaben (es) den Holzarbeitern und den Steinarbeitern, um behauene Steine und Holzstücke für Bindeteile und für Balken (für) die Häuser zu kaufen, die die Könige von Juda hatten verfallen lassen. (12) Und die Männer verrichteten die Arbeit zuverlässig[196]. Und über ihnen waren die Aufseher[197] Jachat und Obadjahu, die Leviten von den Meraritern, sowie Secharjah und Meschullam von den Kehatitern, um (sie) anzuleiten[198]. Die Leviten waren aber alle kundig in den Musikinstrumenten. (13) Sie (waren) über den Lastenträgern und sie waren Aufseher über alle Arbeiter[199] hinsichtlich jedweder Arbeit.[200] *Und von den Leviten (waren)* Schreiber und Beamte[201] und *Torhüter.*

(14) Während sie das Geld, das in das Haus Jahwes gebracht worden war, hinaustrugen, fand Chilkijahu, der Priester, das Buch der Tora Jahwes durch die Hand Moses. (15) Da antwortete Chilkijahu und sagte zu Schafan, dem Schreiber: Das Buch der Tora habe ich im Haus Jahwes gefunden. Und Chilkijahu gab das Buch dem Schafan. (16) Und Schafan brachte das Buch zu dem König und berichtete dem König weiterhin folgendermaßen: Alles, was durch die Hand deiner Knechte gegeben wurde, taten sie. (17) Und sie schütteten das Geld, das in das Haus Jahwes gelangt war, hinein und gaben es in die Hand der Aufseher und in die Hand der Arbeiter. (18) Da verkündete der Schreiber Schafan dem König folgendes: Ein Buch hat mir Chilkijahu, der Priester, gegeben. Dann hat Schafan es vor dem König gelesen. (19) Und es geschah, als der König die Worte der Tora hörte, zerriss er seine Kleidung. (20) Und der König befahl Chilkijahu und Achikam, dem Sohn Schafans, und Abdon, dem Sohn Michas, und Schafan, dem Schreiber, und Asajah, dem Diener des Königs, Folgendes: (21) Geht und sucht den Herrn für mich und für die Übriggelassenen in Israel und in Juda wegen der Worte des gefundenen Buches; denn groß ist der Zorn Jahwes, der sich über uns ergossen hat, weil unsere Väter nicht auf das Wort Jahwes gehört haben, es zu tun, gemäß allem, was in diesem Buch geschrieben steht.

Die Chronik bietet einen Bericht, der den Hauptlinien der Reform unter Josia aus 2Kön 22,3–23,3 folgt; dennoch sind zahlreiche charakteristische Modifikationen und Einfügungen auszumachen.[202] Da die Chronik neue Personen und Handlungsabsichten – vor allem in V.8–13 – einführt, gibt sie dem dtn/dtr Bericht einen neuen Charakter. Ein wesentlicher Punkt dieser Neuausrichtung liegt in der multiplen Einsetzung von Leviten, die im dtn/dtr Bericht nirgends auftreten. Auch ist Schafan dort nicht namentlich erwähnt.[203]

---

[196] So mit HAH[18] 60 („„zuverlässig, gewissenhaft"); demgegenüber beschränkt HAL 72 die Bedeutung auf ‚gewissenhaft'.

[197] Aufseher (פְּקִידִים) ist in der Chronik nur für Tempelbedienstete gebraucht; vgl. 2Chr 24,11; 31,13; diesem Gebrauch entspricht מֻפְקָדִים in 2Chr 34,10.12.17.

[198] Zu dem Begriff לְנַצֵּחַ vgl. oben 1Chr 15,21; 23,4; KBL 629; HAL 676.

[199] Zum Plural vgl. V.10.

[200] Die Wendung לַעֲבוֹדָה וַעֲבוֹדָה drückt eine Verstärkung aus.

[201] Anders als in V.8 steht hier der Begriff שֹׁטְרִים.

[202] Eine Übersicht bietet E.M. DÖRRFUSS, Mose 249–252.

[203] Zu den Divergenzen vgl. S.J. DE VRIES, Chronicles 406f; L.C. JONKER, Reflections 26–33. S.S. TUELL, Chronicles 236, vermutet hinter den Aussagen zu

Der Bericht über die Aufsicht der Renovierungsarbeiten am Jerusalemer Tempel durch einzelne Leviten in Funktionen von Aufsehern (V.12f.17) und Torhütern (V.9.13) wird unterbrochen durch eine kurze Aufzählung von Schreibern und Beamten, die unvermittelt neben den Torhütern genannt werden (V.13bα). Diese vereinzelte Notiz steht ohne Verbindung im Zusammenhang und sprengt den Baubericht auf. Die Notiz, dass Leviten Schreiber und Beamte sind, ist daher als Ergänzung zum Kontext der Sänger / Musiker (V.12b) und Torhüter (V.13a.bβ) zu betrachten. Doch bereits die Erwähnung von ausgewiesenen Musikern in V.12b kommt unvermittelt und steht unverbunden im Text, da in dem Baubericht sonst keine Musiker auftauchen und diese auch in V.12 keine Funktion wahrnehmen. Die Notiz entspricht 1Chr 25,7 und liegt mit der Erwähnung dort auf einer Ebene.[204] Die im Anschluss in V.13 erwähnten Aufseher haben keine musikalischen Dienste, sondern überwachen den Fortgang der Bauarbeiten.[205] Möglicherweise hat das in V.12aβ vorhergehende Stichwort לְנַצֵּחַ, das zwar Leitungsfunktionen bezeichnet,[206] doch vorzugsweise in musikalischen Kontexten wie etwa programmatisch in Psalmenüberschriften, aber auch in 1Chr 15,21 begegnet, eine Anspielung an musikalische Dienste provoziert, so dass in V.12b diese Funktionen ergänzt worden sind.

Auch überrascht der Hinweis auf Torhüter in V.13b, der eine Doppelung zu V.9 darstellt und die Gruppe mit einer abweichenden Berufsbezeichnung (V.9: שֹׁמְרֵי הַסַּף gegenüber שׁוֹעֲרִים in V.13b) erneut einführt; treten sie in V.9 als Schwellenhüter auf, die Gelder für die Bauarbeiten entgegen nehmen, so haben sie in V.13 keine eigenständige Funktion. Die Gruppe erfährt eine Umakzentuierung, insofern die Torhüter sekundär mit den Leviten assoziiert werden. Diese Veränderung stellt die erste Erweiterung der Episode in 2Chr 34 dar. Möglicherweise ist in diesem Stadium der Textentstehung auch das Stichwort ‚Leviten' in V.9 hinzugefügt worden. Da die Merariter und Kehatiter erst im Zusammenhang der Aufseher in V.12 erscheinen und zuvor noch keine Leviten erwähnt werden, stammt das Stichwort הַלְוִיִּם in V.9 vermutlich von der Ergänzung, die in V.13b die Torhüter als Leviten eingefügt und gleichzeitig die in V.9 erwähnten Torhüter zu Leviten gemacht hat.

Über diese Stufe geht die Notiz von Schreibern und Beamten in V.13bα noch hinaus. Sie setzt gegenüber der Erwähnung von Sängern / Musikern und Torhütern einen anderen Akzent. Waren in der chr

---

Schafan eine von der Chronik benutze Quelle. Zur Struktur der Erzählung in der Chronik s.a. JONKER, a.a.O. 16–25.

[204] S.J. DE VRIES, Chronicles 407f, nimmt an, dass die Aussage von dort her in 2Chr 34 gelangt ist. Auch S.L. MCKENZIE, Chronicles 361, sieht in V.12b einen Nachtrag.

[205] Daher ist es problematisch, wenn R.B. DILLARD, 2Chronicles 280, die Leviten in 2Chr 34 ausschließlich als Musiker versteht.

[206] Vgl. KBL 629; HAL 676; s. aber 1Chr 23,4.

Episode bereits Personen in den Funktionen von Schreibern und Beamten vorhanden, so knüpft die Ergänzung daran an. Als Schreiber war Schafan bekannt (V.15–19), dessen genealogische Zugehörigkeit allerdings unerwähnt bleibt; als Beamte sind in V.8 der Vorsteher der Stadt (שַׂר־הָעִיר) und vor allem der מַזְכִּיר genannt.[207] Von שֹׁטְרִים war allerdings nicht die Rede. Ferner konnte an implizite, doch nicht eigens aufgeführte Vorgänge angeknüpft werden, da die Aufseher (פְּקִידִים, V.10.12.17) den Fortgang der Bauarbeiten kontrollieren und für die Beschaffung und Verteilung der Materialien und damit für die Verwaltung der finanziellen Mittel Verantwortung tragen. In einer späteren Redaktionsstufe werden Leviten in verwandte administrative Funktionen eingeführt. Hinsichtlich der konkreten Ämter wird durch die Ergänzung der שֹׁטְרִים eine Leerstelle gefüllt. Neben die Beamten treten die Schreiber, deren Dienste in funktionaler Verbindung zu den Beamten stehen.[208] Damit entsteht ein für die Chronik charakteristisches Begriffspaar: סוֹפְרִים וְשֹׁטְרִים. Der für die Episode wichtige Funktionsbereich der Finanzverwaltung und der „Buchführung" wird damit in die Hand von Leviten gelegt. Die Ergänzung in V.13bα[209] interpretiert dann auch indirekt die genealogische Abstammung Schafans. Zwar wird er nicht als Levit bezeichnet, doch wird er durch die im Kontext später formulierte generalisierende Interpretation von Schreibern als Leviten an levitische Kreise angenähert.

Beide Ergänzungen in V.12f stehen an entscheidender Position im Text, indem sie dem Bericht über die Einführung des Gesetzbuches in V.14ff vorausgehen. Damit sind die Erweiterungen an einer Umbruchstelle im Textverlauf eingefügt, da V.12f einen Schlussstrich unter die vorher im Baubericht erwähnten Gruppen setzt und zu dem folgenden Fundbericht mit den dort agierenden Personen überleitet. Die primären levitischen Aufgaben werden zunächst durch die Funktionen der Sänger / Musiker und Torhüter ergänzt und schließlich durch die Bezeichnungen Schreiber und Beamte neu interpretiert.

Leviten tauchen ein weiteres Mal in 2Chr 34,30 auf; das Stichwort Leviten ersetzt hier die Erwähnung von Propheten, wie sie DtrG angeführt waren. Ob die Erwähnung der Leviten zum ursprünglichen Bestand der Chronik gehört, ist mindestens zweifelhaft, da – wie oben ge-

---

[207] U. RÜTERSWÖRDEN, Beamte 91, denkt an „einen Annalisten, Herold oder Bundesstaatsanwalt", doch letztlich sind aufgrund seiner Uneindeutigkeit und Disparatheit „Wesen und Funktionsbereich dieses Amtes nicht zu erfassen.".

[208] Interessant ist der Vorschlag von M.E. STONE, Figures 578, der den weisen Schreiber bei Sir so charakterisiert, dass er dem Bild der Leviten in der Chronik nahekommt: „He has a fixed, prominent role in society and not merely intellectual and technical qualifications but also religious and ethical ones". Der Priester erhält demgegenüber nur eingeschränkte Funktionen im Kultus (a.a.O. 581). S.a. J. BLENKINSOPP, Sage 15–20.

[209] Als Erweiterung verstehen sie auch S. JAPHET, Chronicles 1028; C. SCHAMS, Scribes 68f.

zeigt – die Leviten in der Chronik nicht von Anfang an mit prophetischen Aufgaben verbunden sind. Daher ist auch in V.30 mit einer Erweiterung zu rechnen, in der levitische Positionen neu definiert werden. Als Positionen der Leviten werden zunächst Aufseher (פְּקִידִים, V.10. 12.17) und schließlich Schreiber (סוֹפְרִים, V.13) und Beamte (שֹׁטְרִים, V.13) in 2Chr 34 genannt. Diese drei Funktionen sind bereits aus anderen Texten der Chronik bekannt. Da sie nach 2Chr 34 am Tempel vollzogen werden, ist dieser als der Dienstort des aus Aufsehern, Schreibern und Beamten bestehenden levitischen Tempelpersonals zu identifizieren.

Die Funktion der Aufseher (פְּקִידִים) ist aus dem Handlungsgeschehen zu erschließen. Sie verwalten die vom Tempel eingenommenen finanziellen Mittel, verzeichnen die Einnahmen und kontrollieren die Ausgaben, indem sie die Gelder bestimmten Renovierungsarbeiten am Tempel zuweisen. Den Aufsehern unterstehen Arbeiter, denen wiederum andere Arbeiter als ausführende Organe zugeordnet sind (V.10–12).

Weniger konkret sind die Funktionen der Schreiber und Beamten zu bestimmen (V.13), da sie durch den Kontext nicht genau festgelegt sind. Für die Schreiber sind zwei Vorschläge gemacht worden. Einerseits wurde die Leerstelle so gefüllt, dass man Leviten als Schreiber den Fortgang der Bauarbeiten dokumentieren und in den Archiven des Tempels aufbewahren sah.[210] Da diese spezielle Zuordnung im Text aber nicht explizit ist, ist eine enge Interpretation der Schreibvorgänge eher zweifelhaft. Andererseits wurde vermutet, dass die Funktion der Leviten in 2Chr 34 zwischen denen von ‚Schriftgelehrten‘ und ‚Registratoren‘ schwanke.[211] Beide Angaben können aber nicht an Textsignale anknüpfen. Da die Schreiber, neben den Beamten genannt sind, beide Gruppen nicht konkret eingebunden werden, doch vergleichbare Verwaltungsfunktionen ausüben,[212] scheint es mir naheliegender, nach Textsignalen in diesem Themenbereich zu schauen.

Sucht man nach Verbindungsstücken zur Administration, wäre eher an die Finanzverwaltung des Tempels zu denken, die durch die Hinweise auf die durch die Leviten eingetriebenen Silbermünzen im Blick ist (V.9ff). Allerdings ist das Verwaltungspersonal weder als סוֹפְרִים noch als שֹׁטְרִים, sondern als פְּקִידִים bezeichnet. Dennoch müssen divergierende Titel nicht auf funktional andere Bereiche hinweisen. Weiter kommt man m.E., wenn man die drei levitischen Gruppen des Verwaltungspersonals in Beziehung zueinander setzt. Da die Aufseher in der Chronik zwar eine gehobene Position innerhalb der Tempelbedienste-

---

[210] Vgl. C. SCHAMS, Scribes 68; P.R. DAVIES, Scribes 17–19.132f; s.a. T. WILLI, Leviten 88.
[211] So H. SEEBASS, Leviten 36.
[212] Verwiesen sei nur auf die in KBL 964; HAL 1368; DNWSI 1123f vorgeschlagene Übersetzung für שטר / šṭr mit dem semantischen Wortfeld „schreiben".

ten innehaben, wie es aus 2Chr 31,13 hervorgeht und auch durch die den Aufsehern unterstellten Arbeiter in 2Chr 34,10–12 angezeigt ist, sie aber wiederum Vorgesetzte über sich haben, wie es in 2Chr 24,11 zu finden ist,[213] legt es sich nahe, nach einer solchen höherstehenden Gruppe in 2Chr 34 zu suchen. Diese ist m.E. mit den שֹׁטְרִים zu identifizieren, die als administratives Führungspersonal in der Chronik gelten (vgl. 1Chr 23,4).[214] Das bedeutet, dass in 2Chr 34 die Beamten den Aufsehern übergeordnet sind und ihrerseits eine (wenigstens nominelle) Verantwortung für die Finanzen tragen. Doch wird dies nicht ausgeführt, wie überhaupt nicht spezifiziert wird, welche Art der Tempelverwaltung die Beamten ausüben. Dies teilt die Notiz mit der ebenso allgemeinen Anführung der parallel genannten Schreiber. Aufgrund der unspezifischen parallelen Angabe beider Gruppen scheint mir in 2Chr 34,13 die Annahme naheliegend, dass beide Gruppen ähnliche Funktionen wahrnehmen, so dass eine scharfe Trennung zwischen ihren Diensten hier nicht vorgenommen werden kann.

Die Verwaltung des Tempels ist wesentlich als Finanzverwaltung bestimmt. In 2Chr 34,9.14.17 ist explizit von Geld (כֶּסֶף) die Rede, das vom Tempel eingenommen und für seine Renovierung verwendet wird. Das „Silber" dient als Zahlungsmittel; zu denken ist an Silberstücke als lokale Währung.[215] Die Höhe der Einnahmen wird nicht erwähnt; weder ist eine Gesamtmenge angegeben noch ist expliziert, welche Bevölkerungsgruppe im Einzelnen einen Anteil an dem finanziellen Beitrag hat. Stellt die Chronik sich vor, dass nur wohlhabende Judäer einen Beitrag leisten, oder soll die gesamte Bevölkerung einen Anteil aufbringen? Da keine sozialen Gruppen ausgenommen werden, scheint es so, dass der Chronik eine Art Sonderabgabe für den Tempel vorschwebt, die von allen Einwohnern erhoben wird. Allerdings sind die Gelder nicht als Steuer gekennzeichnet, so dass von daher auch an Zuwendungen an den Tempel in unterschiedlicher Höhe in Abhängigkeit von den persönlichen Vermögensverhältnissen einer Familie zu denken ist. Auch ist nicht klar, ob es sich um eine einmalige Zahlung oder um eine wiederkehrende Abgabe handeln soll.[216]

Dass nicht nur an die Jerusalemer Bevölkerung gedacht ist, geht aus der national angelegten Kollektenaktion in V.8 hervor. Demgegenüber ist jedoch in V.9 von Geldern die Rede, die die Torhüter entgegen nehmen. Zu denken ist hierbei wohl an Abgaben, die beim Betreten des Heiligtums von Jerusalemern oder Pilgern entrichtet werden.

---

[213] Zu den Positionen vgl. die Abschnitte 5.6 und 5.7.
[214] S.o. Abschnitt 5.1.
[215] Zum Silber als lokaler Währung s.o. Anm. 120; zu Sprachlichem s.o. Anm. 95.
[216] Für eine regelmäßige, von allen Einwohnern an den Tempel abzuführende Abgabe denkt W. RUDOLPH, Chronikbücher 275, der dahinter eine Kopfsteuer vermutet und diese als Praxis der Zeit der Chronik annimmt, so dass die „Leviten allein ... Kultabgaben einzusammeln hatten." S.a. L.L. GRABBE, Religion 137f. – Inwiefern es eine Kopfsteuer gab, ist aber diskutabel, s.o. Abschnitt 5.6 Anm. 115.

Die Erhebung von Einnahmen für den Tempel erinnert an einen Bericht der Chronik über eine ähnliche Maßnahme unter Joasch, wo ebenso finanzielle Mittel von der Bevölkerung zur Renovierung des Heiligtums in Jerusalem aufgebracht werden (vgl. besonders 2Chr 24,5. 11.14).[217] Trotz der im Detail unterschiedlichen baulichen Instandsetzungsarbeiten[218] haben beide Berichte von den Maßnahmen manche Parallele im Handlungsverlauf und in den daran beteiligten Personen. In beiden Fällen treten Leviten in der Tempelverwaltung auf, wo sie organisatorische und finanzielle Verantwortung tragen.

Die Wirklichkeitskonstruktion der Chronik schreibt den Leviten Funktionen in der Tempelverwaltung zu und bindet sie in finanzielle Transaktionen ein. Die Leviten sind als hohe Instanz für Beschaffung, Kontrolle der Einnahmen und Ausgabe des Tempelkapitals verantwortlich. Von der Zuteilung der Ausgaben durch die Leviten hängen die baulich möglichen Umgestaltungen des Tempels ab. Für die Sinngebung der Chronik ist daher wichtig, dass die Leviten in unterschiedlichen Positionen und Funktionen Verantwortung tragen. Von ihrem Umgang mit den finanziellen und administrativen Möglichkeiten hängt die Qualität der Durchführung ab. Dass sie hierbei an Herrschaftsfunktionen partizipieren, wird nicht explizit gesagt. Doch werden ihnen als diejenigen, in deren Händen die Kontrolle der Finanzen liegt, Einflussmöglichkeiten zugeschrieben. Indem sie über Zuteilung der Gelder bestimmen, üben sie indirekte Herrschaft aus. Die Wirklichkeitskonstruktion setzt hiermit erneut die von ihr favorisierte Gruppe in Entscheidungsfunktionen und Herrschaftsausübung ein.

5.9 Leviten in der Administration

Gegenüber anderen atl. Entwürfen ist in der Chronik einzigartig, dass Leviten in der Administration tätig sind. Dabei nehmen sie verschiedene Positionen ein, sind in unterschiedliche hierarchische Stufen der Verwaltung eingebettet und an verschiedenen Orten tätig. Die den Leviten zugeschriebenen Verwaltungsaufgaben ergeben in ihrer Gesamtheit ein vielschichtiges Bild administrativer Leistungen bzw. Zuständigkeitsbereiche.

Das Bild der Leviten in der Administration ist weniger einheitlich als andere Funktionen, in denen die Chronik sie einsetzt. Während die Entwicklung anderer Aufgaben der Leviten im Wesentlichen auf eine Schicht begrenzt ist, fällt bei den administrativen Diensten auf, dass in mehreren redaktionsgeschichtlichen Entsehungsstufen diesbezügliche

---

[217] S.o. Abschnitt 5.6.
[218] Trotz verwandter Semantik (חזק, 34,8.10; 24,5.12; ברק, 34,10) ist der Punkt etwas anders: in 2Chr 34 werden lediglich marode Stellen ausgebessert, während in 2Chr 24 eine komplette Renovierung (חדש, 24,4) des Tempels im Blick ist.

Neuakzentuierungen vorgenommen werden. Es ist nicht möglich, eine einzige Schicht in der Chronik zu ermitteln, in der Leviten in Verwaltungspositionen auftreten. Vielmehr sind administrative Eintragungen von der ersten Fortschreibung bis zur letzten Redaktionsschicht auszumachen. Die fehlende redaktionsgeschichtliche Einheitlichkeit zeigt an, dass der Chronik schon zu einem recht frühen Stadium die Einbeziehung der Leviten in die Administration wichtig war. Spätere Ergänzungen bauen das Porträt aus, spezifizieren es oder fügen weitere Aspekte oder Funktionen hinzu. Leviten als Schreiber und Beamte sind für die Chronik ein wichtiges Thema, das sie in unterschiedlichen Entwicklungsphasen einbringt und ihr Wachstum stets begleitet. Eine positionsbezogene oder aufgabenspezifische Differenzierung in verschiedene Schichten gelingt hierbei nicht. Vielmehr scheint es sich um einen kontinuierlichen Prozess zu handeln, der Leviten nach und nach immer stärker in administrative Vorgänge einbindet.

Die neuen Funktionen der Leviten knüpfen an (diachron schon früh) in der Chronik bekannte Vorgänge an und bauen diese aus. Haben die Tempelbediensteten auf der unteren Ebene der Tempelhierarchie die Tempelkammern in verschiedener Hinsicht zu versorgen,[219] so sind mit diesen Diensten Verwaltungsvorgänge gewissermaßen vorgeprägt. Die Chronik entwickelt daraus Verwaltungsstrukturen, die nicht nur im Tempel, sondern auch in profanen Behörden angesiedelt sind und verschiedene Vorgänge in der administrativen Erfassung der Bevölkerung, in Ökonomie und Finanzverwaltung betreffen.

Mit den den Leviten zugeschriebenen Funktionen erzeugt die Chronik ein vielschichtiges Porträt. Insgesamt werden den Leviten folgende Verwaltungsämter angetragen: Schreiber (סוֹפְרִים, 1Chr 24,6; 2Chr 34,13), Beamte (שֹׁטְרִים, 1Chr 23,4; 26,29; 27,1; 2Chr 19,11), Aufseher (פְּקִידִים, 1Chr 26,29.32; 2Chr 31,13; 34,10.12f.17; vgl. 2Chr 24,11), Vorsteher (נָגִיד, 2Chr 31,12), Stellvertreter (מִשְׁנֶה, 2Chr 31,12), Obere (שָׂרִים, 1Chr 27,31), Zuständige über einen Bereich (עַל, 1Chr 27,25ff) und Richter (שֹׁפְטִים, 1Chr 23,4; 26,29; 2Chr 19,8; 34,13); ferner haben die Leviten Leitungsfunktionen inne (1Chr 23,4; 2Chr 24,11).

Die Leviten werden mit den verschiedenen Positionen und Funktionen in Verwaltungsvorgänge eingebunden. Einen wesentlichen Anteil macht dabei die Verwaltung von Abgaben aus, die an den Tempel abgeführt werden. Die von den Leviten verwalteten Abgaben sind ebenso vielschichtig wie die Funktionen der Leviten: durch ihre Hände gehen der Zehnte (מַעֲשֵׂר, 2Chr 31,5.6.12), der Anteil (מְנָה, 2Chr 31,3. 4.19), die Abgabe (תְּרוּמָה, 2Chr 31,10.12.14), freiwillige Gaben (נְדָבוֹת, V.14), Weihegaben (קֳדָשִׁים, 2Chr 31,6.12.14) oder (nicht näher spezifizierte) Geldmittel (כֶּסֶף, 2Chr 24; 34).

Andere Verwaltungsvorgänge werden demgegenüber nicht im Detail angeführt. In der Mehrheit der Verwaltungsfunktionen der Leviten

---

bleibt offen, welche Vorgänge ihnen im Einzelnen zugeschrieben werden. Ebenso unbestimmt ist die jeweilige Ebene der Verwaltung, in der die Leviten eingesetzt werden. Aus verschiedenen Zuordnungen zu anderen (levitischen und nicht-levitischen) Mitarbeitern geht hervor, dass Leviten offensichtlich auf verschiedenen Ebenen wahrzunehmen sind. Vor allem die Aufseher sind untergeordnetem wie übergeordnetem Personal zugewiesen. Die Beamten sind demgegenüber auf hohen Ebenen eingesetzt, ohne dass diese im Einzelnen spezifiziert werden können. Verglichen mit anderen ausführenden Arbeitern sind die Leviten in der Administration jedoch prinzipiell eher höheren Ebenen zugeteilt.

Andere Aspekte ergänzen dieses umfassende Bild von Vielschichtigkeit und Offenheit. Der räumliche Aspekte besagt, dass Leviten sowohl in Jerusalem (1Chr 23,4; 2Chr 31,12; 34) als auch im Umland in Juda (1Chr 26,29f; 27,25; 2Chr 24,5.9f; 2Chr 34,8f) eingesetzt werden. Die Chronik lässt die Leviten im Tempel (1Chr 23,29; 2Chr 31,12) wie auch in nicht näher gekennzeichneten administrativen Behörden in Juda tätig sein.

Die Vielschichtigkeit der Leviten und ihrer Dienste wird ergänzt durch den autoritativen Aspekt. Dass sie vom Hohenpriester Weisung erhalten, wird nur in 2Chr 19,11 gesagt, doch sind die Leviten auch hierbei nicht ausschließlich an ihn gebunden. Die Mehrheit der Belege bindet den Dienst demgegenüber an die Autorität des Königs an (explizit in 1Chr 26,29; 27,1; aber auch in 2Chr 19,11 neben dem Hohenpriester; vgl. 2Chr 11,17). Die Leviten werden durch diese autoritative Verknüpfung aus dem Bereich der sakralen Kultvorgänge herausgenommen und in profane Machtstrukturen, wie sie im administrativen Umfeld vom König repräsentiert werden, integriert.

Dazu passt, dass die Leviten Leitungsaufgaben in der Administration ausüben. Explizit ist eine leitende Position in 1Chr 23,4 formuliert. Dies konvergiert mit anderen Belegen, in denen davon die Rede ist, dass den Leviten Untergebene unterstehen, die von ihnen Anweisungen erhalten. Die Leviten partizipieren in ihren Ämtern folglich an Herrschaftsfunktionen.

Dazu kommt eine weitere Überlegung. Indem das höhergestellte Verwaltungspersonal qua Amt Entscheidungen fällt und Vorgänge konkret ausgestaltet, üben diese Bediensteten indirekte Herrschaft aus. Während der ihnen übergeordnete Regent lediglich Order erlässt, liegt es in den Händen dieser oberen Beamten, die Anweisungen auszuführen. Dabei treffen sie konkrete Entscheidungen, durch die sie indirekte Herrschaft gestalten und ausüben.

Die Offenheit der Ämter und der Beziehungen des Personals ist für die Wirklichkeitskonstruktion der Chronik wichtig, da durch die generellen Hinweise eine umfassende Zuordnung von Leviten zu der Administration vorgenommen wird. Für die Sinnwelt der Chronik ergibt sich damit die Aussage, dass Leviten insgesamt für die Verwaltung zuständig sind. Über ihnen steht nur noch die Machtebene des/der Herrschenden; unter ihnen gibt es mehrere Ebenen (vgl. z.B. 2Chr 34), die ebensowenig determiniert sind. Der Wirklichkeitsentwurf der Chronik plädiert damit für ein Verwaltungsmodell, das mit von den Leviten ausgeübten Entscheidungsabläufen rechnet. Die Leviten gelten als vertrauenswürdige und zuverlässige Personen in der Amtsausübung, wie es des Öfteren betont wird. Daher sind sie besonders geeignet, um an der Macht zu partizipieren und eine wesentliche Säule der Gesellschaft zu bilden. Die Chronik schreibt den Leviten als Verwaltungsbeamten die Ausübung von Autorität zu. Die von den Beamten getroffenen Entscheidungen geschehen zwar in einem Rahmen, wie er von einem übergeordneten System und seinem Regenten vorgegeben wird; doch sind es letztlich einzelne Verantwortungsträger innerhalb der Beamten, die für ihren Teilbereich Entscheidungen treffen. Dieses Personal übt mit seinen Entscheidungen indirekte Herrschaft aus. Wenn die Wirklichkeitskonstruktion der Chronik die Leviten in dieser Weise agieren lässt, verfolgt sie ein Konzept einer Machtbeteiligung der Leviten. Indem die Leviten an der profanen Herrschaft beteiligt sind, setzt die Chronik sie in soziale Positionen ein, die innerhalb und außerhalb des Kultes liegen. Diese breite, vielschichtige und offene Platzierung der Leviten in der Chronik ist für die Wirklichkeitskonstruktion charakteristisch, da hierin ein eigenes Profil der Leviten auszumachen ist.

In der Sinnwelt der Chronik wird ein insgesamt breites Spektrum von levitischen Verwaltungsaufgaben angeführt, das in mehreren Passagen unterschiedliche Detailaspekte zur Sprache bringt. Dabei ist auffällig, dass sich die Texte einerseits auf das Ende der Chronik und andererseits auf die levitischen Ergänzungskapitel 1Chr 23–27 konzentrieren, die eine levitische Gesellschafts- und Verwaltungsstruktur favorisieren. Die Chronik schildert die Leviten als eine multi-funktionale Gruppe in der Administration, die eine Entwicklung aus dem Kult durchläuft und in profane Funktionsbereiche vordringt. Mit diesem Porträt der Leviten bestimmt die Chronik die Gruppierung neu, indem sie an Vielschichtigkeit und Einflussmöglichkeiten gewinnt. Diese Vorstellung ist prägend für die Wirklichkeitskonstruktion der Chronik, insofern sie hierin ihr Spezifikum generiert und die Präsentation der Leviten (im Vergleich zu anderen atl. Schriften) einmalig macht.

6 Genealogien und Ämterlisten von Leviten

In dem Gesamtbestand der Chronik fallen verschiedene Reihen von Namenslisten auf,[1] in denen Leviten besonders stark vertreten sind. Insbesondere in 1Chr begegnen Listen von Nachkommen von Leviten, die an prominenter Stelle den aus der Königszeit berichteten Ereignissen (1Chr 10ff) voranstehen. Auch an weiteren Stellen in der Chronik nehmen solche Listen einen beachtlichen Raum ein. Angesichts der Breite des Materials stellt sich die Frage nach der Funktion und Bedeutung dieser Listen. Grundsätzlich lassen sich formal zwei verschiedene Arten von Listen der Leviten und solcher Personen bzw. Gruppen, die mit ihnen assoziiert sind, ausmachen: entweder sind die Namenslisten als Stammbäume formuliert (so vor allem in den linearen Genalogien in 1Chr 1–9) oder sie nehmen Ämterzuschreibungen an bestimmte durch genealogische Zugehörigkeit begründete Gruppen vor (so vor allem in den segmentären Genealogien in 1Chr 23–27).[2] So sehr dieses Listenmaterial auch unterschiedliche Zielrichtungen auszudrücken scheint, fallen doch signifikante Gemeinsamkeiten genealogischer Art ins Auge. Dieser Aspekt führt zu der Beobachtung eines doppelten Charakters des Listenmaterials und lässt nach dem Verhältnis von Genealogien und Ämterlisten in der Chronik fragen.[3]

Die in der Chronik formulierten genealogischen Familienverbände sind nicht einfach als Abbildungen von Familienstrukturen zu identifizieren, sondern scheinen mindestens auch einen fiktiven Anteil zu haben.[4] Unbeschadet des Verhätlnisses im Einzelnen ist aber weitergehend nach einer inneren Struktur und mithin nach einer übergeordneten Bedeutung des Listenmaterials zu fragen. Fest steht, dass die Genealogien eine Gruppe von Leviten konstituieren. Indem durch genealogische Verknüpfungen ein innerer Zusammenhang der multi-funktionalen Gruppe der Leviten generiert wird, wirken die Genealogien Gruppen bildend und folglich stabilisierend. Damit dienen die *Listen* letztlich der *Identitätsbildung der Leviten*.

Diese These ist im Folgenden weiter zu profilieren. Nachdem kürzere Namenslisten bereits an entsprechender Stelle behandelt wurden,

---

[1] Daher geht T. WILLI, Auslegung 215, von einer „Listenfreudigkeit des Chronisten" aus, hinter der er historisches Material annimmt.

[2] Zur Terminologie von linearen und segmentären Genealogien, die im Wesentlichen auf anthropologische und soziologische Untersuchungen von Robert R. Wilson zurückgeht, s.u. Abschnitt 6.2.8.

[3] Vgl. dazu bereits Punkt (2) in Abschnitt 2.1.2.

[4] Die Fiktionalität leitet jedenfalls P.B. DIRKSEN, 1 Chronicles 25, aus der Verwednung von √ שׁרה hitpa. ab und sieht darin eine theologische Aussage, der es um ein „enrollment of all Israel" gehe.

sollen hier nunmehr die beiden großen Listenkomplexe 1Chr 1–9[5] und 1Chr 23–27 im Hinblick auf das in ihnen enthaltene Material über die Leviten analysiert und interpretiert werden.

Neben dem unterschiedlichen Charakter der segmentären oder linearen Listen fallen Doppelungen in den Listen mit signifikanten Unterschieden in der Geschlechterfolge auf, wie auch durchbrochene Familienverhältnisse herausstechen.

Innerhalb der Levitengenealogien ist vor allem die Gestalt Asafs bemerkenswert, da sie mit allen drei prominenten levitischen Geschlechtern (vgl. Asaf als Gerschoniter in 1Chr 6,24.28; als Merariter in 1Chr 9,15.16; als Korachiter in 1Chr 26,1) verknüpft wird. Würde man historisch fragen, so könnten wenigstens zwei dieser Zuweisungen nicht der historisch tatsächlichen Abstammung Asafs entsprechen, sondern eine Adaption des prominenten Familienhauptes auf andere levitische Geschlechter darstellen.

Aber auch innerhalb der genealogischen Listen der drei berühmten levitischen Geschlechter der Gerschoniter, Kehatiter und Merariter[6] fallen Abweichungen auf, die nach dem Grund der Abweichungen in den Listen fragen lassen. Folgende Mehrfachbezeugungen mit internen Abweichungen sind auszumachen:

Kehat: 1Chr 5,28.29–41; 6,3.7–13.18–23; 23,12–15*.16–20
Merari: 1Chr 6,4.14–15.29–32; 23,21–23
Gerschom: 1Chr 6,2.5f.24–28; 23,7–11

Damit ist die Analyse des genelogischen Listenmaterials sowohl auf die so genannte „genealogische Vorhalle"[7] 1Chr 1–9 als auch auf die Ämterlisten in 1Chr 23–27 zu konzentrieren.

---

5   Man kann überlegen, ob 1Chr 10 eher zu 1Chr 1–9 denn zu 1Chr 11ff gehört, wie es T. WILLI, Chronik 8f, annimmt. Da das Listenmaterial der so genannten genealogischen Vorhalle sich aber nicht mehr auf 1Chr 10 erstreckt, plädiere ich dafür, einen Einschnitt hinter 1Chr 9 anzunehmen, da hier das Listenmaterial endet.
6   Kollektiv werden die Familienverbände genannt in: 1Chr 5,27; 6,1; 23,6; s.a. das außerchronistische Listenmaterial in Gen 46,11; Ex 6,16; Num 3,17; 26,57; TestLev 11,1–8 mit teilweise signifikanten Parallelen.
7   Die Verwendung des Begriffs impliziert keine redaktionsgeschichtliche Bewertung der Kapitel als eine spätere Hinzufügung (so z.B. durch F.M. CROSS, Reconstruction 11; R.L. BRAUN, 1 Chronicles xxxix; M. WITTE, Schriften 505, bewertet). Vielmehr soll angezeigt sein, dass gegenüber dem monarchischen Berichtzeitraum eine andere Form von Geschichtsschreibung vorliegt, die aber mit dem übrigen Bestand durch gemeinsame Aussagen und Formen verknüpft ist. Daher gehören die Kapitel m.E. zum ursprünglichen Bestand der Chronik dazu; vgl. P.B. DIRKSEN, 1 Chronicles 5; R.G. KRATZ, Komposition 18f u.a.

6.1   Levitische Genealogien in 1Chr 1–9

6.1.1   Zur Sinngebung der so genannten genealogischen Vorhalle

Längst ist aufgefallen, dass die Levitengenealogie innerhalb des Komplexes 1Chr 1–9 einen prominenten Platz einnimmt, der in zweierlei Hinsicht bemerkenswert ist. Einmal fällt die Positionierung der Levigenealogie im Gesamtgefüge der Stammeslisten auf, insofern sie im theologischen und thematischen Zentrum der genealogischen Vorhalle steht.[8] Levi und seine Nachkommen bilden damit die Mitte des Zwölf-Stämme-Israel.[9] Wenn man die These von Manfred Oeming teilt, dass sich die genealogische Vorhalle in „Stufen konzentrischer Heiligkeit" vollzieht, die auf das Zentrum Jerusalem und seines Kultbetriebs zulaufen,[10] so stellt der durch Tempel und Leviten qualifizierte Abschnitt den innersten Kreis dar, der zugleich ein „zeitlicher Zielpunkt und räumliches = inhaltliches Zentrum der Vorhalle und der Theologie der Chronikbücher überhaupt" ist.[11]

Zum anderen überraschen Umfang und Detailliertheit der Levigenealogie gegenüber dem restlichen Bestand des Listenmaterials. Auch dieser Befund macht die herausragende Stellung der auf den Stammvater Levi zurückgeführten Gruppe der Leviten deutlich.

1Chr 1–9 schlägt einen Bogen in Israels frühe, vormonarchische Geschichte, der bei Adam beginnt. Der Bogen geht weiter über Abraham und die israelitischen Stämme bis hin zu Saul, dem ersten König[12]. Bevor die Chronik von David und Salomo für die Zeit des ersten Tempels kultische und soziale Regelungen treffen lässt, bindet sie bereits wesentliche Bewertungen geschichtlicher Eckdaten an eine vorhergehende Epoche an.

In diesen Listen wird Israel nicht nur hinsichtlich genealogischer Abstammungen präsentiert, sondern auch nach Familienstrukturen vor-

---

8   Zur Mittelposition vgl. M. OEMING, Israel 99.149; W. JOHNSTONE, Chronicles I 42.82.98; G.H. JONES, Chronicles 21; S.J. SCHWEITZER, Utopia 60–62.65–69; H. HENNING-HESS, Kult 194; T. WILLI, Leviten 92f; s.a. S. JAPHET, 1Chronik 166; J.T. SPARKS, Genealogies 25–32, der die formalen Mittel von Chiasmus, Ballance und Intensität als wesentliche Gestaltungsprinzipien ansieht, mit denen am Wendepunkt das Wesentliche einer Aufzählung angegeben wird.

9   Vgl. T. WILLI, Leviten 92f; DERS., Chronik 57, der Levi „in der Mitte der Bürgerrechtslisten" stehen sieht und dies als das Herz von Israel interpretiert.

10   So M. OEMING, Israel 200.

11   Ebd.

12   Zur Bedeutung Sauls für die Geschichtsschreibung der Chronik vgl. T. WILLI, Einsatz 437–439. Nach Willi geht es der Chronik nicht so sehr um die Königsherrschaft Sauls selbst, sondern sein Königtum stellt „die *Erstrealisation* des göttlichen Mandats", des Königtums Jahwes dar (a.a.O. 443).

gestellt, indem soziale und auch kultische Aspekte die Sippen (bzw. Gruppierungen) gliedern.[13] Die kultische und soziale Ausrichtung der Genealogien geht aus verschiedenen kommentierenden Bemerkungen hervor, die das Listenmaterial immer wieder unterbrechen und zu literarkritischen Thesen Anlass geboten haben.[14] In der Tat ist anzunehmen, dass die Listen zunächst ohne erläuternde Bemerkungen existiert haben. Sofern sie auf eine historische Basis zurückgehen, könnte diese in Archiven[15] gelegen haben. Von dort aus werden die puren Namenslisten rezipiert; später wachsen kommentierende Hinweise hinzu.[16]

Da die erläuternden Hinweise durchaus unterschiedliche Tendenzen zeigen, scheint es naheliegend, die kommentierenden Bemerkungen als sukzessive Erweiterungen zu sehen. Es ist bereits gezeigt worden, dass 1Chr 9,26b–34 recht alt sind,[17] der Abschnitt 1Chr 6,33–38 demgegenüber etwas später entstanden ist.[18] Wiederum eine andere Tendenz zeigen die vereinzelten Hinweise auf das Exil[19] (1Chr 5,6.22[20].26.41; [8,6f][21]; 9,1; 2Chr 36,20), die mit dem Exilsthema am Ende der Chronik in 2Chr 36,20f zusammengehören und vermutlich erst dann einge-

---

13 Vgl. T. WILLI, Chronik 54f, der auf sozial-genealogische und geographisch-territoriale Aspekte aufmerksam macht.

14 Hierbei ist vor allen die Dissertation von M. KARTVEIT, Motive 19–109, zu berücksichtigen, in der er einen dreistufigen Entstehungsprozess aus einer Grundschrift (z.b. 1Chr 1; 2,1–17.21–24; 4,5–7.24–43*; 5,1.3–9a.11–17.23–26; 6; 7,1–5.14–21*.25–30; 8,1–6a.7b–14; 9*), älteren Erweiterungen (1Chr 2,9.25–33; 3,1–9a; 4,12; 5,1ab–3a.9b.120.27–41; 7,6–12a.14ab.15ab.21b–24; 8,6b.7a.14b–40; 9,1ab,ba,38b) und jüngeren Erweiterungen (1Chr 2,18–20.42–50a; 4,1–4.8–23; 5,18–22.26; 6,39–66) entwirft. Vgl. des Weiteren den Forschungsbericht bei M. OEMING, Israel 48–53; für die Levitengenealogien 1Chr 5,27–6,66 s.a. die alternativen Vorschläge z.B. von G. STEINS, Chronik 268ff; S.J. DE VRIES, Chronicles 62.64, die einen Grundbestand in 5,27–41; 6,1–15.39–66 von Erweiterungen in 6,16–38 unterscheiden; s.a. Y. LEVIN, Genealogies passim.

15 Zum Vergleich s. Neh 12,23 : בְּנֵי לֵוִי רָאשֵׁי הָאָבוֹת כְּתוּבִים עַל־סֵפֶר דִּבְרֵי הַיָּמִים. Das in Neh 12,1–21 vorausgehende heterogene Listenmaterial wird durch diesen Hinweis auf die „Quelle" beschlossen. Vgl. dazu J. BLENKINSOPP, Ezr/Neh 340.

16 Anders G.N. KNOPPERS, AncB 12, 256, der als grundlegendes Muster von Genealogien ein „pattern of interlacing lineages with stories and explanatory comments", annimmt, was dazu diene, den Stammhalter oder andere wichtige Personen als Helden zu charakterisieren.

17 Vgl. Abschnitt 2.1.1.

18 Vgl. Abschnitt 2.1.2.

19 S.J. SCHWEITZER, Utopia [ms diss] 420, bewertet das Exil in der Chronik „as a spatial-temporal line of demarcation that separates the past from the present". Der Bruch lässt zugleich eine Adaptierbarkeit auf die Gegenwart und die Zukunft zu (a.a.O. 421; die Passage ist in der gedruckten Fassung entfallen).

20 Die Verse beziehen sich auf das Ende des Nordreichs; vgl. J. KIEFER, Exil 453–455, das als „vernichtende Gottesstrafe" (ebd. 454) gedeutet werde.

21 Der Text in MT ist an dieser Stelle nicht ganz klar, deutet aber wohl eine Exilsmaßnahme an, die ihrerseits an die Richterzeit Ri 3,15–30 anspielt; vgl. M. OEMING, Israel 171f.

fügt worden sind, als die Chronik an Esr/Neh angeschlossen wurde.[22] Erst durch diese Zusammenfügung der beiden zunächst separat überlieferten Schriften entstand die Notwendigkeit, das Exilsthema auch in die Chronik einzubinden.[23] Hinsichtlich der Bewertung des Exils gilt in der Chronik Jahwe als der Verursacher,[24] während umgekehrt die Leviten mit der neuen heilsgeschichtlichen Periode nach der Neukonstituierung in der Perserzeit als einer Epoche von „Segen" und „Ruhe" historiographisch verknüpft sind.

Auffällig im Fluss des Textes sind auch die Brüche in der bis zu David[25] und Salomo ausgebauten Juda-Genealogie (1Chr 2,3–4,23)[26] sowie die Doppelungen der Genealogien von Benjamin (1Chr 7,6–12 // 8,1–5 [sek.][27]) und Saul (1Chr 8,29–40 // 9,35–44 [sek.][28]). Sie erklären sich diachron, wenn man sie als wiederholende Wiederaufnahme nach einer durch einen Einschub verursachten Unterbrechung ansieht, wobei

---

[22] Vgl. H.G.M. WILLIAMSON, Israel 66f.82, der die Reminiszenzen an das Exil in der Chronik für sekundär hält, demgegenüber ihre Relevanz für Esr/Neh betont; ähnlich W. RUDOLPH, Chronikbücher 45.49; M. KARTVEIT, Motive 137, der das Ende des Exils in der Chronik als eine „klerikale Inbesitznahme des Landes" deutet (a.a.O. 151); S.J. DE VRIES, Chronicles 423; S. JAPHET, Ideology 25f; DIES., 2 Chronik 511, mit Hinweis auf die Bezeichnung Gottes als אֱלֹהֵי הַשָּׁמַיִם; s.a. E.A. KNAUF, Verhältnis 16f. Anders M. KARTVEIT, 2Chronicles 399f.

[23] Das bedeutet, dass das Exil für die Chronik nicht von Anfang an eine maßgebliche Interpretationsbasis darstellt, wie es etwa z.B. noch J.E. DYCK, Ideology 77–87.121–125, und W.M. SCHNIEDEWIND, Prophets 223, vorschwebt.

[24] Vgl. J. KIEFER, Exil 466–470.481–484, der die Bedeutung des Exils für die Chronik aber m.E. überbewertet und den Anteil der perserzeitlichen Einflüsse an der Historiographie der Chronik unterschätzt (zu ebd. 467).

[25] Die Voranstellung Judas vor den anderen Genealogien sieht J.T. SPARKS, Genealogies 248, darin begründet, dass David und seine Nachfolger „maintained political power over either the entire people or a significant minority of the tribes". Darin spiegele sich das Geschichtsverständnis der Chronik von der Zeit der Monarchie; demgegenüber sei die Zeit der Chronik maßgeblich von kultischen Autoritäten geprägt, wofür der Stamm Levi ins Zentrum gerückt wird.

[26] Verschiedene Modelle des Wachstums der Juda-Genealogie wurden entwickelt; Überblick zum Forschungsstand bei G.N. KNOPPERS, Brothers passim; s.a. W. RUDOLPH, Chronikbücher 10–14; T. WILLI, Juda 140–159. H.G.M. WILLIAMSON, Israel 76–83, hält lediglich 1Chr 3,17–24 für sekundär. P.K. HOOKER, Chronicles 22.25, nimmt dagegen verschiedene Quellen an.

[27] Vgl. W. RUDOLPH, Chronikbücher 75; W. JOHNSTONE, Chronicles I 99.111; R.G. KRATZ, Komposition 25. Umgekehrt votiert M. KARTVEIT, Motive 100. Wieder anders führt S. JAPHET, 1 Chronik 203, die Differenzen auf eine andere Quelle zurück.

[28] Vgl. W. RUDOLPH, Chronikbücher 91f; s.a. W. JOHNSTONE, Chronicles I 99; P.K. HOOKER, Chronicles 43; S. JAPHET, 1 Chronik 208.214f; R.G. KRATZ, Komposition 25; R.W. KLEIN, 1Chronicles 280. Mit ähnlicher Intention schlägt J.T. SPARKS, Genealogies 29 Anm. 112, vor, 9,35–44 zu 1Chr 10 zu rechnen und damit aus dem Bestand der Genealogien auszugrenzen. Für ein umgekehrtes Abhängigkeitsverhältnis votieren demgegenüber M. KARTVEIT, Motive 107; G.N. KNOPPERS, AncB 12, 488.

dann jeweils die Frage nach der ursprünglichen Form und ihrer sekundären Variante zu beantworten ist. Hinsichtlich der Funktion und des Sinngehalts der Listen kann man sie auch so verstehen, dass „the fluidity of the positions ... may reflect ongoing political or social instability within the community which developed their particuar lists".[29]

Abgesehen von den Einschüben ergibt sich ein klar strukturierter Aufbau der formal heterogenen[30] genealogischen Vorhalle, in deren Zentrum die ausladenden Levitenlisten (1Chr 5,27–6,66) angeordnet sind. Der weit über Israels Grenzen hinaus gesteckte Rahmen,[31] der bis zu Adam, Abraham und zu frühen Königreichen (vgl. 1Chr 1) führt,[32] das Nordreich mit einbezieht (1Chr 7)[33] und schließlich in Kreisen über Juda unter Einschluss von David und Salomo (1Chr 2,3–4,23) auf Jerusalem zuläuft (vgl. 1Chr 9),[34] bildet einen Hintergrund für die detailliert geschilderten levitischen Abstammungsverhältnisse, die in diesen Rahmen einbezogen werden. Damit ist ein Kontrast von globaler[35] und partitiver Einordnung auszumachen,[36] auf den die im Zentrum

---

[29] So mit J.T. SPARKS, Genealogies 262, der sich seinerseits auf die Funktionsanalysen von R.R. WILSON, Genealogy 46–54, zur Frage von sozialen Realitäten stützt.

[30] Nicht nur sind verschiedene Wendungen zur Bezeichnung der Abstammungsverhältnisse zu finden (vgl. בְּנוֹ NN in 1Chr 3; 6; בְּנֵי / וּבְנֵי NN in 1Chr 1–8; NN אֲבִי NN in 1Chr 2; 4; NN יָלַד NN in 1Chr 1; NN הוֹלִיד NN in 1Chr 2; 4; 5), sondern auch ein Wechsel zwischen Stammbäumen und Siedlungsgebieten liegt vor; vgl. dazu S.J. DE VRIES, Chronicles 26f, der ferner militärische Listen unterscheidet, wobei er das heterogene Material insgesamt als „table of organization" (ebd. 27) charakterisiert.

[31] Zum Verhältnis Israel und die Völker in den Genealogien vgl. auch A LABAHN, E. BEN ZVI, Women passim.

[32] Nicht unbedeutend sind die Akzente, die in 1Chr 1 mit den Namen Kanaan (1,8.13; 2,3), Ismael (1,28–31) und Ägypten (1,9.11f) verbunden sind; vgl. T. WILLI, Juda 141f; M. KARTVEIT, Motive 112–117; s.a. Y. LEVIN, Genealogies 22; DERS., Audience 234.

[33] Vgl. G.N. KNOPPERS, AncB 12, 470, der die Einbeziehung des Nordreiches als Bestandteil der Gruppenidentität des neuen Israel betrachtet, das in den Genealogien geformt werden soll. Ähnlich sieht schon M. KARTVEIT, Motive 152, darin ein „Programm" der Chronik; ferner E. BEN ZVI, Gateway 223–228.

[34] Vgl. J.W. WRIGHT, Remapping 74f. S.a. die von Y. LEVIN, Genealogies 24, entworfene ovale Linie der Stämme gegen den Uhrzeigersinn von Norden nach Süden und wieder zurück nach Norden, die er interpretiert als „to define Israel's place among the nations" (a.a.O. 36). Interessant ist, dass J.T. SPRAKS, Genealogies 357, eine positive Bewertung am Ende der Genealogien ausgedrückt sieht, insofern die Neubeisedlung des Landes und die Durchführung des Kultes auf „community growth and stability" weise.

[35] Folgende Bezugsgrößen außerhalb Judas/Israels sind in der Genealogie des Weiteren anzutreffen: der Ismaeliter Jeter in 1Chr 2,17, die Kanaaniterin, Tochter Schuas in 2,3, der ägyptische Knecht Jarha in 2,34f, die Tochter des Pharaos Bitja in 4,18, s.a. Moab in 4,22.

stehenden Genealogien Levis zu beziehen sind. Obwohl sich 1Chr 1–9 den Anspruch geben, die gesamte traditionelle Struktur Israels zu repräsentieren, sind doch Schwerpunkte gesetzt, was durch eine unterschiedlich intensive Präsentation erreicht wird.[37] Die Schwerpunkte lassen sich durch die genannten *Eckpfeiler* dekodieren, *einen auf Jerusalem zu beziehenden globalen Rahmen* und *die Leviten als die am breitesten vorgeführte und vielschichtige soziale Gruppierung.*

Wurde bereits gesehen, dass die Chronik auf eine Vermittlung von Identität zielt,[38] so führt diese Überlegung auch im Blick auf die Genealogien einen Schritt weiter. Als Zweck der Listen ist auszumachen, dass in ihnen die Identität Israels so gestaltet wird, dass in dem historiographischen Sinnentwurf der Chronik alle Zeitstufen Berücksichtigung finden.[39] Das geschilderte Israel der Vergangenheit wird als eine geformte Einheit präsentiert, insofern von der Gegenwart aus eine Projektion der Vergangenheit entworfen wird. Das Bild der Vergangenheit entspricht dabei den Werten, die in der Gegenwart als relevant beurteilt werden. Indem so von der Gegenwart her eine Sozialstruktur[40] der Vergangenheit entworfen wird, entsteht auf der Grundlage der gegenwärtigen Wahrnehmungskategorien ein neues Bild der Vergangenheit.[41] Die in der Chronik gestaltete familiäre Struktur der Vergangenheit dient umgekehrt zugleich der Begründung der sozialen Verhältnisse der

---

[36] Von „a time of growing cosmopolitization" als Umfeld der Chronik spricht S.J. DE VRIES, Chronicles 17; s.a. M.A. THRONTVEIT, Speeches 242–244; A. SIEDLECKI, Foreigners 234–243. M. KARTVEIT, Motive 114, spricht von der „Weltgeographie" der Chronik, die eine „mappa mundi" bzw. „imago mundi" abbilde (zustimmend J.W. WRIGHT, Remapping 74, der in 1Chr 1 einen geographischen Zirkel ausmacht, der auf das Zentrum Jerusalem spiralförmig zulaufe). T. WILLI, Weltreichsgedanke 398, sieht den Gedanken des „Ganz-Israel" als „Existenz in der Mit- und Völkerwelt ... als vorweggenommene Realisation, gleichzeitig aber auch kritische Reformulierung jener uralten Idee des Weltreichs".
[37] Zur Technik der Verwendung von Traditionsmaterial, aus dem die Chronik im Sinne ihres Geschichtsentwurfs auswählt, vgl. J.T. SPARKS, Genealogies 301–313.
[38] Zum Begriff ‚Identität' vgl. in Abschnitt 1.3.2.1 Anm. 34. Bereits A.H.J. GUNNEWEG, Leviten 206, betonte, dass sich in Genealogien das Selbstverständnis der Gruppe spiegelt. Auch S.J. SCHWEITZER, Utopia 40, sieht in der Frage der Identität den Zweck der durch die Genealogien konstruierten Einheit „Israel" in der Chronik.
[39] Zur zeitübergreifenden Gestaltung von Geschichtsentwürfen in Vergangenheit, Gegenwart und Zukunft vgl. J. RÜSEN, Strukturen 28f; DERS., Geschichtskultur 214–216.
[40] Zur Sozialstruktur vgl. die Bestimmung von Genealogien durch R. LUX, Genealogie 245f: „Diese grundsätzliche Allgemeinverständlichkeit von Genealogien hat natürlich etwas mit den *Lebensvorgängen* zu tun, auf die sie sich beziehen. Die hinter dem genealogischen Denken stehende *Grunderfahrung* ist die der *Sozialität in Zeit und Raum.*" (Hervorhebungen von mir)
[41] T.L. THOMPSON, Defining 181–187.

Gegenwart.[42] Das entworfene Bild Israels, in dem Gegenwart und Vergangenheit verschmolzen werden, lässt eine Gruppenidentität für die Gegenwart entstehen, die sich in der Zukunft bewähren soll. Ähnlich bestimmt Gary Knoppers die Identität stiftende Gestaltung der Vergangenheit in den Genealogien, wenn er definiert:

„In addition of being an act of self-definition formulated in light of a future ideal, the Chronicler's portrait of a larger Israel is also an act of national redefinition in light of his perceptions and evaluations of the past. The effect of his redefinition has implication for both the present and future, but its force can only be appreciated by recognizing that the author engages, and revises older concepts of Israelite identity."[43]

Die maßgebliche Identität gebende Größe ist bei einem Geschichtsentwurf diejenige, die in der Mitte steht und der aufgrund der breiten Präsentation am meisten Bedeutung zugemessen wird. Von dieser Gruppe her und auf diese Gruppe hin, die in der Gegenwart für relevant gehalten wird, wird die Vergangenheit entworfen. Diese Gestalt gebende Größe sind für die Chronik die Leviten, denen im kultischen und sozialen Leben ein wesentlicher Aktionsradius zugeschrieben wird.[44] Über diese Gruppe wird in der Chronik die Verbindung des relativ kleinen Juda zu anderen Regionen und Völkern in den administrativen und ökonomischen Geflechten der Zeit des Zweiten Tempels gestaltet.[45] Damit ist ein „internationaler" Rahmen auf den Plan gerufen, der von in Jerusalem und darüber hinaus eingesetzten Leviten wahrgenommen wird.[46] Das in der Chronik geschilderte breite Spektrum des gesellschaftspolitischen Handelns der Leviten konvergiert mit der Spannung zwischen global und partitiv wahrgenommener Verantwortung, wie die Chronik sie von den Leviten an Schaltstellen zwischen innerjudäischen Belangen und dem übergeordneten Reich wahrnehmen lässt. Üben die Leviten in diesem Aktionsradius indirekte Herrschaft

---

[42] Vgl. R. Lux, Genealogie 246, der in Genealogien u.a. eine „Deutung des individuellen und gemeinschaftlichen Lebens in Abstammungs- und Verwandtschaftskategorien" niedergelegt sieht. – Ähnlich geht Y. Levin, Genealogies 39, davon aus, dass „the geographical-historical situation described ... seems to be that of the late Persian period". Mit anderen Worten, die Gegenwart bestimmt das Bild von der Vergangenheit.

[43] So G.N. Knoppers, AncB 12, 471.

[44] S.a. G.N. Knoppers, AncB 12, 470.

[45] Vgl. dazu die Schreiber in 1Chr 2,55 aus dem Geschlecht der Siphriten; dass Juda in einen globalen Kontext eingewoben ist oder, besser gesagt, ein globaler Kontext in Juda, nämlich in die Juda-Genealogie eingewoben ist, hat zuletzt G.N. Knoppers, Intermarriage, herausgestellt. Zur Kritik an der Auswertung s. S.J. Schweitzer, Utopia 54f, der stattdessen von Chiffren für Freunde oder Alliierte Israels im Land redet.

[46] Vgl. weiterhin die Überlegungen zu den Wirkungsräumen der Leviten in Abschnitt 7.7.

aus,[47] so steht dieser Gedanke auch hinter dem genealogischen Vorbau, der die Grundlagen schafft, von denen aus die Chronik der von ihr bevorzugten Gruppe weitergehende Verantwortung überträgt. In den Genealogien 1Chr 1–9 werden die Leviten als *clerus minor* im weiteren Sinn präsentiert, so dass ihre Funktionen als Sänger / Musiker, Torhüter und Lagerverwalter mit berücksichtigt sind (vgl. 1Chr 6,16f.33f; 9,17–34). Damit ist eine Ausgangsposition markiert, von der aus das in der Chronik in den anschließenden Kapiteln entwickelte Porträt ihres Wirkungsfeldes entworfen wird.

Dass die genealogische Vorhalle von der Levigenealogie her zu entschlüsseln ist, zeigen auch Wiederholungen der genealogischen Linien in anderen Passagen der Chronik. Auf die prominenten levitischen Sippenhäupter Kehat, Gerschom und Merari wird immer wieder verwiesen, da zu den Linien dieser Vorfahren alle späteren Verantwortungsträger aus den Reihen der Leviten und teilweise auch darüber hinaus in Beziehung gesetzt werden. Auch ist die zentrale Stellung der Leviten anhand der Wiederaufnahme ihrer Register in 1Chr 23 und davon abgeleitet auch ihre Rezeption in den Kapiteln 1Chr 24–27 abzulesen.

Ein weiterer Hinweis auf die Zentralität der levitischen Listen und ihre Bedeutung für den Entwurf der Chronik ist die Einordnung der Aaroniden in die Levigenealogie. Indem Aaron als Enkel Kehats eingeführt wird (vgl. 1Chr 5,28f), sind die Aaroniden den Leviten zugeordnet und mehr noch durch ihre Rückführung auf ein prominentes levitisches Sippenhaupt den levitischen Stammbäumen eingeordnet. Eine solche Einordnung bedeutet eine Anbindung der Priester an die levitische Gruppenidentität, die gerade keine priesterlichen (aaronidischen oder zadokidischen) Geschlechter in den Vordergrund rückt,[48] sondern den levitischen Häuptern durch genealogische Voranstellung größeres Gewicht zumisst.

Diese Prioritätensetzung spricht nun aber gegen jene Deutung der genealogischen Vorhalle, die das Ziel darin bestimmt, das spätere judäische Israel in den Zwölf-Stämme-Verband einzuordnen, und den Sinn einzig darin ausmacht, den Gedanken eines einheitlichen Volkes von „ganz Israel" im Listenmaterial genealogisch umzusetzen.[49] Zwar

---

47 Vgl. dazu oben Abschnitt 2.1.
48 So A. LAATO, Genealogies 79.92–94; H.-J. FABRY, Zadokiden 203f; S.J. SCHWEITZER, Utopia 147–149; anders P.K. HOOKER, Chronicles 32.
49 Vgl. etwa T. WILLI, Judaism 149, der die Genealogien als „citizenship-lists of 12-Stämme-Israel" betrachtet, wobei die Geographie und die Genealogie zusammen das „concept of ‚all Israel'" repräsentieren. Ähnlich DERS., Chronik 9: „Israel" ist eine ideale Größe, deren Umfang in 1Chr 1–9 bestimmt wird; s.a. S.J. DE VRIES, Chronicles 26. Zur Vorstellung von „ganz Israel" vgl. auch J.E. DYCK, Ideology 117–121, der darin ein wesentliches Identitätsmerkmal Israels in der Chronik ausmacht. Weiter fasst S.J. SCHWEITZER, Utopia 55–57, die Definition von „Israel" in den Genealogien, indem er den Begriff als „fluid term capable of constant redefinition" betrachtet (Zitat ebd. 56), in dem sich ein utopisches Konstrukt jenseits

begegnet in der Chronik des Öfteren die Vorstellung eines geschlossen agierenden Volkes, das mehrfach als „ganz Israel" (כָּל־יִשְׂרָאֵל) bezeichnet wird.[50] Doch wird dieser Gedanke in den genealogischen Listen gerade nicht bis ins Einzelne durchbuchstabiert. Dagegen sprechen einmal die genannten Akzentsetzungen globaler und partikularer Verzahnungen.[51] Mehr noch tritt erschwerend hinzu, dass die zwölf Stämme zwar in 1Chr 2,1f genannt sind, aber Sippenhäupter der nachfolgenden Generationen nicht von allen Stämmen aufgelistet werden. So fehlen unter den zwölf Stämmen die Genealogien von Dan und Sebulon; demgegenüber wird eine Liste von Ephraim geboten (vgl. 1Chr 7,20–29). Allerdings spielen die Gebiete der Stämme eine Rolle, wenn den Leviten Städte aus allen Stammesgebieten zugeeignet werden (vgl. 1Chr 6,46–66). Aufgrund der hier erfolgenden Rezeption der Stammesregionen ist auch bei den Stämmen Israels eine thematische Zuordnung zu dem *cantus firmus* der genealogischen Listen auszumachen.

Ein weiteres Mal ist in der Chronik die Gesamtheit der Stämme Israels von Interesse, wenn prominente kriegerische Sippenhäupter mit ihren Truppen als „Helden Davids" vorgestellt werden (vgl. 1Chr 12,24–38).[52] Bezeichnenderweise findet sich im Anschluss daran auch ein Beleg für die theologisch relevante Vorstellung des כָּל־יִשְׂרָאֵל, das geschlossen hinter König David seht (1Chr 12,39).

Obwohl Israel in seiner Gesamtgröße berücksichtigt wird, werden in 1Chr 1–9 dennoch andere Schwerpunkte gesetzt. Daruf weisen die Doppelungen genealogischer Listen, die interssanterweise gerade auf die ehemaligen Stammesgebiete rekurrieren, die in der Region der Provinz Jehud liegen: Juda und Benjamin.[53] Auch wenn diese Doppelungen diachron als spätere Explikationen zu beurteilen sind, so leisten diese Listen auf der Endebene der Chronik einen Beitrag zur Sinngebung der genealogischen Listen mit ihrem levitisch orientierten Schwerpunkt und damit zur Bildung der judäischen Identität.[54] Der partikulare Aspekt wird darin noch einmal betont, indem aus dem Listenmaterial der Vergangenheit dasjenige ausgewählt wird, dem für die

---

der Realität niederschlage (zur Kritik daran s.o. S.45), das die Größe Israel primär religiös in Nähe zum Tempel bestimmt.
[50] Vgl. dazu Abschnitt 1.3.2.1.
[51] Zur Skepsis gegenüber der Konzeption von „ganz Israel" als Sinngebung der Genealogien vgl. G.N. KNOPPERS, AncB 12, 264. Er betrachtet 1Chr 1 als „*imago mundi*", demgegenüber 1Chr 2–8 betont, „that the descendants of Israel occupy a privileged place among the very nations to whom they are related".
[52] Vgl. dazu Abschnitt 2.6.1.
[53] Zur Lage Judas vgl. die Zeichnungen bzw. Karten bei C.E. CARTER, Emergence 105f.284.291; L.L. GRABBE, History XXI; G.N. KNOPPERS, AncB 12, im Anhang (515f); s.a. Z. KALLAI, Judah 91, der die nördliche Grenze Judas weiter im Norden sieht. Zur Bedeutung von Juda und Benjamin neben Levi s. G.N. KNOPPERS, AncB 12, 470; s.a. J.W. WRIGHT, Remapping 70–73.
[54] Vgl. G.N. KNOPPERS, AncB 12, 260–265.

Gegenwart eine Relevanz zugeschrieben wird.[55] Von den in der Vergangenheit betonten prominenten Sippenhäuptern aus wird eine Linie als Sinngebung für die gesellschaftspolitische Gegenwart der Chronik ausgezogen. Der chr Geschichtsentwurf konzentriert und verdichtet durch geschickte Auswahl und Präsentation der für relevant gehaltenen Gruppen die Vergangenheit auf ihre Relevanz für die Gegenwart.

6.1.2 Das Verhältnis der Leviten-Genealogien zu den übrigen genealogischen Listen

In diesem Gesamtrahmen des Listenmaterials nehmen die Leviten-Genealogien einen beachtlichen Umfang ein, weil sie wesentlich detaillierter als die Listen anderer Stämme der genealogischen Vorhalle ausfallen. Auch bieten die Leviten-Genealogien weitaus umfangreicheres Material als die knappen Angaben zu Familienverhältnissen, wie sie der Chronik aus dem priesterschriftlichen Material aus Ex 6,17–25 und Num 3,17–39; 26,57–60 bekannt waren. Die Chronik nimmt die priesterschriftlichen Quellen auf, baut sie aber weitreichend aus, indem sie die genealogischen Listen über mehrere Generationen hin fortführt und zudem einige wenige erläuternde Kommentare einbaut. Aufgrund dieser literarischen Neugestaltung präsentieren sich die umfangreichen Listen der Levitengeschlechter in der Chronik als eigenständig.

Als weiteres Kennzeichen tritt hinzu, dass die Listen der Chronik nicht homogen sind, sondern Spannungen und Doppelungen bieten, die unterschiedlich ausgewertet oder interpretiert werden können.[56] Bevor eine Gesamtinterpretation des Materials vorgelegt wird, sollen zunächst die Listen der einzelnen drei levitischen Sippen analysiert werden. Der Durchgang erfolgt von der formal einfachsten Struktur, die in den Listen der Nachkommen Meraris vorliegt, bis zu den komplexesten Listen, die um Kehat entwickelt worden sind; das an Gerschom anschließende Material steht dann naturgemäß in der Mitte der Präsentation. Bei dem exegetischen Durchgang wird sich zeigen, dass das genealogische Material im Laufe der Entwicklung der Chronik Zuwächse erhalten hat.

Die unterschiedlichen Listen werden in den nachfolgenden Abschnitten in grafische Schemata umgesetzt, die den Grundsätzen von genealogischer Tiefe und Breite entsprechen.[57] Die genealogischen Listen jeweils eines levitischen Stammvaters aus 1Chr 5–6 werden dabei zur besseren Übersicht in einem Schema zusammengefasst, wobei die ursprüngliche(n) Generationenfolge(n) mit einer durchgehenden Linie

---

[55] Vgl. G.N. KNOPPERS, AncB 12, 263: „lines of descent often validate contemporary realities. Even though they construct a past, genealogies are inevitably affected by the present."

[56] Vgl. G.N. KNOPPERS, AncB 12, 407.

[57] Vgl. das bei J.T. SPARKS, Genealogies 17–21, vorgestellte Modell.

dargestellt sind, während spätere Einfügungen durch eine gestrichelte Linie abgebildet sind.

Nicht berücksichtigt werden hier die im Anschluss an die Genealogien gebotenen Siedlungsgebiete der Leviten in 1Chr 6,39–66,[58] deren Material im Wesentlichen aus der Städteliste Jos 21,1–42 geschöpft[59] und auf perserzeitliche Verhältnisse appliziert ist.[60] Die Chronik rezipiert traditionelles Material[61] und aktualisiert diese Rezeption auf ihre Wirklichkeitskonstruktion. Die Liste der Siedlungsgebiete passt zu segmentären Genealogien,[62] da den sozialen Lebensformen Räume außerhalb von Jerusalem zugewiesen werden. Die Listen betonen damit einen Aspekt, der später in 1Chr 23–27 wichtig wird.

6.1.3 Die Genealogien Meraris

Die Genealogie Meraris wird in drei Varianten dargeboten: 1Chr 6,4.14–15.29–32; 23,21–23, die sich signifikant unterscheiden. Während alle Versionen darin übereinstimmen, dass Merari zwei Söhne hat: Machli und Muschi, unterscheiden sich die Listen im weiteren Bestand der Sippe. So bringt 1Chr 6,14–15 eine deszendierende Liste der Söhne Machlis über sieben Generationen, 1Chr 6,29–32 dagegen eine aszendierende Liste der Söhne Muschis über zwölf Generationen.[63] Wieder anders bietet 1Chr 23,21–23 eine in der Enkelgeneration erweiterte deszendierende Liste über zwei Generationen, die sich über die ergänzten Namen hinaus weiterhin dadurch von den anderen Versionen unterscheidet, dass der Sohn Machlis aus 1Chr 6,14f nicht mehr erscheint. Auch sind die genannten Töchter in 1Chr 23,22 ohne Äquivalent.

---

[58] Zur geringer gestuften Relevanz dieses Abschnitts gegenüber den genealogischen levitischen Listen und den darin auch bezeichneten Zuständigkeiten vgl. J.T. SPARKS, Genealogies 31. Gleichwohl zeigt er auf, dass die Siedlungsgebiete der Leviten einer Bewertung der Geschichte durch die Chronik korrespondieren, insofern „the presence of the cultic officials is instrinsically tied to the faithfulness of the people" (a.a.O. 156), so dass die Präsenz des Kultpersonals das Juda während der Zeit des Zweiten Tempels abbildet (a.a.O. 157).

[59] Zur Veränderung gegenüber Jos 21 vgl. S. JAPHET, 1Chronik 167; G.N. KNOPPERS, AncB 21, 442–448; J.T. SPARKS, Genealogies 129–152.

[60] Vgl. E. BEN ZVI, List passim, der diese Listen als Produkt aus der Perspektive der Perserzeit plausibel macht, wenn er folgert: „the account provides a glimpse into the world of claims, disappointment and hopes of the post-monarchic period" (ebd. 105); s.a. M. KARTVEIT, Motive 162f; G. SCHMITT, Levitenstädte.

[61] Zu den sog. Levitenstädten vgl. Lev 25,32–34; Num 18,31; 35,1–8; Jos 14,4; 21,1–8; 1Chr 6,39–66; s.a. Notizen in Esr/Neh, die vom Landbesitz von Leviten ausgehen vgl. Esr 8,15; Neh 11,3ff.18.20.36; 13,10.

[62] Zur Bestimmung von segmentären Genealogien s.u. Abschnitt 6.2.8.

[63] Die Termini „deszendierend" und „aszendierend" sind hier in der üblichen Weise zur Kennzeichnung von Genealogien verwendet; unter deszendierend versteht man dabei eine Genealogie, die von der Väter- zur Söhnegeneration verläuft, demgegenüber aszendierende Listen von den Nachfolgern zu den Vorfahren zurückreichen; vgl. zur Definition z.B. J.T. SPARKS, Genealogies 17.

Genealogien Meraris nach 1Chr 6,14f (deszendierend) und 6,29–32 (aszendierend):

Merari

Machli	Muschi
Libni	Machli
Schimi	Schamer
Ussah	Bani
Schima	Amzi
Chaggijah	Chilqijah
Asajah	Amazjah
	Chaschabjah
	Malluch
	Abddi
	Kischi
	Ethan

Genealogie Meraris nach 1Chr 23,21–23 (deszendierend):

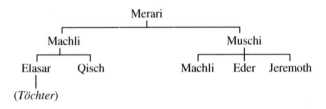

Merari

Machli — Muschi

Elasar   Qisch   Machli   Eder   Jeremoth

(*Töchter*)

Dass Merari die Söhne Machli und Muschi hatte, ist unbestritten und wird vom älteren priesterschriftlichen Überlieferungsgut, wie es etwa in Ex 6,19; Num 3,20 und in der späteren Rezeption in ATL 12,2; TestLev 12,3 begegnet, geteilt. Haben die priesterschriftlichen Listen über die unmittelbare Sohnesgeneration hinaus Leerstellen gelassen, so füllt das in der Chronik eingebrachte Material diese aus. Dabei werden jedoch widersprüchliche Angaben geboten. Bereits in Kap. 6 werden zwei unterschiedliche Listen formuliert, deren zweite in 6,29–32 aszendierend über zwölf Generationen verläuft. Überraschend ist daran im Vergleich zu 6,14f einerseits der umfangreichere Bestand von zwölf

Generationen gegenüber sieben Generationen in 6,14f. Dass eine Liste gerade über zwölf Generationen gebildet wird, dürfte kein Zufall sein, gilt doch die Zwölfzahl als eine symbolträchtige und Vollkommenheit ausdrückende Größe.[64] Auch dass diese Liste aszendierend verläuft und damit die im Listenmaterial übliche Richtung umkehrt, dürfte dafür sprechen, in ihr ein späteres Wachstum zu sehen. Aszendierende Listen stellen kein in Archiven organisch gewachsenes Produkt dar, sondern hinterlassen den Eindruck eines schriftstellerischen Kunstproduktes, wenn die Söhne vor den Vätern und den Vorvätern genannt sind. Dieser Umstand muss nicht bedeuten, dass alle darin rezipierten Namen fiktiv sind. Allerdings ist (wenn zwei parallele Listen vorliegen) mit diesem Kennzeichn ein redaktionelles Wachstum der ursprünglichen Genealogie angezeigt, das ein Interesse an einem Ausbau der levitischen Sippenlisten hat.

Die Variante der Genealogie Merari, wie sie in 1Chr 23,21–23 geboten wird, zeigt gegenüber den Listen in Kap. 6 noch deutlichere Spuren des Wachstums, da weitere Namen in den Bestand der Genealogie eingeflochten werden (Eder, Jirmoth) und andere Namen an die Stelle eines in Kap. 6 genannten Sohnes treten (Elasar, Qisch).[65] Selbst wenn man die Ergänzung als eine zutreffende Nennung der Söhne erklärte, weil in 23,21 die Söhne genannt wären, die in 6,29 ausgelassen sind, so verwundert doch, dass Libni aus der Genealogie verschwunden ist.[66] Ein Ersatz dieses Vorfahren durch einen anderen wäre nur dann im Hinblick auf die abgebildete Sozialstruktur sinnvoll, wenn seine Linie entweder keinen weiteren männlichen Nachkommen hervorgebracht hätte – was angesichts der Töchter-Notiz in V.22 unwahrscheinlich ist[67] – oder wenn der Vorfahre in späteren Tagen unbedeutend geworden wäre.

6.1.4 Die Genealogien Gerschoms

Auch die Genealogie Gerschoms (bzw. Gerschons) begegnet in mehreren Varianten.[68] Während in 1Chr 6,2 Libni und Schimi als Söhne Gerschoms genannt werden, erwähnt die deszendierende genealogische

---

[64] Vgl. S. Kreuzer, Zahl 1157; s.a. E. Curtis, A. Madsen, Books 285. Demgegenüber geht P.K. Hooker, Chronicles 96, davon aus, dass mit der Zwölfzahl ein monatlicher Wechsel der Dienste impliziert sei.

[65] Demgegenüber meint S.S. Tuell, Chronicles 95f, dass die Chronik divergentes Material aufnimmt und es stehen lässt, ohne eine Harmonisierung anzustreben.

[66] P.B. Dirksen, 1 Chronicles 99, nimmt an, dass für Libni ursprünglich Ladan stand; an der genealogischen Problematik ändert dies nichts.

[67] Die Töchter bilden trotz ihrer Verschwägerung mit den Söhnen des Qisch ein eigenes Haus; vgl. S. Japhet, 379, mit Verweis auf eine ähnliche juristische Regelung in Num 27,3.

[68] Dazu gehört auch die Variation des Namens Gerschom bzw. Gerschon, die in der Chronik beide wechselweise für das levitische Oberhaupt gebraucht werden.

Liste in 1Chr 6,5f lediglich die Linie über Libni in sieben Generationen. Die aszendierende Liste in 1Chr 6,24–28 kennt demgegenüber einen Jachat als einzig genannten Sohn Gerschoms, mit dem dreizehn Generationen deszendierend bis auf Asaf verfolgt werden. Wieder anders bietet 1Chr 23,7–11 zwei unterschiedliche Listen der Nachkommen Gerschoms.

Genealogien Gerschoms nach 1Chr 6,2.5f (deszendierend) und 6,24–28 (aszendierend):

Genealogien Gerschons nach 1Chr 23,7–9.10f (jeweils deszendierend):

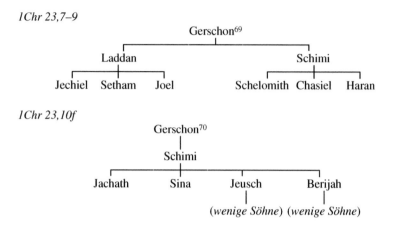

1Chr 23,7–9

Gerschon[69]

Laddan   Schimi

Jechiel   Setham   Joel   Schelomith   Chasiel   Haran

1Chr 23,10f

Gerschon[70]

Schimi

Jachath   Sina   Jeusch   Berijah

(wenige Söhne) *(wenige Söhne)*

Auffällig ist an den Genealogien Gerschoms vor allem die Position Schimis. Zunächst überrascht, dass er zwar zu Beginn in 6,2 genannt ist (vgl. ebenso Ex 6,17; Num 3,18; s.a. ATL 12,2; TestLev 12,1), in der darauf folgenden Liste jedoch nicht mehr erscheint. Seine Erwähnung in 6,2 lässt eine Leerstelle offen, die gefüllt werden konnte und, wie die weitere Ausbildung der Genealogie Gerschoms zeigt, in der Tat gefüllt wurde. Die Liste in 1Chr 6,24–28 ist insofern auffällig, als sie einen Jachat als einzig genannten Sohn Gerschoms einführt. Da diese Liste über die ungewöhnliche Zahl von dreizehn Generationen reicht und ein Schimi als Sohn Jachats erscheint, wäre es möglich, dass Jachat nicht ursprünglich zu dieser Liste gehörte. Dann könnte aber Schimi, der Enkel Gerschoms, mit dem in 6,2 genannten Sohn zu identifizieren sein.[71] Wenn man Jachat aus der ursprünglichen Liste streichen würde, wäre eine über zwölf Generationen reichende Liste anzunehmen, deren Anzahl an Nachkommen erneut symbolträchtig ist. Ebenso überrascht, dass drei Namen aus der Genealogie der Söhne Libnis aus 6,5f in 6,24–28 wiederholt werden (Jachat, Simma, Serach). Ferner fällt die Namensform vor allem späterer Nachkommen auf, deren Namen theophore Elemente enthalten (Malkkijah, Baaseja, Berechjahu), was im Vergleich mit anderen levitischen Namensformen eher ungewöhnlich ist. Insgesamt macht diese Liste einen konstruierten Eindruck. Dieser passt zu der Beobachtung, dass Asaf, wie bereits verschiedentlich gesehen, erst später eine herausragende Stellung erhalten hat. Die Liste, die

---

69   Gerschon ist eine Variation von Gerschom, wie er in 6,5.28 genannt ist, und bezeichnet denselben Leviten.
70   Da der in 23,7.9.10. genannte Schimi dieselbe Person bezeichnet (s.u.), ist Gerschon als sein Vater hier um der Zuordnung zu den Levitengeschlechtern willen im Schema ergänzt.
71   So der Vorschlag von W. JOHNSTONE, Chronicles I 86.

aszendierend von Asaf herkommt, läuft auf eine Hervorhebung dieses prominenten Vorfahren hinaus, der nunmehr in die Genealogie der Gerschoniter eingeschrieben wird. Das Ziel seiner Eintragung in diese Liste ist es, Asaf als prominentes Oberhaupt herauszustellen, indem er nunmehr mit dieser levitischen Abstammung versehen wird. Somit kann man die Liste in 1Chr 6,24–28 als spätere Erweiterung der Gerschoniter-Genealogie erklären.

An Schimi als Sohn Gerschoms sind nach 1Chr 23,7–9 und 23,10f weitere genealogische Listen angeheftet. Während 23,7–9 zwei Söhne Gerschoms nennt (Ladan, Schimi), die jeweils drei Söhne erzeugt haben, bietet 23,10f eine eigenständige Genealogie Schimis, die mit den drei anderen Söhnen nicht zur Deckung zu bringen ist. Aber auch der Sohn Schimis aus 6,27 taucht in dieser Abfolge nicht auf. Die formal uneinheitliche Struktur hebt die zweite Liste zudem von der ersten ab, wobei 23,10f aufgrund der breiteren Formulierung durch die Zählung der Söhne wie eine spätere Variante wirkt.[72] Die Intention der zweiten Liste in 23,10f könnte in der Herausstellung Schimis als bedeutendem Oberhaupt liegen. Das Signal dafür stellt die Bemerkung in 23,11 zur Verfügung, die Schimi aufgrund vieler Nachkommen in der Enkelgeneration zu einem einflussreichen Oberhaupt werden lässt.[73] Aber auch 1Chr 23,7–9 scheint bereits eine spätere Liste als 6,5f zu sein. Der Gerschom-Sohn Libni wird nicht mehr erwähnt und auch die Söhne Schimis sind nicht mit den aus Kap. 6 bekannten identisch.

Für die uneinheitlichen Genealogien Gerschoms kann also ein Wachstum angenommen werden. In späterer Zeit werden neue Familienverbände in die in der Chronik präsentierte Struktur der Sippe integriert. Formal wird an die in 6,2 gelassene Leerstelle angeknüpft, indem weitere Listen angehängt werden, die spätere Namen in diese Familienregister einschreiben. Ob diese Namen fiktiv sind oder an bekannte Familienmitglieder in der Erinnerung rezipieren, wird im auswertenden Abschnitt diskutiert.

6.1.5 Die Genealogien Kehats

Der Überlieferungsbestand der Genealogie der Kehatiter ist der umfangreichste und zugleich komplizierteste.[74] Insgesamt finden sich fünf Listen von Nachkommen Kehats, die aufgrund unterschiedlicher Namensbestände jedoch erheblich voneinander abweichen. Dass Kehat vier Söhne namens Amram, Jizhar, Chebron und Usiel gehabt hat, wird

---

[72] Anders plädiert P.K. HOOKER, Chronicles 96f, dafür, den Namen Schimi in 23,9 zu streichen und seine Söhne stattdessen Ladan als Vater zuzuschlagen, so dass die Nachkommenliste Schimis in 23,10f ursprünglich wäre.

[73] Ähnlich S. JAPHET, 1 Chronik 376, die V.11 als „Nachbemerkung" betrachtet.

[74] W. JOHNSTONE, Chronicles I 82f.86, nimmt an, dass diese Linie im Zentrum der Levitengenealogien steht und am bedeutendsten ist.

gleichlautend in 1Chr 5,28; 6,3; 23,12; vgl. Ex 6,18; Num 3,19 (s.a. ATL 12,2; TestLev 12,2) überliefert. Eine parallele Tradierung der Nachkommen Eleasars, eines Urenkels Kehats, befindet sich in den deszendierenden Listen in 1Chr 5,28–41 und 6,35–38, die über zwölf Generationen laufen. Demgegenüber wird das Material in 5,35–41 um weitere elf Generationen aufgestockt. In 6,7–13 wird ein zuvor noch nicht erwähnter Sohn Kehats mit nachfolgenden elf Generationen in einer deszendierenden Liste präsentiert. Eine aszendierende Liste in 6,18–23 bietet weitere Nachkommen eines Kehat-Sohnes.

Integriert man die Listen in ein gemeinsames Schaubild, ergibt sich folgender Bestand: Genealogien Kehats nach 1Chr 5,28–41 (deszendierend); 6,7–13 (deszendierend); 6,18–23 (aszendierend) und 6,35–38 (deszendierend):

5,28–41;6,35–38   6,18–23   6,7–13

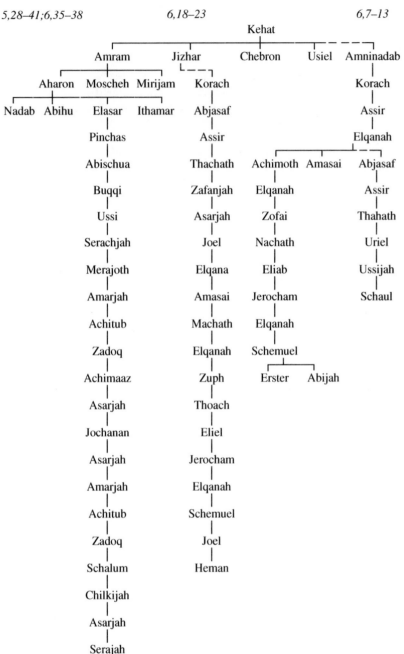

Genealogie Kehats nach 1Chr 23,12–20 (deszendierend):

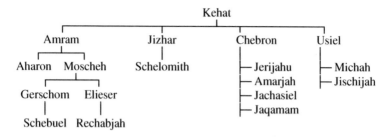

Der umfangreiche Überlieferungsbefund der Nachkommen Kehats präsentiert sich formal uneinheitlich und zeigt auch unterschiedliche inhaltliche Schwerpunktsetzungen, die diachron betrachtet nach einem Wachstum des Listenmaterials fragen lassen. In 6,7–13 wird mit Aminadab ein in anderen Listen nicht erwähnter Sohn Kehats eingeführt.[75] Die reichlich konstruiert wirkende Liste, die insgesamt über zwölf Generationen läuft und in der Enkelgeneration Korach nennt,[76] dürfte eine spätere Hinzufügung zu den Kehatiter-Geschlechtern darstellen.[77] Wie in der Asaf-Liste der Gerschoniter liegt auch hier zwar eine deszendierende Liste vor, die aber in einer Linie von Nachkommen über symbolreiche zwölf Generationen läuft. Die Liste lehnt sich in mancher Hinsicht an Namen, die aus 1Chr 6,18–23 bekannte sind (Assir, Elqanah, Korach), an, webt allerdings mit Aminadab flexiblerweise eine neue Linie ein. Merkwürdig ist auch das Ende der Genealogie, das Abija als zweiten Sohn neben einem namentlich nicht weiter bezeichneten Ersten nennt.[78] Auch wird das Listenmaterial aus Ex 6,21.24; Num 16,1 variiert, welches als Söhne Korachs Asir, Elqana und Abiasaf nennt,[79] Korach selbst jedoch als Sohn Jizhars

---

[75] Zu verschiedenen Emendations- und Harmonisierungsvorschlägen vgl. S. JAPHET, 1 Chronik 172.

[76] Die Zwölfzahl läuft auf Korach zu und lässt den ansonsten unbekannten Aminadab außen vor.

[77] A. LAATO, Genealogies 82; S. JAPHET, 1 Chronik 171.173; P.K. HOOKER, Chronicles 33; R.W. KLEIN, 1Chronicles 182.201.204f, sprechen von einer sekundären Einfügung des Stammbaums Samuels, um den vorher genealogisch unbestimmten Propheten mit den in der Chronik prominenten Geschlechtern zu verknüpfen. Vorsichtiger M. OEMING, Israel 145; s.a. J.T. SPARKS, Genealogies 95f. Anders geht T. POLK, Levites 5f, davon aus, dass „Samuel became a Levite by adoption" (ebd. 6), wobei er in der Chronik alte Traditionen aufgenommen sieht, die reale Verhältnisse bewahrt haben sollen.

[78] Die Septuaginta-Überlieferung in 1Bas 8,2 kennt noch einen Bruder namens Joel, während MT unklar von einem namentlich nicht genannten Erstgeborenen redet, demgegenüber Abija als Zweiter gilt.

[79] Daher vermutet J.T. SPARKS, Genealogies 96, für die Chronik „what this indicates is that a horizontal relationship ... was understodd as a linear relationship of

bezeichnet. Konnte schon verschiedentlich beobachtet werden, dass Korach im Laufe der Zeit in den Rang eines bedeutenden levitischen Oberhauptes gerückt wird, so passt die Liste zu diesem Bild.

Korach wird als Enkel Kehats in die Genealogie ebenso mit eingewoben, wobei ihm weitere Nachkommen zugeschrieben werden, die nur eine partielle Schnittmenge zu der über Korach in der Enkelgeneration verlaufenden Genealogie in 6,18–23 aufweisen. Durch Eingliederung der Liste 6,7–13 wird die Bedeutsamkeit der Familienlinie Kehats innerhalb der Leviten weiter gesteigert.

Ein ähnliches Ziel verfolgt auch die aszendierende Liste in 6,18–23. Sie füllt eine Leerstelle aus Kap. 5 und 6 aus,[80] indem sie nachfolgende Generationen von Jizhar benennt, die ansonsten nicht belegt sind und über 19 Generationen bis zu Heman laufen. Auch Heman gehört zu den Leviten, die in späteren Schichten der Chronik an Bedeutung gewinnen;[81] seine Vorgänger sind in der Liste ausdrücklich als Sänger / Musiker gekennzeichnet (6,18). In der Liste fallen zudem Mehrfachbelegungen von Namen auf, sei es dass die gleichen Namen innerhalb einer Liste in verschiedenen Genrationen begegnen (z.b. dreimal Elqana, zweimal Asarja)[82] oder dass Namen Doppelungen gegenüber anderen Listen aufweisen (z.b. Joel, Korach). Besonders auffällig ist dabei erneut Korach, der nunmehr an einer zweiten Stelle in der Genealogie Kehats verankert wird. Insgesamt macht auch diese Liste einen reichlich konstruierten Eindruck. Daher liegt die Vermutung nahe, dass diese Linie später in die levitischen Register eingefügt worden ist.[83] Diese Annahme konvergiert mit Beobachtungen zu den Sängern / Musikern, die bereits als eine den Leviten späterhin assoziierte Gruppe in das Blickfeld getreten sind.[84]

Die partielle Doppelung der Liste von 1Chr 5,28–41 in 6,35–38 wiederholt noch einmal die Nachkommen Aarons, die in einer über zwölf Generationen laufenden Genealogie bis zu Achimaz[85] hinunter verfolgt werden. 5,28–41 bietet eine mit zweimal zwölf Generationen

---

successive fathers and sons". Weiterhin identifiziert er diese mit den unmittelbaren Söhnen Korachs, wie sie in der Genealogie 6,18ff erscheinen (ebd. 96f).

[80]   Anders geht A. LAATO, Genealogies 79f, davon aus, dass diese Liste lediglich eine gleich bedeutende Variante der anderen Listen von Nachkommen Korachs in 6,7–13 darstellt.

[81]   Vgl. H. GESE, Geschichte 150.157.

[82]   S.a. die bei W. JOHNSTONE, Chronicles I 87f, genannten Auffälligkeiten.

[83]   Auch S. JAPHET, 1Chronik 174f, geht von einer sekundären Gestaltung der Heman-Liste aus und sieht in der genealogisch hergestellten Verbindung zum Propheten Samuel einen „Ausdruck des wachsenden Ansehens des Hauses Heman unter den Sängern" (ebd. 175). S.a. W. RUDOLPH, Chronikbücher 58; J.T. SPARKS, Genealogies 103, der den Sinn dieser Liste darin ausmacht „to establish Heman … as head of the singers".

[84]   Vgl. dazu oben Abschnitt 2.3.

[85]   6,38 endet nah zwölf Generationen bei Achimaz.

längere Liste,[86] die bis zu Jehozadak reicht. Dieser Bestand in 5,28–41 gehört m.e. zu frühem Material,[87] während die Wiederholung in 6,35–38 dieses sekundär aufgreift und ausgestaltet.

Nimmt man die den Dienst der Aaroniden näherhin kennzeichnende Passage in 6,33f dazu, die als Hinzufügung unter priesterlichem Gesichtspunkt bestimmt werden kann,[88] so verfolgt der Abschnitt 6,33–38 das Interesse, den Dienst und die Nachkommen Aarons herauszustellen. Die Hinzufügung ist an einer Umbruchstelle der Chronik eingesetzt worden:[89] nach dem Ende der levitischen Genealogien und vor der Zuteilung der Sippen zu ihren Wohnsitzen. Einerseits werden die Aaroniden über diese genalogische Zuordnung mit den Leviten verbunden. Formal geschieht dies durch die Kennzeichnungen der Aaroniden als levitische Brüder (אֲחֵיהֶם הַלְוִיִּם, 6,33) sowie durch die im Folgenden wiederholte Verankerung der Aaroniden in den Kehatitern (לִבְנֵי אַהֲרֹן לְמִשְׁפַּחַת הַקְּהָתִי, 6,39). Andererseits ist eine gewisse Distanz zwischen den Aaroniden und den Leviten zu erkennen, die sich aus ihrer kultischen Präsentation ergibt.[90] Die Aaroniden werden hier lediglich in ihren kultischen Grundfunktionen, i.e. der Erwirkung von Sühne, vorgestellt, ohne dass weitere Details über ihren Dienst angefügt werden. Insofern ist kein besonderes Interesse an der Gruppe daraus zu erschließen; vielmehr wird letztlich der priesterliche Aspekt dem Interesse, die Aaroniden in die levitischen Linien einzureihen, untergeordnet.

Das Listenmaterial in 23,12–20 zeigt Erweiterungen der Art, wie sie bereits in der Gerschoniter-Genealogie ausgemacht werden konnten. Auch hinsichtlich der Nachkommen Kehats werden Leerstellen aus Kap. 5 und 6 genutzt, um weitere Namen einzufügen, wenn Nachkommen der drei Söhne Jizhar, Chebron und Usiel geboten werden, die auch in der älteren genealogischen Liste in Ex 6,21f nicht begegnen. Freilich ist die Möglichkeit nicht ausgeschlossen, dass die in 1Chr 23 genannten Nachkommen historische Personen sind, die in der genea-

---

86 Die doppelte Zwölfzahl, bzw. 24 Generationen, ergibt sich von Amram aus, wobei Amharon als sein Sohn bereits selbst ein Teil der genealogischen Kette ist.
87 Anders P.B. DIRKSEN, 1 Chronicles 94, der hierin eine Liste von Hohenpriestern von „artificial composition" entdeckt, die nicht für darauf aufbauende historische Rekonstruktionen geeignet ist (96). Eine formale Einordnung als Hohepriesterliste wird demgegenüber von J.T. SPARKS, Genealogies 107–115, bestritten, zumal der Beriff Hoherpriester nicht fällt; wohl aber lässt sich der Sinn dieser Liste darin ermitteln, „establishing Jehozadak's credentials as a son of Aaron" (114), was Sparks als „primary focus of the Chronicler's list of the sons of Aaron" (115) sieht.
88 Vgl. dazu weiterhin Abschnitt 2.1.2.
89 Daraus schließt J.T. SPARKS, Genealogies 116, dass die Liste der Unterteilung der Geschichte in zwei Epochen dient: „from the exodus to the building of the temple, and from the building of the temple to the exile", was durch die Einteilung in jeweils zwölf Generationen erreicht wird.
90 Dies gilt auch für die nachfolgend genannten Generationen von Zadok; zu den Diskussionen um die Hohenpriester s. bei W. RUDOLPH, Chronikbücher 52–55.

logischen Vorhalle lediglich ungenannt bleiben. Allerdings fällt auf, dass in Kap. 23 gerade keine Nachkommen Aarons vermerkt werden, die über den dritten Sohn Elazar in Kap. 5 und 6 geboten werden. Stattdessen nennt Kap. 23 Söhne und Enkel Moses, die in der Vorhalle nicht erwähnt werden. Insgesamt füllt Kap. 23 Leerstellen der Vorhalle und unterdrückt zugleich andere Namen. Unabhängig von der Frage nach der historischen Zuverlässigkeit ist deutlich, dass in 1Chr 23 andere Schwerpunkte als in Kap. 5 und 6 gesetzt werden.

Einige Namen in der Kehatiter-Genealogie sind mit historischen Ereignissen verknüpft worden. So kennzeichnet 5,36 Asarja als Priester in dem von Salomo erbauten Tempel in Jerusalem; 5,41 verknüpft Jehozadak mit dem Exilsgeschick. Mit diesen historischen Verankerungen sind wichtige Stationen der Geschichte Judas markiert, die den gesamten Rahmen der für die Historiographie der Chronik relevanten Zeit der Monarchie in die genealogische Vorhalle importierten.[91] Dass innerhalb dieser rund fünf Jahrhunderte währenden Epoche der Königszeit Judas lediglich neun Generationen aufgezählt werden, ist allerdings historisch unglaubwürdig.[92] Wenn die Dauer einer Generation über ca. zwanzig bis dreißig Jahre reicht, ergäbe sich für diese Generationen ein weitaus geringerer zeitlicher Rahmen als die hier genannten Eckpunkte. Die erläuternden Notizen sind daher nicht als zuverlässige geschichtliche Angaben über die jeweiligen Levitenhäupter in der bezeichneten Epoche zu nehmen,[93] sondern stecken einen theologischen Rahmen ab, der mit der chronistischen Historiographie konvergiert.[94] Die geschichtlichen Verbindungselemente sind demzufolge zunächst noch nicht mit dem ursprünglichen Listenmaterial verbunden gewesen, sondern erst nachträglich als theologisch motivierte Deutung diesem angeschlossen worden. Der Hinweis auf das Exil in 5,41 steht innerhalb der genealogischen Vorhalle nicht allein, sondern hat Entsprechungen in 1Chr 5,6. 22.26; 9,1. Ebenso korrespondiert die Erwähnung des Tempelbaus der Eintragung der Lade als seines Vorgängerheiligtums in 1Chr 6,16f. Diese markanten Eckpunkte der Geschichte des Volkes Israel werden in den genealogischen Listen verankert, so dass sie einen Rahmen für die chr Historiographie und ihren Sinnentwurf abgeben.

Eine Interpretation der Eckpunkte innerhalb der Levitengenealogien wird daran anzusetzen haben, dass nicht die Reichsgründung unter

---

[91] Anders geht W. JOHNSTONE, Chronicles I 84, davon aus, dass im Gedächtnis der Hörer bereits gewisse Ereignisse mit bestimmten Personen verbunden sind („the mere mention of a name was sufficient to conjure up an entire episode") und in der Chronik rezipiert werden.

[92] Zu den Unwahrscheinlichkeiten und Auslassungen vgl. W. JOHNSTONE, Chronicles I 84f. R.W. KLEIN, 1Chronicles 177, bezeichnet dies als „a process called telescoping".

[93] Vgl. ähnlich W. RUDOLPH, Chronikbücher 51.

[94] Ähnlich G.N. KNOPPERS, AncB 12, 257f, der die Intention ausmacht, die beiden Eckpunkte sowie den mittleren Namen Zadoq zu betonen.

David oder seine Inthronisation zur Begründung seines Königtums genannt, sondern die Gründung des Tempels herausgestellt wird. Mit diesem Ereignis koinzidiert eine Aufgabenverlagerung der Leviten. Sind sie zuvor für die Lade zuständig, so werden sie nach dem Tempelbau von ihren Aufgaben an der Lade suspendiert und stattdessen dem Tempel zugeordnet.[95] Mit der Zuteilung zu einer neuen Institution erhalten die Leviten zugleich neue Aufgaben, da sie nun nicht mehr die zur Ruhe gekommene Lade zu bewegen brauchen,[96] sondern ihnen im Tempel verschiedene Aufgaben im Rahmen des Kultbetriebes übertragen werden. Mit der erwähnten Exilskatastrophe verbindet die Chronik eine erneute Aufgabenverlagerung der Leviten. In der Zeit nach der Monarchie und nach dem Ende des Exils werden sie nicht nur im Kult eingesetzt, vielmehr teilt die Chronik ihnen auch Aufgaben in der Verwaltung zu. Diese historischen Wendepunkte, vor allem das Ende der Monarchie mit dem danach einsetzenden Neuorientierungsprozess, markieren einen Umschwung, den die Chronik durch eine Neudeutung nachvollzieht. Die durch die Katastrophe ausgelöste Suche nach Identität erhält ein Identifikationsangebot, indem Leviten in Funktionsbereiche außerhalb des Kultes eingebunden werden, um das Volk Israel schließlich im achämenidischen Weltreich an geeigneter Stelle zu repräsentieren.

Dass gerade diese Eckpunkte der Geschichte Israels in der genealogischen Vorhalle markiert werden, verwundert nicht, da die Verfasser der Chronik nach geschichtlichen Anhaltspunkten der Neukonstituierung Israels zur Gestaltung ihres Entwurfes suchen, um ein geschichtlich begründetes Angebot zur Bildung von Israels Identität zu entwerfen. Die von der Chronik favorisierte Gruppe der Leviten wird in diesen Entwurf eingebunden, indem die Umbrüche in der Geschichte als Anlass für eine Revision ihres Aufgabenspektrums begriffen werden. Die chr Historiographie betont eine funktionale Neuausrichtung der Leviten, die in der Neuschreibung der Geschichte Israels präsentiert und mit den richtungsweisenden Neukonstitutionen der Leviten in der Chronik verankert wird. Daher durchziehen diese Themen die chr Historiographie und erscheinen punktuell an den Stellen, an denen über die Familienverbände die levitische Identität wie die Gesamtidentität Israels geformt wird.

6.1.6 Zur Interpretation der Leviten-Genealogien

Zeigen die Listen der levitischen Familien offenkundig verschiedene Generationsverläufe, so bleibt die Frage nach deren *Sinngehalt* und *Bedeutung* insgesamt gestellt. Historisch gesehen, können die einander

---

[95] Vgl. dazu die Abschnitte 2.5. und 1.3.2.1.
[96] Prozessionen, in denen die Lade zu Einsatz gekommen sein könnte, sind in der Konzeption der Chronik nicht rezipiert.

widersprechenden Daten nicht sämtlich zuverlässige Informationen über Familienverhältnisse bieten. Dieser Umstand führt zu einer sachkritischen Rückfrage nach Plausibilitäten. Als Lösung kann sich herausstellen, dass entweder jeweils eine Liste historisches Material bietet, während die parallele(n) Variante(n) fiktive Umstrukturierungen vornehmen, oder dass die Listen insgesamt fiktiv sind.[97] Gegen letztere These scheint auf den ersten Blick zu sprechen, dass Teile der Listen bereits im priesterschriftlichen Material in Ex 6 und Num 3; 26 zu finden sind,[98] so dass, wenn diese Listen fiktiv wären, auch jene Listen keine historisch zuverlässigen Sippenverhältnisse böten.[99] Allerdings verhalten sich auch die priesterschriftlichen Listen nicht ungebrochen zu dem Material in 1Chr, so dass die Sachlage damit zwar auf verschiedene Schriftbereiche des AT ausgeweitet ist, sich aber nicht grundsätzlich anders darstellt.

Die Interpretation des chr Listenmaterials, die mit der Gesamtbeurteilung der Genealogien verbunden ist, konvergiert mit Sinnzuschreibungen von Funktionen[100] der Sippenhäupter, die spätere Redaktionen der Chronik aufgeprägt haben. Werden bereits in recht frühen Erweiterungen die Sippenhäupter mit ihren Aufgaben verbunden, so ist für den Sinngehalt der Textwelt vorauszusetzen, dass die Nachkommen in denselben Diensten wie ihre Vorfahren präsentiert werden. Charakteristischerweise finden sich Funktionszuschreibungen ausschließlich in Erweiterungen der Listen des Tempelpersonals. Da die Funktionen der Kultdiener, Sänger / Musiker, Torhüter und Lagerverwalter (vgl. 1Chr 9,17–34) sowie der Priester (vgl. 1Chr 6,33f) bereits analysiert worden sind,[101] ist hier der Ertrag auf das Listenmaterial zu beziehen. Für die Sinngebung der Chronik ist die enge Verflechtung von Funktionen und Abstammungen von Sippenhäuptern, die bereits in frühen Entwicklungsstufen des Chroniktextes auszumachen ist, von fundamentaler Relevanz.

Die Zuordnung führender Männer zu Abteilungen, die als Sippenverbände dargestellt sind, lässt sich als Vereinigung von – modern gesprochen – Interessengruppen verstehen. In der Sinnwelt der Chronik sind solche Gruppierungen in Funktionsträgern auszumachen, die in der Gesellschaft Verantwortung wahrnehmen. Die Zuordnung von Einzelnen zu prominenten Vorgängern gewährt den Betreffenden eine

---

[97]   So die Annahme von J. WELLHAUSEN, Prolegomena 206 –223.
[98]   Vgl. Kehatiter: Ex 6,17.20; Num 3,19; 26,59 – Merariter: Ex 6,19; Num 3,20 – Gerschoniter: Ex 6,17; Num 3,18.21–26; s.a. Num 12; Mi 6,4.
[99]   Daher versucht z.B. W. RUDOLPH, Chronikbücher 51–64, im Vergleich der Listen mit anderen biblischen Angaben Abstammungsverhältnisse zu rekonstruieren, die partiell historisch zuverlässige Nachkommenslisten darstellen.
[100] Dass die Forschung in der letztn Zeit vor allem nach den Funktionen der Genealogien fragt, betont J.W. KLEINIG, Research 56f.
[101] Vgl. Abschnitt 2.1.

stabile Position.[102] Indem Einzelne in größere Verbände integriert werden, stehen sie in ihren Entscheidungen nicht allein, sondern sind Teil einer größeren sozialen Gruppe, innerhalb derer ihr Aktionsradius bestimmt wird. Solche sozialen Gruppen verlaufen aber nicht nur in einer Generation, sondern sind generationsübergreifend. Diesen Gruppen wird im Gesellschaftsgefüge eine stabilisierende und Struktur bewahrende Funktion zuerkannt. Je fester der Zusammenhang der Gruppenmitglieder untereinander gestaltet ist, desto stärker wird ihre soziale Position, aus der heraus sie in Handlungen eingebunden werden. Die rückwirkende Beziehung der einzelnen Gruppenglieder auf herausragende Vorfahren der Vergangenheit dient somit der Stabilisierung der Gruppe, die ihre zugesprochene gesellschaftliche Position durch Rückkoppelung an ihren prominenten Ahnen festigt.

Die genealogischen Listen gewähren der Gruppe Identität[103] nach innen und Stabilität nach außen. Der Grad an Konsolidierung der Identität und Stabilität steigt mit der Person, an die eine Gruppe genealogisch gebunden wird. Die Rückbindung an den prominenten Vorfahren wird deswegen so wichtig, da von ihm her sowohl Identität als auch eine einflussreiche Position in der Gesellschaft abgeleitet werden.

Daher könnte sich auch erklären, warum unterschiedliche Levitengruppen Asaf als ihren Ahnen in Anspruch nehmen. Hat die Bewertung Asafs ihn im Lauf der Zeit zu einem mächtigen Leviten aufsteigen lassen, der sogar die Position seines Vaters überragt, so knüpfen verschiedene levitische Gruppen an seine Bedeutung, die sogar über die Grenzen der Chronik hinausgeht,[104] an und inkorporieren ihn in die eigenen Listen, um dadurch selbst an Ansehen und Identität zu gewinnen.

Aus dem Interesse einer Rückbindung an den prominenten Vorfahren stammt auch die Integration der Torhüter sowie der Sänger / Musiker in die levitischen Genealogien. Die Torhüter und die Sänger / Musiker, denen ursprünglich niedrigere Positionen als den eigentlichen Leviten im Kultus und damit auch in der Gesellschaft zugeschrieben werden, gewinnen in dem Moment an Einfluss, als sie mit den bedeutenderen Leviten assoziiert werden. Durch die Bezeichnung der Torhüter und Sänger / Musiker als „Söhne der Leviten" oder „Brüder der Leviten" werden ihre eigenen Genealogien mit levitischer Identität verknüpft. Diese Zuordnungen bezeichnen keine biologischen Verhältnisse, sondern sind als Verhältnisbestimmungen zu verstehen. Die dadurch eingebundenen Gruppen partizipieren damit am Status und Ansehen der Leviten.

---

102 Vgl. G.N. KNOPPERS, AncB 12, 430: „Links to known figures buttress the position of unknown figures. Endurance through the genealogies suggests divine approval and support."
103 Zum Begriff ‚Identität' vgl. in Abschnitt 1.3.2.1 Anm. 34.
104 Vgl. die Asafpsalmen, Ps 73–83.

Die unterschiedlichen Listen von levitischen Geschlechtern lassen sich auf diesem Hintergrund als fiktive Listen begreifen,[105] die (jeweils verschiedene) Gruppen von Leviten einem prominenten Vorgänger als Sippenhaupt zuordnen. Solche Gruppenbeziehungen sind zwar als Verwandtschaftsverhältnisse dargestellt, indem entweder eine Vater-Sohn-Relation oder ein Bruderverhältnis beschrieben wird, doch sind diese wohl eher als verschiedene Gruppierungen unterschiedlicher gesellschaftlicher Stellung zu identifizieren.[106] Die reichhaltigen Listen der Leviten in der Chronik zeichnen eine insgesamt multi-funktionale Gruppierung nach, die unter dem Sammelbegriff ‚Leviten' erscheint. Die Zusammengehörigkeit ist nur in der Identitätszuschreibung als familiäre Beziehung gestaltet, bezeichnet aber ein Beziehungsgeflecht sozialer Gruppen, die entweder zeitgleich oder über einen längeren Zeitraum hinweg zusammen gebunden werden.

Daher kann eine Einbindung Einzelner in diese Gruppe von ‚Leviten' relativ flexibel gehandhabt werden. Neue Gruppen können recht leicht absorbiert werden, wenn es gelingt, sie plausibel als Leviten auszugeben und dem levitischen Ideal gesellschaftlichen und religiösen Einflusses in der Ausübung indirekter Herrschaft anzugliedern. Somit sind die Listen im Laufe der Zeit gewachsen und haben an unterschiedlichen Stellen Zuwächse erfahren. Zwar ist nicht auszuschließen, dass sich hinter diesen Zuwächsen reale Personen und/oder historische Verhältnisse verbergen, doch ist eher damit zu rechnen, dass die Listen einen mehr oder weniger hohen Anteil an fiktiven Zuschreibungen besitzen.

Beinhalten die Listen unterschiedliche Anzahlen von Generationenfolgen, so könnten diese Angaben möglicherweise Größenverhältnisse der Gruppen widerspigeln. Längere genealogische Listen könnten umfangreichere soziale Gruppen benennen, während schmale Listen eher kleinere Zusammenschlüsse angeben.[107] Es wäre dann auch damit zu rechnen, dass obwohl Personen in Generationenfolgen nacheinander angeführt sind, dennoch in einer gleichzeitigen Generation stehen. Je bedeutender eine Gruppe ist, desto eher ist damit zu rechnen, dass ihre Vorgänger in Erinnerung bewahrt werden und daraus eine genealogische Folge gebildet wird. Umfangreiche Genealgoien begründen demnach eine soziale Gruppe, die sich selbst große Bedeutung im sozialen Gefüge zuschreibt und durch die Genealogie ihre Identität zum Ausdruck bringt.

---

[105]   Anders S.J. DE VRIES, Chronicles 23.27.
[106]   Vgl. J. WEINBERG, Bet 'Abot 408, der feststellt, dass nicht nur Brüder, sondern „alle männlichen Mitglieder des *bēit 'āḇōt*" als Bruder bezeichnet werden. Dass diese Gruppen allerdings als „rivalisierende Gruppen" zu betrachten sind, die die Chronik „harmonisieren" wollen, wie es M. OEMING, Israel 151, annimmt, muss nicht impliziert sein.
[107]   Vgl. H. HENNING-HESS, Kult 92f (für die Kehatiter).

Wenn die relationalen Zuordnungen von Vater und Sohn Gruppenzugehörigkeit ausdrücken, ist dieses Verhältnis weitergehend auf einen Kompetenzvorsprung zu beziehen. Von „Vätern" mit größeren Fähigkeiten werden entsprechende Kompetenzen an „Söhne" mit geringerem Kenntnisstand weitergegeben. Die verschiedenen Gruppen von Leviten, die in Berufsverbänden zusammen geschlossen werden, stellen nicht nur eine Dienstgemeinschaft dar, sondern bilden Organisationen zur Generierung ihres eigenen Nachwuchses, die sich analog von Schulen verstehen lässt. Die Bezeichnungen „Vater" und „Sohn" sind dementsprechend zumindest auch als schulische Beziehungen wahrzunehmen.[108] Dass Lehrer und Schüler in den Begriffen „Vater" und „Sohn" dargestellt werden können, ist im weisheitlichen Kontext nichts Ungewöhnliches.[109] Haben all diejenigen, die später in einem Arbeitsfeld tätig sind, eine spezifische schulische Ausbildung durchlaufen, so ist ihre Zuordnung zu einem Lehrer selbstverständlich.

Die levitischen Genealogien sind auf diesem Hintergrund als identitätsstiftende und die gesellschaftliche Position stabilisierende Listen zu verstehen, die auf die Gruppe der Leviten zugeschnitten sind. Das Listenmaterial in 1Chr 23–27 führt dies weiter aus, indem umfangreichere Ergänzungen als in der genealogischen Vorhalle hinsichtlich der wahrgenommenen Aufgaben hinzugefügt werden.

6.2 Ämterlisten in 1Chr 23–27

In 1Chr 23–27 werden levitische Genealogien geboten, die primär eine Zuordnung der Sippen zu bestimmten Aufgaben bzw. Ämtern vornehmen. Ihren eigenen Charakter erhalten die Listen aufgrund der generativen Verbindung von Geschlechtsregistern und Funktionen, in denen ein umfassendes levitisches Sozialporträt geboten wird. Dadurch formulieren die Listen ein beachtliches Gesamtbild levitischer Aufgaben, das weit über den Bereich des Tempels hinaus reicht und profane Funktionen in der Sozialstruktur mit umschließt.[110] Sind bereits einige Abschnitte des Materials aus 1Chr 23–27 im Verlauf der Untersuchung im Blick auf levitische Aufgaben zur Sprache gekommen,[111] so sind die Kapitel nunmehr im Blick auf die in ihnen verzeichnete Verbindung zwischen Genealogien und Ämterfunktionen zu beleuchten.

---

[108] S.a. H. HENNING-HESS, Kult 78–81 (zu 1Chr 24).
[109] Vgl. z.B. Prv 15,20; 28,7; Sir 4,10f; s.a. Prv 2,1f; 3,1.12; 4,10f.20; 5,1; 6,20; 7,1; 15,20; 23,19.
[110] Ähnlich kennzeichnet S.J. DE VRIES, Chronicles 193, die Register als „administrative writing which officially records items or persons with regard to the identifying characteristics by which they are subject to administration by institutions or corporate bodies".
[111] Vgl. die Abschnitte 2.4.3., 4.1., und 4.2. sowie 5.1.–5.4.

1Chr 23–27 sind bereits als eine spätere Hinzufügung bestimmt worden, wobei ein Grundbestand von redaktionellen Überarbeitungen zu unterscheiden ist.[112] Die Kapitel teilen manchen Gedanken mit der Grundschicht der Chronik, gehen an einigen Stellen aber auch deutlich darüber hinaus. Gerade der genealogische Bestand setzt klar andere Akzente, wie bereits aus dem im vorhergehenden Abschnitt mit berücksichtigten genealogischen Material aus Kap. 23 deutlich geworden ist, da die levitischen Listen in 1Chr 23 Leerstellen der genealogischen Vorhalle sekundär ausgestalten (vgl. 1Chr 23,7–9.10f.12–20*.21–23). Dazu gehört auch die Bezeichnung der Sippenhäupter, die im Vergleich mit dem restlichen Bestand der Chronik überrascht. Mehrfach werden die levitischen Sippenhäupter als רָאשֵׁי הָאָבוֹת bezeichnet (23,9.24; 26,21.32; 27,1), während sonst, auch in anderem Listenmaterial, die schlichte Kennzeichnung als הַלְוִיִּם üblich ist. Eine vergleichbare Wendung ist nur noch als späteres Produkt in 1Chr 9,33f; 15,12 anzutreffen (רָאשֵׁי הָאָבוֹת לַלְוִיִּם). Mit der Wendung רָאשֵׁי הָאָבוֹת zielt die Chronik auf eine Verbindung von levitischen Aufgaben und Familienstrukturen.

Betrachtet man Zuordnungen von Geschlechtsregistern zu den Funktionen der genannten Personen in 1Chr 23–27 näher, so fällt die Disparatheit der Kapitel auf.[113] Spätere Neuakzentuierungen sind vor allem als sekundäre Modifikationen der Geschlechtsregister auszumachen oder als Eintragungen bestimmter theologischer Aspekte, wie es bereits für 1Chr 23,4.13b.14. 24b–27.28–32; 1Chr 25,1aβ.2b.3b.5aβ.6b; 27,23f beobachtet worden ist.

Im Blick auf die Gesamtinterpretation der Kapitel 1Chr 23–27 ist die Konstruktion zu beachten, die bezeichnenderweise die Leviten in den Vordergrund rückt. Unmittelbar nach Vollendung des Tempelbaus wird zunächst ihr Dienst geregelt (1Chr 23), bevor die Priester in den Blick genommen werden (so erst in 1Chr 24). Die Mehrheit des Materials bietet allerdings Listen von Leviten (vgl. 1Chr 23; 25–27). Auch geschieht eine gewisse Integration der Priester in die levitischen Geschlechter, da die Präsentation Aarons als Enkel Kehats (vgl. 1Chr 5,29) einen Gedanken aus der genealogischen Vorhalle fortsetzt. Diese deutliche Favorisierung der Leviten, die gerade nicht der traditionellen kultisch-hierarchischen Rangordnung entspricht, sondern diese durchbricht, zeigt das Interesse der Chronik an dieser Gruppe. Das Porträt der Gruppe, die der Schrift vorrangig wichtig ist, wird durch die Zwi-

---

[112] Vgl. die Begründung in den Abschnitten 2.3; 6.2.
[113] So unterscheidet H.G.M. WILLIAMSON, Origins passim, zwei Schichten, indem er einen genealogisch geprägten chr Grundbestand, der mit der Autorität Davids verbunden ist, in 1Chr 23,1–13a.15–24; 25,1–6; 26,1–3.9–11.19.20–32 und eine priesterlich orientierte Erweiterung in 1Chr 23,13b.14.25–32; 24; 25,7–31; 26,4–8.12–18; 27 ausmacht.

schenschaltung weiterer Listen ausgebaut und ihre soziale Funktion erweitert.

Trotz dieser klaren Ausrichtung erscheint der Aufbau der Kapitel im Einzelnen eher ungeordnet, da höchst heterogenes Material miteinander verwoben worden ist. So sind neben genealogischen Listen (s.u.) Hinweise auf Aufgaben der betreffenden Personen zu finden (1Chr 23,3–5.13b.14.24b–32; 24,5b.6.31; 25,1–7; 26,16–19; 27,23f), die mitunter in das genealogische Material unmittelbar eingebunden sind (1Chr 26,29–32; 27); ferner sind Resultate von Losverfahren, die bestimmte familiär begründete Dienstabteilungen einem Funktionsbereich zuordnen (1Chr 24,7–19.31; 25,8–31; 26,13–15), aufgenommen worden.[114] Die Komplexität dieser Kapitel zeigt an, dass hier inhaltlich und formal disparates Material verbunden und in die Chronik integriert worden ist.[115] Dieser Umstand wirft ein Licht auf die schriftstellerische Arbeitsweise der chr Historiographie, die in schriftgelehrter Weise Material aufnimmt, verbindend arrangiert und kommentiert.

Mit der Einschreibung und Kommentierung dieses disparaten Materials in 1Chr 23–27 gestaltet die Chronik ein Sozialporträt, das die levitischen Familien an bestimmte Zuständigkeitsbereiche bindet und unterschiedlichen Funktionen zuordnet. Auf diese Weise entwickelt die Chronik eine Sinnzuschreibung sozialer Strukturen, in deren Zentrum die multi-funktional positionierten Leviten stehen.

Da dieses Sozialporträt bereits vorgestellt worden ist, ist hier nun der Blick auf die Familienstrukturen zu konzentrieren. Folgende Listen mit genealogischen Zuordnungen sind in 1Chr 23–27 anzutreffen.

---

[114] Vgl. H.G.M. WILLIAMSON, Origins 127.128f.130f.
[115] Vgl. A.C. WELCH, Work 81; M. NOTH, Studien 114. Dieses formal heterogene Material charakterisiert S.J. DE VRIES, Chronicles 27, vgl. 193f, aufgrund formaler Gepflogenheiten wie folgt „A Table of Organization lists individual positions or responsibilities within a given organization, relates theses to one another, and assigns individual persons or groups to fill each position and carry out each specific responsibility."

Listen von Leviten in 1Chr 23–26:

Textstelle	Sippe(n)	Generationenzahl	Richtung
1Chr 23,7–11	Leviten: Gerschoniter	zwei / drei	deszendierend
1Chr 23,12–20*	Leviten: Kehatiter	fünf	deszendierend
1Chr 23,21–23	Leviten: Merariter	vier	deszendierend
1Chr 24,1–4*	Aaroniter (Kehatiter)	drei	(deszendierend)
1Chr 24,20–30	Leviten (Kehatiter, Merariter)	zwei – vier	deszendierend
1Chr 25,2–4	Nachkommen Asafs, Jeduthuns, Hemans	zwei	deszendierend
1Chr 26,1–12	Torhüter: Korachiter (Kehatiter), Merariter	zwei – drei	aszendierend und deszendierend
1Chr 26,20–22	Aufseher: Leviten (Kehatiter)	drei	deszendierend
1Chr 26,24–25	Aufseher: Leviten (Kehatiter)	acht	aszendierend / deszendierend
1Chr 26,29–31	Beamte, Richter: (Kehatiter)	zwei	deszendierend

Innerhalb dieses heterogenen Materials wird mehrfach auf levitische Abstammung verwiesen, sei es durch explizite Nennung des Stichworts הַלְוִיִּם (1Chr 23,2f.26; 24,6; 26,17[116].20 u.ö.) bzw. die Wendung לִבְנֵי לֵוִי (1Chr 23,6.24; 24,20; 27,17) oder durch Zuordnung zu bekannten levitischen Sippen. Die Kohäsion der einzelnen Familien wird zudem durch Verwendung des Stichworts „Brüder" erreicht (1Chr 24,31; 26,7.8.9.11 u.ö.), das einzelne Genealogien mit anderen Listen verbindet und dadurch eine Zusammengehörigkeit der einzelnen familiären Linien untereinander erzeugt. Ist bereits darauf hingewiesen worden, dass in der Chronik das Stichwort „Brüder" dazu dient, genealogische Linien miteinander zu verbinden,[117] so ist diese literarische Technik vermehrt in 1Chr 23–27 zu finden. Die von diesem Begriff formierte genealogische Brücke braucht allerdings keine biologische Verwandtschaft zum Ausdruck zu bringen, sondern kann – wie bereits oben gezeigt – eine fiktive Verbindung darstellen, die sekundär Zusammenhänge herstellt. Diese Gestaltung der Sippenverbände lässt nach der Intention des Listenmaterials insgesamt fragen.

Nachdem der Rahmen abgesteckt ist, sind im Folgenden nunmehr die einzelnen Listen im Blick auf das in ihnen enthaltene genealogische Material durchzugehen.

---

[116] So der Wortlaut im Text der BHS; allerdings ist dieser Teil zu konjizieren, so dass wahrscheinlich hier nicht von „Leviten" die Rede ist; vgl. Abschnitt 2.4.3. Anm. 121.

[117] Vgl. den vorhergehenden Abschnitt 6.1.

6.2.1 Die Genealogie Aarons in 1Chr 24,1–4

Die Präsentation der Listen des Tempelpersonals schwenkt in 1Chr 24 von den Leviten zu den Priestern über. Die genealogische Liste setzt mit Aaron neu ein und berücksichtigt seine Vorfahren nicht weiter, wie es auch in 1Chr 6,35 verzeichnet ist. Diese Tendenz ist in der Chronik jedoch nicht einheitlich, da es auch Listen gibt, in denen Aaron und seine Nachkommen in die Stammbäume der Leviten eingeordnet werden (vgl. 1Chr 5,29). Alle Belege stimmen allerdings darin überein, dass Aaron vier Nachkommen hat: Nadab, Abihu, Eleasar und Ithamar. Diese Angaben, die zudem Parallelen in Ex 6,23; 28,1; Num 3,2; 26,60 haben, bilden den Grundbestand der Aaroniden-Genealogie in 1Chr 24,1 und den Ausgangspunkt für die nachfolgende Bewertung.

Nachkommen Aarons nach 1Chr 24,1–4 (deszendierend):

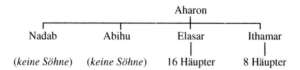

Die in der Chronik präsentierte Genealogie Aarons setzt andere theologische Akzente als die Bewertung der Nachkommen Aarons in der Priesterschrift.

Bei dem in Ex 24,1.9 berichteten Bundesschluss am Sinai steigen Nadab und Abihu mit Aaron und 70 ausgewählten Ältesten auf den Berg hinauf, während Mose auf dem Berggipfel von Jahwe die Gebote empfängt. Auch wenn unmittelbar nur Mose als Vermittler zwischen Gott und Volk Jahwe ganz nahe ist, so partizipierten die auf etwa halbe Höhe mit hinauf gestiegenen Ausgewählten an der Gottesnähe, da sie anders als der nicht unbeträchtliche Rest des Volkes den Berg betreten und während des Offenbarungsgeschehens im Gebet verharren.

Sind Nadab und Abihu in der Priesterschrift besonders ausgezeichnet, weil sie zu den ausgewählten Begleitern Aarons gehören, so hat die Chronik an dieser Bewertung eine Korrektur vorgenommen, da gerade diesen beiden Nachfahren Aarons keine Söhne zugeschrieben werden. Damit greift die Chronik zwar andere priesterschriftliche Aussagen auf, die den Söhnen Nadab und Abihu wegen falscher Opferpraxis einen vorzeitigen Tod zuschreiben (Lev 10,1f; Num 3,4; 26,61),[118] korrigiert aber zugleich eine frühere Bewertung. Die Chronik schreibt den beiden einst herausgestellten Vorfahren durch ihre fehlenden Söhne Bedeutungslosigkeit zu. Die Brüder Eleasar und Ithamar erfahren dagegen eine Stärkung.[119]

Diese ist nach Lev 10,12 zwar ansatzweise impliziert, wird jedoch in V.16 gleich wieder eingeschränkt, da auch Eleasar und Ithamar Verfehlungen in der Opferpraxis vorgeworfen werden.

---

[118] Vgl. S.J. DE VRIES, Chronicles 198; P.K. HOOKER, Chronicles 100.
[119] A.C. WELCH, Work 86f, erwägt dahinter eine Stärkung nachexilischer Rückkehrer.

Mit den von den priester(schrift)lichen Angaben abweichenden Bewertungen der Nachkommen Aarons werden in der Chronik neue Akzente gesetzt. Demnach ist nicht die Partizipation an der Offenbarung von bleibender Bedeutung, auch nicht die Frage nach vorschriftsmäßiger Opferdarbringung, sondern die Möglichkeit eines fortlaufenden Bestandes an männlichen Nachkommen. Wenn die Gruppe im Fall von Nadab und Abihu abbricht, so bedeutet dies für die Sinnzuschreibung der Chronik, dass diesen Priestergeschlechtern geringere Bedeutung im Blick auf das Sozialgefüge zukommt.[120]

> 1Chr 24,1–6: (1) Die Söhne Aharons hatten ihre Abteilungen. Die Söhne Aharons waren Nadab und Abihu, Elasar und Ithamar. (2) Aber Nadab und Abihu starben vor ihrem Vater und ihnen waren keine Kinder zuteil geworden. Doch Elasar und Ithamar dienten als Priester. (3) Und so teilte David sie ein: Zadoq von den Söhnen Elasars und Achimelech von den Söhnen Ithamars für ihre Ordnungen in ihrem Dienst. (4) Und die Söhne Elasars wurden zahlreicher hinsichtlich der Häupter der Männer gefunden als die Söhne Ithamars; zu den Söhnen Elasars gehörten 16 Sippenhäupter, zu den Söhnen Ithamars 8 Sippenhäupter.
> (5) Und sie wurden durch Losverfahren jeweils eingeteilt, *denn es gab heilige Obere und Obere Gottes*[121] *unter den Söhnen Elasars und bei den Söhnen Ithamars.* (6) Aber Schemajah, der Sohn Nethanels, der Schreiber von den Leviten[122], verzeichnete vor dem König, den Fürsten, dem Priester Zadoq und Achimelech, dem Sohn Ithamars, und vor den Sippenhäuptern für die Priester und für die Leviten, für jedes einzelne[123] Vaterhaus, den Grundbesitz für Elasar und den jeweiligen Grundbesitz[124] für Ithamar.

Für die in der Chronik genealogisch formulierte Gruppenidentität spielt vor allem Eleasar eine entscheidende Rolle. Laut 1Chr 24,4 stammt von seinem Geschlecht die weitaus größte Anzahl von Nachkommen, demgegenüber die Zahl der Nachfahren Ithamars deutlich geringer ist. 1Chr 24 setzt auch in dieser Hinsicht eine Tendenz fort, die in der genealogischen Vorhalle bereits angelegt ist. Dort werden 21 bzw. 10 Söhne Eleasars genannt (vgl. 1Chr 5,28–41; 6,35–38), die bisweilen so-

---

[120] Daher teile ich nicht das Urteil von H.G.M. WILLIAMSON, Origins 133: „the passage as a whole is favourable to the priesthood". Ähnlich S.S. TUELL, Chronicles 99f.

[121] HAL 1259, verwendet zumeist Obere, Befehlshaber oder Leiter, schlägt hier aber „heilige Fürsten" und „Fürsten Gottes" vor. Aus Gründen einer konkordanten Übersetzung bleibt es hier bei „Oberen"

[122] Mit einer Anzahl von MSS ist hier sinngemäß der Plural zu lesen.

[123] אֶחָד gehört wohl nicht zu dem folgenden אָב, sondern ist auf das vorhergehende Substantiv zu beziehen.

[124] Das doppelte אָחֻז bereitet Probleme, die bereits in der handschriftlichen Überlieferung der Chronik sichtbar werden. Eine Korrektur in אָחֻז אֶחָד ist zwar durch die gleichlautende Wendung zuvor möglich, doch syntaktisch nicht angeraten, da die Zahlenangaben den Bezugsworten folgen und ihnen nicht voraufgehen.

gar mit historischen Ereignissen korreliert sind und unter denen auch zweimal der Name Zadoq fällt,[125] der seinerseits in 1Chr 29,22 mit der Salbung Salomos zum König verbunden ist.[126] Die drei übrigen Nachkommen Aarons sind in der genealogischen Vorhalle jedoch als kinderlos verzeichnet. Wenn demgegenüber 1Chr 24,4f nunmehr Nachkommen Ithamars in priesterlichen Diensten nennt, so wird eine Leerstelle gefüllt.[127] Eleasar wird weiterhin die größte Nachkommenmenge zugeschrieben. Die Angaben von 16 und 8 Sippen zielen auf die mit 24,7ff folgende Liste des Losverfahrens, deren 22 Abschnitte mit der Anzahl der Familien überein stimmen, auch wenn nicht alle Namen vorher erwähnt werden.[128]

Allerdings folgt die Liste nicht unmittelbar auf die Einleitung in 24,5, sondern wird zunächst durch die Herausstellung von „heiligen Oberen" und „Oberen Gottes" (V.5b) unterbrochen. Diese Qualifizierung von Nachkommen setzt eine Tendenz der Liste fort, insofern die Gruppenidentität der Aaroniden maßgeblich durch die Heiligkeit der Söhne Eleasars und Ithamars gekennzeichnet wird. Dabei überrascht, dass der Begriff שַׂר / „Oberer" für priesterliche Geschlechter verwendet wird, da er allgemein Leitungsposten bezeichnet, deren Spezifikation durch den jeweiligen Kontext gegeben ist, doch zumeist im administrativen oder militärischen Bereich liegt.[129] שַׂר ist auch als Bezeichnung für Leviten selten und spät in der Chronik belegt.[130] Näher gelegen hätte etwa die neutralere Formulierung בֵּית־אָב. Mit der Verwendung des Begriffs שַׂר ist ein Terminus gewählt, der in einer gewissen Spannung zu der behaupteten Heiligkeit der Geschlechter liegt.[131] Könnte man

---

125 S. ferner seine Erwähnung in 1Chr 16,39f, aus der T. POLK, Levites 9f, ableitet, dass Zadoq für die Chronik ein Gibioniter sei, und auf diesem Hintergrund seine genealogische Verankerung unter den Korachitern problematisiert.

126 Die Chronik schweigt über die im DtrG anzutreffende Parallelität von Zadok und Abjatar, vgl. 2Sam 8,17; 15,24–29; 17,15; 19,12; 20,25; 1Kön 1,40–45; 2,35; 4,4; zum Versuch einer historischen Verbindung der Personen vgl. W. RUDOLPH, Chronikbücher 51–53; J. SCHAPER, Priester 163–168.188; s.a. R. NURMELA, Levites 30–39; H.-J. FABRY, Zadokiden 202.

127 Anders H.G.M. WILLIAMSON, Origins 132f, der 24,1–19 insgesamt für sekundär hält. Einen Schritt weiter geht L. DELQUEKER, Chronicles 103, der die Liste für ein hasmonäisches Dokument hält, das bis auf Jehojarib reicht und darauf ziele, die Hasmomäer als Zadokiden zu legitimieren. Einen Mittelweg schlägt P.B. DIRKSEN, 1 Chronicles 289, ein, indem er die Liste als Widerspiegelung „contemporary situation" zur Abfassungszeit der Chronik hält.

128 W. JOHNSTONE, Chronicles I 251, bestreitet diesen Zusammenhang.

129 Vgl. KBL 929f; HAL 1259f.

130 Vgl. 1Chr 15,16.22; 2Chr 35,9 (s.o. Abschnitte 2.5; 3.4).

131 Anders interpretiert S. JAPHET, 1Chronik 389, den שַׂר als „Beamter" und bestimmt die Wendungen der Chronik als „Ehrentitel" (a.a.O. 388; ähnlich R.W. KLEIN, 1Chronicles 467: „superlative"); gleichwohl betont sie die ungewöhnliche Formulierung (nur noch einmal belegt in Jes 43,28: שָׂרֵי קֹדֶשׁ). Da für Beamte in der Chronik sonst andere Termini üblich sind (vgl. dazu Abschnitt 5), scheint mir diese Übersetzung nicht nahezuliegen.

daraus schließen, dass, wenn demnach eine terminologische Spannung auszumachen ist, die Wendung שָׂרֵי־קֹדֶשׁ וְשָׂרֵי הָאֱלֹהִים als eine ironische Ergänzung zu gelten hat? Zweifellos gehören priesterliche Listen in den Bestand des Kultpersonals mit hinein, so dass die chr Präsentation nicht auf sie verzichten kann. Doch ist die Wortwahl nicht ohne einen kritischen Unterton gegenüber dieser Personengruppe. Durch diese Kennzeichnung werden in der Sinngebung der Chronik die Priester anders als die Leviten, deren genealogischer Bestand weniger zwiespältig dargestellt wird, positioniert. V.5b liegt damit auf der ersten redaktionellen Ebene, wo das Verhältnis von Leviten und Priestern neu bestimmt wird.

Diese Charakterisierung wird durch V.6 verstärkt, wo durch die Integration weitere Personen eine Neubewertung vorgenommen wird. Mitten in den Reihen der Priester wird der levitische Schreiber Schemajah angeführt. 24,6 springt zudem syntaktisch ins Auge. Der Satz ist überladen mit Personen, die zumeist keine Zuordnung erhalten. Während die Erwähnung des Königs an den in V.3 genannten David anschließt und der Hinweis auf den Grundbesitz zu der ab V.7ff folgenden Liste gehört, bilden sowohl der Schreiber als auch die Sippenhäupter einen Überschuss. Syntaktisch sperrig ist insbesondere die Zuordnung von בֵית־אָב אֶחָד, das sich entweder auf die Sippenhäupter zurückbeziehen oder auf den Grundbesitz voraus verweisen könnte. Zudem stellt die Wendung eine Doppelung zu רָאשֵׁי הָאָבוֹת dar, die am besten als explizierende Wiederholung zu verstehen ist, mit der das Ende eines Einschubs markiert wird. Da, wie bereits gezeigt worden ist, Schreibfunktionen den Leviten erst in späteren Passagen der Chronik zugeschrieben werden,[132] ist mit dieser Ebene auch hier zu rechnen. Zu V.6aα passt ferner V.6bα, der die Schreibfunktionen expliziert. Der Schreiber und die Sippenhäupter werden später in den Satz eingefügt; dabei wird das Verb vom Passiv (ni.) zum Aktiv (qal) verändert.

Durch die Ergänzungen und Bewertungen der Priester werden ihre Listen zweckdienlich in die Chronik integriert.[133] Die Charakteristik der Geschlechter in 1Chr 24,1–4 zeigt damit die gleiche Tendenz wie die Vorrangstellung der Leviten in dem Gesamtbestand des Listenmaterials.

6.2.2 Genealogische Listen von Leviten in 1Chr 24,20–30

In 24,20–30 ist heterogenes Material von, wie es heißt, „weiteren Leviten" (וְלִבְנֵי לֵוִי הַנּוֹתָרִים) zusammen gestellt, wobei verschiedene genealogische Verzahnungen dargeboten werden.

---

[132] Vgl. die Abschnitte 4. und 5.
[133] Vgl. W. JOHNSTONE, Chronicles I 251, der sie als ideologisch kennzeichnet.

Genealogische Listen von Leviten nach 1Chr 24,20–30 (jeweils deszendierend):

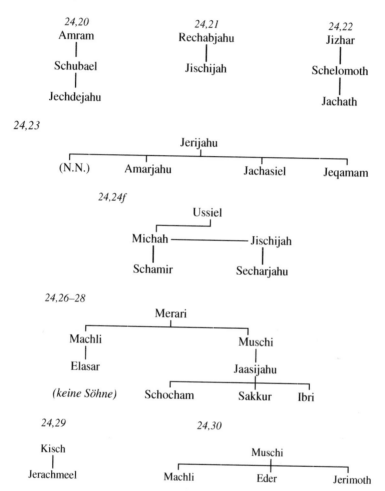

24,20
Amram
|
Schubael
|
Jechdejahu

24,21
Rechabjahu
|
Jischijah

24,22
Jizhar
|
Schelomoth
|
Jachath

24,23
Jerijahu
(N.N.) Amarjahu Jachasiel Jeqamam

24,24f
Ussiel
Michah ——— Jischijah
| |
Schamir   Secharjahu

24,26–28
Merari
Machli   Muschi
| |
Elasar   Jaasijahu
(keine Söhne) Schocham   Sakkur   Ibri

24,29
Kisch
|
Jerachmeel

24,30
Muschi
Machli   Eder   Jerimoth

Anders als bei den bisher bekannten Listen liegt in 1Chr 24,20–30 insofern ein anderer Fall vor, als hier nicht ein zusammenhängender Stammbaum dargeboten wird, sondern siebenmal neu angesetzt wird. Bereits damit erweist sich der Abschnitt als uneinheitlich.[134]

Zu der Uneinheitlichkeit tritt eine wenigstens partielle Fremdheit hinzu, da in 24,20–31 Leviten genannt werden, die in der Genealogie der Vorhalle weitgehend unbekannt sind. In 24,20–25.29 wird jeweils neu mit einem Sippenhaupt eingesetzt, dessen Zuordnung zu den Levitenstammbäumen, wie sie in der Vorhalle und auch in 1Chr 23 zu

---

[134] Anders hält H.G.M. WILLIAMSON, Origins 133f, an der Einheitlichkeit des Abschnitts fest.

finden sind, im Einzelnen nicht unproblematisch ist. Allerdings gibt es Anknüpfungspunkte, wenn man die nunmehr folgenden Levitennamen als Auffüllungen von Leerstellen vorhergehender Listen begreift. Doch selbst in diesem Fall ergeben sich nicht unerhebliche Schwierigkeiten bei einer versuchsweisen Einordnung der Namen aus 24,20–25.29 in die Levitengenealogien.

Von den erwähnten Sippenhäuptern wird lediglich der zu Beginn in 24,20 genannte Amram als Sohn Levis ausgewiesen. Doch bereits dieser Anfang weist Spannungen zu den Levitengenealogien auf, da ein Amram lediglich als Enkel Levis und Sohn Kehats in 1Chr 5,28; 6,35 erscheint. Problematischer wird die Zuordnung des Schubael in 24,20, da die Listen in der genealogischen Vorhalle keinen Schubael als Sohn Amrams aufweisen. Erst in 23,16 erscheint Schubael, tritt dort jedoch als Urenkel Amrams und nicht als sein Sohn auf.[135]

Nennt 24,22 Jizhar, so könnte man diesen parallel zu Amran mit dem gleichnamigen Sohn Kehats aus 1Chr 5,28; 6,35 verbinden. Allerdings kennt 6,18–23 nicht die dem Jizhar hier zugeschriebenen Nachkommen.

Ein ähnlicher Fall liegt bei dem in 24,24 genannten Ussiel vor. Auch er ließe sich als Sohn Kehats, wie er in 1Chr 5,28; 6,35 begegnet, identifizieren. Ist Usiel in der genealogischen Vorhalle ohne Nachkommen genannt, so hat bereist 23,20 diese Lücke gefüllt, indem als seine Söhne Micha und Jischijah eingeführt werden. Wenn man diesen Jischijah mit dem in 24,24 genannten Jaschja verbindet, könnte man annehmen, dass 24,24 die Liste aus 23,20 fortsetzt.

Des Weiteren sind in 24,21 Rechabjahu und in 24,23 Jerijahu erwähnt, die beide zuvor unbekannt sind;[136] auch deren Söhne begegnen zuvor nicht.

Partielle Überschneidungen gibt es demgegenüber mit der Genealogie der Merariter in 24,26–28.30. Die beiden Söhne Meraris, Machli und Muschi, sind öfter belegt (vgl. 1Chr 6,14.32; 23,21). Elasar ist als Sohn Meraris aus 23,22, nicht aber aus der genealogischen Vorhalle bekannt. Als Söhne Muschis kennt 23,23 wie 24,30 die Söhne Machli, Eder und Jirmoth, wobei Letzterer mit Jerimoth identisch sein dürfte. Demgegenüber sind die in 24,27 genannten Nachkommen Muschis sonst nicht überliefert. Der in 24,29 genannte Kisch dürfte mit dem gleichnamigen Sohn Machlis aus 23,21 zu identifizieren sein, der dort jedoch kinderlos erscheint. Auch seine Erwähnung ist, wie bereits Elasar, eine Eintragung in 1Chr 23 gegenüber der genealogischen Vorhalle. Nachdem bereits 1Chr 23,21–23 die Genealogie der Merariter aufgefüllt hat, wird hier eine erneute Ergänzung geboten. Ferner wird

---

135 Anders sieht G.N. KNOPPERS, AncB 12A 878, in beiden dieselbe Person, die er ferner mit dem in 26,24 genannten Schebuel identifiziert.

136 Allerdings nimmt S. JAPHET, 1 Chronik 393, an, dass es sich bei Jerijahu um den in 1Chr 23,19 erwähnten gleichnamigen Sohn Chebrons handelt.

mit Jaasijahu ein weiterer Name als Sohn Muschis und Enkel Meraris in die Genealogie eingefügt. Damit setzt 24,26–28.30 die in 23,21–23 begonnene Tendenz fort, Leerstellen zu füllen und weitere Namen in die Genealogie einzuhängen.[137] Formieren die in 1Chr 24,20–25.29 genannten Vorfahren unter dem zu Beginn überschriftartig gesetzten Stichwort „Leviten", so ist die genealogische Verbindung im Einzelnen recht locker oder gar unbestimmt. Wenn in 24,20 gar davon die Rede ist, dass nachfolgend die übrigen Leviten (וְלִבְנֵי לֵוִי הַנּוֹתָרִים) aufgeboten werden, so ist dies ein deutliches Anzeichen dafür, dass die Liste ein Konglomerat heterogenen Materials darstellt. Hierbei handelt es sich um spätere Einschreibungen in die Levitengenealogien, mit denen weitere Personen nunmehr unter die Leviten subsumiert werden.[138]

Die summarische Notiz in 24,31 sucht eine Einbindung dieser levitischen Linien in die eigentlichen levitischen Genealogien vorzunehmen, indem die Behauptung nachgetragen wird, dass auch diesen Sippen Anteile durch das Losverfahren zugesprochen werden. Nähere Informationen dazu bleiben allerdings aus, so dass die Sinngebung der chr Textwelt die Vorstellung zu implementieren scheint, dass alle Anteile bereits verteilt sind und nichts mehr für weitere Familien zu vergeben übrig ist. Probleme erzeugt auch das in V.31 zweimal fallende Stichwort „Brüder", das diese Geschlechter an die levitischen Linien anschließt. Auch dabei ergeben sich Spannungen, da einerseits im Kontext die Aaroniden als Brüder erscheinen und andererseits von „seinen kleinen Brüdern" (אָחִיו הַקָּטָן) die Rede ist. Hierbei ist weder das Possessivpronomen sicher zuzuordnen, noch ist klar, welche Gruppe mit den kleinen Brüdern zu identifizieren wäre. Ferner stellt V.31b ein fast wörtliches Zitat aus 24,6b dar.[139]

Alle Beobachtungen sprechen dafür, in dem Abschnitt 24,20–31 eine oder mehrere spätere Anfügung(en) zu sehen, die weitere Personen nachträglich in die levitischen Genealogien einzubinden sucht.[140] Dass bei einer sekundären Stammbaum-Zuschreibung Brüche entstehen, ist naturgemäß nicht erstaunlich. Die Sinnzuschreibungen verleihen den integrierten Personen über ihre Eingliederung in die soziale Gruppe der Leviten schließlich Identität und Autorität.

---

[137] S. JAPHET, 1 Chronik 394; S.L. MCKENZIE, Chronicles 192, sehen dahinter Strukturveränderungen der Merariter.

[138] Vgl. R.W. KLEIN, 1Chronicles 472 (für V.20–31); in V.20 rechnet J. BECKER, 1Chronik 96, mit einem Nachtrag.

[139] Daher betrachtet S.S. TUELL, Chronicles 100, V.31 als eine Ergänzung.

[140] Vgl. E. CURTIS, A. MADSEN, Books 272f; W. JOHNSTONE, Chronicles I 254; S. JAPHET, 1 Chronik 384; G.N. KNOPPERS, AncB 12A, 838.

6.2.3 Nachkommen der Leviten Asaf, Jeduthun und Heman in 1Chr 25,2–4

Eine Erweiterung stellt auch die Liste der Nachkommen Asafs, Hemans und Jeduthuns in 1Chr 25,2–4 dar, auf die bereits in anderem Zusammenhang eingegangen worden ist.[141] Folgende Nachkommen werden dort nebeneinander genannt:

Nachkommen von Asaf, Jeduthun und Heman nach 1Chr 25,2–4:

25,2	Söhne Asafs	Sakkur, Josef, Nethanjah, Asarelah
25,3	Söhne Jeduthuns	Gedaljahu, Zeri, Jeschajahu, Schubael[142], Chaschabjahu, Mattitjahu
25,4	Söhne Hemans	Buqqijahu, Mattanjahu, Ussiel, Schebuel, Jerimoth, Chananjah, Chanani, Eliathah, Giddalti, Romamtthi-Eser, Joschbeqascha, Mallothi, Hothir, Machasioth

Diese Liste zeigt die gleichen formalen Kennzeichen für genealogische
Ergänzungen wie das in Kap. 23 und 24 rezipierte Material, da hier
Leerstellen gefüllt werden. Die in 25,2–4 genannten Söhne tauchen in
anderen Listen nicht auf,[143] so dass 25,2–4 Erweiterungen im genea-
logischen Bestand bieten.[144] Mit Asaf, Heman und Jeduthun werden
Leviten in den Vordergrund gerückt, die unter den bedeutenden Sip-
penhäuptern in der Vorhalle nicht erwähnt sind. Auch werden die drei
Leviten und ihre Nachkommen hier nicht den levitischen Söhnen
Kehat, Gerschom und Merari zugeordnet. Vielmehr begegnen Namen,
die für die Chronik erst später wichtig werden. Die Listen mit der
Funktionsbeschreibung der Leviten dienen dazu, den drei Sippenhäup-
tern einen herausragenden Rang unter den prominenten Vorfahren
zuzuweisen. Damit schreibt diese Liste Funktionen fort, die in anderen
Genealogien ansatzweise zu finden sind, etwa in dem Einhängen der
Asaf-Genealogie in 1Chr 6,29–32.

---

[141] Vgl. oben Abschnitt 4.2.

[142] Da der Name nur in einigen Handschriften überliefert ist, ist er textkritisch
nicht zu sichern.

[143] Zur Fremdheit der Namen vgl. E. CURTIS, A. MADSEN, Books 276f; W.
JOHNSTONE, Chronicles I 258.

[144] Zur Diskussion um die Künstlichkeit der Namen in V.4 vgl. S.L. MCKENZIE,
Chronicles 195f, der vorschlägt, den Konsonantenbestand anders zu vokalisieren,
und dann darin einen Psalm oder verschiedene Psalmenanfänge ausmacht. Dieser
Vorschlag liefert einen Beitrag zur Frage der Bedeutung von Namen, auf die hier
nicht weiter eingegangen wird, ist aber hinsichtlich der Frage nach der Einschreibung von (neuen) Namen in eine Genealogie nicht unerheblich. Er bietet eine an-
sprechende Ergänzung hinsichtlich der Frage nach der Sinngebung der Genealogien. Sind die Namen als fiktive Kunstprodukte auszumachen, so zielt ihr Bedeu-
tungsgehalt auf Psalmentraditionen.

6.2.4 Nachkommen der Torhüter in 1Chr 26,1–12

Unter der Überschrift „Abteilungen der Torhüter" (מַחְלְקוֹת לְשֹׁעֲרִים) werden in 26,1–12 drei genealogische Listen geboten, die in mancherlei Hinsicht der Präsentation der Leviten in 1Chr 23 ähneln.

Genealogien von Torhütern nach 1Chr 26,1–12:

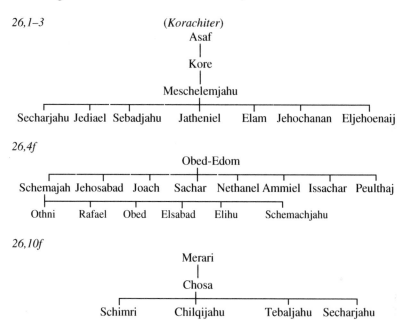

26,1-3 (*Korachiter*)
Asaf
|
Kore
|
Meschelemjahu

Secharjahu Jediael Sebadjahu Jatheniel Elam Jehochanan Eljehoenaij

26,4f
Obed-Edom

Schemajah Jehosabad Joach Sachar Nethanel Ammiel Issachar Peulthaj

Othni Rafael Obed Elsabad Elihu Schemachjahu

26,10f
Merari
|
Chosa

Schimri Chilqijahu Tebaljahu Secharjahu

In 26,1–12 wird erneut heterogenes Material dargeboten, was an der formalen Brüchigkeit zu sehen ist. Nachdem 26,1a die Abteilungen der Torhüter generell den Korachitern zuweist, folgt zunächst in V.1b eine aszendierende Rückführung Meschelemjahus auf Asaf. Asaf seinerseits ist hier aber keinem der drei großen levitischen Geschlechter unmittelbar angeschlossen; dies bleibt jedenfalls dann offen, wenn man die generelle Einführung in V.1a nicht auf die folgenden, genealogisch unverbundenen Listen bezieht. Asaf erhält keine besondere Qualifikation an dieser Stelle, sondern wird als bekanntes Familienoberhaupt genealogisch vorangestellt.

Der Asaf zugeschriebene Enkel Meschelemjahu ist in der Chronik nur noch in 1Chr 9,21 als Torhüter an der Stiftshütte belegt.[145] Dort

---

145 E. Curtis, A. Madsen, Books 283, verweisen ebenso auf 1Chr 26,14, wo aber שֶׁלֶמְיָהוּ erwähnt ist, und auf 1Chr 24,25, wo jedoch מִיכָה יִשִּׁיָּה genannt ist.

wird er zwar, wie indirekt auch in 26,1, den Korachitern zugerechnet (vgl. 9,19),[146] doch nicht in eine Relation zu Asaf gesetzt.[147] In V.2f werden sodann deszendierend acht Söhne Meschelemjahus genannt. Die Zählung der Nachkommen erinnert an vergleichbare formale Strukturen in 1Chr 23,10f. Wie dort[148] liegen auch in 26,2f spätere literarische Formen vor, so dass von einem Wachstum des Listenmaterials auszugehen ist. Die Listen verfolgen die Intention, die Torhüter mit den aus der genealogischen Vorhalle bekannten Geschlechtern von Leviten zu verbinden.

Mit Obed-Edom beginnt in 26,4f eine neue Liste, die dem auch ansonsten prominenten Torhüter Söhne und Enkel zuschreibt. Auch diese Liste bietet eine Zählung der Nachkommen und passt daher zur formalen Gestaltung von V.2f. Obed-Edom kommt als Torhüter bei der Überführung der Lade nach Jerusalem eine bedeutende Position zu (vgl. 1Chr 15,18.24; 16,38), die aber eine spätere Ausgestaltung darstellt.[149] Demgegenüber macht seine Erwähnung hier einen ursprünglicheren Eindruck, da er in der genealogischen Liste nicht näher gekennzeichnet ist. Auch ist von seiner Dynastie nicht behauptet, dass sie zu den levitischen Sippen gehöre; ebensowenig wird die Familie einer der drei levitischen Geschlechter zugerechnet, so dass davon auszugehen ist, dass in dieser Liste die Torhüter noch nicht vollständig mit den Leviten assoziiert sind. In 26,4f liegt unverändertes Listenmaterial vor, wie es wohl aus Einwohnerlisten administrativer Archive übernommen worden ist. Der Teil gehört zu dem Grundbestand der Kapitel.[150]

Anders verhält es sich mit den erläuternden Hinweisen in 26,6–9, die die zuvor erwähnten Torhüter kennzeichnen als angesehene Männer (גִּבּוֹרֵי חַיִל; אִישׁ־חַיִל בַּכֹּחַ לַעֲבֹדָה) und Obed-Edom selbst als בֵּרֲכוֹ אֱלֹהִים charakterisieren (26,5). Nachdem in V.6–8 Obed-Edoms Nachkommen vorgestellt worden sind, wird in V.9 auch die Sippe Meschelemjahus in diese Kennzeichnung mit einbezogen. Durch die mehrmals in verschiedenen Variationen verwendeten Begriffe בְּנֵי־חַיִל und הַגְּבֹרִים werden die Torhüter als kraftvolle, mächtige und angesehene Männer bewertet. Die Wendung גִּבּוֹרֵי חַיִל, die zumeist für Krieger verwendet wird,[151]

---

146 Aus dieser literarischen Verbindung der Korachiter mit den Torhütern schließt J.M. MILLER, Korahites 67, dass alle Korachiter Torhüter waren. Diese einfache Rechnung ist weder von der Chronik noch von anderen Belegen gedeckt.

147 Nach W. JOHNSTONE, Chronicles I 259, stellt die Erwähnung Asafs eine Kontamination aus 1Chr 25 dar.

148 Vgl. Abschnitt 6.1.

149 Vgl. oben Abschnitt 2.5.

150 Anders A.C. WELCH, Work 91f; H.G.M. WILLIAMSON, Origins 128f; S.J. DE VRIES, Chronicles 209, P.K. HOOKER, Chronicles 103; S.L. MCKENZIE, Chronicles 199; R.W. KLEIN, 1Chronicles 490, die 1Chr 24,4–8 als sekundär bestimmen.

151 Vgl. J.W. WRIGHT, Gates 70–72; G.N. KNOPPERS, AncB 872. Anders nimmt J. SCHAPER, Priester 243, an, dass der Begriff „eine ‚Standesbezeichnung'" ist und „sich geradezu mit ‚(Gross-)Grundbesitzer' oder genauer ‚Großgrundeigentümer'"

stellt die Torhüter in die Nähe von Soldaten und prägt ihnen das Image auf, dass sie mit gewaltsamen Einsätzen Ruhm erlangten.[152] Dahinter steht vielleicht eine Erinnerung an Anwendung von Waffengewalt durch die Torhüter in strittigen Fällen. Das militärische Porträt konvergiert mit chr Aussagen, die Leviten in militärische Handlungen involvieren.[153] In 1Chr 26,6–9 werden besondere Leistungen der Torhüter herausgestellt, um diese Sippen und ihre Dienstabteilungen zu qualifizieren. Diese Würdigung lässt sich als Entree verstehen, mit dem den Torhütern Zugang zu den levitischen Genealogien gewährt werden soll. Diese Interpretation wird durch die zweifache Erwähnung von „Söhnen" und „Brüdern" (בָּנִים וְאַחִים, V.8.9) unterstützt, durch die eine genealogische Zuschreibung und sekundäre Einbindung von Geschlechtern in andere Linien dargestellt wird.

In 1Chr 26,10f wird zunächst aszendierend eingesetzt, bevor eine deszendierende Liste von Torhütern angeschlossen wird. Die formale Gestalt des Materials passt insofern zu 26,1.2f.4f, als auch diese Söhne durchgezählt sind. Die genannten Nachkommen werden hier aber anders als zuvor explizit den Meraritern als eines der drei großen levitischen Geschlechter zugeordnet. Formal ist der Bezug ähnlich wie der Hinweis auf die Korachiter in V.1 gestaltet. Beide levitische Sippen werden erneut am Ende der folgenden Liste, in der den Torhütern ihre Einsatzorte zugewiesen werden, geboten (V.19).

Inhaltlich bereitet die Einordnung der Torhüter in die Merariter aber Probleme, da ein Sohn Meraris namens Chosa nirgends sonst im Listenmaterial zu finden ist; ob er tatsächlich mit dem gleichnamigen Chosa aus 1Chr 16,38 zu identifizieren ist, ist fraglich, da beide nur in der Torhüterfunktion übereinstimmen, aber darüber hinaus keine Gemeinsamkeiten haben. Wenn man die Identifikation nicht voraussetzt, ist Chosa als Sohn Meraris singulär hier erwähnt, so dass er allenfalls eine theoretische, doch keine explizierte Leerstelle in der Merariter-Genealogie füllt. Dafür, dass diese Torhüter sekundär in die Genealogie der Merariter eingehängt sind, spricht ein erneuter Hinweis auf „Söhne und Brüder" in V.11, der als literarkritisches Stilmittel dient, anhand dessen die genealogische Verbindung der Liste in 26,10f mit den Meraritern als sekundär gewertet werden kann.[154]

---

wiedergeben" lässt. Anders J. JARRICK, Chronicles 150: Männer „who exercised authority".

[152] Vgl. G.N. KNOPPERS, AncB 871f, der von „security force" spricht (ebd. 872). So auch S.L. MCKENZIE, Chronicles 200. Anders P.K. HOOKER, Chronicles 103: „the massive temple doors of the Temple gates would require physical strength and thus those who are strong fighters would have been identified early as suited to the work."

[153] Vgl. oben Abschnitt 2.6.

[154] Anders geht W. JOHNSTONE, Chronicles I 261, davon aus, dass die Merariter „by far the dominant group among the gatekeepers" darstellen.

26,12 bildet zusammen mit V.1a den Rahmen der genealogischen Listen der Torhüter. Allerdings ist in V.12b eine Erweiterung eingetragen, die die Torhüter als „kriegerische Häupter neben ihren Brüdern" (רָאשֵׁי הַגִּבֹּרִים ... לְעֻמַּת אֲחֵיהֶם) kennzeichnet. Damit ist der zentrale Gedanke von V.6–9 noch einmal als Interpretationsschlüssel zu 26,1– 12 eingebracht,[155] der nun auch die Merariter mit einschließt.

6.2.5 Die levitischen Schatzmeister in 1Chr 26,20–28

Auf die Listen der Torhüter folgen drei levitische Genealogien. Gleich einer Überschrift werden die Sippen als הַלְוִיִם vorgestellt. Die Listen sind durch das Stichwort „Brüder" (26,20.26) mit anderen Listen formal verbunden. Demgegenüber spielt die Vater-Sohn-Relation eine untergeordnete Rolle (Ausnahme: die Nachkommen Eliezers in 26,25). Alle Leviten sind „Aufseher über die Schätze der Besitztümer des Tempels" (vgl. V.20: עַל־אוֹצְרוֹת בֵּית הָאֱלֹהִים, ähnlich V.22.26) gekennzeichnet. Schebuel ist zudem als „Vorsteher der Schätze" (V.24: נָגִיד עַל־הָאֹצָרוֹת) genannt.[156] Auch diese Listen sind von Funktionszuschreibungen dominiert und legen demgegenüber weniger Gewicht auf genealogische Strukturen.

Nachkommen der Leviten nach 1Chr 26,20–22.24–25 (erst aszendierend, dann deszendierend):

26,20–22

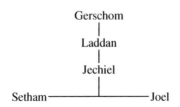

---

155 G.N. KNOPPERS, AncB 12A 847, bestimmt die Torhüter daher als „Temple's police force".
156 Zu den Schatzmeistern als Lagerverwalter in den Tempelkamemrn vgl. die Abschnitte 2.2, 2.4.2 und 5.7.

26,24–25

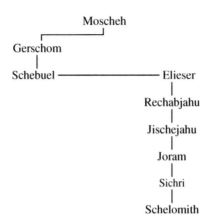

Da nicht immer klare Bezüge hinsichtlich der Abstammungsverhältnisse gesetzt sind, sind die genealogischen Verbindungen der Personen
bisweilen schwer zu ermitteln. Dies trifft partiell auch auf die obigen
Schemata zu. Vor allem zwei logische Probleme sind anzutreffen.
Einerseits bleibt etwa das Bezugswort des Suffixes in וְאֶחָיו zu Beginn
von V.25 unklar. Da es sich kaum auf den in V.24 zuletzt genannten
Mose beziehen kann und auch zu Gerschom logische Schwierigkeiten
bestehen, muss es Schebuel meinen. Andererseits ist die Beziehung von
Laddan und Jechiel am Ende von V.21 unklar. Zunächst wird in V.21
die Nachkommenschaft Laddans, der als Gerschoniter ausgewiesen
wird, als Sippenhäupter (רָאשֵׁי הָאָבוֹת) bestimmt. Konkurrierend dazu
wird am Ende von V.21 Jechiel[157] als einziger Sohn Laddans angegeben (לְלַעְדָּן הַגֵּרְשֻׁנִּי יְחִיאֵלִי). V.22 setzt neu ein, indem nachfolgend Söhne
Jechiels genannt werden.
 Ferner ist 26,23 problematisch. In V.23 stehen die vier Namen
Amram, Jizhar, Chebron und Usiel als Gentilizia unverbunden im Text
zwischen den beiden genealogischen Listen der Gerschoniter. Die in
V.23 genannten Personen erhalten weder eine verwandtschaftliche
noch eine funktionale Zuordnung zueinander oder zu den übrigen Leviten. Allerdings sind sie aus 1Chr 5,28; 6,3; 23,12; vgl. Ex 6,18; Num
3,19; TestLev 12,2 als Söhne Kehats bekannt. Gleichwohl bleibt
fraglich, welche Rolle sie in 1Chr 26 spielen, da sie hier offensichtlich
mit einem Gerschom verbunden sind, der in der vorhergehenden und in
der folgenden Liste vertreten ist. Doch auch diese Auskunft ist nicht
eindeutig, da zwei Personen dieses Namens unter den Leviten bekannt
sind: der Levisohn Gerschom und Gerschom, der Sohn Moses, der
nach 1Chr 23,15 in die Kehatiter-Genealogie eingehängt ist. Hier ist an

---

[157] MT bietet ein Gentilizium, wie es auch in V.23 vorliegt. Zu lesen ist der Name
ohne die Endung. Zu den Gentilizia s.u.

Letzteren gedacht; dafür spricht die Beziehung zu Mose, die mit 23,15 überein stimmt. Wenn nachfolgend in 26,25 Söhne Eliezers genannt werden, so füllen diese eine Leerstelle aus 1Chr 23 auf. Auf diesem Hintergrund erklärt sich 26,23 als Klarstellung der genealogischen Einbindung Gerschoms.[158] Indem die vier Sippenhäupter der Kehatiter angeführt werden, wird die genealogische Linie Kehats auf den Plan gerufen, in die Gerschom, seine Brüder und Söhne, als Aufseher über die Schätze nunmehr eingeordnet werden.

Aus diesem Schema fallen die Nachkommen Gerschoms in 26,20–22 allerdings heraus, da 1Chr 23 zwar einen Sohn Gerschoms namens Laddan,[159] doch keinen Jechiel kennt. Auch ansonsten sind diese Sippenhäupter nicht zu finden. Das Stichwort „Brüder" am Anfang von V.20 dient auch hier der Einfügung neuer Sippenhäupter in bekannte genealogische levitische Linien. Zudem überrascht die Doppelung der Funktionsbestimmung der Aufseher über die Schätze in V.20, die eine Kurzfassung der ausführlicheren Bestimmung in 26,26–28 darstellt. Ferner variiert die Bezeichnung בֵּית יְהוָה in V.22 die Bezeichnung des Tempels als Gotteshaus aus V.20. Diese Beobachtungen sprechen für die Annahme, dass in V.20–22 eine zweite Liste nach der ersten in 26,24f eingefügt worden ist.[160]

V.23 ist abermals später, indem weitere Familien als Sippenhäupter in die Leitung der Schatzmeister integriert werden, so dass die Überschrift in V.20 nunmehr auch für diese Sippen gilt. Dabei wird eine Struktur der Gentilizia erzeugt, die in früheren Schichten in V.20–28 so nicht vorlag, doch zu dem pluralischen Charakter des Listenmaterials passt. Bekannt ist diese Form aus V.29–32;[161] dessen Präsentation von umfangreicheren Gruppen wird in V.23 adaptiert. Dass Jechiel in V.21f im Text der Chronik ebenso als Gentilizium steht, geht möglicherweise auf diese späteste Redaktionsschicht zurück, die den Eigennamen in ein Gentilizium verwandelt hat.

Gerschom ist als der bedeutende Vorfahre der Schatzmeister ausgewiesen; er steht in 26,20 voran und wird in 26,24 sogar auf Mose zurückgeführt. Damit partizipieren die levitischen Aufseher, Schatzmeister und Vorsteher an der mosaischen Autorität, die auch mit anderen levitischen Aufgaben wie etwa der Prophetie und der Rechtsprechung verbunden ist.[162] Ein Porträt der Funktionen wird nicht gegeben. Wichtig scheint hier eine genealogische Identitätsstiftung zu sein, die soziale Verbindungen und theologische Absicherungen für die mit unterschiedlichen Teilen des Schatzhauses im Tempel befassten Leviten (V.20:

---

[158] Als eine Ergänzung betrachtet S.L. McKenzie, Chronicles 202, V.23.

[159] So in 1Chr 23,8; vgl. W. Johnstone, Chronicles I 246.

[160] Vgl. R.W. Klein, 1Chronicles 494f. Nach E. Curtis, A. Madsen, Books 286, sind lediglich „die Söhne Jechieli" eine Glosse.

[161] Dass 26,29–32 zum Grundbestand von 1Chr 23–27 gehören, ist in Abschnitt 5.3 festgestellt worden.

[162] Vgl. dazu die einzelnen Analysen in den Abschnitten 4. und 5.

(עַל־אֹצְרוֹת בֵּית יְהוָה ‎.V.22 ‏vgl ;עַל־אוֹצְרוֹת בֵּית הָאֱלֹהִים וּלְאֹצְרוֹת הַקֳּדָשִׁים)
generiert.

6.2.6 Levitische Beamte und Richter in 1Chr 26,29–31

Die folgenden genealogischen Zuordnungen entsprechen im Charakter den vorhergehenden Listen der Schatzmeister; auch hier sind Funktionszuordnungen und Genealogien ineinander gewoben. Es folgen Namen von Leviten, die als Beamte und Richter vorgestellt werden[163] und für das gesamte Volk zuständig sind.[164] Die Sippenhäupter sind erneut nicht direkt als Leviten ausgewiesen. Doch sind sowohl Jizchar als auch Chebron anderweitig als Söhne des Levisohnes Kehat bekannt (vgl. 1Chr 5,28; 6,3; 23,12; vgl. Ex 6,18; Num 3,19; 26,58; TestLev 12,2).

Nachkommen der Leviten nach 1Chr 26,29–31:

Trotz der Anknüpfung an bekannte Kehatsöhne überraschen einige der Namen der Enkelgeneration. Weder ist Kenanjahu als Sohn Jizhars aus den umfangreichen diversen genealogischen Listen der Kehatiter bekannt, noch begegnen anderweitig in der Chronik Chaschabjahu und Jerijjah als Söhne Chebrons. Für die Einfügung neuer Söhne in die Kehatiter-Genealogie in 1Chr 26,29–31 wird erneut die literarische Technik der Auffüllung von Leerstellen benutzt. Zwar sind diese Leerstellen in den anderen genealogischen Listen der Kehatiter nicht dezidiert angezeigt, doch ist prinzipiell mit der Möglichkeit zu rechnen, dass in einem Stammbaum nicht alle Söhne vollständig verzeichnet sind; solche theoretischen Leerstellen lassen Freiräume für spätere Einschreibungen, so dass weitere Namen hinzugefügt werden können.

Auffällig ist an dieser Liste weiterhin, dass Jizchar und Chebron nicht als Personennamen, sondern als Gentilizia erscheinen. Dieses Phänomen setzt die Gentilizia aus V.21f.23 fort (s.o.). Auch hier wird partiell pluralisch formuliertes Material rezipiert. Warum am Ende von 1Chr 26 Sippenhäupter formal als Gentilizia präsentiert werden, ist nicht gesagt. Möglicherweise sollte damit eine hinsichtlich des Bestandes umfangreichere Gruppe ausgedrückt werden. Wenn lediglich eine zurückhaltende Verbindung zu den Kehatitern gezogen wird, spricht

---

163 Vgl. dazu Abschnitt 5.3.
164 Vgl. W. JOHNSTONE, Chronicles I 264.

dies für eine fragwürdige Zuschreibung der genannten Beamten zu dieser Sippe. Die namentlich anonym bleibenden Söhne (26,29) und Brüder (26,30.32) der Sippenhäupter sprechen einmal mehr dafür, dass mit den Termini relationale Verbindungen gezogen werden,[165] die Arbeitsverhältnisse ausdrücken und nicht so sehr tatsächliche Familienbeziehungen bezeichnen. Die genealogisch lockeren Verbindungen sind als Identitätszuschreibungen einer heterogenen Gruppe anzusehen.

6.2.7 Beamte in verschiedenen Verantwortungsbereichen in 1Chr 27

In 1Chr 27,1–15.25–34 werden Sippenhäupter (רָאשֵׁי הָאָבוֹת) als Beamte (שֹׁטְרִים) mit Verantwortungsfunktionen für administrative Bereiche (הַמַּחְלְקוֹת)[166] aufgeführt, die aber nicht mit Familienbeziehungen verknüpft sind. Die Form des Materials entspricht einer Ämterliste, die einzelne Abteilungsleiter bestimmten Verwaltungsaufgaben zuteilt. Dieses Material ist bereits vorgestellt worden.[167]

Dazwischen eingestellt ist in 1Chr 27,16–22 ein Abschnitt, in dem Vorsteher der Stämme Israels genannt werden. Damit werden einzelne Sippenhäupter als Laienvertreter größeren Familienverbänden vorgeordnet. Interessant ist hieran weniger die Namensliste der Vorsteher als vielmehr die jeweils erwähnten Stämme Israels, die signifikante Abweichungen gegenüber parallelen Stammeslisten in der Chronik aufweisen. Differenzen gibt es sowohl gegenüber den Stämmen in der genealogischen Vorhalle 1Chr 2,3–9,1 als auch gegenüber den von David bestellten Vertretern der Stämme in 1Chr 12,25–38 sowie gegenüber den Söhnen Josefs in 1Chr 2,1–2.

---

[165] Vgl. B.P. DIRKSEN, 1 Chronicles 283, der die שֹׁטְרִים als „officials who were under the authority of a superior" bestimmt, wobei ihre Position in 1Chr 26 nicht klar determiniert sei.

[166] Der Begriff ist hier nicht im kultischen Sinn verwendet, wie es für die Belege in Abschnitt 2.1.2 herausgestellt wurde, sondern bezeichnet administrative Positionswechsel; vgl. G.N. KNOPPERS, AncB 12A 894.

[167] Vgl. Abschnitt 5.4.

1Chr 2,1–2	1Chr 2,3–9,1	1Chr 12,25–38	1Chr 27,16–22
Ruben	Juda	Juda	Ruben
Simeon	Simeon	Simeon	Simeon
Levi	Ruben	Levi	Levi
Juda	Gad	Benjamin	Aaron
Issaschar	Manasse (1)	Ephraim	Juda
Sebulon	Levi	Manasse (1)	Issaschar
Dan	Issaschar	Issaschar	Sebulon
Josef	Benjamin	Sebulon	Naphthali
Benjamin	Naphthali	Naphthali	Ephraim
Naphthali	Manasse (2)	Dan	Manasse (2 tlg.)
Gad	Ephraim	Asser	Benjamin
Asser	Asser	Ruben, Gad,	Dan
		Manasse (2)	

Während das Summarium 1Chr 2,1–2 alle zwölf Söhne Jakobs benennt, sind in den genealogischen Listen der Chronik nicht alle Söhne vertreten. In 1Chr 2,3–9,1 fehlen Dan und Sebulon, in 1Chr 12,25–38 ist Josef ausgelassen und in 1Chr 27,16–22 vermisst man Asser und Gad[168]. Demgegenüber haben einige Stämme Ausdifferenzierungen erfahren. In 1Chr 2,3–9,1 und auch 12,25–38 sind sowohl Benjamin als auch seine beiden Söhne Ephraim und Manasse vertreten. In 1Chr 27,16–22 sind hingegen anstelle von Benjamin nur seine beiden Söhne repräsentiert, zudem ist Aaron aus dem Stamm Levi ausgegliedert. Trotz der verschiedenen Auslassungen und Ausgliederungen entstehen jeweils Zwölferlisten. Die Zahl zwölf scheint der Chronik wichtiger als eine vollständige und in der Generationsfolge schlüssige Repräsentation der zwölf Stämme zu sein. Konnte dieses formale Gestaltungsprinzip bereits bei den Levitengenealogien beobachtet werden, so knüpfen die Israellisten daran an.

Die Bedeutung der Listen ist aus den jeweiligen Spezifika zu erschließen, mit denen die erwähnten Stämme oder ihr Vorsteher qualifiziert werden. Hier ist der Fokus auf die Leviten zu richten. Auffällig ist daran, dass sowohl in 12,25–38 als auch in 27,16–22 Aaron erscheint, der unter den Stammeshäuptern üblicherweise sonst nicht verzeichnet ist. In 12,27–29 sind als Vorsteher (נָגִיד) zwei Personen angeführt: Jehojada von den Aaroniden und Zadoq. In 27,17 ist für die Leviten wie auch für die Aaroniden ein eigenständiger Sippenvorsteher vertreten: für die Leviten wird Chaschabjahu genannt, für die Aaroniden ist Zadoq angegeben. Für diese Ausgliederung der Aaroniden bieten sich zwei Interpretationsmöglichkeiten an. Entweder ist Aaron

---

168 E. CURTIS, A. MADSEN, Books 291f, geben die formale Erklärung, dass die am Ende fehlenden Namen Asser und Gad deswegen ausgefallen sind, weil eine Zwölferliste bereits anderweitig gefüllt worden ist. S.S. TUELL, Chronicles 105, nimmt einen Schreibfehler an. P.K. HOOKER, Chronicles 106, geht von aktuellem Gebietsverlust der beiden Stämme aus.

358 Die Leviten in der Chronik

separiert worden, um die (aaronidischen) Priester herauszustellen, was einer priesterlichen Wertschätzung entspräche.[169] Oder Aaron tritt deswegen als eigenständige Größe auf, weil die Chronik ihn aus dem Stamm Levi ausgegliedert wissen will, um getrennte soziale Verantwortungsbereiche auszuweisen. Für letztere Möglichkeit spricht die Abfolge der Stämme, da Levi sowohl in 1Chr 23–24 als auch in 27,17 voransteht und Aaron gegen die tasächliche sakrale hierarchische Stellung nachgeordnet folgt. Da die Aaroniden durch keinerlei adverbielle Bestimmung näher gekennzeichnet werden, sondern eher blass erscheinen, spiegelt ihre Ausgliederung eine levitische Perspektive der Verdrängung.

Die Intention für die Abtrennung der Priester liegt in einer Zuordnung der Zadokiden zu den Aaroniden, die für die Chronik charakteristisch ist. Die Zadokiden werden in 1Chr 5,34.38; 6,38 (vgl. 1Chr 12,29; 29,22) in die Aaron-Genealogie eingebunden.[170] Durch diese Assimilation lässt die Chronik eine neue Gruppe von Priestern entstehen, die nunmehr gemeinsam aus Aaroniden und Zadokiden besteht. Damit fügt die Chronik die konkurrierenden Priestergeschlechter zusammen[171] und schafft der genealogischen Linie um Zadoq eine Legitimation.[172] Aufgrund dieser genealogischen Neuordnung der priesterlichen Gruppe sind sie nicht mehr unter den Leviten repräsentiert, sondern werden aus ihnen ausgegrenzt. Dadurch kommt es zu einer „Entaaronisierung" einer Gruppe aus den Leviten. Dieser Vorgang fällt aus dem üblichen Vorgehen der levitischen Gruppenbildung insofern heraus, als er eine gegenläufige Tendenz zu den sonst üblichen Gruppenverschmelzungen zwischen den Leviten und einerseits den Sängern / Musikern sowie andererseits den Torhütern bildet. Mit der Ausgliederung der sakralen Elite werden die Priester von den Leviten abgesetzt. 1Chr 27,16–22 formuliert damit genealogisch eine auch anderweitig zu entdeckende dezente Rivalität zwischen Leviten und Priestern.[173]

Wenn man die Liste 1Chr 27,16–22 als spätere Hinzufügung zu 1Chr 23–27 betrachtet,[174] lässt sich die Separierung der Priester als komplementäre Bewegung im Gegensatz zur Aufwertung der Leviten begreifen. Im Interesse der Chronik steht eine Positionierung der Leviten in verantwortungsvolle soziale Stellungen, wie sie das vorhergehende Material präsentiert hat. Da die kultische Dominanz der Priester dieser Entwicklung im Weg steht, werden die Priester aus dem

---

[169] Vgl. S.L. MCKENZIE, Chronicles 207.
[170] Zur künstlichen Einbindung Zadoks in die Korach-Genealogie vgl. A.H.J. GUNNEWEG, Leviten 208.
[171] Vgl. S.J. SCHWEITZER, Utopia 149.
[172] Vgl. J.T. SPARKS, Genealogies 79.
[173] Vgl. dazu Abschnitt 7.6.
[174] Vgl. W. RUDOLPH, Chronikbücher 182; H.G.M. WILLIAMSON, Origins 134; S.J. DE VRIES, Chronicles 213; S.L. MCKENZIE, Chronicles 204; R.W. KLEIN, 1Chronicles 504–506.

Sozialporträt ausgeschlossen. Die Leviten rangieren nicht mehr als Tempelpersonal *unter* den Priestern, sondern als einflussreiche multifunktionale gesellschaftliche Gruppierung *neben* den Priestern.

6.2.8 Ertrag der Listen in 1Chr 23–27

Die Untersuchung der Listen in 1Chr 23–27 hat ergeben, dass heterogenes Material in der Chronik verarbeitet worden ist. Verschiedene Listen werden miteinander verbunden, indem die Chronik über die Stichworte „Söhne" und „Brüder" einzelne Familien und Gruppen literarisch miteinander korreliert. Dabei werden immer wieder neue Einschreibungen von zuvor unbekannten Sippenhäuptern sichtbar, mit denen unterschiedliche Personenkreise, d.h. verschiedene Familien und Berufsgruppen, in die Levitengenealogien eingehängt werden. Solche Einschreibungen sind als spätere genealogische Zuschreibungen zu erklären. Historisch beurteilt sind solche Einschreibungen allerdings im Wesentlichen fiktiver Art. Das braucht nicht zu bedeuten, dass die Listen jeglicher tatsächlicher Grundlage entbehren und ohne jedwede Basis imaginäre Namen bieten. Doch sind die relationalen Beziehungen nicht als tatsächliche Verwandtschaftsbeziehungen zu bewerten. Vielmehr verfolgen sie die Absicht, spätere Geschlechter literarisch in die Leviten zu integrieren. Gerade die Heterogenität der Listen spricht für ein solches Verfahren, sekundäre Beziehungen aufzubauen und diese in die Form von Familienregister zu gießen.[175] Heterogenes Material indiziert somit fiktive Zuschreibungen späterer Familienhäupter zu prominenten Vorfahren, um sie mit diesen zu verknüpfen.

Robert R. Wilson hat zwei Grundformen von Genealogien herausgearbeitet, die sich beide in der Chronik wiederfinden. Die eine formale Struktur bezeichnet er als „segmented genealogies", die die Funktion haben „to relate various living members of the society to each other"; mit diesen Genealogien wird es möglich, soziale Verhältnisse zu beschreiben und komplexe soziale und politische Strukturen abzubilden. Die andere Form nennt Wilson „linear genealogies", die die Funktion haben „to relate a living individual to someone in the past"; diese bilden Genealogien ab, die über mehrere bis hin zu vielen (in der Regel nicht mehr als 14) Generationen verlaufen und nachfolgende Geschlechter an einen prominenten Vorfahren anbinden.[176] In der Chro-

---

175 Vgl. G.N. KNOPPERS, Brothers passim, für die Genealogie Judas in 1Chr 2–4, die ähnlich dispersives Material wie die Levitengenealogien bietet. S.a. Y. LEVIN, Audience 235f.243.
176 Vgl. die Studien die anthropologischen und soziologischen Untersuchungen R.R. WILSON, Genealogy 9f; DERS., Azel 12 u.ö.; daran knüpfen an: R.L. BRAUN, Reconstruction 95f; Y. LEVIN, Audience 231f; G.N. KNOPPERS, AncB 12, 246–248; Y. LEVIN, Genealogies 11–15; S.J. SCHWEITZER, Utopia (ms diss) 68; J.T. SPARKS, Genealogies 16f.

nik sind *lineare Genealogien* in 1Chr 1–9 anzutreffen,[177] während *segmentäre Genealogien* in 1Chr 23–27 vorliegen. Die für diese Form charakteristische soziale Funktion besteht in 1Chr 23–27 nicht nur aufgrund der zumeist nur über wenige Generationenfolgen hinabreichenden Listen, sondern ergibt sich auch aus dem dargebotenen Sozialporträt.[178]

Das Sozialporträt verknüpft aber zugleich spätere Leviten mit einem der drei prominenten Sippenhäupter. Von den drei levitischen Geschlechtern sind vor allem die genealogischen Listen der Kehatiter ausgebaut worden; aber auch die Merariter haben Erweiterungen erfahren; die Listen der Gerschoniter sind demgegenüber weniger stark ergänzt worden. Unter den drei Vätern sticht Kehat besonders heraus und avanciert damit zu dem berühmtesten Leviten der Chronik,[179] mit dem spätere Generationen und weitere Gruppen verknüpft werden.

Der Akzent des Listenmaterials in 1Chr 23–27 liegt deutlich auf den Funktionen der jeweils genannten Personen. Dabei fällt auf, dass die Ämter ganz unterschiedliche levitische Aufgaben bezeichnen und mit den Funktionszuschreibungen ein umfassendes Sozialporträt der Leviten in der Zeit des Zweiten Tempels geboten wird. Für die Relationen der Sippen zu den Ämtern ist es nun aber bezeichnend, dass die levitischen Familienbeziehungen sich nicht glatt auf die Funktionen aufrechnen lassen; es verhält sich demnach gerade nicht so, dass bestimmte Sippen spezifischen Aufgaben zugeordnet sind. Vielmehr laufen Familien und Ämter durcheinander, so dass *ideell* alle Sippen für alle Aufgaben Personal zur Verfügung stellen. Abgesehen von der generellen Tendenz zum Ausbau der Kehatiter-Genealogie, auf der gewisse Prioritäten liegen, ergeben sich keine weiteren Präferenzen bestimmter Aufgaben zu bestimmten genealogischen Linien der Leviten. Vielmehr durchbrechen spätere Ergänzungen immer wieder bereits bestehende genealogische Einordnungen. Diese Umbrüche versagen sich einer Zuordnung einer genealogisch definierten Gruppe zu bestimmten Funktionen. Dieses Charakteristikum spricht dafür, dass es den Listen in 1Chr

---

Modifiziert wird dieses Modell von R. LUX, Genealogien 249–251, der von Raum- und Zeitaspekten in beiden Formen spricht und sie unterschiedlichen Erinnerungsleistungen des Gedächtnisses zuordnet. In den linearen (in Lux's Terminologie ‚unlinearen‘) Genealogien sieht er eine Zeitkomponente angesiedelt, durch die die gegenwärtige Generation mit den Toten verbunden wird, was eine „biographische, den jeweiligen βίος der Gemeinschaft strukturierende Erinnerung" bedeutet. Die segmentären (in Lux's Terminologie ‚multilinearen‘) Genealogien akzentuieren demgegenüber den Raumaspekt, mit dem Lux soziale Verknüpfungen der lebenden Generation ausmacht, was er als eine „die Gemeinschaft fundierende Erinnerung" bewertet. (Zitate ebd. 251).

[177] Etwas anders sieht G.N. KNOPPERS, AncB 12, 254, in 1Chr 1–9 sowohl lineare als auch segmentäre Genealogien vorliegen.

[178] Vgl. S.J. SCHWEITZER, Utopia (ms diss) 74; Y. LEVIN, Genealogies 11.

[179] S.a. S.J. SCHWEITZER, Utopia 157.

23–27 primär nicht um die Familienbeziehungen geht, sondern die Zuordnung von Leviten zu Ämtern von Interesse ist. Das Sozialporträt der Leviten, das sie in diverse Aufgaben von Kultus und Administration, in Dienste an sakralen und an profanen Stätten einbindet, präsentiert sie als multi-funktionale Gruppierung.

Dieses Bild propagieren auch andere Listen von bedeutenden Leviten in der Chronik, wo Leviten als Dienstpersonal eingeführt sind und mit den drei großen levitischen Familien verbunden werden, vgl. 1Chr 9,14–21; 15,5–10.11f.16–24; 2Chr 29,12–14; 31,12–16. Auch bei diesen Listen liegt der Schwerpunkt auf den Aufgaben. Dafür ist auch an 1Chr 23,11 zu erinnern, wo das בֵּית אָב der Leviten in die Dienstabteilungen hinüber geführt wird;[180] vergleichbar verbindet die Mischterminologie שָׂרֵי הַמַּחְלְקוֹת in 1Chr 28,1 familiäre Strukturen mit leitenden Positionen. Eine Interpretation des Materials wird die Verbindung von Sippenaussagen und Funktionszuschreibungen ernst zu nehmen haben.[181]

6.3 Die Sinnzuschreibung des Listenmaterials in der Chronik

Nach der Analyse des Listenmaterials ist nach dem Sinn der umfangreichen Genealogien und Ämterzuschreibungen in der Chronik zu fragen. Die Gesamtdeutung des Listenmaterials hat die beiden Kategorien, die einerseits in 1Chr 5–6 und andererseits in 1Chr 23–27 vorliegen, zu berücksichtigen.

Die levitischen Listen sind nicht primär an Familienstrukturen interessiert, sondern bilden in solchen Strukturen Funktionszuordnungen ab. Mit dem gezeichneten umfangreichen Sozialporträt nimmt die Chronik eine Sinnzuschreibung der Aufgaben der Leviten vor. Die Familienverbände repräsentieren levitische Gruppen, deren Personal unter dem Label „Leviten" assoziiert ist. Die dargestellten Sippen mit ihren Relationen als „Söhne" und „Brüder" deuten auf einen berufsbezogenen Kontext, der Dienstabteilungen sozialer Gruppierungen ausweist.[182] Gruppen von Leviten werden zur Wahrnehmung unterschiedlicher Funktionen zusammengebunden. Die Leviten der Chronik treten dadurch insgesamt als multi-funktionale Gruppierung in Erscheinung.

Die Sinnzuschreibung der Chronik verleiht dieser Gruppe durch Strukturierung und Kohäsion der heterogenen Elemente eine Gruppen-

---

180 Vgl. S.L. McKenzie, Chronicles 186.
181 Demgegenüber interpretiert H.G.M. Williamson, History 23, die Differenzen, indem er sie historisch auswertet; er nimmt an, dass in der achämenidischen Zeit eine Umstrukturierung der Leviten wie der Priester weg von einer genealogisch basierten Einordnung hin zu Arbeitsstrukturen in organisierten Abteilungen stattgefunden hat.
182 S.a. J.T. Sparks, Genealogies 37.

identität.[183] Diese Sinngebung prägt der multi-funktionalen Gruppe einen Zusammenhalt auf. In der Sinndeutung bietet die levitische Gesamt-Gruppe mit ihren familien-ähnlichen Strukturen den einzelnen Mitgliedern soziale Absicherung.[184] Durch den Gesamtrahmen, in den jeder einzelne Levit verankert ist, wird ihm ein Angebot zur Identitätsstiftung angetragen.[185] Gerade weil die Leviten als eine multi-funktionale Gruppe von divergenten Binnentendenzen auszumachen sind, ist eine gemeinsame Sinngebung als verbindendes Element für die Bestimmung der Identität der Gruppe wichtig. Das generierte Sozialporträt deutet die Situation der Leviten als einflussreiche Gruppe, die ihre Autorität auf eine Legitimation durch David und Mose zurückführt.[186] Eine gemeinsame Gruppenidentität wird auch für das den Leviten angetragene gesellschaftliche Engagement wichtig, insofern sie in herausragende Positionen eingeführt und mit fremden Machthabern und Völkern in Kontakt gebracht werden. Je weiter sich die Beziehungen nach außen erstrecken, desto notwendiger werden die Bildung eines innerlevitischen Standpunktes und eine Absicherung durch eine Gruppenidentität.[187] Die Sinnzuschreibung der Chronik dient diesem Zweck, indem sie enge Verbindungen innerhalb der Leviten herstellt und dadurch eine Binnenstruktur gestaltet, aus der heraus sich ein Kern als Identitätsangebot für die Gruppe ergibt.

Neue Gruppierungen können an dieses System recht schnell angeschlossen werden, indem ihre Mitglieder als Brüder oder Söhne von bereits integrierten Leviten erklärt werden. Die Verbände zeichnen sich insofern durch ein gehöriges Maß an Flexibilität aus, als ihr Bestand bei Bedarf unkompliziert aktuellen Verhältnissen angepasst werden kann. Nach Robert R. Wilson ist dieses Phänomen für Genealogien grundsätzlich charakteristisch, da in diesen Listen heterogenes Material verwendet wird, in dem sich eine – wie er es nennt – „fluidity" ausdrückt. Damit wird eine Flexibilität in der Einbindung verschiedener

---

[183] Zu Gruppenidentitäten, die „auf Stamm und Lineage bezogen" sind, so dass „die Genealogien wie kollektiven Ahnen-Biographien ... der Selbstdarstellung dienten und so in die Pläne und Programme der jeweiligen Gruppe einführen sollten", vgl. zuletzt U. DAHM, Opferkult 245.

[184] Vgl. dazu J. WEINBERG, Chronist 79, der den Sinn der Stammbäume darin ausmacht, dass sie den Statuts der בֵּית אָבוֹת als reale oder fingierte Blutsverwandtschaft darlegen und damit die Zugehörigkeit zum sozialen Gebilde Israels gewähren. Zur sozialen Funktion vgl. auch R.R. WILSON, Azel 12f.20f.

[185] Diesen Gedanken haben zuletzt ähnlich betont T. WILLI, Juda 128.134.138 u.ö.; G.N. KNOPPERS, Brothers passim. Zum Begriff ‚Identität' vgl. Abschnitt 1.3.2.1. Anm. 34.

[186] S.a. J.W. WRIGHT, Remapping 73, der für den Clan der Achämeniden festhält: „genealogy provided legitimacy for authority". Daraus schließt er (a.a.O. 74): „The genealogies of Chronicles parallel the geographical / genealogical conceptions provided by Achaemenid domination".

[187] Daher bestimmt S.J. SCHWEITZER, Utopia 8f, den Zweck der Genealogien darin, „group boundaries" nach außen zu erzeugen.

Personen und aktueller Konstellationen möglich. Unter verwandt-schaftlichen Bezeichnungen wie „Söhne", „Väter" und „Brüder" werden einzelne Leviten oder Levitengruppen miteinander korreliert, so dass mit biologischen Kategorien letztlich soziale Relationen ausgedrückt werden.[188] An diese Struktur sind Verhältnisse eines Lehrbetriebs angebunden, die einen Rahmen zur Verfügung stellen, in dem Kompetenzen wie Wissen und Bildung an andere Mitglieder der Gruppe (von den „Vätern" an die „Söhne") weitergegeben werden können. Das, was die Existenz als Levit ausmacht, wird nicht durch familiäre Verbindungen, sondern durch die Gruppenidentität geprägt. Die Chronik gestaltet eine solche levitische Gruppenidentität, indem sie festlegt, was ideell als levitische Lebens- und Existenzweise gilt und autorisiert ist. Zu dieser Formierung von Identität leistet das Listenmaterial einen wesentlichen Beitrag. In diesem Bestand wird das auch ansonsten anzutreffende Sozialporträt wiederholt und – mehr noch – durch die Familienstrukturen werden soziale Beziehungen aufgebaut und abgesichert.[189]

Die Erfassung des Sinngehaltes der chr Listen hat auch nach dessen Intentionen zu fragen. Listenmaterial kann aus verschiedenen Gründen verfasst sein. Manfred Oeming hat in seiner grundlegenden Monographie folgende Kategorien bzw. Funktionen von genealogischen Listen zusammen gestellt:[190]

> – juristische (Erbrecht, Eherecht, Asylrecht, Staatsrecht)
> – politische (Mittel zur Herrschaftslegitimation; Solidaritätsstiftung in herrschaftsfreien oder -armen Gesellschaften; Instrument der Propaganda, bis hin zur Verhetzung und Ausmordung ganzer Volksgruppen)
> – soziologische (gesellschaftliches Prestige; Zugangsvoraussetzungen zu Ämtern, Berufen, Vereinen oder gehobenen Veranstaltungen)
> – historische (Quelle für Geschichtsschreibung)
> – psychologische (Weg der Identitätsfindung und Selbstvergewisserung; Selbstbewußtsein schaffendes Wissen)
> – religiös-theologische (Ahnenkult; Pflege des „heiligen Samens" der von Gott Erwählten; messianische Legitimation; Gottessohnschaft).

---

[188] Vgl. R.R. WILSON, Genealogy 27–36; DERS., Azel 12f.18–21; J.T. SPARKS, Genealogies 18–21. S.a. Y. LEVIN, Genealogies 11f; DERS., Audience passim, der die Listen der Stämme Juda, Benjamin, Ephraim und Manasse als Reflex von „oral genealogies" betrachtet, deren Fluidität seiner Einschätzung nach in der lückenhaften und sprunghaften mündlichen Übermittlung der Vorfahren liege.

[189] S.a. G.N. KNOPPERS, AncB 12, 472f.

[190] So in M. OEMING, Israel 35f. S.a. R.R. WILSON, Azel 19: „Genealogies can express social status, political power, economic strength, legal standing, ownership of land, and religious importance." Ähnlich: J.T. SPARKS, Genealogies 21; R.L. BRAUN, 1 Chronicles 3f; G.N. KNOPPERS, AncB 12, 250f; Y. LEVIN, Genealogies 16; S.J. SCHWEITZER, Utopia 34f; O. GUSSMANN, Priesterverständnis 158.

Von diesen Motiven zur Erfassung von Listen spielen für die Chronik politische, soziologische[191] und theologische Aspekte eine Rolle.[192] Mehr noch ist aber entscheidend, dass Ämter- und Sippenlisten eng auf einander bezogen sind und über die relationalen Aussagen von Söhnen und Brüdern ein Beziehungsgeflecht innerhalb der multi-funktionalen Gruppe der Leviten hergestellt wird. Durch das erzeugte Sozialporträt erhalten die Leviten eine Identität, die sie als bedeutsame Gruppe sowohl in Bezug auf ihre Stellung innerhalb der judäischen Sozialstruktur als auch in Bezug auf ihre Stellung innerhalb der Administration ausweist. Die Beziehungen der einzelnen Gruppenmitglieder untereinander sorgen für eine identitätsstiftende Kohäsion. Jeder der listenartig vollzogenen Rückbezüge auf prominente Vorfahren wertet die aktuelle Linie auf und verleiht dem durch sie bestimmten Teil der Gruppe größeres Ansehen und machtvolleren Einfluss. Dieser Ausdruck wirkt sich dort aus, wo den Leviten die Ausübung indirekter Herrschaft zugesprochen wird. Durch ihre Einordnung in einen Sippenbestand werden die Leviten dazu angemessen positioniert und aufgrund der Zuordnung zu einem prominenten Sippenhaupt legitimiert.[193]

Es ist von daher nicht verwunderlich, dass die genealogischen Listen an theologisch bedeutsamen oder historiographisch relevanten Stellen der Chronik platziert sind, wie es etwa im Zusammenhang der Gründung der Gemeinschaft Israel (1Chr 5–6), der Ablösung der Lade durch den Tempel (1Chr 15) oder der Konstituierung der Monarchie (1Chr 23–27) geschieht. Durch die erzeugten Familienstrukturen werden die Leviten mit den verschiedenen Phasen der vorexilischen Vergangenheit Israels verbunden.[194] Dass diese Rückführung Fiktion ist, zeigt schon allein die Zahl der Generationen, die viel zu knapp bemessen ist, um einen Zeitraum von mehreren Jahrhunderten abdecken zu können.[195] Entscheidend ist für die Chronik die Sinnzuschreibung der genealogischen Korrelation mit bedeutenden Personen der Vorzeit, wie etwa Mose oder David, die als Autoritäten der Leviten gesetzt werden. Theologisch machen sich hier bereits Strömungen bemerkbar, die bedeutende Eponymen der Vergangenheit als Identitätsstifter der Gegenwart begreifen. Ist dieses Phänomen der Rückbindung der eigenen Identität an prominente Vorfahren in der Zeit des Zweiten Tempels

---

[191] Vgl. K.G. HOGLUND, Chronicler 22.

[192] Zur Mehrdimensionalität der Listen vgl. R.L. BRAUN, Reconstruction passim.

[193] S.a. G.N. KNOPPERS, AncB 12, 413.

[194] Vgl. G.N. KNOPPERS, AncB 12, 413, der die Funktionen der Genealogien in der Chronik bestimmt: „Persian period customs, families, institutions, and memories are validated by recourses to ancient times."

[195] Daran ändert auch nichts der Hinweis darauf, dass in linearen Genealogien vorzugsweise in der Mitte Namen ausgelassen werden, weil diese in Vergessenheit geraten sind oder unbedeutend werden, wie es R.R. WILSON, Azel 12f, aufgezeigt hat.

verstärkt wichtig geworden,[196] so zeigen die genealogischen Listen der Chronik erste Schritte in diese Richtung theologischer Identitätszuschreibung. Leben und Arbeiten geschehen im Licht und im Geist prominenter Vorfahren, die als Deutungsfolie für eigene Ideaele, theologische wie ideologische Programme und Strategien der Lebensbewältigung rezipiert werden.

---

[196] Vgl. z.B. die Rückbezüge auf die Erzväter in TestXII wie auch im Jubilenbuch und deren Interpretation auf die Relevanz in der Gegenwart der Zeit des Zweiten Tempels; s. A. LABAHN, Licht.

7 Entwicklung der Leviten nach der Chronik

7.1 Die Entwicklung des Levitenbildes der Chronik

Nach der Analyse des literarischen Porträts der Leviten in der Chronik ergibt sich ein Gesamtbild der verschiedenen levitischen Aufgaben, das abschließend auszuwerten ist. Die Analysen laufen auf die *These* hinaus: Die Chronik schildert die Leviten als eine multi-funktionale Gruppierung, die eine Entwicklung durchläuft. In der Chronik ist eine solche Entwicklung der Leviten aus dem *clerus minor* in verschiedene Funktionsstellungen in der Gesellschaft geschildert, die sukzessive profiliert wird. Die verschiedenen weiteren den Leviten im Laufe der Zeit zugeschriebenen Funktionen und gesellschaftlichen Positionen berühren sich im Zentrum von Schreibtätigkeiten. Die Chronik lässt die Leviten aus ihrem primären Funktionsbereich am Tempel heraustreten und weitere Aufgaben in der Administration ausüben. Damit stellt sie die Gruppe in soziale Positionen hinein, in denen die Leviten indirekte Herrschaft ausüben.

In den frühesten Belegen begegnen die Leviten als *clerus minor*. Die Chronik betrachtet sie als Tempelbedienstete und lässt sie niedere kultische Aufgaben ausüben (vgl. 1Chr 9,26b–34; 23,28–32; 2Chr 23,18f; 30,16b; 35,11–13). Dazu gehören Zuarbeiten zu den von den Priestern vollzogenen Opferdiensten, Vorbereitungen der heiligen Geräte und des Opferbedarfs wie auch der Schaubrote. Ferner werden den Leviten Aufräumarbeiten im Tempel angetragen (2Chr 29,5.11–17). Schließlich sind sie für die Versorgung der Kammern des Tempels, d.h. der Lagerkapazitäten und der Archive, zuständig (1Chr 9,26b.27; 23,28; 2Chr 31,11).

Diese Gruppe assoziiert die Chronik in einer ersten Veränderung einerseits mit den Sängern / Musikern und andererseits mit den Torhütern. Beide Gruppen gelten ursprünglich als eigenständige Linien: sowohl die Sänger / Musiker (1Chr 6,16–18; 15,17–21*; 23,5; 2Chr 35,15*) als auch die Torhüter (1Chr 26,1.4f; 2Chr 8,14; 12,10f; 23,4; 35,15*). In einem Schritt der Verschmelzung werden diese Gruppen unter die Leviten gerechnet; die Sänger / Musiker werden als Leviten in 1Chr 6,28.33; 9,33; 15,16–18.22; 16,4; 23,2.6; 25,1ff; 2Chr 5,12; 7,6; 20,19; 23,18; 29,25–30; 30,21; 34,12; 35,15 betrachtet; levitische Torhüter nennt die Chronik in 1Chr 15,17f; 23,4f; 26,20; 2Chr 31,14; 34,9.13; 35,15.

Indem die Chronik weitere Gruppen mit den Leviten verbindet, werden deren Funktionen in das Levitenbild integriert, so dass zu den primären levitischen Aufgaben weitere Dienste hinzukommen. Diese sind nicht fremdartig, da sie im weitesten Sinne auch als Dienste im und für den Kult angesehen werden können. So werden den Leviten musikalische und liturgische Aufgaben zugeschrieben:[1] sowohl bei Kultfeiern als auch zu verschiedenen nicht-kultischen Anlässen lässt die Chronik sie Musikstücke darbieten. Ferner werden sie durch die Verschmelzung mit den Torhütern als Wachpersonal eingesetzt, das für den heiligen Bezirk des Tempels sowie für den Palast zuständig ist.[2] Da die Leviten nunmehr an die Umgebung des Königs (z.b. David, Joschafat, Josia und Hiskia) gebunden werden, lässt die Chronik sie den Binnenbereich des Tempels verlassen. Zudem werden Aspekte der Ausübung von Waffengewalt beim Wachdienst (vgl. 1Chr 9,19.21–24.26; 15,23f; 16,38; 26,12; 2Chr 31,14) in dem multi-funktionalen Bild verstärkt, womit Einsätze von Leviten mit Waffengewalt zur Unterstützung des Königs (1Chr 12,27; 2Chr 23,4f.7.19) ergänzt werden.

Zu dem Porträt der Leviten gehören spätestens seit dieser Entstehungsstufe der Chronik verschiedene Funktionsbereiche hinzu. Die Leviten erscheinen nicht als eine homogene Gruppe, sondern sind verschiedentlich funktional angebunden. Divergenzen innerhalb der Gruppe können zudem innerhalb eines Aufgabenfeldes auftreten, wenn Leviten in verschiedenen Verantwortungsbereichen auf unterschiedlichen Ebenen der jeweiligen Hierarchie anzutreffen sind. So positioniert die Chronik z.B. sowohl den Vorsteher eines Funktionsbereiches als auch seine Weisungsempfänger in die Gruppe der Zuarbeiten leistenden Bediensteten. Die Vielfältigkeit der Aufgaben, die unterschiedliche Funktionen und Positionen vereinigt, prägt die Leviten von Anfang an, so dass sie in der Chronik als inhomogne Gruppe für niedere Dienste im Rahmen von Arbeiten an Tempel und Palast erscheinen.

An diesem Punkt setzt die Neuformierung der Leviten in der Chronik an. Die Funktionen des *clerus minor* stellen ein Anfangsstadium dar, an das im Laufe der Zeit weitere Aufgaben angebunden werden. Sind dies zunächst – wie gesehen – Funktionen als Sänger / Musiker und Torhüter, so werden später weitere Aufgaben hinzugefügt. Die veränderten Aufgaben setzen neue Akzente im Levitenporträt. Die Entwicklung der Chronik zeichnet ein differenzierteres Bild der Leviten, das die Mitglieder der Gruppe ein weites Spektrum abdecken lässt. Dieses Spektrum ist mit einer redaktionellen Entwicklung der Chronik verknüpft und führt zu einer immer weitergehenden Angliederung neuer Funktionen.

Bei der ersten redaktionellen Neubestimmung der Leviten in der Chronik werden sie innerhalb des Kultes neu bewertet, indem ihnen eine größere kultische Kompetenz attestiert wird. Die Leviten begegnen auf dieser literarischen Entwicklungsstufe als Tempelpersonal, das selbstständig, ohne das Zutun der Priester, Opfer darbringt (vgl.

---

[1]   Vgl. Abschnitt 2.3.
[2]   Vgl. Abschnitt 2.4.

1Chr 23,18b; 2Chr 30,17b; 35,6.14).[3] Mit diesem Dienst am Altar werden den Leviten Aufgaben angetragen, die sonst den Priestern vorbehalten sind. Die Leviten werden so zu „caretakers of the cult".[4] In diesem Zusammenhang fällt die Chronik über die Leviten das Urteil, dass sie heilig sind (vgl. 2Chr 23,6; 29,5.34; 30,15bα.17b; 31,18b; 35,3; s.a. 1Chr 15,12.14). In der theologischen Deutung gelten sie für die Chronik als von Gott erwählt (vgl. 1Chr 15,2; 16,41; 2Chr 29,11) und sind damit vor anderen Gruppen für ihren Dienst im Tempel ausgezeichnet. Diese Deutung liegt aber bereits auf einer abermals späteren Ebene.

Einen Schritt weiter gehen die folgenden Redaktionsstufen der Chronik. Die Leviten rücken nunmehr aus dem engeren Funktionsfeld des Kultes heraus und werden als Schreiber in verschiedenen Funktionsstellungen profiliert. Diese latent auf der ersten redaktionellen Ebene beginnende Neupositionierung wird im Wesentlichen auf der zweiten Ebene weiter entfaltet und in wenigen Akzenten auf der dritten Ebene ausdifferenziert. Die Chronik bindet die Leviten in Verwaltungsstrukturen verschiedener Prägung ein.[5] Insgesamt werden den Leviten folgende Verwaltungsämter angetragen: Schreiber (סוֹפְרִים, 1Chr 24,6; 2Chr 34,13), Beamte (שֹׁטְרִים, 1Chr 23,4; 26,29; 27,1; 2Chr 19,11), Aufseher (פְּקִידִים, 1Chr 26,29.32; 2Chr 31,13; 34,10.12f.17; vgl. 2Chr 24,11), Vorsteher (נָגִיד, 2Chr 31,12), Stellvertreter (מִשְׁנֶה, 2Chr 31,12), Obere (שָׂרִים, 1Chr 27,31), Zuständige über einen Bereich (עַל, 1Chr 27,25ff) und Richter (שֹׁפְטִים, 1Chr 23,4; 26,29; 2Chr 19,8; 34,13); ferner haben sie Leitungsfunktionen inne (1Chr 23,4; 2Chr 24,11). Diese Positionen sind entweder in Tempel (1Chr 23,29; 2Chr 31,12) oder in nicht näher gekennzeichneten administrativen Behörden in Juda angesiedelt, so dass die Leviten sowohl in Jerusalem (1Chr 23,4; 2Chr 31,12; 34) als auch im Umland in Juda (1Chr 26,29f; 27,25; 2Chr 24,5.9f; 2Chr 34,8f) ihren Einsatzort erhalten.

Die Chronik weist ihnen Funktionen in der Administration zu, die in der Mehrheit im Verwalten von Abgaben bestehen (2Chr 24; 31; 34). Andere Verwaltungsvorgänge werden demgegenüber nicht im Detail ausgeführt, so dass offen bleibt, welche Vorgänge den Leviten im Einzelnen zugeschrieben werden und auf welchen Ebenen innerhalb der administrativen Hierarchie diese Ämter vorzustellen sind. Da den Leviten jedoch Leitungsfunktionen zugeschrieben werden, scheint die Chronik diese auf einer relativ hohen administrativen Ebene innerhalb Judas anzusiedeln. Die Leviten werden in der Mehrheit unter die Autorität des Königs gestellt (explizit in 1Chr 26,29; 27,1; aber auch in 2Chr 19,11 neben dem Hohenpriester; vgl. 2Chr 11,17). Durch diese autoritative Verknüpfung werden sie aus dem Bereich der sakralen

---

3   Vgl. Abschnitt 3.
4   Der Begriff stammt von S.J. SCHWEITZER, Utopia 157 u.ö.
5   Vgl. Abschnitt 5.

Kultvorgänge herausgenommen und in profane Machtstrukturen, wie sie vom König repräsentiert werden,[6] integriert.

Diese Entwicklung erreicht auf der dritten Ebene ihren Schlusspunkt in spezifischen Funktionen von Schreibern.[7] Die Leviten werden auf der letzten Redaktionsstufe schließlich als Propheten (1Chr 23,14; 25,1–7; 2Chr 20,14b; 30,16; 35,5) und Lehrer (2Chr 17,7–9; 35,3) bestimmt. Die Chronik interpretiert diese Aufgaben als Aktualisierung der Schrifttraditionen, zu deren Interpreten sie die Leviten werden lässt. Die Leviten, die Zugang zur Tora und Psalmentraditionen haben, kommunizieren ihre Deutung an das Volk, was die Chronik sowohl oral als auch literal, sowohl in Jerusalem als auch in Juda geschehen lässt. Als Interpreten der Schrifttraditionen werden die Leviten nach der Chronik zu Erben der Propheten. Indem die Chronik die Leviten überlieferte Traditionen weitergeben lässt, schreibt sie ihnen zugleich die Kompetenz zu, eine Gegenwartsrelevanz der Traditionen aufzuzeigen. Eine solche aktualisierende Interpretation geschieht für die Chronik einerseits im schriftlichen Medium der literarischen Tradierung und Fortschreibung von Traditionen, und andererseits im mündlichen Medium der Verkündigung und Lehre. Wenn den Leviten die Bewahrung und Aktualisierung der schriftlichen Traditionen zugetraut wird, erscheinen sie damit als schriftgelehrte Interpreten, die Schriftexegese betreiben. In der Sinndeutung der Chronik kommen dabei alle drei Zeitformen des Geschichtsentwurfes zusammen, da die Leviten eine Deutung von

---

[6] Vgl. die Hinweise auf eine Autorisation durch den König resp. David (in 1Chr 6,16f; 15,2.4; 16,4; 23; 2Chr 23,18; 29,25; 31,13; 35,10). Dies könnte als Folie für den achämenidischen König zu verstehen sein. Ähnlich erwägt T. WILLI, Weltreichsgedanke 399.403f, Parallelen zwischen den achämenidischen (Groß-)Königen und dem Königtum Davids wie der Davididen in ihrer Darstellung und Interpretation durch die Chronik.

Dazu, dass *mlk* auf Stempelsiegeln in titularem Gebrauch (unter der Legende *lmlk*) so verstanden werden könnte, vgl. B. MAZAR, En-Gedi 402f; B. MAZAR, I. DUNAYEVSKY, Third Season 125–127; DIES., Fourth and Fifth Season 134.137f. 139f. Wenn die perserzeitliche Datierung des *lmlk*-Siegelabdrucks ins 5.Jh. v.Chr. (gegen die übliche ins 7.Jh.) zutrifft, ist die Bezeichnung *mlk* auf den „König von Persien", d.h. den achämenidischen Herrscher, zu beziehen. S.a. A. LEMAIRE, Juda 212, der von einer sekundären Verwendung von Siegeln, die aus Jerusalem stammen, ausgeht. Verweisen kann diese Inerpretation auf *mlk* im titularen Gebrauch für Artaxerxes, wie sie in Elephantine belegt ist. Das Register in TAD 2, xxxiii, führt 97 Belege auf, deren Mehrheit Artaxerxes I. Longimanus als *mlk* titulieren; so z.B. in den Datierungen der Verträge TAD B2.6.1f; B2.7.1; B2.8.1. In diesem Sinn begegnet *mlk* auch in Esr/Neh, vgl. Neh 2,9.

Demgegenüber sind Siegel bzw. Siegelabdrücke und Bullen mit der Legende *'bd lmlk* (CWSSS 6 = HAE 1.75; CWSSS 410 = HAE 13.3; CWSSS 411; CWSSS 417 [andere Lesart bei HAE 2.30]; HAE 1.8; 1.109; 3.2; 3.18; 3.19; 10.2; 14.61; 16.7; 16.41; 16.68; 21.13; 21.59; 21.67; AHI 100.932; s.a. die undatierten Bullen AHI 101.187; 101.188; 101.189; 101.190) für das 8. und 7.Jh. v.Chr. belegt; vgl. R. KLETTER, Temptation passim.

[7] Vgl. Abschnitt 4.

Geschichte und *Gegenwart* vorlegen, von der auch für die *Zukunft* eine Tragfähigkeit erwartet wird.

Nach der Chronik sind die Leviten auf die Gegenwart, die sie durch ihre Sinndeutungsleistung entscheidend mit prägen und mit gestalten, bezogen; die Chronik zielt nicht auf eine Zukunft, die die Gegenwart durch eine eschatologische Erwartung kontrastiert.[8] Das Programm der Chronik ist vielmehr auf die Gestaltung der Gegenwart ausgerichtet, was sich sowohl in kultischen Fragen als auch in profanen Angelegenheiten auswirkt. Dennoch ist der Geschichtsentwurf nicht auf Vergangenheit und Gegenwart beschränkt, sondern blickt auf die Zukunft voraus. Daher hat Piet B. Dirksen die Chronik so interpretiert, dass sie durch die Teilhabe am Kultus den Menschen Zukunftsfähigkeit verleiht.[9] Das entscheidende Bindeglied sind dabei die Leviten, die bei diesem Prozess des Umformulierens der Tora Gottes in die konkreten Belange des Lebens hinein maßgebliche Interpretationshilfe leisten.

Den Schwerpunkt der Neupositionierung der Leviten macht ihre Einbindung in Verwaltungsstrukturen aus. Da dieses Thema für alle drei redaktionellen Ebenen relevant ist, ist daran ein wesentliches Anliegen der Chronik auszumachen. Die Chronik stellt die Leviten als Schreiber und Beamte in profane Bereiche hinein und bringt sie mit Machtstrukturen in Zusammenhang. Dabei sind sie verschiedenen Aufgabenbereichen auf unterschiedlichen administrativen Ebenen zugeordnet. Die Chronik lässt sie an der Macht partizipieren, indem sie ihnen Positionen zuschreibt, in denen sie indirekte Herrschaft ausüben.

Der Integration von Leviten in Verwaltungsfunktionen entspricht auch die Gestaltung von linearen und segmentären Genealogien, mit denen die Chronik verbindende Strukturen für die multi-funktionale Gruppe der Leviten auf verschiedenen redaktionellen Ebenen schafft.[10] Vor den drei redaktionellen Erweiterungen wird in 1Chr 23–27 Listenmaterial integriert, das zunächst separat entstanden ist; in den folgenden redaktionellen Erweiterungsprozessen wird dieses weiter ausgebaut. Die Chronik gestaltet anhand von genealogischen Strukturen Verbindungslinien für die multi-funktionale Gruppe der Leviten, durch die ihnen Identität verliehen wird.

Die Leviten sind für die Chronik von Anfang an durch eine gewisse Vielschichtigkeit ihrer Aufgaben gepägt. Durch die Anbindung weiterer Funktionen und Positionen wird diese Gruppe mit ihrer Multifunktionalität im Laufe der Entstehungszeit immer stärker ausgebaut. Die Chronik generiert damit eine Entwicklung der Leviten, die sie von den

---

[8]　So spricht etwa P.D. HANSON, Dawn 276–278, von „realized eschatology" und meint damit, dass Zukunftshoffnungen der Vergangenheit in der Gegenwart erfüllt sind; darüber hinaus zeige die Chronik keine weiteren Zukunftserwartungen.

[9]　So P.B. DIRKSEN, Future 50; s.a. A. RUFFING, Jahwekrieg 327, der den Tempel als „Symbol nationaler Hoffnung" bestimmt, von dem Zukunftserwartungen auf Gottes Rettungshandeln ausgehen.

[10]　Vgl. Abschnitt 6.

übrigen Tempelbediensteten, mithin den Priestern, unterscheidet, insofern sie diese aus dem Kult heraustreten und in profane Aufgabenbereiche vordringen lässt.

7.2 Die multi-funktionale Gruppe der Leviten in der Wirklichkeitskonstruktion der Chronik

Die Leviten, die nach der Chronik durch Vielfältigkeit in verschiedener Hinsicht und auf unterschiedlichen Ebenen geprägt sind, stehen im Zentrum der Deutung der Lebenswelt durch den Entwurf der Chronik. Die Leviten formieren für die Wirklichkeitskonstruktion und ihre Sinnbildungsleistung als eine multi-funktionale Gruppierung, die über den Kult hinaus in Schreibertum, Administration, Ökonomie, Rechtsprechung und Politik eingebunden wird.[11] Um einer Auflösung der heterogenen Gruppe entgegen zu wirken, nimmt die Chronik genealogische Identitätszuschreibungen vor, die genügend Flexibilität zeigen, um neue Gruppenmitglieder anzugliedern. Die Kategorie der „Leviten" wird in der Chronik als eine Sinnzuschreibung der Gruppe präsentiert, über die Strukturen generiert werden und die mittels einer Gruppenidentität zusammengehalten wird. Dadurch gestaltet die Chronik ein Porträt der Leviten, das sie als multi-funktionale Gruppierung vorstellt, die durch eine Sinngebung ihrer internen Strukturen verbunden ist.

Aufgrund dieser axiomatischen Setzung nimmt die Chronik eine Deutung der Geschichte vor, indem sie die Vergangenheit in Kongruenz zu ihrer Wahrnehmung der Gegenwart neu schreibt. Die historiographische Wirklichkeitskonstruktion, die die Vergangenheit dadurch neu deutet und neu schreibt, generiert dieses Bild aufgrund ihrer spezifischen Wahrnehmung der Gegenwart, in deren Zentrum – wie gesehen – der Tempel[12] und die multi-funktional angebundenen Leviten stehen. Die kognitive Verbindung von Gegenwart und Vergangenheit verschmilzt die multiplen lokalen und funktionalen Einsatzorte der Leviten am erstem und am zweiten Tempel, lässt sie im Kult, im Schreibertum und in der Administration zum Einsatz kommen. Aufgrund der sinnlichen Wahrnehmung der Zentralität und Multifunktionalität der Leviten werden Konstruktionsprinzipien der Wirklichkeit generiert, die aufbauend auf Kongruenzen zur Gegenwart der Schreiber der Chronik ein analoges Bild der Vergangenheit entwerfen. Abläufe, an denen Leviten beteiligt sind, werden so aufgrund von Koinzidenzen mit der ge-

---

11   In dieser Hinsicht ist das Modell von B.A. LEVINE, Levites 524.526.529–531, vergleichbar, der einen Leviten als „mobile professional" (524) „with differentiated functions" (526) bestimmt; dazu gehören sakrale, prophetische, therapeutische, juristische, administrative und politische Aufgaben. S.a. P.R. DAVIES, Scribes 133; L.L. GRABBE, Religion 136.
12   Vgl. Abschnitt 1.3.2. mit Unterabschnitten.

genwärtigen Lebenwelt gestaltet und mit der Deutung der Vergangenheit verknüpft.

Mit dieser neuen Deutung der Vergangenheit ergeht zugleich ein Identifikationsangebot an die Hörer / Höreinnen und Leser / Leserinnen der Chronik, in diese Deutung einzustimmen und diese als ihre eigene Sicht von Vergangenheit, Gegenwart und auch Zukunft viabel werden zu lassen. Dieses Identifikationsangebot baut darauf auf, dass mit den Leviten eine positive Pragmatik verbunden wird, die auf soziale Bestätigung zielt. Wenn von ihrer Beteiligung an Abläufen in Ausübung indirekter Herrschaft ein positiver Ausgang einer Sache abhängig gemacht wird, dann ist damit ein Appell an die Rezipienten verbunden, zu einer analogen Deutung der Lebenswelt zu gelangen. Weiterhin ergeht damit ein Angebot an Rezipienten auf flexible Eingliederung in die multi-funktionale Gruppe, die durch Integration anderer Personen an Vielschichtigkeit, Kompetenz und Einfluss gewinnen würde.

Für die im Zentrum der Gesellschaft stehenden Leviten mit ihrer multi-funktionalen Anbindung und in Ausübung indirekter Herrschaft wird ein umfassendes Programm der Identität in Vergangenheit, Gegenwart und Zukunft entworfen. Die Leviten stehen darin als die Gruppe, die einen Konnex zwischen Profanität und Sakralität, zwischen Gott und Menschen in Juda und (mehr oder weniger theoretisch) der Welt[13] gewährleistet. Indem die Wirklichkeitskonstruktion sie die Grenzen des Tempelkultes überschreiten und in weitere Funktionsbereiche, ausgehend vom Tempel, hinein vordringen lässt, bietet diese Sinnzuschreibung ihres Handelns ein großes Potential zu Reflexionsprozessen. Solche Prozesse werden immer dann angestoßen, wenn ein Rezipient der Chronik mit ihrer Deutung der Vergangenheit konfrontiert wird und wenn dieser Rezipient auf Kongruenzen zu seiner Weltsicht trifft und diese annimmt.

Wenn die Chronik als ein Geschichtsentwurf als Interpretation der Vergangenheit aufgrund einer axiomatischen und theologischen Wirklichkeitskonstruktion gelesen wird, zeichnen sich bestimmte Eckpunkte ab, die nach Plausibilitäten zur Deutung der Gegenwart (und Zukunft) fragen lassen. Die Chronik stellt sich dann als ein Entwurf dar, der darauf zielt, anhand seiner Interpretation der Gegenwart die Geschichte als Exempel für gelungenes oder misslungenes Zusammenwirken von Gott und Menschen zu begreifen. Mit einer solchen intendierten kognitiven Verkünpfungsleistung bei den Rezipienten wird auf eine Gestaltung der Zukunft gezielt, die nach gelingenden Koinzidenzen sucht. Im Zentrum eines solchen Sinndeutungsangebots steht die zentrale Gruppe der Leviten, die in der Chronik zum Verbindungsglied zwischen multiplen Vorgängen, Orten, Handlungen und auch Zeiten wird.

---

[13] Vgl. dazu die Überlegungen in Abschnitt 7.7.

7.3 Leviten als Schreiber in verschiedenen Positionen

Im Zentrum der Multifunktionalität, die die Wirklichkeitskonstruktion der Chronik den Leviten zuschreibt, stehen Schreibfunktionen, auf denen verschiedene Aufgabenbereiche aufbauen. Dazu gehören auf der einen Seite Funktionen in der Administration und auf der anderen Seite die Tradierung und Interpretation des Schriftgutes.

Die Chronik entwickelt dieses Bild aus überkommenen Funktionen der Leviten, die sie in ihrem Traditionsgut vorgefunden hat[14] und die die Basis bilden,[15] von der aus die Chronik die Leviten eine Entwicklung durchlaufen lässt. Der Anknüpfungspunkt ist ein Zugang der Leviten zu den Kammern des Tempels, d.h. den Archiven im Tempel, die nach der Chronik von den Leviten als *clerus minor* versorgt werden (1Chr 9,26b.27; 23,28; 2Chr 31,11). Damit gibt die Chronik eine Verbindung der Gruppe zu dem Bestand der Archive vor, zu dem sowohl Tempelgeräte und Tempelschätze als auch schriftliche Dokumente wie Schriftrollen und Verwaltungsvermerke[16] gehören. An diese, schon in der Grundschrift der Chronik gesetzte lokale Verbindung der Leviten zu den Archiven knüpft die weitere Ausgestaltung der levitischen Aufgaben an. Die Leviten treten jetzt nicht mehr nur als Pfleger und Verwalter der Räumlichkeiten auf, sondern werden als Beamte und als schriftgelehrte Schreiber in neue Positionen eingesetzt, indem ihnen weitere Kompetenzen im Umgang mit dem Archivierten zugesprochen werden. Daraus ergibt sich ein Bild der Leviten einerseits als schriftgelehrte ,Literaten‘, insofern den Leviten eine aktualisierende Schriftinterpretation zugesprochen wird, wie sie später aufgegriffen und z.B. von Schriftgelehrten wahrgenommen wird. Andererseits wird den Leviten ein Zugang zu den Archiven von Verwaltungsbehörden und den in ihnen gelagerten Schriftstücken zugesprochen.

Einen alternativen, allerdings auch historisch gemeinten Vorschlag unterbreitet Christine Schams, die davon ausgeht, dass die Leviten erst in nach-chr Zeit zu Schreibern werden. Sie nimmt an, dass die Schreiber mit den Leviten verschmolzen sind, ein Prozess, den sie sich ähnlich wie den Vorgang des Zusammenwachsens von Leviten und Torhütern bzw. Sängern / Musikern und Tempeldienern vor-

---

[14] Zum überkommenen Bild von Dienen der Leviten im Kult auf einer Ebene unterhalb der Priester vgl. Num 3,6.9; 4,28.33; 7,8; 18,2–4; 31,30.47; Dtn 10,8; 18,7; Jer 33,22; Ez 44,15; Neh 10,40.
[15] Vgl. die Aussagen der Grundschrift der Chronik.
[16] Ein Beispiel davon sind Steuerdokumente und Namenslisten, die in der Chronik rezipiert werden. Vgl. die Listen in 1Chr 1–9 und 23–27 sowie kürzere Namenslisten in 1Chr 15; 16, die auf Dokumente in den Archiven zurückgehen; s. Abschnitt 6.

stellt.[17] Demgegenüber formuliert Schams Zweifel daran, inwieweit die Schreiber in der achämenidischen Zeit in den Provinzverwaltungen tätig sind; sie differenziert davon solche Schreiber, die in Tempelarchiven beschäftigt sind. Zweierlei Bedenken sind gegen dieses historische Argument, das freilich noch einmal auf einer anderen Ebene als die Frage nach dem Aufgabenprofil innerhalb der Wirklichkeitskonstruktion liegt, vorzubringen.[18]

Erstens erscheint es mir fraglich, inwiefern bei dem Tätigkeitsfeld der Schreiber tatsächlich mit zwei verschiedenen Gruppen zu rechnen ist, da die Schreiber insgesamt zwar unterschiedliche Wirkungsräume, im Tempelbereich und in profanen Schreibstuben, innehaben, aber doch ein gemeinsames Aufgabengebiet wahrnehmen, nämlich Schreibarbeit an archiviertem Material zu leisten. Eine Trennung zwischen dem sakralen und dem profanen Bereich in Bezug auf die Schreiber ist daher nicht sehr wahrscheinlich.

Zweitens ist die Annahme zu problematisieren, dass Schreiberkreise erst in hellenistischer Zeit von Bedeutung werden. Bereits die achämenidische Administration war auf Schreiber angewiesen, die an zentralen und dezentralen Stellen der Macht eingesetzt wurden. Das Schreiberwesen wurde von der achämenidischen Zeit in hellenistischen Verwaltungsstrukturen übernommen. Auch der Verweis von Schams auf ein von Antiochos III. erlassenes Dekret, von dem Josephus (Ant 12,138–144) berichtet,[19] hilft hier nicht viel weiter, da das Dekret nichts über die Funktionen der Schreiber offen legt, sondern ihnen lediglich im Verbund mit dem übrigen Tempelpersonal Steuerbefreiung zusagt.[20] Welche Dienste die besagten Tempelschreiber in welchem zeitlichen Rahmen ausführten, bleibt bei Josephus unberücksichtigt. Auch ist nicht klar, ob es sich bei der Bezeichnung von „Tempelschreibern" (γραμματεῖς τοῦ ἱεροῦ, 12,142) um eine besondere Funktion in seleukidischen Verhältnissen handelt oder ob der Genitiv lediglich einen Wirkungsort angibt. Des Weiteren kann man aus der Notiz bei Josephus nicht ersehen, ob und inwiefern in der Verwaltung andere Schreiber tätig waren. Geht man davon aus, dass in den Tempelarchiven auch profane Schriftstücke aufbewahrt wurden, so ist eine Unterscheidung in Tempelschreiber und andere Schrieber letztlich hinfällig, zudem es die Archive sind, die beide Arten von Schreibern miteinander verbinden. Eine Trennung in profane und sakrale Kreise anzunehmen und diese auf die hellenistische Zeit zu beschränken, wie Schams dies auswertet, scheint mir durch den Befund bei Josephus nicht gedeckt zu sein, zumal in Ant 12 nur ein Begriff fällt, doch über die Funktionen der Schreiber keine detaillierten Auskünfte gegeben werden.

---

[17] Vgl. C. SCHAMS, Scribes 70f. Ähnlich erwägt J. BLENKINSOPP, Sage 31, dass im Bereich des Tempels besondere Schreiber tätig sind, die einen Vorläufer der bei Jos, Ant 11,128; 12,142 bezeugten γραμματεῖς τοῦ ἱεροῦ ausmachen.

[18] Vgl. dazu ausführlich die Überlegungen und historischen Schlussfolgerungen in A. LABAHN, Herrschaft.

[19] Vgl. C. SCHAMS, Scribes 69.

[20] Jos Ant 12,142: „and the senate, the priests, the scribes of the temple, and the temple-singers shall be relieved from the poll-tax and the crown-tax and the salt-tax which they pay." (Übersetzung von R. MARCUS, VII 73.75) S.a. die entsprechende Passage aus dem Brief, den nach Josephus (Ant 11,128) Xerxes Esra für die syrische Satrapien-Verwaltung mit auf den Weg gibt.

7.4 Die Leviten als rewriting literates der Chronik

Konnte gezeigt werden, dass für die Wirklichkeitskonstruktion der Chronik die Leviten mit dem literarischen Traditionsgut befasst sind, indem sie dieses bearbeiten, kommentieren und interpretieren, so hat dieses Phänomen Rückwirkungen auf die Entstehung der Chronik selbst. Indem in der Chronik Elemente des literarischen Überlieferungsgutes rezipiert, kommentiert und aktualisiert werden, erscheint die Schrift als *rewritten document*. Die Chronik greift auf unterschiedliche literarische Werke zurück, die selektiv rezipiert werden. Dazu gehören Elemente von Prophetenschriften;[21] auch werden (theologisch gedeutete) Berichte über Könige aus dem DtrG sowie aus anderen, nicht mehr erhaltenen Annalen und Dokumenten aufgenommen;[22] ferner werden Psalmen oder Psalmentraditionen zitiert und rezipiert;[23] des Weiteren werden genealogische Notizen aus dem Pentateuch aufgegriffen; außerdem werden priesterschriftliche Bestimmungen des Pentateuchs, die als Gesetzeskodex und Richtlinie für kultische Ausführungsbestimmungen bekannt sind, kritisiert und partiell rezipiert.[24]

Für die Verfasser der Chronik bedeutet dies, dass sie sich der literarischen Technik des *rewriting* bedienenen. Als eine solche Gruppe, die mit dieser Methode verbunden wird, präsentiert die Chronik die Leviten. Da keiner anderen Gruppe in der Chronik vergleichbare Kenntnisse zugesprochen werden, ist demnach davon auszugehen, dass die Verfasser der Chronik aus levitischen Kreisen stammen.[25] Die in der Chronik als schriftgelehrte Tradenten vorgestellten Leviten interpretieren und aktualisieren die Tradition(en). Das Levitenbild der

---

21 Vgl. Anm. 272 in Abschnitt 4.
22 Vgl. Anm. 273 in Abschnitt 4.
23 Vgl. Anm. 87 und 165 in Abschnitt 2. sowie den Abschnitt 4.4.
24 Vgl. vor allem die Ausführungen zu den Opfern in Abschnitt 3.5.
25 Dieses Urteil wird von den meisten Forschern geteilt: vgl. z.B. G. VON RAD, Predigt 249; M. OEMING, Israel 46; R.J. COGGINS, Chronicles 3f (näherhin erwägt er die Kreise der Sänger/Musiker, a.a.O. 44); H.G.M. WILLIAMSON, Chronicles 17; K. STRÜBIND, Tradition 23; U. GLESSMER, Leviten 132; S.J. DE VRIES, Moses 636–639; P.R. DAVIES, Scribes 131 (Leviten aus Jerusalem); S.J. SCHWEITZER, Utopia 13; M. WITTE, Schriften 560; s.a. T. WILLI, Leviten 90–95; G. STEINS, Bücher 257f (vor allem für die erste levitische Bearbeitungsschicht, generell spricht er von einem „klerikal-schriftgelehrten Milieu des Jerusalemer Tempels").
    Anders behauptet R. ALBERTZ, Religionsgeschichte 619f, schriftgelehrte Verfasser des ChrG, worin er Laien und Leviten vereinigt sieht; ähnlich J. WEINBERG, Chronist 279 („Schreiberkreise der nachexilischen Bürger-Tempel-Gemeinde" in Weiterführung der dtn/dtr Theologie). Wieder anders nimmt G.N. KNOPPERS, Hierodules 70f, priesterliche und levitische Züge in der Chronik an. R.L. BRAUN, 1 Chronicles xxxi–xxxii, lehnt die Leviten als Träger ab und geht von einer priesterlichen Redaktion der Chronik aus. J.L. BERQUIST, Judaism 155f, geht von priesterlichen Kreisen aus; ähnlich Y. LEVIN, Audience 244f (Priesterkreise in Jerusalem). K.-J. MIN, Authorship 65–71, nimmt eine erste priesterliche Redaktion der Chronik an, auf die eine zweite levitische Redaktion folgt.

Chronik stellt sich als ein Bild dar, das die Verfasser über sich selbst entwerfen und damit sich selbst als Autoren dieser Schrift präsentieren. Als eine so agierende Gruppe bieten die levitischen Verfasser der Chronik eine Deutung der Vergangenheit, die auf die zeitgenössischen Hörer und Hörerinnen oder Leser und Leserinnen als Rezipienten ihrer Wirklichkeitskonstruktion zielt. Die Verfasser der Chronik präsentieren mit dem Geschichtsbuch einen Entwurf, der die Vergangenheit der Zeit der Monarchie neu deutet, um in aktuellen Situationen ein Sinndeutungsangebot zu unterbreiten, das aus der Vergangenheit und anhand der Interpretation der Vergangenheit Sinnmarker für die Gegenwart gewinnt. Diese Deutung intendiert eine Sinnstiftung, die ein Identifikationsangebot für die Gruppe, aus der die Verfasser stammen, macht.

Neben den Leviten zielt der Entwurf aber auch auf die Zeitgenossen aus anderen gesellschaftlichen Kreisen. Die in der Chronik von den levitischen Schreibern präsentierte und angebotene Weltsicht ist insofern ein offener Entwurf, als er an weitere Personenkreise adressiert ist. Die Chronik eröffnet eine Einladung an alle, die sie hören oder lesen, in das Sinndeutungsangebot einzustimmen und die Basiselemente der levitischen Verfasser als die jeweils eigenen Sinndeutungen der Rezipienten zu akzeptieren.

7.5 Das Gesellschaftsbild der Wirklichkeitskonstruktion im Umfeld der Leviten

Die Wirklichkeitskonstrukion der Chronik bietet einen Geschichtsentwurf, der die Leviten an Herrschaftsstrukturen partizipieren lässt, indem sie in verschiedene Ämter in der Verwaltung sowohl am Tempel als auch in Juda eingesetzt werden. Aus der Verknüpfung von Aufgaben, die um das Zentrum von Schreibern und deren Aufgaben angeordnet sind, entsteht in der Chronik ein beachtliches und innovatives Bild der Gruppe der Leviten. Die von der Chronik vorgenommenen Funktionszuschreibungen bringen die Leviten in weitere Gesellschaftsbereiche über die primären Tempelfunktionen hinaus ein, in denen sie als aktiv Wirkende vorgestellt werden.

Die Wirklichkeitskonstruktion lässt die Leviten dezidiert die Grenzen des Tempelbereichs verlassen und aus dem Kult in profane Positionen vordringen. Ausgehend von ihrem Einsatz in den Archiven des Tempels und der Verwaltungszentren werden den Leviten Einflussmöglichkeiten auf Administration und Ökonomie zugeschrieben. Die kognitive Konstruktion des Entwurfs räumt ihnen die Möglichkeit ein, Abläufe zu gestalten und das verwaltete Material zu interpretieren. Damit lässt die Chronik die Leviten *indirekte Herrschaft* ausüben.[26]

---

[26] Zum Begriff und zur Vorstellung von indirekter Herrschaft s.u. Abschnitt 7.8.

In der Wahrnehmung indirekter Herrschaft werden die Leviten insofern mit den politischen Machthabern verbunden, als sie die makrostrukturellen Rahmenbedingungen lokal ausgestalten. Durch diese Gestaltung lässt die sinnliche Wahrnehmung sozialer Vorgänge, wie sie in dem Geschichtsentwurf gespiegelt ist, die Leviten Einfluss auf das soziale Gebilde Judas ausüben. Dieser Einfluss zielt auf soziale Bestätigung bei der Bevölkerung und den potentiellen Rezipienten der Wirklichkeitsdeutung. Die Chronik präsentiert die Leviten damit in einer gesellschaftlichen Schnittmenge zwischen der lokalen Bevölkerung in Juda und den machtpolitischen Autoritäten, in deren Auftrag sie Entscheidungen wahrnehmen.

Eine weitere Schnittmenge geht aus der Position zwischen profanen Vorgängen und sakralen Abläufen hervor. Die Leviten werden an Schaltstellen der Gesellschaft positioniert, indem sie in unterschiedlichen Bereichen tätig sind und dabei Einfluss ausüben. Die sinnliche Wahrnehmung des Entwurfes lässt sie damit in Positionen gelangen, in denen sie vielfach im Gesellschaftsleben präsent sind.

Durch die Einbindung in den makrostrukturellen Rahmen erhalten die Leviten Autorität, da sie von den Machthabern legitimiert werden.[27] Die strukturelle Legitimation bestätigt ihr Wirken und beurteilt es in Koinzidenz zur praktischen Ausführung. Die Deutung der Position macht die administrative Verbindung der Leviten mit den politischen Herrschaftsstrukturen stark. Die Verknüpfung führt zu einer wechselseitigen Stärkung und fördert damit in der Gegenwart der Wirklichkeitskonstruktion eine Stabilisierung der Machtverhältnisse: Die politische Oberhoheit wird als ein Machtorgan gedeutet, das die Leviten als ihr ausführendes Organ stärkt, weil diese Gruppe den Machthabern als kompetente Mitarbeiter und Mittlerinstanz gegenüber der lokalen Bevölkerung erscheint. Die Position der Leviten in machtpolitischer Nähe zur Oberhoheit wird so gedeutet, dass sie den rechtlichen Rahmen durch eine Konkretisierung für die Region, d.h. konkret Juda, ausfüllen und dadurch ein Angebot zur Akzeptanz dieser Machtverknüpfung in der Wahrnehmung der Rezipienten unterbreiten. Die Wirklichkeitskonstruktion sieht die Leviten als eine Gruppe, die den von den Machthabern vorgegebenen Rahmen mitgestaltet bzw. ausgestaltet, an der Formierung der gesellschaftlichen Identität mitbeteiligt. Dies wird möglich, indem die Leviten indirekte Herrschaft wahrnehmen und als Literaten, Schreiber und Beamte aktiv sind. Die Sinngebung der Wirklichkeitsdeutung positioniert die Leviten mit diesem Modell der indirekten Herrschaft an entscheidenden Schaltstellen in der Gesellschaft. Sie sind dadurch zu einem Machtfaktor geworden, der ein weit verzweigtes Netz in verschiedenen Bereichen der Gesellschaft aufspannt.[28] Damit einher geht ein ideologisches Programm zur Identifikation, das als

---

27 Vgl. J.L. BERQUIST, Judaism 143f.
28 Anders beschränkt U. GLESSMER, Leviten 142, sie auf den kultischen Bereich.

Einladung auf Zustimmung an verschiedene gesellschaftliche Kreise gerichtet ist. Der Kontakt mit der lokalen Bevölkerung, in den die Leviten durch ihre Funktionen gestellt sind, dringt auf soziale Bestätigung und wirkt sich stabilisierend aus, wenn positives emotionales Erleben hinzutritt,[29] aufgrund derer die levitischen Entscheidungen als angenehm wahrgenommen werden. Damit ergeht an die Gesellschaft ein ideologisches Programm zur Identifikation. Wenn diese gelingt, wird die Wirklichkeitskonstruktion, wie sie von der Chronik als levitisches Selbstporträt präsentiert wird, von anderen Subjekten, Figuren oder Gruppen bestätigt. Die Darstellung der Realität, wie sie von den unterschiedlichen Bausteinen gebildet wird, impliziert für die Leviten eine gefestigte soziale Position ihrer Gruppe, die in der Chronik durch genealogische Sinnzuschreibungen unterstützt wird.

7.6   Die Deutung des rivalisierenden Verhältnisses zwischen Leviten und Priestern

Wenn die Wirklichkeitskonstruktion der Chronik die Aufgaben der Leviten an profanen Autoritäten orientiert, impliziert dies eine Frontstellung gegenüber den sakralen Autoritäten, d.h. den Priestern.[30] Dass damit der Hohepriester selbst und seine sich etablierende Position angegriffen werden, wird in der Chronik nicht explizit gesagt.[31] Allerdings wird die Stellung der Priesterschaft kritisiert, wenn die Chronik ein divergierendes gesellschaftliches Machtkonstrukt aufbaut.[32] Die machtpolitische Wirklichkeitskonstruktion der Chronik sieht die entscheidenden einflussreichen gesellschaftlichen Instanzen nicht in der Priesterschaft, sondern schreibt sie derjenigen Gruppe zu, die das Verbindungsglied zwischen der Herrschaft der Machthaber und deren Ausgestaltung für Juda darstellt. Nach der Sinnwelt der Chronik bilden die Leviten die entscheidende Schaltstelle im Gesellschaftsgefüge, da sie indirekte Herrschaft wahrnehmen, indem sie ein ausführendes Glied der Administration Judas werden und die Geschicke des Volkes mitbe-

---

29   Das Stichwort „emotionales Erleben" bezieht sich auf die vierte Evidenzquelle, wie es oben in Abschnitt 1.3.1.2. dargestellt ist.
30   Vgl. A. LABAHN, Tendencies 127–130; J. SCHAPER, Priester 300 u.ö.
31   Anders D.L. PETERSEN, Prophecy 13; P.D. HANSON, Religion 498f, der in der Chronik als entscheidende theologische Lesart „the hierocracy under the high priest of the Zadokite house as the culmination of God's history with the Jewish people" ausmacht, die aus einer Neuakzentuierung königlicher und priesterlicher Traditionen, d.h. *de facto* aus einer Aufnahme von Material aus P und dem DtrG, stammen und zu einer Hierarchie unter politischer Führung der Achämeniden werden. S.a. früher HANSON, Dawn 270. Bestritten wird dies von T. WILLI, Leviten 95, der sich gegen eine „etablierte Hierokratie" ausspricht.
32   Vgl. S.J. SCHWEITZER, Utopia 146.

stimmen, gleichzeitig aber den Machthabern gegenüber verantwortlich sind.

In diesen von der Wirklichkeitskonstruktion propagierten Strukturen wird dann aber die gesellschaftliche Relevanz des Hohenpriesters letztlich überflüssig, da ihm kein eigener Machtbereich außerhalb des Kultes mehr zufällt. Vielmehr erhebt die Chronik den Anspruch, dass die Leviten auch kultische Verantwortung wahrnehmen, besitzen sie hierzu doch die erforderliche Kompetenz, Heiligkeit (vgl. 2Chr 23,6; 29,5.34; 30,15bα.17b; 31,18b; 35,3; s.a. 1Chr 15,12.14)[33] und Legitimation (vgl. ihre Erwählung, 1Chr 15,2; 16,41; 2Chr 29,11). Der Einfluss des Hohenpriesters, den dieser in Juda zu gewinnen beginnt, erhält so von der gesellschaftsbezogenen Sinngebung der Chronik dezidierten Widerspruch. Macht und Einfluss liegen nach der Wirklichkeitskonstruktion der Chronik nicht bei den Priestern, sondern bei den Leviten als ausführenden Organen der politischen und administrativen Herrschaft.[34] Die Leviten geraten dadurch in einen Konflikt mit den Priestern um den entscheidenden machtpolitischen Einfluss in der Gesellschaft, wenn die Chronik die administrativ, ökonomisch, sozial und politisch relevanten Entscheidungen von levitischen Verantwortungsträgern wahrnehmen lässt.

Dadurch erscheint das Priestertum in dem Sinnentwurf der Chronik als ein innerer Kreis des Tempelpersonals, der eng auf den Tempelkult bezogen und begrenzt ist, ohne Ausübung von Macht außerhalb dieses Bereiches. Den Priestern wird eine ausschließliche Zuständigkeit im Kult zugesprochen, wenn sie z.B. Sühne für die Opfer erwirken.[35] Darin werden sie jedoch auf den innersten Bereich des Tempelkultes begrenzt.

Dieser Leitgedanke scheint in 2Chr 29,16 in Szene gesetzt zu sein, wenn bei den Reinigungsarbeiten eine für die Wirklichkeitskonstruktion der Chronik bezeichnende räumliche Trennung gezeichnet wird. Priester und Leviten reinigen in 2Chr 29,16 zwar gemeinsam den Tempel, die Priester säubern jedoch nur den inneren Bereich, während die Leviten die Verunreinigungen aus dem Tempel heraustragen und sie in den Bach Kidron werfen.[36] Diese Szene scheint über die in ihr geschilderten Abläufe hinaus in gewisser Weise einen symbolischen Gedanken zu implizieren, indem die Leviten den engen kultischen Bereich

---

[33] P.D. MILLER, Religion 139.146f, widerspricht, dass hinsichtlich der Leviten von Heiligkeit zu sprechen ist, da er 2Chr 23,6; 35,3 an die Aaroniden bindet und in Unterordnung unter diese Gruppe sieht.

[34] Anders sieht J.L. BERQUIST, Judaism 64f, die Verbindung zur politischen Oberhoheit nicht durch die Leviten, sondern durch den Hohenpriester und Priesterschaft gegeben, die sich hierzu loyal verhalten haben, indem sie einerseits Ansprechpartner der Achämeniden sind und andererseits die persische Reichsmacht repräsentieren. Ähnlich J. SCHAPER, Priester 92.137f.269–279 u.ö.

[35] Ähnlich interpretiert auch S.J. SCHWEITZER, Utopia 138f u.ö.

[36] Vgl. weiter Abschnitt 3.2.

des Tempels durchbrechen und in andere Bereiche hinein vordringen. Bleiben die Priester im Tempel zurück, so öffnen die Leviten sich für scheinbar triviale Belange; sie werden im Gesellschaftsleben gestalterisch tätig und üben damit eine soziale Kompetenz für die Wirklichkeitskonstruktion aus.

Hinter dieser Absage an Machtpositionen der Priester verbirgt sich für die Wirklichkeitskonstruktion ein latentes Konkurrenzverhältnis zwischen Leviten und Priestern, das den Zuständigkeitsbereich der Priester eingrenzt und den levitischen Aufgabenbereich ausweitet. Da die Leviten in der Chronik zudem priesterliche Funktionen übernehmen, wird den Priestern auch das Recht auf alleinige kultische Kompetenz bestritten. Die Wirklichkeitskonstruktion der Chronik setzt hier spezifische axiomatische Akzente, die zwar oftmals dezent vorgetragen werden, aber dennoch soziale Sprengkraft besitzen, da sie ein etabliertes Machtsystem in Frage stellen. Das umfassende Gesellschaftsporträt der Leviten in der Sinnwelt der Chronik hat daher eine deutliche Stoßrichtung gegen die Priester. Im Gegenzug werden die Leviten in einflussreiche Positionen hineingesetzt und damit für die Wirklichkeitskonstruktion der Chronik zu einer entscheidenden Machtinstanz mit weitreichenden Befugnissen und Autorität.

Die Wirklichkeitskonstruktion der Chronik widerspricht mit ihrem Modell einem hierokratischen Gesellschaftsbild, das die Priester als einflussreiche Elite an der Spitze der Gesellschaftsordnung stehen sieht. Ist in der Chronik verschiedentlich ein Gesellschaftsmodell einer Hierokratie oder einer Theokratie gesehen worden,[37] so hat die vorliegende Untersuchung der gesellschaftlichen Einflussfaktoren für die Wirklichkeitskonstruktion andere Realitätsbausteine aufgezeigt.[38]

Wenn man hinter der Chronik demgegenüber ein theokratisches Gesellschaftsbild sieht, werden fremde Modelle auf die atl. Spätschrift adaptiert. Der Begriff der Theokratie geht auf Flavius Josephus zurück, der unter diesem Stichwort die Herr-

---

[37]　Vgl. J. WELLHAUSEN, Prolegomena 420; O. PLÖGER, Theokratie 51–60.135f; U. KELLERMANN, Anmerkungen 57; H. DONNER, Geschichte II 465; M. HENGEL, Schriftauslegung 32; K.-F. POHLMANN, Frage 329; L.L. GRABBE, Priests 50 (für Esr/Neh); O. KAISER, Grundriß I 149, der von einer ‚theokratischen Leitung' in der Chronik ausgeht; W.J. DUMBRELL, Purpose 262–266; J.E. DYCK, Ideology 205. 210–212; S.L. MCKENZIE, Chronicles 203f; L. JONKER, Society 717f. Nach E.M. DÖRRFUSS, Mose 117f, gehören zur Theokratie nach dem Modell der Chronik folgende Elemente hinzu: Verfassung durch den Gesetzgeber Mose, der eine Zukunftsdimension inhärent ist, und die Herrschaft Gottes, die den Diesseitigkeitscharakter betont.

[38]　Gegen die Annahme einer Theokratie votieren: F. CRÜSEMANN, Israel 208–211; T. WILLI, Juda 76; DERS., Weltreichsgedanke 397; E. BLUM, Volk 26; A. MEINHOLD, Serubbabel 193.200; M. BERNETT, Polis 127: Theokratie ist „ein historisches Zerrbild, weil es den Zustand ungeschmälerter priesterlicher ... Macht in Juda ... nie gegeben hat".

schaftsstrukturen der Perserzeit kennzeichnet;[39] gelegentlich ist bei ihm auch von einer priesterlichen Aristokratie die Rede.[40] Josephus verbindet mit diesem Modell ein priesterliches oder hohepriesterliches Ideal einer erblich bedingten und göttlich sanktionierten Herrschaftsform, die er in der Geschichte seines Volkes verwirklicht sieht.[41]

Geht man von der üblichen Definition des Begriffs „Theokratie" aus, so bezeichnet er ein Modell einer institutionell verfassten Herrschaft priesterlicher Kreise, die eine Art Gottesgesetz zu installieren bestrebt ist. Demgegenüber werden andere legislative oder administrative Formen der Herrschaftswahrnehmung nachgeordnet.[42]

Ein solches Herrschaftsmodell wird von der Chronik jedoch nicht untersützt. Sie schlägt stattdessen als Alternative vor, dass indirekte Macht von den Schreibern und Beamten der Administration wahrgenommen wird, gepaart mit Einfluss auf die Interpretation der Schrift und Deutung der Geschichte, wie sie in die Aufgabenbereiche der Propheten und Lehrer gelegt wird. Nach der Konstruktion der Chronik geht damit entscheidendes Potential nicht allein von den kultischen Funktionsträgern aus, sondern von den Schreibern, die in ihren Wirkungsräumen indirekte Herrschaft ausüben und ein Identitätsangebot auf kongruente Verhältnisse unterbreiten.

Das Gesellschaftsmodell der Wirklichkeitskonstruktion der Chronik stellt damit Anfragen an historische Modelle, die hierokratische Tendenzen als eine etablierte Gesellschaftsstruktur für das achämendische Juda behaupten. Aufgrund der alternativen Wirklichkeitskonstruktion der Chronik ist die Annahme, wie Reinhard Achenbach sie äußert, dass sich „das Konzept der Levitisierung des Priestertums … des Verhältnisses von führender Priesterschaft und dienender Levitenschaft … in der Zeit des Nehemia einigermaßen durchgesetzt hat",[43] in dieser grundsätzlichen Weise nicht haltbar. Dass eine Abdrängung der Leviten in einen niederen klerikalen Stand für die Priesterschrift (P[G] und P[S]) und für nach-dtr Aussagen gilt, mag man Achenbach zugestehen. Auch andere atl. Schriftcorpora wie Esr/Neh unterstützen die These einer Zweigliedrigkeit des Tempelpersonals mit Unterordnung der Leviten unter die Leitung der Priester. Doch kann eine solche Wirklichkeitskonstruktion nicht einfach als Reflex realer historischer Verhältnisse der Sozialgeschichte der Zeit des Zweiten Tempels angenommen werden, da auch diese Schriften Wirklichkeitsentwürfe mit einer je eigenen Geschichtsdeutung darstellen.[44]

---

39 Vgl. Jos ContAp 165: θεοκρατίαν ἀπέδειξε τὸ πολίτευμα, θεῷ τὴν ἀρηὴν καὶ τὸ κράτος ἀναθείς.
40 Vgl. Ant 11,111: πολιτεία χρώμενοι ἀριστοκρατικῇ μετ' ὀλιγαρχίας οἱ γὰρ ἀρχιερεῖς προεστήκεσαν; s.a. Jos ContAp 29–38; 185; Ant 4,186.223; 8,218.220. 255–256.325; Vita 1.
41 Vgl. O. GUSSMANN, Priesterverständnis 285f.306–324.
42 Zur Diskussion um Theokratiestrukturen s. weiterhin A. LABAHN, Tendencies 130–135; M. BERNETT, Polis 78f.126f.
43 So R. ACHENBACH, Priester 308.
44 Vgl. dazu z.B. die grundsätzlichen Überlegungen von L.L. GRABBE, History 271; E.S. GERSTENBERGER, Israel 21.82.85 u.ö.; T.L. THOMPSON, Defining passim, auch wenn dessen historische Skepsis hier nicht geteilt wird.

Wenn die Chronik gegenüber den Machtansprüchen der priesterlichen (aaronidischen und, wenn man will, auch zadokidischen) Einflüssen ein Gegengewicht
formuliert, das antihierarchische und antitheokratische Tendenzen in den Vordergrund stellt, so ist diese Stimme im Chor der literarischen Geschichtsentwürfe zu
beachten und als alternative Konstruktion ernst zu nehmen.

Die Chronik liefert jedenfalls Realitätsbausteine für ein divergierendes
Gesellschaftsmodell, das andere Machtstrukturen und Machtverhältnisse im Sinnentwurf generiert. Die Wirklichkeitskonstruktion der
Chronik präsentiert demgegenüber einen Geschichtsentwurf, in dem
Leviten als einflussreiche und weithin präsente Gruppe in verschiedenen Gesellschaftsbereichen in Vergangenheit, Gegenwart und erwarte-
ter Zukunft aktiv sind und dabei indirekte Herrschaft ausüben. Je mehr
diese Bausteine gesellschaftlicher Machtfaktoren bei Rezipienten
viabel werden, desto stärker wird die Wirklichkeitskonstruktion als
tatsächliches Modell der Lebenswelt akzeptiert.

7.7   Der Wirkradius der Leviten

Die Wirklichkeitskonstruktion der Chronik setzt Leviten in Jerusalem
und in Verwaltungsstellen in Juda ein. Ihr Wirkradius ist daher nicht
auf Jerusalem zu begrenzen, da ein kontingentes Gesellschftsbild für
die Metropole wie für das Umland mit kongruenten Einflussfaktoren
entworfen wird.

Dabei ist die Frage nach dem vorgestellten Wohnsitz zweitrangig
gegenüber dem Einsatzort der Leviten. Dennoch ist für den Entwurf
wohl vorausgesetzt, dass es keine gleichzeitige Präsenz an mehreren
Orten gibt, d.h. dass Leviten nicht einen Wohnsitz in Juda haben *und
gleichzeitig* am Tempel in Jerusalem arbeiten.[45] Vielmehr herrscht die
Vorstellung vor, dass Leviten in Jerusalem und in Juda indirekte Herrschaft in der Verwaltung ausüben und dabei nahe zum Einsatzort wohnen. D.h. die Leviten, die in Juda arbeiten, werden dort auch in ihrem
Wohnsitz angesiedelt, während die in Jerusalem tätigen Leviten in der
zentralen Metropole Judas wohnen.

Dass Leviten nicht nur in Jerusalem leben, sondern auch in verschiedenen Orten in
Juda ihren Wohnsitz haben können, zeigen auch die Listen der sog. Levitenstädte
(עָרֵי הַלְוִיִּם; vgl. Lev 25,32–34; Num 18,31; 35,1–8; Jos 14,4; 21,1–8; 1Chr 6,39–66)
sowie Notizen in Esr/Neh, die vom Landbesitz von Leviten ausgehen (vgl. Esr
8,15; Neh 11,3ff.18.20.36; 13,10). Das weit gefasste Raummodell der Chronik trifft
also auf analoge Bausteine in anderen Entwürfen.

---

[45]   Diese These ist in der Literatur verschiedentlich vertreten worden; vgl. S.
SAFRAI, Volk 59; B.A. LEVINE, Levites 528; R.L. BRAUN, 1 Chronicles 142; U.
GLESSMER, Leviten 145. Belege wie 1Chr 9,25; 27,1.25; 2Chr 11,14; 29,8 (s.a. Neh
13,10f) unterstützen diese Annahme, doch bietet die Chronik weitere Aspekte. Zur
Kritik an der These vgl. L.L. GRABBE, History 208.235.

Bereiche außerhalb Judas sind hingegen für den Geschichtsentwurf der Chronik nicht im Blick, weder in Palästina noch darüber hinaus etwa im Zweistromland,[46] weder in Griechenland noch in Ägypten. Inwiefern die Chronik davon ausgeht, dass Leviten außerhalb Palästinas[47] anzutreffen sind, bleibt für die Wirklichkeitskonstruktion ebenso offen wie konkrete Aufgaben oder soziale, gesellschaftliche Bereiche ihnen nicht weitergehend zugewiesen werden. Zwar setzt die Chronik vor allem in den Genealogien globale Akzente,[48] doch werden diese nicht mit den Levitenlisten korreliert. Die internationalen Hinweise auf Edom und Ägypten sind gerade nicht in den levitischen Kapiteln vermerkt, so dass eine Interpretation der vorgestellten Wirkräume der Leviten in dieser Hinsicht materiell nicht unterlegt wird. Eher könnte man an eine Einflussnahme der Chronik bzw. ihrer maßgeblichen Aktanten, der Leviten, auf die Region des ehemaligen Nordreichs denken, auch wenn die Gruppe dieser Bewohner eine eher randständige Position in der Chronik einnimmt.[49] Die mental map der Wirkräumne der Leviten, wie sie in dem Wirklichkeitsentwurf abgebildet ist, beschränkt sich weitgehend auf Juda und Jerusalem.

Eine einzige Ausnahme bietet 1Chr 6,61. Hier wird das Siedlungsgebiet von Gerschonitern in *Qedeš* auf dem Gebiet des Stammes Naphtali erwähnt (V.61: וּמִמַּטֵּה נַפְתָּלִי אֶת־קֶדֶשׁ בַּגָּלִיל; vgl. Jos 21,32). Aus dieser Notiz könnte man auf Leviten außerhalb von Juda schließen. Ein histroisches Argument tritt hinzu. Den in der Chronik erwähnten Ort *Qedeš* könnte man mit der perserzeitlichen Besiedlung von *Qedeš* in Galiläa verbinden, dessen administratives Gebäude im südlichen Teil des Hügels im Areal 1 erst im Jahr 2003 von den beiden Ausgräberinnen Sharon Herbert und Andrea Berlin vorgestellt worden ist.[50] Wenn diese Identifikation zutrifft, hätte man einen externen Realitätsbaustein für ein analoges Wohn- und Arbeitsfeld, das eine Schnittmenge mit der Wirklichkeitskonstruktion der Chronik aufweist.

Alle weiteren Vermutungen über Aktivitäten von Leviten über Juda hinaus bleiben für die Sinnkonstruktion der Chronik letztlich Spekula-

---

[46] Jedoch nimmt H. MANTEL, Dichotomy 67–69 (mit Anm. 103!), an, dass der in Esr 8,17 erwähnte Ort Kasifja ein Wohnort und eine Wirkungsstätte für Leviten im Zweistromland ist.

[47] Auch das hierfür angeführte Konzept von „ganz Israel" kann dies nicht ersetzen. Anders J.E. DYCK, Ideology 118–120.215, der unter dem Stichwort „all Israel" die Gesamtheit des jüdischen Volkes zu allen Zeiten und an allen Orten bezeichnen will. Im Blick auf das Nordreich wertet T. WILLI, Auslegung 191f, ähnlich. Zu dem Konzept „ganz Israel" vgl. Abschnitt 1 Anm. 42.

[48] Vgl. in Abschnitt 6. Anm. 31, 32, 35.

[49] Vgl. E. BEN ZVI, Constructions 200, der das Nordreich in der Chronik als „liminal conceptual space" bestimmt und als „peripheral Israel" deutet, das die Chronik identifiziert zu „ideologically Jerusalemize", d.h. auf die Pratizipierung an dem wahren Kult im Jerusalemer Tempel ausrichtet.

[50] Zu den neuesten Ausgrabungen in *Qedeš* vgl. den Bericht von S.C. HERBERT, A.M. BERLIN, Excavations passim.

tion. Das Schweigen der Textwelt hat allerdings Relevanz für die Sinngebung, mit der eine Identitätsstiftung in und für Juda ausgedrückt wird. Zielt die Sinnwelt der Chronik darauf, dass die Gesellschaft in Juda durch die Einbindung von Leviten eine positive Prägung erhalten soll, so verwundert diese Konzentration auf den Kern der Adressatengruppe nicht.

Diese Identität stiftende Setzung braucht allerdings nicht zwangsläufig zu bedeuten, dass die Leerstelle in der Chronik ein tatsächliches Fehlen von Leviten außerhalb Judas impliziert. Ein Beispiel für eine mögliche Ausweitung der levitischen Wirkungsräume könnte z.b. in dem Realitätsbaustein des galiläischen *Qedeš* gesehen werden. Da das Modell der Chronik aufgrund seiner Flexibilität theoretisch offen für weitere Anschlussphänomene ist, können weitere Kreise und andere Wirkungsräume von Leviten nicht grundsätzlich ausgeschlossen werden; selbst dann nicht, wenn sie in der Sinnwelt Chronik und ihrer mental map keinen Reflex hinterlassen haben.

Wenn es anderenorts Leviten gibt, könnte es auch sein, dass solche Leviten andere Gruppen- und Identitätsmerkmale als die in der Chronik dargestellten Leviten tragen. Da die Leviten, wie sie in der Chronik präsentiert werden, damit nicht zur Deckung zu bringen sind, könnten sie im Gruppenporträt entfallen sein. Allerdings ist umgekehrt zu bedenken, dass die Leviten in der Chronik als eine multi-funktionale Gruppierung mit flexiblen Rändern erscheinen. Daher wäre es denkbar und sogar gut an das Profil der Leviten in der Chronik anzuschließen, über die in ihr genannten Personen hinaus weitere Leviten zu integrieren, etwa indem weitere genealogische Identitätszuschreibungen angefügt werden würden.

Träfe dies zu, wäre es nicht auszuschließen, dass weitere Kreise von Leviten neue Strukturanbindungen in die Gruppe einbringen. Ein analoger Fall ist in der Chronik z.B. durch die Aufgabenerweiterung des levitischen Gruppenbildes bei der Einbindung der Sänger / Musiker sowie der Torhüter zu erkennen. Mit analogen Prozessen könnte zu rechnen sein; jedenfalls lässt der Wirklichkeitsentwurf eine solche Offenheit zu entsprechender flexibler Abindung zu.

Es ist also wenigstens mit der Möglichkeit zu rechnen, dass es auch in anderen Regionen Leviten gibt, die entweder ein weiteres Funktionselement zur Vielschichtigkeit des Levitenphänomens beitragen oder umgekehrt nur Teilbereiche des aus der Chronik bekannten Spektrums abdecken könnten.

Die Wirklichkeitskonstruktion der Chronik zeichnet die Leviten jedenfalls als eine multi-funktionale Gruppe, die in verschiedenen einflussreichen Aktionsradien und an bzw. in unterschiedlichen Wirkungsräumen präsent ist.

7.8 Die Wahrnehmung indirekter Herrschaft im Wirken der Leviten nach der Chronik

Lässt die Wirklichkeitskonstruktion der Chronik die Leviten indirekte Herrschaft wahrnehmen, so ist hier weitergehend nach deren konkreter Ausformung zu fragen.

Neuerdings hat Michael Sommer folgende Definition für indirekte Herrschaft vorgebracht: Indirekte Herrschaft ist eine Form der „Beherrschung der Peripherie durch das Zentrum unter Anwendung von Mitteln materieller Ausbeutung bei gleichzeitigem Verzicht auf symbolische Penetration" durch ein Weltreich gegenüber untergebenen Völkern und Regionen.[51] Zu den Kennzeichen indirekter Macht gehört dabei, dass den beherrschten Gebieten Teilautonomien überlassen werden, die Administration, Gesetzgebung, Finanzwirtschaft, Bildung, Kultur und Religion bei Kontinuität indigener Dynastien einschließen; diese Teilbereiche der Herrschaftsausübung werden lokal entschieden, so dass von der Administration und ihren Beamten eine Art indirekter Herrschaftspartizipation wahrgenommen wird. Der Oberherrschaft werden dagegen Außenpolitik, Erhebung von Abgaben, Erlass von Dekreten und Außenhandel überlassen.[52] Von „indirekter Herrschaft" lässt sich deswegen in Gebieten mit einer Fremdherrschaft und einem gewissen Anteil an lokaler Teilautonomie reden. In der Forschung ist dafür auch der Begriff ‚mediatisierte Verwaltung' verwendet worden.[53]

Dieses Modell lässt sich auf die Verhältnisse während der Zeit des Zweiten Tempels in Palästina adaptieren, da Teilgebiete (wie Juda) in größere Verwaltungseinheiten (des achämenidischen Weltreiches) integriert sind und ein Glied eines Großreiches bilden.[54] Die Oberherrschaft gewährt einen makrostrukturellen Rahmen, der mit lokalen adminsitrativen Wegen auf unterer Ebene vernetzt ist. Die Mitarbeiter der Verwaltung bilden solche Knotenpunkte und nehmen auf dieser administrativen Ebene einflussreiche Entscheidungen wahr. Sie sind diejenigen, die mit der lokalen Bevölkerung in Kontakt treten und als Partizipation der herrschenden Strukturen wahrgenommen werden. In Ausführung und Umsetzung konkreter Entscheidungen nehmen sie Entscheidungskompetenz wahr und üben damit indirekte Herrschaft aus.[55]

---

[51] Vgl. M. SOMMER, Babylonien 73f. Die Kriterien für „indirect rule" hat Sommer systematisch für das British Empire formuliert. Eine ähnliche soziologische Beschreibung von Machtsrukturen („sociology of power") findet sich bei J. KESSLER, Yahwists 99. Auch wenn die Genese des Modells einer anderen historischen Epoche gilt, so ist für antike Machtverhältnisse im Fall einer fremden Oberhoheit mit analogen Herrschaftsformen zu rechnen.

[52] Vgl. M. SOMMER, Babylonien 88.

[53] Vgl. z.B. J. SCHAPER, Priester 153; DERS., Numismatik 153; G. AHN, Toleranz 191; P. FREI, Zentralgewalt 9.

[54] So z.B. die Einbindung der Provinz Juda (bzw. Jehud) in die Satrapie Transeuphratene (*'br hnr*) , wie es bei Hdt. Hist. 3,89–95 beleget ist; vgl. J.L. BERQUIST, Judaism 54; J. BLENKINSOPP, Temple 35f; E.M. MEYERS, Period 510.515; T. WILLI, Leviten 79; DERS., Juda 27f.36f; J. ELAYI, J. SAPIN, River; E.S. GERSTENBERGER, Israel 75f.

[55] Für einen Vorschlag, wie sich ein solches Modell in der historischen Realität darstellt, vgl. A. LABAHN, Herrschaft.

Die Wirklichkeitskonstruktion der Chronik versteht die Leviten als eine solche einflussreiche und zugleich multi-funktionale Gruppierung, die an Herrschaftsfunktionen im administrativen Bereich partizipiert. Innerhalb der Herrschaftsstrukturen ist dabei nicht an die institutionalisierte Seite der Macht anhand von Gremien oder einzelnen politischen Machthabern zu denken, bei denen die Ausübung *direkter* Herrschaft angesiedelt ist. Vielmehr repräsentieren die Leviten in der kognitiven Konstruktion ausführende und gestaltende Organe, die in der jeweils wahrgenommenen Art und Weise der Gestaltung der Aufgaben unterschiedliche Prozesse in vielerlei Weise entscheidend beeinflussen und neben den institutionalisierten Machtstrukturen ihren Einflussbereich im Ausüben *indirekter* Herrschaft ausfüllen. Die Leviten werden dabei als eine vielschichtige und vielseitige Gruppierung mit einem weit gespannten Netz von Beamten und Schreibern dargestellt.

Aufgrund ihrer vielfältigen Einbindung bilden die Leviten eine Kontaktstelle zwischen dem Tempel mit seinen diversen Funktionsbereichen und der diese Abläufe konsultierenden Bevölkerung. Indem die Wirklichkeitskonstruktion der Chronik die Leviten in das profane herrschaftliche Autoritätengefüge integriert, lässt sie sie Positionen als Vermittlungsinstanzen zwischen den makrostrukturellen sozio-politischen Rahmenbedingungen und den lokalen gesellschaftlichen Verhältnissen wahrnehmen.[56] Indem die Leviten als Beamte Entscheidungen fällen, üben sie indirekte Herrschaft aus. Die Leviten, wie sie in der Sinnwelt der Chronik geschildert werden, bilden einen Machtfaktor in Juda und stellen eine Schaltstelle in der Gesellschaft dar. In ihren Kreisen laufen soziale Knotenpunkte zusammen, da sie einerseits zwischen den übergeordneten Herrschaftsstrukturen und der lokalen Bevölkerung vermittelnd angesiedelt werden und andererseits in einem Bereich eingesetzt werden, der sakrale und profane Angelegenheiten verbindet. Die Leviten werden damit in der Wirklichkeitskonstruktion als eine Gruppe geschildert, die in verantwortungsvolle Positionen der Gesellschaft eindringt.

Damit unterbreitet der Geschichtsentwurf der Chronik ein Identitätsangebot an seine Rezipienten. Wenn spätere Rezipienten der Chronik ihr Wirklichkeitsverständnis (partiell) teilen, so lässt dies auf gelingende Aneignungsprozesse und gelungene Rezeption des Identitätsprogramms zurückschließen.

Indem die Chronik ihre Hörer / Hörerinnen oder Leser / Leserinnen mit der Wirklichkeitskonstruktion ihres Entwurfes konfrontiert, löst sie einen Reflexionsprozess darüber aus, ob und inwiefern das Handeln der Leviten in Vergangenheit und Gegenwart von den ihnen begegnenden

---

[56] Zu denken ist konkret an die makrostrukturellen sozio-politischen Rahmenbedingungen des achämenidischen Weltreiches und an lokale gesellschaftliche Verhältnisse in Juda. Dies kann hier jedoch nicht mehr vorgeführt werden; s. dazu A. LABAHN, Herrschaft.

Subjekten tatsächlich so erlebt wird, wie es in der Chronik vorgestellt wird. Findet die Sichtweise der Chronik und mithin die Positionierung der Leviten viable Bestätigung, der zufolge diese Gruppe indirekte Herrschaft zum Wohl der Bevölkerung ausübt, so dass in ihrem Handeln der göttliche Segen auch von anderen Subjekten wahrnehmbar wird? Dieses Identifikationsangebot tritt als Sinnpotential des Textes an die Hörer / Hörerinnen und Leser / Leserinnen der Chronik heran und konfrontiert sie mit der Frage nach den Evidenzen dieses Konzepts.

Wenn es gelingt, solche Aneignungsprozesse aufzuzeigen, dann wären Bausteine dafür gefunden, dass das von der Chronik propagierte Levitenbild überzeugt und andere zur Zustimmung geführt hat. Dieses Untersuchungsfeld geht freilich über den Rahmen dieser Studie hinaus. Allerdings verweise ich auf meine vorhergehende Monographie, in der solche Aneignungsprozesse wahrscheinlich gemacht worden sind.[57] Daraus lässt sich entnehmen, dass die von der Sinnwelt der Chronik angebotenen Identifikationen in anderen Wirklichkeitskonstruktionen partiell angenommen worden sind.

Die Konvergenzen in den verschiedenen literarischen Porträts der Leviten aus der Zeit des Zweiten Tempels bilden die Entwicklung einer Gruppe ab, die aus dem Kultbereich herausdrängt und in neue Aufgabengebiete vordringt. Aus den Analogien der Realitätsbausteine ergibt sich eine Basis für das Gruppenporträt, wie es bereits in der Chronik entfaltet wird. Ein Verbindungsglied stellen dabei Schreibfunktionen der Leviten dar.

Schreibt die Wirklichkeitskonstruktion der Chronik den Leviten eine Teilhabe an den Machtstrukturen in Form indirekter Herrschaft zu, so unterbreitet sie damit eine Identitätsstiftung, die ausgetestet und angenommen wird. Die Multifunktionalität der Leviten wird dabei zum Schlüssel, der einen flexiblen Umgang in der Anbindung neuer Mitglieder und erweiterter Funktionen ermöglicht.

Der Dienstort der Archive stellt einen Korrelationspunkt dar, da hier verschiedene sakrale und profane Funktionsbereiche zusammentreffen. Nach der Chronik sind die Leviten den Archiven von Anfang an zugeordnet, da sie zunächst als Lagerverwalter in den Archiven des Tempels angesiedelt werden und darüber hinaus für die in den Archiven lagernden Schriftstücke verantwortlich sind. Von hier aus ergeben sich Anknüpfungspunkte für weitere Bereiche, da die Wirklichkeitskonstruktion der Chronik davon ausgeht, dass sie über Kenntnisse des Archivierten und Schreibkompetenzen verfügen, die sowohl dem reli-

---

57 Zur Auswertung der Konvergenzen in partieller Aneignung und partieller Abstoßung vgl A. LABAHN, Licht passim, wo eine Aneignung für die Tempelrolle, das Aramäische Testamentun Levi, die Testamente der Zwölf Patriarchen und das Jubiläenbuch wahrscheinlich gemacht worden ist.

giösen Schriftgut als auch den Wirtschaftstexten und Verwaltungsdokumenten zugute kommen.

In einer primär oralen Gesellschaft wird diesen Personen über ihre Qualifikation Einfluss zugesprochen. Daraus folgt ein Einfluss auf die Gesellschaft, den die Wirklichkeitskonstruktion die Leviten ausüben lässt, indem sie Abläufe innerhalb der Administration in Tempel und profaner Verwaltung gestalten, d.h. sie nehmen indirekte Herrschaft wahr. Indem sie bei der Ausführung von administrativen Vorgängen Entscheidungen fällen und in einer Mittlerposition zwischen makrostrukturellen Vorgaben und lokaler Anwendung stehen, partizipieren sie an den übergeordneten Herrschaftsstrukturen. Der Wirklichkeitsentwurf der Chronik setzt die Leviten in solche Positionen ein und lässt sie selbstständig Entscheidungen im Rahmen der Administration treffen. Auf verschiedenen Ebenen unterhalb der politischen Oberhoheit werden Leviten in diverse Verwaltungsvorgänge eingesetzt und dabei in unterschiedliche Abläufe eingebunden. Sie füllen den makrostrukturellen Rahmen aus, indem für Belange der lokalen Bevölkerung Entscheidungen getroffen werden. Mit dieser Positionierung[58] rücken die Leviten näher an gesellschaftlich relevante und politische Autoritäten heran. Diese doppelte Ausrichtung auf profane Schriftstücke und Autoritäten sowie religiöse Texte und Autoritäten ist für das Levitenbild der Wirklichkeitskonstruktion der Chronik charakteristisch.

Eine entscheidende Schlüsselstelle für die doppelte Ausrichtung der Schreiber ist der Jerusalemer Tempel, in dem nicht nur kultische Vorgänge, sondern auch administrative und ökonomische Abläufe angesiedelt sind, wie es die Wirklichkeitskonstruktion der Chronik voraussetzt. Dadurch sind Tempel und Tempeladministration in die makrostrukturellen administrativen Strukturen der Herrschaft eingebunden, so dass sakrale und profane Administration an diesem Ort miteinander verflochten sind. Das verbindende Scharnier auf personaler Ebene zwischen beiden Bereichen bilden die Schreiber, da sie Zugang zu den Archiven und deren Dokumenten haben.

Wenn die Chronik die Leviten in verschiedener Hinsicht mit dem Tempel und den mannigfaltigen dort wahrgenommenen Diensten verbindet, lässt sie die Leviten als entscheidende gestaltende soziale Größe hervortreten. Die Leviten erscheinen damit als eine multi-funktionale Gruppe, die an relevanten Schaltstellen der Gesellschaft ihren Einfluss ausübt und dadurch die gesellschaftspolitische Struktur wesentlich prägt. So ist es auch konsequent, wenn die Chronik immer wieder

---

[58]   Ähnlich vermutet K.-J. MIN, Authorship 127–140.145f, dass die Leviten seit 433 v.Chr. von den Achämeniden begünstigt wurden und als „agents" der Achämeniden in der Administration handelten. Die Leviten wurden nach seiner Darstellung von Nehemia in diese Funktion eingesetzt und lösten die Priester in diesem Amt ab. Min baut viel auf Neh 13 auf, doch ist die Verbindung der Leviten zu Nehemia damit schwerlich sicherzustellen.

darauf hinweist, dass einem Unternehmen nur dann Erfolg zukommt, wenn die Leviten an ihm maßgeblich beteiligt sind. Die Gruppe, auf der nach der Sinnwelt der Chronik die größte Verantwortung ruht, sind deswegen die Leviten, da sie das soziale sowie das religiös-kultische Leben maßgeblich prägen. In der Wahrnehmung dieser Gestaltung lässt die Wirklichkeitskonstruktion die Leviten zwar in ein makrostrukturelles System eingebunden sein, doch indem die Leviten die eher grobmaschigen Rahmenbedingungen ausfüllen, gestalten sie die Gesellschaft und nehmen damit indirekte Herrschaft wahr.

Über dieses umfassende gesellschaftliche, theologische und historiographische Programm der multi-funktionalen Gruppe unterbreitet die Chronik ein Identitätsangebot an alle Rezipienten der Schrift. Die Hörer / Höreinnen und Leser / Leserinnen werden eingeladen, der Gruppe zuzustimmen, von der wesentliche Impulse ausgehen und die an den Schaltstellen der Macht indirekte Herrschaft ausübt.

7.9 Die Chronik als Identität stiftendes Sinnbildungsangebot für die multi-funktionale Gruppe der Leviten

Erscheinen die Leviten in der Wirklichkeitskonstruktion der Chronik als multi-funktionale Gruppe, so bedarf es eines Bindeglieds, das die Heterogenität der Gruppe überwindet. Die Multifunktionalität der Gruppe ist eine Chance auf komplikationslose Eingliederung neuer Mitglieder, birgt aber auch die Gefahr, dass die Gruppe leicht an Kohäsion verlieren kann. Daher braucht es ein Mittel, um den Zusammenhalt der Gruppe herzustellen und die auseinander strebenden Kräfte durch eine Definition der verbindenden Elemente der Gruppe zusammen zu halten.

Die Multifunkionalität der Leviten zeigt mehrfache Differenzierungen im Gruppenporträt. Ihr reichhaltiges Aufgabenspektrum bindet sie an verschiedene Funktionsbereiche in Administration, Ökonomie und Rechtssprechung an. Ferner sind sie an verschiedenen Einsatzorten tätig. Zudem arbeiten sie auf verschiedenen hierarchischen Ebenen innerhalb dieser Bereiche. Das bedeutet, dass in der Gruppe der Leviten sowohl einflussreiche Beamte als auch untergebene Weisungsempfänger integriert sind. Die Chronik formuliert für die Leviten eine Gruppenidentität, an der alle Mitglieder partizipieren, unabhängig von ihrem jeweiligen sozialen Stand oder Einsatzort. Für die Leviten werden gemeinsame Ideale entwickelt, die in der Wahrnehmung einflussreicher Positionen in der Gesellschaft und in der Ausübung indirekter Herrschaft bestehen. Obwohl nicht alle Leviten in gleicher Weise an der aktiven Gestaltung dieses Anspruches beteiligt sind, wird den Leviten insgesamt eine Sinnstiftung über die soziale Etablierung der Gruppe vermittelt. Indem Leviten an entscheidenden Schlüsselstellen in der Gesellschaft indirekte Herrschaft wahrnehmen und sie in einflussreiche Positionen eingesetzt werden, erhält die Gruppe eine spezifische und verbindende Sinngebung. Durch die Aufwertung der Leviten wird der Gruppe insgesamt eine Sinngebung für ihre Existenz vermittelt. Darüber wird eine Kohäsion der Gruppe erzeugt, so dass für die Leviten beides konstitutiv ist: eine Inhomogenität der Leviten nach innen und eine Sinngebung ihrer multi-funktionalen Gruppe in Wahrnehmung von Einfluss auf die Gesellschaft.

Auf diesem Hintergrund gewinnen die Namenslisten der Chronik – sowohl die Genealogien als auch die Ämterlisten – einen Sinn. Eine derartig inhomogene Gruppe wie die Leviten benötigt Identität stiftende Merkmale, die sie nach außen abgrenzt und gegenüber anderen Gruppen definiert.[59] Nach innen sind Verbindungen notwendig, die den internen Zusammenhalt der Gruppe dokumentieren. Ein solcher Zusammenhalt wird über Listen geformt, die Verknüpfungen von Personen untereinander vornehmen. In Ämterlisten werden ausführende Organe leitenden Personen zugeordnet oder einzelne Personen werden in übergreifende Verbände integriert. Diese Verbindungen werden zudem dadurch gefestigt, dass Zuordnungen zu Ämtern (wenigstens partiell) gleichzeitig als Familienstrukturen beschrieben sind. Der Sinnentwurf der Chronik definiert durch diese Strukturen die Gruppe, die in der Konzeption die größte Aufmerksamkeit erfährt. Einzelne Glieder werden in das Gesamtgefüge integriert, so dass Wertungen einzelner Leviten die Gruppe insgesamt kennzeichnen. Jeder einzelne ist Teil des Systems und partizipiert an der Aufwertung der (Teil-)Gruppe auch dann, wenn er (oder sie) selbst in weniger einflussreichen Positionen steht. Die von der Chronik formulierte Sinngebung bietet den Leviten einen Entwurf an, der ihre Position in der Gesellschaft mit den multifunktionalen Strukturen der Gruppe verknüpft. Durch das genealogische und funktionale Listenmaterial wird jeder einzelne in das Gesamtgefüge integriert.

Wird über dieses Listenmaterial Identität erzeugt, so bedeutet das, dass die in der Chronik definierten genealogischen Strukturen keine ursprünglichen familiären Beziehungen darstellen. Die fiktiven Sippenverbände ordnen vielmehr spätere Generationen einer führenden Persönlichkeit (wie etwa Asaf oder Korach) zu. Relationale Verknüpfungen von einzelnen Leviten oder von einer Teilmenge zu anderen Gruppenmitgliedern werden durch Einordnungen als „Brüder" oder „Söhne" vorgenommen. Prominente Vorfahren, auf die mehrere Generationen von Leviten zurückgeführt werden, geben wesentliche Impulse und Identitätsmarker für spätere Generationen. Die in den Listen genannten Vorsteher stellen demnach leitende Figuren dar, so dass die Sippenhäupter nicht primär Familienväter, sondern eher Gruppenhäupter repräsentieren. Die Zuordnung von Gruppen zu einzelnen führenden Per-

---

[59] Auf Identität verweist auch T. WILLI, Leviten 91.95f; ebenso B.A. LEVINE, Levites 523.

sönlichkeiten und die Subsumierung unter deren Autorität stellt damit eine kohäsive Verbindung unter den Leviten dar. Mit den Namen bedeutender Persönlichkeiten von einst werden leitende Personen in den Gruppen bezeichnet, die möglicherweise sogar für eine gewisse axiomatische Ausrichtung der jeweiligen Gruppen stehen.

Die Wirklichkeitskonzeption der Chronik vermittelt eine Sinngebung, die den auseinander strebenden Elementen in der Gruppe entgegenwirkt. Dass einzelne Sippen genannt werden, weist auf verschiedene Strömungen innerhalb der Leviten. Dahinter könnten sich unterschiedliche Zuständigkeitsbereiche verbergen, aber auch differierende Interessengruppen stehen. Die Einheit stiftende Sinngebung überwindet diese Divergenzen, indem sie eine levitische Identität generiert, die von den Rezipienten des Entwurfes angenommen werden soll. Die von der Sinnstiftung vorgegebene Identität spricht der multi-funktionalen Gruppierung einen Zusammenhalt zu, der durch eine herrschaftsvermittelnde ideologische und theologische Aufwertung der Gruppe gestaltet ist. Der Sinnentwurf der Chronik prägt eine Definition von Leviten, die ihnen umfassende Kompetenzen im schriftgelehrten und administrativen Schreibertum zuspricht.

Das, was die Leviten zusammenhält, ist ihre Gruppenidentität. Diese wird maßgeblich über das Listenmaterial erzeugt. Die vielfältigen und inhomogenen levitischen Listen formulieren eine Identität, die alle Gruppenmitglieder zusammen bindet. In dem Wirklichkeitsentwurf wird ein Netz von Verknüpfungen erzeugt, das alle Gruppenmitglieder erfasst und integriert. Die flexiblen Listen lassen Gestaltungsspielräume für ein Wachstum oder eine Veränderung der Gruppe und halten gleichzeitig alle heterogenen Elemente zusammen.

Dadurch entsteht eine Identität der Gruppe. Alle Mitgleider sind „Leviten", unabhängig davon, an welcher Stelle und in welchem Bereich sie eingesetzt sind. Der Begriff „Levit" wird in der Chronik zu einem Identitätsmarker, der die Heterogenität der multi-funktionalen Gruppe überwindet. Die Identität der Gruppe trägt sich durch die Summe der positiven Zuschreibungen an die Wahrnehmung von Einfluss und Machtpartizipation auf unterschiedlichen Ebenen. Wer sich als Levit versteht und sich mit dem multi-funktionalen Gruppenprofil identifiziert, kann Mitglied der Gruppe werden. Er oder sie partizipert am Gruppenprofil und dessen Identitätsaussagen, wie sie in der Wirklichkeitskonstruktion der Chronik formuliert werden.

Von diesen Identitätsmarkern entspringen wesentliche Impulse für spätere Generationen. Das Bild der Leviten in Kohäsion trotz Heterogenität lädt ein zu Akzeptanz und neuen Angliederungen. Die Chronik formuliert ein Sinnbildungsangebot an ihre Hörer und Hörerinnen sowie Leser und Leserinnen, die eingeladen werden, mit dem Gruppenprofil der Leviten ein positives emotionales Erleben zu verbinden und damit eine soziale Bestätigung vorzunehmen, die wiederum das Gruppenporträt der Chronik stärkt. Die so entstehenden Bausteine lassen

Analogien über Kongruenzen aufkommen und führen kognitive Konstruktionen durch, die das Levitenbild der Chronik mit positiven Wahrnehmungen verbinden und dadurch bestätigen.

7.10 Ausblick: Anknüpfungspotentiale als Identitätsangebot für zukünftige Adaptionen

Die Wirklichkeitskonstruktion der Chronik bietet den Leviten mit dem von ihr entworfenen Modell ein gewaltiges Identifikationspotential an, das beachtlich und verlockend zugleich ist. Spätere Entwürfe zeigen, inwiefern diese Konstruktion angenommen oder abgelehnt wird. Analoge Kongruenzen lassen levitische Sinnpotentiale viabel werden. In der Zeit des Zweiten Tempels wird die von den Leviten ausgeübte indirekte Herrschaft zunächst als positiv wahrgenommen. Dafür sprechen weitere theologische Aufwertungen der Gruppe, wie sie in frühjüdischen Sinnzuschreibungen im Zusammenhang mit den aus der Chronik bekannten sozialen Positionierungen später auszumachen sind; solche begegnen in der Tempelrolle, im Aramäischen Testamentum Levi, in den Testamenten der Zwölf Patriarchen und im Jubiläenbuch.[60] Diese Adaptionen zeigen, dass das Handeln der Leviten auf soziale Bestätigung trifft und in weitere Wirklichkeitskonzeptionen eingeht, dabei aber auch Modifikationen und Neujustierungen erfährt.

Die Multifunktionalität der Leviten ist eine Chance für weitere Personen oder Gruppen, an die Leviten Anschluss zu finden. Über den Einbau weiterer flexibel gehandhabter genealogisch-linearer oder funktional-segmentärer Listen ist die Gruppe relativ einfach zu vergrößern. Die Multifunktionalität wird problemlos erweitert, da die Konzeption an sich von solchen Ergänzungen nicht betroffen ist. Die levitische Sinngebung wird auf neue Gruppenmitglieder übertragen, so dass auch diese als Leviten gelten. In dieser unproblematischen Erweiterungsfähigkeit der Leviten liegen Chancen auf weitere Expansionen der Gruppe.

Doch die Multifunktionalität stellt auch eine Gefahr dar, da die auseinander strebenden Tendenzen der Leviten recht groß sind. Je mehr unterschiedlich funktional angebundene Leviten in die Gruppe integriert werden, desto schwieriger wird es, die Gruppe zusammen zu halten.

Neben der Chronik gibt es eine Reihe von Schriften, in denen die Leviten keine bedeutende Rolle spielen. Da in diesen Wirklichkeitskonstruktionen keine positiven Anknüpfungen an die Leviten zu erkennen sind, hat das levitische Sinnangebot hier keine Bestätigung erfahren. Neben eine Akzeptanz der levitischen multi-funktionalen Gruppe tritt also eine Ablehnung ihrer Position, die entweder durch Ignorierung

---

60 Vgl. dazu A. LABAHN, Licht.

der Gruppe[61] oder durch ein Herausstellen der Priester oder anderer Personen[62] oder Personengruppen erreicht wird.

Da das Ende der Leviten sich im Dunkel der Geschichte verläuft, ist es nicht mit Sicherheit zu sagen, ob die Multifunktionalität der Gruppe ihnen zum Verhängnis geworden ist. Es ist aber denkbar, dass ihre Gruppe zunehmend an Kohäsion verliert und schließlich so brüchig und durchlässig wird, dass sie als solche nicht mehr erkennbar ist und schließlich in anderen sozialen Gruppen aufgeht. So ist mit der Möglichkeit zu rechnen, dass sich Leviten unter den Beamten, Pharisäern[63] und Schriftgelehrten befinden, aber als Gruppe letztlich nicht mehr identifizierbar sind. Das multi-funktionale Identitätsangebot wird angenommen, lässt sich aber auf Dauer nicht aufrecht erhalten und verliert schließlich an eindeutiger Viabilität.

Dieser Ausblick geht jedoch über die Fragestellung der vorliegenden Untersuchung des Levitenbildes der Chronik und ihrer Wirklichkeitskonstruktion hinaus und muss separat verfolgt werden.[64]

---

[61] Vgl. z.B. Josephus, der in der Neuschreibung der Geschichte Israels in den Antiquitates oftmals Priester handeln lässt, wo im atl. Schrifttum Leviten auftreten; vgl. U. GLESSMER, Leviten 139.148–151; A. LABAHN, Licht 143–146.

[62] Vgl. etwa den ‚Lehrer der Gerechtigkeit' in Schriften vom Toten Meer.

[63] Vgl. dazu A. LABAHN, Licht 155–160.

[64] Ich verweise erneut auf die Studie A. LABAHN, Licht, wo die sich entstehungsgeschichtlich anschließenden frühjüdischen Schriften im Hinblick auf ihre Levitenbilder und deren Kongruenzen zur Wirklichkeitskonstruktion der Chronik vorgestellt werden.

Abkürzungen

Die Abkürzungen sind weitestgehend dem Internationalen Abkürzungsverzeichnis für Theologie und Grenzgebiete (IATG), hg. v. Siegfried M. SCHWERTNER, Berlin ²1992, entnommen. Abkürzungen hellenistisch-römischer Autoren und Werke stammen aus: Der Neue Pauly. Enzyklopädie der Antike, XXXIX–XLVII. Darüber hinaus sind in dieser Untersuchung folgende Abkürzungen verwendet:

ABG	Arbeiten zur Bibel und ihrer Geschichte
AHI	G.I. DAVIES, Ancient Hebrew Inscriptions. Corpus and Concordance
ATL	Aramäisches Testament Levi, nach der Testrekonstruktion in: J.C. GREENFIELD, M.E. STONE, E. ESHEL, The Aramaic Levi Document. Edition, Translation, Commentary
ATL[B]	Aramäisches Testament Levi, nach der Testrekonstruktion in: K. BEYER, Die aramäischen Texte vom Toten Meer samt den Inschriften aus Palästina, dem Testament Levis aus der Kairoer Genisa, der Fastenrolle und den alten talmudischen Zitaten.
BAW	Die Bibliothek der antiken Welt
BE	Biblische Enzyklopädie
BGL	Bibliothek der griechischen Literatur
BHQ	D. MARCUS, Biblia Hebraica Quinta
BHS	Biblia Hebraica Stuttgartensia
BVB	Beiträge zum Verstehen der Bibel
CII	R. SCHMITT et al., Corpus Inscriptionum Iranicarum
CPJ	V.A. TCHERIKOVER, A. FUKS, Corpus Papyrorum Judaicarum
CR:BS	Currents in Research: Biblical Studies
CWSSS	N. AVIGAD, B. SASS, Corpus of West Semitic Stamp Seals
DNP	Der Neue Pauly
DNWSI	J. HOFTIJZER, K. JONGELING, Dictionary of North-West Semitic Inscriptions
GK	W. GESENIUS, Hebräische Grammatik, völlig umgearbeitet von E. KAUTZSCH
HAE	J. RENZ, W. RÖLLIG, Handbuch der Althebräischen Epigraphik
HAH[17]	W. GESENIUS, Hebräisches und Aramäisches Handwörterbuch über das Alte Testament, 17. Auflage
HAH[18]	W. GESENIUS, Hebräisches und Aramäisches Handwörterbuch über das Alte Testament, 18. Auflage
HAL	L. KÖHLER, W. BAUMGARTNER, Hebräisches und Aramäisches Lexikon zum Alten Testament
KBL	L. KOEHLER, W. BAUMGARTNER, KOEHLER, Ludwig, Walter BAUMGARTNER, Lexicon in Veteris Testamenti Libros. Wörterbuch zum hebräischen Altes Testament in deutscher und englischer Sprache
LCL	Loeb Classical Library
LSTS	Library of Second Temple Studies; früher: Journal for the Study for Pseudepigrapha. Supplement Series (JSP.S)
NEAEHL	E. STERN, New Encyclopedia of Archaeological Excavations of the Holy Land
SCBO	Scriptorum Classicorum Bibliotheca Oxoniensis

STAR	Studies in Theology and Religion
TAD	B. PORTEN, A. YARDENI, Texts and Aramaic Documents
TR	Tempelrolle (11Q19 / 11Q20)
Tusc	Sammlung Tusculum
WBC	Word Biblical Commentary
WDSP	D.M. GROPP, Wadi Daliyeh Samaria Papyri

Literatur

Die in den Anmerkungen zitierte Literatur wird dort mit einem Kurztitel bezeichnet, der in der Regel aus dem ersten Substantiv des Titels besteht; abweichende Bezeichnungen sind im Literaturverzeichnis durch eine Angabe in eckigen Klammern hinter dem jeweiligen Titel kenntlich gemacht.

1 Quellen

ARRIAN, Der Alexanderzug. Indische Geschichte, Griechisch und deutsch, hg. und übersetzt von Gerhard WIRTH und Oskar VON HINÜBER, Tusc, München · Zürich 1985

ATHENAEUS, The Deipnosophists. With an English Translation by Charles Burton GULICK. In Seven Volumes, Vol. II, LCL, London reprint 1987

ATHENAIOS, Das Gelehrtenmahl. Buch XI–XV. Erster / Zweiter Teil, Eingeleitet und übersetzt von Claus FRIEDRICH, Kommentiert von Thomas NOTHERS, BGL 53/54, Stuttgart 2000/2001

AVIGAD, Nahman, Benjamin SASS (Hg.), Corpus of West Semitic Stamp Seals, Jerusalem 1997

BECKER, Jürgen, Die Testamente der zwölf Patriarchen, JSHRZ III.1, Gütersloh 1974

BERGER, Klaus, Das Buch der Jubiläen, JSHRZ II.3, Gütersloh 1981

BEYER, Klaus, Die aramäischen Texte vom Toten Meer samt den Inschriften aus Palästina, dem Testament Levis aus der Kairoer Genisa, der Fastenrolle und den alten talmudischen Zitaten. Aramaistische Einleitung, Text, Übersetzung, Deutung, Grammatik/Wörterbuch, Deutsch-aramäische Wortliste, Register, Göttingen 1984

BIBLIA HEBRAICA STUTTGARTENSIA, ediderunt Karl ELLIGER et Wilhelm RUDOLF, cooperantibus Hans Peter RÜGER et Joseph ZIEGLER, Stuttgart 1977

BORGER, Rykle, Walter HINZ, Die Behistun-Inschrift Darius' des Großen, in: TUAT I.5, Güters-loh 1984, 419–450

CAMERON, George G. (ed.), Persepolis Treasury Tablets, The University of Chicago Oriental Institue Publications 65, Chicago 1948

— , New Tablets from the Persepolis Treasury, JNES 24, 1965, 167–192

CONRAD, Diethelm, Hebräische Bau-, Grab-, Votiv- und Siegelinschriften, in: TUAT II.4, Gütersloh 1988, 555–572

CURTIUS, Q. RUFUS, Geschichte Alexanders des Großen, Lateinisch und Deutsch, hg. v. Konrad MÜLLER, Herbert SCHÖNFELD, Tusc, München 1954

DAVIES, Graham I. (ed.), Ancient Hebrew Inscriptions. Corpus and Concordance, Cambridge 1991

— , Ancient Hebrew Inscriptions 2. Corpus and Concordance, assisted by James K. AITKEN, Douglas R. de LACEY, P.A. SMITH, J. SQUIRREL, Cambridge 2004

DIODORUS OF SICILY, In Twelve Volumes, I–XII, ed. C.H. OLDFATHER, LCL, London · Cambridge 1946–1983

DONNER, Herbert, Wolfgang RÖLLIG (Hg.), Kanaanäische und hebräische Inschriften, Bd. I–III, Wiesbaden I ⁵2002; II ²1969; III 1964

FITZMYER, Joseph A., Stephen A. KAUFMAN (eds.), Aramaic Bibliography. With the Collaboration of Stephan F. BENNETT, Edward M. COOK, Baltimore · London 1992

GARCÍA MARTINEZ, Florentino, Eibert J.C. TIGCHELAAR, Adam S. VAN DER WOUDE (eds.), Qumran Cave 11 II 11Q2–18, 11Q20–31. Incorporating Earlier Editions by J.P.M. VAN DER PLOEG, O.P., With a Contribution by Edward HERBERT, DJD 23, Oxford 1998

GARRISON, Mark B., Margaret C. ROOT, Seals of the Persepolis Fortification Tablets. Vol 1 Images of Heroic Encounter, Oriental Institute Publications 117, Chicago 2001

GREENFIELD, Jonas C., Bezalel PORTEN, Ada YARDENI (eds.), The Bisitun Inscription of Darius the Great. Aramaic Version. Text, Translation and Commentary, CII, Part I Inscriptions of Ancient Iran. Vol. V. The Aramaic Versions of the Achaemenian Inscriptions etc., London 1982

GREENFIELD, Jonas C., Michael E. STONE, Appendix III: Aramaic and Greek Fragments of a Levi Document, in: Harm W. HOLLANDER, Marinus DE JONGE, The Testaments of the Twelve Patriarchs. A Commentary, SVTP 8, Leiden 1985, 457–469

GREENFIELD, Jonas C., Michael E. STONE, Aramaic Levi Document, in: George BROOKE, John COLLINS, Torleif ELGVIN, Peter FLINT, Jonas GREENFIELD, Erik LARSON, Carol NEWSOM, Émile PUECH, Lawrence H. SCHIFFMAN, Michael E. STONE, Julio TREBOLLE BARRERA, in Consultation with James VANDERKAM (eds.), Qumran Cave 4. XVII. Parabiblical Texts, Part 3, DJD 22, Oxford 1996, 1–72

GREENFIELD, Jonas C., Michael E. STONE, Esther ESHEL, The Aramaic Levi Document. Edition, Translation, Commentary, SVTP 19, Leiden · Boston 2004

GROPP, Douglas M., Wadi Daliyeh II. The Samaria Papyri from Wadi Daliyeh and Qumran Cave 4, XXVIII, Miscellanea, Part 2, DJD 28, Oxford 2001

HALLOCK, Richard T. (ed.), Persepolis Fortification Tablets, The University of Chicago Oriental Institute Publications 92, Chicago 1969

HERODOT, Geschichten und Geschichte. Buch 1–4, übersetzt von Walter MARG, BAW, Zürich · München ²1990

HERODOT, Geschichten und Geschichte. Buch 5–9, übersetzt von Walter MARG, bearbeitet von Gisela STRASBURGER, mit einem Essay „Herodot als Geschichtsschreiber" von Hermann STRASBURGER, BAW, Zürich · München 1983

HERODOTI Historiae, recognovit brevique adnotatione critica instrvxit CAROLUS HUDE, Tomvs prior et posterior, SCBO, Oxonii, editio tertia, 1927

HOLLANDER, Harm W., Marinus DE JONGE, The Testaments of the Twelve Patriarchs. A Commentary, SVTP 8, Leiden 1985

JAROŠ, Karl, Hundert Inschriften aus Kanaan und Israel, für den Hebräischunterricht bearbeitet, Freiburg, Schweiz 1982

DE JONGE, Marinus, Testamente XII Patriarcharum. Edited According to Cambridge University Library Ms Ff I.24 fol. 203a–262b with Short Notes, PVTG 1, Leiden 1964

JOSEPHUS, Flavius, Jewish Antiquities, In Nine Volumes, with an English Translation by Ralph MARCUS, Vol. VI. Books IX–XI, 1987 / Vol. VII. Books XII–XIV, LCL, Cambridge · London 1986

JOSEPHUS, Flavius, Jüdische Altertümer, Übersetzt und mit Einleitung und Anmerkungen versehen von Heinrich CLEMENTZ, 2 Bde., Wiesbaden ¹³1998

JOSEPHUS, Flavius, De Bello Judaico – Der Jüdische Krieg, zweisprachige Ausgabe der sieben Bücher, hg. v. Otto MICHEL und Otto BAUERNFEIND, Bd. I–III, Darmstadt 1959–1969

MAIER, Johann, Die Qumran-Essener: Die Texte vom Toten Meer II. Die Texte der Höhle 4, UTB 1863, München · Basel 1995

MARCUS, David, עזרא ונחמיה Ezra and Nehemiah, BHQ 20, Stuttgart 2006

PHILO (OF ALAEXANDRIA), With an English Translation by Francis Henry COLSON and George Herbert WHITAKER, 10 Volumes, ed. by Francis Henry COLSON, George Herbert WHITAKER, Ralph MARCUS, LCL, London 1959–1979

PHILO VON ALAEXANDRIEN, Die Werke in deutscher Übersetzung, 7 Bände, hg. v. Leopold COHN, Isaak HEINEMANN, Maximilian ADLER und Willy THEILER, Berlin ²1962–1964

PLINII Secundi Maior, C., Naturalis historiae libri XXXVII, post Ludovici Iani obitum recognovit et scripturae discrepantia adiecta, edidit Jahn LUDWIG und Karl MAYHOFF, 6 Bände, Nachdruck Stuttgart 1967–1970

PLINIUS Secundus der Ältere, Naturkunde, lateinisch – deutsch, herausgegeben und übersetzt von Roderich KÖNIG, in Zusammenarbeit mit Gerhard WINKLER, 37 Bände, Darmstadt 1973–2004

PLUTARCH, Fünf Doppelbiographien, Griechisch deutsch, hg. v. Konrad ZIEGLER, Walter WUHRMANN, 2 Bde., Zürich 1994

PLUTARCH, Große Griechen und Römer, Bd. V/VI, eingeleitet und übersetzt von Konrat ZIEGLER, BAW, Zürich · Stuttgart 1960/1965

PORTEN, Bezalel, Ada YARDENI, Texts and Aramaic Documents From Ancient Egypt, Newly Copied, Edited and Translated Into Hebrew and English, Vol. I–IV, Jerusalem 1986–2001

PUECH, Émile, Qumrân Grotte 4. XXII. Textes Araméens Première Partie 4Q529–549, DJD 31, Oxford 2001

QIMRON, E., The Temple Scroll. A Critical Edition with Extensive Reconstructions, Beer Sheva · Jerusalem 1996

RENZ, Johannes, Die althebräischen Inschriften. Teil 1: Text und Kommentar, HAE I, Darmstadt 1995

— , Die althebräischen Inschriften. Teil 2: Zusammenfassende Erörterungen, Paläographie und Glossar, HAE II/1, Darmstadt 1995

— , Materialien zur althebräischen Morphologie; Wolfgang RÖLLIG, Siegel und Gewichte, HAE II/2, Darmstadt 2003

— , Texte und Tafeln, HAE III, Darmstadt 1995

SCHAUDIG, Hanspeter, Die Inschriften Nabonids von Babylon und Kyros' des Großen samt den in ihrem Umfeld entstandenen Tendenzschriften. Textausgabe und Grammatik, AOAT 256, Münster 2001

SCHMITT, Rüdiger, The Bisitun Inscriptions of Darius the Great. Old Persian Text, CII, Part I Inscriptions of Ancient Iran. Vol. I. The Old Persian Inscriptions, London 1991

— , The Old Persian Inscriptions of Naqsh-i Rustam and Persepolis, CII, Part II Inscriptions of Ancient Iran. Vol. I The Old Persian Inscriptions, London 2000

SEPTUAGINTA. Id est Vetus Testamentum graece iuxta LXX interpretes, edidit Alfred RAHLFS, Stuttgart (1935 =) 1982

SIEGERT, Folker, Heinz SCHRECKENBERG, Manuel VOGEL (hg.), Flavius Josephus. Aus meinem Leben (*Vita*). Kritische Ausgabe, Übersetzung und Kommentar, Tübingen 2001

STEUDEL, Annette, Die Texte aus Qumran II. Hebräisch/Aramäisch und Deutsch. Mit Masoretischer Punktation, Übersetzung, Einführung und Anmerkungen, Unter Mitarbeit von Hans-Ulrich BOESCHE, Birgit BREDEREKE, Christoph A. GASSER, Roman VIELHAUER, Darmstadt 2001

TCHERIKOVER, Victor A., Alexander FUKS (Hg.), Corpus Papyrorum Judaicarum vol 1., London 1957

VanderKam, James C., The Book of Jubilees. A Critical Text, CSCO 510. Scriptiones Aethiopici 87, Leuven 1989 [= Text]

VanderKam, James C., Jozef T. Milik, 4QJubilees^g (4Q222), in: George J. Brooke (ed.), New Qumran Texts and Studies. Proceedings of the First Meeting of the International Organization for Qumran Studies, Paris 1992, STJD 15, Leiden · New York · Köln 1994, 105–114

von Voigtlander, Elisabeth (ed.), The Bisitun Inscription of Darius the Great. Babylonian Version, CII, Part I Inscriptions of Ancient Iran. Vol. II The Babylonian Versions of the Achaemenian Inscriptions, London 1978

Winn Leith, Mary Joan, The Wadi Daliyeh Seal Impressions, DJD 24, Oxford 1997

Xenophon, Hellenika, Griechisch – deutsch, hg. von Gisela Strasburger, Tusc, München · Zürich ²1988

Xenophon, Kyrupädie. Die Erziehung des Kyros, Griechisch – Deutsch, hg. und übersetzt von Rainer Nickel, Tusc, München 1992

Xenophon, Der Zug der Zehntausend. Cyri Anabasis, Griechisch – Deutsch, hg. von Walter Müri, Tusc, München 1954

2 Monographien, Kommentare, Artikel etc.

Achenbach, Reinhard, Levitische Priester und Leviten im Deuteronomium. Überlegungen zur sog. „Levitisierung" des Priestertums, ZAR 5, 1999, 285–309

— , Art. Levi/Leviten, in: RGG⁴ 5, 2002, 293–295

Ackroyd, Peter Runham, I & II Chronicles, Ezra, Nehemiah. Introduction and Commentary, TBC, London 1973

— , The Jewish Community in Palestine in the Persian Period, in: William D. Davies, Louis Finkelstein (eds.), The Cambridge History of Judaism. I. Introduction, The Persian Period, Cambridge 1984, 130–161

— , The Age of the Chronicler [1970], in: Ders., The Chronicler in His Age, JSOT.S 101, Sheffield 1991, 8–86

— , Faith and Its Reformulation [1979]: Prophetic Material, in: Ders., The Chronicler in His Age, JSOT.S 101, Sheffield 1991, 172–187

— , History and Theology in the Writings of the Chronicler [1967], in: Ders., The Chronicler in His Age, JSOT.S 101, Sheffield 1991, 252–272

— , The Theology of the Chronicler [1973], in: Ders., The Chronicler in His Age, JSOT.S 101, Sheffield 1991, 273–289

— , The Chronicler as Exegete [1977], in: Ders., The Chronicler in His Age, JSOT.S 101, Sheffield 1991, 311–343 [= Exegete]

Aharoni, Yohanan, Excavations at Ramat Raḥel. Seasons 1959 and 1960, with Contributions by Antonia Ciasca, Giovanni Garbini, Levi Y. Rahmani, Pasquale Testini and an Introduction by Sabatino Moscati, Rom 1962 [= Excavations 1959]

— , Excavations at Ramat Raḥel. Seasons 1961 and 1962, with Contributions by Antonia Ciasca, Moshe Kochavi, Paolo Matthiae, Levi Y. Rahmani, Pasquale Testini, Rom 1964 [= Excavations 1961]

— , Trial Excavation in the „Solar Shrine" at Lachish, IEJ 18, 1968, 157–169 [= Solar Shrine]

— , Beer-Sheba I. Excavations at Tel Beer-Sheba 1969–1971 Seasons, Givatayim-Ramat Gan 1973

— , Excavations at Tel Beer-Sheba. Preliminary Report of the Fifth and Sixth Seasons, 1973–1974, TA 2, 1975, 146–168 [= Excavations]

—, Investigations at Lachish. The Sanctuary and the Residency (Lachish V), Tel Aviv 1975

—, Das Land der Bibel. Eine historische Geographie. Mit einem Vorwort von Volkmar FRITZ, Neukirchen-Vluyn 1984

—, Art. Ramat Raḥel, in: NEAEHL 4, 1993, 1261–1267

AHN, Gregor, „Toleranz" und Reglement. Die Signifikanz achaimenidischer Religionspolitik für den jüdisch-persischen Kulturkontakt, in: Reinhard Gregor KRATZ (Hg.), Religion und Religionskontakte im Zeitalter der Achaimeniden, VWGTh 22, Gütersloh 2002, 191–209

ALBERTZ, Rainer, Religionsgeschichte Israels in alttestamentlicher Zeit, ATD.E 8/1–2, Göttingen 1992

—, The Thwarded Restoration, in: DERS., Bob BECKING (eds.), Yahwism after the Exile. Perspectives on Israelite Religion in the Persian Era, STAR 5, Assen 2003, 1–17

—, Die verhinderte Restauration, in: DERS., Geschichte und Theologie. Studien zur Exegese des Alten Testaments und zur Religionsgeschichte Israels, hg. von Ingo KOTTSIEPER, Jakob WÖHRLE, unter Mitarbeit von Gabi KERN, BZAW 326, Berlin · New York 2003, 321–333

—, Die Wirtschaftspolitik des Perserreiches, in: DERS., Geschichte und Theologie. Studien zur Exegese des Alten Testaments und zur Religionsgeschichte Israels, hg. von Ingo KOTTSIEPER, Jakob WÖHRLE, unter Mitarbeit von Gabi KERN, BZAW 326, Berlin · New York 2003, 335–357

ALLEN, Leslie C., Kerygmatic Units in 1 & 2 Chronicles, JSOT 41, 1988, 21–36

AMIT, Yairah, History and Ideology. An Introduction to the Historiography in the Hebrew Bible, translated by Yael Lotan, The Biblical Seminar 60, Sheffield 1999

AUERBACH, Elias, Der Aufstieg der Priesterschaft zur Macht im Alten Israel, in: Samuel E. LOEWENSTAMM (ed.), From Babylon to Canaan. Studies in the Bible and its Oriental Background, Jerusalem 1992, 236–249

AULD, A. Graeme, Prophets through the Looking Glass. Between Writings and Moses, in: Robert P. GORDON (ed.), „The Place is too small for us". The Israelite Prophets in Recent Scholarship, Sources for Biblical and Theological Studies 5, Winona Lake, Indiana, 1995, 289–307

AVIGAD, Nahman, Bullae and Seals from a Post-Exilic Judean Archive, Qedem 4, Jerusalem 1976

AVISHUR, Ytzhak, Michael HELTZER, Studies on the Royal Administration. Ancient Israel in the Light of Epigraphic Sources, Tel Aviv · Jaffa 2000

BADEN, Joel S., The Violent Origins of the Levites: Texts and Traditions, in: Mark LEUCHTER, Jeremy M. HUTTON (eds.), Levites and Priests in Biblical History and Tradition, SBL.AIIL 9, Atlanta, Georgia, 2011, 103–116

BAE, Hee-Sook, Vereinte Suche nach JHWH. Die Hiskianische und Josianische Reform in der Chronik, BZAW 355, Berlin · New York 2005

BALENTINE, Samuel E., ‚You Can't Pray a Lie'. Truth *and* Fiction in the Prayers of Chronicles, in: M. Patrick GRAHAM, Kenneth G. HOGLUND, Steven L. MCKENZIE (eds.), The Chronicler as Historian, JSOT.S 238, Sheffield 1997, 246–267

BALTZER, Klaus, Deutero-Jesaja, KAT X.2, Gütersloh 1999

BECKER, Joachim, 1 Chronik, NEB.AT 18, Würzburg 1986

—, 2 Chronik, NEB.AT 20, Würzburg 1988

BECKER, Jürgen, Untersuchungen zur Entstehungsgeschichte der Testamente der zwölf Patriarchen, AGAJU 8, Leiden 1970

BECKER, Uwe, Jesaja – Von der Botschaft zum Buch, FRLANT 178, Göttingen 1997

— , Exegese des Alten Testaments. Ein Methoden- und Arbeitsbuch, UTB 2664, Tübingen 2005

BECKWITH, Roger T., The Courses of the Levites and the Eccentric Psalms Scrolls from Qumran, RdQ 11, 1984, 499–524

BEGRICH, Joachim, Die priesterliche Tora, in: DERS., Studien zum Alten Testament, hg. v. Walther ZIMMERLI, TB 21, München 1964, 232–260

BEN-TOR, Amnon, Shulamit GEVA (eds.), Hazor III–IV. An Account of the Excavation, 1957–1958, Jerusalem 1989

BENZINGER, I., Die Bücher der Chronik, KHC 20, Tübingen · Leipzig 1901

BEN ZVI, Ehud, The List of Levitical Cities, JSOT 54, 1992, 77–106

— , The Urban Center of Jerusalem and the Development of the Literature of the Hebrew Bible, in: W.G. AUFRECHT, N.A. MIRAU, S.W. GAULEY (eds.), Aspects of Urbanism in Antiquity from Mesopotamia to Irete, JSOT.S 244, Sheffield 1997, 194–209

— , The Chronicler as Historian. Building Texts, in: DERS., History, Literature and Theology in the Book of Chronicles, BibleWorld, London · Oakville 2006, 100–116 (= in: M. Patrick GRAHAM, Kenneth G. HOGLUND, Steven L. MCKENZIE [eds.], The Chronicler as Historian, JSOT.S 238, Sheffield 1997, 132–149)

— , Introduction: Writings, Speeches, and the Prophetic Books – Setting an Agenda, in: DERS., Michael H. FLOYD (eds.), Writings and Speech in Israelite and Ancient Near Eastern Prophecy, SBL.SS 10, Atlanta, Georgia, 2000, 1–29 [= Agenda]

— , What is New in Yehud? Some Considerations, in: Rainer ALBERTZ, Bob BECKING (eds.), Yahwism after the Exile. Perspectives on Israelite Religion in the Persian Era, STAR 5, Assen 2003, 32–48

— , A Sense of Proportion. An Aspect of the Theology of the Chronicler, in: DERS., History, Literature and Theology in the Book of Chronicles, BibleWorld, London · Oakville 2006, 160–173

— , Ideological Constructions of Non-Yehudite/Peripheral Israel in Achaemenid Yehud. The Case of the Book of Chronicles, in: DERS., History, Literature and Theology in the Book of Chronicles, BibleWorld, London · Oakville 2006, 195–209

— , When the Foreign Monarch Speaks, in: DERS., History, Literature and Theology in the Book of Chronicles, BibleWorld, London · Oakville 2006, 270–288

— , Gateway to the Chronicler's Teaching. The Account of the Reign of Ahaz in 2Chr 28,1–27, DERS., History, Literature and Theology in the Book of Chronicles, BibleWorld, London · Oakville 2006, 216–242

— , The Authority of 1–2 Chronicles in the Late Second Temple Period, in: DERS., History, Literature and Theology in the Book of Chronicles, BibleWorld, London · Oakville 2006, 243–268

— , About Time. Observations About the Construction of Time in the Book of Chronicles, in: DERS., History, Literature and Theology in the Book of Chronicles, BibleWorld, London · Oakville 2006, 144–157

— , Observations on Josiah's Acoount in Chronicles and Implications for Reconstructing the Worldview of the Chronicler, in: Yairah AMIT, Ehud BEN ZVI, Israel FINEKLSTEIN, Oded LIPSCHITS (eds.), Essays on Ancient Israel in Its Near Eastern Context. A Tribute to Nadav NA'AMAN, Winona Lake, Indiana, 2006, 89–106 [= Josiah]

BERGER, Peter L., Thomas LUCKMANN, Die gesellschaftliche Konstruktion der Wirklichkeit. Eine Theorie der Wissenssoziologie, Mit einer Einleitung zur deutschen Ausgabe von Helmuth PLESSNER, Übersetzt von Monika PLESSNER, Fischer Taschenbuch, Frankfurt/Main 1997

BERNETT, Monika, Polis und Politeia. Zur politischen Organisation Jerusalems und Jehuds in der Perserzeit, in: Stefan ALKIER, Markus WITTE (Hg.), Die Griechen und das antike Israel. Interdisziplinäre Studien zur Religions- und Kulturgeschichte des Heiligen Landes, OBO 201, Freiburg, Schweiz / Göttingen 2004, 73–129

BERQUIST, Jon L., Judaism in Persia's Shadow. A Socio and Historical Approach, Minneapolis 1995

—, Constructions of Identity in Postcolonial Yehud, in: Oded LIPSCHITS, Manfred OEMING (eds.), Judah and the Judeans in the Persian Period, Winona Lake, Indiana, 2006, 53–66

BLENKINSOPP, Joseph, A History of Prophecy in Israel, Philadelphia 1983

—, Ezra – Nehemiah. A Commentary, OTL, Philadelphia 1988 [= Ezr/Neh]

—, The Sage, the Scribe, and Scribalism in the Chronicler's Work, in: John G. GAMMIE, Leo G. PERDUE (eds.), The Sage in Israel and the Ancient Near East, Winona Lake, Indiana, 1990, 307–315 [= Scribalism]

—, Temple and Society in Achaemenid Judah, in: Philip R. DAVIES (ed.), Second Temple Studies 1. Persian Period, JSOT.S 117, Sheffield 1991, 22–53

—, Sage, Priest, Prophet. Religious and Intellectual Leadership in Ancient Israel, Library of Ancient Israel, Louisville, Kentucky, 1995

—, Was the Pentateuch the Civic and Religious Constitution of the Jewish Ethnos in the Persian Period?, in: James W. WATTS (ed.), Persia and Torah. The Theory of Imperial Authorization of the Pentateuch, SBL.SS 17, Atlanta, Georgia, 2001, 41–62

BLUM, Erhard, Volk oder Kultgemeinde? Zum Bild des nachexilischen Judentums in der alttestamentlichen Wissenschaft, KuI 10, 1995, 24–42

BRATSIOTIS, N. Panagiotis, Art. אִישׁ אִשָּׁה, ThWAT 1, 1973, 238–252

BRAUN, Joachim, Die Musikkultur Altisraels / Palästinas. Studien zu archäologischen, schriftlichen und vergleichenden Quellen, OBO 164, Freiburg, Schweiz / Göttingen 1999

BRAUN, Roddy L., Solomonic Apologetic in Chronicles, in: JBL 92, 1973, 503–516

—, Solomon, the Chosen Temple Builder. The Significance of 1Chronicles 22, 28, and 29 for the Theology of Chronicles, JBL 95, 1976, 581–590

—, Chronicles, Ezra, and Nehemiah. Theology and Literary History, in: J.A. EMERTON (ed.), Studies in the Historical Books of the Old Testament, VT.S 30, Leiden 1979, 52–64

—, 1 Chronicles, WBC 14, Waco 1986

—, 1 Chronicles 1–9 and the Reconstruction of the History of Israel. Thoughts on the Use of Genealogical Data in Chronicles on the Reconstruction of the History of Israel, in: M. Patrick GRAHAM, Kenneth G. HOGLUND, Steven L. MCKENZIE (eds.), The Chronicler as Historian, JSOT.S 238, Sheffield 1997, 92–105 [= Reconstruction]

BRIANT, Pierre, Histoire impériale et histoire régionale. À propos de l'histoire de Juda dans l'empire Achéménide, in: Andrè LEMAIRE, Magne SÆBØ (eds.), Congress Volume Oslo 1998, VT.S. 80, Leiden · Boston · Köln 2000, 235–245

—, From Cyrus to Alexander. A History of the Persian Empire, Translated by Peter T. DANIELS, Winona Lake, Indiana, 2002

BROSIUS, Maria, The Persians. An Introduction, Peoples of the Ancient World, New York, NY, 2006

BUSINK, Th. A., Der Tempel von Jerusalem von Salomo bis Herodes. Eine archäo-logisch-historische Studie unter Berücksichtigung des westsemitischen Tem-pelbaus, 2. Band Von Ezechiel bis Middot, Leiden 1980

CARDELLINI, Innocenzo, I „Leviti"! L'Esilio e il Tempio. Nuovi elementi per una rielaborazione storica, Rom 2002

CARROLL, Robert P., Jeremiah. A Commentary, OTL, Philadelphia 1986

CARTER, Charles E., The Province of Yehud in the Post-Exilic Period. Soundings in the Site Distribution and Demography, in: Tamara C. ESKENAZI, Kent H. RICHARDS (eds.), Second Temple Studies. 2. Temple and Community in the Persian Period, JSOT.S 175, Sheffield 1994, 106–145

— , The Emergence of Yehud in the Persian Period. A Social and Demographic Study, JSOT.S 294, Sheffield 1999

CLEMENTS, Ronald Ernest, Art. קטר *qtr*, קיטור *qîṭôr*, מִקְטָר *miqṭār*, מִקְטֶרֶת *miqṭæræṯ*, קְטֹרָה *qᵉṭorāh*, קְטֹרֶת *qᵉṭoræṯ*, in: ThWAT 7, 1993, 10–18

— , Prophets, Editors, and Tradition, in: Robert P. GORDON (ed.), „The Place is Too Small for Us". The Israelite Prophets in Recent Scholarship, Sources for Biblical and Theological Studies 5, Winona Lake, Indiana, 1995, 443–452

CODY, Aelred, A History of Old Testament Priesthood, AnBib 35, Rom 1969

COGGINS, R.J., The First and Second Books of the Chronicles, NCBC, Cambridge · London · New York · Melbourne 1976

CRENSHAW, James L., Education in Ancient Israel, JBL 104, 1985, 601–615

CROSS, Frank Moore, The Discovery of the Samaria Papyri, BA 26, 1963, 110–121

— , Aspects of Samaritan and Jewish History in Late Persian and Hellenistic Times, HThR 58, 1966, 201–211

— , Papyri of the Fourth Century B.C. From Wadi Daliyeh, in: D.N. FREEDMAN, J.C. GREENFIELD (eds.), New Directions in Biblical Archaeology, Garden City/New York 1971, 45–69

— , A Reconstruction of the Judean Restoration, JBL 94, 1975, 4–18

— , Samaria Papyrus 1: An Aramaic Slave Conveyance of 335 B.C.E. Found in the Wadi ed-Daliyeh, EI 18, 1985, 7*–17*

— , A Report on the Samaria Papyri, in: J.A. EMERTON (ed.), Congress Volume Jerusalem 1986, VT.S 40, Leiden 1988, 17–26

CRÜSEMANN, Frank, Israel in der Perserzeit. Eine Skizze in Auseinandersetzung mit Max Weber, in: DERS., Kanon und Sozialgeschichte. Beiträge zum Alten Testament, Gütersloh 2003, 210–226

CURTIS, Edward, Albert MADSEN, The Books of Chronicles, ICC, Edinburgh 1994 (EA: 1910)

DAHM, Ulrike, Opferkult und Priestertum in Alt-Israel. Ein kultur- und religions-wissenschaftlicher Beitrag, BZAW 327, Berlin · New York 2003

DAHMEN, Ulrich, Leviten und Priester im Deuteronomium. Literarkritische und redaktionsgeschichtliche Studien, BBB 110, Bodenheim 1996

— , Art. Leviten, in: LThK³ 6, 1997, 865–867 [= Leviten LThK]

DAVIES, Philip R., Sociology and the Second Temple, in: DERS (ed.), Second Tem-ple Studies. 1. Persian Period, JSOT.S 117, Sheffield 1991, 11–19

— , Scribes and Schools. The Canonizing of the Hebrew Scriptures, Library of Ancient Israel, Louisville, Kentucky, 1998

DEIST, Ferdinand W., The Prophets. Are we Heading for a Paradigm Switch?, in: Robert P. GORDON (ed.), „The Place is Too Small for Us". The Israelite Prophets in Recent Scholarship, Sources for Biblical and Theological Studies 5, Winona Lake, Indiana, 1995, 582–599

DELQUEKER, L., 1 Chronicles XXIV and the Royal Priesthood of the Hasmoneans, in: Crises and Perspectives. Studies in Ancient Near Eastern Polytheism, Biblical Theology, Palestinian Archaeology and Intertestamental Literature, Papers read at the Joint British-Dutch Old Testament Conference held at Cambridge, U.K. 1985, OT.S, Leiden 1986, 94–106

DENNERLEIN, Norbert, Die Bedeutung Jerusalems in den Chronikbüchern, BEATAJ 46, Frankfurt/Main · Bern · Berlin · Bruxelles · New York · Wien 1999

DILLARD, Raymond B., Reward and Punishment in Chronicles. The Theology of Immediate Retribution, WThJ 46, 1984, 164–172

— , 2 Chronicles, WBC 15, Waco 1987

DIRKSEN, Piet B., The Development of the Text of 1Chronicles 15:1–24, Hen 17, 1995, 267–277

— , 1 Chronicles 9,26–33. Its Position in Chapter 9, Bib. 79, 1998, 91–96 [= Chronicles]

— , The Future in the Book of Chronicles, in: P.J. HARLAND, C.T.R. HAYWARD (eds.), New Heaven and New Earth – Prophecy and the Millennium. Essays in Honour of Anthony GELSTON, VT.S 77, Leiden · Boston · Köln 1999, 37–51

— (Peter), 1 Chronicles, Historical Commentary on the Old Testament, Leuven · Dudley, MA, 2005

DÖBERT, Marcus, Posthermeneutische Theologie. Plädoyer für ein neues Paradigma, ReligionsKulturen 3, Stuttgart 2009

DÖRRFUSS, Ernst Michael, Mose in den Chronikbüchern. Garant theokratischer Zukunftserwartung, BZAW 219, Berlin · New York 1994

DOMMERSHAUSEN, Werner, Art. כהן *kohen* II.–VIII., in: ThWAT 4, 1984, 68–79

— , 1 Makkbäer, 2 Makkabäer, NEB.AT 12, Würzburg 1985

DONNER, Herbert, Geschichte des Volkes Israel und seiner Nachbarn in Grundzügen. Teil 2: Von der Königszeit bis zu Alexander dem Großen. Mit einem Ausblick auf die Geschichte des Judentums bis Bar Kochba, ATD Erg. Bd. 4/2, Göttingen ³2001 [= Geschichte II]

DUKE, Rodney K., The Persuasive Appeal of the Chronicler. A Rethorical Analysis, JSOT.S 88, Sheffield 1990

DUMBRELL, William J., The Purpose of the Books of Chronicles, JETS 27, 1984, 257–266

DYCK, Jonathan E., The Theocratic Ideology of the Chronicler, BIS 33, Leiden · Boston · Köln 1998

EBERHART, Christian, Studien zur Bedeutung der Opfer im Alten Testament. Die Signifikanz von Blut- und Verbrennungsriten im kultischen Rahmen, WMANT 94, Neukirchen-Vluyn 2002

EDELMAN, Diana, The Orignis of the „Second" Temple. Persian Imperial Policy and the Rebuilding of Jerusalem, London 2005

EGO, Beate, Art. Priester/Priestertum I/3. Judentum, in: TRE 27, 1997, 391–396

— , Art. Leviten, in: DNP 7, 1999, 111–112

ELAYI, Josette, Jean SAPIN, Beyond the River. New Perspectives on Transeuphratene, translated by Eduard J. CROWLEY, JSOT.S 250, Sheffield 1998

ELGAVISH, J., Archaeological Excavations at Shiqmona. Field Report No. 1. The Levels of the Persian Period. Seasons 1963 –1965, Haifa 1968 (*Hebrew*)

ELLIGER, Karl, Leviticus, HAT 4, Tübingen 1966

EPH'AL, Israel, Changes in Palestine During the Persian Period in Light of Epigraphic Sources, IEJ 48, 1998, 106–119

ESKENAZI, Tamara C., Current Perspectives on Ezra-Nehemiah and the Persian Period, CR:BS 1, 1993, 59–86

FABRY, Heinz-Josef, Zadokiden und Aaroniden in Qumran, in: Frank-Lothar HOSSFELD, Ludger SCHWIENHORST-SCHÖNBERGER (Hg.), Das Manna fällt auch noch heute. Beiträge zur Geschichte und Theologie des Alten, Ersten Testaments. FS Erich Zenger, HBS 44, Freiburg i.br. · Basel · Wien 2004, 201–217

FISCHER, Thomas, Zur Seleukideninschrift von Hefzibah, ZPE 33, 1979, 131–138

— , Seleukiden und Makkabäer. Beiträge zur Seleukidengeschichte und zu den politischen Ereignissen in Judäa während der 1. Hälfte des 2. Jahrhunderts v.Chr., Bochum 1980

FITZMYER, Josef A., S.J., Stephan A. KAUFMAN, An Aramaic Bibliography Part I. Old, Official, and Biblical Aramaic, With Collaboration of Stephan F. BENNETT and Edward M. COOK, Balitmore · London 1992

— , The Aramaic Levi Document, in: Donald W. PARRY, Eugene ULRICH (eds.), The Provo International Conference on the Dead Sea Scrolls. Technological Innovations, New Texts, and Reformulated Issues, STDJ 30, Leiden · Boston · Köln 1999, 453–464

FOHRER, Georg, Art. Levi und Leviten, in: RGG[3] 4, 1986 [= 1960] 336–337

FREI, Peter, Die persische Reichsautorisation. Ein Überblick, ZABR 1, 1995, 1–35

— , Zentralgewalt und Lokalautonomie im Achämenidenreich, in: DERS., Klaus KOCH, Reichsidee und Reichsorganisation im Perserreich, OBO 55, Freiburg, Schweiz / Göttingen [[1]1984, 7–43] [2]1996, 5–133

GABRIEL, I., Friede über Israel. Eine Untersuchung zur Friedenstheologie in Chronik I 10 – II 36, ÖBS 10, Klosterneuburg 1990

GALLING, Kurt, Archäologischer Jahresbericht, ZDPV 52, 1929, 242–250

— , Die Bücher der Chronik, Esra, Nehemia übersetzt und erklärt, ATD 12, Göttingen 1954

GERSTENBERGER, Erhard S., Israel in der Perserzeit. 5. und 4. Jahrhundert v.Chr., BE 8, Stuttgart 2005

GESE, Hartmut, Die Sühne, in: DERS., Zur biblischen Theologie. Alttestamentliche Vorträge, Tübingen [2]1983, 85–106

— , Zur Geschichte der Kultsänger am Zweiten Tempel [1963], in: DERS., Vom Sinai zum Zion. Alttestamentliche Beiträge zur biblischen Theologie, BEvTh 64, München 1984, 147–158

GESENIUS, Wilhelm, Hebräisches und Aramäisches Handwörterbuch über das Alte Testament, in Verbindung mit H. ZIMMERN, W. Max MÜLLER, O. WEBER, bearbeitet von Frants BUHL, Neudruck der 17. Auflage (1915), Berlin · Göttingen · Heidelberg 1962

— , Hebräisches und Aramäisches Handwörterbuch über das Alte Testament. Unter verantwortlicher Mitarbeit von Udo RÜTERSWÖRDEN, Johannes RENZ, bearbeitet und hg. v. Rudolf MEYER, Herbert DONNER, 18. Auflage, Lieferungen 1–3, Berlin · Göttingen · Heidelberg 1987–2003

GESENIUS, Wilhelm, Hebräische Grammatik, völlig umgearbeitet von Emil KAUTZSCH, Darmstadt 1985

VON GLASERSFELD, Ernst, Konstruktion der Wirklichkeit und des Begriffs der Objektivität, in: Einführung in den Konstruktivismus. Mit Beiträgen von Heinz VON FOERSTER, Ernst VON GLASERFELD, Peter M. HEJL, Siegfried J. SCHMIDT und Paul WATZLAWICK, Schriften der Carl Freidrich von Siemens Stiftung 5, München · Zürich 1992, 9–39

GLESSMER, Uwe, Leviten in spät-nachexilischer Zeit. Darstellungsinteressen in den Chronikbüchern und bei Josephus, in: Matthias ALBANI, Timotheus ARNDT (Hg.), Gottes Ehre erzählen, FS Hans SEIDEL, Leipzig 1994, 127–151

GRABBE, Lester L., Judaism from Cyrus to Hadrian. I. The Persian and Greek Periods, Minneapolis 1992

—, Priests, Prophets, Diviners, Sages. A Socio-Historical Study of Religious Specialists in Ancient Israel, Valley Forge 1995

—, Israel's Historical Reality after the Exile, in: Bob BECKING, Marjo C.A. KORPEL (eds.), The Crisis of Israelite Religion. Transformation of Religious Tradition in Exilic and Post-Exilic Times, OTS 42, Leiden 1999, 9–32

—, The Priests in Leviticus – Is the Medium the Message?, in: Rolf RENDTORFF, Robert A. KUGLER, with the Assistance of Sarah SMITH BARTEL (eds.), The Book of Leviticus. Composition and Reception, VT.S 93, Leiden · Bosten 2003, 207–224 [= Leviticus]

—, A History of the Jews and Judaism in the Second Temple Period, Vol. 1 Yehud: A History of the Persian Province of Judah, LSTS 47, London · New York 2004

GROSS, Walter, Bernd JANOWSKI, unter Mitwirkung von Thomas POLA, Psalter-Synopse Hebräisch – Griechisch – Deutsch, Stuttgart 2000

GRÜNWALD, Klaus, Das Heiligkeitsgesetz Leviticus 17–26. Ursprüngliche Gestalt, Tradition und Theologie, BZAW 271, Berlin · New York 1999

GUNNEWEG, Antonius H.J., Leviten und Priester. Hauptlinien der Traditionsbildung und Geschichte des israelitisch-jüdischen Kultpersonals, FRLANT 89, Göttingen 1965

GUSSMANN, Oliver, Das Priesterverständnis des Flavius Josephus, TSAJ 124, Tübingen 2008

HAAG, Ernst, Das hellenistische Zeitalter. Israel und die Bibel im 4. bis 1. Jahrhundert v.Chr., BE 9, Stuttgart 2003

HÄFNER, Gerd, Konstruktion und Referenz: Impulse aus der neueren geschichtstheoretischen Diskussion, in: Knut BACKHAUS, DERS., Historiographie und fiktionales Erzählen. Zur Konstruktion in Geschichtstheorie und Exegese, BThSt 86, Neukirchen-Vluyn 2006, 67–96

HANHART, Robert, Zur geistesgeschichtlichen Bestimmung des Judentums, in: DERS., Studien zur Septuaginta und zum hellenistischen Judentum, hg. v. Reinhard Gregor KRATZ, FAT 24, Tübingen 1999, 151–164

HANSON, Paul D., The Dawn of Apocalyptic. The Historical and Sociological Roots of Jewish Apocalyptic Eschatology, Philadelphia 1975

—, Israelite Religion in the Early Postexilic Period, in: Patrick D. MILLER, Jr., Paul D. HANSON, S. Dean MCBRIDE (eds.), Ancient Israelite Religion, FS Frank Moore CROSS, Philadelphia 1987, 485–508

HANSPACH, Alexander, Inspirierte Interpreten. Das Prophetenverständnis der Chronikbücher und sein Ort in der Religion und Literatur zur Zeit des Zweiten Tempels, ATSAT 64, St. Ottilien 2000

HARAN, Menaham, Temples and Temple-Service in Ancient Israel. An Inquiry into Biblical Cult Phenomena and the Historical Setting of the Priestly School, Oxford 1978

HARTENSTEIN, Friedhelm, Der Sabbat als Zeichen und heilige Zeit. Zur Theologie des Ruhetages im Alten Testament, in: JBTh 18, 2003, 103–131

HAUSMANN, Jutta, Gottesdienst und Gotteslob. Erwägungen zu 1Chr 16,8–36, in: H. WAGNER (Hg.), Spiritualität. Theologische Beiträge, Stuttgart 1987, 83–92

HEGER, Paul, The Development of Incense Cult in Israel, BZAW 245, Berlin · New York 1997

HENGEL, Martin, Judentum und Hellenismus. Studien zu ihrer Begegnung unter besonderer Berücksichtigung Palästinas bis zur Mitte des 2. Jh.s v. Chr., WUNT 10, Tübingen [3]1988

—, „Schriftauslegung" und „Schriftwerdung" in der Zeit des Zweiten Tempels [1994], in: DERS., Judaica, Hellenistica et Christiana. Kleine Schriften II, unter Mitarbeit von Jörg FREY, Dorothea BETZ, mit Beiträgen von Hanswulf BLÖD-HORN, Max KÜCHLER, WUNT 109, Studienausgabe Tübingen 2002, 1–71

HENNING-HESS, Heike, Kult als Norm? Die Rezeption der vorexilischen Geschichte Israels in den Chronikbüchern aufgrund ihrer Darstellung von Priestern und Leviten, Kult und Königtum, Diss. Heidelberg 1997

HERBERT, Sharon C., Andrea M. BERLIN, A New Administrative Center for Persian and Hellenistic Galilee: Preliminary Report of the University of Michigan / University of Minnesota Excavations at Kedesh, BASOR 329, 2003, 13–59

HINZ, Walther, Darius und die Perser. Eine Kulturgeschichte der Achämeniden, Holle Vergangene Kulturen, 2 Bde., Baden-Baden 1976

HÖLBL, Günther, Geschichte des Ptolemäerreiches. Politik, Ideologie und religiöse Kultur von Alexander dem Großen bis zur römischen Eroberung, Sonderausgabe Darmstadt 2004

HOGLUND, Kenneth G., The Achaemenid Context, in: Philip R. DAVIES (ed.), Second Temple Studies 1. Persian Period, JSOT.S 117, Sheffield 1991, 54–72

—, Achaemenid Imperial Administration in Syria-Palestine and the Missions of Ezra and Nehemiah, SBL.DS 125, Atlanta, Georgia, 1992

—, The Chronicler as Historian: A Comparativist Perspective, in: M. Patrick GRAHAM, Kenneth G. HOGLUND, Steven L. MCKENZIE (eds.), The Chronicler as Historian, JSOT.S 238, Sheffield 1997, 19–29

HOLLADAY, John S., Religion in Israel and Judah. An Explicitly Archeological Approach, in: Patrick D. MILLER, Jr., Paul D. HANSON, S. Dean MCBRIDE (eds.), Ancient Israelite Religion. Essays in Honor of Frank Moore Cross, Philadelphia 1987, 249–299

HOOKER, Paul K., First and Second Chronicles, Westminster Bible Companion, Louisville, Kentucky · London · Leiden 2001

HÜBNER, Hans, Die Weisheit Salomos, ATD Apokryphen 4, Göttingen 1999

HÜBNER, Ulrich, Die Münzprägungen Palästinas in alttestamentlicher Zeit, Trumah 4, 1994, 119–145

IM, Tae-Soo, Das Davidbild in den Chronikbüchern. David als Idealbild des theokratischen Messianismus für den Chronisten, EHS XXIII. 263, Frankfurt /Main · Bern · New York 1985

JANOWSKI, Bernd, Sühne als Heilsgeschehen. Studien zur Sühnetheologie der Priesterschrift und zur Wurzel KPR im Alten Orient und im Alten Testament, WMANT 55, Neukirchen-Vluyn 1982

JAPHET, Sara, The Supposed Common Authorship of Chronicles and Ezra-Nehemiah Investigated Anew, VT 18, 1968, 330–371

—, The Historical Reliability of Chronicles. The History of the Problem and its Place in Biblical Research, JSOT 33, 1985, 83–107

—, The Ideology of the Book of Chronicles and Its Place in Biblical Thought, BEATAJ 9, Frankfurt/Main · Bern · New York · Paris 1989

—, The Relationship Between Chronicles and Ezra-Nehemiah, in: J.A. EMERTON (ed.) Congress Volume Leuven 1989, VT.S 43, Leiden · New York · København · Köln 1991, 298–313

—, I & II Chronicles. A Commentary, OTL, Louisville, Kentucky, 1993

—, 1 Chronik ausgelegt, HThKAT, Freiburg i.Br. · Basel · Wien 2002

—, 2 Chronik ausgelegt, HThKAT, Freiburg i.Br. · Basel · Wien 2003

—, Periodization between History and Ideology II: Chonology and Ideology in Ezra-Nehemiah, in: Oded LIPSCHITS, Manfred OEMING (eds.), Judah and the Judeans in the Persian Period, Winona Lake, Indiana, 2006, 491–508

JARRICK, John, 1 Chronicles. Readings: A New Bible Commentary, London 2002 = reprint Sheffield 2002

— , 2 Chronicles. Readings: A New Bible Commentary, Sheffield 2007

JENNI, Ernst, Die hebräischen Präpositionen. Band 3: Lamed, Stuttgart · Berlin · Köln 2000

JENSEN, Joseph, The Use of *tôrâ* by Isaiah. His Debate with the Wisdom Tradition, CBQ.MS 3, Washington 1973

JENSON, Philip Peter, Graded Holiness. A Key to the Priestly Conception of the World, JSOT.S 106, Sheffield 1992

JEPSEN, Alfred, Mose und die Leviten. Ein Beitrag zur Frühgeschichte Israels und zur Sammlung des alttestamentlichen Schrifttums, VT 31, 1981, 318–323

JOHNSTONE, William, Guilt and Atonement. The Theme of 1 and 2 Chronicles, in: James D. MARTIN, Philip R. DAVIES (eds.), A Word in Season. Essays in Honour of William McKANE, JSOT.S 42, Sheffield 1986, 113–138

— , 1 and 2 Chronicles Volume 1. 1 Chronicles 1–2 Chronicles 9 Israel's Place Among the Nations, JSOT.S 253, Sheffield 1997 [= Chronicles I]

— , 1 and 2 Chronicles Volume 2. 2 Chronicles 10–36 Guilt and Atonement, JSOT.S 254, Sheffield 1997 [= Chronicles II]

JONES, Gwilym H., 1 & 2 Chronicles, Old Testament Guides, Sheffield [1993], reprint 1999

DE JONGE, Henk, Die Textüberlieferung der Testamente der zwölf Patriarchen, in: Marinus DE JONGE (ed.), Studies on the Testaments of the Twelve Patriarchs. Text and Interpretation, SVTP 30, Leiden 1975, 45–62

DE JONGE, Marinus, Textual Criticism and the Analysis of the Composition of the Testament of Zebulon, in: DERS. (ed.), Studies on the Testaments of the Twelve Patriarchs. Text and Interpretation, SVTP 30, Leiden 1975, 144–160

— , The Testaments of the Twelve Patriarchs, PVTG 1.2, Leiden 1978

— , Levi, the Sons of Levi and the Law, in *Testament Levi* X, XIV–XV and XVI, in: DERS., Jewish Eschatology, Early Christian Christology and the Testament of the Twelve Patriarchs, NT.S 63, Leiden · New York · København · Köln 1991, 180–190

— , Testament of Levi and „Aramaic Levi", in: DERS., Jewish Eschatology, Early Christian Christology and the Testament of the Twelve Patriarchs, NT.S 63, Leiden · New York · København · Köln 1991, 244–262

JONKER, Louis C., Reflections of King Josiah in Chronicles. Late Strages of the Josiah Reception in 2 Chr 34f, Textpragmatische Studien zur Hebräischen Bibel 2, Gütersloh 2003

— , Who Constitues Society? Yehud's Self-Understanding in the Late Persian Era as Reflected in the Books of Chronicles, RBL 127, 2008, 703–724

JÜRGENS, Benedikt, Heiligkeit und Versöhnung. Levitikus 16 in seinem literarischen Kontext, HBS 28, Freiburg i.Br. u.a. 2001

KAISER, Otto, Grundriß der Einleitung in die kanonischen und deuterokanonischen Schriften des Alten Testaments I: Die erzählenden Werke, Gütersloh 1992 [= Grundriß I]

KALLAI, Zecharia, Judah and the Boundaries of Jewish Settlement under Persian Rule [1983], in: DERS., Biblical Historiography and Historical Geography, BEATAJ 44, Frankfurt/Main · Berlin · Bern · New York · Paris · Wien 1998, 63–91

— , Territorial Patterns, Biblical Historiography and Scribal Tradition – A Programmatic Survey [1980], in: DERS., Biblical Historiography and Historical Geography, BEATAJ 44, Frankfurt/ Main · Berlin · Bern · New York · Paris · Wien 1998, 157–164

KALIMI, Isaac, The Book of Chronicles. A Classified Bibliography, Jerusalem 1990

— , Die Abfassungszeit der Chronik – Forschungsstand und Perspektiven, ZAW 105, 1993, 223–233

— , Literary-Chronological Proximity in the Chronicler's Historiography, VT 43, 1993, 318–338

— , Zur Geschichtsschreibung des Chronisten. Literar-historiographische Abweichungen der Chronik von ihren Paralleltexten in den Samuel- und Königsbüchern, BZAW 226, Berlin · New York 1995

— , Was the Chronicler a Historian?, in: M. Patrick GRAHAM, Kenneth G. HOGLUND, Steven L. MCKENZIE (eds.), The Chronicler as Historian, JSOT.S 238, Sheffield 1997, 73–89

— , The Capture of Jerusalem in the Chronistic History, in: VT 52, 2002, 66–79

— , The Retelling of Chronicles in Jewish Tradition and Literature. A Historical Journey, Winona Lake, Indiana, 2009

KARTVEIT, Magnar, Motive und Schichten der Landtheologie in I Chronik 1–9, CB.OT 28, Stockholm 1989

— , 2 Chronicles 36.20–23 as Literary and Theological ‚Interface‘, in: M. Patrick GRAHAM, Steven L. MCKENZIE (eds.), The Chronicler as Author. Studies in Text and Texture, JSOT.S 263, Sheffield 1999, 393–403

KEEL, Othmar, Max KÜCHLER, Orte und Landschaften der Bibel. Ein Handbuch und Studien-Reiseführer zum Heiligen Land. 2: Der Süden, Zürich u.a. / Göttingen 1982

KEGLER, Jürgen, Prophetengestalten im Deuteronomistischen Geschichtswerk und in den Chronikbüchern. Ein Beitrag zur Kompositions- und Redaktionsgeschichte der Chronikbücher, ZAW 105, 1993, 481–497

KEGLER, Jürgen, Matthias AUGUSTIN, Synopse zum Chronistischen Geschichtswerk, BEATAJ 1, Frankfurt/Main · Bern · New York · Paris [2]1991

— , Deutsche Synopse zum Chronistischen Geschichtswerk, BEATAJ 33, Frankfurt/Main · Berlin · Bern · New York · Paris · Wien 1993

KELLERMANN, Dieter, Art. לֵוִי *lewī*, לֵוִים *f wîim* , in: ThWAT 4, 1984, 499–521

— , Art. עֹלָה / עוֹלָה *'olāh* / *'ōlāh*, in: ThWAT 6, 1989, 105–124

KELLERMANN, Ulrich, Anmerkungen zum Verständnis der Tora in den chronistischen Schriften, BN 42, 1988, 49–92

KESSLER, John, Persia's Loyal Yahwists: Power Identity and Ethnicity in Achaemenid Yehud, in: Oded LIPSCHITS, Manfred OEMING (eds.), Judah and the Judeans in the Persian Period, Winona Lake, Indiana, 2006, 91–121

KIEFER, Jörn, Exil und Diaspora. Begrifflichkeit und Deutungen im antiken Judentum und in der Hebräischen Bibel, ABG 19, Leipzig 2005

KLEIN, Ralph W., 1Chronicles. A Commentary, Hermeneia – A Critical and Historical Commentary on the Bible, Minneapolis 2006

KLEINIG, John W., Art. 1–2 Chronicles, in: ABD 1, 1992, 991–1002

— , The Lord's Song. The Basis, Function and Significance of Choral Music in Chronicles, JSOT.S 156, Sheffield 1993

— , Recent Research in Chronicles, CR:BS 2, 1994, 43–76

KLETTER, Raz, Temptation to Identify: Jerusalem, *mmšt*, and the *lmlk* Jar Stamps, ZDPV 118, 2002, 136–149

KNAUF, Ernst Axel, Zum Verhältnis von Esra 1,1 zu 2 Chronik 36,20–23, BN 78, 1995, 16–17

KNOPPERS, Gary N., Jerusalem at War in Chronicles, in: Richard S. HESS, Gordon J. WENHAM (eds.), Zion. City of our God, Grand Rapids, Michigan, 1990, 57–76

— , Reform and Regression. The Chronicler's Presentation of Jehoshaphat, Bib. 72, 1991, 500–524

—, History and Historiography. The Royal Reforms, in: M. Patrick GRAHAM, Kenneth G. HOGLUND, Steven L. MCKENZIE (eds.), The Chronicler as Historian, JSOT.S 238, Sheffield 1997, 178–203

—, Hierodules, Priests, or Janitors? The Levites in Chronicles and the History of Israelite Priesthood, JBL 118, 1999, 49–72

—, An Achaemenid Imperial Authorization of Torah in Yehud?, in: James W. WATTS (ed.), Persia and Torah. The Theory of Imperial Authorization of the Pentateuch, SBL.SS 17, Atlanta, Georgia, 2001, 115–134

—, Intermarriage, Social Complexity, and Ethnic Diversity in the Genealogy of Judah, JBL 120, 2001, 15–30

—, „Great Among His Brothers,“ but Who is He? Heterogeneity in the Composition of Judah?, JHS 3, 2001:
http://www.arts.ualberta.ca/JHS/Articles/article_16.pdf

—, Greek Historiography and the Chronicler's History. A Reexamination, JBL 122, 2003, 627–650

—, I Chronicles 1–9. A New Translation with Introduction and Commentary, AncB 12, New York · London · Toronto · Sydney · Auckland 2003 [= AncB 12]

—, I Chronicles 10–29. A New Translation with Introduction and Commentary, AncB 12A, New York · London · Toronto · Sydney · Auckland 2004 [= AncB 12A]

KOCH, Heidemarie, Es kündet Dareios der König …. Vom Leben im persischen Großreich. Kulturgeschichte der Antiken Welt 55, Mainz 1992

—, Persepolis. Glänzende Hauptstadt des Perserreiches, SAW, Mainz 2001

KOEHLER, Ludwig, Walter BAUMGARTNER, Lexicon in Veteris Testamenti Libros. Wörterbuch zum hebräischen Altes Testament in deutscher und englischer Sprache. A Dictionary of the Hebrew Old Testament in English and German. Wörterbuch zum aramäischen Teil des Alten Testaments in deutscher und englischer Sprache. A Dictionary of the Aramaic Parts of the Old Testament in English and German, Leiden 1953

—, Hebräisches und Aramäisches Lexikon zum Alten Testament, bearbeitet von Johann Jakob STAMM, Leiden ³1990ff

KOENEN, Klaus, Heil den Gerechten – Unheil den Sündern. Ein Beitrag zur Theologie der Prophetenbücher, BZAW 229, Berlin · New York 1994

KRATZ, Reinhard Gregor, Die Suche nach Identität in der nachexilischen Theologiegeschichte. Zur Hermeneutik des chronistischen Geschichtswerkes und ihrer Bedeutung für das Verständnis des Alten Testaments, in: Joachim MEHLHAUSEN (Hg.), Pluralismus und Identität, VWGT 8, Gütersloh 1995, 279–303

—, Art. Perserreich und Israel, in: TRE 26, 1996, 211–217

—, Die Komposition der erzählenden Bücher des Alten Testaments, UTB 2157, Göttingen 2000

—, Die Propheten Israels, Beck Wissen, München 2003

—, Statthalter, Hohepriester und Schreiber im perserzeitlichen Juda, in: DERS., Das Judentum im Zeitalter des Zweiten Tempels, FAT 42, Tübingen 2004, 93–119

—, The Second Temple of Jeb and of Jerusalem, in: Oded LIPSCHITS, Manfred OEMING (eds.), Judah and the Judeans in the Persian Period, Winona Lake, Indiana, 2006, 247–264

KREISSIG, Heinz, Eine beachtenswerte Theorie zur Organisation altvorderorientalischer Tempelgemeinden im Achämenidenreich. Zu J. P. Weinbergs „Bürger-Tempel-Gemeinde" in Juda, in: Klio 66, 1984, 35–39

KREUZER, Siegfried, Art. Zahl, in: NBL 3, 2001, 1155–1169

KREUZER, Siegfried, Dieter VIEWEGER, Jutta HAUSMANN, Wilhelm PRATSCHER, Proseminar I Altes Testament. Ein Arbeitsbuch, Stuttgart · Berlin · Köln 1999 (^{2}2005)

KÜHLEWEIN, J., Art. איש *ʾîš* Mann, in: THAT 1, ^{4}1984, 130–138

LAATO, Antti, The Levitical Genealogies in 1 Chronicles 5–6 and the Formation of Levitical Ideology in Post-Exilic Judah, JSOT 62, 1994, 77–99

LABAHN, Antje, Wort Gottes und Schuld Israels. Untersuchungen zu Motiven deuteronomistischer Theologie im Deuterojesajabuch mit einem Ausblick auf das Verhältnis von Jes 40–55 zum Deuteronomismus, BWANT 143, Stuttgart 1999

—, Rez. Risto Nurmela, The Levites. Their Emergence as a Second-Class Priesthood, South Florida Studies in the History of Judaism 173, Atlanta, Georgia, 1998, in: BibOr 57, 2000, 670–674

—, Antitheocratic Tendencies in Chronicles, in: Rainer ALBERTZ, Bob BECKING (eds.), Yahwism After the Exile. Perspectives on Israelite Religion in the Persian Era, STAR 5, Assen 2003, 115–135

—, Atalja und Joscheba (2Chr 22,10–23,21). Ein spannungsvolles Verhältnis auf dem Hintergrund der beginnenden Konfrontation mit Samaria, in: Manfred OEMING (Hg.), Theologie des Alten Testaments aus der Perspektive von Frauen, BVB 1, Münster · Hamburg · London 2003, 277–311

—, Artikel „Chronistisches Geschichtswerk", in: WiBiLex (hochgeladen 2007) http://www.bibelwissenschaft.de/nc/wibilex/das-bibellexikon/details/quelle/WIBI/zeichen/c/referenz/16041/cache/5774ef5aadd 5c50a96ff3b4e5328774c/ (letztes Zugriffsatum: 15.5.2012)

—, Licht und Heil. Levitischer Herrschaftsanspruch in der frühjüdischen Literatur aus der Zeit des Zweiten Tempels, BThSt 112, Neukirchen-Vluyn 2010

—, Heart as a Conceptual Metaphor in Chronicles. Metaphors as Representations of Concepts of Reality: Conceptual Metaphors – a New Paradigm in Metaphor Research, in: Antje LABAHN (ed.), Conceptual Metaphors in Poetic Texts, Perspectives on Hebrew Scriptures and its Contexts, Piscataway, NJ, 2012, 3–27

—, Indirekte Herrschaft in der Administration in der Zeit des Zweiten Tempels. Studien zu Verwaltungsabläufen im Blick auf eine mögliche Beteiligung von Leviten (in Vorbereitung, erscheint Leuven, 2013)

LABAHN, Antje, Ehud BEN ZVI, Observations on Women in the Genealogies of 1 Chronicles 1–9, in: Bib. 84, 2003, 457–478 [wieder abgedruckt in: Ehud Ben Zvi, History, Literature and Theology in the Book of Chronicles, BibleWorld, London · Oakville 2006, 174–194]

LABAHN, Antje, Dieter SÄNGER, Paraleipomenon I und II – Die Bücher der Chronik. Einleitung, in: Martin KARRER und Wolfgang KRAUS (Hg.), Septuaginta Deutsch. Erläuterungen und Kommentare zum griechischen Alten Testament. Band I Genesis bis Makkabäer, Stuttgart 2011, 1038–1050

LANDAU, Yohanan H., A Greek Inscription Found Near Hefzibah, IEJ 16, 1966, 54–70

LANG, Bernhard, Schule und Unterricht im alten Israel, in: Maurice GILBERT (ed.), La Sagesse de l'Ancient Testament, BEThL 51, Leuven 1979, 186–201

LAPP, Paul W., Ptolemaic Stamped Handles From Judah, BASOR 172, 1963, 22–35

LEMAIRE, André, Les écoles et la formation de la Bible dans l'ancien Israël, OBO 39, Freiburg, Schweiz / Göttingen 1981

— , Histoire et Administration de la Palestine à l'époque Perse, in: Ernest-Marie LAPERROUSAZ, Andrè LEMAIRE (Hg.), La Palestine à l'époque Perse, Paris 1994, 11–53

— , Nouvelle données épigraphiques sur l'époque perse: Une première approche, REJ 156, 1997, 445–461

— , Das Achämenidische Juda und seine Nachbarn im Lichte der Epigraphie, in: Reinhard G. KRATZ (Hg.), Religion und Religionskontakte im Zeitalter der Achämeniden, VWGT 22, Gütersloh 2002, 210–230

LEMCHE, Niels Peter, The Old Testament Between Theology and History. A Critical Survey, Louisville, Kentucky, 2008

LEUCHTER, Mark, From Levite to Maśkîl in the Persian and Hellenistic Eras, in: DERS., Jeremy M. HUTTON (eds.), Levites and Priests in Biblical History and Tradition, SBL.AIIL 9, Atlanta, Georgia, 2011, 215–232

LEUCHTER, Mark and HUTTON, Jeremy M., Introduction, in: LEUCHTER, HUTTON (eds.), Levites and Priests in Biblical History and Tradition, SBL.AIIL 9, Atlanta, Georgia, 2011, 1–7

LEVIN, Christoph, Der Sturz der Königin Atalja. Ein Kapitel zur Geschichte Judas im 9. Jahrhundert v.Chr., SBS 105, Stuttgart 1982

LEVIN, Yigal, Understanding Biblical Genealogies, CR:BS 9, 2001, 11–46

— , Who was the Chronicler's Audience? A Hint from His Genealogies, JBL 122, 2003, 229–245

LEVINE, Baruch A., The Temple Scroll. Aspects of Its Historical Provenance and Literary Character, BASOR 232, 1979, 5–23

— , Art. Levites, in: The Encyclopedia of Religion 8, New York · London 1987, 523–532

LIPSCHITS, Oded, Achaemenid Imperial Polity, Settlement Processes in Palestine, and the Status of Jerusalem in the Middle of the Fifth Century B.C.E., in: LIPSCHITS, Manfred OEMING (eds.), Judah and the Judeans in the Persian Period, Winona Lake, Indiana, 2006, 19–52

LIPSCHITS, Oded and David S. VANDERHOOFT (eds.), The Yehud Stamp Impressions. A Corpus of Inscribed Impressions from the Persian and Hellenistic Periods in Judah, Winona Lake, Indiana, 2011

LISOWSKY, Gerhard, Konkordanz zum Hebräischen Alten Testament, 3. verbesserte Auflage besorgt von Hans Peter RÜGER, Stuttgart 1993

LOHFINK, Norbert, The Cult Reform of Josiah of Judah, in: Patrick D. MILLER, Jr., Paul D. HANSON, S. Dean MCBRIDE, (eds.), Ancient Israelite Religion, FS Frank Moore CROSS, Philadelphia 1987, 459–475

LUCKMANN, Thomas, Der kommunikative Aufbau der sozialen Welt und die Sozialwissenschaften, in: DERS., Wissen und Gesellschaft. Ausgewählte Aufsätze 1981–2002, hg., teilweise übersetzt und eingeleitet von Hubert KNOBLAUCH, Jürgen RAAB, Bernt SCHNETTLER, Schriften zur Wissenssoziologie 1, Konstanz 2002, 157–181

LUND, Jerome A., Bezalel PORTEN, Aramaic Documents From Egypt: A Key-Word-in-Context Concordance, The Comprehensive Aramaic Lexicon Project Texts and Studies 1, Winona Lake, Indiana, 2002

LUST, Johan, EYNIKEL, Erik, HAUSPIE, Katrin, Greek-English Lexicon of the Septuagint, Revised Edition, Stuttgart 2003

LUX, Rüdiger, Die Genealogie als Strukturprinzip des Pluralismus im Alten Testament, in: Joachim MEHLHAUSEN (Hg.), Pluralismus und Identität, VWGT 8, Gütersloh 1995, 242–258

MACHOLZ, Georg Chr., Zur Geschichte der Justizorganisation in Juda, ZAW 84, 1972, 314–340

MAIER, Johann, Zur Geschichte des Bundesgedankens und zur Rolle der Leviten in der politischen und religiösen Geschichte des alten Israel, in: Jud 25, 1969, 222–257

— , The Temple Scroll and Tendencies in the Cultic Architecture of the Second Commonwealth, in: Lawrence H. SCHIFFMAN (ed.), Archaeology and History in the Dead Sea Scrolls. The New York University Conference in Memory of Yigal YADIN, JSPE.S 8, Sheffield 1990, 67–82

— , Der Lehrer der Gerechtigkeit, Franz-Delitzsch-Vorlesung 1995, Heft 5, Münster 1996

— , Die Tempelrolle vom Toten Meer und das „Neue Jerusalem". 11Q19 und 11Q20; 1Q32, 2Q24, 4Q554–555, 5Q15 und 11Q18. Übersetzung und Erläuterung. Mit Grundrissen der Tempelhofanlage und Skizzen zur Stadtplanung, UTB 829, München ³1997

MANTEL, Hugo (Haim Dov), The Dichotomy of Judaism during the Second Temple, in: HUCA 44, 1973, 55–87

MATHYS, Hans-Peter, Chronikbücher und hellenistischer Zeitgeist, in: DERS., Vom Anfang und vom Ende. Fünf alttestamentliche Studien, BEATAJ 47, Frankfurt / Main · Berlin · Bern · Bruxelles · New York · Oxford · Wien, 2000, 41–155

MAZAR, Amihai, Iron Age Fortresses in the Judean Hills, PEQ 114, 1982, 87–109

— , Archaeology of the Land of the Bible 10,000–586 B.C.E., ABRL, New York · London · Toronto · Sydney · Auckland 1990

MAZAR, Benjamin, Immanuel DUNAYEVSKY, En-Gedi. Third Season of Excavations. Preliminary Report, IEJ 14, 1964, 121–130

— , En-Gedi. Fourth and Fifth Seasons of Excavations. Preliminary Report, IEJ 17, 1967, 133–143

— , Art. En-Gedi, in: NEAEHL 2, 1993, 399–405

MACALISTER, Robert Alexander Stewart, The Excavations of Gezer 1902–1905 and 1907–1909. Vol. III, London 1912

MCKENZIE, Steven L., 1–2 Chronicles, Abington Old Testament Commentaries, Nashville 2004

MEINHOLD, Arndt, Serubbabel, der Tempel und die Provinz Jehud, in: Christof HARDMEIER (Hg.), Steine – Bilder – Texte. Historische Evidenz außerbiblischer und biblischer Quellen, ABG 5, Leipzig 2001, 193–217

METTINGER, Tryggve N.D., Salomonic State Officials. A Study of the Civil Government Officials of the Israelite Monarchy, CB.OT 5, Lund 1971

MEYER, Rudolf, Levitische Emanzipationsbestrebungen in nachexilischer Zeit, OLZ 41, 1938, 721–728

MEYERS, Eric M., The Persian Period and the Judean Restoration. From Zerubbabel to Nehemiah, in: Patrick D. MILLER, Jr., Paul D. HANSON, S. Dean MCBRIDE (eds.), Ancient Israelite Religion, FS Frank Moore CROSS, Philadelphia 1987, 509–521

— , Second Temple Studies in the Light of Recent Archaeology: Part I: The Persian and Hellenistic Periods, CR:BS 2, 1994, 25–42

MILDENBERG, Leo, Über das Münzwesen im Reich der Achämeniden, in: DERS., Vestigia Leonis. Studien zur antiken Numismatik Israels, Palästinas und der östlichen Mittelmeerwelt, hg. v. Ulrich HÜBNER, Ernst Axel KNAUF, NTOA 36, Freiburg, Schweiz / Göttingen 1998, 3–29. 267–295. Tafel I–XIV

— , On the Money Circulation in Palestine from Artaxerxes II till Ptolemy I. Preliminary Studies of the Local Coinage in the Fifth Persian Satrapy. Part 5, in: DERS. Vestigia Leonis. Studien zur antiken Numismatik Israels, Palästinas und der östlichen Mittelmeerwelt, hg. v. Ulrich HÜBNER, Ernst Axel KNAUF, NTOA 36, Freiburg, Schweiz / Göttingen 1998, 59–66.304–307 Tafel XIX–XX

— , Yehud. A Preliminary Study of the Provincial Coinage of Judea, in: DERS. Vestigia Leonis. Studien zur antiken Numismatik Israels, Palästinas und der östlichen Mittelmeerwelt, hg. v. Ulrich HÜBNER, Ernst Axel KNAUF, NTOA 36, Freiburg, Schweiz / Göttingen 1998, 67–76. 308–311 Tafel XXI–XXII

— , Money Supply under Artaxerxes III Ochus, in: R. ASHTON, S. HURTER (eds.), Studies in Greek Numismatics. In Memory of Martin Jessop Price, London 1998, 277–286

MILLER, J. Maxwell, The Korahites of Southern Judah, CBQ 32, 1970, 58–68

MILLER, Patrick D., The Religion of Ancient Israel, Library of Ancient Israel, London · Louisville, Kentucky, 2000

MIN, Kyung-Jin, The Levitical Authorship of Ezra-Nehemiah, JSOT.S 409, London · New York 2004

MOSIS, Rudolf, Untersuchungen zur Theologie des chronistischen Geschichtswerkes, FThSt 92, Freiburg i.Br. · Basel · Wien 1973

MOWINCKEL, Sigmund, Art. Levi und Leviten, in: RGG^2 3, 1929, 1601–1603

MÜLLER, Hans-Peter, Art. קָהָל *qāhāl* Versammlung, in: THAT 2, ^{4}1984, 609–619

MYERS, Jacob M., I Chronicles. Introduction, Translation, and Notes, AncB 12, Garden City, New York, 1965

— , II Chronicles, AncB 13, Garden City, New York, 1965

NEEF, Heinz-Dieter, Art. Levi, in: Calwer Bibellexikon 2, 2003, 826

— , Art. Leviten, in: Calwer Bibellexikon 2, 2003, 827–828

— , Art. Levitenstädte, in: Calwer Bibellexikon 2, 2003, 828

NIEHR, Herbert, Religio-Historical Aspects of the "Early Post-Exilic" Period, in: Bob BECKING, Marjo C.A. KORPEL (eds.), The Crisis of Israelite Religion. Transformation of Religious Tradition in Exilic and Post-Exilic Times, OTS 42, Leiden 1999, 228–244

NIELSEN, Kjeld, Incense in Ancient Israel, VT.S 38, Leiden 1986

NIEMANN, Hermann Michael, Herrschaft, Königtum und Staat. Skizzen zur soziokulturellen Entwicklung im monarchischen Israel, FAT 6, Tübingen 1993

— , Megiddo und Salomo, in: Ralf BUSCH (Hg.), Megiddo – Tell el-Mutesellim – Armageddon. Biblische Stadt zwischen Krieg und Frieden, Neumünster 2002, 47–60

NOTH, Martin, Eine palästinische Lokalüberlieferung in 2. Chr. 20, ZDPV 67, 1945, 45–71

— , Überlieferungsgeschichtliche Studien. Erster Teil. Die sammelnden und bearbeitenden Geschichtswerke im Alten Testament, Darmstadt 1963 [= ÜSt]

NURMELA, Risto, The Levites. Their Emergence as a Second-Class Priesthood, South Florida Studies in the History of Judaism 173, Atlanta, Georgia,1998

O'DWYER SHEA, M., Small Cuboid Incense-Burners of the Ancient Near East in the First Millenium B.C., diss. University of London 1979

OEMING, Manfred, Das wahre Israel. Die „genealogische Vorhalle" 1 Chronik 1–9, BWANT 128, Stuttgart · Berlin · Köln 1990

VAN OORSCHOT, Jürgen, Geschichte als Erinnerung und Wissenschaft – ein Beitrag zu ihrem Verhältnis, in: Rüdiger LUX (hg.), Erzählte Geschichte. Beiträge zur narrativen Kultur im alten Israel, BThSt 40, Neukirchen-Vluyn 2000, 1–27

OREN, Eliezer D., Ziglag – A Biblical City on the Edge of the Negev, BA 45, 1982, 155–166

OVERHOLT, Thomas W., The End of Prophecy. No Players without a Program, in: Robert P. GORDON (ed.), „The Place is too small for us". The Israelite Prophets in Recent Scholarship, Sources for Biblical and Theological Studies 5, Winona Lake, Indiana, 1995, 527–538

PELTONEN, Kai, History Debated. The Historical Reliability of Chronicles in Pre-Critical and Critical Research, 2 Bände, Publications of the Finnish Exegetical Society 64, Helsinki / Göttingen 1996

— , Function, Explanation and Literary Phenomena. Aspects of Source Criticism as Theory and Method in the Histroy of Chronicles Research, in: M. Patrick GRAHAM, Steven L. MCKENZIE (eds.), The Chronicler as Author. Studies in Text and Texture, JSOT.S 263, Sheffield 1999, 18–69

PETERSEN, David L., Late Israelite Prophecy. Studies in Deutero-Prophetic Literature and in Chronicles, SBL.MS 23, Missoula 1977

— , Israelite Prophecy: Change Versus Continuity, in: J.A. EMERTON (ed.) Congress Volume Leuven 1989, VT.S 43, Leiden · New York · København · Köln 1991, 190–203 [= Change]

PETRIE, William Flinders M., Gerar, London 1928

PLÖGER, Otto, Theokratie und Eschatologie, WMANT 2, Neukirchen-Vluyn ²1962

— , Reden und Gebete im deuteronomistischen und chronistischen Geschichtswerk, in: DERS., Aus der Spätzeit des Alten Testaments. Studien, Göttingen 1971, 50–66 [= Reden]

POHLMANN, Karl-Friedrich, Zur Frage von Korrespondenzen und Divergenzen zwischen den Chronikbüchern und dem Esra/Nehemia-Buch, in: J.A. EMERTON (ed.), Congress Volume Leuven 1989, VT.S 43, Leiden · New York · København · Köln 1991, 314–330

POLK, Timothy, The Levites in the Davidic-Salomonic Empire, in: Studia Biblica et Theologica 9, 1979, 3–22

POMYKALA, Kenneth E., Images of David in Early Judaism, in: Craig A. EVANS (ed.), Of Scribes and Sages: Early Jewish Interpretation and Transmission of Scritpure vol. 1: Ancient Versions and Traditions, Studies in Scritpure in Early Judaism and Christianity 9 = Library of Second Temple Studies 50, London · New York 2004, 33–46

VON RAD, Gerhard, Die levitische Predigt in den Büchern der Chronik [1934], in: DERS., Gesammelte Studien zum Alten Testament, TB 8, München ⁴1971, 248–261

RAINEY, Anson F., Hezekiah's Reform and the Altar at Beer-sheba and Arad, in: Michael David COOGAN, J. Cheryl EXUM, Lawrence E. STAGER (eds.), Scripture and Other Artifacts. Essays on the Bible and Archaeology on Honor of Philip J. King, Louisville, Kentucky, 1994, 333–354

REICH, Ronny, The Beth-Zur Citadell II – A Persian Residency?, TA 19, 1992, 113–123

— , Beth-Zur, in: NEAEHL 1, 1993, 259–261 [= NEAEHL]

REICH, Ronny, B. BRANDL, Gezer under Assyrian Rule, PEQ 117, 1985, 41–54

RENDTORFF, Rolf, Studien zur Geschichte des Opfers im Alten Israel, WMANT 24, Neukirchen-Vluyn 1967 [= Opfer]

— , Leviticus 1,1–10,20, BK.AT 3.1, Neukirchen-Vlyun 2004

— , Priesterliche Opfertora in jüdischer Auslegung, in: Bernd JANOWSKI, Michael WELKER (Hg.), Opfer. Theologische und kulturelle Kontexte, stw 1454, Frankfurt/Main 2000, 178–190

RENKER, Alwin, Die Tora bei Maleachi. Ein Beitrag zur Bedeutungsgeschichte von Tora im Alten Testament, FThSt 112, Freiburg i.Br. · Basel · Wien 1979

REVENTLOW, Henning Graf, Art. Priester/Priestertum I/2. Altes Testament, in: TRE 27, 1997, 383–391

RILEY, William, King and Cultus in Chronicles. Worship and the Reinterpretation of History, JSOT.S 160, Sheffield 1993

RINGGREN, Helmer, Art. בִּין / בִּינָה / תְּבוּנָה, in: ThWAT 1, 1973, 621–629

ROST, Leonhard, Studien zum Opfer im Alten Israel, BWANT 113, Stuttgart · Berlin · Köln · Mainz 1981

ROYAR, Stefan, „Denn der HERR, euer Gott, ist gnädig und barmherzig ...“. Die Gebete in den Chronikbüchern und ihre Bedeutung für die chronistische Theologie, BVB 10, Münster 2005

RUDOLPH, Wilhelm, Chronikbücher, HAT 21, Tübingen 1955

RÜSEN, Jörn, Strukturen historischer Sinnbildung, in: DERS., Historische Orientierung. Über die Arbeit des Geschichtsbewußtseins, sich in der Zeit zurechtzufinden, Köln · Weimar · Wien 1994, 25–34

—, Was ist Geschichtskultur? Überlegungen zu einer neuen Art, über Geschichte nachzudenken, in: Jörn RÜSEN, Historische Orientierung. Über die Arbeit des Geschichtsbewußtseins, sich in der Zeit zurechtzufinden, Köln · Weimar · Wien 1994, 211–234

RÜTERSWÖRDEN, Udo, Die Beamten der israelitischen Königszeit. Eine Studie zu *śr* und vergleichbaren Begriffen, BWANT 117, Stuttgart · Berlin · Köln · Mainz 1985

—, Die persische Reichsautorisation der Thora: fact or fiction?, ZABR 1, 1995, 47–61

RUFFING, Andreas, Jahwekrieg und Weltmetapher. Studien zu Jahwekriegstexten des chronistischen Sonderguts, SBB 24, Stuttgart 1992

RUNNALLS, Donna, The *Parwār*. A Place of Ritual Separation?, VT 41, 1991, 324–331

RUWE, Andreas, „Heiligkeitsgesetz“ und „Priesterschrift“. Literargeschichtliche und rechtssystematische Unersuchungen zu Leviticus 17,1–26,2, FAT 26, Tübingen 1999

SACCHI, Paolo, The History of the Second Temple Period, JSOT.S 285, Sheffield 2000

SÆBØ, Magne, Art. Chronistische Theologie/Chronistisches Geschichtswerk, in: TRE 8, 1993, 74–87

SAFRAI, Shmuel, Das jüdische Volk im Zeitalter des Zweiten Tempels, Information Judentum 1, Neukirchen-Vluyn 1978

SASSE, Markus, Geschichte Israels in der Zeit des Zweiten Tempels. Historische Ereignisse – Archäologie – Sozialgeschichte – Religions- und Geistesgeschichte, Neukirchen-Vluyn 2004

SCHÄFER-LICHTENBERGER, Christa, Zur Funktion der Soziologie im Studium des Alten Testaments, in: Andrè LEMAIRE, Magne SÆBØ (eds.), Congress Volume Oslo 1998, VT.S. 80, Leiden · Boston · Köln 2000, 179–202

SCHAMS, Christine, Jewish Scribes in the Second-Temple Period, JSOT.S 291, Sheffield 1998

SCHAPER, Joachim, The Temple Treasury Committee in the Times of Nehemiah and Ezra, VT 47, 1997, 200–206

—, Der Septuaginta-Psalter. Interpretation, Aktualisierung und liturgische Verwendung der biblischen Psalmen im hellenistischen Judentum, in: Erich ZENGER (Hg.), Der Psalter in Judentum und Christentum, HBS 18, Freiburg i.Br. 1998, 165–183

—, Priester und Leviten im achämenidischen Juda. Studien zu Kult- und Sozialgeschichte Israels in persischer Zeit, FAT 31, Tübingen 2000

—, Numismatik, Epigraphik, alttestamentliche Exegese und die Frage nach der politischen Verfassung des achämenidischen Juda, ZDPV 118, 2002, 150–168

SCHENKER, Adrian, Welche Verfehlungen und welche Opfer in Lev 5,1–6?, in: Heinz-Josef FABRY, Hans-Winfried JÜNGLING (Hg.), Levitikus als Buch, BBB 119, Berlin · Bodenheim 1999, 249–261

SCHMID, Hans Heinrich, Art. בין *bīn* verstehen, in: THAT 1, München 1971, 305–308

SCHMIDT, Ludwig, Das 4. Buch Mose. Numeri 10,11–36,13 übersetzt und erkärt, ATD 7.2, Göttingen 2004

SCHNIEDEWIND, William M., The Word of God in Transition. From Prophet to Exegete in the Second Temple Period, JSOT.S 197, Sheffield 1995

— , Prophets and Prophecy in the Books of Chronicles, in: M. Patrick GRAHAM, Kenneth G. HOGLUND, Steven L. MCKENZIE (eds.), The Chronicler as Historian, JSOT.S 238, Sheffield 1997, 204–224

— , The Chronicler as an Interpreter of Scripture, in: M. Patrick GRAHAM, Steven L. MCKENZIE (eds.), The Chronicler as Author. Studies in Text and Texture, JSOT.S 263, Sheffield 1999, 158–180

SCHREINER, Josef, Art. Levi, in: LThK^2 6, 1961, 993–995

SCHÜTZ, Alfred, Theorie der Lebenswelt 1. Die pragmatische Schichtung der Lebenswelt, hg. v. Martin ENDRESS, Ilja SRUBAR, Alfred-Schütz-Werkausgabe V.1, Konstanz 2003

— , Theorie der Lebenswelt 2. Die kommunikative Ordnung der Lebenswelt, hg. v. Hubert KNOBLAUCH, Ronald KURT, Ahns-Georg SOEFFNER, Alfred-Schütz-Werkausgabe V.2, Konstanz 2003

— , Der sinnhafte Aufbau der sozialen Welt. Eine Einleitung in die verstehende Soziologie, hg. v. Martin ENDRESS, Joachim RENN, Alfred-Schütz-Werkausgabe 2, Konstanz 2004

SCHÜTZ, Alfred, Thomas LUCKMANN, Strukturen der Lebenswelt, Bd. 1, stw 284, Frankfurt/Main 1979

SCHULZ, Hermann, Leviten im vorstaatlichen Israel und im Mittleren Osten, München 1987

SCHWARTZ, Joshua, On Priests and Jericho in the Second Temple Period, in: JQR 79, 1988, 23–48

SCHWARZ, Eberhard, Identität durch Abgrenzung. Abgrenzungsprozesse in Israel im 2. vorchristlichen Jahrhundert und ihre traditionsgeschichtlichen Voraussetzungen. Zugleich ein Beitrag zur Erforschung des Jubiläenbuches, EHS 23/162, Frankfurt/Main 1982

SCHWEITZER, Steven James, Exploring the Utopian Space of Chronicles: Some Spatial Anomalies, Hermeneutics Task Force, 2003 www.case.edu/affil/GAIR/cba/schweitzer.pdf

— , Reading Utopia in Chronicles. A Dissertation, Notre Dame 2005 [zitiert als „ms diss" für solche Passagen, die in der gedruckten Fassung (s.u.) nicht enthalten sind]: Zugang im Interenet unter: http://etd.nd.edu/ETD-db/theses/available/etd-03192005-20714/unrestricted/SchweitzerSJ032005.pdf

— , Reading Utopia in Chronicles, LOTS 442, New York · London 2007

SCHWINN, Thomas, Jenseits von Subjektivismus und Objektivismus. Max Weber, Alfred Schütz und Talcott Parsons, Sozialwissenschaftliche Schriften 27, Berlin 1993

SEARLE, John R., Die Konstruktion der gesellschaftlichen Wirklichkeit. Zur Ontologie sozialer Tatsachen. Deutsch von Martin Suhr, rowohlts enzyklopädie, Hamburg 1997

SEEBASS, Horst, Art. Leviten, in: TRE 21, 1991, 36–40

— , Numeri 10,11–22,1, BK4/2, Neukirchen-Vluyn 2003

SEIDEL, Hans, Die Trägergruppen alttestamentlicher Überlieferung, in: H. Michael NIEMANN, Matthias AUGUSTIN, Werner H. SCHMIDT (Hg.), Nachdenken über Israel, Bibel und Theologie, FS Klaus-Dietrich SCHUNCK, BEATAJ 37, Frankfurt/Main u.a.1994, 375–386

SELMAN, Martin J., 1 Chronicles. An Introduction and Commentary, TOTC, Leicester · Downer Grove 1994

— , 2 Chronicles. A Commentary, TOTC, Leicester · Downer Grove 1994

SEYBOLD, Klaus, David als Psalmensänger in der Bibel. Entstehung einer Symbolfigur, in: Walter DIETRICH, Hubert HERKOMMER (Hg.), König David – biblische Schlüsselfigur und europäische Leitgestalt. 19. Kolloquium (2000) der Schweizerischen Akademie der Geistes- und Sozialwissenschaften, Freiburg, Schweiz / Stuttgart 2003, 145–163

SHAVER, Judson R., Torah and the Chronicler's History Work. An Inquiry into the Chronicler's References to Laws, Festivals, and Cultic Institutions in Relationship to Pentateuchal Legislation, BJS 196, Atlanta, Georgia, 1989

SIEDLECKI, Armin, Foreigners, Warfare and Judahite Identity in Chronicles, in: M. Patrick GRAHAM, Steven L. MCKENZIE (eds.), The Chronicler as Author. Studies in Text and Texture, JSOT.S 263, Sheffield 1999, 229–266

SIEGERT, Folker, Zwischen Hebräischer Bibel und Altem Testament. Eine Einführung in die Septuaginta, IJD 9, Münster · Hamburg · Berlin · London 2001

SKA, Jean Luis, „Persian Imperial Authorization". Some Question Marks, in: James W. WATTS (ed.), Persia and Torah. The Theory of Imperial Authorization of the Pentateuch, SBL.SS 17, Atlanta, Georgia, 2001, 161–182

SOMMER, Michael, Babylonien im Seleukidenreich. Indirekte Herrschaft und indigene Bevölkerung, Klio 82, 2000, 73–90

SPARKS, James T., The Chronicler's Genealogies. Towards an Understanding of 1 Chronicles 1–9, SBL Academia Biblia 28, Atlanta, Georgia, 2008

SPENCER, John R., The Tasks of the Levites: *šmr* and *sb'*, ZAW 96, 1984, 267–271

SPIECKERMANN, Hermann, Art. Josia, in: TRE 17, 1988 [= [2]1993], 264–267

STARKEY, J.L., G. LANKESTER-HARDING, Beth-Pelet II, London 1932

STECK, Odil Hannes, Der Abschluß der Prophetie im Alten Testament. Ein Versuch zur Frage der Vorgeschichte des Kanons, BThSt 17, Neukirchen-Vluyn 1991

— , Prophetische Prophetenauslegung, in: Hans Friedrich GEISSER, Hans Jürgen LUIBL, Walter MOSTERT, Hans WEDER (Hg.), Wahrheit der Schrift – Wahrheit der Auslegung. Eine Zürcher Vorlesungsreihe zu Gerhard Ebelings 80. Geburtstag am 6. Juli 1992, Zürich 1993, 198–244

STEINS, Georg, Die Chronik als kanonisches Abschlußphänomen. Studien zur Entstehung und Theologie von 1/2 Chronik, BBB 93, Weinheim 1995

— , Zur Datierung der Chronik. Ein neuer methodischer Ansatz, ZAW 109, 1997, 84–92

— , Die Bücher der Chronik. Die Bücher Esra und Nehemia, in: Erich ZENGER u.a., Einleitung in das Alte Testament, KST 1,1, Stuttgart · Berlin · Köln [5]2004, 249–277 [= Einleitung]

STENGER, Horst, Hans GEISSLINGER, Die Transformation sozialer Realität. Ein Beitrag zur empirischen Wissenssoziologie, Kölner Zeitschrift für Soziologie und Sozialpsychologie 43, 1991, 247–270

STERN, Ephraim, Seal-Impressions in the Achaemenid Style in the Province of Judah, BASOR 202, 1971, 6–16

— , Limestone Incense Altars, in: Yohanan AHARONI, Beer-Sheba I. Excavations at Tel Beer-Sheba 1969–1971 Season, Publications of the Israel Archaeology 2, Tel Aviv 1973, 52–53

— , The Province of Yehud. The Vision and Reality, The Jerusalem Cathedra 1, 1981, 9–21

—, Material Culture of the Land of the Bible in the Persian Period 538–332 B.C., Warminster 1982

—, The Persian Empire and the Political and Social History of Palestine in the Persian Period, in: William D. DAVIES, Louis FINKELSTEIN (eds.), The Cambridge History of Judaism. I. Introduction; The Persian Period, Cambridge u.a. 1984, 70–87

—, The Archeology of Persian Palestine, in: William D. DAVIES, Louis FINKELSTEIN (eds.), The Cambridge History of Judaism. I. Introduction; The Persian Period, Cambridge u.a. 1984, 88–114

—, Archaeology of the Land of the Bible Vol. II. The Assyrian, Babylonian, and Persian Periods 732–332 BCE, ABRL, New York · London · Toronto · Sydney · Auckland 2001 [= Land]

—, The Religious Revolution in Persian-Period Judah, in: Oded LIPSCHITS, Manfred OEMING (eds.), Judah and the Judeans in the Persian Period, Winona Lake, Indiana, 2006, 199–205

STERN, Ephraim, Ayelet LEWINSON-GILBOA, Joseph AVIRAM (eds.), The New Encyclopedia of Archaeology in the Holy Land , Vol. 1–4, Jerusalem 1993 (= NEAEHL)

STEVENS, Marty E., Temples, Tithes, and Taxes. The Temple and the Economic Life of Ancient Israel, Peabody, Massachusetts, 2006

STONE, Michael E., Ideal Figures and Social Context. Priest and Sage in the Early Second Temple Age, in: Patrick D. MILLER, Jr., Paul D. HANSON, S. Dean MCBRIDE (eds.), Ancient Israelite Religion, FS Frank Moore CROSS, Philadelphia 1987, 575–586

STRAUSS, Hans, Untersuchungen zu den Überlieferungen der vorexilischen Leviten, Diss. theol. masch. Bonn 1960

STRÜBIND, Kim, Tradition als Interpretation in der Chronik. König Josaphat als Paradigma chronistischer Hermeneutik und Theologie, BZAW 201, Berlin · New York 1991

TALMON, Shemaryahu, The Emergence of Jewish Sectarianism in the Early Second Temple Period, in: Patrick D. MILLER, Jr., Paul D. HANSON, S. Dean MCBRIDE (eds.), Ancient Israelite Religion, FS Frank Moore CROSS, Philadelphia 1987, 587–616

TCHERIKOVER, Victor A., The Ptolemaic Period, in: DERS., Alexander FUKS (Hg.), Corpus Papyrorum Judaicarum vol 1., London 1957, 1–47

THEN, Reinhold, »Gibt es denn keinen mehr unter den Propheten?« Zum Fortgang der alttestamentlichen Prophetie in frühjüdischer Zeit, BEATAJ 22, Frankfurt / Main · Bern · New York · Paris 1990

THOMPSON, Thomas L., Early History of the Israelite People. From the Written and Archaeological Sources, Studies in the History of the Ancient Near East 4, 1992

—, Defining History and Ethnicity in the South Levant, in: Lester L. GRABBE (ed.), Can a 'History of Israel' Be Written?, JSOT.S 245 (= ESHM 1), Sheffield, 1997, 166–187

THRONTVEIT, Mark A., The Chronicler's Speeches and Historical Reconstruction, in: M. Patrick GRAHAM, Kenneth G. HOGLUND, Steven L. MCKENZIE (eds.), The Chronicler as Historian, JSOT.S 238, Sheffield 1997, 225–245

TUELL, Steven S., First and Second Chronicles, Interpretation, Louisville, Kentucky, 2001

TUFNELL, Olga, Lachish III. The Iron Age, London 1953

VAN SETERS, John, The Chronicler's Account of Solomon's Temple-Building: A Continuity Theme, in: M. Patrick GRAHAM, Kenneth G. HOGLUND, Steven L. MCKENZIE (eds.), The Chronicler as Historian, JSOT.S 238, Sheffield 1997, 283–300

VANDERKAM, James C., Textual and Historical Studies in the Book of Jubilees, Harvard Semitic Monographs 14, Missoula 1977 [= Studies]

— , The Book of Jubilees. Translated, CSCO 511 = Scriptiones Aethiopici 88, Leuven 1989 [= Book]

— , Jubilees, in: Harold W. ATTRIDGE, Torleif ELGVIN, Jozef MILIK, Saul OLYAN, John STRUGNELL, Emanuel TOV, James VANDERKAM, Sidnie WHITE (ed.), Qumran Cave 4 VIII Parabiblical Texts, Part 1, DJD 13, Oxford 1994, 1–185

— , The Book of Jubilees. Guides to Apocrypha and Pseudepigrapha, Sheffield 2001 [= Jubilees]

VAUGHN, Andrew G., Theology, History, and Archaeology in the Chronicler's Account of Hezekiah, Archaeology and Biblical Studies 4, Atlanta, Georgia, 1999

DE VAUX, Roland, Das Alte Testament und seine Lebensordnungen I. Fortleben des Nomadentums, Gestalt des Familienlebens, Einrichtungen und Gesetze des Volkes, Freiburg i.Br. · Basel · Wien ²1964

— , Das Alte Testament und seine Lebensordnungen II. Heer und Kriegswesen, die religiösen Lebensordnungen, Freiburg i.Br. · Basel · Wien ²1966

VIEWEGER, Dieter, Biblische Archäologie. Geschichte und gegenwärtige Herausforderungen, in: Christl MAIER, Rüdiger LIWAK, Klaus-Peter JÖRNS (Hg.), Exegese vor Ort, FS Peter WELTEN, Leipzig 2001, 369–387

— , Wenn Steine reden. Archäologie in Palästina, mit zahlreichen Zeichnungen von Ernst BRÜCKELMANN, Göttingen 2004 [= Archäologie der biblischen Welt, UTB 2394, Göttingen 2002]

DE VRIES, Simon J., Moses and David as Cult Founders in Chronicles, JBL 107, 1988, 619–639

— , 1 and 2 Chronicles, FOT 11, Grand Rapids, Michigan, 1989

WAGENAAR, Jan A., Post-Exilic Calendar Innovations. The First Month of the Year and the Date of Passover and the Festival of Unleavened Bread, ZAW 115, 2003, 3–24

WANKE, Gunther, Prophecy and Psalms in the Persian Period, in: William D. DAVIES, Louis FINKELSTEIN (eds.), The Cambridge History of Judaism. I. Introduction; The Persian Period, Cambridge u.a. 1984, 162–188

WEBER, Beat, Der Asaph-Psalter. Eine Skizze, in: Beat HUWYLER, Hans-Peter MATHYS, Beat WEBER (Hg.), Prophetie und Psalmen. FS Klaus SEYBOLD, AOAT 280, Münster 2001, 117–141

— , Asaf – ein Name, seine Träger und ihre Bedeutung in biblischen Zeiten, in: Markus WITTE, Joahnnes E. DIEHL (Hg.), Orakel und Gebete, FAT II.38, Tübingen 2009, 235–259

WEINBERG, Joel P., Das *bēt 'ābōt* im 6.–4. Jh. v.u.Z., VT 23, 1973, 400–414

— , Der Chronist in seiner Mitwelt, BZAW 239, Berlin · New York 1996

WEINFELD, Moshe, God Versus Moses in the Temple Scroll: „I do not Speak on my Own but on God's Authority" (Sifrei Deut. Sec 5; John 12,48f) , in: RdQ 15, 1991, 175–180

WEIPPERT, Helga, Palästina in vorhellenistischer Zeit. Mit einem Beitrag von Leo MILDENBERG, HdA Vorderasien 2/1, München 1988

WELCH, Adam C., The Work of the Chronicler. Its Purpose and Its Date. The Schweich Lectures of the British Academy 1938, London 1939

WELLHAUSEN, Julius, Israelitische und jüdische Geschichte, Berlin · Leipzig ⁸1921

—, Prolegomena zur Geschichte Israels, Berlin [6]1927 (= ND 1981)

WELTEN, Peter, Kulthöhe und Jahwetempel, ZDPV 88, 1972, 19–37

—, Geschichte und Geschichtsdarstellung in den Chronikbüchern, WMANT 42, Neukirchen-Vluyn 1973

—, Lade – Tempel – Jerusalem. Zur Theologie der Chronikbücher, in: Antonius H.J. GUNNEWEG, Otto KAISER (Hg.), Textgemäß, FS Ernst WÜRTHWEIN, Göttingen 1979, 169–183

—, Art. Chronikbücher/Chronist, in: NBL 1, 1991, 369–372

WERNER, Wolfgang, Art. Levi(t), in: NBL 2, 1995, 623–625

WESTERMANN, Claus, Art. שרת *šrt* pi. dienen, in: THAT 2, [3]1984, 1019–1022

WHITE CRAWFORD, Sidnie, The Temple Scroll and Related Texts, CQSS 2, Sheffield 2000

WIESEHÖFER, Josef, Das antike Persien. Von 550 v.Chr. bis 650 n.Chr., Zürich 1993

—, Das frühe Persien. Geschichte eines antiken Weltreichs. Beck Wissen, München 1999 [= Geschichte]

—, Kontinuität oder Zäsur? Babylonien unter den Achämeniden, in: Reinhard G. KRATZ (Hg.), Religion und Religionskontakte im Zeitalter der Achämeniden, VWGT 22, Gütersloh 2002, 29–48

WILLI, Thomas, Die Chronik als Auslegung. Untersuchungen zur literarischen Gestaltung der historischen Überlieferung Israels, FRLANT 106, Göttingen 1972 [= Auslegung]

—, Thora in den biblischen Chronikbüchern, Judaica 36, 1980, 102–105.148–151

—, Chronik, BK.AT 24 (in Lieferungen), Neukirchen-Vluyn 1991ff

—, Late Persian Judaism and Its Conception of an Integral Israel according to Chronicles. Some Observations on Form and Function of the Genealogy of Judah in 1 Chronicles 2.3–4.23, in: Tamara C. ESKENAZI, Kent H. RICHARDS (eds.), Second Temple Studies. 2. Temple and Community in the Persian Period, JSOT.S 175, Sheffield 1994, 146–162

—, Juda – Jehud – Israel. Studien zum Selbstverständnis des Judentums in persischer Zeit, FAT 12, Tübingen 1995

—, Leviten, Priester und Kult in vorhellenistischer Zeit. Die chronistische Optik in ihrem geschichtlichen Kontext, in: Beate EGO, Armin LANGE, Peter PIL-HOFER in Zusammenarbeit mit Kathrin EHLERS (Hg.), Gemeinde ohne Tempel – Community without Temple. Zur Substituierung und Transformation des Jerusalemer Tempels und seines Kults im Alten Testament, antiken Judentum und frühen Christentum, WUNT 118, Tübingen 1999, 75–98

—, Der Weltreichsgedanke im Frühjudentum. Israel, Menschheit und Weltherr-schaft in den biblischen Chronikbüchern, in: Christl MAIER, Rüdiger LIWAK, Klaus-Peter JÖRNS (Hg.), Exegese vor Ort, FS Peter WELTEN, Leipzig 2001, 389–409

—, Zwei Jahrzehnte Forschung an Chronik und Esra-Nehemia, ThR 67, 2002, 61–104

—, »Wie geschrieben steht« – Schriftbezug und Schrift. Überlegungen zur früh-jüdischen Literaturwerdung im perserzeitlichen Kontext, in: Reinhard G. KRATZ (Hg.), Religion und Religionskontakte im Zeitalter der Achämeniden, VWGT 22, Gütersloh 2002, 257–277

—, „Den Herrn aufsuchen ...". Einsatz und Thema des narrativen Teils der Chronikbücher, in: Dieter BÖHLER, Innocent HIMBAZA, Philippe HUGO (Hg.), L'Ecrit et l'Esprit. Etudes d'histoire du texte et de théologie biblique en hommage à Adrain SCHENKER, OBO 214, Freiburg, Schweiz / Göttingen 2005, 432–444 [= Einsatz]

WILLI-PLEIN, Ina, Opfer und Kult im alttestamentlichen Israel. Textbefragungen und Zwischenergebnisse, SBS 153, Stuttgart 1993

— , Opfer und Ritus in kultischem Lebenszusammenhang, in: Bernd JANOWSKI, Michael WELKER (Hg.), Opfer. Theologische und kulturelle Kontexte, stw 1454, Frankfurt/Main 2000, 150–177 [= Ritus]

WILLIAMSON, Hugh Godfrey Maturin, Israel in the Book of Chronicles, Cambridge · London · New York · Melbourne 1977

— , Ezra, Nehemiah, WBC 16, Waco 1985 [= Ezr/Neh]

— , 1 and 2 Chronicles, NCBC, Grand Rapids, Michigan / London reprint 1987

— , Early Post-Exilic Judean History, in: DERS., Studies in Persian Period History and Historiography, FAT 38, Tübingen 2004, 3–89

— , The Origins of the Twenty-Four Priestly Courses. A Study of I Chronicles 23–27 [1979], in: DERS., Studies in Persian Period History and Historiography, FAT 38, Tübingen 2004, 126–140

— , The Temple in the Books of Chronicles [1991], in: DERS., Studies in Persian Period History and Historiography, FAT 38, Tübingen 2004, 150–161

— , Eschatology in Chronicles [1977], in: DERS., Studies in Persian Period History and Historiography, FAT 38, Tübingen 2004, 162–195

WILSON, Robert R., The Old Testament Genealogies in Recent Research, JBL 94, 1975, 169–189

— , Genealogy and History in the Biblical World, Yale Near Eastern Researches 7, New Haven · London 1977

— , Between 'Azel' and 'Azel'. Interpreting the Biblical Genealogies, BA 42, 1979, 11–22

WITTE, Markus, Schriften (Ketubim), in: Jan Christian GERTZ (Hg.), Grundinformation Altes Testament. Eine Einführung in Literatur, Religion und Geschichte des Alten Testaments, UTB 2745, Göttingen 2006, 404–508

WRIGHT, John Wesley, Guarding the Gates: 1Chronicles 26.1–19 and the Roles of Gatekeepers in Chronilces, JSOT 48, 1990, 69–81

— , The Legacy of David in Chronicles. The Narrative Function of 1 Chronicles 23–27, JBL 110, 1991, 229–242

— , The Fight for Peace. Narrative and History in the Battle Accounts in Chronicles, in: M. Patrick GRAHAM, Kenneth G. HOGLUND, Steven L. MCKENZIE (eds.), The Chronicler as Historian, JSOT.S 238, Sheffield 1997, 150–177

— , Remapping Yehud: The Borders of Yehud and the Genealogies of Chronicles, in: Oded LIPSCHITS, Manfred OEMING (eds.), Judah and the Judeans in the Persian Period, Winona Lake, Indiana, 2006, 67–90

ZENGER, Erich, Das priester(schrift)liche Werk (P), in: Erich ZENGER u.a., Einleitung in das Alte Testament, KST 1,1, Stuttgart · Berlin · Köln ^{5}2004, 156–175

— , Eigenart und Prophetie Israels, in: Erich ZENGER u.a., Einleitung in das Alte Testament, KST 1,1, Stuttgart · Berlin · Köln ^{5}2004, 417–426

ZIMMERLI, Walther, From Prophetic Word to Prophetic Book, in: Robert P. GORDON (ed.), „The Place is too small for us". The Israelite Prophets in Recent Scholarship, Sources for Biblical and Theological Studies 5, Winona Lake, Indiana, 1995, 419–442

ZORN, Jeffrey R., Naṣbeh, Tell en-, in: NEAEHL 3, 1993, 1098–1102

ZWICKEL, Wolfgang, Räucherkult und Räuchergeräte. Exegetische und archäologische Studien zum Räucheropfer im Alten Testament, OBO 97, Freiburg, Schweiz / Göttingen 1990

— , Der Tempelkult in Kanaan und Israel. Studien zur Kultgeschichte Palästinas von der Mittelbronzezeit bis zum Untergang Judas, FAT 10, Tübingen 1994
— , Der salomonische Tempel, Kulturgeschichte der antiken Welt 83, Mainz 1999

Register

Stellenregister

Hellenistisch-römische
Texte

Sachregister